北大法律硕士实务丛书

私募基金纠纷

裁判规则精选精析

吴昕栋　吴韵凯　著

法律出版社 LAW PRESS·CHINA

教育部关于做好全日制硕士专业学位研究生培养工作的若干意见(教研〔2009〕1号)

长期以来,我国硕士研究生教育主要是培养具有独立从事科学研究或教学工作能力的教学科研人才。但随着研究生规模的不断扩大和社会需求的不断变化,硕士研究生的就业去向已更多地从教学、科研岗位转向实际工作部门。从世界研究生教育发展状况来看,硕士研究生教育基本是以面向实际应用为主,教学科研人才更多的是来源于博士研究生。为促进我国研究生教育的更好发展,必须重新审视和定位我国硕士研究生的培养目标,进一步调整和优化硕士研究生的类型结构,逐渐将硕士研究生教育从以培养学术型人才为主向以培养应用型人才为主转变,实现研究生教育在规模、质量、结构、效益等方面的协调、可持续发展。

教育部等部门关于进一步加强高校实践育人工作的若干意见(教思政〔2012〕1号)

进入21世纪以来,高校实践育人工作得到进一步重视,内容不断丰富,形式不断拓展,取得了很大成绩,积累了宝贵经验,但是,实践育人特别是实践教学依然是高校人才培养中的薄弱环节,与培养拔尖创新人才的要求还有差距。要切实改变重理论轻实践、重知识传授轻能力培养的观念,注重学思结合,注重知行统一,注重因材施教,以强化实践教学有关要求为重点,以创新实践育人方法途径为基础,以加强实践育人基地建设为依托,以加大实践育人经费投入为保障,积极调动整合社会各方面资源,形成实践育人合力,着力构建长效机制,努力推动高校实践育人工作取得新成效、开创新局面。

丛书编辑组织者

主编简介

隋平：北京大学法律硕士，香港城市大学法学博士，哈佛大学行为金融学博士后，曾经在北京德恒律师事务所从事律师工作，后在多家大型机构担任高层领导职务，长期致力于推动法学院模拟实务教学。

副主编简介

刘宽：北京大学法律硕士研究生，第12届北大法律硕士联合会主席。

甘凯云：北京大学法律硕士研究生，第13届北大法律硕士联合会主席。

作者简介

吴昕栋

北京大学法学硕士，律师，高级经济师，全国企业法律顾问，法律从业经验10年，曾先后就职于政府部门、大型央企、全国性股份制银行，从事反贪、风控和法律顾问工作。现为北京德恒律师事务所专职律师，具有丰富的私募基金登记、备案与投资、基础设施（PPP项目）投融资、保险资金投资、银行、互联网金融等领域法律服务经验，为多家大型央企、国有商业银行、证券公司、信托公司、政府引导基金、私募股权投资母基金、综合性互联网金融企业提供常年或专项法律顾问服务，并代理过一批重大、疑难的金融借款、资产管理、建设工程、民间借贷、商事担保、股权投资、对赌等方面的诉讼仲裁及再审、抗诉案件。专注于私募基金、银行、保险、信托、基础设施、互联网金融等领域的法律服务、合规管理、重大疑难案件解决及职务犯罪防控。

吴韵凯

北京大学法律硕士，曾参与十余起私募基金设立与投资项目、IPO上市项目、不良资产收购项目、上市公司并购重组项目。

致　谢

为推动本丛书的编写，北大法律硕士联合会现任领导班子成员专门组织了编辑委员会，为本丛书的顺利编写提供了鼎力支持和帮助，在此对以下人员表示感谢！

刘　宽　刘　坦　高至人　冯钰宸　李雨宸

吴　梅　郭蓬勃　郭慧阳　罗艺欣　谢舒婷

吴昕颖　王红媛　卢　苑　刘思琪

此外，本丛书的编写得到众多目前工作在金融实务界和法律实务界的北大法律硕士毕业生们（名单如下）的热心帮助和支持，在此致谢！

庞世之	北大法律硕士	中国银保监会
金姗姗	北大法律硕士	中国银保监会
景　燕	北大法律硕士	中国证监会
孙　漪	北大法律硕士	中国人民银行
陈利强	北大法律硕士	上海证券交易所
张　炎	北大法律硕士	深圳证券交易所
毛剑锋	北大法律硕士	全国中小企业股份转让系统公司
庄海燕	北大法律硕士	北京金融资产交易所
张　浩	北大法律硕士	长城资产管理公司
蔡　鹏	北大法律硕士	信达资产管理公司
刘　涛	北大法律硕士	长城资产管理公司
段　凯	北大法律硕士	中债增信
周　健	北大法律硕士	中投证券
周　俊	北大法律硕士	中信证券
张润潮	北大法律硕士	光大证券

刘　斌　北大法律硕士　长城证券
何辛欣　北大法律硕士　海通证券
杨　娇　北大法律硕士　国泰君安证券
安　宁　北大法律硕士　东北证券
李　军　北大法律硕士　宏源证券
张　建　北大法律硕士　银河证券
黄亚颖　北大法律硕士　安信证券
龚利娟　北大法律硕士　民生证券
陈　波　北大法律硕士　东方证券
赵英华　北大法律硕士　西部证券
邢　凯　北大法律硕士　招商证券
倪　军　北大法律硕士　申银万国证券
潘天永　北大法律硕士　金元证券
邓安民　北大法律硕士　华安证券
章龙平　北大法律硕士　东吴证券
刘　敏　北大法律硕士　中国银行
杨　涛　北大法律硕士　中国工商银行
杨艺宁　北大法律硕士　中国工商银行
刘永利　北大法律硕士　兴业银行
王军宝　北大法律硕士　光大银行
戴华祥　北大法律硕士　中国农业银行
方　冰　北大法律硕士　徽商银行
范常涛　北大法律硕士　包商银行
邵　菲　北大法律硕士　国家开发银行
饶　杨　北大法律硕士　中国建设银行
刘晓棠　北大法律硕士　中国邮政储蓄银行
孙玉洁　北大法律硕士　昆仑银行
杨　第　北大法律硕士　中国交通银行
古　村　北大法律硕士　汇丰银行
张　硕　北大法律硕士　中信银行
吴志刚　北大法律硕士　浙商银行
李　森　北大法律硕士　阳光保险资产管理公司

李世涛　北大法律硕士　光大永明保险公司
申筱然　北大法律硕士　安邦保险公司
郭婧然　北大法律硕士　泰康保险公司
王　嵘　北大法律硕士　长城寿险
黄贤明　北大法律硕士　中融信托
吴　政　北大法律硕士　中信信托
康　顺　北大法律硕士　平安信徒
王大伟　北大法律硕士　中粮信托
李　敢　北大法律硕士　苏州信托
杨　帆　北大法律硕士　陆家嘴信托
黄建华　北大法律硕士　大业信托
周　慧　北大法律硕士　云南信托
冯　博　北大法律硕士　民生证券
李冠宇　北大法律硕士　国投信托
于　佳　北大法律硕士　北京信托
薛显志　北大法律硕士　新华信托
何世军　北大法律硕士　渤海信托
余祖丽　北大法律硕士　北京中盛律师事务所
林久初　北大法律硕士　北京金杜律师事务所
林海宁　北大法律硕士　北京君合律师事务所
郭　治　北大法律硕士　北京通商律师事务所
林海宁　北大法律硕士　北京金诚通达律师事务所
高　巍　北大法律硕士　北京中银律师事务所
金明浩　北大法律硕士　北京时代九和律师事务所

总　　序

首先需要说明的是，本丛书中各书的作者主要是北京大学法学院法律硕士毕业生。我本人是2001级北大法律硕士。我们2001级北大法律硕士是北大法学院招收的第一届全日制本科专业为非法学的法律硕士研究生。我们毕业至今已经十年。在这十年里，我们经历了很多，也对法学院教学内容和方式有很多的思考。实际上，不只我们，后来毕业的师弟师妹们都有着和我一样的感受，甚至是目前在校的师弟师妹们也都渴望实务界的知识进入法学院的课堂。遗憾的是，这种渴望一直是渴望，因为法学院的教师们一直坐在法学院舒适的办公室里，并不了解我们这些实务界打拼的毕业生们具体在做什么，所以，他们尽管也想把实务知识引进课堂，但由于不了解外面有什么样的实务知识，所以也就无法引进。

北大法律硕士从2001级开始，至今已经有十几届了。令我感到很自豪的是，这个群体非常优秀，在实务界发展得非常出色，很多人已经身居高层领导职位或者在本单位中是业务中坚力量。这个群体更值得称道的一个方面是，他们很团结，社会责任感很强，愿意帮助别人。北大法律硕士从我们这一届起就组织了北大法硕联合会，为北大法律硕士在校和毕业生提供服务。法律硕士联合会经常组织毕业生们的聚会，交流感情和工作经验，举行慈善募捐活动。此外，在法律硕士联合会的组织下，为师弟师妹们提供实习机会，甚至是工作机会成了北大法硕毕业生们一项经常性的活动。有感于课堂教育存在的局限性，我们北大法律硕士毕业生们从2007年开始就自发组织起来，经常为在校学生开办实务讲座，给他们提供实务知识，帮助他们了解学校围墙外面的世界。

2014 年 4 月我们受北大法硕联合会时任主席刘宽的邀请，在北大法学院再次组织了一系列的金融实务讲座。很多同学感觉获益良多，但由于时间上的限制，我们的很多讲座没有展开，而且很多种类的业务也没有机会和师弟师妹们共享。鉴于此，有很多同学就问，是否有一些实务书可以推荐阅读？于是，这启发了我们组织已经毕业了的北大法律硕士毕业生们为北大法律硕士在校生编写一套实务丛书，把我们所了解到的业务操作知识告诉他们。这是一件很不容易的事情。要知道，在北京工作不是一件轻松的事情。尽管如此，很多人都愿意参与这个项目，在工作时间和休息时间中挤出时间来写书。

本丛书初衷是为北大法律硕士在校生而作，但也奉献给其他在校学生，特别是商学院、法学院这些实践性学科的在校学生和那些有志从事金融、法律职业的其他学科的在校生，帮助他们初步了解外面的世界。这套丛书为在校生们提供入门的知识，并不指望他们能够读了这些书而成为高手（当然，能成为更好），但确实希望能够帮助他们了解各种业务操作的基本知识，而不至于在实习时和工作初期面对工作一脸茫然，不知从何下手。通过阅读这些实务书，他们可以知道各种业务操作的流程，了解这些业务的核心问题和解决方案，明白相关文件如何制作。如此，他们就能够在实习时不会因为对业务一无所知而被冷落去打杂。并且，相比其他的实习生，他们会因为能够尽早上手做业务而在职位获取方面更有竞争优势。客观上来说，这些实务书籍如果能够在高校内推广，也会推动实务界专业水平的提高。我们期待最好的社会效果！

丛书主编　隋　平

2014 年 9 月于金融街

《北京大学法律硕士实务丛书》序言

从2014年9月开始在燕园攻读法律硕士，不知不觉已经过去十八个月。这十八个月是自己学生生涯最为充实、也是课业最为繁重的一段日子。整个研一期间，我修了17门课程，而且绝大多数课程都是三个甚至四个课时。对于硕士研究生来说，这样的课程密度可能是绝无仅有的。但对于北大的法律硕士来说，这却是司空见惯。

作为无数学子心中的学术殿堂，北京大学对于全国各地的学生都有着无可比拟的吸引力。我相信绝大多数人从小便有一个北大梦，可现实是通过高考就实现了梦想的人毕竟是少数。不过让人欣慰的是很多学生并不因此就轻易地埋葬了自己的梦想：来到中国最好的法学院、攻读目前最热门的法律专业，成了很多本科生更为真切的目标。所以，每年各个高校的众多优秀学生都拼尽全力以求保送或考上北大法律硕士。以考研为例，自我国开始招收法律硕士以来，北大法学院的录取分数线一直稳居全国第一。就此我们可以想象竞争是多么的激烈，而能从中突围最后入读北大法硕的学生，其学习能力和精神毅力都算得上是出类拔萃的。

北大法学院也一直很注重对法律硕士的培养，尤其在学习方面的要求严格得近乎严苛。比如在课程安排上，因为北大法律硕士本科所学的都是法学以外的专业（北大法学院于2014年9月首次招收法学法硕，但人数很少，所以在一般观念中北大法硕主要指非法学法硕），为了夯实法律基础，北大法学院给研一学生安排了众多专业基础课程，意使法硕学生能通过一年的专业学习达到法学本科生四年的基础知识储备。这也就解释了为什么会出现我上文提到的一学年修17门课程的情况。除了量的积累,北大法学院对法硕学生的学习也有质的要求。如所有法硕专业课成绩及格线均为70分;挂科达到三门即强制退学等。根据这些情况,我们可以感受下北大法律硕士平时得在学习上花费多少精力、时间。当然,这也意味着北大法律硕士在法学领域的学术理论、文本知识上应该有着不错的造诣。

学以致用,再好的学理不能运用在实践中,也是水中月、镜中花。更何况国家招收、培养法律硕士的宗旨,就是以实务为导向,向立法、司法、行政执法与监督,以及经济管理等部门、行业输送高层次法律专业人才与管理人才。可以说衡量法律硕士是否合格,一个重要标准就是评断其在实务上取得的成就。所以,如何最高效地将在北大法学院学到的知识运用在现实的社会工作中,是北大法学院也是北大法律硕士一直探索的问题。

以隋平师兄为首的各级已毕业北大法硕师兄师姐,作为不同行业的杰出人士,整合自身多年的实务工作经验,不遗余力、煞费心血,终于编撰出《北京大学法律硕士实务丛书》。这套丛书是北大法硕人凭借扎实的法学理论功底,根据真实的工作经历,经过审慎的推敲,最后做到质而不俚、辩而不华才予以面世。《北京大学法律硕士实务丛书》既是北大法硕已毕业师兄师姐留给我们这些在校师弟师妹们的精神财富,更反映了北大法硕人薪火相传的伟大传统。所以,遇上这套书是我们的幸运,读好这套书是我们的责任。

北大法律硕士联合会现任主席　甘凯云

2015年1月16日于北大法律图书馆

执行主编序言

法律硕士在中国的发展可谓突飞猛进、一日千里。目前,一大批法律硕士出身的专业人才正活跃在中国立法、司法、律师、公证、审判、检察、监察、金融、经济管理等各个领域,他们依凭自己的专业知识、实践技能和法治信仰,为中国的法治进程贡献力量,为中国的市场经济添砖加瓦。

当然,法律硕士的发展与现状并不是只有成绩、没有遗憾。

作为专业硕士,法律硕士的对应概念是位列学术型硕士谱系的法学硕士。按照《关于设置法律专业硕士学位的报告》以及《关于开展法律硕士专业学位研究生试点工作的通知》这两个基本文件,法律专业硕士学位是具有特定法律职业背景的专业性学位,它以培养应用型高层次法律人才为培养目标,法律专业硕士与现行法学硕士在学位上处于同一层次,但规格不同、各有侧重,法律硕士专业要着力改变法学研究生教育尚存在的偏重学术性而对实务性注重不够,专业划分过细,培养规格单一的状况。由此,应用型、实务型、职业型是法律硕士区别于法学硕士的基本特征,这一特征决定了法律硕士的培养目标、培养计划和培养方式必须以实务为导向。

然而较为遗憾的是,当前各高等院校法律硕士的培养并没有很好地突出专业硕士的实务特色,而或多或少地存在如下一些问题:(1)课程设置上借鉴法学本科,授课内容上参考法学硕士;(2)缺乏专职师资队伍,基本依靠学术型教师队伍;(3)教学方式仍以传统课堂讲授为主,案例教学、实践教学很少或基本没有;(4)学位论文选题偏重理论,较少关注司法实践问题的应用研究。对于这些问题更为通俗、形象的诠释来自法律硕士学生一种较为普遍的感受:学生如果积极主动一些、跟老师接触多一些、学术能力强一些,老师会按法学硕士培养;对于一般的学生,就像在读法学本科,中规中矩地上课、写论文、毕业。总之,学校里学不到实务技能。

之所以会产生法律硕士培养与实务导向背离的现象,是长期以来讲授式教学方式、缺乏具有实务经验的专职师资、未设置专门的实务课程体系和授课内容等多方面因素综合作用的结果。无怪乎一位泰斗级法学教授曾无奈地说过,给法律硕士上课不知道上什么。设立之初便以培养实务人才为目标的法律硕士,实际培养中却相去甚远,这对于每一位可能付出了非常多努力才读上法律硕士的学生来说无疑是一种悲哀。

问题需要解决,现状需要改变。北京大学法学院一直致力于探索法硕培养之道。经过十几年的发展,北大法学院逐步形成一套比较完整的培养模式,具体包括分方向培养、开设专业中高级课程、双导师制等。与此同时,作为在读法律硕士研究生自治组织和已毕业法律硕士校友联谊组织的北京大学法律硕士联合会,也通过举办法律硕士成长成才论坛、未名金融实务论坛、协办职业发展训练营等多种形式提升法律硕士实务能力。

编写《北京大学法律硕士实务丛书》是北京大学法律硕士联合会为切实帮助法律硕士提高自身实务能力进行的又一努力,通过邀请法律硕士出身的各行业杰出人士就所在领域的业务实务进行系统、全面、深入浅出的讲解,希望能够向在读的法律硕士研究生传递实务知识和业务操作经验。丛书撰稿人均为所在领域经验丰富的代表人士,他们都将自己多年积累下来的实务经验在书中毫无保留地倾囊相授。本套丛书能够顺利出版,要特别感谢2001级北大法律硕士毕业生隋平师兄,隋平师兄承担了选题、联系作者、审稿等大量任务,没有他不知疲倦的付出和不遗余力的支持,这套丛书是难以呈现在读者面前的。

此套丛书也是北大法律硕士联合会从自身的需求出发,在历届师兄、师姐们的帮助下自发进行的一次尝试,是一个法律硕士培养方案的“民间版本”,希望能够为法律硕士培养方案的版本提供一些思路和经验。

第12届北京大学法律硕士联合会主席　刘　宽

2014年10月1日于北大万柳学区

序　言

时光荏苒，岁月如歌。今受隋平师兄之托为书作序，方觉自己毕业已数载，校园种种依稀就在昨日。数月前，闻知隋平师兄有编书之意，当即深感此事甚好，很有意义。反观自己在新三板市场工作多年，日积有余，岁积不足，未有所著，自叹弗如。而今作序，聊表对师兄主编丛书之敬佩，对后来人之寄托。

这套丛书汇聚了奋战在市场和业务一线朋友们的实践经验和聪明智慧，我认为至少在两个方面特别能够对同学们有所启迪：

其一，专注于为在校学生提供实务指导。一方面，现在实务类书籍林林总总、不计其数，但很多是为已经步入职场的人们服务，对在校学生针对性不强；另一方面，很多同学虽然也利用暑期等业余时间实习，但往往时间短、事务杂、边缘化，核心业务未接触、实习期限已结束，难以获得系统性的实务帮助。一头是意气风发的学生，一头是热火朝天的职场，中间隔着的确是碧海蓝天。怎么才能跨过去拥抱你们梦寐以求的事业，实现你们心比天高的理想？这套丛书就是要送你一条船、一双桨、一道帆，给你们多一些指导，让你们少一些阵痛，针对性很强，实用性很强。

其二，关注对金融市场提供实务说明。金融市场是充满魅力和机会的市场，像巨大的磁石，吸引着一批批应届毕业生前赴后继。这套丛书介绍了金融市场的诸多方面，有助于在校学生们系统了解和掌握金融市场。就新三板市场而言，2006 年国务院批准中关村园区进入股份报价转让试点，到 2011 年只有几十家挂牌公司，挂牌公司股东不能超过 200

人,股份只允许协议转让,交易清淡,融资功能有限,市场规模小,市场关注少,挂牌公司、投资者、中介机构参与的热情都不高,社会各界对市场都不太了解。但就是这个在当时看起来名不见经传、在证券行业不起眼的一个探索,经过经验积累,经国务院批准,2012 年 7 月试点扩大至武汉东湖、天津滨海、上海张江等四个园区,2013 年国务院又专门出台《关于全国中小企业股份转让系统有关问题的决定》,将市场覆盖范围进一步扩大到全国,支持创新、创业、成长型企业发展。市场进入快速发展期,目前挂牌企业已达 1000 多家,市值总计 1300 多亿元,覆盖 17 个行业、28 个省份。市场功能不断完善,股票融资次数和规模大幅增长,机构参与程度日益增高;股权质押、知识产权质押融资逐渐增多;并购重组日趋活跃;做市交易平稳起步。市场各方积极参与,证监会、全国股份转让系统公司制定各项政策规则支持市场发展,各地政府出台各项优惠措施鼓励企业挂牌,主办券商等中介机构积极开拓市场,公司挂牌积极性明显提升。总体来说,新三板市场对经济结构调整和转型升级的支持作用初显成效。这套丛书关于新三板市场的内容丰富,许多见解精辟独到,值得研读,值得玩味。

少年智则国智,少年强则国强。希望这套丛书能为师弟、师妹们增智图强以帮助。

第 5 届北大法律硕士联合会主席　毛剑锋

2014 年 10 月于北京金融街金阳大厦

致"金融派"的新生代

最近,经常会有人问我这样的问题:"你不是学法律吗?那为什么不愿意去律所和法院呢?""学法律的在金融公司能做些什么啊?""你现在在券商实习做的事和律师有区别吗?"

每次我都会回答:"因为我喜欢啊,其实金融行业也需要很多法律人才的,做的事嘛,券商比律所做的尽调要更全面……"我知道,这样泛泛地回答并不能释明对方的疑惑,因为甚至连我自己对即将迈入的行业以及未来职业规划都不是那么的明晰和笃定,一切的决定,似乎都是出于一腔热血和激情。

但是,这样一个占据行业链顶端、吸引着全球顶尖人才争相进入、改变着世界经济面貌的行业,不正是因为这样的热血激荡才不断生长繁衍的吗!

我是一名"90后",在即将到来的2015年中,又会有一批我的同龄人将离开校园、迈入职场,开始书写属于我们新生代的华彩篇章。而当下,随着前不久《证券法》的修改,新一轮资本市场改革已进入纵深化发展,可以预见,未来的金融行业必将大有作为,与国际接轨的步伐也会大大加快。

说来也巧,"90后"的成长轨迹与我国资本市场的发展竟十分一致,就如同一对双生花,互相见证着对方从稚嫩到成熟的蜕变。1990年,当我们刚刚落地、嗷嗷待哺时,上海、深圳两家证券交易所开始营业,资本市场雏形渐成;1992年,当我们开始蹒跚学步时,证监会成立了,我国开始有了统一的市场监管框架;1997年,当我们刚进入校园开始十年寒窗路时,《证券法》开始实施,从此资本市场有了统一的法律规范;2004年、2005年,当我们迈入高中为人生第一次"战役"奋斗时,《国九条》、股权分置改革出台,大大拓展了资本市场的深度和广度、将资本市场的发展提升到了国民经济的战略高度……如今,我们即将迎来继高考后又一次的人生转折点,但与之前不同的是,这一次,我们会亲身参与到资本市场的这一轮改革新浪潮,体会它、认识它,甚至改变它。

进入券商实习于我而言是一次偶然的邂逅,在此之前,我一直徘徊于律所、法院、企业法务中,做着一些说不上喜欢也说不上讨厌的工作,正是因为毫无感觉,所以更加不确定未来的发展方向。一直到隋平师兄有一天跟我说:"为什么不去投行试试呢?你肯定会喜欢的。"我很讶异这一建议,因为我一直对自己进入金融业,尤其是投行这种被广泛认知为高大上、非名校MBA不得进入的行业是没有信心,甚至是不敢奢望的。就个人素质而言,我在北大这种最高学府也不是出类拔萃的,将近六年时间没有接触过数学,会计、审计等财务知识更是一窍不通,除早早地通过司法考试,貌似没有其他明显的优势了。但隋平师兄的一席话打消了我的顾虑:"没有基础不要紧,大家都是从什么都不会开始的。不懂投行业务也不要紧,求职前多攻读一些实务类书籍,入门并不难。"

此后几个月,我抱着"头悬梁,锥刺股"的心理准备开始了"啃书虫"的生活。从IPO实务操作、到企业并购重组、再到最近很火的新三板实务,通读了几本之后,我的心里很快就踏实了。因为我发现,金融业,并不完全是充满着艰涩的数学模型和计算公式的,尤其是对于投行业务而言,相当一部分业务内容是辅导项目公司的合规化治理,而这些对于学了几年法律的我来说并不陌生,看书的过程实际就是将以往的知识储备进行整合而已。后来进入券商投行部实习,凭借从书上获取的知识,虽然冒充不了内行,但也不会让前辈和合作的律师产生"这小孩什么也不懂也来投行实习"的感觉,有时候也能就项目过程中遇到的问题与他们进行激烈的探讨。

阅读实务类书籍带给我最大的感受是,我能清晰地在脑海中构建起整个项目的流程图:一个项目的完成有哪几个阶段;每个阶段的具体内容、大概时间、参与机构;监管部门的审查重点;公司与中介机构应对审查的规范化措施等。在很长的一段时间内,我之所以对投行望而生畏,原因就在于我一直都不清楚投行具体是做什么的,再加上大众、媒体对它的渲染和吹捧,不由得我不发怵。但是,一件事物,一旦刺破了它神秘的外纱,它立刻就会变得亲近、接地气了。隋平师兄的这套丛书,也许就能起到"刺破投行面纱"的作用。

如果说读书是给一幅图画勾勒了轮廓,那么实战就是给这幅画描绘细节、填充色彩。在实习过程中，我不止一次发现，我明明已经发现了问题，但是却不知如何解决，书本并没有给我提供一个现成的答案。当然，这也正是投行业务的魅力：每个项目公司都有自身特点和问题，你参与的项目越多、越见多识广，就越能累积可贵的经验、提升工作的能力。这也许也正是我愿意义无反顾投身于这个行业的原因吧，即使我会为此牺牲掉许多的个人生活（业界传说的“投行女难嫁”）和身体健康（高强度工作是投行一贯的风格）——试问：世上又有几份工作能像投行这样，能让你深入各行各业、接触不同风格的精英、遇到接踵而至的挑战，并能在短短几年内就实现素质、能力的飞速提升呢？

投行是个需要复合型人才的地方，我深知自身的不足，需要学习的地方还太多太多。但我内心也为此激动地期待着，期待着见证自己在未来的成长和蜕变，在这个行业，我的未来有无数的可能性，让我忍不住去探寻。

说了这么多，似乎有负于隋平师兄让我写序的重托，实在惭愧。师兄可以说是我人生的一个导师，在我迷茫的时候给我指出了一条崭新的道路，他给我提出的很多建议我也都一一采纳，并收到了很好的效果。师兄给我列出的实务类书单中，有他本人著作，也有他经过大浪淘沙后筛选出的适合初学者、可读性较强的书籍，但由于数量太多、内容也较为分散，迄今为止我仍未能全部读完，颇为遗憾。此套丛书出版，于我而言实乃一大幸事，因为不用再纠结如何在众多实务类书籍中作出取舍，这样一套书籍，足以帮助我重新理清知识体系并补充新的知识储备。师兄已出版多本实务类畅销著作，其一直以来的梦想就是出版一套适合学生进入金融职场的实务类丛书，如今终于得偿所愿，实在是可喜可贺！希望更多对金融业有兴趣、愿意投身于此行业的“新生代”朋友们能通过此套丛书实现自身的目标和愿望！

2012 级北京大学法律硕士

国泰君安证券投资银行部实习生　谢舒婷

2014 年 9 月 14 日于北大万柳学区

本书序言

近年来，随着中国经济的持续增长和国内市场的不断扩大，作为后起之秀的私募基金行业迎来了空前的发展繁荣，无论是登记、备案数量还是管理规模等均保持了较高的增长态势。根据中国证券投资基金业协会（以下简称中国基金业协会）数据显示，截至2018年底，在中国基金业协会登记的私募基金管理人数量总计为24,448家，备案的私募基金产品74,642只，管理的基金规模达12.78万亿元。私募基金通过私募投资活动，深度参与了证券市场、债券市场、非上市公司、创业投资企业等领域的投融资业务之中，为繁荣金融市场、促进实体经济转型升级提供了大量的资金支持，同时也为私募基金投资者带来了可观的投资回报，私募基金已经成为公募基金、保险资金之后的第三大机构投资者，逐渐成为金融市场一个重要的组成部分。

在私募基金行业高速发展的同时，因相配套的法规体系、监管机制、约束机制建设并未及时跟进，行业内外关于私募基金本质和治理规范的共识尚未形成，行业自律规则亦尚未在基金治理层面形成有效约束，大量募、投、管、退活动与私募本质和监管要求发生偏离。私募行业自身存在的问题和积累的风险不容小觑，私募行业屡屡发生的管理人卷款跑路失联、以私募基金名义非法集资事件，暴露行业机构鱼龙混杂、良莠不齐，从业人员专业能力欠缺、自律合规意识薄弱的问题。以2018年下半年“阜兴系”私募实际控制人跑路、亚洲掘金和中精国投失联为代表，一度引发私募行业危机，并引起监管强烈反弹，成为监管机构狠下决心实行强力监管的导火索，仅2018年度被注销的私募基金管理人数量就高达772家,其中因列入失联机构名录满三个月而被注销的私募基金管理人超过90家。

上述私募基金行业存在的问题和风险,直接反映在法院系统审理与私募基金募、投、管、退相关纠纷案件的数量上,以“私募+基金”为关键词,在威科先行法律信息库进行检索,截至2019年3月31日,共检索到与私募基金相关的民事判决书1392件,其中裁判日期为2001年至2014年的134件、2015年的77件、2016年的183件、2017年的390件、2018年的571件、2019年的34件,虽然有部分案件并非私募基金纠纷案件或者与私募基金纠纷并不直接相关,但上述检索结果总体上反映了近年来私募基金纠纷案件逐年大幅增加的趋势。私募基金纠纷从争议主体上可以划分为投资者与私募基金管理人之间的纠纷,投资者与托管人、私募基金服务机构之间的纠纷,投资者与私募基金之间的纠纷,投资者之间的纠纷,投资者与第三人之间的纠纷,私募基金与第三人之间的纠纷,以及私募基金刑民交叉纠纷,同时每一类纠纷还可以按不同标准进行细分,涵盖私募基金募、投、管、退的全生命周期。

本书通过逐一检视私募基金纠纷案件的裁判文书内容,从上述1392件判决书中按照不同的纠纷种类、审理法院层级、案例代表性等标准,精心挑选出近200件为生效裁判文书所确认的私募纠纷案件进行了深入研读,从案例简介、裁判结果、裁判要旨、案例来源、案例评析、案例启示、相关法规等七个方面,归纳全国各级法院在审理私募基金纠纷案件中的事实认定、法律适用、裁判思路和司法观点,以冀总结私募基金面临的主要法律风险,厘清司法机关在审理私募基金纠纷案件遵循的裁判规则,为参与私募基金的相关主体进行投资活动、纠纷解决提供一定参考,同时也为法官、检察官、律师、法律顾问处理私募基金纠纷案件提供些许助益。

私募基金作为一种新兴行业,仍处于不停的发展和创新之中,相应的法规体系和监管制度也在进行变革,司法政策也在不断调整,笔者从事法律职业已逾十年,深知虽有多年私募服务法律经验,然所得所知仍犹如盲人摸象、管中窥豹,在本书写作过程中一直心存忐忑,担心由于自身专业欠缺和治学不严谨而在案例研读中出现纰漏,贻笑大方诚然事小,误人子弟则过大。因此,因笔者能力所限,本书难免存在谬误和不妥之处,还请读者朋友多加包涵,并不吝批评。

吴昕栋

2019年4月18日

目　录

第一编　投资者与私募基金管理人之间的纠纷

第三编 投资者与私募基金之间的纠纷

第四编　投资者之间的纠纷

第五编　投资者与第三人之间的纠纷

第六编 私募基金与第三人之间的纠纷

第一编　投资者与私募基金管理人之间的纠纷

第一章　私募基金募集纠纷

第一节　推介募集资金存在欺诈的，投资者可行使撤销权并要求返还投资款

一、案例简介

1. 事实经过

2014年2月12日，柳丽萍与私募基金管理人上海拙远投资管理有限公司(以下简称拙远公司)签订《上海拙明投资中心(有限合伙)合伙协议》，协议约定合伙目的为认购华澳国际信托有限公司(以下简称华澳信托)单一资金信托计划的形式投资于宜兴市致诚置业有限公司(以下简称致诚置业)，用于郎溪商会大厦绿化配套工程建设。投资期限自新合伙人加入本有限合伙之日起不超过12个月。合伙期满，经全体合伙人同意，可以延长。有限合伙的普通合伙人为拙远公司。普通合伙人对于有限合伙的债务承担无限连带责任。拙远公司、上海拙明投资中心(有限合伙)(以下简称拙明中心)、柳丽萍均于协议尾部签章。同日，柳丽萍与拙远公司签订《上海拙明投资中心(有限合伙)有限合伙份额认购协议》，约定募集资金的目的为合伙企业将募集资金直接或间接投资于华澳信托单一资金信托计划为致诚置业发放贷款，柳丽萍承诺认缴出资人民币110万元。拙远公司、拙明中心、柳丽萍亦于该协议尾部签章。次月4日，拙远公司向柳丽萍出具《华澳信托—郎溪商会大厦投资基金(FOT)项目认购确认书》，确认柳丽萍投资的该基金项目已于2014年2月14日成立，柳丽萍出资金额为110万元，基

金存续期为12个月，按照国家相关法律规定，存续期满后5个工作日内，以到期日基金财产为限计算投资者应得的本金及收益，并进行兑付。

2014年3月31日，拙远公司在其网站(http://zhuoyuancaifu.com)中发布关于"华澳信托—郎溪商会大厦投资基金"项目结构变更说明：由于银监会在2014年初出台窗口指导，明确表示各家信托公司暂时停止FOT结构的业务，使华澳信托无法作为本项目的机构合作方，因此本着对投资者负责的态度，经公司风控委员会讨论，委托中国银行股份有限公司作为"郎溪商会大厦"项目资金监管方，为融资方致诚置业发放贷款……次月29日，拙远公司再次发布公告，告知投资者"华澳信托郎溪商会大厦"项目已于2014年3月正式募集结束。

2014年10月23日，江苏博望律师事务所受致诚置业的委托向拙明中心发函，确认致诚置业与拙明中心的借款金额为5131万元，致诚置业在其名下位于安徽省郎溪县的郎溪商会大厦土地及在建工程上设定了抵押权人为拙明中心的价值1.2亿元之抵押。郎溪商会大厦土地及在建工程之评估总价值为2.76亿元，抵押权利人设定为拙明中心之抵押价值为1.2亿元，远超拙明中心对致诚置业之债权金额。

2014年11月，拙远公司发出《郎溪商会大厦项目延期兑付公告》，说明由于各方面因素的影响，本项目无法如期兑付，本着对投资者负责的态度，经过与融资方多次协商确认，本项目将延期1年兑付，按投资者打款先后顺序，逐步清偿投资者本息，各投资者收益率增加1%，到期一次性还本付息。

《华澳信托—郎溪商会大厦投资基金(FOT)募集说明书》显示，该基金的管理人为拙远公司，融资方为致诚置业，产品类型为FOT，资金管理为华澳信托，资金用途为本有限合伙基金用于认购华澳信托单一资金信托计划为致诚置业发放贷款。拙明中心与致诚置业签订的《郎溪商会大厦委托贷款项目兑付安排补充协议》约定，致诚置业向拙明中心借款5,131,000元，借款期限为12个月，实际采用了分批放款的方式，于2013年10月30日至2014年4月14日，通过中国银行屺亭支行发放委托贷款完毕。致诚置业将名下资产位于安徽省郎溪商会大厦土地及在建工程，评估价值2.76亿元，全部抵押给拙明中心，用于担保本次借款。

另外，华澳信托于2015年8月12日向上海市公安局浦东分局出具的《情况说明》显示：经查，华澳信托从未成立"郎溪商会大厦项目"，也未就该项目与相关各方进行过业务合作。

柳丽萍认为,拙明中心和拙远公司采用虚构事实和隐瞒真相的方法促使柳丽萍作出错误意思表示与拙明中心和拙远公司缔结有限合伙法律关系的行为已构成欺诈,并诉请法院撤销柳丽萍与拙明中心和拙远公司签订的《合伙协议》,及要求拙明中心和拙远公司返还110万元。

2. 核心争议

合伙协议是否是拙明中心和拙远公司以欺诈手段使柳丽萍在违背真实意思的情况下订立的,即柳丽萍是否可以行使撤销权。

3. 交易结构图

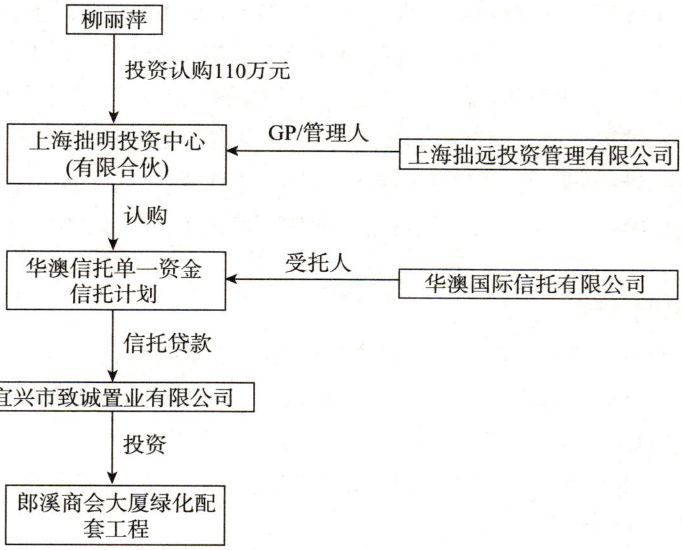

图1－1　交易结构图

二、裁判结果

一审法院上海市浦东新区人民法院认为,一方当事人故意告知对方虚假情况,或者故意隐瞒真实情况,诱使对方当事人作出错误意思表示的,可以认定为欺诈行为。系争协议虽约定以认购华澳信托单一资金信托计划的形式投资于致诚置业,用于郎溪商会大厦绿化配套工程建设,说明此FOT模式是基金管理人发起设立有限合伙制基金并募集资金后,以有限合伙的全部或部分财产设立单一信托对有限合伙选定的项目进行投资。拙明中心和拙远公司在对选定的项目进行投资的过程中,对单一信托的形式作出了变更,且其变更也已通过网络公告的形式予以说明,即委托中国银行股份有限公司作为资金监管方,可见,拙明中心和拙远公司并未告知虚假情况，不存在隐瞒的故意，也没有隐瞒的行为，故一审法院对柳丽萍主张拙明中心和拙远公司欺诈实难认可，柳丽萍依据欺诈而要求解除系争协议、返还出资款、赔付律师费的诉讼请求均于法无据，一审法院驳回了柳丽萍的诉讼请求。

二审法院上海市第一中级人民法院认为，一方当事人故意告知对方虚假情况，或者故意隐瞒真实情况，诱使对方当事人作出错误意思表示的，可以认定为欺诈行为。系争合伙协议约定合伙目的为认购华澳信托单一资金信托计划的形式投资于致诚置业，用于郎溪商会大厦绿化配套工程建设。拙明中心和拙远公司在未与华澳信托就“郎溪商会大厦项目”进行业务合作的情况下，即与柳丽萍签订系争合伙协议，并以华澳信托—郎溪商会大厦投资基金（FOT）项目名义收取相关款项，属于法律认定的欺诈行为。现柳丽萍据此要求撤销系争合伙协议，拙明中心和拙远公司共同返还110万元，具有事实和法律依据，二审法院予以支持，并判决撤销柳丽萍与拙明中心和拙远公司签订的《上海拙明投资中心（有限合伙）合伙协议》，拙明中心和拙远公司向柳丽萍返还投资款110万元。

三、裁判要旨

一方当事人故意告知对方虚假情况，或者故意隐瞒真实情况，诱使对方当事人作出错误意思表示的，可以认定为欺诈行为。拙明中心和拙远公司在未与华澳信托就“郎溪商会大厦项目”进行业务合作的情况下，即与柳丽萍签订系争合伙协议，并以华澳信托—郎溪商会大厦投资基金（FOT）项目名义收取相关款项，属于法律认定的欺诈行为。

四、案例来源

1. 案例索引

【案件名称】柳丽萍诉上海拙明投资中心（有限合伙）等合伙协议纠纷案

【审理法院】上海市第一中级人民法院

【案号】（2015）沪一中民四（商）终字第1669号

【审理程序】二审

2. 关联案例

上海市浦东新区人民法院在“王方与上海金亥投资管理股份有限公司、成都金林风投资股份有限公司其他与公司有关的纠纷案”［（2015）浦民二（商）初字第1971号］中认为，首先，在非公开发行的资金募集时，公司与投资人需要达成认股协议，并不能以投资人收到股权证明书、收到分红而代替认股协议。其次，被告金亥公司声称原告是其股东、记载在股东名册中，但其向上海股权托管交易中心的《基本情况说明书》中股东并无原告，而股东名册中又没有《基本情况说明书》中的股东，违反了股份公司同股同权的基本原则。被告金亥公司所谓将来通过增资将原告显示出来，交由上海股权托管交易中心管理等说辞无非是再次欺骗原告的托词。至于被告金亥公司称原告收到过分红、享受过股东权益，被告金亥公司既没有通知原告参加过股东大会，又没有让原告审议过利润分配方案，如何判断原告收到的是股权分红。综上，原告要求以受到欺诈而撤销该投资行为，法院予以支持。

五、案例评析

诚实信用原则是民法基本原则之一，被称为民法中的帝王条款，要求民事主体在民事活动中应当诚实、守信用，正当行使权利和履行义务，不弄虚作假，不欺诈，不以损害他人和社会利益的方式来获取私利。这一原则直接被多部法律所确定，《民法通则》第4条规定，"民事活动应当遵循自愿、公平、等价有偿、诚实信用的原则"，《合同法》第6条规定，"当事人行使权利、履行义务应当遵循诚实信用原则"。诚实信用原则成为衡量民事主体民事行为合法性的准绳之一，对于违反诚实信用原则的欺诈行为，当事人可以请求人民法院或仲裁机构予以撤销或宣布无效。

在私募基金募集资金过程中，私募基金管理人、募集机构及其从业人员应遵守诚实信用原则，严守《证券投资基金法》《私募投资基金监督管理暂行办法》《私募投资基金募集行为管理办法》等法律、法规有关"基金推介和募集"的规定，保证推介材料内容的真实性、完整性、准确性负责，不得有任何虚假记载、误导性陈述或者重大遗漏，确保推介和募集行为的合法合规性，维护投资者的合法权益。如私募基金的基金管理人或募集机构及其从业人员在基金的募集过程中存在故意告知虚假情况或者隐瞒真实情况等行为，误导投资者作出错误的投资决定，造成投资者损失，投资者依法可以要求撤销相关投资协议并赔偿损失；同时，私募基金管理人、募集机构及其从业人员还将受到监管机构的处罚，遭受声誉损失，甚至还会承担刑事责任。

六、案例启示

1. 私募基金管理人应严格遵守基金推介和募集的相关规定，依法合规募集和推介私募基金

《证券投资基金法》《私募投资基金监督管理暂行办法》《私募投资基金募集行为管理办法》等法律法规对基金的推介和募集作了详细的规定，诸如，基金募集材料的制作应由私募基金管理人负责并使用，推介材料应当真实、完整和准确，应该向投资者揭示投资风险，并采取适当方式确认投资者符合合格投资者标准，不得公开推介或者变相公开推介，等等。因此，私募基金管理人以及委托的销售机构、从业人员在私募基金的募集设立过程中，应严格遵守上述规定，确保推介和募集过程的合法、合规，避免因欺诈推介引起法律、监管及声誉损失。

2. 投资者在认购和投资私募基金时应做好充分的准备工作，并及时采取法律武器维权

私募基金行业整体还处于向上的发展期，有很多不规范的地方，监督管理还不到位，因此，需要投资者在认购和投资私募基金时应做好充分的准备工作。比如，审核私募基金募集文件及其内容的合规性，是否符合《证券投资基金法》《私募投资基金监督管理暂行办法》《私募投资基金募集行为管理办法》等法律法规的规定，登录中国基金业协会网站查询私募基金管理人登记情况以及募集机构是否已经取得相应资质，是否属于失联或被采取风险警示，了解私募基金管理人过往私募基金管理和投资业绩情况，聘请专业律师对私募基金以及投资项目开展法律尽职调查，等等，避免私募基金管理人、募集机构及其从业人员以欺诈手段使投资者在违背真实意思的情况下订立相关投资协议。当投资者一旦发现私募基金管理人或募集机构及其从业人员在基金的募集过程中存在故意告知虚假情况或者隐瞒真实情况等行为，投资者应及时通过法律途径，要求撤销相关投资协议、返还投资款并赔偿损失，或者向属地证监局或中国基金业协会举报或投诉私募基金管理人或募集机构及其从业人员的违规行为。

七、相关法规

《民法总则》

第一百四十八条　一方以欺诈手段，使对方在违背真实意思的情况下实施的民事法律行为，受欺诈方有权请求人民法院或者仲裁机构予以撤销。

《民法通则》

第五十八条 下列民事行为无效：

（一）无民事行为能力人实施的；

（二）限制民事行为能力人依法不能独立实施的；

（三）一方以欺诈、胁迫的手段或者乘人之危，使对方在违背真实意思的情况下所为的；

（四）恶意串通，损害国家、集体或者第三人利益的；

（五）违反法律或者社会公共利益的；

（六）以合法形式掩盖非法目的的；

无效的民事行为，从行为开始起就没有法律约束力。

《合同法》

第五十四条 下列合同，当事人一方有权请求人民法院或者仲裁机构变更或者撤销：

（一）因重大误解订立的；

（二）在订立合同时显失公平的。

一方以欺诈、胁迫的手段或者乘人之危，使对方在违背真实意思的情况下订立的合同，受损害方有权请求人民法院或者仲裁机构变更或者撤销。

当事人请求变更的，人民法院或者仲裁机构不得撤销。

第五十八条 合同无效或者被撤销后，因该合同取得的财产，应当予以返还；不能返还或者没有必要返还的，应当折价补偿。有过错的一方应当赔偿对方因此所受到的损失，双方都有过错的，应当各自承担相应的责任。

最高人民法院《关于贯彻执行〈中华人民共和国民法通则〉若干问题的意见（试行）》

68. 一方当事人故意告知对方虚假情况，或者故意隐瞒真实情况，诱使对方当事人作出错误意思表示的，可以认定为欺诈行为。

《私募投资基金募集行为管理办法》

第二十二条 私募基金推介材料应由私募基金管理人制作并使用。私募基金管理人应当对私募基金推介材料内容的真实性、完整性、准确性负责。

除私募基金管理人委托募集的基金销售机构可以使用推介材料向特定对象宣传推介外，其他任何机构或个人不得使用、更改、变相使用私募基金推介材料。

第二十三条 募集机构应当采取合理方式向投资者披露私募基金信息，揭示投资风险，确保推介材料中的相关内容清晰、醒目。私募基金推介材料内容应与基金合同主要内容一致,不得有任何虚假记载、误导性陈述或者重大遗漏。如有不一致的,应当向投资者特别说明。私募基金推介材料内容包括但不限于:

(一)私募基金的名称和基金类型;

(二)私募基金管理人名称、私募基金管理人登记编码、基金管理团队等基本信息;

(三)中国基金业协会私募基金管理人以及私募基金公示信息(含相关诚信信息);

(四)私募基金托管情况(如无,应以显著字体特别标注)、其他服务提供商(如律师事务所、会计师事务所、保管机构等),是否聘用投资顾问等;

(五)私募基金的外包情况;

(六)私募基金的投资范围、投资策略和投资限制概况;

(七)私募基金收益与风险的匹配情况;

(八)私募基金的风险揭示;

(九)私募基金募集结算资金专用账户及其监督机构信息;

(十)投资者承担的主要费用及费率,投资者的重要权利(如认购、赎回、转让等限制、时间和要求等);

(十一)私募基金承担的主要费用及费率;

(十二)私募基金信息披露的内容、方式及频率;

(十三)明确指出该文件不得转载或给第三方传阅;

(十四)私募基金采取合伙企业、有限责任公司组织形式的,应当明确说明入伙(股)协议不能替代合伙协议或公司章程。说明根据《合伙企业法》或《公司法》,合伙协议、公司章程依法应当由全体合伙人、股东协商一致,以书面形式订立。申请设立合伙企业、公司或变更合伙人、股东的,并应当向企业登记机关履行申请设立及变更登记手续;

(十五)中国基金业协会规定的其他内容。

第二十四条 募集机构及其从业人员推介私募基金时,禁止有以下行为:

(一)公开推介或者变相公开推介;

(二)推介材料虚假记载、误导性陈述或者重大遗漏;

(三)以任何方式承诺投资者资金不受损失,或者以任何方式承诺投资者最低收益,包括宣传"预期收益"、"预计收益"、"预测投资业绩"等相关内容;

(四)夸大或者片面推介基金,违规使用"安全"、"保证"、"承诺"、"保险"、"避险"、"有保障"、"高收益"、"无风险"等可能误导投资人进行风险判断的措辞；

（五）使用“欲购从速”、“申购良机”等片面强调集中营销时间限制的措辞；

（六）推介或片面节选少于6个月的过往整体业绩或过往基金产品业绩；

（七）登载个人、法人或者其他组织的祝贺性、恭维性或推荐性的文字；

（八）采用不具有可比性、公平性、准确性、权威性的数据来源和方法进行业绩比较，任意使用“业绩最佳”、“规模最大”等相关措辞；

（九）恶意贬低同行；

（十）允许非本机构雇佣的人员进行私募基金推介；

（十一）推介非本机构设立或负责募集的私募基金；

（十二）法律、行政法规、中国证监会和中国基金业协会禁止的其他行为。

第二节　投资者未签订基金合同及风险揭示书，基金合同关系不成立

一、案例简介

1. 事实经过

2015年4月13日，郝宏志欲投资“光大金控3号股票型证券投资基金”（以下简称“泰石3号”基金），以其个人在中国光大银行账号为×××账户转账支付至光大金控（上海）投资管理有限公司（以下简称投资公司）银行账号为×××账户101万元。在郝宏志于诉讼中出示的记载上述转账信息的《中国光大银行对私客户对账单》的“摘要”栏还记载有“泰石3号”字样。中国基金业协会信息公示公布的“私募基金公示信息”显示，郝宏志欲投资的“泰石3号”基金名称为“光大金控泰石3号股票型证券投资基金”，成立时间为2015年4月17日，备案时间为2015年4月23日，基金管理人为投资公司，基金托管人为中国光大银行股份有限公司。投资公司没有出示由郝宏志签字确认的风险揭示书。郝宏志收到投资公司提供的《基金合同》文本。郝宏志与投资公司就投资“泰石3号”基金事宜，未书面订立基金合同。2015年10月，中国基金业协会收到郝宏志对投资公司的书面投诉，投诉事项为郝宏志购买的私募投资基金“泰石3号”没有签署基金合同，要求投资公司返还101万元投资款及同期利息。中国基金业协会于2016年1月19日向投资公司发中基协字〔2016〕15号《审理告知书》，建议投资公司与郝宏志协商解决，并指出投资公司在向郝宏志募集资金过程中明显违反了《证券投资基金法》第92条的规定。2016年2月，郝宏志书信向中国证

券监督管理委员会上海监管局(以下简称监管局)反映情况。2016 年 4 月 5 日,监管局致郝宏志沪证监办复字〔2016〕151 号《答复函》,内容为:“郝宏志等同志,你们好! 我局于 2016 年 2 月 16 日收到你们的来信,反映情况知悉。现答复如下,经核查,光大金控(上海)投资管理有限公司未与您签订基金合同及风险揭示书等,我局将依据法律法规及相关规定采取相应措施,同时督促公司有效落实投资者适当性管理,妥善处理相关纠纷。如涉及赔偿事宜,建议与公司进一步协商,或通过司法途径予以解决。”投资公司未将 101 万元退还郝宏志。郝宏志遂以投资公司未进行风险揭示,未签订基金合同,双方之间合同关系不成立为由,起诉至法院要求投资公司返还投资本金及利息。

投资公司辩称投资公司与郝宏志建立了基金投资合同关系,郝宏志将 101 万元汇入投资公司开立的基金销售结算专用账户系其履约行为,其中 100 万元为基金份额认购款,1 万元为认购手续费,而投资公司汇集该资金并最终设立“泰石 3 号”基金亦是履约行为,可见双方已经建立了合法、有效的基础法律关系——基金投资合同关系,故投资公司汇集郝宏志所交付款项,拥有合法依据,并不构成不当得利。不同意郝宏志的诉讼请求。

2. 核心争议

郝宏志要求投资公司退还所收取的款项是否为不当利益,即双方之间投资合同关系是否成立。

3. 交易结构图

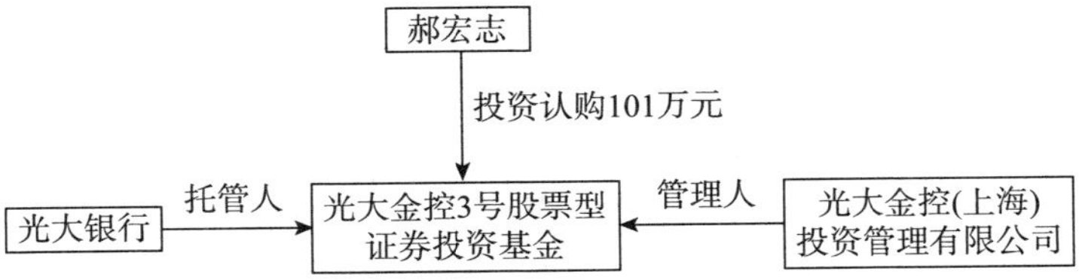

图 1-2　交易结构图

二、裁判结果

一审法院北京市西城区人民法院认为,首先应当确定,投资公司主张成立的基金合同属法律规定应当采用书面形式订立的合同。当事人采用合同书形式订立合同的,自双方当事人签字或者盖章时合同成立。“处理好风险自担与强化投资者保护的关系,加强投资者教育,引导投资者培育理性投资理念,自担风险、自负盈亏,提高风险意识和自我保护能力”是国家进一步促进资本市场健康发展的基本原则之一。为此，中国证券监督管理委员会发布的《私募投资基金监督管理暂行办法》对“资金募集”明确规定：私募基金管理人自行销售私募基金的，应当采取问卷调查等方式，对投资者的风险识别能力和风险承担能力进行评估，由投资者书面承诺符合合格投资者条件；应当制作风险揭示书，由投资者签字确认。诉讼中，投资公司未出示由郝宏志签字确认的“风险揭示书”，投资公司出示的有基金管理人、基金托管人印章的《基金合同》文本，可证明其制作了基金合同，但合同上“基金投资者签字”栏没有郝宏志签名。由此，法院认定投资公司主张的基金合同不成立。投资公司持有郝宏志款项无合同及法律依据，其拒绝返还造成郝宏志利益损失，致使郝宏志与投资公司之间的不当得利之债成立，郝宏志作为债权人，有权要求投资公司返还款项。综上所述，郝宏志要求投资公司返还本金 101 万元的诉讼请求，存在法律依据，法院予以支持。

二审法院北京市第二中级人民法院认为，《证券投资基金法》第 92 条第 1 款规定，非公开募集基金，应当制定并签订基金合同。基金合同应当包括下列内容：(1)基金份额持有人、基金管理人、基金托管人的权利、义务；(2)基金的运作方式；(3)基金的出资方式、数额和认缴期限；(4)基金的投资范围、投资策略和投资限制；(5)基金收益分配原则、执行方式；(6)基金承担的有关费用；(7)基金信息提供的内容、方式；(8)基金份额的认购、赎回或者转让的程序和方式；(9)基金合同变更、解除和终止的事由、程序；(10)基金财产清算方式；(11)当事人约定的其他事项。同时，合同各方当事人就合同主要条款达成合意是合同成立的要件之一。本案中，虽然郝宏志向投资公司支付的 101 万元系为了购买投资公司作为基金管理人销售的涉诉非公开募集基金，但鉴于郝宏志在收到投资公司邮寄的《基金合同》后并未签字确认，投资公司提交的《基金合同》亦明确规定，该基金合同自基金管理人、基金托管人、基金投资者共同签署后成立，基金投资者在签署合同后方可进行认购、申购，且投资公司亦未提交充分有效的证据证明其与郝宏志就涉诉基金合同的主要条款已经达成合意，现投资公司以郝宏志的付款行为属于实际履约行为为由主张双方之间存在事实上的基金合同关系，依据不足，二审法院难以采纳。《民法通则》第 92 条规定，“没有合法根据，取得不当利益，造成他人损失的，应当将取得的不当利益返还受损失的人”。本案中，郝宏志向投资公司支付涉诉款项系为了购买涉诉基金，但因郝宏志与投资公司之间的基金合同未能成立，且投资公司亦未举证证明其收取涉诉款项具有其他合法依据，故郝宏志要求投资公司返还涉诉款项本金及利息，具有事实及法律依据，应予支持。

三、裁判要旨

私募基金合同属于法律规定应当采用书面形式订立的合同，如投资者未在基金合同和风险揭示书上签字，则基金合同关系不成立，投资者有权以不当得利要求基金管理人返还投资款。

四、案例来源

1. 案例索引

【案件名称】光大金控（上海）投资管理有限公司与郝宏志不当得利纠纷案

【审理法院】北京市第二中级人民法院

【案号】（2017）京 02 民终 12390 号

【审理程序】二审

2. 关联案例

河南省郑州高新技术产业开发区人民法院在“河南嘉富诚股权投资基金管理有限公司、赵留俊合同纠纷案”［（2015）开民初字第 10512 号］中认为，《合伙企业法》第 4 条规定：“合伙协议依法由全体合伙人协商一致、以书面形式订立。”第 43 条规定：“新合伙人入伙，除合伙协议另有约定外，应当经全体合伙人一致同意，并依法订立书面入伙协议。订立入伙协议时，原合伙人应当向新合伙人如实告知原合伙企业的经营状况和财务状况。”宁波嘉诚双勇股权投资合伙企业（有限合伙）于 2015 年 6 月 4 日取得营业执照，合伙人为河南嘉富诚（普通合伙人）和张强（××），双方合伙协议第 14 条入伙、退伙中约定，新合伙人入伙时，除合伙协议另有约定外，应当经全体合伙人一致同意，并依法订立书面入伙协议。原告马宪杰于 2014 年 7 月 15 日与宁波嘉诚双勇股权投资合伙企业普通合伙人河南嘉富诚签订了入伙协议，协议约定原告马宪杰认缴出资额 150 万元，成为××，同时约定全体新入伙合伙人按照基金或普通合伙人的安排于入伙后签署正式《合伙协议》。但原告马宪杰作为新入伙合伙人仅与河南嘉富诚签订入伙协议，全体合伙人之间至今并未签订书面的合伙协议，全体合伙人亦并未表达互相同意入伙的意思表示。故马宪杰、贾东怀、张淼、冯晓辉、河南高通通信科技有限公司、蔡喜青、河南世润实业有限公司、河南鑫联鑫钢铁有限公司、张秀英、陈永辉、贾密琴、河南嘉富诚、张强之间并未形成新的合伙关系，原告马宪杰并未加入到合伙关系之中。

五、案例评析

根据《合同法》，当事人订立合同可以采用书面形式，也可以采取口头形式或其他形式，但如果法律、行政法规规定采用书面形式的，应当采用书面形式，这是合同成立的形式要件。具体到私募基金合同的订立，《证券投资基金法》第92条明确规定了“非公开募集基金，应当制定并签订基金合同”，这属于法律对私募基金合同订立的形式要件作了特殊规定，私募基金管理人在基金设立和募资的过程中，需要特殊注意，应制定募集文件和基金合同，包括但不限于声明文件、风险揭示书、风险调查和评估问卷，而且基金合同应包括必备内容。

本案是一起投资者未在私募基金合同上签字，导致基金合同关系不成立的典型案件，即使投资者实际缴付了认购款或投资款，但因其未在基金合同上签字，根据法律规定，不符合基金合同订立的形式要件，基金合同关系仍然不成立。因《证券投资基金法》有特殊规定，以实际履行行为建立的事实合同的观点无法得到法院的认可，投资者有权以不当得利为由要求私募基金管理人返还投资款项并加计同期存款的利息。对于合伙制基金同样存在这个问题，投资者以有限合伙人的身份认购基金份额或者以新入伙方式进行投资，《合伙企业法》同样规定了应该采取书面形式，否则，无论对于投资者还是私募基金管理人而言，均无法实现合同目的，直接影响私募基金的募集和投资运作。

六、案例启示

1. 私募基金管理人应按照法律规定及监管要求募集资金，制作书面基金合同并严格履行签署程序

私募基金合同属于法律对合同成立形式要件有特殊规定的合同类型，私募基金管理人在设立、募资过程中，应遵守《证券投资基金法》《私募投资基金监督管理暂行办法》《私募投资基金募集行为管理办法》关于私募基金募集推介的规定，制作书面形式的基金合同并严格落实合同签署程序，同时还应督促私募基金销售机构严格遵照私募基金销售的相关规定，履行基金合同面签、录音录像等程序，确保募集行为与基金合同成立生效一致，避免投资协议、认购协议或基金合同不成立、不生效或效力待定的情形发生。

2. 投资者应充分利用监管的特殊保护规定行使救济权利

除前文提到的投资者应善于利用法律武器维权外，现行私募基金监督管理相关规定均赋予了投资者以特殊保护，或苛以募集机构特殊义务或职责，或在监

管救济上倾斜于投资者。比如,私募基金的募集程序包括特定对象确定、投资者适当性匹配、基金风险揭示、合格投资者确认、投资冷静期、回访确认等程序和步骤,尤其是对于私募证券投资基金的投资者,《私募投资基金募集行为管理办法》给投资者设置了自基金合同签署完毕且投资者交纳认购基金的款项后起算24小时的冷静期,让投资者充分冷静和评估投资风险,并且经募集机构回访确认后,投资者的认购行为才生效,否则投资者在募集机构回访确认成功前有权解除基金合同。这是监管规定为维护投资者权益所作的特殊规定,投资者应充分利用现行监管规定给予的特殊保护,在募集机构出现不合规行为时,及时向监管机构寻求救济:一方面,可以及时固定事实和证据,以便后续诉诸法律程序;另一方面,通过监管机构的监管处罚压力,以期及时快速获得救济。

七、相关法规

《合同法》

第十条 当事人订立合同,有书面形式、口头形式和其他形式。

法律、行政法规规定采用书面形式的,应当采用书面形式。当事人约定采用书面形式的,应当采用书面形式。

第十一条 书面形式是指合同书、信件和数据电文(包括电报、电传、传真、电子数据交换和电子邮件)等可以有形地表现所载内容的形式。

第三十二条 当事人采用合同书形式订立合同的,自双方当事人签字或者盖章时合同成立。

《民法通则》

第九十二条 没有合法根据,取得不当利益,造成他人损失的,应当将取得的不当利益返还受损失的人。

《证券投资基金法》

第九十二条 非公开募集基金,应当制定并签订基金合同。基金合同应当包括下列内容:

(一)基金份额持有人、基金管理人、基金托管人的权利、义务;

(二)基金的运作方式;

(三)基金的出资方式、数额和认缴期限;

(四)基金的投资范围、投资策略和投资限制;

(五)基金收益分配原则、执行方式;

(六)基金承担的有关费用;

（七）基金信息提供的内容、方式；

（八）基金份额的认购、赎回或者转让的程序和方式；

（九）基金合同变更、解除和终止的事由、程序；

（十）基金财产清算方式；

（十一）当事人约定的其他事项。

基金份额持有人转让基金份额的，应当符合本法第八十七条、第九十一条的规定。

《私募投资基金监督管理暂行办法》

第十六条 私募基金管理人自行销售私募基金的，应当采取问卷调查等方式，对投资者的风险识别能力和风险承担能力进行评估，由投资者书面承诺符合合格投资者条件；应当制作风险揭示书，由投资者签字确认。

私募基金管理人委托销售机构销售私募基金的，私募基金销售机构应当采取前款规定的评估、确认等措施。

投资者风险识别能力和承担能力问卷及风险揭示书的内容与格式指引，由基金业协会按照不同类别私募基金的特点制定。

第二十条 募集私募证券基金，应当制定并签订基金合同、公司章程或者合伙协议（以下统称基金合同）。基金合同应当符合《证券投资基金法》第九十三条、第九十四条规定。

募集其他种类私募基金，基金合同应当参照《证券投资基金法》第九十三条、第九十四条规定，明确约定各方当事人的权利、义务和相关事宜。

第三节 募集失败应根据约定或法律规定承担相应责任

一、案例简介

1. 事实经过

2012年5月11日，北京华雷联盟资本管理中心（有限合伙）（以下简称华雷联盟中心）作为金石华通基金发起召集人与作为金石华通基金联合发起人的东营德达置业有限公司（以下简称德达公司）签订金石华通股权投资基金（具体名称以工商审核为准）联合发起人确认书，约定基金名称为金石华通股权投资基金，基金规模5亿元，发起人出任执行事务合伙人。

2012年5月17日，华雷联盟中心（甲方）与德达公司（乙方）签订发起金石华通股权投资基金合作协议，约定基金名称为金石华通股权投资基金（暂定)，基金金额5亿元(首期2亿元)，基金对德达关联项目的投资权重不少于基金总额的60%，其他均为非上市股权投资，普通合伙人出任执行事务合伙人，负责基金投资决策，在3个月内完成首期募集，甲方负责委派金融精英组成“金石华通股权投资基金发起团队”，乙方委派高管参加团队，甲方负责完成GP(普通合伙人)/LP(有限合伙人)确认书签署和完成基金发起路演准备，甲方负责组建“金石华通投资基金管理团队”，并承担基金管理人职责，完成基金的募集，首期不低于2亿元，乙方负责出任普通合伙人和执行事务合伙人，负责基金投资决策，若因各种原因基金没有顺利发行，乙方承担基金发起团队实际运营费用，甲方承担其他损失，即甲方在10个工作日内退还乙方已交发起费的余额。

同日，华雷联盟中心(甲方)与德达公司(乙方)签订关于发起金石华通股权投资基金合作协议补充条款，约定签署协议后10个工作日内乙方预付甲方首期募集额的0.5%作为发起费用，甲方完成GP/LP确认书签署和完成基金发起路演后乙方再行支付首期募集额的0.5%作为发起费用，如因国家宏观调控等不确定因素影响致使乙方目前主体不能顺利通过募集，甲方有义务协助乙方更换募集主体，如在基金募集中出现如下情况，甲方需要全额返还发起费用：(1)甲方不能在约定的时间内募集完成约定的募集金额；(2)甲方单方终止合同；(3)其他因甲方原因致使资金不能顺利募集。如因为不可抗力因素影响乙方承担基金发起团队的人员工资、印刷品等团队实际运营费用的双倍费用，甲方在10个工作日内退还给乙方已交发起费余额。

2012年7月9日，德达公司向华雷联盟中心出具《关于我方付款时间的说明》，载明其未能按时履约将100万元发起费付给华雷联盟中心，并承诺于7月16日付款。2012年7月16日，德达公司向华雷联盟中心支付发起费100万元。2012年11月27日，德达公司与华雷联盟中心签订德达置业定向股权投资协议书，约定华雷联盟中心对德达公司增加股本金3000万元。

庭审中，华雷联盟中心提交了其作为金石华通投资基金发起召集人与作为金石华通投资基金联合发起人的扬州金典建设工程有限公司签订的金石华通投资基金(具体名称以工商审核为准)联合发起人确认书，约定基金名称为金石华通投资基金，该确认书未注明日期，除签订主体与基金名称外，其内容均与前述金石华通股权投资基金(具体名称以工商审核为准)联合发起人确认书相同。华雷联盟中心提交了15份金石华通投资基金份额确认书，投资者为扬州金典建设工程有限公司等15家公司。其中七份日期为2012年5月20日至6月7日，其余8份未注明2012年的具体日期。华雷联盟中心提交了其制作的金石华通·华雷德达私募投资基金说明书,其中介绍的项目为德达公司开发的东营德达御园房地产项目,载明华雷联盟中心将担任金石华通股权投资基金执行事务合伙人,在私募股权投资基金中担任普通合伙人。介绍中未涉及扬州金典建设工程有限公司。

另外,华雷联盟中心主张已完成路演并签署GP/LP确认书,GP/LP确认书即其提交的金石华通股权投资基金(具体名称以工商审核为准)联合发起人确认书及金石华通投资基金份额确认书,路演是签署确认书之前的步骤,完成后已通知德达公司,基金中有两名GP,包括德达公司,华雷联盟中心认可其所募集的资金均未实际到账。德达公司否认华雷联盟中心已完成路演并签署GP/LP确认书,亦否认收到华雷联盟中心完成上述内容的通知,并主张因此没有支付第二笔发起费100万元。

德达公司要求华雷联盟中心返还100万元,但华雷联盟中心拒绝返还。德达公司起诉要求:解除双方2012年5月17日签订的发起金石华通股权投资基金合作协议及关于发起金石华通股权投资基金合作协议补充条款;并要求华雷联盟中心返还德达公司支付的发起费用100万元及利息(从2012年7月17日起至实际给付之日止,按照中国人民银行同期贷款利率计算)。

华雷联盟中心辩称双方签订合作协议和补充条款后,德达公司拒不按照约定向华雷联盟中心支付发起费,2012年6月6日,华雷联盟中心向德达公司发出邀请函,提醒德达公司按照约定积极履行其义务。2012年7月9日,德达公司向华雷联盟中心确认违约的事实并保证2012年7月16日支付发起费用,2012年7月15日和16日德达公司分两次向华雷中心支付100万元发起费。双方确认合作关系后,华雷联盟中心即开始了相关工作,并且德达公司再支付发起费后,华雷联盟中心已经签署了多份联合发起人确认书。因德达公司未按照约定及时支付剩余100万元的发起费,单方面终止了合作关系的继续履行,导致工作无法进行,给华雷联盟中心造成了损失。德达公司要求解除合同没有事实及法律依据。华雷联盟中心不同意德达公司的诉讼请求。

2. 核心争议

金石华通股权投资基金未设立的情况下,华雷联盟中心是否应将100万元发起费用返还给德达公司。

3. 交易结构图

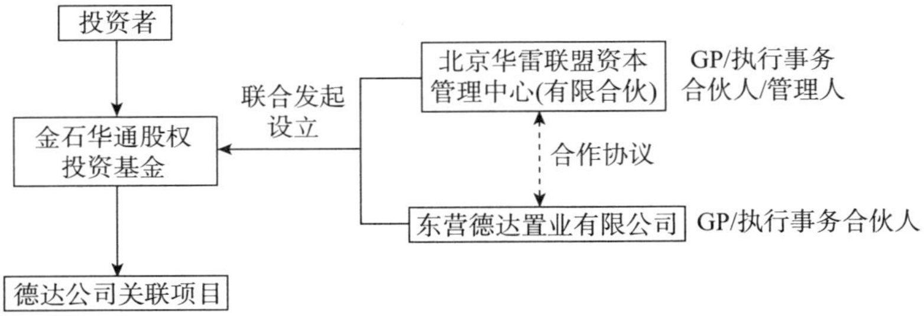

图 1-3　交易结构图

二、裁判结果

一审法院北京市海淀区人民法院认为,金石华通股权投资基金至今尚未募集成功,而即便考虑因德达公司迟延支付首期发起费而产生的募集期顺延问题因素,约定的募集期亦早已届满,双方合同目的客观上已不能实现,德达公司要求解除金石华通股权投资基金合作协议及关于发起金石华通股权投资基金合作协议补充条款的诉讼请求,于法有据,法院予以支持。合同解除后,其结算清理条款仍然有效。根据关于发起金石华通股权投资基金合作协议补充条款约定:如华雷联盟中心不能在约定的时间内募集完成约定的募集金额,则需全额返还发起费用。现华雷联盟中心未能按期募集约定金额,又无不可抗力因素影响,故德达公司要求华雷联盟中心返还已付发起费100万元的诉讼请求,证据确实、充分,法院亦予以支持。上述合同中并未对返还款项的利息问题作出约定,并考虑到德达公司之前的违约情形及华雷联盟中心履行合同的实际投入,德达公司要求华雷联盟中心支付利息的诉讼请求缺乏依据,法院对此不予支持。

二审法院北京市第一中级人民法院认为,关于资金未能募集完成的问题,按照合同约定,华雷联盟中心负有募集资金的义务,除非有确认的证据证明系因德达公司原因导致资金未能募集完成,否则应认定为系华雷联盟中心未能完成募集资金的合同义务。而从时间上来看,华雷联盟中心提交的金石华通投资基金份额确认书时间在先,德达公司迟延履行在后,华雷联盟中心亦未提交其他证据证明德达公司迟延履行导致基金未能募集完成,在此种情况下,尚不能认定因在后的德达公司迟延付款而导致在先签订的金石华通投资基金份额确认书未能进一步履行而导致资金未能募集完成,因此应认定其他因华雷联盟中心原因导致资金未能顺利募集,按照补充条款的约定,华雷联盟中心应返还德达公司发起费用。

三、裁判要旨

私募基金募集失败，发起人解除或终止合作协议或基金协议，不影响合同中结算和清理条款的效力，相关协议中关于募集费用承担的条款仍有效，当事人应根据法律规定或合同约定承担募集费用。

四、案例来源

1. 案例索引

【案件名称】北京华雷联盟资本管理中心与东营德达置业有限公司合同纠纷案

【审理法院】北京市第一中级人民法院

【案号】(2015)一中民(商)终字第2212号

【审理程序】二审

2. 关联案例

江苏省南京市中级人民法院在“陵水海富实业有限公司与南京建信兴业投资企业(有限合伙)合同纠纷案”[(2016)苏01民终5600号]中认为，当事人双方都违反合同的，应当各自承担相应的责任。本案中，海富公司向建信企业支付保证金20万元，现双方合同已解除，该保证金应在海富公司承担相应违约责任的基础上予以退还。鉴于海富公司确为建信企业前期的考察及尽职调查支付了费用，以及建信企业已委托律师、会计师至海富公司进行尽职调查等相关事实，原审法院酌定在损失相抵后，由海富公司赔偿建信企业6.5万元，建信企业向海富公司退还剩余的13.5万元并无不当，法院予以维持。

五、案例评析

关于基金募集失败时的费用承担问题，最高人民法院《关于适用〈中华人民共和国公司法〉若干问题的规定(三)》(2014年修正)第4条，对公司制私募基金募集失败费用承担问题已经有了明确规定，但对于合伙制基金、契约型基金而言，《合伙企业法》等法律法规以及《私募投资基金募集行为管理办法》等自律性规则并未作出明确规定，无可供参考或执行的明确依据。实务中，仅能结合《合同法》《公司法》的相关规定以及人民法院的案例予以确定。因此，在私募基金设立和募集过程中，发起人或募集机构应在相关基金协议、合作协议中，不仅要对私募基金设立和募集的各项费用及承担作出明确约定,同时应对募集失败的责任分配及费用承担等问题作出相应规定,避免引发纠纷。

六、案例启示

1. 各方应在相关协议中明确私募基金募集设立各项费用的承担或分担方式

虽然中国基金业协会制定的三个私募基金合同指引均规定应在私募基金合同中明确私募基金募集失败的处理方式,然而,在实践中,基金合同普遍约定了费用和支出条款,忽略了或并未详细列明基金募集失败时的费用承担问题。为了确保私募基金发行或募集工作的顺利进行,同时为了减少因基金募集失败而产生的各种法律纠纷,建议各方应在相关协议中明确各方的权利、义务与责任,对基金募集设立的费用承担问题作出明确的划分与约定,避免因基金募集失败而产生的费用承担纠纷。

2. 在私募基金募集设立过程中的各种费用或损失,应及时固定和保存证据

除在相关协议中明确约定私募基金募集设立中的各项费用的承诺或分担方式外,尤其是在双 GP 或双管理人模式下,各方还应在基金募集设立过程中,对于各自因设立募集基金而产生的各项费用或损失,及时固定和保存证据材料,以免在相对方发生违约行为时,因证据不足而无法挽回所受损失,并在相对方违约时,及时按照合同约定进行索赔或反索赔,在协商未果的情况下,应及时通过司法途径解决。

七、相关法规

《合同法》

第八条 依法成立的合同,对当事人具有法律约束力。当事人应当按照约定履行自己的义务,不得擅自变更或者解除合同。

依法成立的合同,受法律保护。

第九十八条 合同的权利义务终止,不影响合同中结算和清理条款的效力。

最高人民法院《关于适用〈中华人民共和国公司法〉若干问题的规定(三)》

第四条 公司因故未成立,债权人请求全体或者部分发起人对设立公司行为所产生的费用和债务承担连带清偿责任的,人民法院应予支持。

部分发起人依照前款规定承担责任后,请求其他发起人分担的,人民法院应当判令其他发起人按照约定的责任承担比例分担责任;没有约定责任承担比例的,按照约定的出资比例分担责任;没有约定出资比例的,按照均等份额分担责任。

因部分发起人的过错导致公司未成立,其他发起人主张其承担设立行为所产生的费用和债务的,人民法院应当根据过错情况,确定过错一方的责任范围。

第四节　合同根本目的无法实现致使基金募集失败,可以解除基金合同

一、案例简介

1. 事实经过

因中森华投资集团有限公司(以下简称中森华集团公司)所属开发武汉城中村综合改造项目后期建设需要融资,2014 年 6 月 7 日,武汉天源隆商贸有限公司(以下简称天源隆公司)(甲方)、中森华集团公司(乙方)与原告深圳市中鑫国源投资基金管理有限公司(以下简称中鑫基金公司)(丙方)就乙方委托丙方融资、合作成立基金公司及项目融资事宜签订《合作协议》,约定:(1)合作方式及投资比例……②……新成立合作基金公司注册资本 1000 万元,甲方投资 600 万元,占 60% 股份,由乙方指定或认可的专业营销代理公司投资 200 万元,占 20% 的股份,丙方投资 200 万元,占 20% 股份(其中 15% 从丙方融资成功及项目顺利推进落实应分得净利润中冲抵,5% 在合作基金公司成立时丙方同步以货币方式投入)……⑥丙方及合作基金公司具体责任及执行事务:负责完成乙方上述 19 个项目的融资;乙方要全力配合丙方和合作基金公司准备融资资料,提供基金融资抵押风控要求,满足基金或“信托 + 基金有限合伙”融资抵押需要。……(3)甲、乙、丙三方责任分工和各自提供的资源与支持:①丙方的责任分工、资源与支持……e. 丙方负责乙方项目基金产品设计、基金交易结构设计、基金风控设计、基金募集说明书、合伙协议、入伙协议、有限合伙基金公司注册、有限合伙入伙注册登记和更换,负责有限合伙执行事务日常管理。②甲方、乙方的责任分工、资源与支持:a. 甲方、乙方协助合作基金公司及资产管理公司在项目地、武汉市、深圳市等城市建立不少于 12 个基金销售网点(含乙方项目售楼部),丙方协助对销售网点员工进行培训,使其成为合格基金销售人员。b. 乙方负责按照基金公司基金发行落实风控要求:抵押物足值、还款来源清晰、担保措施、控制实际有效。(4)违约责任为保证本协议的实际履行,甲、乙、丙三方承诺任何一方违约并造成其他方损失的情况下,承担违约责任,违约方双倍赔偿给对方所造成的损失。

2014 年 7 月 14 日,中鑫基金公司(甲方)与武汉中森华永红房地产开发有

限公司(以下简称中森华永红公司)(乙方)签订《基金合作协议》,约定:(1)合作事项:①甲方以其多年从事金融服务行业所拥有的投资基金管理、投融资运作、金融产品策划销售等方面的实践经验和客户资源为依托,为乙方项目发起私募基金,组建募集、运作管理专业团队,负责基金的策划、设立、募集、运作、管理工作。②乙方为本基金的成功发起提供相关费用。③甲方负责基金的募集工作,向社会每支基金定向召集不超过49名个人或机构投资者作为有限合伙人加入本合伙企业,按约定支付给合伙人投资回报或收益分成。(2)基金设立与运作……⑤发行工作时间:本协议正式签订5个工作日内,乙方需提供项目完整资料(详见附件一《尽职调查清单》),甲方对项目进行现场尽职调查、可行性分析,在甲方对项目通过投资论证、本协议正式签订之日后乙方项目土地及在建物、股权办理基金风控抵押10个工作日内出具书面的《设立基金投资协议》;出具《设立基金投资协议》后10个工作日内开始启动本基金的发起设立和资金募集工作。⑥基金筹备启动费。首期基金筹备启动费为首期募集规模的1%。在首期基金募集完成后在有限合伙基金公司支付,前期为基金发行:项目评估、尽职调查、募集说明书印制、差旅费、有限合伙基金工商注册等费用在有限合伙基金企业中列支。乙方应在甲方使用的为乙方融资所注册的投资于永红项目系列企业(有限合伙)中首个5个工作日内按规定支付首期发行3亿元基金0.5%的基金筹备启动费。……(4)基金投资担保:①乙方必须提供项目土地及在建工程作抵押,且有限合伙企业为第一顺位抵押权人,并及时签订相关《抵押合同》,办理相关抵押登记。(5)甲乙双方义务与职责……(6)……深圳市德汇金基金管理有限公司正式成立后与乙方签订基金合作协议,替代甲方职责。……(7)违约责任……一方的违约行为如给他方造成经济损失的,应根据其所造成损失的大小,予以赔偿。同日,中森华集团公司向中鑫基金公司出具《保证担保函》,对中森华永红公司的上述基金融资本金、利息、违约金及有关费用承担连带保证责任。同日,中鑫基金公司与武汉中森华世纪房地产开发有限公司(以下简称中森华世纪公司)签订《基金合作协议》,就发起私募股权基金投资用于中森华世纪公司"武昌徐东村"项目开发建设相关事宜达成一致。

2014年7月7日,中鑫基金公司认缴出资1000万元,天源隆公司认缴出资4000万元,共同设立深圳市德汇金基金管理有限公司(以下简称德汇金公司),中鑫基金公司认可未实缴出资,但认为2014年6月至8月期间,中鑫基金公司为德汇金公司支付了经营场所租赁、电脑及办公设备、人员工资、注册预付等费用1,373,696.18元。德汇金公司出具的财务报表显示2014年7月、8月公司累计净亏损1,752,685.90元。2014年7月7日,中鑫基金公司与案外人张继英签订《入伙协议》,鉴于中鑫基金公司是深圳市鑫源华融股权投资基金管理企业(有限合伙)(以下简称鑫源华融基金)的普通合伙人、执行事务合伙人及管理人,鑫源华融基金定投中森华永红公司正在开发建设的"中森华黄浦新城"项目,约定张继英认缴出资人民币50万元作为有限合伙人加入鑫源华融基金。2014年7月4日,张继英向鑫源华融基金转账50万元,7月7日,鑫源华融基金出具收据,载明收到张继英有限合伙投资款50万元。2014年8月8日,中森华永红公司出具收据,载明收到交款单位鑫源华融基金张继英基金投资款50万元。2014年7月14日,中森华集团公司向中鑫基金公司出具《保证担保函》,为中森华永红公司基于与原告签订的《基金合作协议》所应承担的合同责任与义务承担连带保证责任。2014年8月11日,为明确德汇金公司与鑫源华融基金、中鑫基金公司的关系,德汇金公司出具《证明书》,载明在中森华永红公司建设项目融资过程中,所有以中鑫基金公司、鑫源华融基金名义开展的工作及工作成果最终都属于德汇金公司,中鑫基金公司在证明书上盖章。

中鑫基金公司以由于天源隆公司及中森华集团公司未按期足额支付基金合作公司投资额,且未能提供基金融资抵押风控要求,没有落实基金或"信托+基金有限合伙"融资抵押需要,也未协助合作基金公司建立基金销售网点,中森华永红公司及中森华世纪公司亦未按两份《基金合作协议》约定按期支付基金筹备启动费150万元及落实基金投资担保等违约行为导致合同根本目的无法实现为由,诉至法院要求解除签署的《合作协议》、2014年第001号《基金合作协议》及2014年第002号《基金合作协议》,并要求损失赔偿金及违约金。

中森华集团公司、天源隆公司辩称,各方所签订的所有协议均没有经过监管部门批准,因而是无效的,并且该项目本身存在瑕疵基金不能发行,对此,中鑫基金公司是明知的。发行基金的项目是中鑫基金公司提出的,不能实施的责任应由中鑫基金公司承担;中鑫基金公司要求赔偿的依据不足、赔偿损失和违约金不能并存。

2. 核心争议

所涉的《合作协议》及两份《基金合作协议》是否应解除。

3. 交易结构图

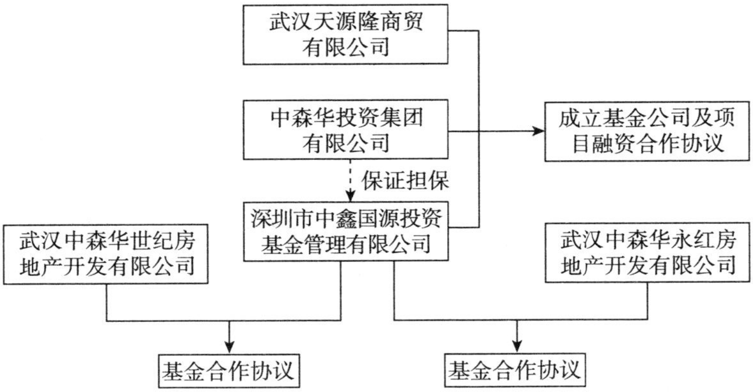

图1-4　交易结构图

二、裁判结果

湖北省武汉市中级人民法院认为,因城中村综合改造项目需要,中森华集团公司、天源隆公司与中鑫基金公司签订《合作协议》,中森华永红公司、中森华世纪公司分别与中鑫基金公司签订两份《基金合作协议》,由中鑫基金公司为中森华集团公司、天源隆公司、中森华永红公司、中森华世纪公司以非公开募集基金方式进行融资,上述协议是当事人双方的真实意思表示,未违反法律、行政法规的禁止性规定,合法有效。中森华集团公司、天源隆公司当庭答辩称《合作协议》无效,中森华永红公司、中森华世纪公司下落不明,法院以公告方式进行送达,四被告以其行为表明不再愿意履行合同义务,故中鑫基金公司请求解除《合作协议》及两份《基金合作协议》于法有据,法院予以支持。

三、裁判要旨

因合作相对方违约导致合作设立私募基金合同的根本目的无法实现,合作方可以请求法院解除相关基金合同。

四、案例来源

1. 案例索引

【案件名称】深圳市中鑫国源投资基金管理有限公司与中森华投资集团有限公司、武汉天源隆商贸有限公司等合同纠纷案

【审理法院】湖北省武汉市中级人民法院

【案号】(2015)鄂武汉中民商初字第00456号

【审理程序】一审

2. 关联案例

广东省深圳市中级人民法院在“陈捷淮与陈瑞云委托合同纠纷案”[(2018)粤03民终13617号]中认为,上诉人陈捷淮在处理受托事宜的过程中,未通知并经陈瑞云同意变更投资方式,已构成违约,陈瑞云请求解除《委托投资协议》,本院予以准许。

五、案例评析

在私募基金募集设立阶段,因合作方的迟延履行或违约行为导致设立或募集失败的案例比比皆是。本案中,因主要合作方在设立基金时的出资、增信等问题,导致三方合作设立私募基金的合同目的无法实现,已经满足《合同法》第94条第4项规定的解除合同的法定条件,因此,中鑫基金公司诉请法院解除涉案合同的请求得到了法院的支持。本案中值得留意的一个问题是,中鑫基金公司主张的合作设立基金项下的损失赔偿和违约金并未得到法院的支持。首先,法院认为没有合同依据。其次,中鑫基金公司是专业的私募基金管理机构,熟悉基金募集流程,在决定设立基金投资前应对项目进行尽职调查及可行性分析,在项目有可能满足基金融资抵押风控要求,能够通过投资论证的前提下才能启动基金的发起设立和募集工作。中鑫基金公司未提交证据证明其按照《合作协议》的约定向中森华集团公司、天源隆公司提出过具体风控要求,在中森华集团公司、天源隆公司无法提供足值抵押物的情况下,并无成立基金管理公司的必要。最后,中鑫基金公司为成立的私募基金管理人,可以管理不同类别的基金,现无证据表明该公司专属本案项目资金的募集,中鑫基金公司作为该基金管理人的股东主张损失赔偿于法无据。姑且不论法院的论证是否具有说服力,但本案中,涉案三份协议均未对相关募集设立失败的费用承担、违约责任作出翔实明确规定,这是导致损失赔偿和违约赔偿诉求未得到支持的重要原因,有必要引起私募专业管理机构的高度重视。

六、案例启示

1. 在私募基金设立之初的协议安排中应避免出现“无法实现协定目的”的情况发生

在私募基金设立之初,尤其是为融资目的而合作设立私募基金时,在签署相关基金协议或合作协议时,应合理设置各方权利、义务和职责,以及实现合同目的的方法、步骤和条件,并尽一切努力实现协议的目的,避免因“无法实现协议目的”而导致协议的解除。同时,应关注和评估监管合规要求对设立私募基金的影响,比如私募基金备案要求、结构化杠杆比例、通道和嵌套问题等,要求并在协议中作出有前瞻性的安排,避免因监管政策变化导致协议目的落空,而影响私募基金的设立或发行工作。

2.在私募基金设立协议中应明确设立募集费用分担及违约责任

为防范因私募基金设立或募集失败而引发的责任或费用承担纠纷,应在私募金设立协议中明确基金募集设立所涉费用(包括但不限于筹建期人员工资、办公费、差旅费、注册登记费等开办费、项目尽职调查费以及律师费、审计费等服务费)的承担,相应作出明确的分担安排。同时,应在相关协议中明确各方在基金募集设立过程中的具体义务(如开发设立、出资款的缴付、产品备案、基金管理、对具体事项的配合义务等)以及各方相关义务的履行时限、履行顺序、迟延履行责任、违约情形及赔偿标准等事项,避免出现案例中赢了官司输了钱的局面。

七、相关法规

《合同法》

第九十三条第二款 当事人可以约定一方解除合同的条件。解除合同的条件成就时,解除权人可以解除合同。

第九十四条 有下列情形之一的,当事人可以解除合同:

(一)因不可抗力致使不能实现合同目的;

(二)在履行期限届满之前,当事人一方明确表示或者以自己的行为表明不履行主要债务;

(三)当事人一方迟延履行主要债务,经催告后在合理期限内仍未履行;

(四)当事人一方迟延履行债务或者有其他违约行为致使不能实现合同目的;

(五)法律规定的其他情形。

第九十六条 当事人一方依照本法第九十三条第二款、第九十四条的规定主张解除合同的,应当通知对方。合同自通知到达对方时解除。对方有异议的,可以请求人民法院或者仲裁机构确认解除合同的效力。

法律、行政法规规定解除合同应当办理批准、登记等手续的,依照其规定。

第五节　投资者未依约定取得合伙人身份，投资者有权解除合伙协议

一、案例简介

1. 事实经过

绍兴金森投资合伙企业(有限合伙)于2014年1月2日经核准并于当日成立,经营期限自2014年1月2日起至2024年1月1日止,注册资本1000万元。昆山金卯股权投资管理有限公司为普通合伙人,许仲明为有限合伙人,经全体合伙人一致同意,选举普通合伙人昆山金卯股权投资管理有限公司为执行事务合伙人,负责企业日常经营,对外代表合伙企业签署相关文件,执行事务合伙人不按照合伙协议约定或者全体合伙人决定执行事务导致违约发生的,执行事务合伙人应对其他合伙人造成的损失进行赔偿。新合伙人入伙时,经全体合伙人同意,并依法订立书面协议,就新合伙人的权利和义务作出特别约定,订立书面协议时,原合伙人向新合伙人告知合伙企业的经营状况和财务状况。

2014年5月27日,昆山金卯股权投资管理有限公司与张继签署《绍兴金森投资合伙企业(有限合伙)合伙协议》,约定合伙企业名称为绍兴金森投资合伙企业(有限合伙),经营期限为2013年4月9日至2020年4月8日,昆山金卯股权投资管理有限公司为普通合伙人,有限合伙人的姓名(名称)、证件名称或号码、住所、合法方式等信息以合伙人名册为准,并未对普通合伙人认缴及实缴的出资数额、缴付期限、出资方式作出约定,而有限合伙人的认缴或实缴的出资数额、缴付期限、出资方式信息则以出资名称为准。

昆山金卯股权投资管理有限公司与张继另签订《绍兴金森投资合伙企业(有限合伙)合伙补充协议》,并约定若该份补充协议与之前双方所签合伙协议的内容有不一致或存在冲突的,以该份补充协议为准。协议约定昆山金卯股权投资管理有限公司为普通合伙人,执行合伙事务,张继为有限合伙人;经协商一致,合伙人决定设立绍兴金森投资合伙企业(有限合伙)定向用于代上海绿铭环保科技股份有限公司支付购油款,用于补充上海绿铭环保科技股份有限公司原材料,除该项投资外,不做其他再投资,上海绿铭环保科技股份有限公司为本次融资资金的本金和利息提供保证担保,上海绿铭环保科技股份有限公司股东及实际控制人范斌提供连带责任保证担保(但未签字确认);该项目的债权投资期限为6+2个月,每季度分配一次投资收益,在合伙企业清算时分配剩余收益,本

项目最短投资期限为半年，在本项目到期前 2 个月，上海绿铭环保科技股份有限公司提前告知并有权选择提前还款；有限合伙人的预期收益从投资项目实际发放投资款之日起开始计算；合伙企业的合伙期限为 10 年，自合伙企业成立之日开始计算，合伙企业的营业执照颁发之日为成立日，若合伙企业定向投资的上海绿铭环保项目清偿了贷款本息等债务的，合伙企业合伙期限即提前届满，合伙企业应进行清算并向全体合伙人分配合伙权益；合伙企业成立后，普通合伙人应在其经营场所制备合伙人登记册，登记各合伙人名称、住所、认缴出资额、实缴出资额及其他普通合伙人认为必要的信息，普通合伙人并根据上述信息的变化情况随时更新合伙人登记册，有限合伙人有权查询合伙人名册；合伙企业确有经营需要的，普通合伙人可独立决定接纳新的普通合伙人或有限合伙人入伙，并依法订立书面协议，订立书面协议的，普通合伙人应向新合伙人告知合伙企业的经营状况和财务状况，新的合伙人入伙后，普通合伙人双方还对合伙企业的亏损分担和利润分配、合伙费用、执行事务合伙人之选任、合伙企业的管理进行约定；另还对有限合伙人的退还方式、退货程序进行约定：除发生法律规定的当然退伙、被除名等法定情况外，经普通合伙人同意，有限合伙人可依据本协议约定向其他合伙人或第三方转让其持有的合伙企业财产份额及接受分配的权利从而退出合伙企业，除此方式外，在合伙企业解散或清算前，有限合伙人不得提出退伙或提前分配合伙权益，否则，应当按实际出资额的 20% 向合伙企业支付违约金；未经普通合伙人同意而违约要求退伙的，除承担上述约定的违约责任外，该要求提前退伙的有限合伙人不享有合伙企业产生的任何投资收益，即便在退伙前已经分配了投资收益的，普通合伙人有权将该等已经分配的收益与出资款项进行冲抵，同时，该有限合伙人退伙后，对基于其退伙前的原因发生的合伙企业债务，以其在退伙时从合伙企业中取回的财产承担责任；对于违约退伙人的剩余合伙权益，普通合伙人应在合伙企业有可分配现金且所有合伙人均已实现合伙权益的情况下，其出资扣除违约金、赔偿金、分摊的合伙费用、分担的合伙亏损后如有余额，返还给该违约合伙人。

2014 年 5 月 27 日，张继通过银行汇款 50 万元至昆山金卯股权投资管理有限公司指定的绍兴金淼投资合伙企业账户。

绍兴金淼投资合伙企业（有限合伙）于 2014 年 6 月 27 日出具《投资确权通知函》确认收到张继 50 万元的投资款，并告知若满足以下任意一条件：本基金完成募集 1000 万元上、不超过 2000 万元目标，本基金参加投资人累计达成 48 位，本基金募集周期在 2014 年 8 月 15 日前结束，即在工商局为张继办理有限合伙企业股东权益变更登记手续，确定股权持股比例，投资周期计算从 2014 年 7 月 1 日开始。2014 年 8 月 15 日基金募集周期结束后至本次庭审结束时，绍兴金森投资合伙企业（有限合伙）也未为张继办理股东权益变更登记手续，未确定其投资比例。

上海绿铭环保科技股份有限公司于 2015 年 3 月 9 日出具《承诺函》确认收到张继投资款，并希望张继同意其投资款及利息延期至 2015 年 9 月 30 日兑付，承诺半年内将优先安排资金提前分批兑付，投资本金延迟兑付期间的利息按照约定的年息比例兑付。

张继以昆山金卯股权投资管理有限公司未按约定每季度向其分配收益，违反了补充协议的约定，亦也未能为其办理工商登记变更，致使其自始至终不能成为绍兴金森投资合伙企业（有限合伙）合伙人，无法享受权利，不能获取收益为由，诉请法院要求解除所签订的合伙协议、合伙补充协议，并要求昆山金卯股权投资管理有限公司支付其投资款本金 50 万元，并赔偿损失。

2. 核心争议

张继是否有权以昆山金卯股权投资管理有限公司未将其登记为合伙人而解除其所签订的合伙协议、合伙补充协议。

3. 交易结构图

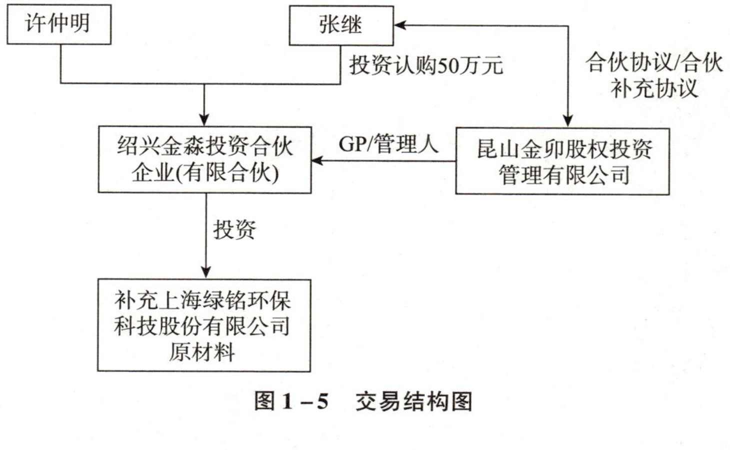

图 1－5　交易结构图

二、裁判结果

江苏省昆山市人民法院认为，根据法律规定，新合伙人入伙需经过全体合伙人同意，双方另有约定的除外。本案中，昆山金卯股权投资管理有限公司作为绍兴金森投资合伙企业（有限合伙）的普通合伙人执行合伙企业的事务，故昆山金卯股权投资管理有限公司与张继所签的合伙协议、合伙补充协议应属有效，绍兴金淼投资合伙企业(有限合伙)出具《投资确权通知函》给张继，确定了张继的合伙人的身份，但在承诺的期限即2014年8月15日基金募集周期结束后至本次庭审结束时，昆山金卯股权投资管理有限公司并未按照约定为张继办理股东权益变更登记手续，确定张继的持股比例，昆山金卯股权投资管理有限公司行为属于违约，张继现在仅能以隐名合伙人的身份出现，违背了张继当初签订合伙协议的目的，故张继在主张合伙协议、合伙补充协议解除基础之上，要求昆山金卯股权投资管理有限公司返还50万元的投资款，不违反法律的规定，法院依法予以支持。合伙协议解除的时间可从庭审之日即2016年1月13日起解除，利息损失以50万元为本金，从2016年1月13日起按中国人民银行同期贷款利率计算。

三、裁判要旨

合伙制私募基金的投资者签署了合伙协议并按照约定向合伙企业进行了实缴出资，私募基金管理人应当按照约定为投资者办理相应的工商登记手续，确定投资者合伙人的法律地位，否则即是违背了投资者签署合伙协议、实缴出资的目的，投资者有权解除相关投资协议或基金合同。

四、案例来源

1. 案例索引

【案件名称】张继与昆山金卯股权投资管理有限公司、上海绿铭环保科技股份有限公司等合伙协议纠纷案

【审理法院】江苏省昆山市人民法院

【案号】(2015)昆民初字第02602号

【审理程序】一审

2. 关联案例

湖南省怀化市中级人民法院在“杨进勇、通道侗族自治县两江口水电站等合伙协议纠纷案”[(2017)湘12民终659号]中认为，成立合伙和新人入伙还必须签订书面协议以保证普通合伙企业权利明确，责任清晰。本案中，龙开发、吴友荣、卢平富、石庆春订立合伙协议时，也明确约定了新合伙人入伙时，需经全体合伙人同意，并依法订立书面协议。因此，杨进勇成为两江口水电站的合伙人，根据法律规定和合伙人的约定，经全体合伙人一致同意并订立书面入伙协议是

必备要件。本案中，杨进勇虽然投入股金20万元，但合伙事宜仍未完成，未最终达成书面入伙协议；杨进勇虽然以“分配利润”的名义得到收益，但不是成为合伙人的充分要件；杨进勇虽然以“电站董事会”成员身份参与管理并变更了股东登记，但该行为违背合伙人的真实意思，无法律依据，变更股东登记也已经被工商行政部门纠正。综上所述，杨进勇入伙没有全体合伙人一致同意的书面协议，不能确认两江口水电站的合伙人资格，杨进勇不享有两江口水电站的合伙份额，无直接分配两江口水电站利润的权利。

五、案例评析

工商登记具有对抗效力，除契约型基金外，无论是公司制私募基金还是合伙制私募基金，依法设立时均应向企业登记机关提交登记申请书、合伙/出资协议书、合伙人/股东身份证明等文件，进行工商登记。工商登记中的份额/股权登记是一种宣示性登记，相当于广而告之之意，只要投资者认购出资或者股份后，合伙人/股东名册进行了记载，投资者就可向合伙企业或公司主张相应出资人权利。投资者出资后，依法享有要求在工商登记为出资人的权利，合伙企业或公司应依法办理出资人登记手续或变更登记手续，这是出资者行使出资人权利、享受出资收益、对抗第三人的前提条件，如果合伙企业或公司未能按照法律规定或约定办理工商登记，侵犯了投资者的合法权益，投资者有权要求解除相关投资合同并要求赔偿损失。

六、案例启示

1. 私募基金专业管理机构应按照法律规定和约定及时办理出资人工商登记手续

对于公司制私募基金与合伙制私募基金，私募基金专业管理机构应在投资者签署相关书面投资认购法律文件（股东协议、公司章程、入伙协议、合伙协议等）后，按照法律规定和合同约定的时限，办理投资者出资的工商登记手续，并及时向投资者签发出资证明文件，确保投资者出资情况与工商登记情况一致。对于契约型私募基金，因缺乏一个像工商登记机关那样的政府主导的登记机构进行出资人身份及出资情况的登记，根据《证券投资基金法》《私募投资基金监督管理暂行办法》《私募投资基金管理人内部控制指引》等法律法规，契约型私募基金出资人及份额登记工作主要由私募基金管理人或其委托的基金份额登记机构代为办理，基金份额登记机构以电子介质登记的数据为基金份额持有人权利归属的依据，因此，契约型私募基金管理人或基金份额登记机构亦应按照相关法律法规规定及时办理份额登记工作，避免因登记不及时引发纠纷。

2. 投资者应重视出资登记情况并确保投资人身份权合法有效

投资者在进行私募基金投资过程中，在签署相关投资认购法律文件后，应重视其出资人身份及出资情况的工商登记手续或份额登记是否已经合法有效办理完毕，基金管理人或份额登记机构是否已经签发出资证明文件或已生成份额登记数据，登记情况是否与投资者身份及出资情况相符，以确保投资人身份权合法有效。在私募基金管理人未按照法律规定或合同约定及时办理登记手续时，投资者应及时督促办理并采取诉诸法律手段维护自身合法权益。

七、相关法规

《合同法》

第九十三条第二款　当事人可以约定一方解除合同的条件。解除合同的条件成就时，解除权人可以解除合同。

第九十四条　有下列情形之一的，当事人可以解除合同：

（一）因不可抗力致使不能实现合同目的；

（二）在履行期限届满之前，当事人一方明确表示或者以自己的行为表明不履行主要债务；

（三）当事人一方迟延履行主要债务，经催告后在合理期限内仍未履行；

（四）当事人一方迟延履行债务或者有其他违约行为致使不能实现合同目的；

（五）法律规定的其他情形。

第九十六条　当事人一方依照本法第九十三条第二款、第九十四条的规定主张解除合同的，应当通知对方。合同自通知到达对方时解除。对方有异议的，可以请求人民法院或者仲裁机构确认解除合同的效力。

法律、行政法规规定解除合同应当办理批准、登记等手续的，依照其规定。

第九十七条　合同解除后，尚未履行的，终止履行；已经履行的，根据履行情况和合同性质，当事人可以要求恢复原状、采取其他补救措施，并有权要求赔偿损失。

《合伙企业法》

第九条　申请设立合伙企业，应当向企业登记机关提交登记申请书、合伙协议书、合伙人身份证明等文件。

合伙企业的经营范围中有属于法律、行政法规规定在登记前须经批准的项目的，该项经营业务应当依法经过批准，并在登记时提交批准文件。

《公司法》

第六条　设立公司，应当依法向公司登记机关申请设立登记。符合本法规定的设立条件的，由公司登记机关分别登记为有限责任公司或者股份有限公司；不符合本法规定的设立条件的，不得登记为有限责任公司或者股份有限公司。

法律、行政法规规定设立公司必须报经批准的，应当在公司登记前依法办理批准手续。

公众可以向公司登记机关申请查询公司登记事项，公司登记机关应当提供查询服务。

第二十九条　股东认足公司章程规定的出资后，由全体股东指定的代表或者共同委托的代理人向公司登记机关报送公司登记申请书、公司章程等文件，申请设立登记。

《证券投资基金法》

第一百零一条　基金管理人可以委托基金服务机构代为办理基金的份额登记、核算、估值、投资顾问等事项，基金托管人可以委托基金服务机构代为办理基金的核算、估值、复核等事项，但基金管理人、基金托管人依法应当承担的责任不因委托而免除。

第一百零二条　基金份额登记机构以电子介质登记的数据，是基金份额持有人权利归属的根据。基金份额持有人以基金份额出质的，质权自基金份额登记机构办理出质登记时设立。基金份额登记机构应当妥善保存登记数据，并将基金份额持有人名称、身份信息及基金份额明细等数据备份至国务院证券监督管理机构认定的机构。其保存期限自基金账户销户之日起不得少于二十年。基金份额登记机构应当保证登记数据的真实、准确、完整，不得隐匿、伪造、篡改或者毁损。

第六节　普通合伙人有权依据合伙协议调低有限合伙人出资额

一、案例简介

1. 事实经过

2015 年 3 月 5 日，宁夏中银绒业国际集团有限公司（以下简称中绒集团）作为甲方、杨成社作为乙方签订《投资合作协议》,协议主要内容:“鉴于”(1)截至本协议签署之日,甲方通过其作为普通合伙人控制的合伙企业及其境外子公司间接持有一家在美国纳斯达克交易所上市的公司Shanda Games Limited(在本协议中简称目标公司)80577828股A类普通股及48759187股B类普通股,代表目标公司40.15%的投票表决权。(2)甲方于2014年12月5日与宁夏亿利达股权投资合伙企业(有限合伙)(以下简称亿利达)签署一份财团协议。根据财团协议约定,甲方与亿利达拟进行将目标公司私有化并退市的交易(以下简称私有化交易)。为参与上述私有化交易之目的,甲方作为普通合伙人设立一家有限合伙企业宁夏中绒传奇股权投资合伙企业(有限合伙)(以下简称中绒传奇)(在本协议中简称合伙企业),并拟由中绒传奇或者其境外子公司参与私有化交易并通过私有化交易收购目标公司的A股普通股。(3)乙方拟通过作为有限合伙人加入合伙企业的方式出资参与私有化交易,按照本协议以及合伙协议的要求对合伙企业进行出资以及配合甲方完成私有化交易等有关目标公司及其资产的境内外并购重组。第1条“释义”中,“私有化交易文件”指为进行私有化交易之目的,控股公司、私有化财团成员以及目标公司等相关方拟签署的一系列法律文件,包括控股公司及其子公司与目标公司签署的合并协议与方案(Agreement and Plan of Merger)、私有化财团成员分别与控股公司签署的出资承诺书(Equity Commitment Letter)、私有化财团成员分别与控股公司签署的有限担保(Limited Guarantee)。第2.1条,双方一致同意,甲方将采取一切必要行为促使合伙企业或者该合伙企业的境外子公司成为私有化财团成员之一并参与私有化交易;乙方将按照本协议约定加入合伙企业并对合伙企业出资,依据其对合伙企业的实缴出资比例及合伙协议约定享有合伙企业的权益份额。第2.2条,为本次合作之目的,乙方应在本协议签署后按照本协议第三条所列的出资金额以及条件与甲方签署一份《入伙协议》并与甲方及合伙企业其他合伙人签署相应修订的合伙协议,作为有限合伙人加入合伙企业。合伙协议具体签署时间在本协议生效后由双方另行确定。第2.3条,双方确认,乙方基于本协议第三条对合伙企业进行出资的资金将全部用于私有化交易及目标公司后续重组之目的。第3.1条,双方确认,除甲方按本协议第3.5条约定书面通知乙方进行调整的情况外,乙方为本次合作之目的对合伙企业认缴的出资总额为14,700万元。第3.2条,乙方应在2015年3月5日前(含本日)向合伙企业银行账户支付等额于认缴出资总额的30%的人民币现金作为本次合作的保证金,并向甲方提供能够证明其具备履行本协议第3.4条约定的出资义务的证明文件。除本协议第8.3条规定的情况外,在私有化交易生效且乙方按照本协议第3.4条约定履行全部认缴出资金额的70%后,合伙企业收取的保证金应作为乙方对合伙企业缴纳的认缴出资的一部分。第3.5条,由于甲方与相关方就私有化交易整体安排的协商正在进行中,双方确认本协议项下乙方的认缴出资金额并非最终出资金额。在本协议生效之日起至合伙企业参与私有化交易的出资金额总额经生效的私有化交易文件确定之日起3个工作日内,甲方有权以书面通知乙方的方式对乙方在合伙企业的认缴出资金额进行调低,但调低后的认缴出资金额不得少于乙方按本协议第3.1条认缴的出资金额的30%。如甲方调低乙方出资金额,则甲方应在书面通知乙方后10个工作日内促使合伙企业将乙方根据本协议第3.2条或第3.3条所实缴金额存放于合伙企业银行账户期间实际产生利息返还乙方。在合伙企业按照上述约定进行返还后,乙方在合伙企业的实缴出资金额、合伙权益份额亦将相应调减。在上述认缴出资金额调低的情况发生时,乙方应当根据甲方书面通知配合办理合伙协议修订以及变更登记的相关手续。第9.1条,本协议的订立、效力、解释、履行和争议的解决应受中国法律的管辖,并依其解释。

2015年3月5日,中绒集团作为甲方、宁夏中银绒业集团新能源有限公司(以下简称中绒新能源)作为乙方、杨成社作为丙方签订《入伙协议》,协议主要内容:“鉴于”(1)截至本协议签署日,甲方为中绒传奇(在本协议中简称合伙企业)的普通合伙人暨执行事务合伙人,乙方为合伙企业的有限合伙人。(2)丙方拟按照本协议约定的方式加入合伙企业,并通过合伙企业参与Shanda Games Limited(在本协议中简称目标公司)私有化交易等有关目标公司及其资产的境内外并购重组事项,原合伙人同意丙方加入合伙企业。第1.1条,丙方拟加入合伙企业,成为合伙企业的有限合伙人,并按照本协议的约定履行相关权利义务,原合伙人同意丙方加入合伙企业。第2.1条,各方同意,丙方将以现金认缴合伙企业14,700万元出资额并取得相应的合伙企业权益份额。第2.2条,由于甲方与相关方就私有化交易整体安排的协商正在进行中,各方确认本协议项下丙方的认缴出资金额并非最终出资金额。在本协议生效之日起至合伙企业参与私有化交易的出资金额总额经生效的私有化交易文件确定之日起3个工作日内,甲方有权以书面通知丙方的方式对丙方在合伙企业的认缴出资金额进行调低(但调低后的认缴出资金额不得少于丙方按本协议第2.1条认缴的出资金额的30%),在此情形下,甲方应向丙方返还丙方实缴金额超过甲方调低后的丙方认缴出资金额的差额部分资金以及差额部分资金存放于合伙企业银行账户期间实际产生利息,丙方在合伙企业的实缴出资金额、合伙权益份额亦将相应地调减。

在前述认缴出资金额调低的情况发生时,丙方应当根据甲方书面通知配合办理合伙协议修订以及变更登记的相关手续。第 2.3 条,本次合作项下丙方的保证金缴付义务、丙方对合伙企业的实缴出资义务、丙方提供资信证明文件的义务、甲方依据本协议第 2.2 条调低丙方出资金额后向丙方返还现金的义务以及前述义务对应的违约责任等相关具体事宜,均适用甲方与丙方于 2015 年 3 月 5 日另行签署的《投资合作协议》有关条款的约定。第 3.4 条,丙方同意,在合伙企业存续期内按年度向甲方支付管理费,年度应支付的管理费按照丙方认缴的合伙企业出资总额的 2% 计算。

另外,2015 年 2 月 2 日,中绒集团作为甲方,中绒新能源作为乙方,宁夏绒圣银股权投资合伙企业(有限合伙)(以下简称宁夏绒圣银)作为丙方签订《入伙协议》,协议第 2 条约定,各方同意丙方将以现金认缴宁夏××路 26 亿元出资额并取得相应的合伙企业权益份额。丙方在宁夏××路的认缴出资应在甲方书面通知丙方进行缴款后 10 个工作日内缴足。第 3.4 条,甲方不收取丙方管理费及收益奖励费用,但在宁夏××路存续期间应由宁夏××路承担的费用由丙方按其对合伙企业的认缴出资比例承担。其他条款内容与前述杨成社与中绒集团、中绒新能源签订的《入伙协议》基本相同。2015 年 11 月 17 日,中绒集团作为甲方,中绒新能源作为乙方,宁夏绒圣银作为丙方又签订一份《入伙协议》,协议第 2 条约定,各方同意丙方将以现金认缴宁夏××路 199,998 万元出资额并取得相应的合伙企业权益份额。丙方于本协议签订前已实缴出资 144,500 万元,丙方在宁夏××路的剩余认缴出资应在 2019 年 12 月前缴足。其他条款内容与前述 2015 年 2 月 2 日签订的《入伙协议》相同。

2015 年 4 月 3 日,Capital hold Limited、Capital corp Limited 与盛大游戏签订《合并协议与方案》,并于 2015 年 9 月 23 日进行修订,修订后《合并协议与方案》第 1.03 款"生效时间"大致内容为:按照协议条款约定,合并子公司和本公司应在交割日按协议附件一约定的形式签署一份合并方案,且应按《开曼群岛公司法》第 233 条的规定在开曼群岛公司注册登记处对合并议案和其他文件进行备案。依照《开曼群岛公司法》的规定,合并应于合并方案向登记署登记日或者在合并方案中规定的其他日期生效,但不得迟于前述登记日后 90 天。第 7.01 条"各方义务条件"大致内容为:在交割日期当日或之前,本公司、母公司和并购子公司完成合并的义务受制于满足或者放弃下列条件:(1)股东批准。本协议,并购方案和交易应根据中国国际资本有限公司中国资本有限公司的规定,以及公司组织大纲和公司章程的规定,在股东会议上应获得拥有必要的公司投票结果的授权和批准。(2)无禁令。……

2015年7月3日,中绒集团控股的中国上市公司宁夏中银绒业股份有限公司(证券代码000982,以下简称中银绒业)发布《关于本公司控股股东参与盛大游戏私有化进展情况的公告》,公告主要内容:盛大游戏于2008年6月12日注册成立于开曼群岛,2009年9月30日在美国纳斯达克上市,2014年宣布收到私有化要约。2014年9月,中绒集团签署了加入私有化财团的协议,并成功收购了盛大游戏80,577,828股A股。2014年11月,中绒集团再次收购了盛大游戏48,759,187股B类股。截至公告时,中绒集团通过控制的持股平台中绒投资控股(香港)有限公司、中绒圣达投资控制(香港)有限公司合计持有盛大游戏129,337,015股,占盛大游戏总股本540,754,961股的23.92%,拥有40.06%表决权比例。2015年4月,由私有化财团控制的Capital hold Limited及其全资子公司Capital corp Limited与盛大游戏签署了私有化合并协议与方案。私有化财团合计持有盛大游戏75.65%股权(代表90.72%的股票权),社会公众股东持有剩余24.35%股权(代表9.28%的投票权)。其中,中绒集团控制的中绒传奇、宁夏××路将收购社会公众持有的18.26%A类股权,盛大游戏CEO张先生控制的宁夏正骏股权投资合伙企业(有限合伙)将收购社会公众持有的6.09%A类股权。2015年5月,盛大游戏向美国证券交易委员会提交相应的私有化退市材料。

2015年10月9日,中绒集团向杨成社发出《缴款通知书》,通知杨成社于2015年10月22日17时前履行对中绒传奇的剩余出资义务,以现金汇款方式向中绒传奇的银行账户全额支付剩余出资人民币10,290万元。2015年10月21日,中绒集团、中绒传奇向杨成社出具《出资缴付确认书》,截至2015年10月21日,杨成社已向该合伙企业缴纳货币出资14,700万元,认缴该合伙企业出资14,700万元。上述资金应根据合伙协议的约定,全部用于通过合伙企业在境外的SPV收购盛大游戏股权,参与盛大游戏的私有化交易。

2015年10月15日,中银绒业发布《关于本公司控股股东参与盛大游戏私有化进展情况的公告》,公告主要内容:(1)就美国证券交易委员会关于盛大游戏私有化披露材料提出的全部问题,私有化交易各方已于美国东部时间2015年10月13日向美国证券交易委员会提交了回函及更新后的13E-3表,相关内容已在美国证券交易委员会官方网站公告。(2)盛大游戏已于美国东部时间2015年11月18日上午10时召开审议私有化退市的股东大会,相关内容已在美国证券交易委员会官方网站公告。

2015年11月13日，宁夏绒圣银向宁夏××路缴纳152,800万元投资款。2015年11月20日、2015年12月3日，宁夏绒圣银收到宁夏××路退回投资款8200万元、100万元，共计8300万元。

2015年11月17日，宁夏绒圣银与中绒集团、中绒新能源签订《合伙协议》，全体合伙人的认缴出资总额为20亿元，其中宁夏绒圣银认缴199,998万元，中绒集团认缴1万元，中绒新能源认缴1万元。

2015年11月19日，中银绒业发布《关于本公司控股股东参与盛大游戏私有化进展情况的公告》，公告内容：2015年11月18日上午10时在香港召开的盛大游戏股东大会审议通过了同意盛大游戏与Capital hold Limited、Capital corp Limited于2015年4月3日签署并于2015年9月23日修订的合并协议与方案项下的全部交易内容的议案，相关内容已在SEC官方网站予以公告。根据盛大游戏关于上述股东大会的披露文件，于上述股东大会审议通过后，相关各方预期在本月内完成合并交易的交割（取决于合并协议与方案项下的其他条件被满足或放弃）；在上述合并交易的交割完成后，盛大游戏将成为一家私人公司并且其股票将不再在美国纳斯达克证券交易所挂牌交易，从而完成私有化及退市。

2015年11月20日，中绒集团向杨成社发出《通知》，内容为：盛大游戏的私有化交易已于2015年11月18日经股东大会批准正式生效，因此，中绒传奇在私有化交易中的出资金额中也已经生效的私有化文件确定为人民币65,200万元。根据《入伙协议》第2.2条和《投资合作协议》第3.5条的约定，现将杨成社在中绒传奇的最终出资份额调整为人民币5880万元。杨成社已在中绒传奇认缴的出资中超出上述金额的差额部分资金将会在通知出具日起2个工作日内连同该等资金存放于中绒传奇账户期间实际产生的利息一同返还至杨成社当初汇入中绒传奇的账户（若需汇入其他账户，请在1个工作日内向中绒集团提供需汇入的账户信息）。请杨成社在收到本通知之日起5个工作日内，与中绒集团签订关于杨成社加入中绒传奇的合伙协议及其他办理工商登记所需的文件。

同日，中绒集团向宁夏绒圣银发出《通知》，内容与上述《通知》内容大致相同，确认宁夏绒圣银在宁夏××路的最终出资份额为144,500万元。

2015年11月21日，中银绒业发布《关于本公司控股股东参与盛大游戏私有化进展情况的公告》，公告内容：2015年11月19日，盛大游戏与Capital hold Limited、Capital corp Limited完成合并交易的交割，相关内容已在SEC官方网站予以公告。

2015年11月23日，上海市邦信阳中建中汇律师事务所受杨成社委托向中绒集团发送《关于调低合伙企业出资份额的律师函》，主要内容：2015 年 11 月 20 日，贵司向委托人发出《通知》，单方面提出将委托人在合伙企业中的最终出资份额调低，已缴纳的出资额部分将退还委托人。我们认为贵司单方面调低出资份额的行为系违反《投资合作协议》及《入伙协议》的严重违约行为。要求贵司立即停止单方面调低出资份额和退还出资额的违约行为，按协议约定办理股权变更登记的相关手续。

2015 年 11 月 24 日，中绒集团通过中绒传奇账户退还杨成社出资资金及利息 88, 256, 015. 92 元。

杨成社诉至法院要求：判决《投资合作协议》《入伙协议》继续履行，确认杨成社通过中绒传奇所持有的盛大游戏资产价值为 14, 700 万元，中绒集团应返还给杨成社通过中绒传奇参与盛大游戏私有化投资的出资份额人民币 8820 万元；判决中绒集团、中绒新能源、中绒传奇立即为杨成社办理出资 14, 700 万元的工商登记手续；判决中绒集团、中绒新能源将宁夏××路的出资份额 199, 998 万元转让给宁夏绒圣银的行为侵犯了杨成社的权益，宁夏绒圣银对中绒集团返还给杨成社通过中绒传奇参与盛大游戏私有化投资的出资份额 8820 万元承担连带责任；判决中绒新能源、宁夏××路对中绒集团返还给杨成社通过中绒传奇参与盛大游戏私有化投资的出资份额 8820 万元承担连带责任。

2. 核心争议

中绒集团将杨成社在中绒传奇中的最终出资金额调减为 5880 万元是否适当，杨成社的最终出资金额是否应按认缴出资金额确认为 14, 700 万元及中绒集团、中绒新能源、中绒传奇是否应为杨成社办理出资 14, 700 万元的工商登记手续。

3. 交易结构图

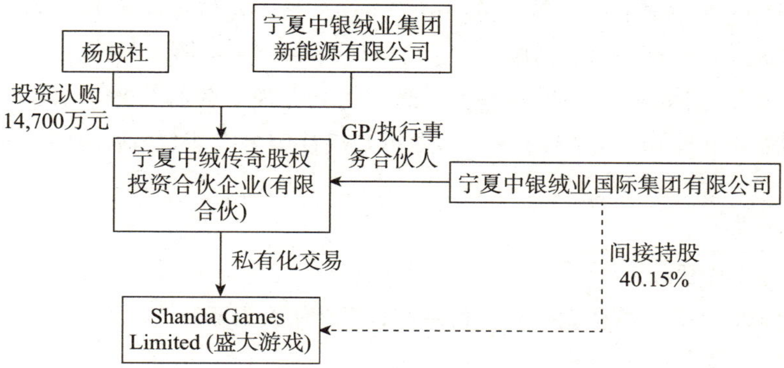

图 1－6　交易结构图

二、裁判结果

一审法院宁夏回族自治区高级人民法院认为,《投资合作协议》第3.5条、《入伙协议》第2.2条明确约定,因中绒集团与相关方就私有化交易整体安排的协商正在进行中,协议项下杨成社的认缴出资金额并非最终出资金额,在协议生效之日起至合伙企业参与私有化交易的出资金额总额经生效的私有化交易文件确定之日起3个工作日内,中绒集团有权以书面通知杨成社的方式对杨成社在合伙企业的认缴出资金额进行调低。按照上述约定,杨成社的最终出资金额要在合伙企业参与私有化交易的出资金额总额经生效的私有化文件确定后才能确定。2015年11月18日,盛大游戏私有化交易正式完成,合伙企业参与私有化交易的出资金额总额经生效的私有化文件最终确定。中绒集团按照《投资合作协议》第3.5条、《入伙协议》第2.2条约定,于"合伙企业参与私有化交易的出资金额总额经生效的私有化文件确定之日"起的3日内即2015年11月20日书面通知杨成社,对其在合伙企业的认缴出资金额调低至其认缴出资金额的40%,并于书面通知杨成社后10个工作日内即2015年11月24日,将差额部分资金及利息返还杨成社,符合《投资合作协议》及《入伙协议》的约定。故杨成社认为2015年4月3日为私有化交易文件生效日的理由,不能成立。杨成社请求继续履行《投资合作协议》《入伙协议》,确认其持有盛大游戏资产价值14,700万元,以及请求中绒集团返还其通过中绒传奇参与盛大游戏私有化投资的出资份额8820万元的诉讼请求,均没有事实和法律依据,法院不予支持。

二审法院最高人民法院认为,中绒集团按照合同约定于2015年11月20日发出《通知》将杨成社在合伙企业中绒传奇中的最终出资金额由14,700万元调减为5880万元并无不当,杨成社关于应确认其在中绒传奇的出资金额为14,700万元及中绒集团、中绒新能源、中绒传奇应为其办理出资14,700万元的工商登记手续的上诉请求,本院不予支持。原审判决认定事实清楚,适用法律正确,应予维持。

三、裁判要旨

普通合伙人有权依据合伙协议调低有限合伙人出资额。

四、案例来源

1. 案例索引

【案件名称】杨成社、宁夏中银绒业国际集团有限公司合伙协议纠纷案

【审理法院】最高人民法院

【案号】(2016)最高法民终773号

【审理程序】二审

2. 关联案例

黑龙江省鹤岗市向阳区人民法院在“龙雨利与张伟、王立晶合伙协议纠纷案”[(2018)黑0402民初203号]中认为,本案中,王立艳、王立晶、王立娟及李淑芹共同出资购买房产、造纸机器建立鹤岗市鑫源造纸厂,并签订合伙投资协议书,协议中明确约定了出资数额、利润分配及亏损分担等事项,双方成立合伙关系。因政府拆迁需要,鹤岗市向阳区保障房管理办公室对五栋厂房动迁补偿款应系合伙企业财产,为合伙人共同共有。合伙关系终止时,合伙人应对合伙的财产、生产成本、债权债务、盈利亏损等费用进行清算。因合伙期间没有规范的账目,根据本院查明的事实,共同出资以外张伟的投入应予返还,龙雨利的占有应予扣除。《合伙企业法》规定,合伙人按照合伙协议的约定或者经全体合伙人决定,可以增加或者减少对合伙企业的出资。故被告提出张伟的投入和龙雨利的占有,应该按张伟追加投资、龙雨利撤资的请求,不符合法律规定,本院不予支持。对合伙的剩余财产,应进行分配。

五、案例评析

合伙制私募基金的组织形式是合伙企业,具有强烈的人合性质,相对于公众公司或上市公司而言,通常各国法律对合伙企业赋予了较大的意思自治权限,允许和尊重合伙人在不违反强制性规定的前提下,对合伙企业出资缴付、投资、表决机制、收益分配、亏损分担等问题进行自由约定,因此,合伙人之间签署的合伙协议、入伙协议或投资协议甚至是经全体合伙人一致同意的合伙人大会决议,应是确立合伙人之间权利义务的主要依据,合伙人应根据上述文件的约定来行使权利、履行义务。在实践中,有限合伙制私募基金通常采取分期认缴制的模式,即有限合伙人投资者在认缴出资范围内,应根据基金管理人的出资缴付通知书来履行出资义务,基金管理人有权根据合伙协议的约定及投资需求来确定各有限合伙人的出资金额及进度,但在投资项目预期收益较高或投资回报较好时,有

限合伙人投资者则可能要求增加投资额，对基金管理人调低有限合伙人出资额提出异议。然而，《合伙企业法》第 17 条第 1 款规定，“合伙人应当按照合伙协议约定的出资方式、数额和缴付期限，履行出资义务”，第 34 条规定，“合伙人按照合伙协议的约定或者经全体合伙人决定，可以增加或者减少对合伙企业的出资”。上述规定已经将合伙人出资事项及调整权限交由合伙协议或全体合伙人决定，而法院通常会根据合伙协议的相关约定作出判定，以充分尊重和维护合伙人之间的意思自治。

六、案例启示

1. 投资者在签署合伙制私募基金协议时应注意审查出资缴付相关安排

合伙制私募基金合同、入伙协议等交易文件通常对投资者的出资方式、数额、缴付期限、违约出资责任等事项均作了明确约定，投资者在签署相关协议文本前，一定要仔细阅读和审查出资缴付的相关约定，确认相关内容是否有遗漏或存在歧义，并全面、充分理解相关条款的真实意思表示，特别是增减出资的安排，因为一旦签署相关协议即表示投资者认可相关安排；在不违反法律强制规定的情况下，相关协议即是合伙人之间的“宪法”性文件，通常法院也会尊重合伙协议的相关约定，并据此作出裁判。

为防范投资风险，建议投资者在基金协议中争取设置分期出资先决条件机制、特定情形下减少出资的权利及根据投资进度同比例出资等保护投资者权益的条款和安排。例如，投资者分期出资条件的设置，包括正面条件与负面条件。正面条件，如拟投项目已获投资决策委员会审议通过、项目已获得一定比例的银行融资支持、相关法律文件已签署完毕、项目保障措施已落实等，并由基金管理人提供相应的说明或证明。负面条件，如基金管理人不存在不当行为、违约行为、被投资企业不存在未纠正违约行为、基金未发生严重亏损等。关于赋予有限合伙人在特定情形下减少出资的权利，诸如基金管理人发生特定的违约行为、违法违规运作等不当行为、基金已投项目发生约定额度的本金亏损、合伙企业收益未达到约定的指标等情形时，有限合伙人有权决定减少对合伙企业的出资。

2. 私募基金募集机构在募集推介私募基金中应做好相关说明和风险提示工作

为避免发生案例中类似纠纷，私募基金募集机构及其从业人员在私募基金的募集推介过程中，应对基金合同中的出资缴付的相关条款和安排向投资者做好说明和解释，确保投资者知晓并理解出资金额、出资期限、出资方式、出资违约的各项约定，避免发生出资中的纠纷，同时在募集材料中做好投资的相关风险提示，充分揭示风险。

七、相关法规

《合同法》

第六十条　当事人应当按照约定全面履行自己的义务。

当事人应当遵循诚实信用原则，根据合同的性质、目的和交易习惯履行通知、协助、保密等义务。

《合伙企业法》

第十七条　合伙人应当按照合伙协议约定的出资方式、数额和缴付期限，履行出资义务。

以非货币财产出资的，依照法律、行政法规的规定，需要办理财产权转移手续的，应当依法办理。

第三十四条　合伙人按照合伙协议的约定或者经全体合伙人决定，可以增加或者减少对合伙企业的出资。

第六十七条　有限合伙企业由普通合伙人执行合伙事务。执行事务合伙人可以要求在合伙协议中确定执行事务的报酬及报酬提取方式。

第七节　基金管理人对投资者承诺固定收益，但未将投资者登记为合伙人，两者之间并非合伙关系，而是借贷关系

一、案例简介

1. 事实经过

上海御贺投资中心（有限合伙）（以下简称御贺投资中心）成立于2013年8月5日，根据工商公示信息显示合伙人为李军标、廖翌芳。由廖翌芳、李军标签订的《合伙协议》约定，新合伙人入伙需经全体合伙人同意。2014年4月11日，上海御富股权投资基金管理有限公司（以下简称御富公司）与陶晓芹签订了《认购协议》，约定御贺投资中心系一家由御富公司等发起设立的有限合伙企业。合伙企业由御富公司负责在设立后执行合伙事务。认购人（陶晓芹）同意作为有限合伙人以人民币现金方式认缴出资600,000元。认购人出资后，认购人将于募集完成时签署《合伙协议》。普通合伙人同意接受并有权接受认购人认缴出资或增资、接纳认购人为合伙企业之有限合伙人，并负责协调其他合伙人，办

理认购人实际入资的各项手续,以使认购人可称为合伙企业有效的有限合伙人。2014 年 4 月 11 日,御富公司与陶晓芹签订了合伙人决议,约定:(1)同意将有限合伙企业的募集资金主要投资到上海市宝山区房产经营公司资金专户及项目公司,用于上海市浦东新区祝桥镇 E3－1 地块安置房开发项目的招标保证金及开发建设资金;(2)本有限合伙企业的本次投资收益起算时间:打款到账后,隔 5 天开始起算;(3)每半年支付预期投资收益,到期一次性返还本金和最后一期预期收益。有限合伙企业税后预期收益＝投资本金×投资天数×预期年化收益率÷365 天。预期收益分配及顺序如下:有限合伙企业依法缴纳营业税等税费;合伙协议约定由有限合伙企业缴纳的费用;有限合伙人(优先级)按照投资比例收回税后预期收益;普通合伙人按照投资比例收回税后预期收益;预期税后年化收益为认购金额 50 万至 100 万元的,预期年化利率为 11%,100 万至 300 万元的,预期年化利率为 11.5%;300 万至 600 万元的,预期年化利率为 12%;600 万至 1000 万元的,预期年化利率为 13%;大于 1000 万元的,预期年化利率为 14%。普通合伙人税后预期收益＝投资本金×投资天数×预期年化收益率÷365 天;实际收益扣除上述分配后的余额为普通合伙人超额收益(如有)。陶晓芹与御富公司签订了《回购协议》,约定:御贺投资中心由御富公司发起设立。陶晓芹持有本基金 600,000 元的有限合伙份额。在陶晓芹投资期限满 12 个月时,御富公司或其指定的第三方将回购陶晓芹所持有的本基金有限合伙份额。根据《认购协议》《合伙人决议》等相关文件,陶晓芹所投资实际金额,相对应的预期年化投资收益为 11%。协议项下御富公司回购的标的为:陶晓芹所投资本基金实际金额。回购时间自陶晓芹签署《认购协议》并向御富公司缴付全部投资款项后 12 个月内。回购价格为陶晓芹取得基金实际有限合伙份额所支付的对价。封闭期限届满后,陶晓芹申请退出的,在陶晓芹全权委托御富公司办理将陶晓芹所持有的有限合伙份额变更至御富公司、御富公司关联企业或御富公司制定投资者名下的相关手续后,御富公司应于 3 个工作日内将陶晓芹所投资实际金额足额付至陶晓芹银行账户。2014 年 4 月 11 日、14 日,陶晓芹按《认购协议》的约定将 600,000 元投资款转入御贺投资中心账户。御富公司至今未提交由陶晓芹及其他合伙人共同签署的合伙协议。

陶晓芹诉至院要求判令御富公司还款 600,000 元,并支付自 2015 年 4 月 14 日起至实际清偿日的迟延支付违约金(以 600,000 元为基数,按每日万分之五计算)。

御富公司辩称,回购协议承诺保本条款不符合合伙企业及商业精神,是无效合同。陶晓芹参加合伙企业后,成为有限合伙人,应共同享有收益、承担亏损。陶晓芹投入的是投资款,不是合伙企业的债务,而是资产。若擅自退伙,会损害合伙企业及其他合伙人的利益。申请退伙不符合《合伙企业法》规定。该回购协议履行不能,双方可以提出解除,不应强制执行。合同解除并不影响陶晓芹的利益,陶晓芹仍是御贺投资中心的有限合伙人,享有合伙企业中属于其的份额,分配合伙企业财产。合伙企业出现解散事由,可以追回财产后向所有合伙人进行分配。陶晓芹不可按回购协议主张回购款、违约金,而应通过清算分配。

2. 核心争议

御富公司未按照约定将陶晓芹登记为有限合伙人,其与陶晓芹之间是合伙关系还是借贷款关系。

3. 交易结构图

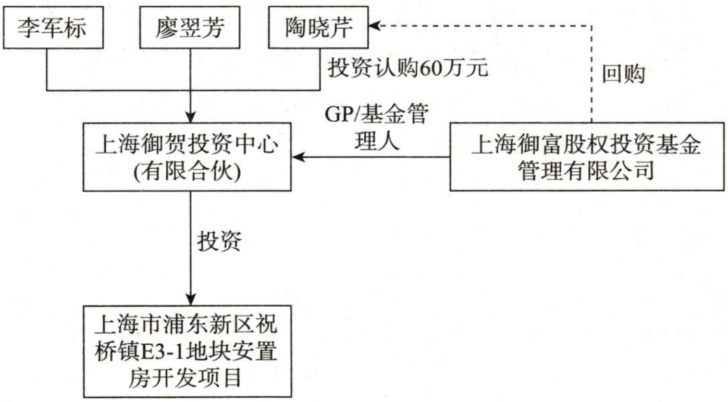

图1-7　交易结构图

二、裁判结果

上海市黄浦区人民法院认为,合伙企业是指由各合伙人订立合伙协议,共同出资,共同经营,共享收益,共担风险,并对企业债务承担无限连带责任的营利性组织。合伙企业应以书面形式订立合伙协议。新合伙人入伙,除合伙协议另有约定外,应当经全体合伙人一致同意,并依法订立书面入伙协议。首先,本案审理过程中,御富公司提交了由廖翌芳与李军标签订的《合伙协议》,该协议约定入伙需经全体合伙人同意。陶晓芹与御富公司签订的《认购协议》也约定募集完成时签署合伙协议,普通合伙人负责协调其他合伙人,办理认购人实际入资的各项手续,以使认购人可成为合伙企业有效的有限合伙人。但至今御富公司都未提交陶晓芹投资前合伙企业合伙人名单、各合伙人同意陶晓芹入伙以及与陶晓芹签订的合伙协议等证据材料。因此，陶晓芹并未成为御贺投资中心的有限合伙人。其次，根据合伙人决议、回购协议的约定，御富公司将于投资期限届满后返还本金。双方另约定：合伙企业的本次投资收益起算时间：打款到账后，隔5天开始起算。有限合伙企业税后预期收益=投资本金×投资天数×预期年化收益率÷365天。御富公司在御贺投资中心未有任何投资收益的情况下按照约定的预期收益标准向陶晓芹支付收益款。因此，根据双方的约定，陶晓芹并不承担合伙企业经营风险，其可获得的收益与合伙企业的经营状况也无关联，仅与投资金额及期限相关。综上，陶晓芹与御富公司之间并非合伙关系，而是借贷关系。御富公司应当向陶晓芹清偿本金及迟延付款违约金。

三、裁判要旨

投资者并未与全体合伙人签订书面合伙协议，作为普通合伙人的基金管理人亦未将其登记为合伙人，且该投资者不承担合伙企业经营风险，其可获得的收益与合伙企业的经营状况也无关联，仅与投资金额及期限相关。此种情况下，投资者与基金管理人之间仅为借贷关系。

四、案例来源

1. 案例索引

【案件名称】陶晓芹与上海御富股权投资基金管理有限公司其他合同纠纷案

【审理法院】上海市黄浦区人民法院

【案号】(2015)黄浦民五(商)初字第12130号

【审理程序】一审

2. 关联案例

河北省石家庄市中级人民法院在"石家庄国大投资管理有限公司、安利民间借贷纠纷案"[(2018)冀01民终6922号]中认为，根据《合伙企业法》的规定，合伙企业是指由各合伙人订立合伙协议、共同出资、合伙经营、共享收益、共担风险，并对合伙企业债务承担无限连带责任的营利性组织；新合伙人入伙时，应当经全体合伙人同意，并依法订立书面入伙协议。东苑投资中心系2011年1月6日成立的合伙企业，国大投资公司仅是该中心其中一个合伙人。虽然2015年12月30日国大投资公司与安利签订的合同名称为《合伙投资协议》，但该《合伙投资协议》不属于入伙协议，应当认定为借款合同。理由如下：首先，国大投资公司没有提交证据证明安利入伙经过了全体合伙人同意;其次,东苑投资中心工商登记中没有安利作为该中心合伙人的任何信息;再次,国大投资公司没有提交证据证明安利参与了东苑投资中心的经营管理以及安利投资款实际用于东苑投资中心的经营;最后,按照《合伙投资协议》和《承诺退还本金函》约定,国大投资公司承诺到期返还本金并按照约定收益率支付投资收益,上述约定不符合合伙协议的特征,而更符合借款合同的特征。综上,本案至安利提起诉讼时,双方约定的履行期限已经届满,国大投资公司应当向安利偿还借款本息。

五、案例评析

《合伙企业法》第43条第1款规定:“新合伙人入伙,除合伙协议另有约定外,应当经全体合伙人一致同意,并依法订立书面入伙协议。”因此,投资者通过增资方式(新入伙)投资有限合伙制私募基金时,应以取得全体合伙人一致同意并订立书面入伙协议作为前提,否则该投资入伙很可能陷入尴尬境地,或者其他全体合伙人并未就此作出有效决议,或者未与全体合伙人签订书面入伙协议,或者私募基金管理人并未如约将投资者登记为合伙人,导致投资者入伙失败,进而发生纠纷。结合本书收集的其他案例,司法实践中这类纠纷的处理方式通常有如下三种:其一,合伙关系不成立或无效,投资者有权要求返还投资款(见本书第一编第一章第二节);其二,投融资双方以合伙之名行借贷之实,则认定为借贷关系;其三,按照所签订的投资协议,认定为无名合同(见本书第三编第一章第一节)。本案例中,法院采取了第二种方式处理,因为根据陶晓芹与御富公司签订的《认购协议》《回购协议》等交易文件,陶晓芹在获得固定收益的同时,并不承担合伙企业经营风险,其可获得的收益与合伙企业的经营状况也无关联,且御富公司承诺回购其持有的合伙份额,不符合合伙企业及商业精神,而是一种借贷关系。法院从实质重于形式出发,认定两者之间构成借贷法律关系。然而,这种处理方式并不一定适用于类似案件,而且各地法院在处理该问题时对收益或利息的认定差异比较大,投资者在入伙失败时,不一定能顺利收回投资本金及收益,这就需要投资者在投资私募基金之前务必要提高警惕,必须认识到与适格主体及时签订合伙协议的重要性,避免不必要的投资风险。

六、案例启示

1. 投资合伙制私募基金时应签订书面入伙协议或合伙协议

为确保投资或出资的合法有效性,投资者在进行合伙制私募基金投资时,应按照《合伙企业法》第19条、第43条的规定签署书面的合伙协议或入伙协议，特别是以新入伙方式进行的投资，应取得全体合伙人的一致同意的决议或书面文件。很多投资者包括私募基金募集机构并不重视上述工作，导致因募集不规范或不合法引发的纠纷比比皆是，不仅给投资者、私募基金募集机构、私募基金造成了不必要的开支和成本，而且影响了私募基金行业的有序和健康发展。

2. 私募基金管理人应避免向投资者承诺保底保收益

向投资者承诺固定收益或作出保底保收益的承诺，是不少私募基金管理人采取的销售手段，借此吸引投资者，甚至在认购文件、基金文件中均明确约定投资者的固定收益和投资本息安全，这种做法不仅违反了私募基金产品"受人之托、代人理财"的本质，而且不符合《证券投资基金法》《关于规范金融机构资产管理业务的指导意见》《私募投资基金监督管理暂行办法》《私募投资基金募集行为管理办法》《证券期货经营机构私募资产管理计划备案管理规范1－4号》《中国证券投资基金业协会私募投资基金备案须知》等法律法规和自律规则的相关规定。因此，在私募基金投资运作中，私募金管理人应严格遵守私募基金相关法律法规、自律规则的规定，一定要打破刚性兑付，使私募基金行业回归到代客理财的本源。

七、相关法规

《合同法》

第六十条 当事人应当按照约定全面履行自己的义务。

当事人应当遵循诚实信用原则，根据合同的性质、目的和交易习惯履行通知、协助、保密等义务。

《合伙企业法》

第四条 合伙协议依法由全体合伙人协商一致、以书面形式订立。

第十九条 合伙协议经全体合伙人签名、盖章后生效。合伙人按照合伙协议享有权利，履行义务。

修改或者补充合伙协议，应当经全体合伙人一致同意；但是，合伙协议另有约定的除外。

合伙协议未约定或者约定不明确的事项，由合伙人协商决定；协商不成的，依照本法和其他有关法律、行政法规的规定处理。

第四十三条 新合伙人入伙，除合伙协议另有约定外，应当经全体合伙人一致同意，并依法订立书面入伙协议。

订立入伙协议时，原合伙人应当向新合伙人如实告知原合伙企业的经营状况和财务状况。

第六十三条　合伙协议除符合本法第十八条的规定外，还应当载明下列事项：

（一）普通合伙人和有限合伙人的姓名或者名称、住所；

（二）执行事务合伙人应具备的条件和选择程序；

（三）执行事务合伙人权限与违约处理办法；

（四）执行事务合伙人的除名条件和更换程序；

（五）有限合伙人入伙、退伙的条件、程序以及相关责任；

（六）有限合伙人和普通合伙人相互转变程序。

第二章　基金管理人未登记或基金产品未备案引发的纠纷

第一节　私募基金管理人未经依法登记，所开展的基金募集行为无效

一、案例简介

1. 事实经过

2016 年 1 月 20 日，赵玉娟（认购方）、被告洛阳连豫木业有限公司（以下简称连豫公司）与大秦连豫基金管理（深圳）有限公司（以下简称大秦基金，作为发行方）签订《大秦连豫林权产业基金认购意向书》，约定：(1)大秦连豫林产业投资中心（有限合伙）（以下简称大秦连豫林产业基金）是按照现行法律、法规设立的有限合伙企业，以非上市企业股权投资和项目投资为主营业务。大秦基金作为大秦连豫林产业基金的普通合伙人，将按照《合伙协议》约定履行管理职责，努力完成本基金的增值和盈利。本基金现招募投资人，认购方作为大秦连豫林产业基金的有限合伙人不参与本基金日常事务的管理，但对本基金的出资参与盈利分配。(2)认购方为赵玉娟，意向认购金额 100 万元，认购保证金 20 万元。同日，赵玉娟（甲方）与连豫公司（乙方）签订《补充协议》，约定：自主意向书签订之日起至 2016 年 7 月 20 日内，甲方未补足基金认购意向金额的，其认购保证金和相应的收益及对应期限由乙方进行回购。预期收益率为月收益率不低于 16%，乙方回购时，3 个工作日内一次性结清本利。2016 年 1 月 21 日，连豫公司向赵玉娟出具收据，显示收到赵

玉娟认购保证金20万元。现赵玉娟诉至法院,认为与大秦基金、连豫公司签订的相关协议无效,并要求法院判令:确认赵玉娟与连豫公司、大秦基金之间签订的《大秦连豫林权产业基金认购意向书》及《补充协议》无效;连豫公司、大秦基金返还原告认购保证金20万元;连豫公司、大秦基金自2016年1月21日起至认购保证金返还完毕之日止,按照中国人民银行确定的同期商业银行贷款利率为标准赔偿原告损失。

连豫公司、大秦基金共同辩称,连豫公司、大秦基金虽然在经营范围外从事民事活动,但并不意味着合同无效。涉案合同没有违反国家的强制性或者禁止性法律规定,不存在合同无效的情况,应驳回赵玉娟起诉。

经法院调查:(1)连豫公司的经营范围为木材销售、土地整理、林木种植(限分支机构经营)、育苗技术咨询服务。大秦基金的经营范围为保付代理(非银行融资类)、从事担保业务(不含融资性担保业务及其他限制项目)、供应链管理。(2)大秦连豫林产业基金未依据法律法规登记备案,不属于合法合规的私募基金,连豫公司、大秦基金不具有私募基金管理人的资格。

2. 核心争议

大秦基金没有取得发行基金或者发行私募基金的资格,赵玉娟与大秦基金签订的认购意向书是否有效。

3. 交易结构图

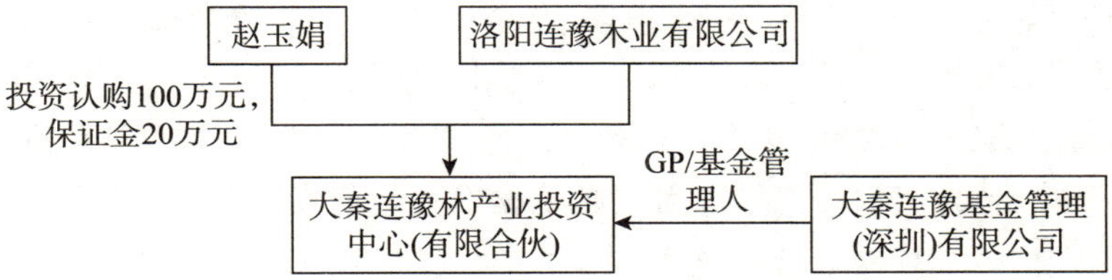

图1-8　交易结构图

二、裁判结果

洛阳市西工区人民法院认为,根据《证券投资基金法》规定,未经登记,任何单位或者个人不得使用"基金"或者"基金管理"字样或者近似名称进行证券投资活动。被告大秦基金并未经合法登记,但是,却与原告签订《大秦连豫林权产业基金认购意向书》,该认购意向书中使用"基金"字样,不符合法律规定,被告大秦基金的经营范围不包括基金募集,故原告与被告大秦基金签订的《大秦连豫林权产业基金认购意向书》无效。合同无效,因该合同取得的财产，应当予以返还。

三、裁判要旨

根据《证券投资基金法》规定，未经登记，任何单位或者个人不得使用“基金”或者“基金管理”字样或者近似名称进行证券投资活动。《证券投资基金法》第90条系效力性强制规定，私募基金管理人未办理登记手续发行基金产品的行为，属于无效法律行为。

四、案例来源

1. 案例索引

【案件名称】赵玉娟与洛阳连豫木业有限公司、大秦连豫基金管理（深圳）有限公司合同纠纷案

【审理法院】河南省洛阳市西工区人民法院

【案号】（2016）豫0303民初1806号

【审理程序】一审

2. 关联案例

阜阳市中级人民法院在“和合投资公司与王蕾、马莹苑合同纠纷案”[（2016）皖12民终1047号]中认为，根据最高人民法院《关于适用〈中华人民共和国合同法〉若干问题的解释（一）》第10条之规定，当事人超越经营范围订立合同，人民法院不因此认定合同无效；但违反国家限制经营、特许经营以及法律、行政法规禁止经营规定的除外。本案中，和合投资公司在与王蕾、马莹苑签订的加盟合同中，约定授权的经营项目超越了核准登记的经营范围，且关于授权王蕾、马莹苑经营信托基金业务亦违反了《证券投资基金法》第90条，关于除法律、行政法规另有规定外，未经登记任何单位或者个人不得使用“基金”或者“基金管理”字样或者近似名称进行证券投资活动的规定。故一审法院引用《证券投资基金法》第90条虽有不当，但认定和合投资公司与王蕾、马莹苑之间签订的加盟合同无效，并判决和合投资公司返还保证金及赔偿损失正确。

五、案例评析

根据《证券投资基金法》第90条“担任非公开募集基金的基金管理人，应当按照规定向基金行业协会履行登记手续，报送基本情况”及第91条“未经登记，任何单位或者个人不得使用‘基金’或者‘基金管理’字样或者近似名称进行证

券投资活动;但是,法律、行政法规另有规定的除外”之规定,从事私募基金活动的管理人应当向中国基金业协会履行管理人登记手续,在取得基金管理人登记编号后方可从事私募基金管理工作,否则即为非法私募行为,涉嫌洗钱、欺诈国家金融和扰乱金融秩序、侵犯投资者权益等违法行为。关于非法私募行为的法律后果,司法实践中部分法院认为,该募资行为及其与投资者签订的投资合同存在违反法律、行政法规的强制性规定而归于无效(虽然也有部分法院并未坚持该观点,见本书第一编第二章第三节)。同时,私募基金管理人及其从业人员的非法私募行为,还存在因违反《证券投资基金法》、《私募投资基金监督管理暂行办法》、《私募投资基金管理人登记和基金备案办法(试行)》和中国基金业协会关于基金管理人登记和备案的相关自律性规定,而受到中国证监会、中国基金业协会相关行政处罚、自律性纪律处分的风险,甚至面临着承担刑事责任的风险,主要是集资诈骗和非法吸收公众存款罪。

六、案例启示

1. 私募基金管理人从事私募基金管理活动应事先履行登记手续、取得私募基金管理人登记

为避免非法私募行为引发的法律风险,私募基金管理人在从事私募基金活动时应按照《证券投资基金法》《私募投资基金监督管理暂行办法》《私募投资基金管理人登记和基金备案办法(试行)》《私募基金管理人登记须知》《私募基金登记备案相关问题解答》等法律法规以及中国基金业协会的自律性规范,在中国基金业协会“资产管理业务综合报送平台”(登录入口为 https://ambers.amac.org.cn)提交管理人登记申请,报送基本情况,履行私募基金管理人的登记手续,依法取得私募基金管理人登记编号。为防范合规风险,私募基金管理人在从事私募基金管理活动中,应按照已登记的私募基金管理人类型(私募证券投资基金管理人、私募股权/创业投资基金管理人、其他私募投资基金管理人、私募资产配置基金管理人)开展相关类型的私募基金管理活动。

2. 投资者在投资认购私募基金时应注意核查基金管理人登记情况

投资者在进行私募基金投资时,为避免投资的基金产品的基金管理人为非法管理人而引发的风险,应在投资前注意核查基金管理人的登记情况,投资者可以登录中国基金业协会私募基金管理人综合查询系统(http://gs.amac.org.cn/amac-infodisc/res/pof/manager/index.html),来综合查询私募基金管理人的登记情况。通过该系统,投资者可以了解到私募基金管理人的登记编码、登记时间、

成立时间、注册地址、办公地址、注册资本、实缴资本、机构类型、业务类型、员工人数、高管情况、已发行基金产品信息、诚信信息等内容,可以大概了解拟投资的基金产品的基金管理人是否依法取得登记、拟投资的基金产品与私募基金管理人机构类型是否一致、已发行基金产品的运作情况、有无风险警示以及私募基金管理人的管理能力,作为是否继续投资的参考。

七、相关法规

《证券投资基金法》

第八十九条 担任非公开募集基金的基金管理人,应当按照规定向基金行业协会履行登记手续,报送基本情况。

第九十条 未经登记,任何单位或者个人不得使用"基金"或者"基金管理"字样或者近似名称进行证券投资活动;但是,法律、行政法规另有规定的除外。

《合同法》

第五十二条 有下列情形之一的,合同无效:

(一)一方以欺诈、胁迫的手段订立合同,损害国家利益;

(二)恶意串通,损害国家、集体或者第三人利益;

(三)以合法形式掩盖非法目的;

(四)损害社会公共利益;

(五)违反法律、行政法规的强制性规定。

第五十八条 合同无效或者被撤销后,因该合同取得的财产,应当予以返还;不能返还或者没有必要返还的,应当折价补偿。有过错的一方应当赔偿对方因此所受到的损失,双方都有过错的,应当各自承担相应的责任。

最高人民法院《关于适用〈中华人民共和国合同法〉若干问题的解释(一)》

第四条 合同法实施以后,人民法院确认合同无效,应当以全国人大及其常委会制定的法律和国务院制定的行政法规为依据,不得以地方性法规、行政规章为依据。

最高人民法院《关于适用〈中华人民共和国合同法〉若干问题的解释(二)》

第十四条 合同法第五十二条第(五)项规定的"强制性规定",是指效力性强制性规定。

《私募投资基金监督管理暂行办法》

第七条 各类私募基金管理人应当根据基金业协会的规定,向基金业协会申请登记,报送以下基本信息:

（一）工商登记和营业执照正副本复印件；

（二）公司章程或者合伙协议；

（三）主要股东或者合伙人名单；

（四）高级管理人员的基本信息；

（五）基金业协会规定的其他信息。

基金业协会应当在私募基金管理人登记材料齐备后的20个工作日内，通过网站公告私募基金管理人名单及其基本情况的方式，为私募基金管理人办结登记手续。

第二节　私募基金产品未备案的，属于非法私募行为，投资者所签订认购协议或基金合同无效

一、案例简介

1. 事实经过

2016年4月23日，胡萍与云南鼎辉股权投资基金管理有限公司签订《私募基金认购协议书》，协议载明基金名称为“鼎辉私募陆号基金”，基金规模为2,500,000元，双方约定胡萍向云南鼎辉股权投资基金管理有限公司支付认购金50,000元，预期年化收益率为18.24%，云南鼎辉股权投资基金管理有限公司按月支付760元红利给胡萍，投资期限为半年（自2016年4月23日起至2016年10月22日止），但可以随时申请退出基金投资。同日，云南鼎辉投资管理有限公司向胡萍出具了一份《配资担保承诺函》，承诺如果“鼎辉私募陆号基金”投资失败，则其负责偿还胡萍投资本金并按年收益率18.24%计算支付原告收益。同日，胡萍在云南鼎辉股权投资基金管理有限公司处通过其丈夫李某某的银行账户向玉溪紫昊生物科技有限公司转账支付了人民币50,000元，云南鼎辉股权投资基金管理有限公司于2016年5月19日向胡萍支付了760元。另查明，云南鼎辉股权投资基金管理有限公司未依法办理“鼎辉私募陆号基金”的登记备案手续。因玉溪紫昊生物科技有限公司未向众多借款人按期付息及返还本金，胡萍以云南鼎辉股权投资基金管理有限公司以私募为名向其借款为由，诉至法院要求云南鼎辉股权投资基金管理有限公司偿还借款本息。

云南鼎辉投资管理有限公司辩称，对胡萍的诉讼请求没有意见，云南鼎辉投资管理有限公司愿意承担连带偿还责任，只是现在公司资金紧张暂时无力偿还。

2. 核心争议

胡萍与云南鼎辉股权投资基金管理有限公司之间是否为私募基金关系，二者之间签订的《私募基金认购协议书》是否有效。

3. 交易结构图

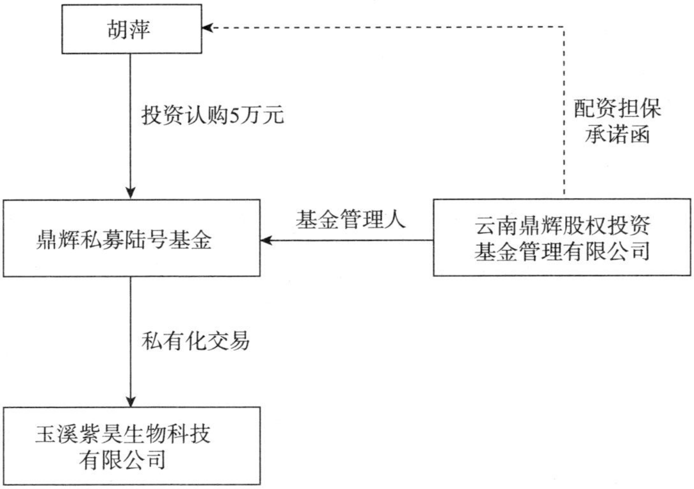

图1-9　交易结构图

二、裁判结果

玉溪市红塔区人民法院认为，因云南鼎辉股权投资基金管理有限公司未依法办理“鼎辉私募陆号基金”的登记备案手续，故“鼎辉私募陆号基金”不是合法成立的基金，且尽管云南鼎辉股权投资基金管理有限公司的投资出现问题，其仍然同意偿还胡萍本金，所以，胡萍与云南鼎辉股权投资基金管理有限公司签订的《私募基金认购协议书》实为民间借贷合同，双方约定的认购金实为借款，年化收益率实为利息约定，云南鼎辉股权投资基金管理有限公司按月支付给胡萍的760元实为按月支付利息。胡萍与云南鼎辉股权投资基金管理有限公司的借贷关系合法有效，云南鼎辉股权投资基金管理有限公司应按协议约定及时还本付息，故对胡萍请求云南鼎辉股权投资基金管理有限公司偿还借款本金50,000元，并支付利息760元的诉讼请求法院予以支持。

三、裁判要旨

根据《证券投资基金法》规定，未经登记，任何单位或者个人不得使用“基金”或者“基金管理”字样或者近似名称进行证券投资活动。《证券投资基金法》第90条系效力性强制规定，私募基金管理人发行的基金产品未依法办理私募基金备案手续，不是合法成立的基金。因基金管理人同意偿还投资者本金，因此，两者之间构成借款法律关系。

四、案例来源

1. 案例索引

【案件名称】胡萍诉云南鼎辉股权投资基金管理有限公司、玉溪紫昊生物科技有限公司、云南鼎辉投资管理有限公司民间借贷纠纷案

【审理法院】玉溪市红塔区人民法院

【案号】(2016)云0402民初1821号

【审理程序】一审

2. 关联案例

杭州市拱墅区人民法院在“何水潮与徐红委托合同纠纷案”[(2013)杭拱商初字第1710号]中认为，根据我国《证券投资基金法》等相关法律的规定，私募基金公司受到我国证监会监管，由证监会给合格的私募基金颁发私募基金管理人牌照，私募基金公司所有的项目必须依法向证监会申报备案核准才可募集。作为私募基金公司，必须依法经营和接受国家的金融体系监管，纳入国家金融系统管理，确保国家金融体系健康运行。不允许存在法律体系监管以外的金融体系。严格禁止任何私募基金公司或个人，以任何名义进行非法的私募基金行为。否则，将涉嫌洗钱、欺诈国家金融和扰乱金融秩序等违法行为。本案中，原告何水潮委托被告徐红购买摩根私募基金，虽系双方真实意思的表示，但显然所谓的摩根私募基金并未在我国证监会申报、备案、核准，如若被告徐红所述其已代为购买了摩根私募基金的事实成立，亦属于非法的私募基金行为，不受法律的保护，应确认无效。

五、案例评析

《证券投资基金法》第90条规定：“未经登记，任何单位或者个人不得使用‘基金’或者‘基金管理’字样或者近似名称进行证券投资活动；但是，法律、行政法规另有规定的除外。”因此，私募基金管理人是否按照法定程序办理私募基金产品备案手续，直接影响着私募行为的合法性以及相应基金合同的效力认定。上述案例中的裁判观点认为，根据《证券投资基金法》等相关法律的规定，私募

基金管理人应当根据中国基金业协会的规定，在取得私募基金管理人登记后方可进行私募基金的募集、发行，并应在私募基金产品募集完成后20个工作日内，登录中国基金业协会“资产管理业务综合报送平台”（登录入口为https://ambers.amac.org.cn），按照规定办理私募基金产品的备案手续，否则相应基金合同存在被法院认定为无效、被认定为借贷合同，甚至会被认定为非法集资的风险（同时也有法院持不同的观点，见本书第一编第二章第三节），私募基金管理人将承担相应的民事、行政甚至是刑事责任。此外，根据《私募投资基金监督管理暂行办法》《私募投资基金管理人登记和基金备案办法（试行）》《私募投资基金备案须知》等中国基金业协会相关规定，只有在完成私募基金产品备案后，私募基金产品才能开始投资运作，私募基金管理人应避免“先上车后补票”式的投资运作在先、产品备案在后的违规操作行为，严格按照私募基金备案的相关规定及时办理基金产品的备案。

六、案例启示

1. 私募基金管理人发行私募基金产品时应按照规定办理产品备案手续

为避免私募基金产品因未办理备案手续而引发的风险，私募基金管理人应当按照《证券投资基金法》《私募投资基金监督管理暂行办法》《私募投资基金管理人登记和基金备案办法（试行）》《私募投资基金备案须知》《私募基金登记备案相关问题解答》等私募基金备案相关规定，在私募基金募集完毕后20个工作日内办理私募基金产品的备案，按照中国基金业协会“资产管理业务综合报送平台”系统要求上传相关材料、填报产品相关信息，并保证基金备案及持续信息更新中所提供的所有材料及信息（含系统填报信息）的真实、准确、完整，不存在任何虚假记载、误导性陈述或重大遗漏；完成基金产品备案后，方可按照私募基金合同的约定开展投资运作，并及时向投资者通报基金备案及投资运营信息，按照法律规定与合同约定履行信息披露责任。

2. 投资者在投资私募基金产品时应加强前期调查

根据中国基金业协会私募基金管理人登记及私募基金产品备案月报数据，截至2018年11月底，在中国基金业协会登记的私募基金管理人有2万多家，已备案私募基金达7万多只，管理基金规模超12万亿元，而且私募基金管理人登记数量及备案产品数量正逐月增长，除上述履行登记备案手续的基金管理人和基金产品外，现在市场上还有不少私募机构仍未进行管理人登记，也有部分私募基金管理人出于各种考虑，并未全部办理其发行的私募基金产品，故仍有不少私募机构和私募产品游离在监管之外。因此,投资者在选择项目进行投资时,须遵循审慎原则,对基金管理人及其基金产品进行必要的前期调查,核查私募机构是否已经办理私募基金管理人登记(见本书第一编第二章第一节),拟投资的私募基金产品是否已经在中国基金业协会办理备案手续,或者在基金合同或认购协议中把基金产品已完成备案作为实缴出资的前提条件,并把基金产品备案作为私募基金管理人的一项重要职责,并约定逾期办理备案或备案失败时,投资者有权解除合同或者要求私募基金管理人承担相应的违约赔偿责任。

七、相关法规

《证券投资基金法》

第八十九条　担任非公开募集基金的基金管理人,应当按照规定向基金行业协会履行登记手续,报送基本情况。

第九十条　未经登记,任何单位或者个人不得使用“基金”或者“基金管理”字样或者近似名称进行证券投资活动;但是,法律、行政法规另有规定的除外。

第九十四条第一款　非公开募集基金募集完毕,基金管理人应当向基金行业协会备案。对募集的资金总额或者基金份额持有人的人数达到规定标准的基金,基金行业协会应当向国务院证券监督管理机构报告。

《合同法》

第五十二条　有下列情形之一的,合同无效:

(一)一方以欺诈、胁迫的手段订立合同,损害国家利益;

(二)恶意串通,损害国家、集体或者第三人利益;

(三)以合法形式掩盖非法目的;

(四)损害社会公共利益;

(五)违反法律、行政法规的强制性规定。

第五十八条　合同无效或者被撤销后,因该合同取得的财产,应当予以返还;不能返还或者没有必要返还的,应当折价补偿。有过错的一方应当赔偿对方因此所受到的损失,双方都有过错的,应当各自承担相应的责任。

最高人民法院《关于适用〈中华人民共和国合同法〉若干问题的解释(一)》

第四条　合同法实施以后,人民法院确认合同无效,应当以全国人大及其常委会制定的法律和国务院制定的行政法规为依据,不得以地方性法规、行政规章为依据。

最高人民法院《关于适用〈中华人民共和国合同法〉若干问题的解释(二)》

第十四条 合同法第五十二条第(五)项规定的"强制性规定",是指效力性强制性规定。

《私募投资基金监督管理暂行办法》

第八条 各类私募基金募集完毕,私募基金管理人应当根据基金业协会的规定,办理基金备案手续,报送以下基本信息:

(一)主要投资方向及根据主要投资方向注明的基金类别;

(二)基金合同、公司章程或者合伙协议。资金募集过程中向投资者提供基金招募说明书的,应当报送基金招募说明书。以公司、合伙等企业形式设立的私募基金,还应当报送工商登记和营业执照正副本复印件;

(三)采取委托管理方式的,应当报送委托管理协议。委托托管机构托管基金财产的,还应当报送托管协议;

(四)基金业协会规定的其他信息。

基金业协会应当在私募基金备案材料齐备后的20个工作日内,通过网站公告私募基金名单及其基本情况的方式,为私募基金办结备案手续。

《私募投资基金管理人登记和基金备案办法(试行)》

第十一条 私募基金管理人应当在私募基金募集完毕后20个工作日内,通过私募基金登记备案系统进行备案,并根据私募基金的主要投资方向注明基金类别,如实填报基金名称、资本规模、投资者、基金合同(基金公司章程或者合伙协议,以下统称基金合同)等基本信息。

公司型基金自聘管理团队管理基金资产的,该公司型基金在作为基金履行备案手续同时,还需作为基金管理人履行登记手续。

第三节 私募基金应办理备案的规定并非效力性强制性规定,并不能当然导致相应的民事行为无效

一、案例简介

1.事实经过

大元创投基金管理有限公司(下称大元公司)制作的《内蒙古经贸外语学院教育产业基金认购协议书》,第一部分为"基金概要",载明:基金名称为内蒙古经贸外语学院教育产业基金;基金类型为有限合伙制基金;基金管理为大元公司;基金投向为内蒙古学院;基金用途用于学院"十二五"规划以及学院由专科

院校晋升本科院校所需的流动资金;托管银行为工商银行广州大道支行;基金规模为3000万元;投资期限为6个月或12个月;基金年化收益,6个月的为10%~11%,12个月的为11%~12%;收益分配为按月分配投资收益,基金满期支付投资本金;还款来源为学院学杂费收入以及其他经营性的收入;退出方式为期满退出;法律顾问为广东启源律师事务所。认购书的第二部分为“基金项目介绍”,具体介绍了内蒙古学院的情况,近几年财务数据,基金管理人大元公司的情况,以及“产品优势”“教育产业符合国家政策导向,受到国家及地方政府的大力扶持”“预期收益较高”“同类产品特征演示”“投资收益演示”;认购流程为签署认购→汇款至托管银行指定账号→出具出资确认书→每月获取投资收益→到期赎回本金。认购书第四部分“合伙协议”载明:本企业为有限合伙企业,根据本协议自愿组成的共同经营体;企业名称为深圳大元新鑫捌号投资合伙企业(有限合伙)(下称大元企业);合伙企业不得以任何方式公开募集和发行基金;合伙目的为集合个人及机构投资者资金进行项目投资及投资管理,为全体合伙人提供资产增值服务;经营范围为实业投资、投资管理及其咨询服务;合伙期限为自营业执照签发之日起36个月;特定投资项目用于学院“十二五”规划以及学院由专科院校晋升本科院校所需的资金。

林丽春(入伙人)与大元公司(执行事务合伙人)签订《深圳大元新鑫捌号投资合伙企业(有限合伙)入伙协议》,约定:林丽春为入伙人,出资金额为100万元,缴付出资时间为2014年10月20日之前,投资期限为6个月。同日,林丽春签订了大元公司出具的《认购风险申明书》,并向户名为“内蒙古经贸外语学院教育产业基金托管子账户”转账汇款100万元。

2014年10月20日,大元企业向林丽春出具了《出资确认书》(编号:SZDY-XX08-29),载明:由大元公司管理的“深圳大元新鑫捌号投资合伙企业(有限合伙),备注内蒙古经贸外语学院教育产业基金”,基金期限为6个月,于2014年10月20日起息;您(林丽春)所认购的份额为100万元,我司将于月收益分配之日起5个工作日内兑付月收益,将于基金到期之日起10个工作日内兑付最后一期收益及认购本金。大元企业盖章确认的《认购人月收益分配具体安排表》,载明:2014年11月30日,支付第一个月收益11,621元;2014年12月31日,支付第二个月收8333.33元;2015年1月31日,支付第三个月收益8333.33元;2015年2月28日,支付第四个月收益8333.33元;2015年3月31日,支付第五个月收益8333.33元;2015年4月30日,支付本次认购资金和最后一个月收益1,008,333.33元。

2015年5月11日,林丽春(甲方、投资人)、内蒙古经贸外语学院(乙方、项目方)、大元公司(丙方、资金管理人)、蔡青、崔玉霞和杨丽燕(均系丁方、连带保证人)签订了《股权投资还款协议书》,约定:乙方、丙方确认,直至2015年5月11日,乙方、丙方尚未归还的甲方投资款金额为100万元,甲方向丙方购买基金的基金期限为6个月(2014年10月20日起息至2015年4月30日止),投资年化收益利率为10%;乙方、丙方同意在2015年8月31日前无条件归还甲方全部投资款,并按本协议第一款约定的投资款收益利率10%(年化)按月支付收益;丁方自愿对乙方、丙方在本协议下约定的支付投资款收益及返还全部投资款的合同义务承担连带保证责任,担保范围包括但不限于乙方、丙方应支付的投资收益、应返还的甲方全部投资款、违约金、诉讼费、保全费,以及因甲方为实现收回全部投资款而产生的各项费用,连带保证责任期限自2015年5月11日起至2017年5月10日止。另,大元企业也在丙方盖章处盖章。

根据中国基金业协会信息公示网站上查询信息显示,大元公司在私募基金管理人公示信息中,有登记信息,登记编号为P1004282,管理基金主要类别为股权投资基金,高管蔡青、魏俊华、徐永斌无基金从业资格。大元企业没有登记信息。

林丽春向一审法院广东省广州市越秀区人民法院起诉请求判令:内蒙古经贸外语学院、大元公司、大元企业共同退还投资款100万元给林丽春;蔡青、崔玉霞、杨丽燕对内蒙古经贸外语学院、大元公司、大元企业的债权对林丽春的债务承担连带清偿责任;内蒙古经贸外语学院、大元公司、大元企业、蔡青、崔玉霞、杨丽燕向林丽春支付利息损失(从2016年2月22日起按照中国人民银行同期贷款利率计算至清偿之日止)。

2. 核心争议

杨丽燕关于林丽春与内蒙古经贸外语学院、大元公司、大元企业之间合同关系无效的主张是否成立;杨丽燕应否对内蒙古经贸外语学院、大元公司、大元企业的涉案债务承担连带责任。

3. 交易结构图

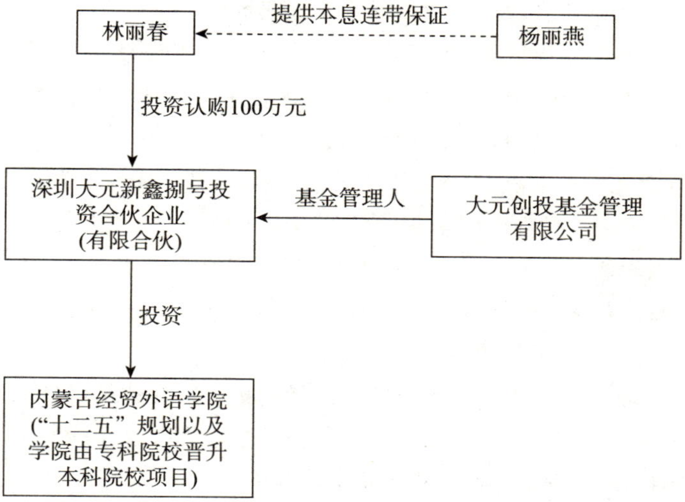

图1-10　交易结构图

二、裁判结果

一审法院广东省广州市越秀区人民法院认为,大元公司系涉案基金的管理人,且其具有合法的私募基金招募资格。涉案基金类型为有限合伙制基金,通过成立有限合伙企业的形式管理招募基金使用。因此,大元企业以其名义向投资人出具《出资确认书》及《认购人月收益分配具体安排表》,并不违反该类型基金操作模式,也不足以推翻大元公司系实际募集者的事实。内蒙古经贸外语学院、大元公司、大元企业,根据《股权投资还款协议书》约定作为债务人应偿还林丽春100万元投资款,蔡青、崔玉霞和杨丽燕作为连带保证人,应就上述债务人的债务承担连带清偿责任。

二审法院广东省广州市中级人民法院认为,首先,杨丽燕关于大元公司提供的基金产品未经备案所提出的异议,法院认为,虽然《证券投资基金法》规定了非公开募集基金募集完毕,应当向基金行业协会备案,但该规定并非效力性强制性规定,并不能当然导致相应的民事行为无效,即林丽春与大元公司、大元企业之间的合同关系并不因此而无效。其次,杨丽燕对于林丽春与大元公司签订的《深圳大元新鑫捌号投资合伙企业(有限合伙)入伙协议》及大元企业向林丽春出具的《出资确认书》中,个人投资者投资金额低于100万元,投资回报方式不合法等所提出的异议,二审法院认为,《私募投资基金监督管理暂行办法》关于私募基金管理人、私募基金销售机构不得向投资者承诺投资本金不受损失或者承诺最低收益的规定，以及《创业投资企业管理暂行办法》关于单个投资者对创业投资企业的投资不得低于100万元人民币的规定，均属于部门规章的效力级别，不属于法律、行政法规的强制性规定，且林丽春投资额已经达到100万元，杨丽燕据此主张林丽春与内蒙古经贸外语学院、大元公司、大元企业之间合同关系因违法违规而无效缺乏依据，本院不予采信。因此，在林丽春与大元公司签订的《深圳大元新鑫捌号投资合伙企业（有限合伙）入伙协议》及大元企业向林丽春出具的《出资确认书》，林丽春、内蒙古经贸外语学院、大元公司、大元企业、蔡青、崔玉霞和杨丽燕签订的《股权投资还款协议书》中，杨丽燕关于向林丽春返还本金及收益的约定无效的主张理据不足，各方当事人均应按照协议约定履行各自义务。杨丽燕关于主债权无效其无需承担担保责任的抗辩理据不足，二审法院不予采信。一审判决杨丽燕就内蒙古经贸外语学院、大元公司、大元企业的涉案债务承担连带责任正确，二审法院予以维持。

三、裁判要旨

《证券投资基金法》规定了非公开募集基金募集完毕，应当向基金行业协会备案，但该规定并非效力性强制性规定，并不能当然导致相应的民事行为无效。

四、案例来源

1. 案例索引

【案件名称】杨丽燕、林丽春合同纠纷案

【审理法院】广东省广州市中级人民法院

【案号】（2018）粤01民终8168号

【审理程序】二审

2. 关联案例

广东省广州市中级人民法院在“杨丽燕、周桂芳合同纠纷案”［（2018）粤01民终8367号］中认为，首先，虽然《证券投资基金法》规定了非公开募集基金募集完毕，应当向基金行业协会备案，但该规定并非效力性强制性规定，并不能当然导致相应的民事行为无效，即周桂芳与大元公司、大元合伙之间的合同关系并不因此而无效。其次，杨丽燕对于周桂芳与大元公司签订的《深圳大元新鑫捌号投资合伙企业（有限合伙）入伙协议》及大元合伙向周桂芳出具的《出资确认书》中，个人投资者投资金额低于100万元，投资回报方式不合法等所提出的异议，本院认为，《私募投资基金监督管理暂行办法》关于私募基金管理人、私募基金销售机构不得向投资者承诺投资本金不受损失或者承诺最低收益的规定，以及《创业投资企业管理暂行办法》关于单个投资者对创业投资企业的投资不得低于100万元人民币的规定，均属于部门规章的效力级别，不属于法律、行政法规的强制性规定，杨丽燕据此主张周桂芳与内蒙古经贸外语学院、大元公司、大元合伙之间合同关系因违法违规而无效缺乏依据，法院不予采信。

五、案例评析

本案中，法院关于私募基金产品未经备案的法律效力问题，采取了与本章上一节案例中的法院不一致的司法裁判观点，法院并没有直接适用《证券投资基金法》第90条的规定，并且在对第94条第1款“非公开募集基金募集完毕，基金管理人应当向基金行业协会备案。对募集的资金总额或者基金份额持有人的人数达到规定标准的基金，基金行业协会应当向国务院证券监督管理机构报告”的适用问题上，坚持了较为宽松的解释，认为该条规定是管理性强制性规定，而不是效力性强制性规定，因此，认为私募基金产品未经备案，并不会导致投资者签订的私募基金合同无效。效力性强制性规定系最高人民法院《关于适用〈中华人民共和国合同法〉若干问题的解释（二）》对法律、行政法规的强制性规定所做区分的结果，因为在我国立法中有大量的强制性规定，有的强制性规定的法律条文明确规定了违反该规定的法律后果是无效，或者没有直接明确规定违法行为的效力，但引致或结合其他法律条文，其他法律条文明确规定了该违法行为的法律后果是无效；但还有一类强制性规定本身没有直接明确规定违法行为的效力，也没有引致到其他具体的法律条文中，更没有其他法律条文对其效力予以明确规定。从促进交易、维护交易安全的角度出发，有必要对上述两类强制性规定加以区别和分类，可以进一步区分为效力性强制性规定和管理性强制性规定，所谓效力性强制性规定，指法律及行政法规明确规定违反了这些禁止性规定将导致合同无效或者合同不成立的规定；或者是法律及行政法规虽然没有明确规定违反这些禁止性规定后将导致合同无效或者不成立，但违反了这些禁止性规定后如果使合同继续有效，将损害国家利益和社会公共利益的规定。所谓管理性强制性规定，指法律及行政法规没有明确规定违反此类规定将导致合同无效或者不成立，而且违反此类规定后如果使合同继续有效也并不损害国家或者社会公共利益，而只是损害当事人的利益的规定。

具体到本案中，广东省广州市中级人民法院对《证券投资基金法》第94条第1款的识别和运用,未机械理解和运用法律,而是在法律适用中朝着精细化方向前进,值得肯定和鼓励。就私募基金产品本身而言,备案与否对社会公共利益和国家金融管理秩序的影响有限,更多的是民事主体之间的交易和利益纷争,法院没有必要介入太深,对其民事行为的法律效力作出评判,对于私募基金产品未备案的法律后果应交由行政执法或行业自律来解决。但同时,投资者在相关投资活动中仍然应重视基金产品备案的问题,因为现阶段司法系统对该问题的观点并未统一,有待更高层级法院作出具有指导性的案例或就相关法律问题的适用出台相关司法解释性文件。

六、案例启示

1. 无论从合规角度还是合同义务角度,私募基金管理人均应依法办理基金产品的备案

虽然本案中的法院认为私募基金管理人是否登记及基金是否备案并不能作为认定基金合同效力的法定事由,但出于现阶段司法系统对该问题的观点并未统一裁判标准,以及从私募基金运作合规的考虑,为了避免不必要的法律风险及合同违约风险,私募基金管理人在发行私募基金产品时,应根据《证券投资基金法》《私募投资基金监督管理暂行办法》《私募投资基金管理人登记和基金备案办法(试行)》《私募投资基金备案须知》《私募基金登记备案相关问题解答》等私募基金备案相关规定,在私募基金募集完毕后20个工作日内办理私募基金产品的备案。

2. 投资者应在投资协议中苛以私募基金管理人履行备案基金产品的职责

为避免私募基金产品因未备案而带来的法律风险,确保投资的合法合规性,投资者在进行私募基金投资时,应提高风险管理意识和合规意识,在投资前应对基金管理人及其基金产品进行必要的前期调查,核查私募机构是否已经取得私募基金管理人登记,私募基金产品是否已办理备案手续;对于新设私募基金而言,应在投资协议中苛以私募基金管理人履行备案基金产品的职责,并约定逾期办理备案或备案失败时,投资者有权解除合同或者私募基金管理人承担相应的违约赔偿责任。

七、相关法规

《证券投资基金法》

第八十九条 担任非公开募集基金的基金管理人,应当按照规定向基金行

业协会履行登记手续,报送基本情况。

第九十条　未经登记,任何单位或者个人不得使用“基金”或者“基金管理”字样或者近似名称进行证券投资活动;但是,法律、行政法规另有规定的除外。

第九十四条第一款　非公开募集基金募集完毕,基金管理人应当向基金行业协会备案。对募集的资金总额或者基金份额持有人的人数达到规定标准的基金,基金行业协会应当向国务院证券监督管理机构报告。

《合同法》

第五十二条　有下列情形之一的,合同无效:

(一)一方以欺诈、胁迫的手段订立合同,损害国家利益;

(二)恶意串通,损害国家、集体或者第三人利益;

(三)以合法形式掩盖非法目的;

(四)损害社会公共利益;

(五)违反法律、行政法规的强制性规定。

第五十八条　合同无效或者被撤销后,因该合同取得的财产,应当予以返还;不能返还或者没有必要返还的,应当折价补偿。有过错的一方应当赔偿对方因此所受到的损失,双方都有过错的,应当各自承担相应的责任。

最高人民法院《关于适用〈中华人民共和国合同法〉若干问题的解释(一)》

第四条　合同法实施以后,人民法院确认合同无效,应当以全国人大及其常委会制定的法律和国务院制定的行政法规为依据,不得以地方性法规、行政规章为依据。

最高人民法院《关于适用〈中华人民共和国合同法〉若干问题的解释(二)》

第十四条　合同法第五十二条第(五)项规定的“强制性规定”,是指效力性强制性规定。

《私募投资基金监督管理暂行办法》

第八条　各类私募基金募集完毕,私募基金管理人应当根据基金业协会的规定,办理基金备案手续,报送以下基本信息:

(一)主要投资方向及根据主要投资方向注明的基金类别;

(二)基金合同、公司章程或者合伙协议。资金募集过程中向投资者提供基金招募说明书的,应当报送基金招募说明书。以公司、合伙等企业形式设立的私募基金,还应当报送工商登记和营业执照正副本复印件;

(三)采取委托管理方式的,应当报送委托管理协议。委托托管机构托管基金财产的,还应当报送托管协议;

(四)基金业协会规定的其他信息。

基金业协会应当在私募基金备案材料齐备后的20个工作日内,通过网站公告私募基金名单及其基本情况的方式,为私募基金办结备案手续。

《私募投资基金管理人登记和基金备案办法》

第十一条 私募基金管理人应当在私募基金募集完毕后20个工作日内,通过私募基金登记备案系统进行备案,并根据私募基金的主要投资方向注明基金类别,如实填报基金名称、资本规模、投资者、基金合同(基金公司章程或者合伙协议,以下统称基金合同)等基本信息。

公司型基金自聘管理团队管理基金资产的,该公司型基金在作为基金履行备案手续同时,还需作为基金管理人履行登记手续。

第三章 基金合同约定固定收益条款效力纠纷

第一节 投资者享受固定收益且作为有限合伙人并未在工商登记，名为合伙，实为借贷

一、案例简介

1. 事实经过

2012 年 10 月 8 日，吴锦煌与鄂尔多斯市汇信股权投资基金管理有限公司（以下简称汇信基金）签订《入伙协议》，载明：汇信基金为上海祥易投资管理中心（有限合伙）（以下简称祥易基金）的主要发起人，吴锦煌同意作为发起人加入合伙，共同发起的基金名称为祥易基金；基金类型为契约型封闭式基金；基金规模为人民币 7000 万元，实际的基金发行总份额依据合伙人协议执行；基金募集方式为定向不公开募集；基金存续期限为自基金成立之日起 1 年；发行对象为合格的自然人和机构投资人；基金管理人为汇信基金，为一家经批准于 2011 年 6 月依法成立的专门从事基金管理的公司；基金托管人为北京银行上海分行；基金用途为用于向商砼公司进行股权投资，用于商砼公司 75 万方/年商砼生产线项目建设，股权投资基金期限为 12 个月，期满 12 个月后由商砼公司按约定偿还剩余股权投资转债权回购款及利息，实现基金资金的退出；基金收益为基金收入扣除基金购置资产及权益、提供服务的成本及费用，基金管理费用以及以前年度或当期发生的基金资产损失后的净额；吴锦煌的出资金额为 150 万元。2012 年 10 月 8 日，吴锦煌向户名为“上海祥易

投资管理中心(有限合伙)"的00130630500120109163964账号打款150万元。

2012年10月8日,内蒙古蒙子骄物流有限责任公司(以下简称蒙子骄公司)、巴彦淖尔市秋林煤炭贸易有限公司(以下简称秋林公司)向吴锦煌出具《合同履约担保函》,载明:本公司同意为汇信基金管理的祥易基金所投资项目商砼公司的投资本金及预期收益利息提供连带责任保证;保证的金额为主合同约定的合同总价款加约定收益,包括吴锦煌投资本金150万元以及10%的投资收益率;保证的方式为独立不可撤销的连带责任保证;保证的期间为合同生效之日起至主合同约定的日期结束后2年内;本担保函在主合同约定的收益及委托资金全额兑付之前不得撤销。

2012年10月15日,汇信基金向吴锦煌出具基金认购确认书,明确收到吴锦煌的投资资金150万元,祥易基金已于2012年8月17日成立,股权投资基金期限为12个月,汇信基金已于2012年10月15日将吴锦煌交付的投资资金按照《入伙协议》的有关约定认购为投资单位。认购结果如下:吴锦煌本次认购股权投资资金额度为150万元,认购的投资单位份数为1,500,000份;持有投资单位份数为1,500,000份。

2013年11月14日,汇信基金法定代表人李逸出具还款安排,载明:本人系汇信基金的法定代表人兼董事长,针对目前项目方资金回笼计划,汇信基金拟于2013年11月30日前归还投资人吴锦煌所投150万元本金的50%,2013年12月31日前归还所投资全部本金及相应利息。

2014年5月20日,汇信基金出具《告投资人书》,明确因政府目前仍拖欠融资方商砼公司工程款,现公司正积极和政府协商还款事宜,在延长期仍按约定的10%收益计息。2014年10月20日,汇信基金再次出具《告投资人书》明确还款计划,并承诺延长期仍按约定10%收益计息。

吴锦煌提交祥易基金的工商登记信息,证明吴锦煌未被登记为祥易基金的合伙人。经质证,秋林公司认为,吴锦煌虽未被登记为合伙人,但并不影响根据《合伙协议》认定其合伙人身份,合伙有显名合伙和隐名合伙之分,是否登记不是认定合伙身份的唯一标准。

投资期满吴锦煌起诉要求蒙子骄公司与秋林公司共同承担连带保证责任,支付出资款150万元和收益15万元。

2. 核心争议

吴锦煌是否有权要求返还本金及10%收益。

3. 交易结构图

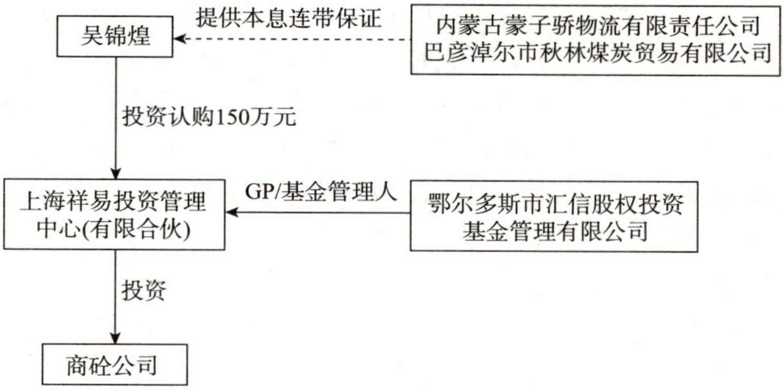

图1－11　交易结构图

二、裁判结果

一审法院无锡市南长区人民法院认为，吴锦煌与汇信基金签订的《入伙协议》，蒙子骄公司、秋林公司出具的担保函均系各方当事人真实意思表示，内容不违反国家法律、法规的强制性规定，应属合法有效，对各方当事人均有约束力，故蒙子骄公司、秋林公司与吴锦煌之间成立保证合同关系。汇信基金依据相关证据表明未按约承担还款责任，蒙子骄公司、秋林公司亦未履行连带保证责任，应承担相应的法律责任。汇信基金在还款安排中明确仍按约定10%收益计息，蒙子骄公司、秋林公司在担保函中也承诺对投资本金以及10%的投资收益率承担连带保证责任，故吴锦煌诉请蒙子骄公司、秋林公司对本金及10%的利息承担保证责任的主张于法有据，予以支持。

二审法院江苏省无锡市中级人民法院认为，吴锦煌虽签订《入伙协议》，但实质为借款，其有权收回本金150万元及10%收益。(1)吴锦煌未被登记为祥易基金的合伙人，秋林公司虽认为可以隐名合伙，但未见相关协议约定，该观点不能成立。(2)结合《入伙协议》和汇信基金两次出具的《告投资人书》以及单独向吴锦煌出具的《还款安排》等证据，可反映吴锦煌等投资人交付给祥易基金的投资本金被用于向商砼公司进行股权投资，期限为12个月，期满后通过股权回购方式保障各投资人收回投资本金及10%收益。汇信基金在《告投资人书》中还表示可以配合投资人分割项目抵押物，将2倍于投资本金的资产过户至投资人名下进行抵偿；给吴锦煌的《还款安排》中更是给出了具体的还款时间，以上足以印证对投资人有还款承诺，而非作为合伙投资对待。综上可见，吴锦煌等投资人不登记为合伙人,不承担投资风险,到期兑付本金和固定收益,实质符合借款关系的法律特征,故吴锦煌提出的还本付息请求不受名义上的合伙关系之约束。至于2016年7月18日实施的《证券期货经营机构私募资产管理业务运作管理暂行规定》第3条中要求证券期货经营机构不得向投资者直接或间接承诺保本保收益,此系对证券期货经营机构业务监管的管理性规定,不是用以评判当事人之间法律关系或合同效力的依据。秋林公司与吴锦煌之间存在保证合同关系。秋林公司和蒙子骄公司以保证人身份出具《合同履约担保函》,明确载明债权人为吴锦煌,两保证人同意为汇信基金管理的祥易基金所投资项目商砼公司的投资本金及预期收益利息提供连带责任保证,包括吴锦煌投资本金150万元及10%的投资收益率。从上述两保证人的真实意思表示看,保证人承诺的责任在于确保吴锦煌收回投资本金150万元及10%收益,其与债权人吴锦煌之间成立保证合同关系。《合同履约担保函》系两保证人主动出具给吴锦煌,且秋林公司与汇信基金的法定代表人同为李逸,故对于实现吴锦煌本息收回本息过程中的主债务人,两保证人应当清楚了解,秋林公司提出本案主债务人不明、主债务不明的观点,法院不予采纳。

三、裁判要旨

有限合伙人投资者不登记为合伙人,不承担投资风险,到期兑付本金和固定收益,实质符合借款关系的法律特征,故投资者与基金管理人或基金之间名为合伙,实为借贷,投资者有权向基金提出还本付息请求,并不受名义上的合伙关系之约束。

四、案例来源

1. 案例索引

【案件名称】吴锦煌与巴彦淖尔市秋林煤炭贸易有限公司、内蒙古蒙子骄物流有限责任公司保证合同纠纷案

【审理法院】江苏省无锡市中级人民法院

【案号】(2016)苏02民终2305号

【审理程序】二审

2. 关联案例

北京市朝阳区人民法院在“厉建春与徐有高、济宁润泽汽车贸易有限公司等委托理财合同纠纷案”[(2016)京0105民初27022号]中认为,首先,《投资协

议》以成立有限合伙企业进行投资为名,但实际应为借贷法律关系,理由如下:第一,厉建春并没有加入合伙企业的意愿,其签订合伙协议的目的在于获取红利并不关注资金的用途。第二,泰高发展中心未将厉建春作为合伙人进行工商登记。第三,《投资协议》约定发展计划清算时,如有限合伙人不能实现本金回收或预期收益时,由普通合伙人承担无限连带责任。后《股权回购(转换)协议》又约定,入伙协议到期后,泰高投资公司同意收购厉建春入资金额所对应的全部股权,收购价为50,787元。上述约定保证了厉建春的投资本金不受损失并且能够获得固定收益。以上三点均符合借贷法律关系的本质特征,而不同于合伙关系的法律特征。因此,《投资协议》名为合伙实为借贷,泰高投资公司为借款人,厉建春为出借人,投资款为借款本金,收益为借款利息。

辽宁省沈阳市中级人民法院在"沈阳信泽创盈壹投资管理中心(有限合伙)与徐欣辽宁信泽联合股权投资基金管理有限公司、辽宁中海洋石化销售有限公司、本溪思山岭云新矿业有限公司借款合同纠纷案"[(2017)辽01民终12554号]中认为,关于法律关系性质的问题,上诉人主张其与被上诉人之间系合伙关系,从双方所签订的合同及多份文件来看,签订主体均是作为"有限合伙企业"的上诉人及提供相应资金的被上诉人,从主体上看并不符合合伙协议关系中各方主体均系共同出资的投资人这一特征。另从上述合同的约定内容来看,有关于被上诉人有权获得最高年率13%的固定收益,不承担投资风险的相关表述,该约定内容亦不符合合伙协议中风险共担的特征。因此,本案不是合伙协议关系,应为返还本金及利息的借款合同关系。

云南省昆明市官渡区人民法院在"李林英与云南金九医疗投资合伙企业、云南金九股权投资基金管理有限公司等民间借贷纠纷案"[(2016)云0111民初5704号]中认为,原告与被告云南金九医疗投资合伙企业(有限合伙)、云南金九股权投资基金管理有限公司之间并没有签订合伙协议,在有限合伙企业进行登记时原告也未作为合伙人登记入册,故被告云南金九医疗投资合伙企业(有限合伙)、云南金九股权投资基金管理有限公司主张其与原告之间所形成的合伙法律关系,缺乏事实依据;本案中虽然原告与被告云南金九医疗投资合伙企业(有限合伙)签订了投资认购声明,但原告在履行投资声明过程中,其只提供资金,不参与经营,不承担经营风险,故原告实际与其所形成的关系是名为合伙,实为被告云南金九医疗投资合伙企业(有限合伙)向原告筹集募集资金,原告向被告向云南金九医疗投资合伙企业(有限合伙)出借资金,双方通过认购声明、确认书等方式约定了资金借款时间及利率,被告云南金九医疗投资合伙企业(有限合伙）并通过其普通合伙人即被告云南金九股权投资基金管理有限公司按约定支付借款利息。故原告与被告云南金九医疗投资合伙企业（有限合伙）、被告云南金九股权投资基金管理有限公司之间实际形成的是名为合伙投资、实为借贷的民事法律关系。

五、案例评析

本案是一类典型的基金合同约定固定收益条款效力纠纷案件，私募基金募集机构在投资协议或私募基金合同对投资者的投资本金和投资收益约定固定收益，而又未在工商登记中将投资者登记为有限合伙人，导致发生投资纠纷，对于这类纠纷，法院通常是按照实质重于形式的原则，认定投资者与合伙制基金之间不构成合伙人与合伙企业的关系，而是按照借贷关系来处理。这也是目前法院比较通行的做法，法院并未对已经签订的基金合同或投资协议的法律效力作出判定，而是巧妙地回避了这个问题，选择从当事人真实意思表示和法律关系的本质出发，来认定当事人之间的法律关系，名为合伙，实为借贷，判决投资者收回本金，合伙企业或普通合伙人按照约定或一定比例支付利息。对这类案件，法院作出名为合伙、实为借贷的裁判，其原因主要有三个：第一，这一关系并不符合《合伙企业法》规定的合伙人与合伙企业之间的关系，因为私募基金管理人并未将投资者登记为合伙人，在法律形式外观主义上来看，投资者并不享有合伙人的权利，亦不承担合伙人的义务；第二，投资者的目的并不是参与基金的投资，而是追求固定收益和回报，到期收回投资本金，投资者并无成为合伙人的意思表示；第三，实际上投资者仅提供资金，不参与经营，也不承担经营风险，不符合私募基金“风险共担、收益共享”的原则。

六、案例启示

1. 从合规角度出发，私募基金管理人或在私募基金合同中应避免保底承诺

私募基金的运作除受法律、行政法规的规范外，还受到中国证监会、中国基金业协会的合规监管，故某些操作方式即使不会被认定为无效，但也可能违反监管部门的相关规定，应承担相应责任。私募基金管理人的保底承诺的做法不仅违反了私募基金产品“受人之托、代人理财”的本质，而且不符合《证券投资基金法》《关于规范金融机构资产管理业务的指导意见》《私募投资基金监督管理暂行办法》《私募投资基金募集行为管理办法》《证券期货经营机构私募资产管理计划备案管理规范 1 - 4 号》《中国证券投资基金业协会私募投资基金备案须

知》等法律法规和自律规则。因此,在私募基金的投资运作中,私募金管理人应严格遵守私募基金相关法律法规、自律规则的规定,力求打破刚性兑付,使私募基金行业回归到代客理财的本源,为合规经营,也为减少和避免不必要的法律风险,私募基金管理人应避免承诺固定收益与保底条款。

2. 合伙制私募基金管理人应重视投资者入伙的工商登记手续

私募基金行业最终应朝着规范、合规和健康的方向发展,私募基金的投资亦会回归“受人之托、代人理财”的本源,因此,私募基金专业管理机构应重视投资者入伙的工商登记手续,在投资者签署相关书面投资认购法律文件后,按照法律规定和合同约定的时限,办理投资者出资的工商登记手续,并及时向投资者签发出资证明文件,确保投资者出资情况与工商登记情况一致,才会避免在具体纠纷中司法机关不认可未办理工商登记的合伙关系的情形,同时也避免了违反监管规定的不规范运作问题,使私募投资关系逐渐回归本源,真正做到“卖者尽责、买者自负”和“收益共享、风险自担”。

七、相关法规

《合同法》

第六十条　当事人应当按照约定全面履行自己的义务。

当事人应当遵循诚实信用原则,根据合同的性质、目的和交易习惯履行通知、协助、保密等义务。

《合伙企业法》

第四条　合伙协议依法由全体合伙人协商一致、以书面形式订立。

第十九条　合伙协议经全体合伙人签名、盖章后生效。合伙人按照合伙协议享有权利,履行义务。

修改或者补充合伙协议,应当经全体合伙人一致同意;但是,合伙协议另有约定的除外。

合伙协议未约定或者约定不明确的事项,由合伙人协商决定;协商不成的,依照本法和其他有关法律、行政法规的规定处理。

第四十三条　新合伙人入伙,除合伙协议另有约定外,应当经全体合伙人一致同意,并依法订立书面入伙协议。

订立入伙协议时,原合伙人应当向新合伙人如实告知原合伙企业的经营状况和财务状况。

第六十三条　合伙协议除符合本法第十八条的规定外,还应当载明下列事项：

（一）普通合伙人和有限合伙人的姓名或者名称、住所；

（二）执行事务合伙人应具备的条件和选择程序；

（三）执行事务合伙人权限与违约处理办法；

（四）执行事务合伙人的除名条件和更换程序；

（五）有限合伙人入伙、退伙的条件、程序以及相关责任；

（六）有限合伙人和普通合伙人相互转变程序。

《私募投资基金监督管理暂行办法》

第十五条 私募基金管理人、私募基金销售机构不得向投资者承诺投资本金不受损失或者承诺最低收益。

《证券期货经营机构私募资产管理业务运作管理暂行规定》

第四条 证券期货经营机构设立结构化资产管理计划，不得违背利益共享、风险共担、风险与收益相匹配的原则，不得存在以下情形：

（一）直接或者间接对优先级份额认购者提供保本保收益安排，包括但不限于在结构化资产管理计划合同中约定计提优先级份额收益、提前终止罚息、劣后级或第三方机构差额补足优先级收益、计提风险保证金补足优先级收益等；

（二）未对结构化资产管理计划劣后级份额认购者的身份及风险承担能力进行充分适当的尽职调查；

（三）未在资产管理合同中充分披露和揭示结构化设计及相应风险情况、收益分配情况、风控措施等信息；

（四）股票类、混合类结构化资产管理计划的杠杆倍数超过1倍，固定收益类结构化资产管理计划的杠杆倍数超过3倍，其他类结构化资产管理计划的杠杆倍数超过2倍；

（五）通过穿透核查结构化资产管理计划投资标的，结构化资产管理计划嵌套投资其他结构化金融产品劣后级份额；

（六）结构化资产管理计划名称中未包含“结构化”或“分级”字样；

（七）结构化资产管理计划的总资产占净资产的比例超过140%，非结构化集合资产管理计划（即“一对多”）的总资产占净资产的比例超过200%。

《关于规范金融机构资产管理业务的指导意见》

二、……

资产管理业务是金融机构的表外业务，金融机构开展资产管理业务时不得承诺保本保收益。出现兑付困难时，金融机构不得以任何形式垫资兑付。金融机构不得在表内开展资产管理业务。

……

第二节　包含固定收益与保底条款的合伙协议，违反了风险共担原则，名为合伙，实为借贷

一、案例简介

1. 事实经过

上海融泓股权投资基金管理有限公司（以下简称融泓公司）出具《上海艺魅投资管理合伙企业（有限合伙）文化产业专项基金计划（1期）》，编号为RH××××××，该计划第二页载明的文件名称为“上海融泓股权投资基金管理有限公司募集说明书”。《募集说明书》载明，上海艺魅投资管理合伙企业（以下简称艺魅投资）的普通合伙人融泓公司是一家依法注册成立的企业法人，其保证艺魅投资有关亚华湖剧院经营文化产业专项基金项目内容真实、准确、完整，符合相关法律法规规定。对于基金设立所规定的形式、性质为私募投资基金、定向募集。基金发起人、管理人均为融泓公司。基金投资者的身份为优先级有限合伙人。基金合同指“合伙人为发起、加入（基金）合伙企业而签署的法律文件，本基金合同指《合伙协议》”。合伙募集期为融泓公司从开始募集至完成该层级预计募集规定的期间。基金存续期为艺魅投资从设立到终止的时间。项目公司指基金以直接或间接方式对其进行投资的企业，即上海亚华湖剧院经营发展股份有限公司（以下简称亚华湖公司）。基金设立方式规定为：艺魅投资是由融泓公司发起设立的有限合伙企业，分别由1名普通合伙人和不超过49名有限合伙人共同共组成。普通合伙人为融泓公司，是本合伙企业执行事务合伙人和普通合伙人，负责本合伙企业的日常经营管理，且出资额不低于总投资额的3%，对合伙企业债务承担无限连带责任。个人或机构投资者通过认购本基金入伙后即成为有限合伙人，有限合伙人不执行合伙事务，仅以其出资额为限对合伙企业债务承担有限责任。基金规模为6000万元，优先级投资者认购5000万元，融泓公司作为普通合伙人出资200万元，项目公司自有资金投资800万元作为劣后。基金自优先级有限合伙人打款次日开始计算收益。风险控制为：（1）股权质押，亚华湖公司100%股权提供质押担保；（2）集团公司担保，上海亚华湖（集团）有限公司承诺对投资人本金及预期收益承担无限连带担保责任（出具《担保函》）；（3）项目公司法定代表人担保，刘建兵承担个人无限连带担保责任（出具《担保

函》)；(4)回购承诺，项目公司对投资人出具《回购承诺书》，确保到期无条件回购投资人的投资份额及预期收益等。担保方为上海亚华湖(集团)有限公司，该集团下属直接控股公司有亚华湖公司、上海福客物业管理有限公司(以下简称福客公司)等，间接控股上海诚亚房地产发展有限公司(以下简称诚亚公司)等。

2014年7月15日，顾蓓君与融泓公司签订《合伙协议》一份，载明：合伙企业名称为"上海艺魅投资管理合伙企业(有限公司)"；有限合伙的期限为1年；设立有限合伙企业目的为保护全体合伙人的合伙权益，通过股权或债权投资等经营手段获取投资收益，为合伙人创造满意的投资回报；本有限合伙的投资业务为用于上海人民大舞台排练厅改造及"午夜快乐汇"节目制作与发行。

2014年7月15日，顾蓓君通过网上银行转账至艺魅投资账户人民币115万元。当日，融泓公司出具《融泓(艺魅)投资基金认购确认函》(以下简称认购确认函)，确认顾蓓君认购的亚华湖剧院经营文化产业专项基金计划(1期)将于2014年7月15日成立，顾蓓君认购的金额115万元已确认收到，投资期限为12个月，逾期年化收益率为12%(税后)，每个月分配收益依此，共计12期；投资起息日期为2014年7月16日，收讫结算日为2014年8月15日，认购金额和最后一期预期收益退还日期为2015年7月15日。该确认函为基金认购法律文书。

同日，融泓公司向顾蓓君出具承诺函载明，为保证艺魅投资有限合伙人的基金份额和预期收益，对认购亚华湖剧院经营文化产业专项基金计划(1期)的有限合伙人郑重承诺，基金到期后5个工作日内，公司按照《募集说明书》《合伙协议》所规定的收益分配规定，普通合伙人向有限合伙人回购其所持有的本基金份额。嗣后，法定代表人刘建兵于2016年2月25日在该承诺函上手写"此承诺永远有效"后签名。

2015年7月22日，顾蓓君作为甲方与融泓公司作为乙方签订《补充协议》一份，就双方于2014年7月15日签订的编号为RH××××××号协议作如下补充：(1)甲方于2014年7月15日投资的115万元，已于2015年7月15日到兑付期。现乙方保证到兑付期限后延期一个月(8月15日)兑付。如果乙方有兑付能力，在延期半个月(7月30日)时先兑付一半(包括收益部分)，余款在延期的一个月内付清(包括收益部分)。(2)原协议到期后，乙方如不能按期还本付息，应当依法承担违约责任。违约金按本金金额为基数按日计算，日利率为本金的千分之一。违约金按月支付。(3)其他事项仍按原协议履行。

2015年8月12日，顾蓓君作为甲方与融泓公司作为乙方又签订一份《补充协议》，约定：因甲方所投资的115万元到期后乙方未能按时兑付，乙方保证在

2015年9月30日将上述应兑付的本金及收益全部付清;原协议到期后乙方未能按期还本付息应支付每日千分之一的违约金。

2015年10月12日,刘建兵出具《兑付计划》一份,向顾蓓君承诺10月、11月底前各兑付不少于15万元,12月底前全部付清。

2014年3月28日,亚华湖公司出具承诺书一份,载明:鉴于由融泓公司募集和管理的亚华湖剧院经营文化产业专项基金计划(1期)股权投资基金用于上海亚华湖剧院经营发展股份有限公司改造人民大舞台排练厅项目和"午夜快乐汇"节目的制作与发行,亚华湖公司承诺:"未来一年经营演出收入及排练厅收入(不低于人民币9000万元),将优先用于支付上述股权投资基金的6000万元本金及收益。"该承诺书加盖公司公章及由法定代表人刘建兵签字。

福客公司出具承诺书一份,载明:其系亚华湖公司的关联企业。鉴于由融泓公司募集和管理的亚华湖剧院经营文化产业专项基金计划(1期)股权投资基金用于亚华湖公司改造人民大舞台排练厅项目和"午夜快乐汇"节目的制作与发行,又由于福客公司系上海人民大舞台物业的管理者,故其承诺以该公司未来一年亚洲大厦写字楼租金、物业管理费、停车费等收入在扣除应发给员工工资后剩余的约每年不低于4000万元优先用于支付上述股权基金到期后的6000万元本金及收益。该承诺书加盖公司印章及由法定代表人徐蓓华签字。

同日,诚亚公司出具承诺书一份,载明:其系亚华湖公司关联企业。鉴于由融泓公司募集和管理的亚华湖剧院经营文化产业专项基金计划(1期)用于亚华湖公司改造人民大舞台排练厅项目和"午夜快乐汇"节目的制作与发行,诚亚公司承诺其开发的亚洲大厦中尚未出售的1500平方米写字楼出售收入(预计9750万元)将优先用于支付上述股权基金到期后的6000万元本金及收益。该承诺书加盖公司公章及由法定代表人刘建兵签字。

三份承诺书右上角均有"亚华湖剧院经营文化产业专项基金计划(1期)"字样,落款右侧空白处均由刘建兵手写"钱未付完永远有效　刘建兵2016.1.13"字样。

艺魅投资成立于2014年3月19日,企业类型为有限合伙企业,合伙人为融泓公司(认缴出资90万元)、罗治国(认缴出资10万元)。

顾蓓君向一审法院上海市黄浦区法院起诉要求融泓公司返还其本金及违约利息,并请求亚华湖公司、福客公司、诚亚公司对融泓公司的还款责任承担连带责任。

2. 核心争议

顾蓓君与融泓公司之间是借款纠纷还是合伙纠纷。

3. 交易结构

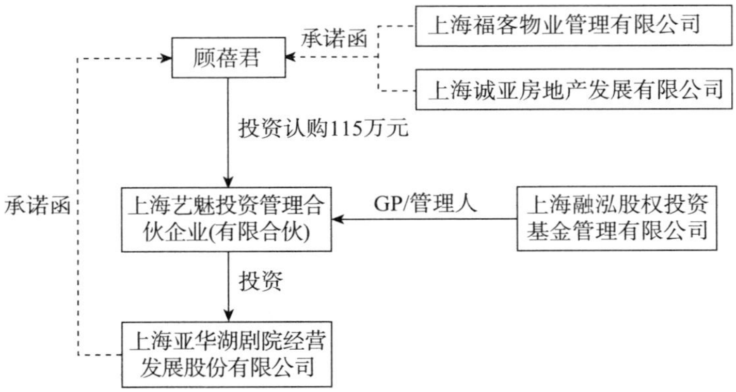

图1-12　交易结构图

二、裁判结果

一审法院上海市黄浦区人民法院认为,顾蓓君与融泓公司订立的合伙协议是名为合伙、实为借贷的借款协议,顾蓓君向融泓公司履行了出借义务后,融泓公司应当按照协议的约定返还顾蓓君借款,并支付利息,融泓公司没有按约返还顾蓓君借款本金,其行为已构成违约,除应当返还顾蓓君借款本金外,还应当承担逾期还款违约责任;但是,顾蓓君主张的违约金已超出相关的司法解释的规定,超出部分,不予支持。从亚华湖公司、福客公司、诚亚公司出具的承诺书内容看,亚华湖公司、福客公司、诚亚公司向顾蓓君表示对融泓公司的还款付息承担连带责任意思是明确的,融泓公司、福客公司的实际控制人,即亚华湖公司、诚亚公司法定代表人刘建兵的承诺亦是明确的,亚华湖公司、福客公司、诚亚公司的抗辩理由不能成立,顾蓓君主张亚华湖公司、福客公司、诚亚公司对融泓公司还款责任承担连带责任的诉讼请求,应予支持。一审法院判决融泓公司返还顾蓓君借款本金1,150,000元及按年利率24%计付违约金,亚华湖公司、福客公司、诚亚公司对融泓公司的还款责任承担连带还款责任。

二审法院上海市中级人民法院认为,关于顾蓓君与融泓公司之间建立的是何种法律关系:首先,仅从顾蓓君与融泓公司之间签订的《合伙协议》的内容来看,是顾蓓君与融泓公司合伙出资成立艺魅投资进行经营的意思表示,但综合融泓公司出具的《募集说明书》、认购确认函、三份承诺书的内容,结合艺魅投资在顾蓓君出资前已经成立,艺魅投资原有股东及新加入股东并未重新签订合伙协议,且顾蓓君未被登记为艺魅投资合伙人的情节,顾蓓君的出资并不符合合伙的构成要件,而是更倾向于私募基金发行与认购的关系。但是,根据四上诉人所述,系争私募基金项目的设立,并未在中基协备案,融泓公司作为基金项目管理人也未在中基协登记,因此,融泓公司并不具有发起募集并管理系争私募基金的资质;加之,融泓公司在出具的认购确认函中确认认购金额和最后一期预期收益退还日期为2015年7月15日,以及融泓公司与刘建兵多次出具补充协议及承诺书承诺还本付息一节来看,更符合借款的构成要件。因此,二审法院确认融泓公司与顾蓓君之间建立的是借款合同关系。关于亚华湖公司、福客公司、诚亚公司出具承诺书的性质,二审法院认为,三份承诺书均针对融泓公司募集和管理的亚华湖剧院经营文化产业专项基金计划中的投资基金,三家公司均承诺以其收入用于优先归还本金及收益,且在《募集说明书》中所载明的集团公司担保方中罗列了亚华湖公司、福客公司、诚亚公司等,显然此三家公司是为系争募集的资金本金及收益的归还进行了担保。现顾蓓君要求亚华湖公司、福客公司、诚亚公司对融泓公司的还本付息承担担保责任并无不当,二审法院予以支持。最终二审法院驳回上诉,维持原判。

三、裁判要旨

合伙制私募基金投资者与基金管理人签署的投资协议或认购协议,约定投资者不承担投资风险,基金管理人承担到期兑付本金和固定收益的责任,实质符合借贷关系的法律特征,故投资者与管理人之间名为合伙,实为借贷,投资者有权向基金管理人提出还本付息请求,并不受名义上的合伙关系之约束。

四、案例来源

1. 案例索引

【案件名称】上海融泓股权投资基金管理有限公司、上海亚华湖剧院经营发展股份有限公司等与顾蓓君借款合同纠纷案

【审理法院】上海市中级人民法院

【案号】(2017)沪02民终1878号

【审理程序】二审

2. 关联案例

北京市第三中级人民法院在“北京同鑫汇投资基金管理有限公司与周丽琴

等民间借贷纠纷案”[(2015)三中民(商)终字第15594号]中认为,同鑫汇公司分别与周丽琴、田旭、瞿红霞、聂云签订的《合伙协议》系各方当事人的真实意思表示,且其内容不违反国家法律、行政法规的强制性规定,属合法有效。已签署的合伙协议,周丽琴、田旭、瞿红霞、聂云享受固定收益,不承担企业风险,即该四人名为金丰中心的合伙人,实际与金丰中心之间是借贷关系。该四人投资期限届满,金丰中心应当向其偿还投资本金及收益,金丰中心未按期偿还还应分别向该四人支付相应的违约金。

四川省成都市武侯区人民法院在“原告古某某与被告成都易安泽资产管理中心(有限合伙)、四川方诺资产管理有限公司、德阳金麒麟有色金属有限公司民间借贷纠纷案”[(2014)武侯民初字第3406号]中认为,原告古某某与被告易安泽中心、方诺公司签订的《投资管理合同》《风险声明书》《入伙协议》载明,被告方诺公司作为合伙人邀请原告古某某等人出资合伙加入被告易安泽中心共同投资被告金麒麟公司的项目,被告方出具格式条款中虽载明原告古某某是合伙人,并对其进行风险告知,不承诺保本和最低收益,但其后又明确载明“预期年化收益为11%,合伙企业投资期内取得的投资收益优先分配有限合伙人,若合伙企业不能如期获得预期投资收益,普通合伙人回购有限合伙人的合伙份额,回购金额不低于有限合伙人的投资金额和预期收益总额,回购后,有限合伙人视为自动退伙”,并在原告古某某“投资”150万元后的6个月时按协议支付原告古某某11%的“收益”,在约定的期限届满后,被告方不能退还原告古某某的款项,被告易安泽中心、方诺公司向原告古某某出具的《关于本合伙企业投资份额分配的承诺书》载明最迟于2014年5月15日支付古某某“150万元本金”,以上情况均表明被告方向原告古某某收取的“投资款”实质是借款,其向原告古某某承诺的“年化收益”实际为支付的利息。被告方承诺,一年内利息为11%,超过1年后为15%,该约定未超过法律规定,故对原告古某某要求被告方返还借款150万元,并按约定支付利息的诉讼请求,法院予以支持。

五、案例评析

本案是一起典型的私募基金管理人对投资者提供保底收益而引发的投资纠纷案件,私募基金管理人与投资者签署的《合伙协议》及私募基金管理人出具的《募集说明书》及其关联公司出具的承诺书均对投资者的投资本金和投资收益不受损失作出了承诺,投资者按照协议约定享受固定收益,并由担保方提供投资本金和投资收益的连带保证担保,投资者不承担任何投资风险,在本质上属于债权投资，而非权益投资，违反了合伙企业“风险共担、收益共享”的原则，因此，法院从实质重于形式原则出发，认为投资者与私募基金管理人或私募基金之间并非合伙法律关系，而是借贷法律关系，即名为合伙，实为借贷。本案中，法院对顾蓓君与融泓公司之间法律关系的认定，符合最高人民法院于 2017 年 8 月 4 日印发的《关于进一步加强金融审判工作的若干意见》的通知（法发〔2017〕22 号）提出的“对以金融创新为名掩盖金融风险、规避金融监管、进行制度套利的金融违规行为，要以其实际构成的法律关系确定其效力和各方的权利义务……对名为融资租赁合同、保理合同，实为借款合同的，应当按照实际构成的借款合同关系确定各方的权利义务”的精神。此外，在处理逾期违约金的问题上，法院根据最高人民法院《关于审理民间借贷案件适用法律若干问题的规定》（法释〔2015〕18 号）的规定对借贷利息进行了调整，以不超过 24% 为限。这也是需要投资者注意的地方，一旦法院认定为私募基金投资关系构成借贷法律关系，则相应的还本付息约定应符合民间借贷的相关规定，投资者主张的投资收益、违约金等其他费用合计不能超过年利率 24%，否则存在败诉的风险。

六、案例启示

1. 包含固定收益与保底条款的基金协议，存在被法院认定为名为基金、实为借贷的风险

保底条款，顾名思义，即对某一投资者进行保本保收益的约定，在私募投资基金领域乃至私募资产管理领域均是一种常见、被大量运用的投资模式，并可以衍生出各种形态，比如差额补足、回购、结构化、对赌等，业内也有人将其统称为“明股实债”或“名股实债”，其核心是投资收益不与被投资企业经营业绩挂钩，到期强制还本付息，即保本保收益。本案例中的保底条款不仅包含内部保底安排，即私募基金管理人或其他投资者（包括但不限于普通合伙人、劣后级优先投资者或其他投资者）对某一特定投资者提供保本保收益的承诺，还包括外部保底安排，即由合伙企业外部的第三人对投资者提供保本保收益的承诺。虽然本案中法院未直接对保底协议的效力作出认定，但法院根据实质重于形式的原则，并未采纳投资者与基金管理人之间构成合伙关系的抗辩，而是认定投资者与基金管理人之间名为合伙，实为借贷，而且这一裁判观点已经为越来越多的法院所采纳，并为最高人民法院的司法解释所确认。因此，对于包含固定收益与保底条款的基金协议，存在被法院认定为名为基金、实为借贷的风险，而一旦法院根据其实际构成的法律关系确定基金协议的效力和各方的权利义务时，对私募基金

管理人而言未必是好事,一则强化了其向投资者兑付的责任,二则加大了其运营风险和流动性风险。

2. 私募基金管理人设立或受托管理私募基金应避免向投资者承诺固定收益和保底条款

私募基金管理人向投资者承诺固定收益或保底条款存在较大的合规风险,不仅不符合私募基金产品"受人之托、代人理财"的本质,而且直接或间接违反了《证券投资基金法》《关于规范金融机构资产管理业务的指导意见》《私募投资基金监督管理暂行办法》《私募投资基金募集行为管理办法》《证券期货经营机构私募资产管理计划备案管理规范1-4号》《中国证券投资基金业协会私募投资基金备案须知》等法律法规和自律规则。2017年12月2日,中国基金业协会会长洪磊在第四届中国(宁波)私募投资基金峰会上的演讲中指出:"基金与信贷是两类不同性质的金融服务活动。从基金的本质出发,任何基金产品都不能对投资者保底保收益,不能搞明股实债或明基实贷。"因此,私募金管理人在发起设立或受托管理私募基金的过程中,应严格遵守私募基金监管的相关法律法规和自律性规定,避免向投资者承诺固定收益和保底条款,确保合规运作。

七、相关法规

《合同法》

第二百零六条 借款人应当按照约定的期限返还借款。对借款期限没有约定或者约定不明确,依照本法第六十一条的规定仍不能确定的,借款人可以随时返还;贷款人可以催告借款人在合理期限内返还。

第二百零七条 借款人未按照约定的期限返还借款的,应当按照约定或者国家有关规定支付逾期利息。

《合伙企业法》

第三十三条 合伙企业的利润分配、亏损分担,按照合伙协议的约定办理;合伙协议未约定或者约定不明确的,由合伙人协商决定;协商不成的,由合伙人按照实缴出资比例分配、分担;无法确定出资比例的,由合伙人平均分配、分担。

合伙协议不得约定将全部利润分配给部分合伙人或者由部分合伙人承担全部亏损。

最高人民法院《关于审理民间借贷案件适用法律若干问题的规定》

第三十条 出借人与借款人既约定了逾期利率,又约定了违约金或者其他费用,出借人可以选择主张逾期利息、违约金或者其他费用,也可以一并主张,但总计超过年利率24%的部分,人民法院不予支持。

《关于进一步加强金融审判工作的若干意见》的通知

1. 遵循金融规律,依法审理金融案件。以金融服务实体经济为价值本源,依法审理各类金融案件。对于能够实际降低交易成本,实现普惠金融,合法合规的金融交易模式依法予以保护。对以金融创新为名掩盖金融风险、规避金融监管、进行制度套利的金融违规行为,要以其实际构成的法律关系确定其效力和各方的权利义务。对于以金融创新名义非法吸收公众存款或者集资诈骗,构成犯罪的,依法追究刑事责任。

4. 规范和促进直接服务实体经济的融资方式,拓宽金融对接实体经济的渠道。依法保护融资租赁、保理等金融资本与实体经济相结合的融资模式,支持和保障金融资本服务实体经济。对名为融资租赁合同、保理合同,实为借款合同的,应当按照实际构成的借款合同关系确定各方的权利义务,防范当事人以预扣租金、保证金等方式变相抬高实体经济融资成本。

《私募投资基金监督管理暂行办法》

第十五条　私募基金管理人、私募基金销售机构不得向投资者承诺投资本金不受损失或者承诺最低收益。

《私募投资基金募集行为管理办法》

第二条　在中国证券投资基金业协会(以下简称中国基金业协会)办理私募基金管理人登记的机构可以自行募集其设立的私募基金,在中国证监会注册取得基金销售业务资格并已成为中国基金业协会会员的机构(以下简称基金销售机构)可以受私募基金管理人的委托募集私募基金。其他任何机构和个人不得从事私募基金的募集活动。

《证券期货经营机构私募资产管理业务运作管理暂行规定》

第四条　证券期货经营机构设立结构化资产管理计划,不得违背利益共享、风险共担、风险与收益相匹配的原则,不得存在以下情形:

(一)直接或者间接对优先级份额认购者提供保本保收益安排,包括但不限于在结构化资产管理计划合同中约定计提优先级份额收益、提前终止罚息、劣后级或第三方机构差额补足优先级收益、计提风险保证金补足优先级收益等;

(二)未对结构化资产管理计划劣后级份额认购者的身份及风险承担能力进行充分适当的尽职调查;

(三)未在资产管理合同中充分披露和揭示结构化设计及相应风险情况、收益分配情况、风控措施等信息;

(四)股票类、混合类结构化资产管理计划的杠杆倍数超过1倍,固定收益类结构化资产管理计划的杠杆倍数超过3倍,其他类结构化资产管理计划的杠杆倍数超过2倍;

(五)通过穿透核查结构化资产管理计划投资标的,结构化资产管理计划嵌套投资其他结构化金融产品劣后级份额;

(六)结构化资产管理计划名称中未包含"结构化"或"分级"字样;

(七)结构化资产管理计划的总资产占净资产的比例超过140%,非结构化集合资产管理计划(即"一对多")的总资产占净资产的比例超过200%。

《关于规范金融机构资产管理业务的指导意见》

二、……

资产管理业务是金融机构的表外业务,金融机构开展资产管理业务时不得承诺保本保收益。出现兑付困难时,金融机构不得以任何形式垫资兑付。金融机构不得在表内开展资产管理业务。

第三节 除法律、法规明文规定的保底条款无效外,根据法无禁止即可为原则,普通合伙人对有限合伙人的保底条款有效

一、案例简介

1. 事实经过

2012年10月25日,湖北长江产业(股权)投资基金管理有限公司(以下简称湖北长投公司)与上海团结普瑞玛激光设备有限公司(以下简称上海团结激光公司)、武汉华工团结激光技术有限公司(以下简称武汉华工团结公司)、陈海兵签订《关于上海团结普瑞玛激光设备有限公司之投资协议书》,约定:鉴于上海团结激光公司是本投资协议的标的公司,武汉华工团结公司是标的公司控股股东,陈海兵是实际控制人,标的公司股东一致同意进行股份制改造,引入战略投资者在国内公开发行股票并上市。湖北长投公司拟由旗下管理之有限合伙基金按照本协议规定的条款和条件认购标的公司本轮私募新增发的股份。投资协议第2条约定了投资的前提条件。第3条增资事宜约定:3.1各方同意,投资方参与认购标的公司本轮私募新增发的股份,按2012年承诺业绩5000万元净利润、12.5倍PE及投资方占标的公司本次增资后股份比例8%,测算投资方的投资金额为5000万元。3.2各方同意,投资方应将本协议第3.1条约定的投资金

额按以下约定条件,以现金方式付至标的公司账户。3.2.1 在本协议第 2.1 条约定的全部条件满足后,标的公司应按照本协议约定向投资方提供本次交易的董事会决议、股东大会决议、修改后的公司章程或章程修正案等文件正本并获得投资方的书面认可。3.2.2 在本协议第 2.1 条约定的全部条件满足后,投资方于 2012 年 11 月 30 日前支付全部出资。3.3 各方同意,本协议项下的投资款注入标的公司的账户另行约定。3.4 各方同意,投资方按本协议约定支付完毕全部出资款后,投资方在本协议项下的出资义务即告完成。3.5 投资方成为标的公司股东后,依照法律、本协议和公司章程的规定享有所有股东权利并承担相应股东义务。3.6 若投资方不能在上述约定时间内将其认缴的出资汇入标的公司账户,应当向标的公司和其他股东承担相应责任。3.7 各方同意,投资方对标的公司的全部出资仅用于附件三载明的正常经营需求,不得用于其他用途,包括但不限于非经营性支出或者与公司主营业务不相关的其他经营性支出、委托理财、委托贷款和期货交易。投资协议第 4 条变更登记手续条款约定:4.1 各方同意,由标的公司负责委托有资质的会计师事务所对投资方的出资进行验资并出具相应的验资报告,并依据验资报告由标的公司向投资方签发并交付公司出资证明书;同时,标的公司应当在公司股东名册中将投资方登记为公司股东,由标的公司负责办理相应的工商登记变更手续。4.2 控股股东、实际控制人承诺,在投资方将出资款支付至公司账户之日起的 30 天内,按照本协议的约定完成相应的公司验资、工商变更登记手续(包括但不限于按本协议修改并签署的公司章程及按本协议第 7 条选举的董事等在工商局的变更备案)。4.3 如果标的公司未按 4.2 条约定按时办理相关验资和工商变更手续,且逾期超过 15 天仍无法办理相应的工商变更登记手续(由于政府方面原因或不可抗力的因素情形除外),投资方有权以书面通知的形式提出终止本协议,标的公司应于本协议终止后 7 个工作日内退还投资方已经支付的全部出资款,并返还等同该笔款项银行同期贷款产生的利息。标的公司控股股东、实际控制人对公司上述款项的返还承担连带责任,但如果投资方同意豁免的情形除外。……投资协议第 5 条股份回购及转让约定:5.1 不论任何主观或客观原因,标的公司不能在 2014 年 12 月 31 日前申报上市材料并由有关部门受理或不能在 2015 年 12 月 31 日前过会……投资方有权要求控股股东、实际控制人回购投资方所持有的全部公司股份。5.5 控股股东、实际控制人在此共同连带保证,如果投资方根据本协议第 5.1 条要求控股股东、实际控制人回购其持有的标的公司全部或者部分股份,或者根据本协议第 5.4 条要求转让其所持有的标的公司全部或者部分股份,控股股东、实际控制人应促使标的公司的董事会、股东大会同意该股份的回购或转让，在相应的董事会和股东大会上投票同意，并签署一切必须签署的法律文件。投资协议第18条违约及其责任条款约定：18.1本协议生效后，各方应按照本协议及全部附件、附表的规定全面、适当、及时地履行其义务及约定，若本协议的任何一方违反本协议包括全部附件、附表约定的条款，均构成违约。18.2各方同意，除本协议另有约定之外，本协议的违约金为投资方投资总额的3%……投资协议书第19条对协议的变更、解除和终止的约定：19.2本协议在下列情况下解除……19.2.1经各方当事人协商一致解除。19.2.2任一方发生违约行为并在守约方向其发出要求更正的书面通知之日起30天内不予更正的，或发生累计两次或以上违约行为，守约方有权单方解除本协议。19.2.3因不可抗力，造成本协议无法履行。19.3提出解除协议的一方应当以书面形式通知其他各方，通知在到达其他各方时生效。19.4本协议被解除后，不影响守约方要求违约方支付违约金和赔偿损失的权利……上述投资协议书附有附件一（标的公司股权结构示意图及上市前股权变更安排）、附件二（上市时间表）。嗣后，湖北长投公司、上海团结激光公司、武汉华工团结公司、陈海兵又签订了《关于上海团结普瑞玛激光设备有限公司投资协议书之补充协议》，对上述投资协议进行了部分修改。

2012年11月12日，武汉长江高新技术产业投资基金合伙企业（有限合伙）（以下简称武汉长高基金）在武汉市工商局东湖分局注册登记设立，登记合伙人为湖北省长江产业投资有限公司、湖北长投公司、武汉元瑞明德投资管理有限公司。湖北长投公司为执行事务合伙人。武汉长高基金登记的主营范围为从事非证券类股权投资活动及相关的咨询服务业务（不含国家法律、法规、国务院决定限制和禁止的项目，不得以任何方式公开募集和发行基金），企业类型为有限合伙。

2012年11月13日，陈琦玲与湖北长投公司签订《武汉长江高新技术产业投资基金合伙企业（有限合伙）有限合伙协议书》。约定，鉴于湖北长投公司是一家私募股权投资管理公司，其以普通合伙人的身份，发起设立并受托管理武汉长高基金，1.1定义：……1.1(2)本合伙企业，指本协议各方根据合伙企业法共同设立的武汉长江高新技术产业投资基金合伙企业（有限合伙）……1.1(4)普通合伙人，指湖北长投公司，1.1(5)基金管理人，为执行本合伙企业事务的经理人，即湖北长投公司。2.1设立：本协议之间的权利义务关系，应遵循《合伙企业法》以及本协议条款及其相关补充协议所规定之条件……2.4目的，本合伙企业设立之目的是通过从事对处于各个发展阶段的具有良好发展前景和退出渠道的企业，进行直接或间接的股权投资或与股权相关的投资为主的投资事业，以实现良好的投资效益，为本协议各方及其他投资人创造满意的投资回报……2.6 本合伙企业为永久存续的有限合伙企业……2.7.1 各方一致同意，普通合伙人作为本合伙企业之管理公司拥有合伙企业法及本协议所规定的对于本合伙企业的所有投资、资产处置、分配及其他事务享有完全、独占及排他的管理资格……第3条，合伙人及其出资：……3.2 本合伙企业的总出资额为人民币2亿元，出资方式均为现金，其中，首期出资5000万元，后期出资在5年内根据投资项目需要按普通合伙人通知募集到位。……3.3.1 本合伙企业的普通合伙人为湖北长投公司，住所位于武汉市武昌区中北路54号宏城金都C座7楼。3.3.2 普通合伙人将以现金出资的方式向本合伙企业进行出资，认缴出资额为人民币400万元，其中首期出资额100万元。……3.4 有限合伙人湖北省长江产业投资有限公司，现金出资，认缴出资额3000万元。3.6.1 首期出资应在2012年11月26日前汇入普通合伙人指定账号。第4条普通合伙人：4.1.1 经全体合伙人讨论，一致推选本合伙企业的普通合伙人——湖北长投公司为本合伙企业的执行事务合伙人，执行事务合伙人委派代表为陈立新。……4.2.1.1 执行合伙人排他性地拥有对本合伙企业的财务进行投资、管理、运用、处置和回收的全部权利，并接受有限合伙人的监督，该等权利由执行事务合伙人直接行使或通过其委派的代表行使。4.2.1.2 执行事务合伙人排他性地拥有对本合伙企业之名义或以其自身的名义，在其自主判断为必须、必要、有利或方便的情况下，为本合伙企业缔结合同及达成其他约定、承诺，管理以及处分本合伙企业之财产，以实现本合伙企业之经营宗旨和目的……4.5.1 普通合伙人及其关联人不应被要求返还任何有限合伙人的出资本金，亦不对有限合伙人的投资收益保底；除本协议另有约定外，所有本金返还、管理费用及投资回报均应源于本合伙企业的可用资产。4.5.2 除非由于故意或重大过失行为，普通合伙人及其管理人员不应对其作为或不作为所导致的本合伙企业或者有限合伙人的损失负责。4.6……如执行事务合伙人及上述人士因履行职责或者办理受托事项遭致任何索赔、诉讼、仲裁、调查或其他法律程序或遭受损失、承担费用、罚款，本合伙企业应补偿各该人士因此产生的所有损失及费用，除非有证据证明该等损失、费用以及相关的法律程序是由各该人士的故意或重大过失所引起……4.7.1 普通合伙人在此承诺，在本合伙企业按照本协议约定解散或清算之前，不会要求退伙，不转让其持有的本合伙企业的权益；其自身权益不会采取任何行动主动解散或终止本合伙企业。第5条有限合伙人：5.1 有限合伙人以其认缴出资额为限对本合伙企业债务承担责任。

第12条：……12.1.1本合伙企业经营期限内，经普通合伙人同意，可开放新有限合伙人入伙。新合伙人入伙应该签署本有限合伙协议书，上述事项由普通合伙人办理工商变更登记，但不必更新其他有限合伙人所持有之本有限合伙协议。12.1.2除法律和本协议或补充协议另有规定外，本合伙企业的经营期限内，有限合伙人不得退伙。有限合伙人违反规定退伙的，应该赔偿由此给本合伙企业造成的损失……协议还对合伙人会议、投资决策委员会、投资业务、利润分配与亏损分担方式、会计及报告、有限合伙人入伙/退伙、权益转让及本合伙企业退出、合伙企业的解散与清算、违约责任等进行了约定。

同日，陈琦玲与湖北长投公司签订《武汉长江高新技术产业投资基金合伙企业(有限合伙)有限合伙补充协议书》。载明：鉴于2.本有限合伙企业永续经营。全体合伙人一致同意特定有限合伙人将其投资款指定投资于特定投资项目且该投资项目所产生的净收益仅在投资于该项目的特定有限合伙人和普通合伙人之间按约定进行分配，未投资于该项目的有限合伙人不参与该项目利润的分配。3.首期入伙的有限合伙人指定将其投资款投资于上海团结激光项目，投资期限为3+1年，期满后净收益仅在首期有限合伙人和普通合伙人出资的5000万元投资本金内进行分配。就相关事宜补充约定如下：(1)通用条款，对全部投资项目适用：①项目投资期本合伙企业为永久存续的有限合伙企业，但特定投资项目应约定明确的投资期，一般对拟上市公司投资项目以成功上市且锁定期满后1年内推出为限，如未能成功上市，以投资协议约定的回购条款事项为限。本合伙企业项目投资期一般长于2年且不超过5年。项目投资期满后，普通合伙人应按约定收回项目投资本金和收益，扣除相关费用后进行分配，分配完成后特定有限合伙人自然退伙。在项目投资期内，有限合伙人不得退伙。在本合伙企业有新的合适投资项目且开放入伙的期限内，该退伙有限合伙人可以选择再次提出入伙申请。②合伙企业费用，本合伙企业费用以能否按特定投资项目归集，分为公共费用和为特定投资项目发生的费用进行核算，作为利润分配时费用扣除依据。(2)特定项目条款，仅针对特定投资项目适用：①首期入伙合伙人出资5000万元，指定投资于上海团结激光项目，该公司计划在2014年底前申报上市材料，2015年前完成过会。本项目投资期限为3+1年。②本项目预期最低年化收益率8%(单利)，如上市进程未能如期实现，上海团结激光公司控股股东和实际控制人有回购承诺，回购价格可满足本项目有限合伙人最低预期年化收益。如该回购款未及时到位，普通合伙人承诺在回购款到位期限届满后30个工作日内垫付优先级有限合伙人本金及上述预期最低收益，再向上海团结激光公司控股股东和实际控制人追索。③本项目普通合伙人对超过上述预期最低年化收益率的超额投资收益优先提取比例为20%。④在有限合伙协议9.2权益分配条款中每一顺序有限合伙人内部优先分配优先级有限合伙人,再分配次级有限合伙人。湖北省长江产业投资有限公司为本项目次级有限合伙人,参与本项目的其他有限合伙人为本项目优先级有限合伙人。⑤本补充协议系对原合伙协议的修改和补充,如两者不一致之处,以本补充协议约定为准。

2012年11月20日,陈琦玲通过其名下银行账户向武汉长高基金名下银行账户汇入人民币300万元。2012年11月23日,武汉长高基金对实收资本、注册资本(资金数额)、合伙企业合伙人三项事项进行了变更登记。变更后的合伙企业合伙人及资本数额为:湖北省长江产业投资有限公司3000万元、湖北长投公司400万元、武汉元瑞明德投资管理有限公司14,700万元、湖北福马公司500万元、蔡志敏500万元、陈琦玲300万元、熊翠华100万元、宋安清100万元、眭群100万元、杨旭300万元。2012年12月5日,武汉长高基金汇付上海团结激光公司5000万元。2013年7月31日,湖北长投公司、武汉长高基金与上海团结激光公司、武汉华工团结公司、陈海兵再次签订《补充约定》,约定,湖北长投公司旗下管理的武汉长高基金已于2012年12月5日完成了对上海团结激光公司的投资。上海团结激光公司、武汉华工团结公司、陈海兵保证并承诺在2014年3月31日前办结公司验资、工商变更登记等工作,如未能在上述期限内办结,湖北长投公司、武汉长高基金有权终止所有协议,上海团结激光公司须在接到终止合同的通知后的七日内按投资协议书的约定将出资款及其利息、违约金支付完毕。2014年12月19日,湖北长投公司、武汉长高基金共同向上海团结激光公司、武汉华工团结公司、陈海兵邮寄了《关于要求终止协议并退还出资款的函》,通知上海团结激光公司终止各方签订的投资协议书、补充协议、补充约定,要求上海团结激光公司在七日内退还出资款5000万元并支付相应利息和违约金。2015年12月21日,武汉长高基金向陈琦玲等各投资人发出《关于投资项目进展的函》,告知上海团结激光公司IPO工作无法按投资协议书约定进行,武汉长高基金已对上海团结激光公司、其控股股东及实际控制人提起诉讼。2016年1月13日,武汉长高基金向陈琦玲等各投资人再次发出《关于投资项目进展的函》,表示"尽快退回各投资人出资款"。

2016年8月23日,上海市闵行区人民法院对原告武汉长高基金与被告上海团结激光公司、武汉华工团结公司、陈海兵、武汉联合团结激光科技有限公司,第三人湖北长投公司新增资本认购纠纷一案作出(2015)闵民二(商)初字第152

号判决，判决如下：(1)上海团结激光公司于判决生效之日起10日内返还武汉长高基金出资款5000万元；(2)上海团结激光公司于判决生效之日起10日内偿付武汉长高基金利息，以5000万元为基数，自2012年12月5日始至判决生效之日止，按中国人民银行同期贷款基准利率计算；(3)上海团结激光公司于判决生效之日起10日内支付武汉长高基金违约金152万元；(4)武汉联合团结激光科技有限公司对上海团结激光公司的上述第1项至第3项偿债义务向武汉长高基金承担连带清偿责任；(5)驳回武汉长高基金的其余诉讼请求。该判决已发生法律效力，武汉长高基金已依法向上海市闵行区人民法院申请强制执行。2017年4月24日，上海市闵行区人民法院作出(2017)沪0112执145号案件执行情况告知书，告知，经调查查实，被执行人未有其他财产可供执行，该案暂无继续执行条件。

陈琦玲依据《武汉长江高新技术产业投资基金合伙企业(有限合伙)有限合伙补充协议书》起诉湖北长投公司，要求湖北长投公司向其垫付投资本金及逾期最低收益。

湖北长投公司辩称补充协议书排除了“风险共担原则”，为“保底条款”，违反了法律、行政法规的强制性规定，应为无效条款。

2. 核心争议

陈琦玲是否能够按照补充协议中“如该回购款未及时到位，普通合伙人承诺在回购款到位期限届满后30个工作日内垫付优先级有限合伙人本金及上述预期最低收益，再向上海团结激光公司控股股东和实际控制人追索”的约定，主张权利。

3. 交易结构图

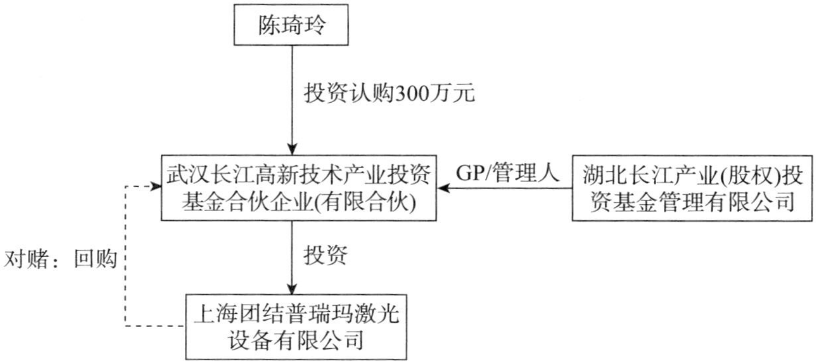

图1－13　交易结构图

二、裁判结果

一审法院武汉市武昌区人民法院认为，关于该补充协议效力，湖北长投公司主张该约定违反我国法律的相关禁止性规定。《合同法》第52条规定："有下列情形之一的，合同无效：(一)一方以欺诈、胁迫的手段订立合同，损害国家利益；(二)恶意串通，损害国家、集体或者第三人利益；(三)以合法形式掩盖非法目的；(四)损害社会公共利益；(五)违反法律、行政法规的强制性规定。"最高人民法院《关于适用〈中华人民共和国合同法〉若干问题的解释(二)》第14条规定："合同法第五十二条第(五)项规定的'强制性规定'，是指效力性强制性规定。"因此，判断当事人之间合同的效力，应当按照上述法律规定加以分析。武汉长高基金企业类型为有限合伙，2012年11月12日注册登记设立，湖北长投公司为执行事务合伙人。武汉长高基金的成立，显系湖北长投公司为履行前述2012年10月25日《关于上海团结普瑞玛激光设备有限公司之投资协议书》中由其旗下管理之有限合伙基金按照该协议规定的条款和条件认购标的公司本轮私募新增发的股份而成立。在其登记成立后的次日，陈琦玲与湖北长投公司签订《武汉长江高新技术产业投资基金合伙企业(有限合伙)有限合伙协议书》，《合伙企业法》第43条规定："新合伙人入伙，除合伙协议另有约定外，应当经全体合伙人一致同意，并依法订立书面入伙协议。订立入伙协议时，原合伙人应当向新合伙人如实告知原合伙企业的经营状况和财务状况。"《合伙企业法》第19条第1款、第2款规定："合伙协议经全体合伙人签名、盖章后生效。合伙人按照合伙协议享有权利，履行义务。修改或者补充合伙协议，应当经全体合伙人一致同意；但是，合伙协议另有约定的除外。"根据上述法律规定，合伙企业成立后，新合伙人入伙，除合伙协议另有约定外，应当经全体合伙人一致同意，并依法订立书面入伙协议。但是，目前没有证据证明，陈琦玲的入伙，除湖北长投公司外，经武汉长高基金原全体合伙人湖北省长江产业投资有限公司、武汉元瑞明德投资管理有限公司一致同意，也没有证据证明湖北长投公司、湖北省长江产业投资有限公司、武汉元瑞明德投资管理有限公司的原合伙协议对此另有约定；此外，根据前述时间节点，陈琦玲不可能是武汉长高基金成立时的合伙人，2012年11月23日，武汉长高基金对实收资本、注册资本(资金数额)、合伙企业合伙人三项事项进行了变更登记，湖北福马公司、蔡志敏、陈琦玲、熊翠华、宋安清、眭群、杨旭变更登记为该合伙企业新的有限合伙人，从该事实也可以得出结论，湖北福马公司、蔡志敏、陈琦玲、熊翠华、宋安清、眭群、杨旭应当是新合伙人入伙。陈琦玲并非首期设立入伙,如果作为武汉长高基金的有限合伙人,只能以新合伙人入伙形式,但前述协议书无论从协议的名称、形式和内容,均反映的不是新合伙人入伙的入伙协议,而是合伙协议。如该协议书 1.1 定义部分约定为“本合伙企业,指本协议各方根据合伙企业法共同设立的武汉长江高新技术产业投资基金合伙企业(有限合伙)”,且前述协议书,由湖北福马公司、蔡志敏、陈琦玲、熊翠华、宋安清、眭群、杨旭分别签订,分别持有,不符合前述法律规定“合伙协议经全体合伙人签名、盖章后生效”的形式要件。上述 7 人分别持有的协议书的 3.2.2 均约定为“普通合伙人将以现金出资的方式向本合伙企业进行出资,认缴出资额为人民币 400 万元,其中:首期出资额 100 万元”,与各方实际投资并不相符,可以得出系同一模板分别而来,该形式也与新合伙人入伙的要求不符。即使湖北长投公司提供的《武汉长江高新技术产业投资基金合伙企业(有限合伙)有限合伙协议书》,该协议虽然载有包括武汉长高基金原全体合伙人湖北省长江产业投资有限公司、武汉元瑞明德投资管理有限公司以及湖北福马公司、蔡志敏、陈琦玲、熊翠华、宋安清、眭群、杨旭等武汉长高基金现全体合伙人的名称及签章,但该协议书的内容与湖北福马公司、蔡志敏、陈琦玲、熊翠华、宋安清、眭群、杨旭提供的协议书的内容一致,也不是入伙协议,而是合伙协议。目前也没有证据证明,订立入伙协议时,原合伙人向新合伙人如实告知了原合伙企业的经营状况和财务状况。因此,前述案涉合伙协议书,不符合《合伙企业法》所规定的形式要件的要求。

陈琦玲与湖北长投公司签订《武汉长江高新技术产业投资基金合伙企业(有限合伙)有限合伙补充协议书》,约定特定有限合伙人将其投资款指定投资于特定投资项目,有限合伙人指定将其投资款投资于上海团结激光公司项目,根据该补充协议所载明的“申报上市材料”“预期最低年化收益率 8%”“上市进程未能如期实现,上海团结激光公司控股股东和实际控制人有回购承诺”等内容分析判断,湖北福马公司、蔡志敏、陈琦玲、熊翠华、宋安清、眭群、杨旭等人订立前述合伙协议、补充协议的目的,并不是作为有限合伙人通过合伙企业的经营获取利润,而是依合伙企业这一平台,间接向上海团结激光公司投资,期盼上海团结激光公司经股份制改造并成功上市后,获取增值的股权价值才是其缔结协议书并出资的核心目的。这从该补充协议对原合伙协议进行了根本的修改和补充,也可以得出该结论,同时可以回答前述合伙协议不符合法定入伙协议的形式要件的问题。

私募股权投资中,投资方为维护自身利益,在交易习惯中,往往在投资协议中额外安排一系列的保护条款。本案中,系争的垫付承诺实质上就是一种保护投资方的条款。而判断该类保护条款是否有效的标准,首先,应当确定是否为各方当事人的真实意思表示。意思自治精神的核心要求是法官要首先尊重商人的理性选择和商业判断,包括案涉各方当事人和其他利益相关者基于自由和理性的心态所作的各种商业判断。《合同法》第125条第1款规定,“当事人对合同条款的理解有争议的,应当按照合同所使用的词句、合同的有关条款、合同的目的、交易习惯以及诚实信用原则,确定该条款的真实意思”。若双方当事人对意思表示的理解存在争议的,应综合合同条款、合同目的和诚实信用等原则先对其真实的意思进行认定,然后再作出符合双方真实意思的裁判。根据前述分析判断,法官有理由相信,湖北长投公司向陈琦玲等人承诺垫付具有一定的合理性,故协议书中的垫付承诺是各方真实的意思表示,实际上各方也均对订立垫付承诺是其真实的意思表示不持异议。与此同时,当事人意思自治原则包含两方面的内容:一是私法主体有权依自己的意志实施私法行为,他人不得干预;二是在不违法的前提下,私法主体之间达成的协议优先于私法而适用。因此,意思自治需以不违法为前提,违反法律的意思自治是不被承认的。所以,该意思自治是否违反法律规定,应当从该补充协议的性质加以判断。

而该补充协议的性质,应认定为“对赌协议”。“对赌协议”,即估值调整机制,是私募股权投资行为中常见的融资契约。从签订主体来看,“对赌协议”可能发生于投资方与目标公司之间,投资方与目标公司的实际控制人、股东之间或前两种方式的混合等。根据“对赌协议”中提供补偿的不同义务人,本案涉及的即是合伙企业武汉长高基金的“合伙人”内部之间的“对赌协议”。从作用上来看,“对赌协议”有利于高效率促成交易,对企业的经营管理起到一定的良性引导,并对双方交易具有一定的担保功能。私募股权的目标公司属于闭锁性公司,由于缺乏市场传导与反馈机制,外人很少知晓其真实价值。投融资双方因为信息的不对等,很难在合作初始对此达成一致的认识,此时,“对赌协议”的出现,即意味着投融资双方暂时搁浅争议,在最大化投资收益的共同目标下,先对企业进行融资,再在一定条件下启动估值调整机制,从而加快融资交易的步伐。“对赌协议”所建立起来的惩罚与激励机制,往往有利于引导目标公司中的经营者、管理者尽职尽责,促进目标公司业绩的提升。实践中,补偿义务人进行估值调整的方式主要有:回赎投资者的股份、直接以现金形式补偿投资者等。所以,前述的各协议书中,无论是上海团结激光公司的回购承诺,还是湖北长投公司的垫付承诺,都是估值调整机制的具体表现,其以惩罚性内容体现了对补偿义务人的要求。如果该投资在约定期限内未达到预期收益,则由补偿义务人按照约定的计算标准与方式补偿,从而保证投资方的基本投资利益的实现。一方面,如前所述,既然"对赌协议"有利于商事活动中的投融资双方加快合作步伐,提高交易效率,就不应当否认其效力、阻碍交易。另一方面,在民事行为尤其是合同行为中,个人应享有相对于法律可能性和事实可能性的最高程度的自由来做他愿意做的任何事情。最高人民法院《关于适用〈中华人民共和国合同法〉若干问题的解释(二)》第14条将合同法规定的"强制性规定"限缩解释为"效力性强制性规定",依反向解释,倘若某法律或行政法规在确立某一强制性规范的同时,明确指出违反该规范的民事行为无效或者不成立,则该强制性规范应被视为效力性规范,与之相抵触的民事行为一概无效。从本案当事人签订的补充协议书来看,湖北长投公司在抗辩中未能明确指出系争垫付条款具体违反何条效力性强制性规定而导致无效,也没有提供证据证明存在《合同法》第52条规定的欺诈、胁迫、恶意串通等情形,法官就应当尊重当事人自己在商事活动中的商业判断,即要尊重法律关系各方基于私法自治精神达成的契约或契约性安排。

除了有无违反我国法律中效力性强制性规定外,另一个必须予以考量的因素就是是否损害其他案涉利益相关方的利益。再次审视本案"对赌协议"系争的内容,仅为湖北长投公司承诺以自有财产垫付投资方的投资,并不涉及武汉长高基金的资本处置与债务承担,无碍于公共利益,"对赌协议"是投资与融资的组合行为,不能要求法律去特别单独应对,也没有这个必要。据此,凡是不公然违反法律规定中的效力性规范、诚实信用原则和公序良俗原则,不损害社会公共利益的契约和契约性安排都属于有效。

关于诉争条款是否显失公平,我国民法所规定的显失公平的行为,是特指不具备欺诈、胁迫等无效原因,但行为人单方面获取暴利,被社会公认为存在重大不公平的民事行为。主要是由于民事主体基于信息不对称、地位不平等、意思表示受到限制等原因,导致法律行为的内容严重不对价,违反了权利义务相一致的原则,该不对价情形的出现严重违背了受损方的意思。而私募资本PE行为一般发生在私募基金和未来公开上市的公司之间,与传统的自然人主体相比,在交易能力、信息获取能力等方面具有明显的差异,属于典型的商事行为。事实上,也正是基于该类商事主体的能力和理性,才可以设计并实施这样一种既能完成投资又能化解风险的对赌条款。由于该条款完全取决于当事人的风险预测和风险偏好,应属于意思自治和可自我控制的范围。基于该类主体为商事主体的特质,按照商事合同的风险自担原则,如无其他导致意思表示瑕疵的因素,不能由此作出显失公平的判断。湖北长投公司主张案涉投资款的追索方应当是武汉长高基金,湖北长投公司向陈琦玲等人垫付后,并无向上海团结激光公司追索的权利。2012年10月25日,湖北长投公司与上海团结激光公司、武汉华工团结公司、陈海兵签订《关于上海团结普瑞玛激光设备有限公司之投资协议书》,根据该协议第5条股份回购及转让的约定,如前所述,该协议也为"对赌协议"。根据上海市闵行区人民法院生效判决所载明的内容,湖北长投公司在其与上海团结激光公司签订的投资协议书的合同目的不能实现时,即"对赌"上海团结激光公司上市不成功后,其本可以按照该投资协议书的约定,要求上海团结激光公司控股股东、实际控制人依约回购,但湖北长投公司选择了解除合同,生效判决据此判令上海团结激光公司向武汉长高基金返还投资款。由于武汉长高基金、湖北长投公司解除了该投资协议书,回购的前提条件不复存在,该情形产生不能归责于陈琦玲,而系武汉长高基金、湖北长投公司的解除行为而产生,故湖北长投公司辩称该返还出资款并不能对应陈琦玲持有的补充协议中所述的"回购款到位期限届满"等,有悖客观事实。权利可以放弃、义务必须履行,由于湖北长投公司的行为导致上海团结激光公司未向其支付回购款,由此产生对其不利的后果,应由其自行承担。

关于湖北长投公司主张诉争条款排除了"风险共担原则",为"保底条款"。交易本身是一种商业博弈,有亏有盈,法律并不能保证一项特定的交易中各方可以等同受益。也就是说,商事活动中的正义体现为过程正义,而非结果正义。在案件审判中,应该更多去关注案涉协议签订过程中当事人的主观正义,而非投融资方商业博弈的结果。风险共担原则、保底条款无效等概念出现在1990年11月最高人民法院《关于审理联营合同纠纷案件若干问题的解答》中,该司法解释属于我国计划经济时期的特定产物。而随着历史发展和我国改革开放的不断深入,市场经济已日臻成熟,民商法律制度已日臻完善,尤其是在与国际接轨最前沿资本市场领域,如果在裁判中脱离基于社会正义或基本价值的共识,仍然机械地照搬套用当年特定时期的司法解释来处理现今经济社会中的敏感问题,则无异于削足适履。其一,所谓共担风险原则,既不是一个普通的原则,也不是一个刚性的原则。在投资领域,风险共担只是风险分配的一种方式。即使认定案涉各方当事人为合伙关系,适用《合同法》的相关规定,一般而言,在普通合伙的情况下,合伙人对外适用共担风险原则,承担无限连带责任,而在有限合伙和特殊普通合伙的情形(有限合伙人承担有限责任,特殊普通合伙的合伙人在特定情形下也可以适用有限责任),都不属于共担风险。因此,在商法中,尤其是在投资领域，法律允许当事人在自愿原则的前提下做出任何风险分担的安排。其二，所谓保底条款，本质上是当事人之间的一种风险和利益的分配条款。基于前述意思自治原则，当事人约定对一方或部分投资人的投资利益采取保底措施，不仅是市场交易中的常见现象，也存在相应的法理依据。在民商事领域的相关法律规定中，在特定情形下，如证券法、证券投资基金法、中外合作企业经营法等法律中基于公共利益的需要，明文规定某些保底条款无效；至于无明文禁止的，则为有效。因此，不应将保底条款无效扩大适用到其他商事协议的效力判定上。

关于武汉长高基金是否也应为垫付投资款的主体，虽然武汉长高基金向陈琦玲等各投资人表示过“尽快退回各投资人出资款”，但各方当事人就此并未达成过相关协议，作为武汉长高基金登记的有限合伙人，如果陈琦玲等人要求武汉长高基金垫付投资款，存在法律上的障碍，陈琦玲等人也从未就此提出过主张。根据《民事诉讼法》第五章第一节的规定，当事人包括原告、被告、第三人。原告，是以自己的名义提起诉讼，请求法院保护其权益，因而使诉讼成立的人。被告，在民事案件中，是指侵犯原告利益，需要追究民事责任，并经法院通知其应诉的人。陈琦玲等人作为原告，没有追究武汉长高基金民事责任的意思表示。因此，武汉长高基金可不作为民事主体参加本案诉讼。

《合同法》第60条规定，当事人应当按照约定全面履行自己的义务；第107条规定，当事人一方不履行合同义务或者履行合同义务不符合约定的，应当承担继续履行、采取补救措施或者赔偿损失等违约责任。目前由于上海团结激光公司已实际不能履行回购条款，湖北长投公司应按照案涉补充协议的约定，履行自己的义务，承担本案民事责任。综上所述，一审法院判湖北长投公司垫付陈琦玲本金300万元，并按照年率8%的标准支付陈琦玲年收益。

二审法院湖北省武汉市中级人民法院认为，湖北长投公司认为一审法院应甄别陈琦玲提交的《补充协议》约定文字的真伪和湖北长投公司《补充协议》中除公章以外的陈琦玲盖章的真伪。陈琦玲和湖北长投公司分别向一审法院提交《补充协议》，两份补充协议的区别在于湖北长投公司提交的《补充协议》不包含回购垫付承诺条款，陈琦玲提交的补充协议包含回购垫付承诺条款。本案中，陈琦玲起诉主张湖北长投公司垫付陈琦玲本金300万元，并按8%支付年收益率，其向一审法院提交《补充协议》，该协议上加盖湖北长投公司印章。一审法院委托鉴定机构对陈琦玲提交的《补充协议》上湖北长投公司加盖的公章进行鉴定，认定该印章是湖北长投公司印章，陈琦玲提交的《补充协议》真实有效。湖北长投公司未提供证据推翻陈琦玲提交的上述协议，应承担举证不能的法律后果。

即使湖北长投公司提交的《补充协议》同样是真实的,亦不能达到推翻陈琦玲提交的补充协议的法律后果,湖北长投公司主张应按照其提交的《补充协议》作为认定本案事实的依据,缺乏事实依据和法律依据,其该项上诉请求不能成立。陈琦玲与湖北长投公司签订的《补充协议》系对《合伙协议》的补充约定,两者系同一天达成,共同完整地构成了各方当事人的意思表示。目的是通过从事对处于各个发展阶段的具有良好发展前景和退出渠道的企业,进行直接或间接的股权投资或与股权相关的投资为主的投资事业,以实现良好的投资效益,为本协议各方及其他投资人创造满意的投资回报。上述协议中关于合伙投资及回购的约定系针对特定投资项目适用,湖北长投公司目的在于为公司经营展业争取资金,投资方则基于对公司经营能力、发展趋势等多种因素判断该公司未来可能达到的价值进行投资以实现投资利益。双方约定了回购的情形,《补充协议》中有关回购垫付的承诺清晰而明确,是当事人在《合伙协议》外特别设立的保护投资人利益的条款,属于缔约过程中当事人对投资合作商业风险的安排,该条款系各方当事人的真实意思表示。案涉协议关于湖北长投公司垫付回购款的内容不违反国家法律、行政法规的禁止性规定,合法有效,不涉及武汉长高基金的资本处置与债务承担,亦不损害目标公司上海团结激光公司其他股东、债权人的利益,不存在《合同法》第52条所规定的有关合同无效的情形。上海团结激光公司未按照约定计划上市,陈琦玲依据《补充协议》约定在合理期限内提出湖北长投公司对回购款垫付的要求,湖北长投公司应按照《补充协议》约定向陈琦玲支付回购垫付款及年收益。综上,湖北长投公司的上诉理由不能成立,二审法院对其上诉请求不予支持。

三、裁判要旨

在商法中,尤其是在投资领域,法律允许当事人在自愿原则的前提下做出任何风险分担的安排。在民商事领域的相关法律规定中,在特定情形下,如证券法、证券投资基金法、中外合作企业经营法等法律中基于公共利益的需要,明文规定某些保底条款无效;至于无明文禁止的,则为有效。因此,不应将保底条款无效扩大适用到其他商事协议的效力判定上。

四、案例来源

1. 案例索引

【案件名称】湖北长江产业(股权)投资基金管理有限公司、陈琦玲合同纠纷

二审民事判决书

【审理法院】湖北省武汉市中级人民法院

【案号】(2018)鄂01民终6240号

【审理程序】二审

2. 关联案例

湖北省武汉市中级人民法院在“湖北长江产业(股权)投资基金管理有限公司、熊翠华合同纠纷案”[(2018)鄂01民终6236号]中认为,熊翠华与湖北长投公司签订的《补充协议》系对《合伙协议》的补充约定,两者系同一天达成,共同完整地构成了各方当事人的意思表示。目的是通过从事对处于各个发展阶段的具有良好发展前景和退出渠道的企业,进行直接或间接的股权投资或与股权相关的投资为主的投资事业,以实现良好的投资效益,为本协议各方及其他投资人创造满意的投资回报。上述协议中关于合伙投资及回购的约定系针对特定投资项目适用,湖北长投公司目的在于为公司经营展业争取资金,投资方则基于对公司经营能力、发展趋势等多种因素判断该公司未来可能达到的价值进行投资以实现投资利益。双方约定了回购的情形,《补充协议》中有关回购垫付的承诺清晰而明确,是当事人在《合伙协议》外特别设立的保护投资人利益的条款,属于缔约过程中当事人对投资合作商业风险的安排,该条款系各方当事人的真实意思表示。案涉协议关于湖北长投公司垫付回购款的内容不违反国家法律、行政法规的禁止性规定,合法有效,不涉及武汉长高基金的资本处置与债务承担,亦不损害目标公司上海团结激光公司其他股东、债权人的利益,不存在《合同法》第52条所规定的有关合同无效的情形。上海团结激光公司未按照约定计划上市,熊翠华依据《补充协议》约定在合理期限内提出由湖北长投公司对回购款垫付的要求,湖北长投公司应按照《补充协议》约定向熊翠华支付回购垫付款及年收益。

五、案例评析

本案中,陈琦玲与湖北长投公司签订的《武汉长江高新技术产业投资基金合伙企业(有限合伙)有限合伙补充协议书》约定,“如该回购款未及时到位,普通合伙人承诺在回购款到位期限届满后30个工作日内垫付优先级有限合伙人本金及上述预期最低收益,再向上海团结激光公司控股股东和实际控制人追索”,该约定实际上属于保底条款的一种形式。湖北长投公司据此抗辩该条款违反了风险共担原则应归于无效,但法院并未采纳湖北长投公司的抗辩,法院认为适用《合同法》第52条第5项"违反法律、行政法规的强制性规定"确认合同无效应当有明确的法律、行政法规明文规定作为依据，如果相关法律、行政法规明确禁止某些保底条款或者明确规定某些保底条款无效，则应据此作出无效的认定，否则，基于商事领域意思自治而约定的保底条款，应适用法不禁止即自由原则，应认定为有效，不应扩大保底条款无效的适用范围。湖北长投公司在补充协议中约定，在项目公司的回购款不及时到位的情况下，先行垫付投资者陈琦玲的投资本金及预期最低收益，该约定并未直接违反《合伙企业法》第33条第2款"合伙协议不得约定将全部利润分配给部分合伙人或者由部分合伙人承担全部亏损"之规定；并且，法院逐一分析了该保底条款是否存在其他无效的情形，最终以湖北长投公司未履行举证责任为由确认了该保底条款的法律效力。一审法院在本案中的裁判思路非常清晰，说理也比较充分，反映了部分法院对私募基金领域固定收益和保底条款效力的裁判观点，为投资者和私募基金管理人重新审视相关条款法律效力提供了另外一种视角和思路。

六、案例启示

1. 私募基金管理人对特定投资者的保底条款不能简单认定违反风险共担原则而归于无效

本案中，法院在私募基金管理人对投资者提供保底条款的法律效力认定上，并未机械适用最高人民法院《关于审理联营合同纠纷案件若干问题的解答》[法（经）发〔1990〕27号]关于"保底条款违背了联营活动中应当遵循的共负盈亏、共担风险的原则，损害了其他联营方和联营体的债权人的合法权益，因此，应当确认无效"的规定，而是从合同无效的法定情形入手，即合同无效的法定情形应是《合同法》第52条规定的5种情形，而保底条款本质上是当事人之间的一种风险和利益的分配条款，如无法律、行政法规明文禁止的，应为有效。因此，对于私募基金管理人给予特定投资者的固定收益或者保底条款的法律效力应具体分析。比如，对于合伙制私募基金，要看作为合伙人的管理人或普通合伙人对特定投资者的保底条款是否构成《合伙企业法》第33条第2款规定的"将全部利润分配给部分合伙人或者由部分合伙人承担全部亏损"的情形，如不构成，则保底条款应合法有效。私募基金管理人在与投资者签署基金协议或投资认购协议时，应注意相关条款或约定是否直接违反相关法律或行政法规的禁止性规定，避免合法性风险。

2. 私募基金管理人应注意并防范向特定投资者提供保底条款的合规风险

虽然私募基金管理人对特定投资者的保底条款不能简单认定为违反“风险共担原则”而归于无效,但根据《私募投资基金监督管理暂行办法》第15条“私募基金管理人、私募基金销售机构不得向投资者承诺投资本金不受损失或者承诺最低收益”、《证券期货经营机构私募资产管理业务运作管理暂行规定》(证监会公告〔2016〕13号)第3条“证券期货经营机构及相关销售机构不得违规销售资产管理计划,不得存在不适当宣传、误导欺诈投资者以及以任何方式向投资者承诺本金不受损失或者承诺最低收益等行为”、《私募投资基金募集行为管理办法》第24条“募集机构及其从业人员推介私募基金时,禁止有以下行为:……(三)以任何方式承诺投资者资金不受损失,或者以任何方式承诺投资者最低收益,包括宣传‘预期收益’、‘预计收益’、‘预测投资业绩’等相关内容”、《关于规范金融机构资产管理业务的指导意见》关于“资产管理业务是金融机构的表外业务,金融机构开展资产管理业务时不得承诺保本保收益。出现兑付困难时,金融机构不得以任何形式垫资兑付”之规定,私募基金管理人向特定投资者提供固定收益或保底条款的行为存在一定合规风险,有可能受到监管部门的处罚,从而蒙受声誉及经济损失。

七、相关法规

《合同法》

第五十二条 有下列情形之一的,合同无效:

(一)一方以欺诈、胁迫的手段订立合同,损害国家利益;

(二)恶意串通,损害国家、集体或者第三人利益;

(三)以合法形式掩盖非法目的;

(四)损害社会公共利益;

(五)违反法律、行政法规的强制性规定。

第五十八条 合同无效或者被撤销后,因该合同取得的财产,应当予以返还;不能返还或者没有必要返还的,应当折价补偿。有过错的一方应当赔偿对方因此所受到的损失,双方都有过错的,应当各自承担相应的责任。

第六十条 当事人应当按照约定全面履行自己的义务。

当事人应当遵循诚实信用原则,根据合同的性质、目的和交易习惯履行通知、协助、保密等义务。

第一百二十五条 当事人对合同条款的理解有争议的,应当按照合同所使用的词句、合同的有关条款、合同的目的、交易习惯以及诚实信用原则,确定该条款的真实意思。

合同文本采用两种以上文字订立并约定具有同等效力的,对各文本使用的词句推定具有相同含义。各文本使用的词句不一致的,应当根据合同的目的予以解释。

最高人民法院《关于适用〈中华人民共和国合同法〉若干问题的解释(一)》

第四条　合同法实施以后,人民法院确认合同无效,应当以全国人大及其常委会制定的法律和国务院制定的行政法规为依据,不得以地方性法规、行政规章为依据。

最高人民法院《关于适用〈中华人民共和国合同法〉若干问题的解释(二)》

第十四条　合同法第五十二条第(五)项规定的"强制性规定",是指效力性强制性规定。

《合伙企业法》

第十九条　合伙协议经全体合伙人签名、盖章后生效。合伙人按照合伙协议享有权利,履行义务。

修改或者补充合伙协议,应当经全体合伙人一致同意;但是,合伙协议另有约定的除外。

……

第三十三条　合伙企业的利润分配、亏损分担,按照合伙协议的约定办理;合伙协议未约定或者约定不明确的,由合伙人协商决定;协商不成的,由合伙人按照实缴出资比例分配、分担;无法确定出资比例的,由合伙人平均分配、分担。

合伙协议不得约定将全部利润分配给部分合伙人或者由部分合伙人承担全部亏损。

第四十三条　新合伙人入伙,除合伙协议另有约定外,应当经全体合伙人一致同意,并依法订立书面入伙协议。

订立入伙协议时,原合伙人应当向新合伙人如实告知原合伙企业的经营状况和财务状况。

第四节　保底条款违反风险共担原则，归于无效

一、案例简介

1. 事实经过

2011 年 7 月 10 日，韩旭东与于传伟、大工创投（北京）投资有限公司（以下简称创投公司）签订合伙协议一份。协议约定：成立济南大工邦盛股权投资中心（有限合伙）（以下简称邦盛中心），于传伟为普通合伙人，韩旭东、创投公司为有限合伙人。合伙人平均分配利润，于传伟认缴出资 8000 万元，实缴 1800 万元，创投公司认缴 1000 万元，实缴 200 万元，韩旭东认缴 1000 万元，实缴 1000 万元。剩余分期交付的缴费期限为 2013 年 5 月 29 日。韩旭东与于传伟、创投公司签订地产基金一期合伙协议之补充协议一份。补充协议约定：地产基金一期定向投资于山东龙熙投资有限公司熙湖 · 蓝海一期项目。期限为本协议签署之日起 18 个月。韩旭东仅作为地产基金一期有限合伙人。有限合伙人可以向合伙人以外的人转让其在合伙企业中的财产份额，在同等条件下，其他合伙人有优先购买权。对地产基金一期投资收益，韩旭东每年取得投资额 25% 的收益，每 6 个月支付一次，无法支付的由于传伟弥补。上述协议签订前后，于传伟实缴出资 800 万元，创投公司实缴出资 200 万元，韩旭东实缴出资 1000 万元，合计出资 2000 万元。2011 年 8 月 3 日，邦盛中心取得营业执照。

2014 年 3 月 17 日，韩旭东与邦盛中心、于传伟、山东大工建设工程有限公司（以下简称大工公司）签订协议书一份。协议书约定：韩旭东自 2014 年 3 月 17 日起，将在邦盛中心的 1000 万元份额转让给于传伟，于传伟支付韩旭东 1000 万元作为受让价款，该份额对应权利义务同时概括转移给于传伟；于传伟分期支付韩旭东投资款，2014 年 4 月 30 日前支付 200 万元，2014 年 9 月 8 日前支付 300 万元，2014 年 12 月 30 日前支付 300 万元，2015 年 2 月 19 日前支付 200 万元。于传伟按上述约定按期付款的情况下，韩旭东自愿放弃应得收益 213 万元。大工公司对于传伟的上述付款承担连带清偿责任。

协议签订后，经韩旭东多次催要，于传伟分文未付。韩旭东称，于传伟以其行为表明不会履行合同，构成预期违约。韩旭东遂诉至法院请求判令：于传伟支付转让款 1000 万元、收益款 213 万元；于传伟支付违约金，每期到期之日按照中国人民银行同期贷款利率计算，计算到判决之日承担违约责任；大工公司对于传伟的债务承担连带清偿责任。

于传伟辩称韩旭东请求的返还转让款及支付投资收益无事实和法律依据。补充协议第 35 条约定，“对地产基金一期投资期间产生的收益，有限合伙人韩旭东每年取得其投资额 25% 的收益，于其投资款汇入本合伙企业账户之日起每 6 个月支付一次；若地产基金一期投资期间产生的收益无法支付上述收益，不足之差额部分由普通合伙人予以弥补”。从上述约定可以分析得出，即不论基金投资项目盈利与亏损，韩旭东均可稳定获得 25% 的收益。根据《合伙企业法》第 33 条“合伙协议不得约定将全部利润分配给部分合伙人或者由部分合伙人承担全部亏损”这一规定，这类关于保底条款的约定因明显违反了《合伙企业法》的规定而当然成为无效条款。

大工公司辩称，根据本案事实，韩旭东要求转让全部财产份额、分配收益的行为实质属于退伙，但韩旭东的退伙行为并不符合《合伙协议之补充协议》第 41 条约定的合伙人可以退伙的情形。且地产基金一期所投资的项目，现在既没有任何收益产生，也没有进行清算，因此，退伙的协议应认定为无效协议。韩旭东要求获得的 213 万元的收益无事实及法律依据。

2. 核心争议

韩旭东与于传伟、创投公司签订的合伙协议及补充协议中约定的韩旭东每年取得投资额的 25% 的收益，每 6 个月支付一次，无法支付的由于传伟弥补，是否属于无效条款。

3. 交易结构图

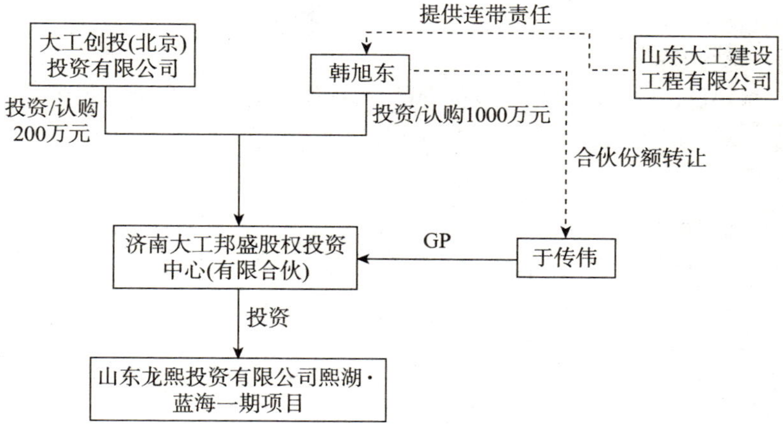

图 1-14　交易结构图

二、裁判结果

山东省济南市中级人民法院认为,韩旭东与于传伟、创投公司签订的合伙协议、补充协议均系当事人之间真实意思表示,均合法有效。协议签订后,韩旭东依约实缴了出资,于传伟、创投公司实缴了部分出资,依约成立了合伙企业邦盛中心。但是,补充协议约定了韩旭东保底收益,违反了公司法关于风险共担的规定,属于无效条款,但不影响整个补充协议的效力。在补充协议约定的合伙期限到期后,韩旭东与邦盛中心、于传伟、大工公司签订协议书系当事人之间真实意思表示,合法有效。根据协议书的约定,韩旭东将在邦盛中心的1000万元份额转让给于传伟,于传伟支付韩旭东1000万元作为受让价款,该份额对应权利义务同时概括转移给于传伟;于传伟分期支付韩旭东投资款。因此,该协议约定的是韩旭东将其在邦盛中心的出资份额转让给于传伟,在内容实质上是股权转让。因此,于传伟称韩旭东系退伙、邦盛中心需要清算的主张不能成立。本案案由应当定为股权转让合同纠纷。故按照协议的约定,于传伟应当按照约定向韩旭东支付转让份额的款项1000万元。因为补充协议约定的保底条款无效,韩旭东要求213万元利润的主张不能成立。于传伟没有依照合同的约定按期支付转让款,应当承担逾期还款的违约责任,因而韩旭东要求于传伟按照中国人民银行同期贷款利率计算的违约金的主张成立。大工公司承诺对于传伟的还款承担连带保证责任,因此,韩旭东要求大工公司承担连带责任的主张成立,法院予以支持。

三、裁判要旨

合伙协议中约定了对特定投资者的保底收益,违反了公司法关于风险共担的规定,属于无效条款。

四、案例来源

1. 案例索引

【案件名称】韩旭东与于传伟等股权转让纠纷案

【审理法院】山东省济南市中级人民法院

【案号】(2014)济商初字第140号

【审理程序】一审

2. 关联案例

上海市浦东新区人民法院在“曹晓与上海秦涌雍鹏投资有限公司委托理财

合同纠纷案”[(2016)沪0115民初58930号]中认为,双方签订的《上海秦涌雍鹏2号新三板投资基金基金认购补充协议》约定乙方作为合格投资者自愿投资甲方设立的秦涌雍鹏2号新三板投资基金,原告自愿认购本基金200万份,共计200万元,说明双方间系委托理财合同关系。协议又约定基金于本项目投资退出后、基金清算时一次性返还认购本金和分配投资收益,说明甲方、乙方在上述合伙协议中进行了保底条款的约定,而乙方委托甲方所进行的投资基金,其投资风险无法避免,绝对的只盈不亏的情形不可能存在,保底条款违反了民法的公平原则,违反了市场基本规律,属于无效条款,而保底条款亦属于甲方、乙方委托理财合同的核心条款,不能成为相对独立的合同无效部分,故保底条款无效导致双方委托理财合同整体无效。因双方委托理财合同无效,被告因该合同取得的财产,理应予以返还。原告要求被告返还200万元及自2015年6月12日起的利息损失,符合法律规定,法院予以支持。

广东省佛山市中级人民法院在“马燕金、蔡燕婷合同纠纷案”[(2016)粤06民终6519号]中认为,马燕金与中合泰富信达公司签订的涉案《合伙协议》第十二章第2条约定,企业事务执行人必须由普通合伙人(中合泰富信达公司)担任,对外代表合伙企业,执行合伙事务,其他合伙人不执行合伙企业事务。与此同时,该协议第十一章第3条约定:基金到期收益率按投资额50万~99万元为10%,100万~299万元为11%,300万元以上为11.5%,收益每半年分配一次,分配后仍有盈余,按有限合伙人80%、普通合伙人20%的比例进行再次分配。上述条款实为合伙协议的保底条款,实质是有限合伙人仅取得投资收益但不承担基金亏损,该条款约定违背民法的公平原则及合伙中“共负盈亏、同担风险”的原则,应为无效条款。从本案查明的事实可知,马燕金签订涉案《合伙协议》的主要目的是取得投资额10%的收益,因此,该条款无效导致《合伙协议》整体无效。

五、案例评析

山东省济南市中级人民法院在本案裁判中的观点代表了司法实践中另外一类观点,认为合伙制私募基金中的保底条款无效,虽然在裁判文书中法院对保底条款因何无效语焉不详,无法确定法院的真实裁判思路,但从被告的抗辩来推测,法院似乎采信了于传伟提出的补充协议关于韩旭东均稳定获得25%的收益违反了《合伙企业法》第33条“合伙协议不得约定将全部利润分配给部分合伙人或者由部分合伙人承担全部亏损”之规定,然而,法院在裁判文书却表述为“违反了公司法关于风险共担的规定”。这样的裁判理由和法律适用稍有不妥,一则本案的主要法律关系是合伙人之间的法律关系，应适用合伙企业法，而非公司法，二则公司法并未有明确规定禁止股东之间保底的规定，三则根据对本章第三节案例的分析，判断合伙制私募基金保底条款的法律效力应根据条款的内容及效果进行具体分析，即对特定投资者的保底条款是否实际上构成“将全部利润分配给部分合伙人或者由部分合伙人承担全部亏损”，如果事实上达不到该效果或者未在合伙协议及其补充协议中进行约定，则不应一概认定其为无效条款。相比较该案，在关联案例中，上海市浦东新区人民法院和广东省佛山市中级人民法院以保底条款违反了民法中的公平原则及合伙中“共负盈亏、同担风险”的原则，进而认定合伙协议中的保底条款无效，似乎更能站得住脚，但是，适用民法基本原则认定合同无效是否妥当及其合理边界，又是另一个值得探讨的问题了，在此不做展开。

六、案例启示

1. 保底条款的法律效力在司法实践中尚未统一裁判尺度，投资者仍应关注保底条款的合法性风险

从本章选取的典型司法案例来看，不同法院对保底条款的法律效力所持的观点迥异，裁判说理及论证过程亦存在明显差异。对投资者而言，司法裁判尺度的不统一，即会带来保底条款法律效力不确定的风险，一旦法院以违反风险共担原则来认定保底条款无效，则投资者将会面临未来投资本金或收益无法收回或损失的风险。因此，投资者在进行私募基金投资的过程中，应适当降低对保底条款的依赖，不宜将保底条款作为保障投资本金和投资收益不受损失的唯一砝码，而应该通过谨慎甄别私募基金管理人的资质、过往业绩、管理团队等事项，把选择专业、可靠的基金管理人来作为风险防控的重要手段。同时，提高自身风险防范意识和风险承受能力，不要盲从盲信高回报、无风险等私募基金推介宣传，选择与自身风险承受能力相一致的私募基金产品。

2. 私募基金管理人应关注保底条款的合规风险

相比法律、行政法规对私募基金保底条款的规定比较模糊，监管机构对私募基金中的保底条款和固定收益却有明确和严格的限制。比如，《私募投资基金监督管理暂行办法》第 15 条规定，“私募基金管理人、私募基金销售机构不得向投资者承诺投资本金不受损失或者承诺最低收益”，《证券期货经营机构私募资产管理业务运作管理暂行规定》（证监会公告〔2016〕13 号）第 3 条规定，“证券期货经营机构及相关销售机构不得违规销售资产管理计划，不得存在不适当宣

传、误导欺诈投资者以及以任何方式向投资者承诺本金不受损失或者承诺最低收益等行为”,《私募投资基金募集行为管理办法》第24条规定,“募集机构及其从业人员推介私募基金时,禁止有以下行为:……(三)以任何方式承诺投资者资金不受损失,或者以任何方式承诺投资者最低收益,包括宣传‘预期收益’、‘预计收益’、‘预测投资业绩’等相关内容”,《关于规范金融机构资产管理业务的指导意见》规定,“资产管理业务是金融机构的表外业务,金融机构开展资产管理业务时不得承诺保本保收益。出现兑付困难时,金融机构不得以任何形式垫资兑付”。以上规定说明,不仅私募证券基金的任何保底安排存在合规风险,而且私募股权基金、其他类基金、资产配置类基金的保底安排亦存在一定的合规风险,私募基金管理人应关注上述监管规定,在私募基金设立、募集、投资过程中,应避免直接或间接通过关联方向投资者承担保底安排,避免遭受监管机构给予的行政处罚或中国基金业协会给予的自律性纪律处分的风险。

七、相关法规

《合同法》

第六十条　当事人应当按照约定全面履行自己的义务。

当事人应当遵循诚实信用原则,根据合同的性质、目的和交易习惯履行通知、协助、保密等义务。

《合伙企业法》

第三十三条　合伙企业的利润分配、亏损分担,按照合伙协议的约定办理;合伙协议未约定或者约定不明确的,由合伙人协商决定;协商不成的,由合伙人按照实缴出资比例分配、分担;无法确定出资比例的,由合伙人平均分配、分担。

合伙协议不得约定将全部利润分配给部分合伙人或者由部分合伙人承担全部亏损。

《私募投资基金监督管理暂行办法》

第十五条　私募基金管理人、私募基金销售机构不得向投资者承诺投资本金不受损失或者承诺最低收益。

《私募投资基金募集行为管理办法》

第二条　在中国证券投资基金业协会(以下简称中国基金业协会)办理私募基金管理人登记的机构可以自行募集其设立的私募基金,在中国证监会注册取得基金销售业务资格并已成为中国基金业协会会员的机构(以下简称基金销售机构)可以受私募基金管理人的委托募集私募基金。其他任何机构和个人不得从事私募基金的募集活动。

《证券期货经营机构私募资产管理业务运作管理暂行规定》

第四条 证券期货经营机构设立结构化资产管理计划，不得违背利益共享、风险共担、风险与收益相匹配的原则，不得存在以下情形：

（一）直接或者间接对优先级份额认购者提供保本保收益安排，包括但不限于在结构化资产管理计划合同中约定计提优先级份额收益、提前终止罚息、劣后级或第三方机构差额补足优先级收益、计提风险保证金补足优先级收益等；

（二）未对结构化资产管理计划劣后级份额认购者的身份及风险承担能力进行充分适当的尽职调查；

（三）未在资产管理合同中充分披露和揭示结构化设计及相应风险情况、收益分配情况、风控措施等信息；

（四）股票类、混合类结构化资产管理计划的杠杆倍数超过1倍，固定收益类结构化资产管理计划的杠杆倍数超过3倍，其他类结构化资产管理计划的杠杆倍数超过2倍；

（五）通过穿透核查结构化资产管理计划投资标的，结构化资产管理计划嵌套投资其他结构化金融产品劣后级份额；

（六）结构化资产管理计划名称中未包含“结构化”或“分级”字样；

（七）结构化资产管理计划的总资产占净资产的比例超过140%，非结构化集合资产管理计划（即“一对多”）的总资产占净资产的比例超过200%。

第四章　基金管理人对投资者提供固定收益或保底安排引发的纠纷

第一节　差额补足条款中具有明显的保证承诺则构成保证担保

一、案例简介

1. 事实经过

2012 年 11 月，徐秀珠与红樟（上海）股权投资基金管理有限公司（以下简称红樟基金公司）及案外人嘉兴市红樟信石股权投资合伙企业（有限合伙）（以下简称嘉兴红樟合伙企业）三方签订了《红樟—南方林业公司集团林权收益权基金计划基金合同》，约定徐秀珠进行基金投资，投资期限为 2 年，基金投资的资金在 300 万元至 800 万元（含 300 万元）的预期年化收益率为 12%。2012 年 11 月 2 日，徐秀珠向该基金专户汇款 310 万元。同日，红樟基金公司向徐秀珠出具不可撤销保证函，承诺在保证本金安全，且其收益若未达到合同中相应的税后预期收益情况下，不论发生任何情形，红樟基金公司均承担差额补足责任。保证期间自 2012 年 11 月 2 日起，至基金计划结束、收益分配之日止。基金投资期限届满，徐秀珠未能收回本金及利息。2014 年 10 月 23 日，红樟基金公司向徐秀珠出具承诺协议书，承诺在 2015 年 1 月 20 日之前支付徐秀珠一年的利息，并在公安机关及人民法院对案外人福建泰宁南方林业发展有限公司（以下简称南方林业公司）做出处理的法律文书生效之日起 3 个月内或在 2015 年 6 月 30 日之前（两者以先到为准）向徐秀珠支付全额本金及2015年1月20日至支付本金之日期间的利息,到期未予兑付的,红樟基金公司愿意承担全部法律责任。

至红樟基金公司承诺的付款期限已到期,其仍未支付任何款项。2015年8月13日,徐秀珠提起诉讼,要求判决红樟基金公司应当履行付款责任支付徐秀珠310万元,并支付以310万元为本金且按年利率12%计算的自2015年1月20日起至实际支付日止的利息。

红樟基金公司辩称徐秀珠的行为属于投资行为,不属于借款行为,徐秀珠的财产权益仍然存在,其仍属于有限合伙人,在红樟基金公司进行清算或变卖相关资产后才可以归还徐秀珠钱款。

2. 核心争议

红樟基金公司向徐秀珠出具的承担差额补足责任的保证函是否有效。

3. 交易结构图

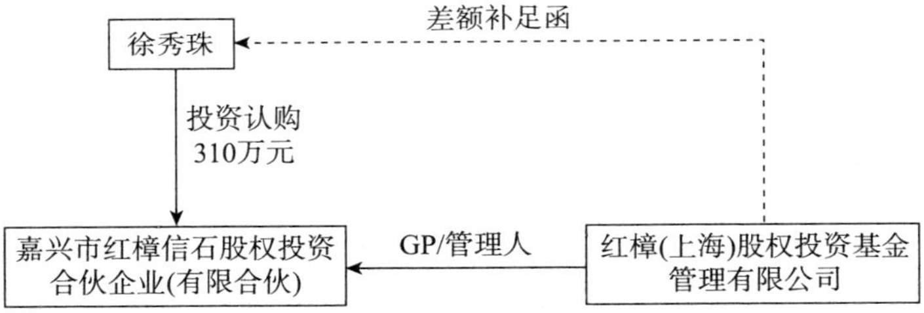

图1-15　交易结构图

二、裁判结果

上海市浦东新区人民法院认为,双方依法成立的合同,对当事人具有法律约束力,当事人应当按照约定履行自己的义务。该案中,红樟基金公司于2014年10月23日向徐秀珠出具了承诺协议书,保证在协议书约定的期限届满前返还原告全部本金及支付相应利息。现红樟基金公司保证付款的期限已到期,应当履行付款责任。法院判令红樟基金公司支付徐秀珠310万元,并支付徐秀珠以310万元为本金按年利率12%计算的自2015年1月20日起至实际支付日止的利息。

三、裁判要旨

依法成立的合同,对当事人双方具有法律约束力。当事人应当按照约定履行自己的义务,不得擅自变更或者解除合同。

四、案例来源

1. 案例索引

【案件名称】徐秀珠保证合同纠纷案

【审理法院】上海市浦东新区人民法院

【案号】(2015)浦民一(民)初字第30542号

【审理程序】一审

2. 关联案例

最高人民法院在“湖南省高速公路管理局、湖南省高速公路建设开发总公司与招商银行股份有限公司深圳分行合同纠纷案”[(2017)最高法民终353号]中认为，关于《承诺函》的性质：高管局与高速公路总公司上诉主张系安慰函，不具有法律效力；招行深圳分行认为属于单方允诺的民事法律行为，具有法律效力。对此本院认为，《承诺函》的性质应当结合文本名称、出具背景、约定内容等事实综合认定。首先，从《承诺函》的名称看，并未直接表述为“安慰函”。其次，综合《承诺函》出具的背景情况及双方当事人的陈述可知，《承诺函》签订于宜连高速公路项目开工建设之后、招行深圳分行作为贷款人之一与借款人宜连公司签订《人民币资金银团贷款合同》之前。其出具原因是为了保障招行深圳分行信贷资金安全，化解招行深圳分行贷款风险，实质目的则为确保宜连公司获得贷款。再次，从《承诺函》载明内容“若该公司(指宜连公司)出现没有按时履行其到期债务等违反借款合同约定的行为，或者存在危及银行贷款本息偿付的情形，出于保护投资商利益，保障贵行信贷资金安全的目的，我局承诺按《特许合同》第15.6条之规定全额回购宜连高速公路经营权，以确保化解银行贷款风险，我局所支付款项均先归还贵行贷款本息”分析，《承诺函》系针对特定的银行贷款出具，并已经清楚表明当宜连公司出现没有按时履行其到期债务等违反借款合同约定的行为，或者存在危及银行贷款本息偿付的情形时，高管局承诺以回购经营权的方式确保招行深圳分行的债权实现。依照《担保法》第6条关于“本法所称保证，是指保证人和债权人约定，当债务人不履行债务时，保证人按照约定履行债务或者承担责任的行为”及最高人民法院《关于适用〈中华人民共和国担保法〉若干问题的解释》第22条第1款关于“第三人单方以书面形式向债权人出具担保书，债权人接受且未提出异议的，保证合同成立”的规定可知，保证人提供保证，目的是为了保证债权能够得到实现。本案中，高管局并非仅对宜连公司清偿债务承担道义上的义务或督促履行之责，其通过出具《承诺函》的形式为自身设定的代为清偿义务的意思表示具体明确，故《承诺函》具有保证担保性质。该《承诺函》被招行深圳分行接受，双方成立保证合同。综上，高管局、高速公路总公司上诉主张《承诺函》仅为道义上的安慰函，缺乏事实及法律依据，不能成立。

最高人民法院在“信达公司石家庄办事处与中阿公司等借款担保合同纠纷案”[(2005)民二终字第200号，《中华人民共和国最高人民法院公报》2006年第3期(总第113期)]中认为，本案中，河北中意在省建行出具的《承诺书》中承诺，对归还该笔贷款本息承担连带还款责任，并放弃一切抗辩权，该承诺书与93008号《外汇借款合同》具有同等的法律效力。根据该《承诺书》的内容，河北中意愿意承担债务并无疑问，问题的关键在于：河北中意出具该承诺书的行为是被上诉人中阿公司主张的债务人变更，还是上诉人信达石办主张的增加保证人，抑或是新债务人的加入。根据《合同法》第84条的规定，“债务人将合同的义务全部或者部分转移给第三人的，应当经债权人同意”。在本案中，河北中意表示愿意承担连带还款责任，债权人省建行在接受的同时，并无明确的意思表示同意债务人由冀州中意变更为河北中意，因而河北中意的承诺行为不能构成债务转移，即不能构成债务人的变更。对被上诉人中阿公司以债务转移未经其同意为由拒绝承担保证责任的抗辩理由，法院不予支持。至于河北中意的行为应当定性为上诉人信达石办所主张的保证人增加，还是定性为债务人的增加，本院认为，两者在案件的实质处理上并无不同，只是在性质上有所不同：保证系从合同，保证人是从债务人，是为他人债务负责；并存的债务承担系独立的合同，承担人是主债务人之一，是为自己的债务负责，也是单一债务人增加为二人以上的共同债务人。判断一个行为究竟是保证，还是并存的债务承担，应根据具体情况确定。如承担人承担债务的意思表示中有较为明显的保证含义，可以认定为保证；如果没有，则应当从保护债权人利益的立法目的出发，认定为并存的债务承担。因此，在本案中，根据承诺书的具体内容以及向河北中意的催收通知中的担保人身份的注明，对河北中意的保证人身份有较为明确地表示与认可，上诉人信达石办主张的此行为系保证人增加的上诉理由，于法有据，法院予以支持。

五、案例评析

本案中，红樟基金公司向投资者徐秀珠出具了不可撤销的差额补足函，承诺保证其投资本金安全，并且在投资收益若未达到合同中相应的税后预期收益情况下,均由红樟基金公司予以补足;虽然红樟基金公司以徐秀珠系投资行为而非借贷关系进行抗辩,但法院依据《合同法》第8条规定,认为当事人应按照合法成立的合同履行自己义务,不得擅自变更或解除合同。经分析红樟基金公司出具的差额补足函,其内容中有"保证"的字样,法院并未正面认定该纠纷系保证纠纷,但从法院确定本案的案由系"保证合同纠纷"来看,法院其实是将本案作为保证合同纠纷来处理的,红樟基金公司对徐秀珠的投资本息承担保证责任。此外,最高人民法院在关联案例中对如何识别这一类增信措施的法律性质确立了一个标准,即如果承诺人或义务人在承诺函中有明确的代为清偿或有较为明显的保证的意思表示,则可以认定该承诺函为保证担保。由此可见,差额补足函的法律性质应根据其具体内容来具体分析,除了可能构成保证担保外,在实践中,还可能构成债务加入(并存的债务承担)、赠与、无名合同、第三人代为履行、安慰函,投资者应根据具体的需求来选择不同类型的增信安排。

六、案例启示

1. 为避免对差额补足条款法律性质存在争议而引发风险,应明确差额补足的责任形式

差额补足条款在私募基金行业并不鲜见,通常是由私募基金管理人或劣后级投资者对优先级投资者提供差额补足,以确保优先级投资者的投资本金和投资收益安全。差额补足作为一种类担保措施,因其具有隐蔽性、不需要像法定担保那样履行内部决策手续以及可以优化财务报表等特点,在资管领域非常流行,并为金融机构广泛采用。但如前所述,差额补足的法律性质应根据其具体内容来分析,其目前在实践中仍存在较大争议,存在不确定性的风险。为此,在选择差额补足这种增信方式时,应明确差额补足的责任形式,如果担保的实质上是债权,包括私募投资领域的明股实债,应在差额补足协议中明确其保证担保的属性;如果担保的并非传统意义上的债,而是目标企业对投资者的分红,则应在差额补足协议中尽量清晰地描述差额补足义务的内容,增强可操作性,降低发生争议的概率,并将其界定为一种与连带责任保证类似的增信方式,而非是差额补足责任承担主体对投资者的赠与,同时应办理公证,避免差额补足责任承担主体方行使撤销权。此外,在权益投资中,可将差额补足融入到股权回购或份额回购中,此时差额补足价款构成回购项下的回购价款,比单独的差额补足协议对投资者的保障效果更强,并有效降低了合规风险。

2. 接受差额补足的投资者,应关注差额补足责任承担主体的信息披露及内部审议流程

受担保额度、内部决策程序的限制以及规避征信等因素的影响,相对于传统的保证担保方式,不少增信主体更青睐差额补足这种增信方式,但对于接收方而言,风险亦是显而易见的。比如,难以通过公开渠道了解差额补足责任承担主体的累计承担的差额补足金额情况,无法了解其是否履行了董事会或股东会决策程序,尤其对于保证式的差额补足,更应关注其内部决策程序是否符合公司法的规定,否则可能因内部决策瑕疵引发保证式差额补足协议无效或被撤销的风险。如果是上市公司提供差额补足责任时,接收方应提示并关注其应按照规定履行必要的信息披露,避免出现合规风险或股东纠纷风险。

七、相关法规

《合同法》

第八条 依法成立的合同,对当事人具有法律约束力。当事人应当按照约定履行自己的义务,不得擅自变更或者解除合同。

依法成立的合同,受法律保护。

《担保法》

第六条 本法所称保证,是指保证人和债权人约定,当债务人不履行债务时,保证人按照约定履行债务或者承担责任的行为。

最高人民法院《关于适用〈中华人民共和国担保法〉若干问题的解释》

第二十二条 第三人单方以书面形式向债权人出具担保书,债权人接受且未提出异议的,保证合同成立。

主合同中虽然没有保证条款,但是,保证人在主合同上以保证人的身份签字或者盖章的,保证合同成立。

第二节 基金管理人所作的固定收益承诺有效

一、案例简介

1. 事实经过

2015 年 8 月,望洲资产管理(上海)有限公司(以下简称望洲公司)在中国基金业协会登记为私募基金管理人,2015 年 12 月,望洲公司设立望州资产汇泽投资基金并在中国基金业协会登记备案。2016 年 1 月 18 日,王斌与望洲公司签订

《汇泽投资基金1期合同》,约定王斌认购汇泽投资基金100万元,该基金为封闭式契约型基金,存续期限为3年,预期年化收益为8.3%,双方约定投资为固定期限6个月,到期赎回。合同签订后,王斌按约将100万元汇入望洲公司开立的资金归集账户。2016年4月,因望洲公司法定代表人杨卫国涉嫌刑事案件被警方拘留,导致该基金停止运作,望洲公司无法继续履行合同。

因望洲公司违约,王斌合同目的无法实现,王斌向上海市虹口区人民法院提出诉讼,请求解除双方签订的《汇泽投资基金1期合同》,并判令望洲公司返还其投资基金100万元及投资收益、利息损失。

望洲公司辩称其系合法从事私募基金运营,汇泽投资基金设立后,运营良好。2016年4月20日以后,因法定代表人及关联企业涉嫌刑事案件,望洲公司资金账户被冻结,无法继续基金运营,履行基金合同。

2. 核心争议

望洲公司向投资者王斌所作的年化8.3%收益的承诺是否合法有效。

3. 交易结构图

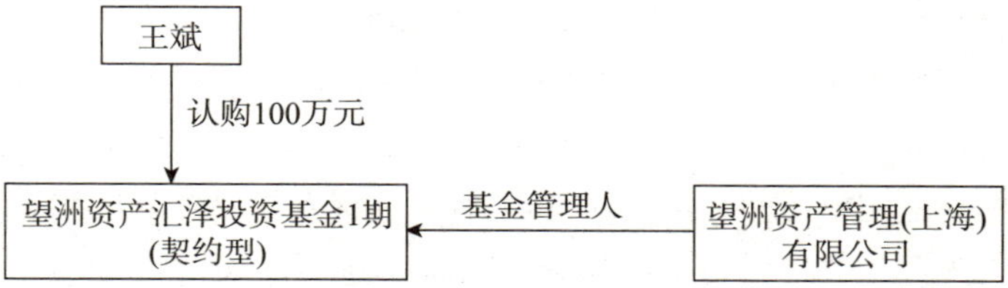

图1-16　交易结构图

二、裁判结果

上海市虹口区人民法院认为,被告望洲公司承认原告王斌在本案中主张的事实,故对原告王斌主张的事实予以确认。双方签订的基金合同约定投资期限为6个月,原告王斌起诉时合同约定的投资期限已届满,合同无需再行解除。期限届满后,被告望洲公司不能按约向原告结算本金及收益,应属违约。现原告王斌要求被告望洲公司返还投资款,支付固定期限的预期收益,于法有据,被告望洲公司亦无异议,法院予以准许。原告王斌要求被告望洲公司按中国人民银行3年期贷款利率计支付固定期限后至实际清偿之日止的利息损失,缺乏依据,法院酌情调整为按中国人民银行同期贷款利率计至判决生效之日止。

三、裁判要旨

当事人应根据合同约定履行自身义务，当事人一方不履行合同义务或者履行合同义务不符合约定的，应当承担继续履行、采取补救措施或者赔偿损失等违约责任。

四、案例来源

1. 案例索引

【案件名称】王斌与望洲资产管理（上海）有限公司其他合同纠纷案

【审理法院】上海市虹口区人民法院

【案号】（2016）沪 0109 民初 17844 号

【审理程序】一审

2. 关联案例

上海市静安区人民法院在“沈益军与上海誉得股权投资基金管理有限公司其他合同纠纷案”［（2015）静民二（商）初字第 492 号］中认为，《上海誉森投资中心（有限合伙）有限合伙协议》系当事人的真实意思表示，合法有效，各合伙人和合伙企业应遵守约定。合伙企业被告上海誉森投资中心（有限合伙）有义务根据合伙协议约定的时间和金额，向作为有限合伙人的原告派发收益，其未在基金项目约定的到期日向原告派发收益构成违约，应当承担违约责任。被告上海誉得股权投资基金管理有限公司 2014 年 5 月 28 日的《公告》中所作出的“如届时未完全退出，则债务由其承担”的承诺，符合《担保法》规定的一般保证的特征，被告上海誉得股权投资基金管理有限公司应在被告上海誉森投资中心（有限合伙）不能履行债务时，向原告承担保证责任。被告上海誉得股权投资基金管理有限公司辩称与本案法律关系无关联、依法不应承担责任，与事实相悖，法院不予采纳。

五、案例评析

本案中，私募基金管理人在基金合同中明确约定投资者的投资收益为年化 8.3%，该约定属于固定收益承诺，系保底条款的一种。虽然监管机构多次重申严格禁止私募基金管理人向投资者承诺本金不受损失或承诺最低收益的行为，但在实践中，私募基金管理人或募集机构为了吸引投资者、募集资金，以保证私募基金得以顺利发行或设立，常常会以各种形式承诺定期返本返息，或者支付保底收益,从而承受较大的合规风险。然而,如果单纯从法律效力角度去分析,因目前尚未有法律、行政法规对私募基金管理人承诺保底作出明确禁止或限制,司法实践中法院也未对此形成统一的认识和统一的裁判规则,有些法院认为保底条款违反了民法公平原则因而无效,或者认为存在保底即构成借贷关系;但在本案中,因作为被告的基金管理人望洲公司并未就固定收益条款的法律效力进行抗辩,因此法院径行确认了基金合同及固定收益条款的法律效力。本案的特殊之处在于,望洲公司设立的这只基金——汇泽投资基金1期系契约型基金,现行法律、行政法规对于契约型基金的保底条款并无与《合伙企业法》第33条类似的规定,除了民法基本原则外,法院在认定契约型私募基金中基金管理人提供保底条款无效的法律依据上并不是很充分,更倾向于遵循法不禁止即可为的原则确认其法律效力。

六、案例启示

1. 私募基金管理人所作的固定收益承诺不违反法律法规强制规定

《证券投资基金法》第20条规定,公募基金的基金管理人不得向基金份额持有人违规承诺收益或者承担损失,然而,在法律、行政法规层面并无其他关于私募基金管理人提供保底安排效力问题的规定,并且,前述规定的规制对象主要为公募基金的基金管理人,并不适用于私募基金,我国目前并无针对私募基金的专门立法或行政规章层面的文件。虽然有法院援引民法中的公平原则或《合伙企业法》中收益共享、风险共担原则来认定保底条款无效,但如从严格适用《合同法》第52条规定判定合同无效的规定来看,很难直接认定私募基金管理人提供保底承诺构成第52条列举的5项情形之一,现有法院裁判规则并不具有代表性,在法律、行政法规对该问题未作明确规定或最高人民法院发布类似司法解释或指导性案例以前,实践中不宜援引民法的公平原则来否认商事主体之间关于风险分配的商业安排,避免司法过度干涉市场交易,而应该将此问题留给监管机构或者立法机关去处理。

2. 从合规角度,私募基金管理人应避免提供保底承诺

相对于私募立法存在一定的滞后性,监管机构对于私募基金的保底安排限制相对严格,而且配套的监管规定并不少,如《私募投资基金监督管理暂行办法》第15条规定,“私募基金管理人、私募基金销售机构不得向投资者承诺投资本金不受损失或者承诺最低收益”,《证券期货经营机构私募资产管理业务运作管理暂行规定》(证监会公告〔2016〕13号)第3条规定,“证券期货经营机构及

相关销售机构不得违规销售资产管理计划,不得存在不适当宣传、误导欺诈投资者以及以任何方式向投资者承诺本金不受损失或者承诺最低收益等行为”,《私募投资基金募集行为管理办法》第24条规定,“募集机构及其从业人员推介私募基金时,禁止有以下行为:……(三)以任何方式承诺投资者资金不受损失,或者以任何方式承诺投资者最低收益,包括宣传‘预期收益’、‘预计收益’、‘预测投资业绩’等相关内容”,《关于规范金融机构资产管理业务的指导意见》规定,“资产管理业务是金融机构的表外业务,金融机构开展资产管理业务时不得承诺保本保收益。出现兑付困难时,金融机构不得以任何形式垫资兑付”。从上述规定来看,私募基金管理人向特定投资者提供固定收益或保底条款的行为存在较大的合规风险,尤其是私募证券投资基金。因此,从合规角度,私募基金管理人应避免直接或间接向投资者提供保底承诺。

七、相关法规

《合同法》

第五十二条 有下列情形之一的,合同无效:

(一)一方以欺诈、胁迫的手段订立合同,损害国家利益;

(二)恶意串通,损害国家、集体或者第三人利益;

(三)以合法形式掩盖非法目的;

(四)损害社会公共利益;

(五)违反法律、行政法规的强制性规定。

第六十条 当事人应当按照约定全面履行自己的义务。

当事人应当遵循诚实信用原则,根据合同的性质、目的和交易习惯履行通知、协助、保密等义务。

第一百零七条 当事人一方不履行合同义务或者履行合同义务不符合约定的,应当承担继续履行、采取补救措施或者赔偿损失等违约责任。

第三节 普通合伙人自愿溢价回购投资者基金份额的承诺合法有效

一、案例简介

1.事实经过

2011年12月8日,贺开宇与宝金国际投资有限公司(以下简称宝金国际公司）签订《合伙协议》，约定宝金国际公司作为普通合伙人与有限合伙人贺开宇、张宏设立有限合伙企业北京宝金华海投资管理中心（以下简称宝金投资中心），贺开宇的出资数额为100万元；第十章第1条约定，合伙企业的预期年收益不低于15%，存续期满清算时，合伙人按照实现的收益率获得收益回报，在入伙满2年后方可申请退伙并获取相应的收益回报；合伙人约定的退伙事由出现时，退伙人可以退伙；合伙企业规定入伙满2年后，每年的2月1日到2月15日为合伙企业规定的中途退伙转让时间。有限合伙人要求退伙必须在规定的时间内办理，并提前30日通知合伙企业，其退伙转让所得按本协议第十章第1条执行；有限合伙人按协议规定办理退伙手续并签订相关退伙协议后，合伙企业应在30个工作日内，将该退伙人的全部资金所得送达该退伙人；有限合伙企业日常管理费用第一年按合伙企业实收认缴出资额的3%提取，第二年按合伙企业实收认缴出资额的2.5%提取。2011年12月8日，贺开宇与宝金国际公司另签订《协议书》一份，约定贺开宇入伙宝金投资中心满2年后，可在《合伙协议》约定的退伙转让期间向宝金国际公司提出转让其所持有的宝金投资中心的投资份额，宝金国际公司将按照15%/年的收益溢价受让贺开宇所持有的份额。2012年1月13日，贺开宇向宝金投资中心出资100万元，宝金投资中心向贺开宇出具了合伙企业出资确认书。2013年12月12日，贺开宇向宝金国际公司提交《转让申请书》，请求宝金国际公司受让贺开宇持有的宝金投资中心的财产份额，并申请宝金国际公司按照《合伙协议》的约定办理相关转让合伙财产份额的手续。宝金投资中心在申请书上盖章确认，并书写“确认收到此申请”。2014年2月12日，宝金国际公司向贺开宇出具《说明函》，说明宝金国际公司由于公司周转出现问题，不能如期全额受让贺开宇持有的宝金投资中心100万元出资份额。

贺开宇诉至法院，要求宝金国际公司向贺开宇支付合伙份额转让款124.5万元，支付上述款项自2014年1月14日起至实际给付之日止按照中国人民银行逾期罚息利率标准计算的利息损失，并承担本案诉讼费用。

宝金国际公司辩称，双方之间就受让合伙企业份额的时间未明确约定，仅约定了贺开宇可以提出申请；投资合伙企业应该既享受收益也分担投资风险，现贺开宇享受固定收益，属于借贷行为；《合伙协议》约定退伙时按照实际收益享有回报，15%仅是预期收益而非实际收益。

2. 核心争议

双方当事人就签署的《合伙协议》中约定的普通合伙人对有限合伙人在约定的期限内以溢价回购价格受让其有限合伙人的企业份额条款是否有效。

3. 交易结构图

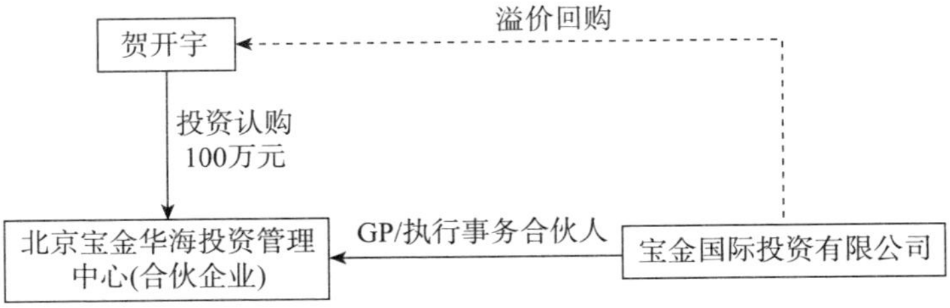

图 1－17 交易结构图

二、裁判结果

北京市朝阳区人民法院认为，贺开宇与宝金国际公司于2011年12月8日签订的《合伙协议》及《协议书》均出自双方当事人的真实意思表示，亦不违反法律、行政法规的强制性规定，均属合法有效合同，双方当事人应按照约定恰当履行各自义务。贺开宇已于2013年12月12日向宝金国际公司提交《转让申请书》，请求宝金国际公司受让贺开宇持有的宝金投资中心的财产份额，并申请宝金国际公司按照《合伙协议》的约定办理相关转让合伙财产份额的手续，宝金国际公司应当按照《协议书》的约定按照每年15%的投资溢价受让贺开宇持有的宝金投资中心100万元投资份额。现贺开宇自愿按照《合伙协议》约定扣除2年的日常管理费用5.5万元，法院对此不持异议。双方对于支付转让款的履行期限未达成协议，贺开宇在协议约定的条件成就的前提下，可以随时要求宝金国际公司履行。贺开宇作为合伙企业的有限合伙人，以其投入合伙企业的财产承担合伙企业的经营风险，宝金国际公司为招募更多投资人，自愿签订关于溢价收购投资人财产份额的协议，为投资人分担部分风险，不能改变贺开宇仍然承担合伙企业投资风险的事实。宝金国际公司答辩意见缺乏依据，法院不予采信，宝金国际公司应当按照双方约定受让贺开宇的合伙份额并支付转让款124.5万元。关于贺开宇主张的逾期付款利息损失，根据《合伙协议》的约定，每年的2月1日至2月15日是合伙企业规定的中途退伙转让时间，故贺开宇主张宝金国际公司自2014年1月14日起支付逾期付款利息损失缺乏依据，宝金国际公司应自2014年2月2日起向贺开宇支付逾期付款利息损失，标准按照中国人民银行同期逾期贷款利率计算。

三、裁判要旨

普通合伙人与投资者自愿签订关于溢价收购投资人财产份额的协议，为投资人分担部分风险，不能改变投资人仍然承担合伙企业投资风险的事实，并不违反风险共担原则，应合法有效。

四、案例来源

1. 案例索引

【案件名称】贺开宇与宝金国际投资有限公司合伙企业财产份额转让纠纷案

【审理法院】北京市朝阳区人民法院

【案号】(2014)朝民初字第14525号

【审理程序】一审

2. 关联案例

北京市丰台区人民法院在“李立新与北京中鑫智融投资基金管理有限公司合同纠纷案”[(2018)京0106民初24492号]中认为，李立新与中鑫智融公司签署的《基金认购协议》《基金合同》系双方合意签署，合法有效；该案的争议焦点仍为双方于2016年5月30日签署的《基金份额转让协议》效力问题；双方在上述协议中约定的内容是李立新将基金份额转让给中鑫智融公司，中鑫智融公司给付李立新受让款，协议内容并不违反法律、行政法规的强制性规定。中鑫智融公司主张该协议违反有关基金管理人不得向投资者承诺投资本金不受损失或者承诺最低收益的规定等意见，亦不属于无效的法定事由。关于中鑫智融公司主张该协议书系其被迫签署的，但该协议书未经人民法院或者仲裁机构撤销，且撤销权自债权人知道或者应当知道撤销事由之日起1年内行使；该案中，中鑫智融公司未提起反诉，且已过一年时间，故法院确认其效力。因此，李立新依据该协议书要求中鑫智融公司支付剩余转让款161.7万元，合法有据，法院予以支持。关于资金占用费一项，因双方约定的支付截止时间为2017年5月30日，故李立新要求自2017年5月31日至实际付清之日止的资金占用费，于法有据，法院亦予以支持。

五、案例评析

对于合伙企业的普通合伙人或私募基金管理人向投资者作出的溢价回购投资者所持的基金份额的承诺，通常是为了确保投资者获得固定收益并免受投资本金损失，人民法院倾向于认定上述承诺（包括回购协议）有效，判决普通合伙人或基金管理人应按照约定回购投资者所持基金份额。本案中，普通合伙人以该溢价回购约定导致投资者只享受收益不承担投资风险而构成规定固定收益为由进行抗辩，但法院并未采纳该观点，法院认为，该约定并未改变投资者承担合伙企业投资风险的事实,而仅仅是普通合伙人为投资者分担了部分风险而已。在关联案例中,基金管理人同样提出了基金份额转让协议违反有关基金管理人不得向投资者承诺投资本金不受损失或者承诺最低收益规定的抗辩,但法院认为上述规定并不属于合同无效的法定事由,亦即有关基金管理人不得向投资者承诺投资本金不受损失或者承诺最低收益的监管规定,并非属于效力性强制性规定的范畴,从而确认了普通合伙人或私募基金管理人为了吸引投资者进行投资而与其签订的溢价回购或者到期受让等条款,认定其为双方平等真实签署,合法有效,普通合伙人或私募基金管理人应按照约定内容履行其回购义务。

六、案例启示

1. 基金管理人溢价回购投资者所持基金份额并非一定无效

私募基金管理人或其他投资者对特定投资者提供溢价回购安排,其本质属于固定收益或保底条款,实务中通常将这种保底安排称为内部保底,区别于私募基金以外的第三人对特定投资者的保底行为;同外部保底相比,内部保底存在较高的法律风险与合规风险。如前所述,实践中有法院认为内部保底违反了民法中的公平原则或合伙企业法中的收益共享、风险共担原则而将其认定为无效条款(详见本书第一编第三章),并且还存在违反私募基金不得承诺保本保收益的监管规定,存在一定的合规风险。但在本案中,法院从合同无效的法定情形入手,并未否定内部保底条款的法律效力。从收集的现有案例来看,司法实践中采取这种司法观点的案例稍占多数,而且经得住理论推敲,但这并不意味着所有的法院均持这种态度。虽然在私募基金投资实践中,投资者或私募基金管理人仍可将此作为风险缓释或者吸引投资的手段来运用,但是在当前金融监管形势发生重大变化的情况下,不排除审判风向发生转变的可能性。2017 年 8 月 4 日,最高人民法院印发《关于进一步加强金融审判工作的若干意见》的通知(法发〔2017〕22 号)即指出,“以金融服务实体经济为价值本源,依法审理各类金融案件。对于能够实际降低交易成本,实现普惠金融,合法合规的金融交易模式依法予以保护。对以金融创新为名掩盖金融风险、规避金融监管、进行制度套利的金融违规行为,要以其实际构成的法律关系确定其效力和各方的权利义务”。

2. 私募基金管理人内部保底行为虽然不一定无效,但存在较大合规风险,应慎重使用

如上所述,基金管理人溢价回购投资者所持基金份额并非一定无效,司法实践中法院亦倾向于认定其有效,但该种增信方式仍存在较大的合规风险,如《私

募投资基金监督管理暂行办法》第15条规定，“私募基金管理人、私募基金销售机构不得向投资者承诺投资本金不受损失或者承诺最低收益”，《证券期货经营机构私募资产管理业务运作管理暂行规定》（证监会公告〔2016〕13号）第3条规定，“证券期货经营机构及相关销售机构不得违规销售资产管理计划，不得存在不适当宣传、误导欺诈投资者以及以任何方式向投资者承诺本金不受损失或者承诺最低收益等行为”，《私募投资基金募集行为管理办法》第24条规定：“募集机构及其从业人员推介私募基金时，禁止有以下行为：……（三）以任何方式承诺投资者资金不受损失，或者以任何方式承诺投资者最低收益，包括宣传‘预期收益’、‘预计收益’、‘预测投资业绩’等相关内容”，《关于规范金融机构资产管理业务的指导意见》规定，“资产管理业务是金融机构的表外业务，金融机构开展资产管理业务时不得承诺保本保收益。出现兑付困难时，金融机构不得以任何形式垫资兑付”。从上述监管规定来看，监管机构对于私募基金管理人向特定投资者提供固定收益或保底条款的行为是明令禁止或限制的，私募基金管理人以此作为吸引投资者的募资手段，应谨慎评估其存在的合规风险，避免监管处罚从而引发的声誉损失和经济损失。

七、相关法规

《合同法》

第五十二条　有下列情形之一的，合同无效：

（一）一方以欺诈、胁迫的手段订立合同，损害国家利益；

（二）恶意串通，损害国家、集体或者第三人利益；

（三）以合法形式掩盖非法目的；

（四）损害社会公共利益；

（五）违反法律、行政法规的强制性规定。

第六十条　当事人应当按照约定全面履行自己的义务。

当事人应当遵循诚实信用原则，根据合同的性质、目的和交易习惯履行通知、协助、保密等义务。

第一百零七条　当事人一方不履行合同义务或者履行合同义务不符合约定的，应当承担继续履行、采取补救措施或者赔偿损失等违约责任。

《合伙企业法》

第三十三条　合伙企业的利润分配、亏损分担，按照合伙协议的约定办理；合伙协议未约定或者约定不明确的，由合伙人协商决定；协商不成的，由合伙人按照实缴出资比例分配、分担;无法确定出资比例的,由合伙人平均分配、分担。

合伙协议不得约定将全部利润分配给部分合伙人或者由部分合伙人承担全部亏损。

《私募投资基金监督管理暂行办法》

第十五条 私募基金管理人、私募基金销售机构不得向投资者承诺投资本金不受损失或者承诺最低收益。

《私募投资基金募集行为管理办法》

第二条 在中国证券投资基金业协会(以下简称中国基金业协会)办理私募基金管理人登记的机构可以自行募集其设立的私募基金,在中国证监会注册取得基金销售业务资格并已成为中国基金业协会会员的机构(以下简称基金销售机构)可以受私募基金管理人的委托募集私募基金。其他任何机构和个人不得从事私募基金的募集活动。

《证券期货经营机构私募资产管理业务运作管理暂行规定》

第四条 证券期货经营机构设立结构化资产管理计划,不得违背利益共享、风险共担、风险与收益相匹配的原则,不得存在以下情形:

(一)直接或者间接对优先级份额认购者提供保本保收益安排,包括但不限于在结构化资产管理计划合同中约定计提优先级份额收益、提前终止罚息、劣后级或第三方机构差额补足优先级收益、计提风险保证金补足优先级收益等;

(二)未对结构化资产管理计划劣后级份额认购者的身份及风险承担能力进行充分适当的尽职调查;

(三)未在资产管理合同中充分披露和揭示结构化设计及相应风险情况、收益分配情况、风控措施等信息;

(四)股票类、混合类结构化资产管理计划的杠杆倍数超过1倍,固定收益类结构化资产管理计划的杠杆倍数超过3倍,其他类结构化资产管理计划的杠杆倍数超过2倍;

(五)通过穿透核查结构化资产管理计划投资标的,结构化资产管理计划嵌套投资其他结构化金融产品劣后级份额;

(六)结构化资产管理计划名称中未包含"结构化"或"分级"字样;

(七)结构化资产管理计划的总资产占净资产的比例超过140%,非结构化集合资产管理计划(即"一对多")的总资产占净资产的比例超过200%。

第五章　基金管理人履行受托职责引发的纠纷

第一节　发生合伙人入伙、退伙、份额转让时，执行事务合伙人应及时办理变更登记备案手续

一、案例简介

1. 事实经过

2015 年 9 月 14 日，许汉章与深圳国信融投基金管理有限公司（以下简称国信融投基金）、杨小青通过网银 U 盾数字证书签名方式签署了《深圳国信融投大星生投资企业（有限合伙）合伙协议》，约定设立深圳国信融投大星生投资企业（有限合伙）（以下简称国信融投投资），许汉章及国信融投基金作为普通合伙人出资各 200 万元，杨小青作为有限合伙人出资 100 万元，合伙期限为 5 年。该合伙协议第 22 条约定合伙协议约定合伙期限的，在合伙企业存续期间，有《合伙企业法》第 45 条规定的情形之一的，合伙人可以退伙；第 26 条约定合伙人退伙，其他合伙人应当与该退伙人按照退伙时的合伙企业财产状况进行结算，退还退伙人财产份额，退伙人对给合伙企业造成的损失负有赔偿责任的，相应扣减其应当赔偿的数额；退伙时有未了结的合伙企业事务的，待该事务了结后进行结算。全体合伙人协商一致，由国信融投基金为执行事务合伙人。出资额确认书显示各伙人认缴的出资额的实缴出资均为 0 元，2017 年 9 月 6 日前缴足。2015 年 9 月 17 日，国信融投投资经登记成立，出资额

500万元，执行合伙人为国信融投基金，合伙人为许汉章及国信融投基金、杨小青。

2016年1月6日，许汉章与国信融投基金、杨小青签订《退伙协议》，记载许汉章与国信融投基金、杨小青于2015年9月14日签订合伙协议，设立国信融投投资，各合伙人首期实缴出资为0元。鉴于无法实现许汉章的合同目的，许汉章决定退出合伙企业，国信融投基金、杨小青也一致同意许汉章退伙；合伙企业经营期间，许汉章未实际参与企业经营，企业的印章、印鉴均由国信融投基金管理、使用，许汉章、国信融投基金、杨小青三方共同确认截至本次退伙前，合伙企业未对外进行经营，许汉章、国信融投基金、杨小青三方之间不存在任何的债权债务关系，不存在任何未了结的合伙企业事务；国信融投基金作为执行合伙人，应于本协议签订后3日内向深圳市市场监督管理局递交变更资料，许汉章及杨小青予以配合，按照相关政府机构正常程序办理完毕退伙相关的登记备案。本协议经许汉章签字、国信融投基金盖章、被告杨小青签字后生效。落款处有许汉章签字、国信融投基金盖章、杨小青签字。杨小青称该《退伙协议》上非其本人签名，但其明确表示予以追认。

许汉章多次催促被告国信融投基金办理退伙的变更登记手续未果，遂起诉至法院，要求法院判令：确认2016年1月6日许汉章与国信融投基金、杨小青签订的《退伙协议》合法有效；国信融投投资配合许汉章办理国信融投投资退伙登记备案手续。

2. 核心争议

经全体合伙人一致同意，退伙事由是否成立，如何确定登记义务人。

3. 交易结构图

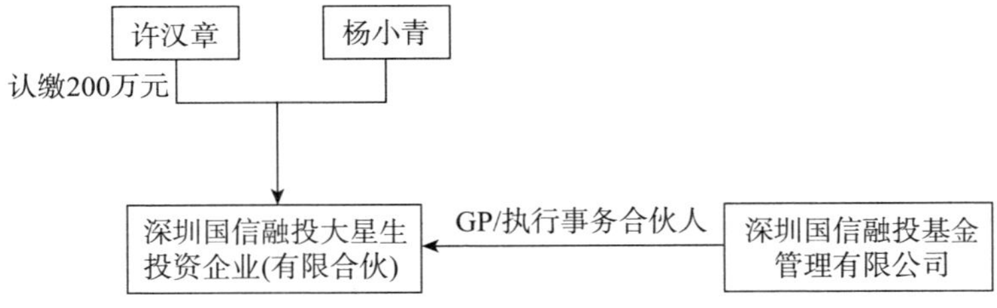

图1-18　交易结构图

二、裁判结果

广东省深圳市福田区人民法院认为，关于《退伙协议》的效力，根据合同法的规定，依法成立的合同，自成立时生效，《退伙协议》约定经原告许汉章签字、被告国信融投基金盖章、被告杨小青签字后生效，虽被告杨小青主张非其本人签字，如该主张属实，则可能存在他人代被告杨小青签字的情形，但其明确表示予以追认，该签字视为被告杨小青的真实意思表示，被告国信融投基金未到庭提出抗辩，其在该协议上盖章视为其真实意思表示，该协议已成立生效。根据《合伙企业法》第45条的规定，在合伙企业存续期间，经全体合伙人一致同意，合伙人可以退伙，原告与被告国信融投基金、杨小青签订《退伙协议》，全体合伙人同意原告退伙，符合法律规定，未有证据显示该退伙协议存在《合同法》第52条规定的合同无效情形，原告许汉章请求确认《退伙协议》合法有效，法院予以支持。根据《合伙企业登记管理办法》第18条的规定，合伙企业登记事项发生变更的，执行合伙事务的合伙人应当自作出变更决定或者发生变更事由之日起15日内，向原企业登记机关申请变更登记。第19条规定，合伙企业申请变更登记，应当向原企业登记机关提交下列文件：(1)执行事务合伙人或者委派代表签署的变更登记申请书；(2)全体合伙人签署的变更决定书，或者合伙协议约定的人员签署的变更决定书；(3)国务院工商行政管理部门规定提交的其他文件。法律、行政法规或者国务院规定变更事项须经批准的，还应当提交有关批准文件。可见，合伙企业登记事项发生变更，应予以变更登记，其为变更登记的义务人，但由执行合伙事务的合伙人实际办理，故原告许汉章诉请被告国信融投投资配合原告办理退伙登记备案手续，法院予以支持。

三、裁判要旨

合伙企业登记事项发生变更，应予以变更登记，执行合伙事务的合伙人应当自作出变更决定或者发生变更事由之日起15日内，向原企业登记机关申请变更登记，如执行事务伙人未及时履行变更登记义务，退伙的合伙人有权起诉要求其配合办理退伙变更登记备案手续。

四、案例来源

1. 案例索引

【案件名称】许汉章与深圳国信融投基金管理有限公司、杨小青、深圳国信融投大星生投资企业（有限合伙）退伙纠纷案

【审理法院】广东省深圳市福田区人民法院

【案号】(2016)粤0304民初10908号

【审理程序】一审

2. 关联案例

天津市滨海新区人民法院在“何敏与磐济股权投资基金管理(天津)有限公司、天津虎童磐济股权投资管理合伙企业合伙协议纠纷案”[(2014)滨民初字第1246号]中认为,本案中被告一盘济股权投资基金管理(天津)有限公司是于2011年5月23日成立的台港澳法人独资企业。被告二天津虎童盘济股权投资管理合伙企业(有限合伙)是于2011年8月29日成立的有限合伙企业,执行事务合伙人为被告一(委派代表为何敏),合伙人分别为虎童股权投资基金管理(天津)有限公司和盘济股权投资基金管理(天津)有限公司。《天津虎童盘济股权投资管理合伙企业(有限合伙)合伙协议》中约定:由盘济股权投资基金管理(天津)有限公司作为普通合伙人;普通合伙人即执行事务合伙人,对外代表本有限合伙并执行合伙事务;执行事务合伙人应当向有限合伙委派执行事务合伙人代表,并有权自行决定更换执行事务合伙人代表。2014年5月3日,原告何敏作出向盘济股权投资基金管理(天津)有限公司、天津虎童盘济股权投资管理合伙企业(有限合伙)的离职通知,并已送达给二被告。通知中载明:本人已决定辞去于合伙企业之执行事务合伙人委派代表、投资决策委员会成员及其他一切有关的职位(如有),为方便公司处理一切后续事宜,本辞职信于签署日起立即生效。二被告当庭陈述原告本身不担任被告二的投资决策委员会成员。根据《合伙企业法》第26条第3款的规定,作为合伙人的法人、其他组织执行合伙事务的,由其委派的代表执行。根据《合伙企业登记管理办法》第19条规定,合伙企业申请变更登记,应当向原企业登记机关提交下列文件……(2)全体合伙人签署的变更决定书,或者合伙协议约定的人员签署的变更决定书。《天津虎童盘济股权投资管理合伙企业(有限合伙)合伙协议》中约定:盘济股权投资基金管理(天津)有限公司有权自行决定更换执行事务合伙人代表。原告作为被告一向被告二委派的执行事务代表,之后向二被告提出离职,辞去执行事务代表等职务,不再行使执行事务代表职权。法院判决被告磐济股权投资基金管理(天津)有限公司、天津虎童磐济股权投资管理合伙企业(有限合伙)于本判决生效之日起30天内将原告何敏作为天津虎童磐济股权投资管理合伙企业(有限合伙)的执行事务代表在工商部门相关登记进行变更登记。

五、案例评析

根据《合伙企业法》的相关规定,有限合伙制私募基金中由普通合伙人(通常同时作为基金管理人)负责执行合伙事务,有限合伙人不执行合伙事务,不得对外代表合伙企业,同时合伙企业登记事项,包括合伙人入伙、退伙、份额转让、合伙企业名称、主要经营地点等,执行事务合伙人应当自作出变更决定或者发生变更事由之日起15日内,向企业登记机关申请办理变更登记。办理合伙企业事项变更登记备案手续,系执行事务合伙人的法定义务,也是执行事务合伙人履行勤勉尽职责任的应有之义。本案中,在合伙人签署退伙协议后,普通合伙人国信融投基金在合伙人许汉章多次催促之下,拖延办理退伙的工商登记手续,已经违反了合同约定及法律规定。因此,广东省深圳市福田区人民法院支持了许汉章的诉讼请求,并判令深圳国信融投大星生投资企业(有限合伙)予以配合。

六、案例启示

1. 执行事务合伙人应及时办理合伙企业变更登记手续

根据《合伙企业法》第13条"合伙企业登记事项发生变更的,执行合伙事务的合伙人应当自作出变更决定或者发生变更事由之日起十五日内,向企业登记机关申请办理变更登记"及《合伙企业登记管理办法》第18条"合伙企业登记事项发生变更的,执行合伙事务的合伙人应当自作出变更决定或者发生变更事由之日起15日内,向原企业登记机关申请变更登记"之规定,合伙企业的变更登记事项由执行事务合伙人负责。因此,对于有现合伙制私募基金中出现新合伙人入伙、合伙人退伙、有限合伙份额转让等情形的,执行事务合伙人应当按照基金协议的约定在工商行政管理部门对私募基金进行工商变更登记,否则企业登记机关可依照《合伙企业登记管理办法》第39条之规定,责令限期登记或给予罚款等行政处罚。

2. 执行事务合伙人应勤勉尽责、遵纪守法,避免承担不必要的风险或费用

实践中,不少有限合伙制私募基金的执行事务合伙人同时担任私募基金管理人,执行事务合伙人如同时担任私募基金管理人,还应当履行相关监管机关制定的私募基金监管规定,如《私募投资基金监督管理暂行办法》第4条规定了私募基金管理人应当恪尽职守,履行诚实信用、谨慎勤勉的义务,《私募投资基金募集行为管理办法》第6条规定私募基金管理人应当恪尽职守、诚实信用、谨慎勤勉,防范利益冲突,履行说明义务、反洗钱义务等相关义务,承担特定对象确定、投资者适当性审查、私募基金推介及合格投资者确认等相关责任,第7条规定了私募基金管理人应当履行受托人义务,承担基金合同、公司章程或者合伙协议的受托责任。作为私募基金管理人的执行事务合伙人如违反法律法规,或者《私募投资基金监督管理暂行办法》《私募投资基金募集行为管理办法》等相关

监管规定的，中国证监会可以依法对有关责任人员采取市场禁入措施，给予警告并处罚款，构成犯罪的，依法移交司法机关追究刑事责任。

七、相关法律

《合同法》

第五条 当事人应当遵循公平原则确定各方的权利和义务。

第七条 当事人订立、履行合同，应当遵守法律、行政法规，尊重社会公德，不得扰乱社会经济秩序，损害社会公共利益。

《合伙企业法》

第十三条 合伙企业登记事项发生变更的，执行合伙事务的合伙人应当自作出变更决定或者发生变更事由之日起十五日内，向企业登记机关申请办理变更登记。

第二十六条第三款 作为合伙人的法人、其他组织执行合伙事务的，由其委派的代表执行。

第六十七条 有限合伙企业由普通合伙人执行合伙事务。执行事务合伙人可以要求在合伙协议中确定执行事务的报酬及报酬提取方式。

第六十八条 有限合伙人不执行合伙事务，不得对外代表有限合伙企业。

有限合伙人的下列行为，不视为执行合伙事务：

（一）参与决定普通合伙人入伙、退伙；

（二）对企业的经营管理提出建议；

（三）参与选择承办有限合伙企业审计业务的会计师事务所；

（四）获取经审计的有限合伙企业财务会计报告；

（五）对涉及自身利益的情况，查阅有限合伙企业财务会计账簿等财务资料；

（六）在有限合伙企业中的利益受到侵害时，向有责任的合伙人主张权利或者提起诉讼；

（七）执行事务合伙人怠于行使权利时，督促其行使权利或者为了本企业的利益以自己的名义提起诉讼；

（八）依法为本企业提供担保。

《合伙企业登记管理办法》

第十八条 合伙企业登记事项发生变更的，执行合伙事务的合伙人应当自作出变更决定或者发生变更事由之日起 15 日内，向原企业登记机关申请变更登记。

第十九条第一款　合伙企业申请变更登记，应当向原企业登记机关提交下列文件：

（一）执行事务合伙人或者委派代表签署的变更登记申请书；

（二）全体合伙人签署的变更决定书，或者合伙协议约定的人员签署的变更决定书；

（三）国务院工商行政管理部门规定提交的其他文件。

第三十九条　合伙企业登记事项发生变更，未依照本办法规定办理变更登记的，由企业登记机关责令限期登记；逾期不登记的，处2000元以上2万元以下的罚款。

第二节　执行事务合伙人擅自执行合伙事务给其他合伙人造成损失的，应承担赔偿责任

一、案例简介

1. 事实经过

2015年6月22日，曹轶作为有限合伙人与上海超沅商务咨询有限公司（以下简称超沅公司）作为执行事务合伙人、南京舜源股权投资基金管理企业（有限合伙）（以下简称舜源合伙企业）作为合伙企业签订《合伙协议》，约定：全体合伙人共同设立舜源合伙企业，合伙人包括普通合伙人和有限合伙人，普通合伙人即超沅公司，有限合伙人指向合伙企业实缴出资并被普通合伙人接受的投资者，执行事务合伙人指合伙企业的普通合伙人即超沅公司；合伙企业设立的目的为通过进行证券市场投资交易，谋求合伙企业财产的增值；合伙企业首轮投资期限为1年，合伙企业实收资本总额达到1500万元或者合伙人数量达到50人时开始首轮投资，提前或推迟首轮投资开始时间的，应当经过合伙人会议决议；执行事务合伙人，对于合伙企业日常经营事务享有独占及排他的执行权和管理权，承担为合伙人的最大利益处理合伙事务，恪尽职守、履行诚实、信用、谨慎、有效管理，妥善保管合伙企业业务的交易记录、原始凭证及资料，按照合伙企业稳健的约定向合伙人分配合伙财产收益、履行信息披露等义务；有限合伙人以其实缴出资为限对合伙企业的债务承担责任，有权监督执行事务合伙人执行合伙事务并检查其执行情况，有权单独或共同召集或出席合伙人会议，参与投票、进行表决、作出决议等；合伙人会议是合伙企业的最高权力机构，合伙人会议由执行事务合伙人负责召集，或者由占合伙企业实收资本总额50%及以上合伙人向执行事务合伙人

提出书面提议,执行事务合伙人决定不召集的,占合伙企业实收资本总额50%以上的合伙人有权自行或委托代表召集合伙人会议;合伙人会议由占合伙企业实收资本总额80%及以上的合伙人出席时合伙会议方可召开,合伙人会议作出的决议,应当经过占出席合伙人会议的合伙人出资总额80%及以上的合伙人同意通过;合伙企业投资于国内依法发行上市的股票、ETF、固定收益类工具(国债、金融债、央行票据、企业债、公司债、短期融资券、中期票据、债券回购)、货币市场基金和银行存款及无风险期现套利产品,合伙企业持有一家上市公司的股票、单个ETF以及单一债券,其市值不得超过合伙企业财产净值的50%;合伙企业财产设置预警线,预警线为0.8,合伙企业财产净值触及0.8时,执行事务合伙人需通知全体合伙人,召集合伙人大会,决定是否继续操作,如果全体合伙人大会决定终止,则执行事务合伙人需按全体合伙人大会的决议出售全部股票,并办理退伙手续;合伙企业的所有收益原则上按照各合伙人出资比例对应约定进行分配,合伙企业的亏损原则上由合伙人按实缴出资比例分担,执行事务合伙人违反合伙企业文件的规定处理合伙事务,致使合伙财产遭受损失的,由执行事务合伙人以其自有财产赔偿;合伙企业首轮投资期内,有限合伙人不得转让其合伙企业权益或者要求退伙,合伙人会议决议同意的除外,合伙企业首轮投资期限届满或提前终止时,有限合伙人应当办理变更手续,变更为普通合伙人,不愿变更的应当依据本合同的约定办理退伙手续;全体合伙人同意,由执行事务合伙人担任清算人,执行事务合伙人负责合伙财产的保管、变现、清理、确认和分配;执行事务合伙人按月披露合伙企业财产净值,信息披露方式可以采取电子邮件、电话、信函、QQ群等方式;合伙企业可能存在风险,执行事务合伙人将恪尽职守,履行诚实、信用、谨慎、有效管理的义务,但并不保证合伙财产的运用无风险,投资者在决定入伙前应谨慎衡量市场风险、管理风险、流动性风险、特别提示风险、税收风险、不可抗力及其他风险;合伙人或其他各当事方应严格遵守合伙企业文件的约定,任何一方违反部分或全部约定的,均应向守约方承担违约责任并赔偿因违约给守约方造成的损失等。

《合伙协议》附件一为《有限合伙人风险适合性调查问卷》,曹轶对风险承受能力自选“既可能获取20%以上的收益,也可能有20%以上的亏损”,附件二为《入伙风险申明书》,其中载明了合伙企业不承诺保本和最低收益,合伙企业的投资具有一定的投资风险,适合风险识别、评估、承受能力较强的合格投资者等。

2015年6月25日,曹轶向舜源合伙企业账户转账20万元。2015年8月3日至2016年7月3日,超沅公司通过QQ群按月发布舜源基金2015年7月至

2016 年 6 月月报。2015 年 7 月的月报列明有限合伙人共 39 人,出资额合计 625 万元,截止到 2015 年 7 月 31 日,合伙企业期末资产为 502. 3162 万元,期末净值为 502. 3162 万元 ÷625 万元 =0. 8037。自 2015 年 8 月起,每月月报所披露的期末净值均低于 0. 8。2016 年 7 月 3 日发布的 2016 年 6 月月报披露,截止到 2016 年 6 月 30 日,期末净值为 0. 65。2016 年 7 月 2 日,舜源合伙企业召开合伙人大会,超沅公司于会后发布会议纪要,称当天实际到场 25 人,对于舜源合伙企业于 2016 年 7 月 15 日满 1 年后的运作合伙人未形成统一意见,会议决定在 2016 年 7 月 15 日前进一步沟通交流,形成切实可行的方案。2016 年 7 月 21 日,超沅公司发布舜源合伙企业清算报告,称因合伙人大会无法达成继续投资的决定,根据合伙约定,办理退伙和清算事宜,合伙企业于 2016 年 7 月 14 日卖出所有股票,2016 年 7 月 18 日转入银行账户并进行结息,合伙企业总资产合计 2, 690, 504 元,按初始投资总金额 625 万元计算,净值为 0. 43048,故曹轶的清算分配资产为 86, 096 元。2016 年 7 月 25 日,舜源合伙企业向曹轶退还投资款 86, 096 元。

舜源合伙企业在光大证券股份有限公司开设的证券账户交易记录以及在中国光大银行开设的银行账户交易记录显示:在 2015 年 6 月至 2016 年 7 月,有多笔单一证券买入的市值超过合伙企业财产净值的 50%;2016 年 7 月 14 日卖出所有证券,2016 年 7 月 18 日自证券账户转出 2, 690, 377. 11 元至银行账户,当日银行账户结余 2, 690, 427. 9 元,证券账户资金余额为 77 元。

曹轶认为超沅公司违反合伙企业文件的规定处理合伙事务,致使合伙财产遭受损失的,由超沅公司以其自有财产赔偿,并向南京市鼓楼区人民法院提起诉讼,请求法院判令:超沅公司、舜源合伙企业归还曹轶投入基金的剩余款项 113, 904 元,并以 86, 096 元为基数,按银行同期贷款利率支付 2015 年 6 月 26 日至 2016 年 7 月 22 日期间的利息,以 113, 904 元为基数,按银行同期贷款利率支付 2015 年 6 月 26 日起至实际还款之日止的利息。

超沅公司辩称:曹轶与超沅公司签订合伙合同,是双方的真实意思表示,合同签订后超沅公司按照合伙合同执行事务的行为合法有效,曹轶作为合伙人应当承担合同履行的法律后果;曹轶对合伙投资证券的风险有充分的了解和理解,也签署了入伙风险申明书,合同中对投资损失进行了提醒,超沅公司从未承诺保底收益,超沅公司按合同执行事务所产生的损失应由合伙人共同承担;合伙企业出现的亏损是股票市场风险造成的,是系统性风险,某种程度上属于不可抗力;曹轶作为有限合伙企业的有限合伙人,对于合伙企业正常的经营风险,应在其出资范围内承担责任,其诉请要求超沅公司承担该损失不符合合同约定和法律规定，应予驳回。

2. 核心争议

超沅公司是否存在合伙企业财产净值触及0.8时，未依约召集合伙人开会等违约行为；且曹铁主张的投资损失是否应当由超沅公司承担。

3. 交易结构图

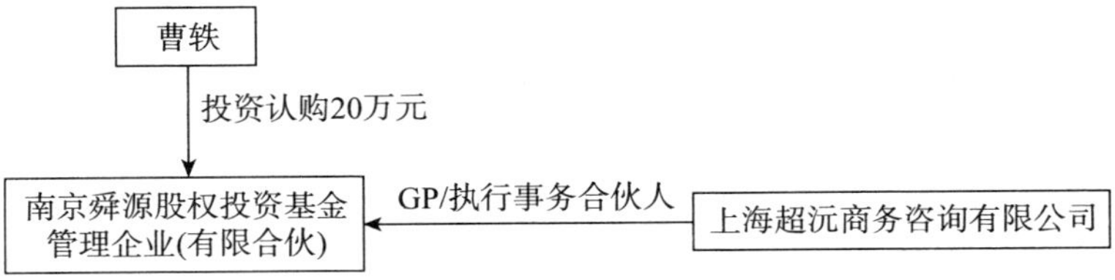

图1－19　交易结构图

二、裁判结果

一审法院南京市鼓楼区人民法院认为，有限合伙企业由普通合伙人和有限合伙人组成，普通合伙人对合伙企业债务承担无限连带责任，有限合伙人以其认缴的出资额为限对合伙企业债务承担责任。本案中，曹铁及另外38人与超沅公司订立《合伙协议》，合伙成立舜源合伙企业，该合伙合同系双方真实意思表示，合同内容亦不违反法律、行政法规的禁止性规定，合法有效，双方均应按照《合伙协议》的约定履行各自的义务。曹铁以超沅公司、舜源合伙企业违反《合伙协议》的多项约定致其损失为由，请求判令超沅公司、舜源合伙企业承担违约赔偿责任，故本案的案由应为合伙协议纠纷。因舜源合伙企业并非合伙人，不存在合伙合同关系，故曹铁要求舜源合伙企业承担违约赔偿责任缺乏事实和法律依据，一审法院不予支持。

根据《合伙企业法》第97条的规定，合伙人对该法规定或者合伙协议约定必须经全体合伙人一致同意始得执行的事务擅自处理，给合伙企业或者其他合伙人造成损失的，依法应承担赔偿责任。案涉《合伙协议》约定，执行事务合伙人违反合伙企业文件的规定处理合伙事务，致使合伙财产遭受损失的，由执行事务合伙人以其自有财产赔偿。超沅公司作为普通合伙人及执行事务合伙人，负有按约执行合伙事务之义务。根据超沅公司发布的舜源合伙企业月报显示，自2015年8月起，舜源合伙企业每月的期末净值均低于0.8，依约属于触及0.8预警线情形，超沅公司应通知全体合伙人并召集合伙人大会，由合伙人大会决定是否继续或者终止操作。但超沅公司并未遵守约定，而是在触及预警线0.8之后擅自决定继续操作，直到2016年7月18日按照净值0.43048的比例向包括曹轶在内的多名有限合伙人退还出资款。超沅公司违反合同约定，对需经合伙人大会同意方可执行的事务擅自处理，给其他合伙人造成损失，依法应承担赔偿责任。

关于违约赔偿范围的问题。《合伙协议》中关于预警线0.8的约定，系包括曹轶在内的有限合伙人对超沅公司执行合伙事务的授权范围，对在此范围内的投资损失，曹轶应以其出资额为限予以分担。超沅公司在执行合伙事务中虽还存在其他违反《合伙协议》的行为，如对多笔单一证券买入的市值超过合伙企业财产净值的50%等，但应承担的损失范围，仍应认定为超过预警线0.8的部分。据此，超沅公司赔偿责任应认定为出资额80%与退资额差额部分，即73,904元，以及自2016年7月22日起至实际还款日期间，按照银行同期贷款利率计算的逾期付款利息。曹轶主张的86,096元于合伙期间发生的利息，因合伙人出资在缴纳后即成为合伙企业财产，所生孳息亦应归合伙企业所有，故曹轶无权主张该部分孳息，其相应诉讼请求，应不予支持。最终一审法院判决，超沅公司给付曹轶73,904元，并按照银行同期贷款利率支付该款自2016年7月22日起至实际还款之日止的逾期付款利息。

二审法院江苏省南京市中级人民法院认为《合伙协议》系各方真实意思表示，内容不违反法律、行政法规的禁止性规定，合法有效，双方均应按照《合伙协议》的约定履行各自的义务。合伙企业财产净值触及0.8时，超沅公司并未严格依据《合伙协议》召集、举行合伙人会议，形成有效决议，故应认定构成违约。《合伙协议》约定，执行事务合伙人违反合伙企业文件的规定处理合伙事务，致使合伙财产遭受损失的，由执行事务合伙人以其自有财产赔偿。超沅公司在合伙人会议未形成有效决议的情形下继续操作，直至净值达到0.43048时才终止，上述行为与曹轶的损失之间存在因果关系，故曹轶有权依约就其损失及利息向超沅公司主张。超沅公司提交上证、深证指数大盘走势图、基金走势图等证据，以证明合伙人的损失系因证券市场系统风险等因素所致。二审院认为，超沅公司与案涉其他合伙人已形成有效合同关系，各方负有依约全面履行合同义务之责。如当事人未履行相应合同义务，即便存在股市走势下跌等客观因素，依照约定，违约一方仍应承担赔偿之责。因此，超沅公司提交上述证据以豁免其对其他合伙人的赔偿责任理由不能成立。二审法院遂驳回超沅公司的上诉请求，维持原判。

三、裁判要旨

执行事务合伙人违反合伙企业文件的规定处理合伙事务，致使合伙财产遭受损失的，由执行事务合伙人以其自有财产赔偿。

四、案例来源

1. 案例索引

【案件名称】上海超沅商务咨询有限公司诉曹轶等合伙协议纠纷案

【审理法院】江苏省南京市中级人民法院

【案号】(2017)苏01民终10168号

【审理程序】二审

2. 关联案例

江苏省南京市中级人民法院在"上海超沅商务咨询有限公司诉蔡良慧等合伙协议纠纷案"[(2018)苏01民终57号]中认为，合伙企业财产净值触及0.8时，超沅公司并未严格依据《合伙合同》召集、举行合伙人会议，形成有效决议，故应认定构成违约。《合伙合同》约定，执行事务合伙人违反合伙企业文件的规定处理合伙事务，致使合伙财产遭受损失的，由执行事务合伙人以其自有财产赔偿。超沅公司在合伙人会议未形成有效决议的情形下继续操作，上述行为与蔡良慧的损失之间存在因果关系，故蔡良慧有权依约就其损失及利息向超沅公司主张。超沅公司提交大盘走势图等证据，以证明合伙人的损失系因证券市场系统风险等因素所致。法院认为，超沅公司与案涉其他合伙人已形成有效合同关系，各方负有依约全面履行合同义务之责。如当事人未履行相应合同义务，即便存在股市走势下跌等客观因素，依照约定，违约一方仍应承担赔偿之责。故超沅公司提交上述证据以豁免其对其他合伙人的赔偿责任理由不能成立。

广东省深圳市中级人民法院在"陈建云与深圳前海新富资本管理集团有限公司合伙协议纠纷上诉案"[(2017)粤03民终22174号]中认为，双方当事人签订的涉案《入伙协议》《合伙协议书》等，是双方的真实意思表示，不违反法律、行政法规的强制性规定，法院予以确认。上述协议对双方当事人均具有约束效力。《入伙协议》第5条载明："本有限合伙企业资金将全部用于投资平安信托计划次级信托单位，为有限合伙人获取最稳健的回报。"《合伙协议书》第1条"概述及定义"中的"资金用途"亦明确注明："本合伙企业募集的全部资金用于认购平安信托计划次级信托单位。……"除此以外，双方当事人并未约定其他合伙事项。由此可见,陈建云作为投资人愿意通过投资方式加入创赢企业成为有限合伙人的目的,就是通过创赢企业向平安信托计划投资的方式获得投资收益,这个目的是专属、特定、唯一的,且限定于《合伙协议书》之中,故无论是创赢企业,还是合伙事务执行人新富公司,均应将陈建云等有限合伙人的投资款用于平安信托计划而履行合伙事项,这既是《合伙协议书》的约定,亦是陈建云等有限合伙人愿意将其款项投资给创赢企业的信赖利益基础。然而新富公司在收到陈建云的投资款后,并未按《合伙协议书》的约定将投资款投资于平安信托计划,而是投资于其他项目,违反了《合伙协议书》的该项约定。《合同法》第 30 条规定:"……有关合同标的、数量、价款或者报酬、履行期限、履行地点和方式、违约责任和解决争议方法等的变更,是对要约内容的实质性变更。"据此,新富公司的转投行为改变了各投资人的信赖基础和可期待利益,属于对《合伙协议书》的实质性、根本性变更。在此情况下,新富公司应当根据《合伙企业法》第 19 条第 2 款关于"修改或者补充合伙协议,应当经全体合伙人一致同意"的规定,按《合伙协议书》的约定召开合伙人会议或采取有效方式将转投云南信托事项向全体合伙人提前披露并取得其一致同意,或者在事后取得各合伙人的一致追认,但新富公司并未履行上述程序,仅是在向陈建云发放的《合伙人证明书》中对转投事项进行简单说明,并未将转投原因及相关证据、云南信托项目的具体情况、与平安信托计划的差别等影响陈建云等有限合伙人投资决策和行为的重大事项向其介绍,亦未征求陈建云等投资人的意见,难谓其尽到了合伙事项执行人的善良管理义务。即便是《合伙人证明书》,其背后亦附有《使用说明》,载明,"本证明书仅证明合伙人的身份,合伙人权益由合伙协议约定""本证明书仅作为创赢企业合伙协议的概要陈述,本证明书未陈述的、陈述不明的或与合伙协议陈述不一致的,以合伙协议相关规定为准"。这表明该《合伙人证明书》在陈述转投事项的同时,不具有对抗《合伙协议书》的效力,更不能代替《合伙协议书》约定的原投资项目,故该《合伙人证明书》陈述的转投事项不符合《合同法》第 14 条规定的要约"内容具体确定"的实质要件,不属于新富公司就转投事项向陈建云发出的新要约。在此情况下,即使陈建云对云南信托项目未提出异议且回收了部分投资款,亦不构成《合同法》第 22 条但书部分"根据交易习惯或者要约表明可以通过行为作出承诺"的情形,更不表明其放弃了对新富公司上述违反《合伙协议书》行为的权利主张。原审法院认定陈建云通过行为对转投事项予以事后追认,系法律适用错误,本院不予确认。据此,新富公司在既未履行《合伙企业法》规定的变更合伙协议的程序,也未满足全体合伙人一致同意之实质要件的情况下，擅自将创赢企业的款项转投云南信托项目，违反了各合伙人在订立《合伙协议书》时的意思表示合意，构成根本违约，陈建云主张其承担相应的违约责任，有事实和法律依据，本院予以支持。

五、案例评析

《合伙企业法》第 67 条规定，“有限合伙企业由普通合伙人执行合伙事务”，第 68 条规定，“有限合伙人不执行合伙事务，不得对外代表有限合伙企业”，因此，在有限合伙制私募基金中，通常是执行事务合伙人（通常亦是基金管理人）对私募基金的投资运作、经营管理等事项起着控制性的作用，这与有限合伙企业这一组织形式的特点是密切相关的。在有限合伙企业中，有限合伙人以出资为限对合伙企业的债务承担责任，承担有限责任，普通合伙人须对合伙企业的债务承担连带责任，因而，法律将合伙事务执行的权限交给了普通合伙人，但同时为了防止普通合伙人滥用职权损害有限合伙人或合伙企业之利益，《合伙企业法》第 97 条规定：“合伙人对本法规定或者合伙协议约定必须经全体合伙人一致同意始得执行的事务擅自处理，给合伙企业或者其他合伙人造成损失的，依法承担赔偿责任。”由此可见，执行合伙事务的普通合伙人并非可以为所欲为，普通合伙人执行合伙事务违反法律规定或合伙协议的约定，或擅自执行须经全体合伙人一致同意的事项，造成合伙企业或者其他合伙人损失的，应当承担赔偿责任。本案中，合伙协议明确约定合伙企业的财产预警线为 0.8。因此，当合伙企业财产净值触及 0.8 时，执行事务合伙人应通知全体合伙人并召集合伙人大会以决定是否继续操作，但超沅公司并未严格依据《合伙协议》召集、举行合伙人会议，形成有效决议，导致合伙企业财产净值跌到 0.43048，损害了投资者的利益，应依法承担赔偿责任。

六、案例启示

1. 执行事务合伙人应按照法律规定和合伙协议约定执行合伙事务

勤勉尽责是执行事务合伙人执行合伙事务的基本义务，尤其是执行合伙人同时作为私募基金管理人的情况下，《私募投资基金监督管理暂行办法》第 4 条即规定，私募基金管理人应当恪尽职守，履行诚实信用、谨慎勤勉的义务。其实从法律关系上看，普通合伙人与有限合伙人共同出资设立了合伙企业，但根据法律规定由普通合伙人负责执行合伙事务，事实上形成了委托法律关系，即全体合伙人将实缴出资委托给某一个合伙人（执行事务合伙人）进行委托管理，执行事务合伙人应按照法律规定与合同约定履行受托职责，应当恪尽职守，履行诚实信用、谨慎勤勉的义务。如果执行事务合伙人违反上述勤勉尽责义务，可能面临下列法律后果：一是擅自执行合伙事务造成合伙企业或其他合伙人损失，应当承担赔偿责任，包括故意或过失行为；二是如果执行事务伙人同时作为基金管理人违反勤勉尽责义务，中国证监会可以依法对有关责任人员采取警告、罚款、市场禁入等处罚措施。

2. 为维护自身合法权益，投资者可在合伙协议中增加对执行事务合伙人的制约监督机制，并明确法律责任

为避免执行事务合伙人（包括基金管理人）擅自执行合伙事务或者在执行合伙事务的过程中滥用职权损害合伙企业或其他合伙人的利益，投资者可以在签署合伙协议时增加执行事务合伙人的制约监督机制。如在合伙协议中对下列事项作出明确具体的规定：（1）合伙人权利义务。应列明普通合伙人与有限合伙人的基本权利和基本义务。（2）执行事务合伙人。应明确执行事务伙人应具备的条件及选择程序、执行事务合伙人的权限及违约处理办法、执行事务合伙人的除名条件和更换程序、执行事务合伙人执行事务的报酬（包括绩效分成）及报酬提取方式、利益冲突及关联交易认定及处理机制。（3）合伙人会议。应明确合伙人会议的职权、召开条件、程序及表决方式。（4）投资事项。应明确基金的投资范围、投资运作方式、投资限制、投资决策程序、关联方认定标准及关联方投资的回避制度，以及投资后对被投资企业的持续监控、投资风险防范、投资退出、所投资标的担保措施、举债及担保限制。（5）费用和开支。应明确规定合伙企业费用的计提原则、承担费用的范围、计算及支付方式、应由普通合伙人承担的费用。（6）信息披露及财务会计制度。应明确约定基金信息披露的内容、方式、频度以及合伙企业的记账、会计年度、审计、年度报告、查阅会计账簿的条件。（7）利润分配及亏损分担。应明确约定与合伙企业的利润分配及亏损分担方式有关的事项，具体可以包括利润分配原则及顺序、利润分配方式、亏损分担原则及顺序等。（8）违约责任。应明确约定执行事务合伙人擅自执行合伙事务或未尽职责时的违约责任及其他合伙人的解约权。

七、相关法规

《合伙企业法》

第二条　本法所称合伙企业，是指自然人、法人和其他组织依照本法在中国境内设立的普通合伙企业和有限合伙企业。

普通合伙企业由普通合伙人组成,合伙人对合伙企业债务承担无限连带责任。本法对普通合伙人承担责任的形式有特别规定的,从其规定。

有限合伙企业由普通合伙人和有限合伙人组成,普通合伙人对合伙企业债务承担无限连带责任,有限合伙人以其认缴的出资额为限对合伙企业债务承担责任。

第三十五条 被聘任的合伙企业的经营管理人员应当在合伙企业授权范围内履行职务。

被聘任的合伙企业的经营管理人员,超越合伙企业授权范围履行职务,或者在履行职务过程中因故意或者重大过失给合伙企业造成损失的,依法承担赔偿责任。

第六十七条 有限合伙企业由普通合伙人执行合伙事务。执行事务合伙人可以要求在合伙协议中确定执行事务的报酬及报酬提取方式。

第六十八条 有限合伙人不执行合伙事务,不得对外代表有限合伙企业。

有限合伙人的下列行为,不视为执行合伙事务:

(一)参与决定普通合伙人入伙、退伙;

(二)对企业的经营管理提出建议;

(三)参与选择承办有限合伙企业审计业务的会计师事务所;

(四)获取经审计的有限合伙企业财务会计报告;

(五)对涉及自身利益的情况,查阅有限合伙企业财务会计账簿等财务资料;

(六)在有限合伙企业中的利益受到侵害时,向有责任的合伙人主张权利或者提起诉讼;

(七)执行事务合伙人怠于行使权利时,督促其行使权利或者为了本企业的利益以自己的名义提起诉讼;

(八)依法为本企业提供担保。

第九十七条 合伙人对本法规定或者合伙协议约定必须经全体合伙人一致同意始得执行的事务擅自处理,给合伙企业或者其他合伙人造成损失的,依法承担赔偿责任。

第一百零三条 合伙人违反合伙协议的,应当依法承担违约责任。

合伙人履行合伙协议发生争议的,合伙人可以通过协商或者调解解决。不愿通过协商、调解解决或者协商、调解不成的,可以按照合伙协议约定的仲裁条款或者事后达成的书面仲裁协议,向仲裁机构申请仲裁。合伙协议中未订立仲裁条款,事后又没有达成书面仲裁协议的,可以向人民法院起诉。

《合同法》

第八条　依法成立的合同,对当事人具有法律约束力。当事人应当按照约定履行自己的义务,不得擅自变更或者解除合同。

依法成立的合同,受法律保护。

第六十条　当事人应当按照约定全面履行自己的义务。

当事人应当遵循诚实信用原则,根据合同的性质、目的和交易习惯履行通知、协助、保密等义务。

第一百零七条　当事人一方不履行合同义务或者履行合同义务不符合约定的,应当承担继续履行、采取补救措施或者赔偿损失等违约责任。

第一百一十三条第一款　当事人一方不履行合同义务或者履行合同义务不符合约定,给对方造成损失的,损失赔偿额应当相当于因违约所造成的损失,包括合同履行后可以获得的利益,但不得超过违反合同一方订立合同时预见到或者应当预见到的因违反合同可能造成的损失。

《证券投资基金法》

第一百四十五条　违反本法规定,给基金财产、基金份额持有人或者投资人造成损害的,依法承担赔偿责任。

基金管理人、基金托管人在履行各自职责的过程中,违反本法规定或者基金合同约定,给基金财产或者基金份额持有人造成损害的,应当分别对各自的行为依法承担赔偿责任;因共同行为给基金财产或者基金份额持有人造成损害的,应当承担连带赔偿责任。

《关于规范金融机构资产管理业务的指导意见》

八、金融机构运用受托资金进行投资,应当遵守审慎经营规则,制定科学合理的投资策略和风险管理制度,有效防范和控制风险。

金融机构应当履行以下管理人职责:

(一)依法募集资金,办理产品份额的发售和登记事宜。

(二)办理产品登记备案或者注册手续。

(三)对所管理的不同产品受托财产分别管理、分别记账,进行投资。

(四)按照产品合同的约定确定收益分配方案,及时向投资者分配收益。

(五)进行产品会计核算并编制产品财务会计报告。

(六)依法计算并披露产品净值或者投资收益情况,确定申购、赎回价格。

(七)办理与受托财产管理业务活动有关的信息披露事项。

（八）保存受托财产管理业务活动的记录、账册、报表和其他相关资料。

（九）以管理人名义，代表投资者利益行使诉讼权利或者实施其他法律行为。

（十）在兑付受托资金及收益时，金融机构应当保证受托资金及收益返回委托人的原账户、同名账户或者合同约定的受益人账户。

（十一）金融监督管理部门规定的其他职责。

金融机构未按照诚实信用、勤勉尽责原则切实履行受托管理职责，造成投资者损失的，应当依法向投资者承担赔偿责任。

《私募投资基金监督管理暂行办法》

第四条 私募基金管理人和从事私募基金托管业务的机构（以下简称私募基金托管人）管理、运用私募基金财产，从事私募基金销售业务的机构（以下简称私募基金销售机构）及其他私募服务机构从事私募基金服务活动，应当恪尽职守，履行诚实信用、谨慎勤勉的义务。

私募基金从业人员应当遵守法律、行政法规，恪守职业道德和行为规范。

第二十三条 私募基金管理人、私募基金托管人、私募基金销售机构及其他私募服务机构及其从业人员从事私募基金业务，不得有以下行为：

（一）将其固有财产或者他人财产混同于基金财产从事投资活动；

（二）不公平地对待其管理的不同基金财产；

（三）利用基金财产或者职务之便，为本人或者投资者以外的人牟取利益，进行利益输送；

（四）侵占、挪用基金财产；

（五）泄露因职务便利获取的未公开信息，利用该信息从事或者明示、暗示他人从事相关的交易活动；

（六）从事损害基金财产和投资者利益的投资活动；

（七）玩忽职守，不按照规定履行职责；

（八）从事内幕交易、操纵交易价格及其他不正当交易活动；

（九）法律、行政法规和中国证监会规定禁止的其他行为。

第三十九条 私募基金管理人、私募基金托管人、私募基金销售机构及其他私募服务机构及其从业人员违反法律法规和本办法规定，情节严重的，中国证监会可以依法对有关责任人员采取市场禁入措施。

《私募投资基金募集行为管理办法》

第六条 募集机构应当恪尽职守、诚实信用、谨慎勤勉，防范利益冲突，履行说明义务、反洗钱义务等相关义务，承担特定对象确定、投资者适当性审查、私募基金推介及合格投资者确认等相关责任。

募集机构及其从业人员不得从事侵占基金财产和客户资金、利用私募基金相关的未公开信息进行交易等违法活动。

第七条　私募基金管理人应当履行受托人义务，承担基金合同、公司章程或者合伙协议（以下统称基金合同）的受托责任。委托基金销售机构募集私募基金的，不得因委托募集免除私募基金管理人依法承担的责任。

第三节　基金管理人在履行受托人义务的过程中存在违反合同约定及受托人义务的行为的，应向投资者承担赔偿责任

一、案例简介

1. 事实经过

2012年4月，吉林省洪范股权投资基金管理有限公司（以下简称洪范股权投资基金公司）经吉林省金融工作办公室批准成立。2013年3月13日，梁向荣与洪范股权投资基金公司签订《洪范·宜家地产棚改项目投资（2）号集合资金信托计划》，合同约定，梁向荣作为委托人自愿将自己合法所有的资金，以信托的方式委托受托人按照本合同的约定为受益人利益进行管理和运用，受托人同意接受委托人的委托，按委托人的意愿以自己的名义为受益人的利益管理、运用和处置信托基金财产。本信托为自益信托，信托成立时的委托人与受益人为同一人。委托人认购金额：100万（含100万元）～200万元，预期年化收益率11%；200万（含200万元）～300万元，预期年化收益率11.5%；300万元（含300万元）以上预期年化收益率12%。并约定，由受托人与委托人共同成立信托基金的长春市洪范宜家投资管理部（有限合伙）（以下简称洪范宜家投资管理部）与通化宜家置业有限公司签署协议，主要用于洪范宜家投资管理部对通化宜家置业有限公司的出让物的占有。通化宜家置业有限公司将所得资金用于通化市辉南地区的“朝阳小镇”小区建设。梁向荣又在《认购风险申明书》上签字，该申明书中明确注明，“基金募集信托计划不承诺保本和最低收益，具有一定的投资风险，适合风险识别、评估、承受能力较强的投资者”。梁向荣并在“请认真阅读及抄录以下提示”下方书写了“本人已认真阅读并确认所有的基金计划文件……本人愿意依法承担本基金相关的基金投资风险”的内容。梁向荣按照洪范股权投资

基金公司指定的账户存入资金100万元。

2012年11月15日，洪范宜家投资管理部成立。性质为有限合伙，执行事务合伙人为魏军。洪范股权投资基金公司与兴业银行长春分行分作甲、乙方就案涉基金订立《资金监管合同》，合同第3条约定，该账户内资金只能由乙方在下述情形下进行对外汇划：若该基金获得工商登记机关批准成立并且所有投资人取得该基金有限合伙人身份后，甲方应向乙方提供相关书面证明文件（包括该基金的合伙企业营业执照正本原件及复印件、合伙协议及补充协议的正本原件及复印件、执行事务合伙人的营业执照原件及复印件）。该基金成立后，甲方应申请将该账户内的资金转入由该基金在乙方开立的托管账户（针对该次募集基金的投资使用所开立的账户，下同），乙方应于收到甲方书面申请及相应会计划转凭证（支票或电汇凭证，下同）后2个工作日内将监管账户内的全部资金转入该基金在乙方处开立的托管账户中。托管账户名、账号届时由该基金提供。合同第5条约定，监管期间，甲方应按银行相关规定办理该账户的支付结算手续并支付资金监管费……洪范股权投资基金公司依照上述约定，在兴业银行长春分行开立了监管账户。2012年11月12日，洪范股权投资基金公司与通化宜家置业有限公司签订《募集资金申请委托书》，通化宜家置业有限公司为委托人，洪范股权投资基金公司为受托人。委托事项为委托受托人成立集合资金基金募集计划，并用于委托人位于通化市辉南县东至东环路，南至爱民大街，西至兴工路，北至北环路的朝阳小镇地块棚户区改造建设项目。募集额度为1亿元人民币，以实际募集资金为准。2013年3月8日，洪范宜家投资管理部与通化宜家置业有限公司签订《商品房团购协议书》（朝阳小镇商住两用小区）。洪范宜家投资管理部为乙方即购买人，通化宜家置业有限公司为甲方即出卖人。《商品房团购协议书》中约定：乙方采取团购房屋的方式，募集资金购买甲方上述已合法取得预售（销售）许可的部分商品房；乙方所购房屋总数为93套，总价款为2000万元人民币；经甲乙双方协商，在下述两种情形任意一种发生时，乙方同意甲方按照合同约定条件，将所出售房屋进行溢价回购等内容。同时双方签订《资金监管协议》，通化宜家置业有限公司为委托人，洪范股权投资基金公司为受托人。委托事项：委托受托人对基金资金使用用途进行全程监管；委托受托人与委托人共同对基金资金监管账户及委托人所有账户进行监管；2000万元只针对该项目使用，不允许委托人对此次资金进行拆借、挪作他用以及体外循环，如出现上述问题，委托人自愿按照双方签订的《商品房团购协议》中第6条第3款之规定支付违约金；上述三条为确保通化市辉南县朝阳小镇的建设项目顺利完工，并确保基金利益顺利退出。同年4月8日,通化宜家置业有限公司与洪范宜家投资管理部签订《〈商品房团购协议〉补充协议(一)》,通化宜家置业有限公司为甲方出卖人,洪范宜家投资管理部为乙方购买人。协议约定:甲、乙双方经协商一致签订了《商品房团购协议》,在履行过程中甲方违约,在乙方募集资金到达监管账户1个月内,未给乙方开具团购的93套房屋的不动产销售发票,甲方已违约并给乙方造成了重大的经济损失。甲、乙双方经协商一致,决定由甲方回购所售给乙方的房屋。甲方回购房屋价格暂定为原销售给乙方的价格,乙方考虑到购房款额度巨大,由甲方立即支付有一定困难,为避免甲方连续违约,故允许甲方在11个月内(自2013年4月8日起至2014年3月22日止)陆续返还购房款及购房款的溢价部分,具体支付细则详见附件《违约金支付明细表》,第11个自然月的10日前,甲方须归还所欠乙方的全部购房款本金(2000万元人民币)等内容。2014年3月31日,通化宜家置业有限公司出具《承诺书》,承诺:由于投资人梁向荣购买的"洪范·宜家地产棚改项目投资(2)号集合资金信托计划"到期因特殊原因未能如期兑付,现承诺在2周内,不论以何种方式,包括但不限于销售回款、借款、贷款等方式回笼的资金都优先用于支付梁向荣的本金及收益,还款排序位于所有投资人的第二位。洪范基金对项目方所做承诺予以配合。

截至2014年3月30日,梁向荣共收到洪范股权投资基金公司收益款13.8万元。梁向荣因要求洪范股权投资基金公司退还全额本金时遭到拒绝,随即提起诉讼。请求判令:洪范股权投资基金公司、洪范宜家投资管理部返还梁向荣投资本金100万元及拖欠收益1万元整,并支付按照合同利率计算自2014年7月1日起至实际返还之日的收益;兴业银行长春分行与洪范股权投资基金公司、洪范宜家投资管理部承担连带责任。

洪范股权投资基金公司辩称:首先,梁向荣投资的是金融信托产品,在与我公司签订的信托合同认购风险说明书中,我公司并没有承诺梁向荣投资的信托投资产品是保本保最低收益。其次,我公司在管理运用众多投资人所组成的信托财产中,已经履行了约定的监管职责,不应承担梁向荣信托投资的风险。再次,梁向荣作为众多有限合伙人之一,即便是信托基金期限届满,也无权单独以诉讼方式主张信托投资本金和利息,而应通过清算程序与其他投资人一并解决信托投资款的返还事宜。最后,应当追加实际用款人通化宜家置业有限公司参与诉讼,并判其承担信托返还责任。

洪范宜家投资管理部辩称:在案涉信托合同第3条有明确约定,实际上是共同设立了合伙企业,已经构成事实上的合伙关系,根据《合伙企业法》第21条第

2 款的规定,"合伙人在合伙企业清算前,不得请求分割合伙企业的财产"。

兴业银行长春分行辩称:未与梁向荣签订任何合同,梁向荣主张兴业银行长春分行承担返还本金及未支付收益的义务,没有任何事实及法律依据。

2. 核心争议

梁向荣与洪范股权投资基金公司之间法律关系的性质和效力应如何认定的问题。

3. 交易结构图

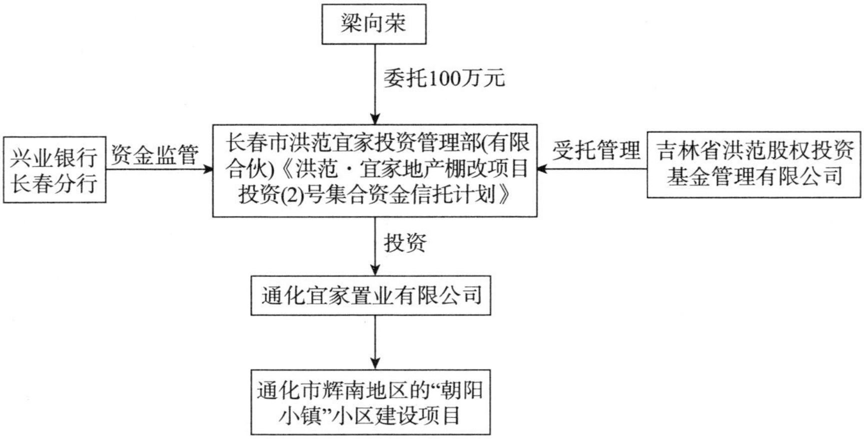

图 1-20　交易结构图

二、裁判结果

一审法院长春市朝阳区人民法院认为:(1)本案系营业信托合同纠纷,梁向荣与洪范股权投资基金公司签订的《洪范·宜家地产棚改项目投资(2)号集合资金信托计划》、洪范股权投资基金公司与兴业银行长春分行签订的《资金监管合同》,未违反法律禁止性规定,合法有效,各方当事人均应遵照执行。(2)依照《信托法》第 58 条规定,"信托终止的,受托人应当作出处理信托事务的清算报告。……"《信托公司集合资金信托计划管理办法》第 31 条规定,"信托计划终止,信托公司应当于终止后 10 个工作日内做出处理信托事务的清算报告,经审计后向受益人披露。……"第 32 条规定,"清算后的剩余信托财产,应当依照信托合同约定按受益人所持信托单位比例进行分配。……"《洪范·宜家地产棚改项目投资(2)号集合资金信托计划》第 14 条约定:"信托基金期满,宜家置业未能以其约定的溢价回购上述受让物,则受托人将通过处置其持有的宜家置业的受让物,以从宜家置业获得的处置后的资产变现方式获得资金,用于向受益人支付信托基金资金及其收益,以实现受益人的退出”,第 18 条第 1 款第 2 项约定,“信托基金期满后,如果宜家置业无法按照所签订的协议支付基金资金及收益时,受委托人具有对信托基金财产进行清算的权利”。案涉信托基金期满终止后,洪范股权投资基金公司具有对信托基金财产进行清算的权利,并用获得的资金向梁向荣等投资人支付信托资金及其收益。现洪范股权投资基金公司怠于行使上述权利,梁向荣有权要求洪范股权投资基金公司及时履行,但在该项目没有进行清算前,梁向荣直接要求洪范股权投资基金公司返还投资本金及利息,不予支持。(3)关于梁向荣要求兴业银行长春分行承担连带赔偿责任的主张,因该信托基金未进行清算,尚不能确定梁向荣投资的盈亏情况,故对该主张亦不予支持。(4)信托基金期满终止后,洪范股权投资基金公司怠于行使清算权利,致使梁向荣的财产权益无法实现,从而引发诉讼,故本案诉讼费用应由洪范股权投资基金公司负担。综上,法院依照《合同法》第 6 条、第 60 条,《信托法》第 53 条、第 58 条规定,判决驳回梁向荣的诉讼请求。

二审法院吉林省长春市中级人民法院认为:(1)关于梁向荣与洪范股权投资基金公司之间法律关系的性质和效力不认定为是信托法律关系,吉林省金融工作办公室核准的洪范股权投资基金公司的经营范围是,“管理或受托管理股权类投资;相关股权投资咨询业务(法律、法规禁止和限制的,不得经营;法律、法规、国务院规定需经审批的,未获审批前不得经营)”。故洪范股权投资基金公司虽可以从事证券投资基金业务,但证券投资基金业务是特殊类型的信托业务,洪范股权投资基金公司仍不具备从事一般信托业务和其他类型信托业务的受托人资格。因此,依据《民法通则》第 58 条之规定,梁向荣与洪范股权投资基金公司之间并未形成有效的信托法律关系。(2)关于洪范股权投资基金公司是否应向梁向荣给付 80 万元本金及收益的问题。本案中,洪范股权投资基金公司明知其不具有设立信托法律关系的受托人资格而与梁向荣签订信托合同,具有过错,且洪范股权投资基金公司在后续履行受托人义务的过程中亦有多处严重违反信托合同约定及受托人义务的行为,故其应赔偿梁向荣因信托无效而受到的损失。因此,洪范股权投资基金公司应向梁向荣返还 80 万元本金及利息,利息的计算方式为:以 100 万元为本金,从 2013 年 3 月 14 日起至 2014 年 4 月 25 日止,以 80 万元为本金,从 2014 年 4 月 26 日起至实际给付之日止,均按中国人民银行同期同类贷款基准利率计算,上述利息计算应扣除收益 133,833 元。(3)关于兴业银行长春分行是否应承担连带责任的问题。梁向荣并非兴业银行长春分行与洪范股权投资基金公司之间签订的监管协议的当事人,因此,梁向荣不能依据监管协议请求兴业银行长春分行对其承担连带责任。梁向荣未能充分举证证明兴业银行长春分行对其存在侵权行为,亦未能证明兴业银行长春分行哪些行为与其受有损失之间存在因果关系。同时,梁向荣亦未能提出兴业银行长春分行应承担连带责任的法律依据。因此,对于梁向荣提出的关于兴业银行长春分行应承担连带责任的主张,法院不予支持。(4)关于洪范宜家投资管理部是否应承担责任的问题。本案中,梁向荣并未举证其与洪范宜家投资管理部之间存在合同关系,同时,梁向荣主张洪范宜家投资管理部应对其承担侵权责任亦依据不足。故法院驳回梁向荣的该项主张。据此,二审法院撤销一审法院长春市朝阳区人民法院(2015)朝民初字第446号民事判决,判令洪范股权投资基金公司于判决生效后立即给付上诉人梁向荣人民币80万元及利息(利息的计算方式:以100万元为本金,从2013年3月14日起至2014年4月25日止,以80万元为本金,从2014年4月26日起至本判决生效之日止,均按中国人民银行同期同类贷款基准利率计算,上述利息计算应扣除收益133,833元)。

三、裁判要旨

民事行为被确认为无效或者被撤销后,当事人因该行为取得的财产,应当返还给受损失的一方。有过错的一方应当赔偿对方因此所受的损失,双方都有过错的,应当各自承担相应的责任。

四、案例来源

1. 案例索引

【案件名称】梁向荣与吉林省洪范股权投资基金管理有限公司等营业信托合同纠纷案

【审理法院】吉林省长春市中级人民法院

【案号】(2017)吉01民终2699号

【审理程序】二审

2. 关联案例

北京市第二中级人民法院在"北京中金信国资产管理中心(有限合伙)与薛定远合同纠纷案"[(2017)京02民终10214号]中认为,薛定远向中金管理中心参与申购证券投资结构化中金信国私募基金300万元,成为该基金项下优先受益人及合伙人,为此双方签署了相关文件及协议,该内容不违反国家法律规定,合法有效。根据2012年11月21日薛定远与中金管理中心就申购涉案私募基金签订的相关文件及协议，薛定远出资300万元申购涉案私募基金300万元基金份额，约定基金类型为指定用途的封闭性固定收益类的合伙制私募基金，每份基金利益为年化13%。现薛定远主张按照出资确定基金净值并按照年收益率13%确定收益，而中金管理中心则认为涉案私募基金整体尚未清算，无法确定基金净值及收益。涉案私募基金相关文件及协议对私募基金投资范围及投资限制、专户管理、净值计算方法、单位净值每周披露、利益分配顺序、投资止损、有限合伙人与普通合伙人之间受益权及损失风险结构化设计等作了明确的约定，但中金管理中心并未举证证明其履行了上述约定，亦未就涉案私募基金亏损或收益提供证据，其关于涉案私募基金亏损、无法清算的抗辩主张缺乏证据证明，中金管理中心应承担不利的法律后果。中金管理中心提出薛定远的投资款全部用于购买了山东信托产品，该产品目前尚无法兑付薛定远的本金及收益，但是中金管理中心提供的汇款清单系以中金管理中心账户名义对外支付，不足以证明其使用的资金全部源于薛定远所投资金，故中金管理中心主张以山东信托产品确定薛定远的本金、收益及兑付条件，缺乏事实依据、合同依据及法律依据，本院不予采纳。因此，一审判决第一项判令中金管理中心返还薛定远本金280万元，并按照年收益率13%给付截至2014年2月15日的收益，于法有据，法院应予维持。

五、案例评析

私募基金属于资产管理业务的一种，私募基金管理人接受投资者委托，对受托的投资者资产进行投资和管理，私募基金管理人作为受托人为投资者利益履行诚实信用、勤勉尽责义务并收取相应的管理费用，投资者自担投资风险并获得收益。目前比较常见的私募基金组织形式主要包括三种：公司制私募基金、有限合伙制私募基金、契约型私募基金，除明确采用集合信托计划形式的契约型基金外，目前理论和实务界对投资者与私募基金管理人之间的法律关系的性质仍存在一定争议，主要有委托代理关系说、信托关系说和分类性质说三种观点；无论采用哪种学说，私募基金管理人在受托管理私募基金中，应当恪尽职守、诚实信用、谨慎勤勉，承担相关的法定或合同约定的职责，如私募基金管理人未按照诚实信用、勤勉尽责原则切实履行受托管理职责，造成投资者损失的，应当依法向投资者承担赔偿责任。本案中，洪范股权投资基金公司未取得国家金融监管机关颁发从事信托业务的主体资质，非法设立“洪范·宜家地产棚改项目投资(2)

号集合资金信托计划”向投资者梁向荣募集资金,导致合同无效,未履行勤勉尽责的管理职责,理应向投资者承担赔偿责任。

六、案例启示

1. 私募基金管理人在履行受托义务时,未尽勤勉尽职义务造成投资者损失的,应承担责任

《关于规范金融机构资产管理业务的指导意见》(以下简称《意见》)第8条规定了从事资产管理业务受托人的11项职责,包括:依法募集资金,办理产品份额的发售和登记事宜;办理产品登记备案或者注册手续;对所管理的不同产品受托财产分别管理、分别记账,进行投资;按照产品合同的约定确定收益分配方案,及时向投资者分配收益;进行产品会计核算并编制产品财务会计报告;依法计算并披露产品净值或者投资收益情况,确定申购、赎回价格;办理与受托财产管理业务活动有关的信息披露事项;保存受托财产管理业务活动的记录、账册、报表和其他相关资料;以管理人名义,代表投资者利益行使诉讼权利或者实施其他法律行为;在兑付受托资金及收益时,金融机构应当保证受托资金及收益返回委托人的原账户、同名账户或者合同约定的受益人账户;金融监督管理部门规定的其他职责。该《意见》第8条还规定了受托人违反受托职责造成投资者损失的,应承担赔偿责任。《证券投资基金法》第145条第2款亦规定,“基金管理人、基金托管人在履行各自职责的过程中,违反本法规定或者基金合同约定,给基金财产或者基金份额持有人造成损害的,应当分别对各自的行为依法承担赔偿责任”。因此,私募基金管理人在受托管理私募基金的过程中,应按照相关法律规定和合同约定履行受托职责,诚实信用、勤勉尽责,避免因履职不当引发的民事赔偿责任及行政处罚责任。

2. 投资者应在基金合同或委托管理协议中明确约定私募管理人的职责,并建立防范关联交易与利益冲突机制

在基金交易结构与基金协议或委托管理协议条款的设计中,如果可以最大限度地实现受托人与基金管理人的利益一致性,包括增加基金管理人的投资比例,将基金管理人的收入与基金业绩挂钩,受托人收回投资本金之前基金管理人不得分配收益等,将使基金管理人更有动力为受托人追求更大的投资回报。同时,为防范基金管理人在受托管理私募基金投资运作中未尽诚实信用、勤勉尽责带来的风险,投资者在与私募基金管理人订立基金合同或委托管理协议时,应明确约定私募管理人的职责,并建立防范关联交易与利益冲突机制:一是对关联交

易与利益冲突进行界定,明确相关范围;二是在投资决策层面,可以直接禁止关联交易,或安排特殊的决策机制,如回避机制与否决机制;三是在信息披露层面,要求对关联交易与利益冲突进行及时披露;四是相应设置明确的违约责任条款。

七、相关法规

《民法通则》

第五十八条　下列民事行为无效:

(一)无民事行为能力人实施的;

(二)限制民事行为能力人依法不能独立实施的;

(三)一方以欺诈、胁迫的手段或者乘人之危,使对方在违背真实意思的情况下所为的;

(四)恶意串通,损害国家、集体或者第三人利益的;

(五)违反法律或者社会公共利益的;

(六)以合法形式掩盖非法目的的。

无效的民事行为,从行为开始起就没有法律约束力。

第六十一条　民事行为被确认为无效或者被撤销后,当事人因该行为取得的财产,应当返还给受损失的一方。有过错的一方应当赔偿对方因此所受的损失,双方都有过错的,应当各自承担相应的责任。

双方恶意串通,实施民事行为损害国家的、集体的或者第三人的利益的,应当追缴双方取得的财产,收归国家、集体所有或者返还第三人。

《合同法》

第六条　当事人行使权利、履行义务应当遵循诚实信用原则。

第八条　依法成立的合同,对当事人具有法律约束力。当事人应当按照约定履行自己的义务,不得擅自变更或者解除合同。

第六十条　当事人应当按照约定全面履行自己的义务。

当事人应当遵循诚实信用原则,根据合同的性质、目的和交易习惯履行通知、协助、保密等义务。

第一百零七条　当事人一方不履行合同义务或者履行合同义务不符合约定的,应当承担继续履行、采取补救措施或者赔偿损失等违约责任。

《信托法》

第二条　本法所称信托,是指委托人基于对受托人的信任,将其财产权委托给受托人,由受托人按委托人的意愿以自己的名义,为受益人的利益或者特定目的,进行管理或者处分的行为。

第四条 受托人采取信托机构形式从事信托活动,其组织和管理由国务院制定具体办法。

第二十四条 受托人应当是具有完全民事行为能力的自然人、法人。

法律、行政法规对受托人的条件另有规定的,从其规定。

第五十三条 有下列情形之一的,信托终止:

(一)信托文件规定的终止事由发生;

(二)信托的存续违反信托目的;

(三)信托目的已经实现或者不能实现;

(四)信托当事人协商同意;

(五)信托被撤销;

(六)信托被解除。

第五十八条 信托终止的,受托人应当作出处理信托事务的清算报告。受益人或者信托财产的权利归属人对清算报告无异议的,受托人就清算报告所列事项解除责任。但受托人有不正当行为的除外。

《信托公司集合资金信托计划管理办法》

第三十一条 信托计划终止,信托公司应当于终止后10个工作日内做出处理信托事务的清算报告,经审计后向受益人披露。信托文件约定清算报告不需要审计的,信托公司可以提交未经审计的清算报告。

《信托公司管理办法》

第七条 设立信托公司,应当经中国银行业监督管理委员会批准,并领取金融许可证。

未经中国银行业监督管理委员会批准,任何单位和个人不得经营信托业务,任何经营单位不得在其名称中使用"信托公司"字样。法律法规另有规定的除外。

《证券投资基金法》

第一百四十五条 违反本法规定,给基金财产、基金份额持有人或者投资人造成损害的,依法承担赔偿责任。

基金管理人、基金托管人在履行各自职责的过程中,违反本法规定或者基金合同约定,给基金财产或者基金份额持有人造成损害的,应当分别对各自的行为依法承担赔偿责任;因共同行为给基金财产或者基金份额持有人造成损害的,应当承担连带赔偿责任。

《合伙企业法》

第三十五条　被聘任的合伙企业的经营管理人员应当在合伙企业授权范围内履行职务。

被聘任的合伙企业的经营管理人员，超越合伙企业授权范围履行职务，或者在履行职务过程中因故意或者重大过失给合伙企业造成损失的，依法承担赔偿责任。

第九十七条　合伙人对本法规定或者合伙协议约定必须经全体合伙人一致同意始得执行的事务擅自处理，给合伙企业或者其他合伙人造成损失的，依法承担赔偿责任。

第一百零三条　合伙人违反合伙协议的，应当依法承担违约责任。

合伙人履行合伙协议发生争议的，合伙人可以通过协商或者调解解决。不愿通过协商、调解解决或者协商、调解不成的，可以按照合伙协议约定的仲裁条款或者事后达成的书面仲裁协议，向仲裁机构申请仲裁。合伙协议中未订立仲裁条款，事后又没有达成书面仲裁协议的，可以向人民法院起诉。

《关于规范金融机构资产管理业务的指导意见》

八、金融机构运用受托资金进行投资，应当遵守审慎经营规则，制定科学合理的投资策略和风险管理制度，有效防范和控制风险。

金融机构应当履行以下管理人职责：

（一）依法募集资金，办理产品份额的发售和登记事宜。

（二）办理产品登记备案或者注册手续。

（三）对所管理的不同产品受托财产分别管理、分别记账，进行投资。

（四）按照产品合同的约定确定收益分配方案，及时向投资者分配收益。

（五）进行产品会计核算并编制产品财务会计报告。

（六）依法计算并披露产品净值或者投资收益情况，确定申购、赎回价格。

（七）办理与受托财产管理业务活动有关的信息披露事项。

（八）保存受托财产管理业务活动的记录、账册、报表和其他相关资料。

（九）以管理人名义，代表投资者利益行使诉讼权利或者实施其他法律行为。

（十）在兑付受托资金及收益时，金融机构应当保证受托资金及收益返回委托人的原账户、同名账户或者合同约定的受益人账户。

（十一）金融监督管理部门规定的其他职责。

金融机构未按照诚实信用、勤勉尽责原则切实履行受托管理职责，造成投资者损失的，应当依法向投资者承担赔偿责任。

《私募投资基金监督管理暂行办法》

第四条 私募基金管理人和从事私募基金托管业务的机构(以下简称私募基金托管人)管理、运用私募基金财产,从事私募基金销售业务的机构(以下简称私募基金销售机构)及其他私募服务机构从事私募基金服务活动,应当恪尽职守,履行诚实信用、谨慎勤勉的义务。

私募基金从业人员应当遵守法律、行政法规,恪守职业道德和行为规范。

第二十三条 私募基金管理人、私募基金托管人、私募基金销售机构及其他私募服务机构及其从业人员从事私募基金业务,不得有以下行为:

(一)将其固有财产或者他人财产混同于基金财产从事投资活动;

(二)不公平地对待其管理的不同基金财产;

(三)利用基金财产或者职务之便,为本人或者投资者以外的人牟取利益,进行利益输送;

(四)侵占、挪用基金财产;

(五)泄露因职务便利获取的未公开信息,利用该信息从事或者明示、暗示他人从事相关的交易活动;

(六)从事损害基金财产和投资者利益的投资活动;

(七)玩忽职守,不按照规定履行职责;

(八)从事内幕交易、操纵交易价格及其他不正当交易活动;

(九)法律、行政法规和中国证监会规定禁止的其他行为。

第三十九条 私募基金管理人、私募基金托管人、私募基金销售机构及其他私募服务机构及其从业人员违反法律法规和本办法规定,情节严重的,中国证监会可以依法对有关责任人员采取市场禁入措施。

《私募投资基金募集行为管理办法》

第六条 募集机构应当恪尽职守、诚实信用、谨慎勤勉,防范利益冲突,履行说明义务、反洗钱义务等相关义务,承担特定对象确定、投资者适当性审查、私募基金推介及合格投资者确认等相关责任。

募集机构及其从业人员不得从事侵占基金财产和客户资金、利用私募基金相关的未公开信息进行交易等违法活动。

第七条 私募基金管理人应当履行受托人义务,承担基金合同、公司章程或者合伙协议(以下统称基金合同)的受托责任。委托基金销售机构募集私募基金的,不得因委托募集免除私募基金管理人依法承担的责任。

第二编　投资者与托管人、私募基金服务机构之间的纠纷

第一章　托管银行履行托管职责引发的纠纷

托管银行根据托管协议进行形式审查，承担的是审慎托管义务，不能过分苛责托管银行承担进一步实质审查义务。

一、案例简介

1. 事实经过

2011 年 7 月 4 日，案外人金新民、黄新国、金爱玉投资设立绍兴百泰股权投资合伙企业（普通合伙），企业性质为普通合伙企业，一般经营项目为股权投资及相关咨询服务。2011 年 8 月 1 日，绍兴百泰股权投资合伙企业与农行浙江省分行签订《托管协议》一份，协议约定：绍兴百泰股权投资合伙企业（甲方）委托农行浙江省分行（乙方）作为本合伙企业财产的托管人，合伙企业财产指甲方合伙人的出资，以甲方名义取得的收益和依法取得的其他财产；乙方保证有合法从事资产托管业务的资格，乙方承诺安全托管资产，并按本协议约定监督甲方的投资运作，乙方对本合伙企业财产的托管并非对本合伙企业本金或收益的保证或承诺，乙方不承担甲方的投资风险；根据本协议的规定，乙方有权行使对托管资产的资产托管权，及时、足额地收取托管费，监督与核查托管资产的投资运作以及甲方利益的计算和分配，乙方指定辖属农行越城支行负责托管资产营运和投资监督等工作；协议签订后，甲方在乙方开设日常经费账户（基本账户）和托管账户（专用账户），托管账户由乙方管理使用，托管期间托管资产的一切货币收支活动,包括但不限于投资、投资收益、支付甲方费用、分配合伙人利益等,均需通过托管账户进行;托管资产管理运用指令是指甲方发至乙方的有关甲方名下的款项支付以及其他资金划拨、相关财产处置的指令,托管资产管理运用指令可先以传真方式发送,发动指令的同时还应将相关交易的合同、协议等传真发送给乙方或送交乙方,传真后3个工作日内甲方应将托管资产管理运用指令原件及相关交易合同、协议(原件或加盖公章复印件)送交乙方,乙方收到传真后,应立即向甲方指令发送人员确认,并审慎验证有关内容及印鉴和签名的表面真实性,在验证无误后执行指令,对于不符合本协议及合伙协议规定的托管资产管理运用指令,乙方有权拒绝执行并及时通知甲方;托管资产管理运用指令分为投资划款指令和非投资划款指令,投资划款指令应附甲方投资正式决议、合伙企业与项目方签署的投资协议,签发年管理费、托管费、其他费用支出划款指令不需附其他文件;甲方未将拟投资产品的相关合同、协议等文件资料移交乙方的,乙方有权对甲方相关托管资产管理运用指令拒绝执行;乙方应当监督托管资产管理运作中是否发生本协议及《绍兴百泰股权投资合伙企业投资运作监督事项表》约定禁止从事的行为;托管人年托管费为合伙企业认缴出资总额×0.5%,首次支付时间为《托管协议》签订生效之日起20个工作日内,由甲方向乙方发送划款指令,乙方复核后于2个工作日内从托管资产中一次性支付至指定的收款账户;合伙企业应向执行事务合伙人支付管理费用,年管理费为合伙企业认缴出资总额×2%,合伙企业于每年度4月1日前向执行事务合伙人支付管理费,首次支付时间为合伙企业成立后20日内,由甲方向乙方发送划款指令,乙方复核后于2个工作日内从托管资产中一次性支付至执行事务合伙人账户;除合伙企业文件另有规定外,甲方执行事务合伙人不得将本托管资产转为其固有财产,或违反合伙企业文件规定,进行关联交易。

2011年9月17日,绍兴百泰股权投资合伙企业以其拟作为普通合伙人发起设立绍兴百泰投资基金。2012年2月22日,陆晓锋作为认购人与绍兴百泰股权投资合伙企业(普通合伙)签订募集协议书一份,约定:绍兴百泰投资基金(普通合伙)为普通合伙制,执行合伙人作为基金管理人负责运营和管理绍兴百泰投资基金,承担无限责任,其他合伙人只作为投资人,不参加基金的投资决策和管理。同日,陆晓锋依据预约认购意向书确认的认购份额,将300万元出资款汇入绍兴百泰股权投资合伙企业在募集协议书中约定的托管专用账户。2011年12月19日,绍兴百泰股权投资合伙企业发出托管资产管理运用指令一份,指令从托管专用账户支付至基本账户管理费用18万元,农行越城支行在托管资产管理运用指令乙方签章处加盖公章,农行梅山支行在指令上加盖业务章。同日,绍兴百泰股权投资合伙企业发出托管资产管理运用指令一份,指令从托管专用账户支付至金事达公司53640××××××8885账户投资款8,775,000元,农行越城支行在指令乙方签章处加盖公章,农行梅山支行在指令上加盖业务章。2012年2月29日,托管专用账户向农行梅山支行其他资产托管费收入账户转账45,000元。后案外人金新民因犯集资诈骗罪被绍兴市中级人民法院判处无期徒刑、没收个人财产50万元、剥夺政治权利终身、赃款继续予以追缴,法院判决认为,金新民明知自己无归还能力,仍隐瞒拖欠巨额债务的事实,以公司上市融资、资金周转及转贷等为由,或以募集金事达·百泰基金的名义,使用诈骗方法非法集资,数额特别巨大,构成集资诈骗罪。

陆晓锋认为托管行农行越城支行在托管绍兴百泰股权投资基金过程中,存在重大过错,放任并主动采取了违规行为,构成侵权,而起诉请求基金托管人对其100万元投资损失承担赔偿责任,具体为:(1)绍兴百泰股权投资合伙企业没有注册备案,农行越城支行接受其监管要求签订协议本身就有过错。(2)农行越城支行放任绍兴百泰股权投资合伙企业向社会公开募集基金,并作保底承诺。(3)农行梅山支行为绍兴百泰投资基金设有销售柜台,以及农行越城支行帮助绍兴百泰股权投资合伙企业收取1000万元资金。(4)基金募集要达到3亿元,发起人还没有出资,募集总额也没有达到法律标准,不应动用资金。(5)法律规定股权投资基金用途只能用于股权投资,其他只用于存款,但本案资金用于支付托管费用、资金出借给金事达公司。(6)托管银行除了投资划款指令外,还需要投资决议、相关交易合同及协议才能划款,但农行越城支行没有收到上述文件就划出资金,致使资金无法收回。

农行越城支行辩称,农行越城支行在从事商业银行有偿金融中间业务时,已经尽到了应尽的义务。农行越城支行划付合伙企业的资金是严格根据合伙企业的决议文件及银行预留印章、遵循银行划款手续及程序而为。综上所述,陆晓锋的理由不能成立,其欲将商业投资风险转嫁给银行的意图明显。

2. 核心争议

托管银行农行越城支行是否应对陆晓锋的投资损失承担侵权赔偿责任。

3.交易结构图

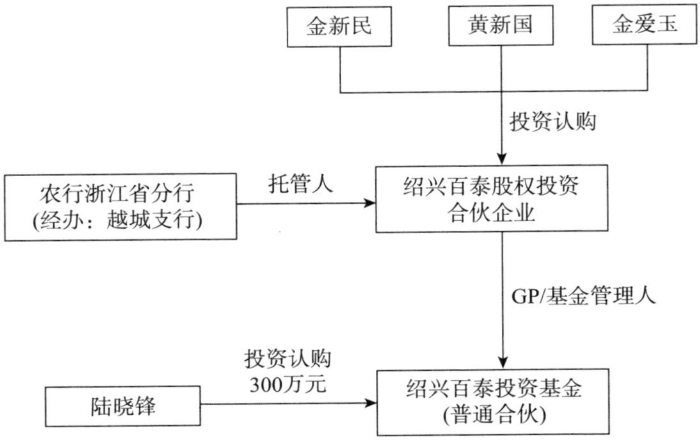

图2-1　交易结构图

二、裁判结果

一审法院浙江省绍兴市越城区人民法院认为,公民的人身、财产等民事权益受法律保护,行为人因过错侵害他人民事权益的,应承担侵权责任;根据法律规定推定行为人有过错,行为人不能证明自己没有过错的,应承担侵权责任。前者适用于一般侵权行为,采取过错责任原则;后者则适用于特殊侵权行为,采用过错推定原则。农行越城支行显然不存在法律规定的特殊侵权行为,而一般侵权行为的构成要件为过错、侵害行为、损害和因果关系。第一,农行越城支行并无侵害陆晓锋财产权益的故意,其在接受上级银行指定托管合伙企业资产过程中,对金新民隐瞒拖欠巨额债务、以诈骗方法非法集资的犯罪行为导致陆晓锋损失无法预见,故其不存在过错。第二,农行越城支行所做行为均不是直接侵害陆晓锋财产权益的行为,也不存在陆晓锋所谓的没有尽到相应义务的情形。首先,农行越城支行没有违反法定义务;其次,农行越城支行与陆晓锋之间并不存在合同关系,不可能存在违反约定义务的情形,即使农行越城支行有违反托管协议的行为,也仅损害绍兴百泰股权投资合伙企业及其三位投资人的利益,而非陆晓锋利益;最后,在案证据也不能证明农行越城支行对金新民犯罪行为知情,农行越城支行按照《托管协议》办理托管事项,没有违反根据诚实信用原则按一般常识标准判断应尽的义务。第三,陆晓锋依其与绍兴百泰股权投资合伙企业签订的基金募集协议书认购基金份额而造成的投资款至今没有收回,可认定损失存在,但因刑事案件判决赃款继续予以追缴，陆晓锋现未提供赃款无法追缴的证明，故其损失金额尚不能确定。第四，农行越城支行不存在陆晓锋所述未尽相应义务的行为，即使存在违反《托管协议》的行为，也仅是违反与绍兴百泰投资合伙企业及其三位投资人的约定，更不是导致陆晓锋等人财产损失的原因。根据刑事判决认定，陆晓锋等人的损失系金新民使用诈骗方法非法集资造成，农行越城支行的托管行为与金新民的犯罪行为不构成共同侵权，也不构成竞合侵权，故农行越城支行行为与陆晓锋损失之间并无因果关系。

二审法院浙江省绍兴市中级人民法院认为，本案首先应区分清楚"绍兴百泰投资基金"与"绍兴百泰股权投资合伙企业"系两个不同概念。上诉人陆晓锋系与绍兴百泰股权投资合伙企业签订募集协议书，认购绍兴百泰股权投资合伙企业拟发起设立的绍兴百泰投资基金的基金份额；而被上诉人（农行越城支行）系根据农行浙江省分行与绍兴百泰股权投资合伙企业签订的《托管协议》，负责合伙企业托管账户的托管人。可见，上诉人、被上诉人均系各自、独立与绍兴百泰股权投资合伙企业形成基金份额认购关系、企业账户托管关系，两者唯一的连结点在于上诉人的认购资金系汇入被上诉人托管的合伙企业托管账户，后因托管账户资金因案外人金新民犯罪而无法追回，由此引发本案讼争。

在被上诉人在基金募集中是否存在"过错"问题上，二审法院认为，首先，对于绍兴百泰投资基金未经备案的事实及违法募集的行为，因被上诉人系绍兴百泰股权投资合伙企业托管账户的托管人，其义务仅系依据《托管协议》对合伙企业托管账户进行审慎托管，而对绍兴百泰投资基金的资质并无审查义务，对绍兴百泰投资基金的募集行为亦无监管义务。其次，对于设置基金销售专柜，上诉人申请本院调取的公安笔录中各投资者确有陈述，但因各投资者系本系列案件的利害关系人，在被上诉人提出异议的情形下，仅凭当事人陈述尚不足以认定事实。退而言之，即使被上诉人设置销售专柜行为属实，该行为也仅能为上诉人认购基金"增信"，上诉人最终作出投资决策系其自身对基金风险、投资收益等综合判断的结果。最后，对于绍兴百泰投资基金募集未成，投资款应退还，因被上诉人系根据《托管协议》履行相应托管义务，其并非募集协议书的合同相对方，关于募集协议书第5.2.2条"基金募集结束前，任何人无权动用"的约定对上诉人并无约束力。综上所述，因被上诉人的主要义务系根据《托管协议》的约定履行对绍兴百泰股权投资合伙企业托管账户的托管义务，而对绍兴百泰投资基金的相关资质、募集行为并不负有法定或约定的审查、监管义务，故上诉人关于被上诉人在绍兴百泰投资基金募集过程中存在过错的上诉主张，法院不予采纳。

在被上诉人在基金投资中是否存在“过错”问题上，二审法院认为，因农行浙江省分行系与绍兴百泰股权投资合伙企业签订《托管协议》，根据合同相对性原则，作为托管银行的被上诉人理应依据《托管协议》对作为合同相对方的绍兴百泰股权投资合伙企业负责，但因上诉人的投资款系直接汇入被上诉人托管的绍兴百泰股权投资合伙企业的托管账户，投资款与托管账户资金具有同一性，若被上诉人违反《托管协议》约定，未尽审慎托管义务，从而导致托管资金流失，确也会对上诉人的投资造成侵权，故被上诉人是否存在违反《托管协议》之约定的过错才系本案焦点。首先，根据《绍兴百泰股权投资合伙企业投资运作监督事项表》，载明投资范围主要是股权投资，而投资决议、投资协议载明绍兴百泰股权投资合伙企业将投资900万元、100万元于浙江金事达食品股份有限公司，用于其购买先进设备、兼并收购项目，到达上市目标。被投资方5年内成功上市，则投资方将享有其投资额20%的股权。“股权投资”并不单纯指购买现有股权，还包括以现有投资获得未来一定期限内的股权回报。根据投资决议、投资协议反映，绍兴百泰股权投资合伙企业系通过对浙江金事达食品股份有限公司进行投资，用以对价获得该公司上市后的部分股权，并不违反“投资运作监督事项表”关于投资范围的约定，至于被投资方将投资款作何用途并不影响投资方“获取股权”的最终目的。关于从托管账户划付18万元的管理费用，系被上诉人按《托管协议》第5.2.1条、第9.1.4条约定，划付给绍兴百泰股权投资合伙企业的管理费用，亦不违反《托管协议》的约定。其次，被上诉人在二审中补充提交了投资协议、投资决议、托管运行指令、委托付款通知书原件，上述证据反映被上诉人系按《托管协议》约定程序，审核托管资产管理运用指令应具备的资料，从而进行托管账户资金的划付，应认定其已尽到审慎托管义务。上诉人主张被上诉人除了形式审查之外，还需进一步进行实质审查，于约定无据，亦系过分苛责被上诉人的义务。综上所述，上诉人关于被上诉人在托管过程中存在过错的上诉主张，本院亦不予采纳。

三、裁判要旨

投资者、托管银行各自、独立于基金管理人形成相关的认购、托管关系。托管银行的主要义务系根据托管协议的约定履行托管账户的托管义务，而对基金的相关资质、募集行为并不负有法定或约定的审查、监管义务。托管银行根据托管协议进行形式审查，承担的是审慎托管义务，不能过分苛责托管银行承担进一步实质审查义务。

四、案例来源

1. 案例索引

【案件名称】陆晓锋、中国农业银行股份有限公司绍兴越城支行侵权责任纠纷案

【审理法院】浙江省绍兴市中级人民法院

【案号】(2016)浙06民终4189号

【审理程序】二审

2. 关联案例

浙江省绍兴市中级人民法院在"陈水根、中国农业银行股份有限公司绍兴越城支行侵权责任纠纷案"[(2016)浙06民终4188号]中认为，上诉人(托管银行)系按《托管协议》约定程序，审核托管资产管理运用指令应具备的资料，从而进行托管账户资金的划付，应认定其已尽到审慎托管义务。上诉人(陈水根)主张被上诉人除了形式审查之外，还需进一步进行实质审查，于约定无据，亦系过分苛责被上诉人的义务。上诉人系按《托管协议》约定程序，审核托管资产管理运用指令应具备的资料，从而进行托管账户资金的划付，应认定其已尽到审慎托管义务。上诉人主张被上诉人除了形式审查之外，还需进一步进行实质审查，于约定无据，亦系过分苛责被上诉人的义务。综上所述，上诉人关于被上诉人在托管过程中存在过错的上诉主张，法院亦不予采纳。

五、案例评析

不少投资机构发行的投资项目常常冠以"银行托管"作为吸引眼球、增加信用之卖点，银行托管确也具有一定的保障资金安全功能，而私募基金的托管也渐渐成为常态和共识，从《证券投资基金法》《私募投资基金监督管理暂行办法》等法律、法规等监管规定看，私募基金原则上需要基金托管人托管，但各方当事人在合同中约定了基金财产安全的保障措施及符合条件的纠纷解决机制的，可以约定不进行基金托管。虽然上述法律法规对基金托管作出了详细规定，但一旦发生私募基金亏损或管理人失联跑路事件，托管银行不可避免地会被卷入纠纷之中，对于投资者与私募基金管理人和托管人的关系是共同信托关系还是独立信托关系，在监管层面和实务界仍存有巨大分歧。2018年6月发生的上海阜兴系私募基金管理人实际控制人失联事件，直接引发了中国基金业协会与中国银行业协会两大阵营隔空打起了"口水仗"，并引起了业界关于基金托管人责任边

界问题的讨论。中国基金业协会认为托管人和基金管理人作为共同受托人，应在基金管理人失联时负起受托责任，而中国银行业协会认为基金托管人与基金管理人独立承担受托责任，并有合理边界，不能过分强调共同受托责任。从浙江省绍兴市中级人民法院这几个案例[（2016）浙06民终4189号、（2016）浙06民终4190号、（2016）浙06民终4187号]可以看出，司法实践中，法院并未将基金托管人与投资者、基金管理人与投资者的关系看成是《信托法》项下的共同受托人，而是认定为《合同法》项下的一般受托人，托管人承担的是法定和约定层面的职责，在侵权责任"过错"的认定上，不能过分苛责托管银行承担进一步实质审查义务。

上述案例发生时间早于阜兴系私募基金事件，并且浙江省绍兴市中级人民法院在上述案件中确定的裁判规则并不代表更高层级法院乃至最高人民法院的态度。上述案例的裁判并不能终结中国基金业协会与中国银行业协会关于托管人职责边界的争论，表面看是对《证券投资基金法》适用对象的分歧，实际上反映出这起事件处置的风险系数和复杂程度、难度超乎想象，任何一方都不愿意首先承担起责任：中国基金业协会强调托管人履行共同受托人职责，将基金托管人的托管义务从形式审查拓展为实质审查，以此重塑私募基金行业标准的监管方式；而中国银行业协会担心银行托管人一旦介入管理人职责，会无限放大其风险责任，而且会产生连锁反应，由此引发的经济损失和声誉损失，对整个银行业系统将是灾难性的，当然希望敬而远之，与私募基金管理人划清界限，仅承担与收取托管费相对应的托管和监督责任。

六、案例启示

1. 私募基金托管人应厘清托管职责范围并严格履行托管职责

《证券投资基金法》、《证券投资基金托管业务管理办法》、《私募投资基金监督管理暂行办法》以及中国基金业协会发布的规范性文件对托管人应履行的职责和义务作了明确规定，同时基金合同和托管协议也对此进行了约定，主要包括以下几个方面：（1）安全保管基金的全部资产；（2）执行基金管理人的投资指令，并负责办理基金名下的资金往来；（3）监督基金管理人的投资运作，发现基金管理人的投资指令违法违规的，不予执行，并向中国证监会报告；（4）复核、审查基金管理人计算的基金资产净值及基金价格；（5）保存基金的会计账册、记录15年以上；（6）出具基金业绩报告，提供基金托管情况，并向中国证监会和中国人民银行报告；（7）其他职责。为避免介入投资者与私募基金管理人或私募基金的纠纷，托管人应在基金合同和托管协议中明确约定其职责范围和相关权利义务，并与私募基金管理人的职责严格区分开来，在合同条款设计中杜绝作为共同受托人或承担类似基金管理人职责的安排，同时还应约定托管人履职过程中的免责情形及过错赔偿责任的限制，做好风险隔离工作。此外，托管人在接受委托后应按照基金合同或托管协议的约定严格履行托管职责，只要托管人按照合同的约定履行职责通常即可免责，对于非常态下的基金运作，比如基金管理人失联时，托管人应主动做好保护基金财产安全、及时报告监管部门的职责，与投资者、监管机构有效对接，共同推动风险事件的处置，尽最大可能维护投资者权益。

2. 投资者在进行私募基金投资时应认清"托管"内涵，避免投资陷阱

对于私募基金投资者而言，私募基金产品"托管"与否并不代表该产品一定是安全或者投资是无风险的，并且遇到私募基金亏损或私募基金管理人失联、跑路时，在现行法律规范和基金合同或托管协议的框架下，投资者很难直接以基金托管人未履行实质审查义务为由要求基金托管人承担赔偿责任。一方面，托管人尤其是托管银行多为单纯履行形式审查义务，按照合同约定资金划付程序或投资监督标准履行表面而非实质审查，对于中国基金业协会要求的托管人应对投资的真实性、合规性审查，缺乏现行法律规范层面的依据。另一方面，证明托管银行违反合同义务、未尽审慎托管义务或存在过错的难度较大，尤其是侵权赔偿责任的证明标准比较高，正因为托管人是形式审查，托管人是否存在过错，一般常识标准难以判断托管人是否已尽其应履行的义务，所以，投资者难以举证托管人存在重大过失或故意，且该过错与投资者的损失具有直接因果关系。"投资有风险，决策需谨慎"，故银行托管并不能完全为投资者进行私募基金投资的资金安全"背书"。作为投资者应审核托管协议内容，了解托管银行"托管"内涵，综合考虑投资项目的投资范围、收益回报、风险控制、市场形势等因素，审慎作出投资决策。

七、相关法规

《证券投资基金法》

第二条　在中华人民共和国境内，公开或者非公开募集资金设立证券投资基金（以下简称基金），由基金管理人管理，基金托管人托管，为基金份额持有人的利益，进行证券投资活动，适用本法；本法未规定的，适用《中华人民共和国信托法》、《中华人民共和国证券法》和其他有关法律、行政法规的规定。

第三十六条　基金托管人应当履行下列职责：

（一）安全保管基金财产；

（二）按照规定开设基金财产的资金账户和证券账户；

（三）对所托管的不同基金财产分别设置账户，确保基金财产的完整与独立；

（四）保存基金托管业务活动的记录、账册、报表和其他相关资料；

（五）按照基金合同的约定，根据基金管理人的投资指令，及时办理清算、交割事宜；

（六）办理与基金托管业务活动有关的信息披露事项；

（七）对基金财务会计报告、中期和年度基金报告出具意见；

（八）复核、审查基金管理人计算的基金资产净值和基金份额申购、赎回价格；

（九）按照规定召集基金份额持有人大会；

（十）按照规定监督基金管理人的投资运作；

（十一）国务院证券监督管理机构规定的其他职责。

第三十七条 基金托管人发现基金管理人的投资指令违反法律、行政法规和其他有关规定，或者违反基金合同约定的，应当拒绝执行，立即通知基金管理人，并及时向国务院证券监督管理机构报告。

基金托管人发现基金管理人依据交易程序已经生效的投资指令违反法律、行政法规和其他有关规定，或者违反基金合同约定的，应当立即通知基金管理人，并及时向国务院证券监督管理机构报告。

第一百四十五条 违反本法规定，给基金财产、基金份额持有人或者投资人造成损害的，依法承担赔偿责任。

基金管理人、基金托管人在履行各自职责的过程中，违反本法规定或者基金合同约定，给基金财产或者基金份额持有人造成损害的，应当分别对各自的行为依法承担赔偿责任；因共同行为给基金财产或者基金份额持有人造成损害的，应当承担连带赔偿责任。

《信托法》

第三十一条 同一信托的受托人有两个以上的，为共同受托人。

共同受托人应当共同处理信托事务，但信托文件规定对某些具体事务由受托人分别处理的，从其规定。

共同受托人共同处理信托事务，意见不一致时，按信托文件规定处理；信托文件未规定的，由委托人、受益人或者其利害关系人决定。

第三十二条　共同受托人处理信托事务对第三人所负债务，应当承担连带清偿责任。第三人对共同受托人之一所作的意思表示，对其他受托人同样有效。

共同受托人之一违反信托目的处分信托财产或者因违背管理职责、处理信托事务不当致使信托财产受到损失的，其他受托人应当承担连带赔偿责任。

《合同法》

第四百零六条　有偿的委托合同，因受托人的过错给委托人造成损失的，委托人可以要求赔偿损失。无偿的委托合同，因受托人的故意或者重大过失给委托人造成损失的，委托人可以要求赔偿损失。

受托人超越权限给委托人造成损失的，应当赔偿损失。

第四百零九条　两个以上的受托人共同处理委托事务的，对委托人承担连带责任。

《侵权责任法》

第六条　行为人因过错侵害他人民事权益，应当承担侵权责任。

根据法律规定推定行为人有过错，行为人不能证明自己没有过错的，应当承担侵权责任。

《私募投资基金监督管理暂行办法》

第二十一条　除基金合同另有约定外，私募基金应当由基金托管人托管。

基金合同约定私募基金不进行托管的，应当在基金合同中明确保障私募基金财产安全的制度措施和纠纷解决机制。

第二十三条　私募基金管理人、私募基金托管人、私募基金销售机构及其他私募服务机构及其从业人员从事私募基金业务，不得有以下行为：

（一）将其固有财产或者他人财产混同于基金财产从事投资活动；

（二）不公平地对待其管理的不同基金财产；

（三）利用基金财产或者职务之便，为本人或者投资者以外的人牟取利益，进行利益输送；

（四）侵占、挪用基金财产；

（五）泄露因职务便利获取的未公开信息，利用该信息从事或者明示、暗示他人从事相关的交易活动；

（六）从事损害基金财产和投资者利益的投资活动；

（七）玩忽职守，不按照规定履行职责；

（八）从事内幕交易、操纵交易价格及其他不正当交易活动；

（九）法律、行政法规和中国证监会规定禁止的其他行为。

第二章　基金销售机构推介行为引发的纠纷

第一节　基金销售代销机构已尽到了审慎推介义务，对投资者损失不承担赔偿责任

一、案例简介

1. 事实经过

2015 年 5 月 18 日，洪福成与平安银行股份有限公司杭州滨江支行（以下简称平安银行滨江支行）签约认购了由平安银行滨江支行代销并由平安资产管理有限公司作为投资管理人的“平安资产架海金梁系列——境外新股主题投资 1 号联接型资产管理产品”，认购金额为 121.2 万元。在认购前，洪福成按要求在平安银行滨江支行处开立银行账户，填写了个人开户信息确认书；填写了四份开放式基金代销业务申请表，分别作为客户签约、电子合同签约、电子合同补签、基金产品认购之用，开放式基金代销业务申请表中载明“特别提示基金有风险、投资需谨慎，本行仅作为基金公司的代销机构，对基金的业绩不承担任何责任；本人确认银行在本人确认投资该基金产品前已明确告知该基金产品的风险属性与本人的风险承受能力匹配情况，本人自主决策、自担风险”；填写了纸质版的《客户风险承受度评估报告》，测评结果为成长型，之后又在电脑上进行了风险承受度评估，测评结果仍为成长型；填写了资产管理计划电子签名约定书；签署了确认书，载明“就本人参与认购‘平安资产架海金梁系列——境外新股主题投资 1 号联接型资产管理产品’份额事

宜,本人知悉本产品的投资目标是联接投资平安资产祥云 1 号资产管理产品,祥云 1 号资产管理产品主要通过直接或间接方式作为基石投资者参与华泰证券股份有限公司拟于香港发行并上市的 H 股……本人承诺因基于对本确认函所述内容的信赖而签署相关投资文件而遭致的全部损失承担赔偿责任";签署了"平安资产架海金梁系列——境外新股主题投资 1 号联接型资产管理产品"风险揭示书,风险揭示书上黑体字特别载明"本产品的投资风险由投资者自行承担,投资管理人、托管人不以任何方式向投资者做出保证其资产本金不受损失或者保证其取得最低收益的承诺;特别提示投资者在本风险揭示书上签字,即视为对资产管理合同的签署,即表明投资者已经理解并愿意自行承担参与本资产管理产品的风险和损失,并承诺在产品存续期间不转让其持有的产品份额;产品存续期间内封闭运作,存续期间投资人无权申请产品赎回,产品份额也不得转让"。2015 年 5 月 19 日,平安银行滨江支行将"平安资产架海金梁系列——境外新股主题投资 1 号联接型资产管理产品"资产管理合同以电子邮件方式发送给洪福成。2016 年 4 月 25 日,涉案理财产品被投资管理人提前赎回,剩余资金 787,058.95 元。后洪福成认为平安银行滨江支行违规违法向其销售涉案理财产品致其资金损失 424,941.05 元,遂于 2016 年 5 月向原审法院起诉,请求判令:(1)平安银行滨江支行赔偿给洪福成资金损失 42.494105 万元,并以 120 万元为基数按年利率 4.35% 赔偿给洪福成自 2015 年 5 月 20 日起算至 2016 年 4 月 25 日止的利息损失 4.785 万元;(2)平安银行滨江支行返还给洪福成已支付的费用 1.2 万元;(3)由平安银行滨江支行承担本案诉讼费用。另查明:涉案"平安资产架海金梁系列——境外新股主题投资 1 号联接型资产管理产品"已按照要求在中国保险监督管理委员会报备。平安银行滨江支行向洪福成销售涉案理财产品的工作人员具有相应销售资质。

洪福成以平安银行滨江支行在代销基金过程中存在违法违规行为,致其遭受了巨大的经济损失为由,诉至法院请求判令:平安银行滨江支行赔偿给原告资金损失人民币 42.494105 万元,并以 120 万元为基数按年利率 4.35% 赔偿给洪福成自 2015 年 5 月 20 日起算至 2016 年 4 月 25 日止的利息损失人民币 4.785 万元;平安银行滨江支行返还给洪福成已支付的费用人民币 1.2 万元。

平安银行滨江支行答辩称,依据《商业银行个人理财业务管理暂行办法》第 51 条规定,"商业银行开展其他个人理财业务活动,不需要审批,但应按照相关规定及时向中国银行业监督管理委员会或其他派出机构报告",平安银行滨江支行代销的"平安资产架海金梁系列——境外新股主题投资 1 号联接型资产管理产品”已于2015年5月26日备案，符合本条开展业务规定，因此平安银行滨江支行代销给洪福成的基金是依法进行备案的产品，且已按照规定对洪福成作了充分的风险承受度评估，并向洪福成清楚介绍了“平安资产架海金梁系列——境外新股主题投资1号联接型资产管理产品”，已尽到审慎推介义务。洪福成是在充分了解涉案理财产品的收益风险后予以认购，其所诉求的损失纯属市场行为所致，不应由平安银行滨江支行赔偿，故请求法院驳回洪福成的诉讼请求。

2. 核心争议

平安银行滨江支行在销售涉案理财产品的过程中是否存在过错和不当行为及应否对洪福成的损失承担赔偿责任。

3. 交易结构图

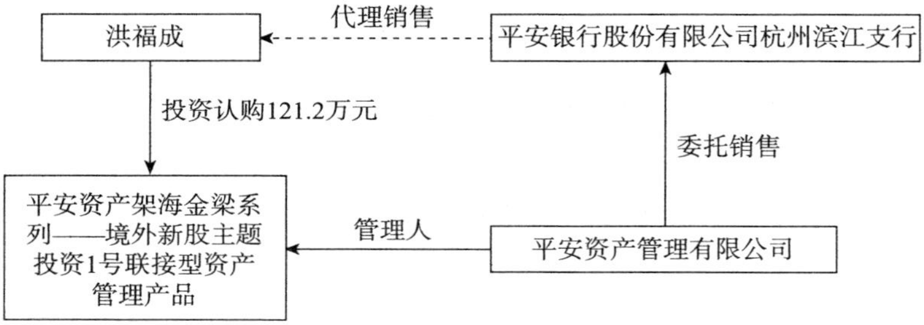

图2－2　交易结构图

二、裁判结果

一审法院杭州市滨江区人民法院认为，洪福成作为一名完全民事行为能力的成年人，出于投资获利的目的购买涉案理财产品，理应具有风险认知能力和风险承受能力；特别是其对其购买的理财产品的投资对象是华泰证券H股的事实是清楚的，而股市运行具有自身的市场系统性风险等因素。洪福成所遭受的损失是市场系统性风险所致，与平安银行滨江支行在销售涉案理财产品过程中的行为没有因果关系，故洪福成主张要求平安银行滨江支行赔偿资金损失及其利息损失的诉请于法无据，原审法院不予支持。法院依照《侵权责任法》第6条、《民事诉讼法》第64条之规定作出判决，驳回洪福成的诉讼请求。

二审法院浙江省杭州市中级人民法院认为，对于被上诉人平安银行滨江支行在销售涉案产品过程中是否具有过错的问题：涉案产品已经在中国保险监督管理委员会报备，且被上诉人的销售人员也具有相应销售资质；被上诉人在向上诉人销售涉案产品前亦对其进行了风险承受度评估和风险告知，上诉人纸质的风险承受度报告和电脑上的风险承受度报告评估结果均为成长型，现其主张评估结果不合法、依据该评估结果其不符合涉案产品的购买要求缺乏有效证据证明，本院不予采信；风险告知在上诉人签署的三份开放式基金代销业务申请表、确认书、风险揭示书上均有明确记载，根据上述材料，可以认定上诉人知晓涉案产品系联结投资资产管理产品，主要作为基石投资参与华泰证券股份有限公司拟于香港发行并上市的H股，在存续期内封闭运作、不开放申购与赎回，并确认该产品存在投资风险、承诺风险自担，虽然被上诉人未在上诉人购买涉案产品和签署风险揭示书前出示资产管理合同供上诉人阅读以及对于涉案封闭式基金使用开放式基金代销业务申请表，存在不规范之处，但在前述材料中已经明确涉案产品的性质、流动性、风险等，上诉人在签署该材料时也未对此提出异议的情况下，是否阅读资产管理合同以及使用何种业务申请表，不足以影响上诉人购买涉案产品的选择，故上诉人主张被上诉人未在购买前履行充分的风险告知义务不能成立。上诉人主张其非合格投资人，与资产管理合同第4.2条的合同文意和中国保险监督管理委员会《关于保险资产管理公司开展资产管理产品业务试点有关问题的通知》规定不符，二审法院不予采纳。上诉人主张被上诉人做出了保证收益的承诺，缺乏有效证据证明，亦与风险揭示书对投资收益风险的约定不符。综上所述，洪福成的上诉理由依据不足，对其上诉请求二审法院不予支持。

三、裁判要旨

基金销售机构在基金销售过程中已经充分尽到了审慎推介义务，对投资者基金投资损失不承担赔偿责任。

四、案例来源

1. 案例索引

【案件名称】洪福成、平安银行股份有限公司杭州滨江支行财产损害赔偿纠纷案

【审理法院】浙江省杭州市中级人民法院

【案号】(2016)浙01民终6371号

【审理程序】二审

2. 关联案例

浙江省杭州市中级人民法院在“唐顺武与平安银行股份有限公司杭州滨江

支行财产损害赔偿纠纷案”[(2016)浙01民终6370号]中认为,对于被上诉人平安银行滨江支行是否具有过错的问题,案涉产品已经在中国保险监督管理委员会报备,被上诉人销售人员也具有相应销售资质;被上诉人在向上诉人销售案涉产品前也对其进行了风险承受度评估和风险告知,虽然纸质的风险承受度报告和电脑上的风险承受度报告结果不一,但电脑上的风险承受度报告制作在后,且需要登陆上诉人网上银行系统并输入自己的密码方可完成,故应视为上诉人自行修改了风险承受度报告,上诉人主张被上诉人采取欺瞒手段修改其电脑上的风险承受度评估报告,未提交有效证据证明,本院不予采纳;风险告知在上诉人签署的三份开放式基金代销业务申请表、确认书、风险揭示书上均有明确记载,根据上述材料,可以认定上诉人知晓案涉产品系联结投资资产管理产品,主要作为基石投资参与华泰证券股份有限公司拟于香港发行并上市的H股,在存续期内封闭运作、不开放申购与赎回,并确认该产品存在投资风险、承诺风险自担,虽然被上诉人未在上诉人购买案涉产品和签署风险揭示书前出示资产管理合同供上诉人阅读以及对于案涉封闭式基金使用开放式基金代销业务申请表,存在不规范之处,但在前述材料中已经明确案涉产品的性质、流动性、风险等,上诉人在签署该材料时也未对此提出异议的情况下,是否阅读资产管理合同以及使用何种业务申请表,不足以影响上诉人购买案涉产品的选择,且根据上诉人所述,其系根据朋友介绍购买案涉产品,具有较强的购买意愿,因此,上诉人主张被上诉人未在购买前履行风险告知义务依据不足。

五、案例评析

在代理销售活动中,至少涉及三个法律主体、三类法律关系。三个法律主体主要是指基金销售机构、投资者、基金管理人。三类法律关系主要包括:基金管理人与基金销售机构之间的委托代理关系,主要表现形式是基金销售协议或基金合同中关于委托销售的约定;投资者与基金管理之间的委托合同关系,主要表现形式是投资认购协议或基金合同;投资者与基金销售机构之间是否存在金融服务合同关系或第三人与受托人的关系。在代理销售活动中,其基础关系是委托法律关系,因基金投资风险性较高,所以容易发生纠纷。因基金销售机构是受管理人委托向投资者销售基金,所以,基金销售机构与投资者之间合同标的并不是基金,且该金融服务合同法律关系通常是无偿的,对于基金销售机构因不当推介造成的投资者损失,通常投资者无法通过主张金融服务合同违约责任来获得投资损失的赔偿,只能追究销售机构的不当推介的侵权责任,则应适用侵权责任的相关法律规定。根据侵权责任法的一般原理，侵权行为分为一般侵权和特殊侵权，前者采取过错责任原则，后者则采用过错推定原则。特殊侵权行为及归责原则源于法律的明确规定，显然本案不属于特殊侵权，而是一般侵权，构成要件为过错、侵害行为、损害和因果关系。但在证明基金销售机构是否有过错及因果关系的问题上，对投资者而言举证难度较大，如无确实充分的证据证明基金销售机构存在过错（如未制作风险揭示书、未进行风险评级、未回访确认或重大误导、隐瞒真实情况等），则法院通常难以仅以销售机构销售过程存在瑕疵为由来认定基金销售机构应为投资者的投资损失承担赔偿责任。

六、案例启示

1. 基金销售机构应履行审慎推介义务

基金销售机构从事基金销售活动，应当遵守《证券投资基金法》《私募投资基金监督管理暂行办法》《私募投资基金募集行为管理办法》《证券期货经营机构私募资产管理业务运作管理暂行规定》《证券期货投资者适当性管理办法》《基金募集机构投资者适当性管理实施指引（试行）》等法律法规、行业自律性规范以及基金合同、基金销售协议的约定，按照规定的程序和要求，履行审慎推介义务。例如，推介材料应当真实、完整和准确，应该向投资者揭示投资风险，并采取适当方式确认符合合格投资者标准，不得公开推介或者变相公开推介，确保推介和代销过程的合法、合规，避免因不当推介引发民事赔偿责任。

2. 投资者通过代销渠道购买基金产品应注意核实代销机构及基金产品的资质

私募基金投资遵守买者自负、风险自担的原则，一旦投资者投资认购了基金产品，就应承担相应的投资风险，尤其是通过代销渠道购买基金产品时，更应提高警惕，做好风险防控。例如，基金销售机构是否取得主管部门办法或认可的基金销售业务资格，《私募投资基金募集行为管理办法》第2条规定，只有在中国证监会注册取得基金销售业务资格并已成为中国基金业协会会员的机构才可以受私募基金管理人的委托募集私募基金，其他任何机构和个人不得从事私募基金的募集活动；私募基金产品的管理人是否已经在中国基金业协会登记为相关类型的管理人，是否属于失联或被采取风险警示，同时还可以聘请专业律师对基金销售机构或基金管理人或拟投的基金产品开展法律尽职调查，做好事前风险防控工作，避免落入投资陷阱。

七、相关法规

《侵权责任法》

第六条 行为人因过错侵害他人民事权益,应当承担侵权责任。

根据法律规定推定行为人有过错,行为人不能证明自己没有过错的,应当承担侵权责任。

《私募投资基金监督管理暂行办法》

第十七条 私募基金管理人自行销售或者委托销售机构销售私募基金,应当自行或者委托第三方机构对私募基金进行风险评级,向风险识别能力和风险承担能力相匹配的投资者推介私募基金。

第十八条 投资者应当如实填写风险识别能力和承担能力问卷,如实承诺资产或者收入情况,并对其真实性、准确性和完整性负责。填写虚假信息或者提供虚假承诺文件的,应当承担相应责任。

《私募投资基金募集行为管理办法》

第二十二条 私募基金推介材料应由私募基金管理人制作并使用。私募基金管理人应当对私募基金推介材料内容的真实性、完整性、准确性负责。

除私募基金管理人委托募集的基金销售机构可以使用推介材料向特定对象宣传推介外,其他任何机构或个人不得使用、更改、变相使用私募基金推介材料。

第二十三条 募集机构应当采取合理方式向投资者披露私募基金信息,揭示投资风险,确保推介材料中的相关内容清晰、醒目。私募基金推介材料内容应与基金合同主要内容一致,不得有任何虚假记载、误导性陈述或者重大遗漏。如有不一致的,应当向投资者特别说明。私募基金推介材料内容包括但不限于:

(一)私募基金的名称和基金类型;

(二)私募基金管理人名称、私募基金管理人登记编码、基金管理团队等基本信息;

(三)中国基金业协会私募基金管理人以及私募基金公示信息(含相关诚信信息);

(四)私募基金托管情况(如无,应以显著字体特别标注)、其他服务提供商(如律师事务所、会计师事务所、保管机构等),是否聘用投资顾问等;

(五)私募基金的外包情况;

(六)私募基金的投资范围、投资策略和投资限制概况;

(七)私募基金收益与风险的匹配情况;

（八）私募基金的风险揭示；

（九）私募基金募集结算资金专用账户及其监督机构信息；

（十）投资者承担的主要费用及费率，投资者的重要权利（如认购、赎回、转让等限制、时间和要求等）；

（十一）私募基金承担的主要费用及费率；

（十二）私募基金信息披露的内容、方式及频率；

（十三）明确指出该文件不得转载或给第三方传阅；

（十四）私募基金采取合伙企业、有限责任公司组织形式的，应当明确说明入伙（股）协议不能替代合伙协议或公司章程。说明根据《合伙企业法》或《公司法》，合伙协议、公司章程依法应当由全体合伙人、股东协商一致，以书面形式订立。申请设立合伙企业、公司或变更合伙人、股东的，并应当向企业登记机关履行申请设立及变更登记手续；

（十五）中国基金业协会规定的其他内容。

第二十四条　募集机构及其从业人员推介私募基金时，禁止有以下行为：

（一）公开推介或者变相公开推介；

（二）推介材料虚假记载、误导性陈述或者重大遗漏；

（三）以任何方式承诺投资者资金不受损失，或者以任何方式承诺投资者最低收益，包括宣传“预期收益”、“预计收益”、“预测投资业绩”等相关内容；

（四）夸大或者片面推介基金，违规使用“安全”、“保证”、“承诺”、“保险”、“避险”、“有保障”、“高收益”、“无风险”等可能误导投资人进行风险判断的措辞；

（五）使用“欲购从速”、“申购良机”等片面强调集中营销时间限制的措辞；

（六）推介或片面节选少于6个月的过往整体业绩或过往基金产品业绩；

（七）登载个人、法人或者其他组织的祝贺性、恭维性或推荐性的文字；

（八）采用不具有可比性、公平性、准确性、权威性的数据来源和方法进行业绩比较，任意使用“业绩最佳”、“规模最大”等相关措辞；

（九）恶意贬低同行；

（十）允许非本机构雇佣的人员进行私募基金推介；

（十一）推介非本机构设立或负责募集的私募基金；

（十二）法律、行政法规、中国证监会和中国基金业协会禁止的其他行为。

第三十四条　私募基金管理人委托未取得基金销售业务资格的机构募集私募基金的，中国基金业协会不予办理私募基金备案业务。

第二节　基金销售机构不当推介造成投资者损失，应根据过错程度承担侵权责任

一、案例简介

1. 事实经过

2015 年 6 月 2 日，戴晶在平安银行股份有限公司南京双门楼支行（以下简称平安银行双门楼支行）处认购平安银行双门楼支行代销的星石 5 号产品 202 万元。为此，在购买星石 5 号产品同日，戴晶在平安银行双门楼支行处签署了风险揭示书一份、客户风险承受能力调查表一份、开放式基金代销业务申请表四张。风险揭示书抬头部分载有，为使您（客户）更好地了解星石 5 号产品的风险，根据法律法规和中国证监会有关规定，提供本风险揭示书，请认真详细阅读，慎重决定是否参与星石 5 号产品；其下，说明了星石 5 号产品系利益共享、风险共担的证券投资方式，管理人不承诺投资者资产本金不受损失或者取得最低收益，以及星石 5 号产品可能面临的市场风险、管理风险、流动性风险等九大类风险等内容。客户风险承受能力调查表首页有戴晶书写的“本人在本调查表上填写的信息真实、准确”字样，以及戴晶的签名；第二页个人填写栏内有职业、年收入等项目的勾选；第三页有星石 5 号产品属于高等风险的投资品种的说明，并区分了风险承受能力与星石 5 号产品匹配与不匹配两类客户，并分别给予说明，戴晶在风险承受能力匹配一类客户签名处签名。开放式基金代销业务申请表上均在表格下端声明栏内打印有：本人已详细阅读背面的客户须知并核对以上内容，充分知晓投资基金产品的风险；本人确认银行在本人确认投资该基金产品前已明确告知该基金产品的风险属性与本人的风险承受能力匹配情况，本人自主决策，自担风险等内容。

法院审理中，戴晶对风险揭示书、客户风险承受能力调查表、开放式基金代销业务申请表上其本人的签名、客户风险承受能力调查表首页“本人在本调查表上填写的信息真实、准确”字样是戴晶本人书写的事实不持异议，但主张在签字时戴晶没有看过上述文件的内容，客户风险承受能力调查表也不是戴晶本人勾选。平安银行双门楼支行另提交了星石 5 号产品资产管理合同，戴晶称其并未看到过该份资产管理合同。

2017 年 3 月 20 日，戴晶自行赎回星石 5 号产品，赎回金额为 1, 722, 808. 78 元。在此期间，戴晶向中国银行业监督管理委员会江苏监管局信访，该局于

2017年3月8日作出答复告知书,主要内容有:星石5号产品开放期设置为自计划成立日的下一季度起的每个自然季度末月的第15个自然日,产品预警线为净值0.8元,止损线为净值0.7元;现有证据无法确认理财经理陈凤在销售过程中未提供风险承受能力调查表的情况;陈凤在销售产品时具有销售资质;根据戴晶提供的微信截屏,陈凤在介绍和销售产品时存在未充分揭示产品风险的情况等。答复告知书内载有银行录像已超过规定保管时限的内容。

戴晶申请调取其购买星石5号产品当日平安银行双门楼支行的双录(销售时的录音录像资料)。平安银行双门楼支行回应称根据中国银行业监督管理委员会江苏监管局的要求各银行业金融机构在江苏辖内全部营业网点均应在2016年3月前实现风险产品销售录音录像,即案涉产品销售时尚未强制要求进行双录,平安银行双门楼支行当时尚未配备相关设备进行双录,故无法提供。

戴晶以平安银行双门楼支行在向戴晶推介理财产品时,违反了适当性推介义务,未能尽到合理风险提示义务且在销售过程中向戴晶隐瞒基本事实为由,诉至法院要求判令平安银行双门楼支行赔偿损失297,191.22元及利息。

平安银行双门楼支行辩称,戴晶的请求权基础有误,本案不应适用侵权法。双方之间是合同关系,戴晶可以依照合同责任向平安银行双门楼支行提出主张,而不是侵权关系。本案中,平安银行双门楼支行已按照法律法规的规定对戴晶进行了风险告知,戴晶认为被告有侵权行为,但未能就行为、过错、两者之间的因果关系举证证明,应就此承担举证不能的不利后果。事实上,平安银行双门楼支行理财经理不存在虚假宣传和承诺,是戴晶为追求较大利益,自己自愿承担星石5号产品的风险,并为此亲自签署了该产品的风险揭示书,风险揭示书上明确介绍了该产品是证券投资,资产计划管理人不承诺投资者本金不受损失或者取得最低收益,并揭示了产品的九种风险。戴晶还亲自填写了客户风险承受能力调查表,其填写的内容说明其符合星石5号产品客户风险承受能力要求,被告理财经理向其推荐该产品并无过错。据平安银行双门楼支行了解,戴晶长期从事基金投资,学历较高,有国外留学背景,2013年就多次购买平安银行代销的各类投资理财产品,其中也包括资产管理计划这种私募基金,是一名经验丰富的投资者,对投资基金的风险是明知的。星石5号产品是管理人投资于股票市场,依赖股票证券市场的行情,该计划存续期10年,在购买后的每个自然季度的末月的第15日均可以退出,购买和退出也只能由戴晶本人操作。戴晶购买产品后历时20多个月才退出,期间有多次的退出机会而没有退出,造成损失的扩大,况且该产品目前还在存续,净值也有很大的提高,戴晶自己选择不恰当的时机退出,也理应承担投资损失。综上所述,请求法院依法驳回戴晶的诉讼请求。

2. 核心争议

平安银行双门楼支行在向戴晶推介理财产品时,是否违反了适当性推介义务。

3. 交易结构图

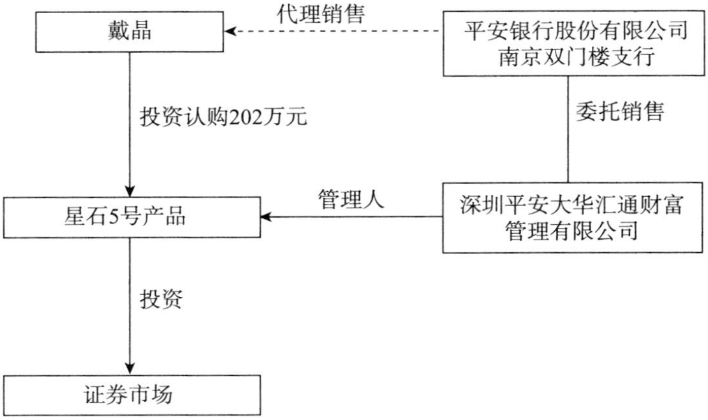

图 2-3　交易结构图

二、裁判结果

一审法院江苏省南京市鼓楼区人民法院认为,《合同法》第 122 条规定,因当事人一方的违约行为,侵害对方人身、财产权益的,受损害方有权选择依照本法要求其承担违约责任或者依照其他法律要求其承担侵权责任。戴晶在平安银行双门楼支行处购买了平安银行双门楼支行代销的星石 5 号产品,双方之间有合同关系,戴晶基于该合同关系提出侵权之诉,须按照侵权法的规定承担相应的证明责任。《侵权责任法》第 6 条规定,行为人因过错侵害他人民事权益,应当承担侵权责任。本案中,戴晶主张其购买星石 5 号产品造成的损失 297, 191. 22 元,系因平安银行双门楼支行销售中存在致使戴晶对产品性质产生误解的错误推介行为以及平安银行双门楼支行未能适当告知戴晶星石 5 号产品存在风险的不作为行为所致,即平安银行双门楼支行存在上述两项不当行为,该行为与戴晶的损害结果之间存在因果关系。对于该主张以及支撑该主张的要素事实,戴晶均须承担举证责任。根据已查明的事实,戴晶在购买产品时,平安银行双门楼支行按照法律法规的要求,向其出具了风险揭示书、客户风险承受能力调查表、开放式基金代销业务申请表等程序资料,上述资料中均明确表明案涉产品为私募基金，投资方向是证券市场，并多处明确提示案涉产品存在的各项风险。戴晶在本案审理中称其未看到其本人签名页以外的其他资料，其仅仅是按照理财经理的指引在要求处签名、书写要求的内容，该陈述显然与其作为大额资金的控制者，多次独立进行理财投资的身份、行为不匹配。即便戴晶陈述属实，在其多份签名页上也明确写明了案涉产品的性质、存在风险等内容，作为一个谨慎的投资者，在完成认购行为的过程中，戴晶对于所购产品不属于保本型理财产品应属明知。联系到戴晶认购案涉产品的时间以及当时的证券市场行情，其为追求较高的收益而购买案涉产品的动机较为明确。对于戴晶主张其被误导认为案涉产品系保本型理财产品的意见，一审法院不予采信。戴晶出于其个人目的购买了风险较高的私募基金产品，其购买、赎回行为均为其本人控制下的自主行为，是造成其损失的最主要的、直接的原因。关于平安银行双门楼支行的推介行为是否符合适当性要求的问题，一审法院认为，平安银行双门楼支行作为案涉产品的代销人，与案涉产品管理人、投资人存在两重关系，除了积极寻找合适的投资人外，应当秉持投资人利益优先原则，根据投资人的具体情况善尽适当性义务，即衡量平安银行双门楼支行是否尽到适当告知义务的标准并非仅仅考量其是否形式上履行了给予客户告知文件、要求客户签名、填写风险测评表等程序，而是是否通过前述程序真实地核对客户的风险承受能力并依照客户的实际情况善意作出适当告知。本案中，可以看出，平安银行双门楼支行的销售人员出于自己对市场行情的误判，在推介活动中一味放大产品的盈利可能，强调市场继续上涨的趋势，对戴晶盈利冲动有助长作用，对于戴晶的损失产生也具有一定作用。衡量双方各自的过错，平安银行双门楼支行也应对戴晶的损失承担一定的过错责任，以不超过总损失的30%为宜，即89，157.37元。戴晶主张平安银行双门楼支行还应支付其购买案涉产品后的资金占用利息，该请求缺乏事实与法律依据，一审法院不予支持。

二审法院江苏省南京市中级人民法院认为，平安银行双门楼支行提交的风险揭示书、客户风险承受能力调查表、开放式基金代销业务申请表等，均有戴晶本人签名确认。上述材料反映案涉星石5号产品为高等风险的投资品种，而戴晶投资目的为“在高风险承受能力范围内使资产最大化地增值”，风险偏好为“积极型”，即产品与投资者的风险等级能够相匹配，且材料中对有关风险情况亦进行了列明，应视为平安银行双门楼支行有履行适当性义务的行为。戴晶对上述材料中其本人签名的真实性予以认可，但认为其没有实际阅看、填选相关材料的内容、选项，平安银行双门楼支行未向其进行过产品介绍及风险揭示，并主张有证据表明当时的录音录像资料存在且能证明戴晶的前述意见。对此，二审法院认为，戴晶关于平安银行双门楼支行仍保存有相关录音录像资料的上诉意见，并未提交任何证据予以证明，本院不予采信。另外需要阐述的是，虽然在案件审理中，由于金融机构与投资者作为金融交易中的双方从专业知识及掌握信息等方面均存在巨大的不对称性，因此为了保护处于弱势的投资者一方，而强化对金融机构适当性义务履行情况的审查，并参酌运用过错推定原则，要求金融机构就其是否履行适当性义务承担举证责任。但并不是说就此免除了投资者本身作为具有完全民事行为能力的人、一个商行为中的理性人所应尽的合理审慎的注意义务。现平安银行双门楼支行已经提交相应证据对其履行适当性义务情况予以证明，戴晶则仅以自身未阅看、未填写过有关材料的陈述予以辩驳，而未能提交充分的证据予以佐证，其该项辩驳意见不足以被采信。故戴晶认为平安银行双门楼支行未向其履行适当性义务并要求赔偿全部投资损失的上诉主张，缺乏事实依据，本院不予支持。从本案平安银行双门楼支行理财经理陈凤与戴晶之间的微信记录看，平安银行双门楼支行向戴晶介绍及销售案涉星石 5 号产品时，存在对该产品风险揭示不充分的情形，即平安银行双门楼支行在履行适当性义务的过程中存在瑕疵。基于本案投资者主张的是侵权之诉，在此法律框架下，平安银行双门楼支行对戴晶购买案涉星石 5 号产品所受损失，应在平安银行双门楼支行的过错范围内承担相应的赔偿责任。一审法院综合全案证据进行评析，认定戴晶对讼争的投资损失应负主要责任，平安银行双门楼支行因存在一定的过错承担 30% 的赔偿责任，该认定并无不当。故平安银行双门楼支行认为其已完全履行适当性义务无须赔偿戴晶损失的上诉主张，二审院亦不予支持。

三、裁判要旨

基金销售机构在向投资者销售金融产品或提供相关服务时，应履行适当性义务，否则应承担赔偿投资者相应损失的民事责任。

四、案例来源

1. 案例索引

【案件名称】戴晶与平安银行股份有限公司南京双门楼支行委托理财合同纠纷案

【审理法院】江苏省南京市中级人民法院

【案号】(2017)苏 01 民终 8973 号

【审理程序】二审

2. 关联案例

广东省深圳市中级人民法院在“宜信卓越财富投资管理(北京)有限公司深圳分公司、宜信卓越财富投资管理(北京)有限公司与宋正芳财产损害赔偿纠纷案”[(2017)粤03民终10171号]中认为,被上诉人购买了涉案金融项目产品后,到期未能获得约定的投资本金及分红,且公安机关已经对华融银安公司涉嫌非法吸收公众存款罪立案侦查,被上诉人主张本金及部分分红财产损失,本院予以确认。上诉人作为专业的投资管理机构,未能诚实守信地履行专业审核及推荐义务,造成被上诉人财产损失,存在过错。原审认定上诉人应负相应赔偿责任,处理恰当,法院予以确认。

广东省深圳市中级人民法院在“钟思东、兴业银行股份有限公司深圳分行与兴业银行股份有限公司财产损害赔偿纠纷案”[(2017)粤03民终17328－17342号]中认为,兴业银行深圳分行作为代销机构,在向赔偿请求人提供金融理财服务时未履行应负的推介义务,特别是其通过其短信平台发送的推介短信具有误导投资者理财产品为银行理财产品并承诺保本和收益的内容,亦没有证据显示之后其有向投资者释明理财产品的真实性质,其在赔偿请求人选择购买涉案基金上存在过错,该过错与赔偿请求人最终购买涉案基金并产生损失具有因果关系,兴业银行深圳分行应承担相应的责任;同时,虽然赔偿请求人作为投资者,其应具有一定的风险认知能力,根据自己的经济状况、风险承受能力及预判合理选择理财产品,但如上所述,赔偿请求人自身金融知识及能力有限,且多为中老年人,对理财产品信息的掌握能力较弱,在交易选择上更多地依赖于银行金融机构的推介和说明,兴业银行深圳分行在赔偿请求人交易之前或之后也没有进行风险提示及要求赔偿请求人书面确认;至于兴业银行深圳分行配合赔偿请求人向杏某公司、徐永斌追索款项的行为,虽然值得倡导,但该行为系防止损失扩大的行为,不能作为兴业银行深圳分行免责或减轻责任的理由。因此,兴业银行深圳分行应对赔偿请求人的全部损失承担相应的责任。

江苏省南京市玄武区人民法院在“原告严秀诚与被告刘明影、江苏美芝凌股份有限公司基金管理有限公司财产损害赔偿纠纷案”[(2016)苏0102民初3076号]中认为,原告认购的案涉基金的管理人系雅鉴公司,美芝凌公司系代理销售机构,其向投资者提供的应更多是侧重于对基金产品投资收益和风险的宣传、进行客户风险等级评估等服务,引导投资者充分认识基金产品的风险特征,使投资者作出合理地选择,故美芝凌公司与原告之间构成的是金融服务法律关系,美芝凌公司应履行该种法律关系下的相应义务。《私募投资基金监督管理暂行办法》第11条规定:“私募基金应当向合格投资者募集……”第12条规定:“私募基金的合格投资者是指具备相应风险识别能力和风险承担能力,投资于单只私募基金的金额不低于100万元且符合下列相关标准的单位和个人:……(二)金额资产不低于300万元或者最近三年个人年均收入不低于50万元的个人……”第14条规定:“私募基金管理人、私募基金销售机构不得向合格投资者之外的单位和个人募集资金……”第16条规定:“私募基金管理人自行销售私募基金的,应当采取问卷调查等方式,对投资者的风险识别能力和风险承担能力进行评估,由投资者书面承诺符合合格投资者条件;应当制作风险揭示书,由投资者签字确认。私募基金管理人委托销售机构销售私募基金的,私募基金销售机构应当采取前款规定的评估、确认等措施……”第17条规定:“私募基金管理人自行销售或者委托销售机构销售私募基金,应当自行或者委托第三方机构对私募基金进行风险评级,向风险识别能力和风险承担能力相匹配的投资者推介私募基金。”本案中,作为案涉基金的销售机构,被告美芝凌公司没有按照上述规定,对原告的风险识别能力和风险承担能力进行评估,由原告书面承诺符合合格投资者条件;没有制作风险揭示书,由原告签字确认;没有自行或者委托第三方机构对私募基金进行风险评级;在向原告推介时,只告知原告可能得到多少收益,却没有提示风险。综上所述,原告购买案涉私募基金系基于被告美芝凌公司不当推介行为所致,故应认定其过错行为与原告的损失间具有因果关系。

五、案例评析

基金销售机构在向投资者销售金融产品或提供相关服务时,应履行适当性义务,否则应承担赔偿投资者相应损失的民事责任。本案中,江苏省南京市中级人民法院认为,审查基金销售机构是否充分履行了适当性义务,主要应从适当推介和风险揭示两方面进行考量。其中适当推介系指基金销售机构应在充分了解投资者及产品的基础上,将适当的产品或服务推介给适当的投资者,这就要求金融机构应对投资者及产品分别进行风险评级,不得主动向投资者推介风险不匹配的产品;若投资者主动要求购买的,需履行特定风险揭示义务。而风险揭示系指基金销售机构在向投资者销售产品或提供服务时,应根据产品及服务的具体内容,充分揭示产品或服务的风险内容。如果基金销售机构在投资者适当性管理和风险接受方面未履行审慎尽职义务,应按照其过错承担相应的赔偿责任。此外,法院在侵权责任认定的过程中,对于归责原则的适用根据具体案情稍微作了调整,即坚持过错归责原则的基础上,参酌运用过错推定原则,要求基金销售机构对其履行适当义务进行举证,从而在基金销售机构与投资者之间寻求一种平衡,以更好地维护投资者权益。

六、案例启示

1. 基金销售机构应按照规定履行投资者适当性管理义务

投资者适当性管理是指私募基金管理人、销售机构应当通过一定的规范程序,了解客户的风险偏好、风险认知、承受能力,评估客户的财务状况,提供合适的产品由客户选择,并揭示相关风险。概括来说,主要履行三个方面义务:规范风险评估、充分揭示风险、合理匹配推介。投资者适当性管理是一项法定义务,基金销售机构不当履行适当性管理造成投资者损失应履行赔偿责任。2017 年 8 月 4 日最高人民法院出台的《关于进一步加强金融审判工作的若干意见》(法发〔2017〕22 号)即明确规定:"加强投资者民事权益的司法保护,维护投资者的财产安全……引导金融产品提供者及服务提供者切实履行投资者适当性审查义务、信息披露义务和最大损失揭示义务,依法维护投资者的正当权益。"因此,基金销售机构应当按照《证券投资基金法》《私募投资基金监督管理暂行办法》《私募投资基金募集行为管理办法》《证券期货经营机构私募资产管理业务运作管理暂行规定》《证券期货投资者适当性管理办法》《基金募集机构投资者适当性管理实施指引(试行)》等法律法规、行业自律性规范,在私募基金销售推介活动中,履行投资者适当性管理义务,重点做好规范风险评估、充分揭示风险、合理匹配推介等方面的工作,避免造成不必要的损失。

2. 在投资者适当性管理纠纷的举证责任分配上,司法倾向于强化销售机构的举证责任

虽然销售机构与投资者关于投资损失赔偿案件属于一般侵权,应当适用过错责任原则,由投资者负责举证,但由于这类案件比较特殊,投资者与基金销售机构在能力和地位上悬殊,存在严重的信息不对称,严格强调投资者的举证责任,有悖公平原则,苛以销售机构负举证责任可以保护投资者,防范销售机构将适当性义务流于形式。司法实践中法院倾向于参酌运用过错推定原则,要求基金销售机构对其履行适当义务进行举证。湖北省武汉市中级人民法院曹文兵在《银行适当性义务与投资者的注意义务》(载《人民法院报》,2016 年10 月20 日)一文中指出,"投资者应当对其主张的购买理财产品或接受服务的基本事实承担举证责任,而作为销售机构的银行则应对其是否履行了了解客户、风险提示、

风险评估、适合性原则、告知说明和相关文件交付等适当性义务等案件事实承担举证责任”,以维系销售机构与投资者之间利益平衡,真正实现契约自由与契约正义。

七、相关法规

《合同法》

第一百二十二条 因当事人一方的违约行为,侵害对方人身、财产权益的,受损害方有权选择依照本法要求其承担违约责任或者依照其他法律要求其承担侵权责任。

《侵权责任法》

第六条 行为人因过错侵害他人民事权益,应当承担侵权责任。

根据法律规定推定行为人有过错,行为人不能证明自己没有过错的,应当承担侵权责任。

《私募投资基金监督管理暂行办法》

第十四条 私募基金管理人、私募基金销售机构不得向合格投资者之外的单位和个人募集资金,不得通过报刊、电台、电视、互联网等公众传播媒体或者讲座、报告会、分析会和布告、传单、手机短信、微信、博客和电子邮件等方式,向不特定对象宣传推介。

第十六条 私募基金管理人自行销售私募基金的,应当采取问卷调查等方式,对投资者的风险识别能力和风险承担能力进行评估,由投资者书面承诺符合合格投资者条件;应当制作风险揭示书,由投资者签字确认。

私募基金管理人委托销售机构销售私募基金的,私募基金销售机构应当采取前款规定的评估、确认等措施。

投资者风险识别能力和承担能力问卷及风险揭示书的内容与格式指引,由基金业协会按照不同类别私募基金的特点制定。

第十七条 私募基金管理人自行销售或者委托销售机构销售私募基金,应当自行或者委托第三方机构对私募基金进行风险评级,向风险识别能力和风险承担能力相匹配的投资者推介私募基金。

第十八条 投资者应当如实填写风险识别能力和承担能力问卷,如实承诺资产或者收入情况,并对其真实性、准确性和完整性负责。填写虚假信息或者提供虚假承诺文件的,应当承担相应责任。

《私募投资基金募集行为管理办法》

第二十二条　私募基金推介材料应由私募基金管理人制作并使用。私募基金管理人应当对私募基金推介材料内容的真实性、完整性、准确性负责。

除私募基金管理人委托募集的基金销售机构可以使用推介材料向特定对象宣传推介外,其他任何机构或个人不得使用、更改、变相使用私募基金推介材料。

第二十三条　募集机构应当采取合理方式向投资者披露私募基金信息,揭示投资风险,确保推介材料中的相关内容清晰、醒目。私募基金推介材料内容应与基金合同主要内容一致,不得有任何虚假记载、误导性陈述或者重大遗漏。如有不一致的,应当向投资者特别说明。私募基金推介材料内容包括但不限于:

(一)私募基金的名称和基金类型;

(二)私募基金管理人名称、私募基金管理人登记编码、基金管理团队等基本信息;

(三)中国基金业协会私募基金管理人以及私募基金公示信息(含相关诚信信息);

(四)私募基金托管情况(如无,应以显著字体特别标注)、其他服务提供商(如律师事务所、会计师事务所、保管机构等),是否聘用投资顾问等;

(五)私募基金的外包情况;

(六)私募基金的投资范围、投资策略和投资限制概况;

(七)私募基金收益与风险的匹配情况;

(八)私募基金的风险揭示;

(九)私募基金募集结算资金专用账户及其监督机构信息;

(十)投资者承担的主要费用及费率,投资者的重要权利(如认购、赎回、转让等限制、时间和要求等);

(十一)私募基金承担的主要费用及费率;

(十二)私募基金信息披露的内容、方式及频率;

(十三)明确指出该文件不得转载或给第三方传阅;

(十四)私募基金采取合伙企业、有限责任公司组织形式的,应当明确说明入伙(股)协议不能替代合伙协议或公司章程。说明根据《合伙企业法》或《公司法》,合伙协议、公司章程依法应当由全体合伙人、股东协商一致,以书面形式订立。申请设立合伙企业、公司或变更合伙人、股东的,并应当向企业登记机关履行申请设立及变更登记手续;

(十五)中国基金业协会规定的其他内容。

第三章　与基金投资顾问有关的纠纷

第一节　投资存在风险，不能因为投资的亏损，就认定投资顾问未勤勉尽职

一、案例简介

1. 事实经过

深圳泛盈捷股权投资基金管理有限公司（以下简称泛盈捷公司）（乙方）与珠海阿巴马资产管理有限公司（以下简称阿巴马公司）（甲方）签订一份《东方汇智—希格斯阿巴马量化对冲1号资产管理计划合作协议》。协议约定鉴于：（1）甲方所实际管理的阿巴马旗下基金产品需要开拓市场进行销售；（2）乙方在相关市场开发、客户拓展、产品咨询以及后期跟踪服务方面具有丰富的经验和资源，且与客户有良好的合作关系及有能力和资源胜任该等服务工作。协议第1条第1项约定基金产品，是由甲方作为投资顾问的私募基金产品，甲方与其他服务商有排他性协议的产品除外。协议第1条第2项约定乙方客户，是由乙方推荐并最终认购阿巴马基金产品的自然人或机构。协议第3条约定合作内容为：甲方作为私募基金产品的投资顾问，乙方有广泛的业务渠道，甲方委托乙方就阿巴马旗下基金产品向客户提供市场开发、维护客户、产品咨询与后续跟踪服务。协议第5条第7项约定当甲方重大人事变更、投资策略变更时，有义务诚实地告知乙方变更情况和该等变更可能对双方合作的基金产品的影响。协议第5条第8项约定当双方合作的基金产品出现净值异常跌幅（3日内跌幅10%及以上并超过同期上证

综合指数跌幅),有义务诚实地告知乙方净值异常的原因。协议第 17 条第 1 项约定本协议有效期为 2 年。

泛盈捷公司、第三人东方汇智资产管理有限公司(以下简称东方汇智公司)、招商银行股份有限公司深圳分行于 2015 年 11 月签订一份《东方汇智—希格斯阿巴马量化对冲 1 号资产管理计划资产管理合同》(合同编号 DFHZ - 2015362 - 001)。该合同约定泛盈捷公司为东方汇智—希格斯阿巴马量化对冲 1 号资产管理计划的资产委托人,第三人为东方汇智—希格斯阿巴马量化对冲 1 号资产管理计划的资产管理人,案外人招商银行股份有限公司深圳分行为东方汇智—希格斯阿巴马量化对冲 1 号资产管理计划的资产托管人;合同第三节第 1 条约定全体委托人已知悉并一致同意聘请阿巴马公司为东方汇智—希格斯阿巴马量化对冲 1 号资产管理计划的投资顾问。合同第十一节第 10 条约定全体委托人已知悉并一致同意本计划聘请阿巴马公司担任投资顾问,由其在资产管理人授权的范围内根据本计划的投资范围、策略及限制为本计划提供投资顾问服务。投资顾问向资产管理人发送投资建议书或投资策略建议,应保障符合证券监管体系相关法律法规,不得违反法律法规、本合同约定。委托人同意授权投资顾问按约定的方式为管理人管理运用计划财产提供投资顾问服务,委托人认可该投资顾问提供的投资建议,并承诺接受因资产管理人采纳该投资建议所带来的任何收益或损失。合同第二十四节约定因本合同而产生或与本合同有关的一切争议,经协商未能解决的,应提交华南国际经济贸易仲裁委员会仲裁。之后,泛盈捷公司、第三人、招商银行股份有限公司深圳分行先后签订了《东方汇智—希格斯阿巴马量化对冲 1 号资产管理计划资产管理合同之补充协议》《东方汇智—希格斯阿巴马量化对冲 1 号资产管理计划资产管理合同之补充协议二》。

2015 年 11 月 6 日,泛盈捷公司向第三人转账支付人民币 18,000,000 元,用于认购“东方汇智—希格斯阿巴马量化对冲 1 号资产管理计划”。

“东方汇智—希格斯阿巴马量化对冲 1 号资产管理计划”自 2015 年 12 月 22 日起正式开始运作,于 2016 年 8 月 31 日提前终止。

2016 年 9 月 8 日,泛盈捷公司收到第三人回款人民币 8,462,544.23 元;2016 年 11 月 3 日,泛盈捷公司收到第三人清盘款人民币 578,495.97 元;2017 年 1 月 19 日,泛盈捷公司收到第三人清盘款人民币 512,090.74 元;2017 年 6 月 16 日,泛盈捷公司收到第三人清盘款人民币 65,907.58 元。合计人民币 9,619,038.52 元。对比,泛盈捷公司亏损人民币 8,380,961.48 元。

2017年6月29日,泛盈捷公司向阿巴马公司发出《律师函》,载明:泛盈捷公司管理的"泛盈捷睿鑫1号私募证券投资基金"于2015年12月认购"东方汇智—希格斯阿巴马量化对冲1号资产管理计划"1800万元劣后级份额,该基金投资顾问为阿巴马公司。另根据泛盈捷公司与阿巴马公司签署的《东方汇智—希格斯阿巴马量化对冲1号资产管理计划合作协议》的约定,阿巴马公司为基金的基金管理人,对基金进行操盘、运作。截至2016年8月31日,劣后级净值为0.528,泛盈捷公司亏损投资共计约849.6万元。泛盈捷公司认为基金出现亏损的原因和责任应在于阿巴马公司。根据《私募投资基金监督管理暂行办法》第4条、《证券投资顾问业务暂行规定》第4条规定,阿巴马公司违反市场同行规则,且未尽到作为投资顾问或资产管理人应有的诚实信用、勤勉、审慎的义务,致使泛盈捷公司的形象和投资蒙受了极大损失。请于收到本函之日起3日内补偿泛盈捷公司损失600万元。后泛盈捷公司以阿巴马公司未尽到勤勉尽职的义务,造成其资金损失为由,诉至法院要求其承担赔偿责任。

2. 核心争议

泛盈捷公司与阿巴马公司之间是事实上的委托资产管理关系还是投资顾问关系,以及阿巴马公司是否存在未勤勉尽职的问题。

3. 交易结构图

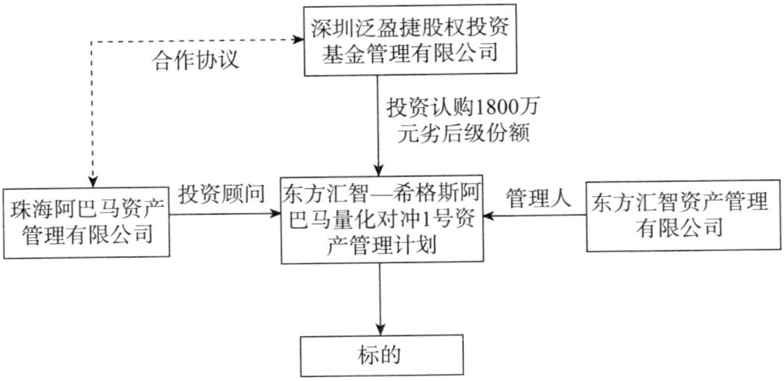

图2-4 交易结构图

二、裁判结果

一审法院广东省珠海市横琴新区人民法院认为,关于阿巴马公司是否为"东方汇智—希格斯阿巴马量化对冲1号资产管理计划"的实际管理人以及泛盈捷公司与阿巴马公司之间是否存在事实上的委托资产管理关系的问题。泛盈捷公司主张基于双方之间的《东方汇智—希格斯阿巴马量化对冲1号资产管理计划合作协议》约定，阿巴马公司为“东方汇智—希格斯阿巴马量化对冲1号资产管理计划”的实际管理人，泛盈捷公司与阿巴马公司之间存在事实上的委托资产管理关系。阿巴马公司对此不予认可，认为《东方汇智—希格斯阿巴马量化对冲1号资产管理计划资产管理合同》与《东方汇智—希格斯阿巴马量化对冲1号资产管理计划合作协议》明确约定阿巴马公司为投资顾问，且《东方汇智—希格斯阿巴马量化对冲1号资产管理计划合作协议》明确约定双方合作内容是渠道拓展，并非委托关系。(1)《东方汇智—希格斯阿巴马量化对冲1号资产管理计划资产管理合同》约定第三人是资产管理人，第三节第1条及第十一节第10条明确约定阿巴马公司担任该计划的投资顾问。(2)《东方汇智—希格斯阿巴马量化对冲1号资产管理计划合作协议》第3条约定的合作内容为“甲方作为私募基金产品的投资顾问，乙方有广泛的业务渠道，甲方委托乙方就阿巴马旗下基金产品向客户提供市场开发、维护客户、产品咨询与后续跟踪服务”。该协议明确约定阿巴马公司为投资顾问，且约定合作内容为市场的拓展，并非泛盈捷公司委托阿巴马公司管理“东方汇智—希格斯阿巴马量化对冲1号资产管理计划”。综上，泛盈捷公司主张阿巴马公司是“东方汇智—希格斯阿巴马量化对冲1号资产管理计划”的实际管理人以及泛盈捷公司与阿巴马公司之间存在事实上的委托资产管理关系，证据不足，一审法院不予采纳。关于阿巴马公司是否存在未勤勉尽职的问题。(1)如前所述，阿巴马公司并非“东方汇智—希格斯阿巴马量化对冲1号资产管理计划”的管理人，不能要求阿巴马公司履行管理人的职责。(2)《东方汇智—希格斯阿巴马量化对冲1号资产管理计划资产管理合同》第十一节第10条约定，投资顾问向资产管理人发送投资建议书或投资策略建议，应保障符合证券监管体系相关法律法规，不得违反法律法规、本合同约定。委托人同意授权投资顾问按约定的方式为管理人管理运用计划财产提供投资顾问服务，委托人认可该投资顾问提供的投资建议，并承诺接受因资产管理人采纳该投资建议所带来的任何收益或损失。本案中，泛盈捷公司提交的证据不足以证实阿巴马公司作为投资顾问向资产管理人发送的投资建议书或投资策略建议存在违反法律法规及违反合同约定的情形，对此，泛盈捷公司应承担举证证明不能的不利后果。综上所述，投资存在风险，不能因为投资的亏损，就认定投资顾问未勤勉尽职。泛盈捷公司主张阿巴马公司未勤勉尽职，理据不足，一审法院不予采纳。

二审法院广东省珠海市中级人民法院认为，双方签订的《东方汇智—希格斯阿巴马量化对冲1号资产管理计划合作协议》首部介绍了双方签订合同的背景,其在“鉴于”条款中明确说明被上诉人系实际管理阿巴马基金。而第三人东方汇智公司也明确陈述涉案资金的投资运作是遵循投资顾问也即阿巴马公司的意见,只要没有违法违规的情形,就会执行。可见被上诉人和第三人共同承担受托人角色,管理涉案资金。作为受托人,需要利用专业知识谨慎、妥善处理受托事务。泛盈捷公司参与的“东方汇智—希格斯阿巴马量化对冲1号资产管理计划”属于高等风险、收益浮动的投资品种。而其购买的劣后级份额基金风险更高。证券投资市场具有波动特性,投资产品是否盈利与投资方向、政策调整以及国际市场等各种因素密切相关,而且因受托人限于知识、技术和经验等因素影响,其对经济形势和证券价格走势判断,也未必精准。从现有证据可知,双方明确约定了投资产品各要素,受托人也详细披露了资管计划风险,向委托人告知了投资计划产品进度和运行报告,而该投资计划实施后,遭遇股灾,监管政策陆续出台,产品运作困难,受托人采取分拆基金,提前终止基金等措施避免损失进一步扩大,并无证据证明受托人在履行投资管理过程中存在重大过失或故意损害委托人利益的情形。委托人知悉自己将承担市场、管理等各种风险,此类产品投资风险应由泛盈捷公司自行承受。资管合同约定的实际投资方向、对象以及投资的详细数据系当事人举证范畴,并非法院调查取证范畴,原审法院未予许可,并无不当。且即便当事人举证出实际投资方向和数据,也不能简单以此后所投资产品的盈亏结果来推断受托人的操作行为是否谨慎。综上所述,上诉人泛盈捷公司诉求,缺乏法律依据和事实依据,二审法院不予支持。

三、裁判要旨

投资者同意授权投资顾问按约定的方式为管理人管理运用计划财产提供投资顾问服务,如无证据证明投资顾问向管理人发送的投资建议书或投资策略建议存在违反法律法规及违反合同约定的情形,投资者不能因为投资的亏损,就认定投资顾问未勤勉尽职。投资者应自行承担投资所带来的任何收益或损失。

四、案例来源

1. 案例索引

【案件名称】深圳泛盈捷股权投资基金管理有限公司、珠海阿巴马资产管理有限公司委托合同纠纷案

【审理法院】广东省珠海市中级人民法院

【案号】(2018)粤04民终818号

【审理程序】二审

2. 关联案例

辽宁省沈阳市中级人民法院在“翟金良、北京中方信富投资管理咨询有限公司沈阳分公司、北京中方信富投资管理咨询有限公司服务合同纠纷案”[(2017)辽01民终1439号]中认为,《证券投资顾问服务协议》中约定北京中方信富公司提供的服务性质为非保本理财咨询产品的理财咨询服务。在服务协议第3条明确约定,翟金良基于独立判断,自行决定证券投资,承担投资损失。翟金良也在《证券投资顾问服务协议》附带的证券投资顾问业务风险揭示书上签字。翟金良选择低位卖出股票并非北京中方信富公司的建议,而是因其面临被融资公司强制平仓的危险后,自行决定低价位出售。故翟金良投资股票的损失属于其自身的投资风险,对损失其应自行承担,一审法院判决驳回翟金良的该项诉讼请求并无不当。

五、案例评析

投资顾问在私募领域比较普遍,是指投资咨询机构利用其自身在合规、行业、客户资源等领域的优势,接受客户委托向客户提供相关的投资建议,辅助客户作出投资决策,并直接或者间接获取经济利益的经营活动。其本质一种委托合同法律关系,投资顾问作为受托人,客户作为委托人,标的是相关投资建议。因此,投资顾问业务应遵守《合同法》关于委托合同的一般规定,投资顾问及其工作人员在履行投资顾问职责过程中,应当遵循诚实信用原则,勤勉、审慎地为客户提供投资顾问服务,应当忠实客户利益,不得为自身及其关联方的利益损害客户利益,不得为投资顾问人员及其利益相关者的利益损害客户利益,不得为特定客户利益损害其他客户利益,不得泄露客户隐私,不得代替客户作出决策等。但同时,如果投资顾问按照法律规定或合同约定的方式向客户提供了相应的投资顾问服务,无论客户是否认可或接受投资顾问提供的投资建议,并是否据此作出投资决策,相应的投资风险均应由客户自行承担,不能因投资损失就认定投资顾问未勤勉尽职履职,因为投资活动本身即是一项风险较高的行业,非因投资顾问过错导致的投资损失,均应由投资者自行承担。

六、案例启示

1. 投资顾问应按照法定与约定方式勤勉尽职，履行顾问业务

投资顾问应首先具备提供相应咨询顾问的能力或取得相应资质，国家法律法规对从事某些特殊领域投资顾问业务的资质设定了行政许可，必须取得相应主管部门的许可。比如，依据《证券法》《证券公司监督管理条例》《证券、期货投资咨询管理暂行办法》的相关规定，从事证券、期货投资咨询业务，必须取得中国证监会的业务许可，提供服务的人员应具备相应的投资咨询执业资格并已经注册登记为投资顾问，未经中国证监会许可，任何机构和个人均不得在中国境内从事任何形式的证券、期货投资咨询业务。在提供投资咨询活动过程中，投资顾问应按照法律规定要求及投资顾问协议的约定，向客户提供相关产品的投资建议服务，辅助客户作出投资决策，并严格合规管理，防范利益冲突，切实维护客户合法权益。

2. 投资者聘请投资顾问提供投资咨询时应摆正心态，摆脱依赖

正如案例中法院所指出的，投资有风险，不能简单以此后所投资产品的盈亏结果来推断投资顾问是否勤勉审慎履职；根据委托关系一般原理，受托人从事受托事项的法律后果由委托人承担。因此，对于投资顾问按照合同约定方式提供的投资咨询服务，投资者接受投资顾问的投资建议并据此所作出的投资行为的法律后果，应由投资者自行承担，相应的收益或损失亦应由投资者承担，除非投资顾问存在过错，否则投资顾问不承担投资风险。投资者在聘请投资顾问提供投资咨询服务时，应摆正心态，正确和理性地对待两者之间的角色和关系，投资决策的主体仍然是投资者自己，投资风险的承担主体也仍然是投资者自己，投资顾问仅是提供投资建议辅助投资者决策，投资者有接受与否的决定权，投资者应摆脱对投资顾问的依赖，自主对相关投资事项作出决策或选择。对于私募证券投资基金的投资者，在选择投资顾问时，应注意相关投资咨询机构及其从业人员是否具备相应专业能力或获得相关许可资质，并应在订立的投资顾问协议中明确投资顾问的工作范围、工作职责、提供投资咨询的方式和频率、投资顾问费率、违约责任等。

七、相关法规

《合同法》

第四百零六条 有偿的委托合同，因受托人的过错给委托人造成损失的，委

托人可以要求赔偿损失。无偿的委托合同,因受托人的故意或者重大过失给委托人造成损失的,委托人可以要求赔偿损失。

受托人超越权限给委托人造成损失的,应当赔偿损失。

《私募投资基金监督管理暂行办法》

第四条第一款　私募基金管理人和从事私募基金托管业务的机构(以下简称私募基金托管人)管理、运用私募基金财产,从事私募基金销售业务的机构(以下简称私募基金销售机构)及其他私募服务机构从事私募基金服务活动,应当恪尽职守,履行诚实信用、谨慎勤勉的义务。

《证券投资顾问业务暂行规定》

第四条　证券公司、证券投资咨询机构及其人员应当遵循诚实信用原则,勤勉、审慎地为客户提供证券投资顾问服务。

第二节　私募证券投资基金的投资顾问对投资者所作的固定收益承诺无效

一、案例简介

1. 事实经过

北京深蓝启明投资管理有限公司(以下简称深蓝启明公司)系私募投资基金管理人,已根据《证券投资基金法》和《私募投资基金监督管理暂行办法》等法律法规的要求在中国证券基金业协会进行登记。

2014年9月5日,长安基金管理有限公司(以下简称长安基金公司)就其发行的长安深蓝柘诚1号合作事宜与深蓝启明公司签订《业务合作协议》,约定深蓝启明公司协助长安基金公司进行募集工作,推荐合适委托人至长安基金公司直销渠道认购该计划份额,深蓝启明公司承诺推荐并签约的委托人投资资金不低于1500万元,长安基金公司聘请深蓝启明公司作为该计划的研究咨询顾问,为该计划提供投资咨询服务。

2014年10月30日,深蓝启明公司作为甲方与作为乙方的上海机动车辆汽车配件有限公司(以下简称汽车配件公司)签订《清算及再投资协议》1份,明确深蓝启明公司为天治深蓝启明对冲分级1号资产管理计划(以下简称天治深蓝1号)的投资顾问,汽车配件公司为天治深蓝1号进取级投资者。其中,第1条约定,天治深蓝1号清算后,汽车配件公司用投资天治深蓝1号初始份额等额资金购买长安深蓝柘诚1号的进取级份额。第2条约定,若天治深蓝1号清算时,汽车配件公司持有的资金份额少于初始投资份额,则深蓝启明公司负责补足汽车配件公司投资长安深蓝柘诚1号产品资金的剩余部分,同时按初始投资金额的3%的年化收益给予汽车配件公司。第3条约定,汽车配件公司应在规定时间内将天治深蓝1号清算后的资金份额汇入指定基金认购专户,认购资金不足部分,深蓝启明公司需在约定时间将剩余部分资金汇入汽车配件公司指定银行账户,并由汽车配件公司将此部分资金汇入指定基金认购专户。第4条约定,长安深蓝柘诚1号理财产品清算后,产品收益率若低于7%年化收益率,则深蓝启明公司需在清算后约定时间内补足按初始认购金额7%年化收益率核算的总金额,将资金汇入汽车配件公司指定银行帐户;若产品到期收益率高于7%,则汽车配件公司需将高出部分收益在清算后3个工作日内汇入深蓝启明公司指定账户。

之后,深蓝启明公司于2014年12月15日通过其项目经理的私人账户将386,548.97元(包括亏损款326,548.97元和60,000元年化固定收益)转账至汽车配件公司账户。

2015年12月28日和2016年3月21日,长安基金公司先后将长安深蓝柘诚1号清算进取款3,975,287.77元和113,409.51元合计4,088,697.28元汇入汽车配件公司账户。因汽车配件公司未按《清算及再投资协议》支付深蓝启明公司约定的投资长安深蓝柘诚1号收益款,深蓝启明公司诉至一审法院,判令汽车配件公司支付深蓝启明公司合同约定的收益金及利息。

汽车配件公司辩称,两者之间并非合作关系,双方没有合作投资的合意和事实。深蓝启明公司是经登记备案的私募基金的投资顾问,也是长安公司的投资顾问,引荐汽车配件公司购买长安公司的基金产品,操盘人是长安公司,汽车配件公司是投资人,收益应归汽车配件公司。之前,汽车配件公司购买天治深蓝1号,是基于深蓝启明公司对汽车配件公司有投资保底的承诺,即投资该产品没有亏损,如果产生亏损则由原告弥补,盈利五五分账,当时被告投资2,000,000元,但在2015年结算时亏损380,000余元,深蓝启明公司要求汽车配件公司继续投资长安深蓝柘诚1号,按照保底条款,深蓝启明公司通过其项目经理的私人账户直接划款至汽车配件公司账户386,548.97元(该款包括亏损326,548.97元和年化固定收益60,000元),用以弥补汽车配件公司之前的亏损。《清算及再投资协议》明确约定被告的保底收益,即固定年化收益不低于7%,低于7%需对被告进行弥补。该协议属保底型理财合同。《证券法》第144条规定,证券公司不得以任何方式对其客户证券买卖的收益或者赔偿证券买卖的损失作出承诺。《证券投资基金法》第20条规定,公开募集基金的基金管理人及其董事、监事、高级管理人员和其他从业人员不得向基金份额持有人违规承诺收益或者承担损失。《证券投资基金法》第103条规定,基金投资顾问机构及其从业人员提供基金投资顾问服务,应当具有合理的依据,对其服务能力和经营业绩进行如实陈述,不得以任何方式承诺或者保证投资收益,不得损害服务对象的合法权益。《合同法》第7条规定,当事人订立、履行合同,应当遵守法律、行政法规,尊重社会公德,不得扰乱社会经济秩序,损害社会公共利益。《清算及再投资协议》的保底条款违反上述法律规定,应属无效。深蓝启明公司只是投资管理人,投资基金所有收益应归属汽车配件公司。因此,汽车配件公司仅同意返还深蓝启明公司承担的弥补亏损款386,548.97元,但不同意深蓝启明公司给付收益款的诉请。

一审法院另查明,2013年9月5日,汽车配件公司作为投资人、天治基金管理有限公司(以下简称天治基金公司)作为基金管理人以及基金托管人共同签订合同,约定汽车配件公司购买天治基金公司的理财产品天治深蓝1号。深蓝启明公司作为天治深蓝1号的投资顾问与汽车配件公司签署天治深蓝1号的"补充协议",深蓝启明公司对汽车配件公司投资购买天治深蓝1号作出补足其亏损的承诺。汽车配件公司投资天治深蓝1号经清算发生亏损326,548.97元。

2014年10月,汽车配件公司作为资产委托人与作为资产管理人的长安基金公司以及资产托管人签订《长安深蓝柘诚1号分级资产管理计划资产管理合同》,约定长安基金公司聘请深蓝启明公司作为投资顾问,深蓝启明公司有权收取投资顾问费和业绩报酬。

在一审审理中,汽车配件公司表示同意返还深蓝启明公司亏损补偿款386,548.97元及补偿其利息损失(以386,548.97元为基数并自2014年12月16日起至实际给付之日止按照中国人民银行同期贷款利率计算)。

2. 核心争议

深蓝启明公司作为长安深蓝柘诚1号的投资顾问,与汽车配件公司签署协议,保证汽车配件公司年化收益率7%的保底收益的条款是否有效。

3. 交易结构图

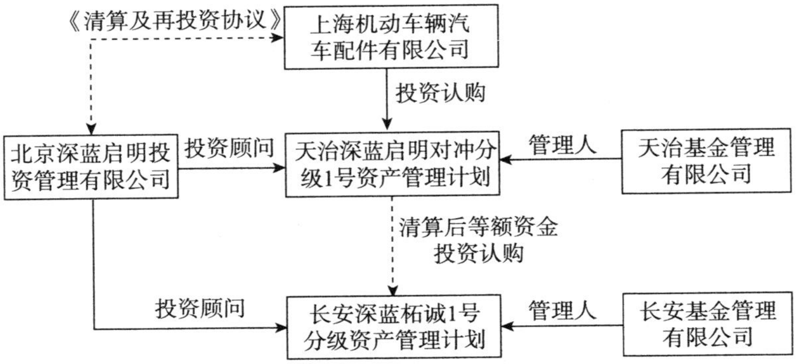

图 2－5　交易结构图

二、裁判结果

一审法院上海市黄浦区人民法院认为，汽车配件公司系天治深蓝 1 号和长安深蓝柘诚 1 号理财产品的投资人，深蓝启明公司则是其投资顾问，同时也是天治基金公司和长安基金公司聘请的投资顾问。从《清算及再投资协议》第 1 条内容来看，汽车配件公司投资长安深蓝柘诚 1 号的前提是获得天治深蓝 1 号投资亏损的弥补。深蓝启明公司依据《清算及再投资协议》的约定要求汽车配件公司给付其投资长安深蓝柘诚 1 号高于年化收益率 7% 的盈利部分，而汽车配件公司则以该协议保底条款无效为由不予同意。《清算及再投资协议》第 2 条和第 4 条分别约定，天治深蓝 1 号清算时，汽车配件公司持有的资金少于初始投资份额，则由深蓝启明公司负责补足其投资长安深蓝柘诚 1 号产品资金的剩余部分，同时按初始投资金额的 3% 年化收益支付给汽车配件公司；长安深蓝柘诚 1 号理财产品清算后，产品收益率若低于 7% 年化收益率，则由深蓝启明公司补足按初始认购金额 7% 年化收益率核算的总金额，若产品到期收益率高于 7%，则汽车配件公司将高出部分收益给付深蓝启明公司。从上述约定的权利义务来解读，如汽车配件公司投资天治深蓝 1 号发生亏损则由深蓝启明公司进行弥补，且该次投资的保底收益是 3% 的年化收益；如汽车配件公司投资长安深蓝柘诚 1 号，则保底收益是年化收益率 7%，而且深蓝启明公司作为投资顾问尚能获得汽车配件公司该次投资高于年化收益率 7% 部分的收益。争议的《清算及再投资协议》的保底条款是否有效，依据《合同法》第 52 条第 5 项的规定，违反法律、行政法规的强制性规定的合同应属无效。《证券法》第 5 条规定，证券的发行、交易活动，必须遵守法律、行政法规。《证券法》第144条规定，证券公司不得以任何方式对客户证券买卖的收益或者赔偿证券买卖的损失作出承诺。《证券法》第171条第1款第2项规定，投资咨询机构及其从业人员从事证券服务业务不得与委托人约定分享证券投资收益或者分担证券投资损失。《证券投资基金法》第20条第4项规定，公开募集基金的基金管理人及其董事、监事、高级管理人员和其他从业人员不得向基金份额持有人违规承诺收益或者承担损失。《证券投资基金法》第103条规定，基金投资顾问机构及其从业人员提供基金投资顾问服务，不得以任何方式承诺或者保证投资收益。深蓝启明公司作为基金管理人天治基金公司和长安基金公司聘请的投资顾问，作为汽车配件公司的基金投资咨询顾问，在向投资人提供基金投资咨询服务过程中应遵从法律规定，不得向投资人作出保底收益的承诺。争议的《清算及再投资协议》保底条款违反了上述法律禁止性规范，虽然上述法律规范没有明确规定违反上述禁止性规范后将导致合同无效或合同不成立，违反了这些禁止性规范后如果合同继续有效将损害社会公众利益，并且扰乱社会经济秩序，无法体现公平原则，故应确认无效。再从投资的权利义务来看，深蓝启明公司的诉请也违反公平原则。综上所述，深蓝启明公司以《清算及再投资协议》无效保底条款为据要求汽车配件公司支付投资长安深蓝柘诚1号的相应收益，违反法律规定，一审法院难以支持。汽车配件公司自愿返还深蓝启明公司原先支付的亏损弥补款386,548.97元及补偿深蓝启明公司利息损失，于法并无不合，一审法院予以准许。

二审法院上海市第二中级人民法院认为，深蓝启明公司作为私募投资基金管理人，以及长安深蓝柘诚1号的投资顾问，与汽车配件公司签署协议，保证汽车配件公司年化收益率7%的保底收益。该保底收益条款违反《证券投资基金法》第103条"基金投资顾问机构及其从业人员提供基金投资顾问服务……不得以任何方式承诺或者保证投资收益"的规定，扰乱社会经济秩序，属于损害社会公共利益的行为，依据《合同法》第52条第4项的规定，应属无效。一审关于合同条款效力的认定，法院予以赞同。根据《合同法》第56条"无效的合同或者被撤销的合同自始没有法律约束力。合同部分无效，不影响其他部分效力的，其他部分仍然有效"的规定，深蓝启明公司为汽车配件公司提供保底收益并收取其余全部收益的条款无效，不影响深蓝启明公司为汽车配件公司提供投资顾问服务并收取相应服务费用的权利。一审法院驳回深蓝启明公司全部诉讼请求，二审法院不予赞同。二审法院根据公平原则，并根据深蓝启明公司提供服务的情况，合理确定深蓝启明公司应取得服务费的数额，为系争产品盈利的70%。

三、裁判要旨

私募证券投资基金的投资顾问向投资者作出保底收益的承诺，扰乱社会经济秩序，属于损害社会公共利益的行为，属于《合同法》第52条第5项规定的违反法律、行政法规的强制性规定的情形，为无效合同条款。

四、案例来源

1. 案例索引

【案件名称】北京深蓝启明投资管理有限公司与上海机动车辆汽车配件有限公司合作合同纠纷案

【审理法院】上海市第二中级人民法院

【案号】(2018)沪02民终5946号

【审理程序】二审

2. 关联案例

山西省潞城市人民法院在“原告秦威诉被告王宇峰、冯丽不当得利纠纷案”[(2017)晋0481民初1051号]中认为，因证券业涉及公共利益和整个金融市场的安全，法律对公民和法人从事证券业的资格有严格的要求，《证券法》第122条规定，未经国务院证券监督管理机构批准，任何单位和个人不得经营证券业务。关于证券咨询业，属于证券业务一种，国务院证券委员会《证券、期货投资咨询管理暂行办法》第2条第1款规定，在中华人民共和国境内从事证券、期货投资咨询业务，必须遵守本办法。该条第2款第4项规定证券投资咨询，包括通过电话、传真、电脑网络等电信设备系统，为证券投资人或者客户提供证券投资分析、预测或者建议等直接或者间接有偿咨询服务的活动。该办法第3条规定，未经中国证监会许可，任何机构和个人均不得从事该办法第2条所列各种形式证券、期货投资咨询业务。被告王宇峰未经中国证监会许可，组织并建立股道慈航QQ群，在群中指导操作股票并对于指导盈利的股票收取净利润的30%。该行为为证券投资分析、预测、建议直接有偿咨询服务的活动，违反《证券法》、国务院证券委员会《证券、期货投资咨询管理暂行办法》等法律、法规的强制性规定，原告与被告在QQ群中达成的协议为无效合同。根据《合同法》规定，合同无效或者被撤销后，因该合同取得的财产，应当予以返还，故被告王宇峰因此得到原告的159,791元，应当返还原告秦威。

五、案例评析

投资咨询机构对投资者提供私募证券投资基金的投资咨询服务，应遵守相应法律法规的规定，比如，《证券投资基金法》第 103 条规定，“基金投资顾问机构及其从业人员提供基金投资顾问服务……不得以任何方式承诺或者保证投资收益，不得损害服务对象的合法权益”，《证券、期货投资咨询管理暂行办法》第 24 条规定，“证券、期货投资咨询机构及其投资咨询人员，不得从事下列活动……（二）向投资人承诺证券、期货投资收益……”《证券投资顾问业务暂行规定》第 19 条第 1 款规定，“证券投资顾问向客户提供投资建议，应当提示潜在的投资风险，禁止以任何方式向客户承诺或者保证投资收益”。由本案例可见，对于《证券投资基金法》第 103 条的效力类型，法院的态度是鲜明的，认为该规范系法律禁止性规范，即效力性强制性规定，违反该规定的行为无效，对于私募证券投资顾问机构向投资者所作出固定收益或保底的承诺，法院认为该行为违反了法律禁止性规定，损害了社会公众利益，并且扰乱了社会经济秩序，无法体现公平原则，应确认为无效。

本案是针对私募证券类投资基金中投资顾问所作保底承诺效力的法院案例，因为证券、期货业务属于金融领域，涉及公共利益及国家对金融秩序的管理，因而《证券投资基金法》对此作了禁止性规定，为基金投资顾问机构及其从业人员提供基金投资顾问服务活动画出了一条红线。但上述规定是否也适用与私募股权类、创投类、其他类私募基金领域，在目前尚无法律、行政规范层面规定出台，国务院法制办公室于 2017 年 8 月 30 日发布的《私募投资基金管理暂行条例（征求意见稿）》对此问题亦未涉及，但在金融严监管的背景下，以及中国基金业协会对明基实贷、名股实债问题的表态来看，在股权类、创投类、其他类私募基金领域的投资顾问活动亦应参照《证券投资基金法》执行，虽然不会存在法律效力上的问题，但仍然存有一定的合规风险，尤其是私募基金管理人担任投资顾问或者聘请的投资顾问，向投资者提供固定收益或保底承诺，存在变相向投资者提供刚性兑付的问题。

六、案例启示

1. 投资顾问在提供投资咨询活动中不得提供保底承诺

因《证券投资基金法》禁止基金投资顾问机构在提供基金投资顾问服务中以任何方式承诺或者保证投资收益，且从中国基金业协会对明基实贷、名股实债问题的表态来看,该规定亦应参照适用于在股权类、创投类、其他类私募基金领域的投资顾问活动,因此,为避免违反法律的强制性规定或出现合规风险,投资顾问机构在向投资者提供投资咨询服务过程中,应按照相关法律规定要求及投资顾问协议的约定,勤勉、审慎地为客户提供投资顾问服务,应当忠实客户利益,遵守法律及行业自律规范,不得为自身及其关联方的利益损害客户利益,不得为投资顾问人员及其利益相关者的利益损害客户利益,不得为特定客户利益损害其他客户利益,不得泄露客户隐私,不得代替客户作出决策,不得以任何方式承诺或者保证投资收益,不得损害服务对象的合法权益等。

2. 投资者应注意投资顾问提供保底承诺的风险

固定收益、无风险收益、保本保息等噱头或宣传是私募基金推介募集过程中常用的吸引投资者注意力的方式,无论是私募基金管理人直接保底或是投资顾问、第三人的间接保底,这种行为均或多或少存在一定的法律风险,几乎全部存在合规风险,如《私募投资基金监督管理暂行办法》第 15 条规定,“私募基金管理人、私募基金销售机构不得向投资者承诺投资本金不受损失或者承诺最低收益”,《关于规范金融机构资产管理业务的指导意见》第 2 条规定,“金融机构开展资产管理业务时不得承诺保本保收益。出现兑付困难时,金融机构不得以任何形式垫资兑付”,尤其是在 2018 年 4 月《关于规范金融机构资产管理业务的指导意见》颁布以后,国家监管层面强调资管产品应回归资产管理业务“受人之托、代客理财”的本源,要求打破刚性兑付,强调投资风险自担。随着监管政策的转向,未来司法裁判的导向亦会发生改变,以配合国家金融监管的政策需要,因此,投资者应审慎接受投资顾问提供的保底承诺。如前所述,在私募证券投资基金领域,《证券投资基金法》禁止基金投资顾问机构在提供基金投资顾问服务中以任何方式承诺或者保证投资收益,投资顾问出具的任何具有保底收益性质的承诺均为无效,但对于股权类、创投类、其他类私募基金领域的投资顾问出具的类似承诺,亦应慎重接受,避免发生无效的风险。

七、相关法规

《证券法》

第一百六十九条 投资咨询机构、财务顾问机构、资信评级机构、资产评估机构、会计师事务所从事证券服务业务,必须经国务院证券监督管理机构和有关主管部门批准。

投资咨询机构、财务顾问机构、资信评级机构、资产评估机构、会计师事务所从事证券服务业务的审批管理办法，由国务院证券监督管理机构和有关主管部门制定。

第一百七十一条　投资咨询机构及其从业人员从事证券服务业务不得有下列行为：

（一）代理委托人从事证券投资；

（二）与委托人约定分享证券投资收益或者分担证券投资损失；

（三）买卖本咨询机构提供服务的上市公司股票；

（四）利用传播媒介或者通过其他方式提供、传播虚假或者误导投资者的信息；

（五）法律、行政法规禁止的其他行为。

有前款所列行为之一，给投资者造成损失的，依法承担赔偿责任。

《证券投资基金法》

第一百零三条　基金投资顾问机构及其从业人员提供基金投资顾问服务，应当具有合理的依据，对其服务能力和经营业绩进行如实陈述，不得以任何方式承诺或者保证投资收益，不得损害服务对象的合法权益。

《合同法》

第五十二条　有下列情形之一的，合同无效：

（一）一方以欺诈、胁迫的手段订立合同，损害国家利益；

（二）恶意串通，损害国家、集体或者第三人利益；

（三）以合法形式掩盖非法目的；

（四）损害社会公共利益；

（五）违反法律、行政法规的强制性规定。

第五十八条　合同无效或者被撤销后，因该合同取得的财产，应当予以返还；不能返还或者没有必要返还的，应当折价补偿。有过错的一方应当赔偿对方因此所受到的损失，双方都有过错的，应当各自承担相应的责任。

最高人民法院《关于适用〈中华人民共和国合同法〉若干问题的解释（一）》

第四条　合同法实施以后，人民法院确认合同无效，应当以全国人大及其常委会制定的法律和国务院制定的行政法规为依据，不得以地方性法规、行政规章为依据。

最高人民法院《关于适用〈中华人民共和国合同法〉若干问题的解释（二）》

第十四条　合同法第五十二条第（五）项规定的"强制性规定"，是指效力性强制性规定。

《证券、期货投资咨询管理暂行办法》

第二十四条 证券、期货投资咨询机构及其投资咨询人员，不得从事下列活动：

（一）代理投资人从事证券、期货买卖；

（二）向投资人承诺证券、期货投资收益；

（三）与投资人约定分享投资收益或者分担投资损失；

（四）为自己买卖股票及具有股票性质、功能的证券以及期货；

（五）利用咨询服务与他人合谋操纵市场或者进行内幕交易；

（六）法律、法规、规章所禁止的其他证券、期货欺诈行为。

《证券投资顾问业务暂行规定》

第十九条 证券投资顾问向客户提供投资建议，应当提示潜在的投资风险，禁止以任何方式向客户承诺或者保证投资收益。

鼓励证券投资顾问向客户说明与其投资建议不一致的观点，作为辅助客户评估投资风险的参考。

第二十四条 证券公司、证券投资咨询机构应当规范证券投资顾问业务推广和客户招揽行为，禁止对服务能力和过往业绩进行虚假、不实、误导性的营销宣传，禁止以任何方式承诺或者保证投资收益。

第三编　投资者与私募基金之间的纠纷

第一章　投资者的出资纠纷

第一节　投资者仅签订投资协议而未签署合伙协议，并非合伙关系而是无名合同关系

一、案例简介

1. 事实经过

2012 年 4 月 5 日，北京君业投资基金管理有限公司（以下简称君业公司）（甲方）与王昆（乙方）签订《入伙协议》。协议载明，甲方（普通合伙人）：君业公司，乙方（有限合伙人）：王昆。合伙企业名称：北京君投军华资本管理中心（有限合伙）（以下简称君投军华中心），普通合伙人和执行事务合伙人为君业公司。鉴于：甲方发起成立君投军华中心，代表合伙企业签署本协议。第 1 条规定，乙方自愿作为有限合伙人加入君投军华中心，承诺认缴出资 500 万元，同意甲方为执行君投军华中心事务的合伙人，并自愿就君投军华中心的上述出资享有相应的权利和风险，并承担有限责任。第 7 条规定，有限合伙人从其出资到达合伙企业账户时开始享受收益，并划拨回原出资银行账户。1. 乙方出资预期收益率的起息日为 2012 年 4 月 5 日；在出资到账至起息日期间，乙方按照同期银行活期存款利率享受收益。2. 自合伙企业完成资金募集之日起，每 12 个月为一个财务年度，期末如有可分配利润，按合伙人出资额进行分红。第 8 条规定，自资金筹集完成之日起满 2 年及此后满 3 年（第 5 年）时，有限合伙人有权分别提前 1 个月提出退伙申请，并以书面形式通知执行事务合伙人。（1）有限合伙人在满 2 年退伙时，合伙企业退还退伙人的出资和未分配收

益(年均总收益率不低于11%/年,单利,上不封顶)。(2)有限合伙人在满2年未退伙但在此后满3年(第5年)时,合伙企业退还退伙人的出资和未分配收益(年均总收益率前2年不低于11%/年,后3年不低于15%/年,均为单利,上不封顶)。

2012年4月5日,王昆向君投资本中心转账500万元。2014年,君投军华中心的执行事务合伙人君投资本中心变更为君业公司。君投军华中心分别于2014年10月17日和2014年12月29日向王昆转款100万元,共计200万元。王昆分别于收款日出具收据,载明:今收到君投军华中心投资款100万元。

王昆签订《入伙协议》时,君投军华中心已经登记成立,王昆出资后,君业公司及君投军华中心就王昆的出资并未办理相应的工商变更登记,王昆亦未签署君投军华中心的合伙协议。

王昆向一审法院起诉请求:判令君投军华中心偿还王昆出借本金475.77万元;判令君投军华中心向王昆支付利息(以475.77万元为基数,按照年利率15%,自2014年12月29日起至实际交付之日止);判决君业公司、彭俊明、君投资本中心、君范公司承担连带清偿责任。

君投军华中心、君业公司、彭俊明、君投资本中心、君范公司辩称,不同意王昆诉讼请求,认为王昆与君投军华中心之间是合伙关系。王昆签署了风险提示书,根据企业经营状况可能会产生风险,有可能达不到约定的收益;第9条约定了收益分配,大部分都是归投资人的,原被告并不是借贷关系;入伙协议内容都是根据《合伙企业法》订立的,原被告之间合伙关系成立;君投军华中心及李某退还王昆投资款,是出于息事宁人的考虑,也有王昆对君投军华中心的胁迫。

2. 核心争议

君投军华中心与王昆之间的法律关系是民间借贷关系、合伙企业与有限合伙人关系或是无名合同关系。

3. 交易结构图

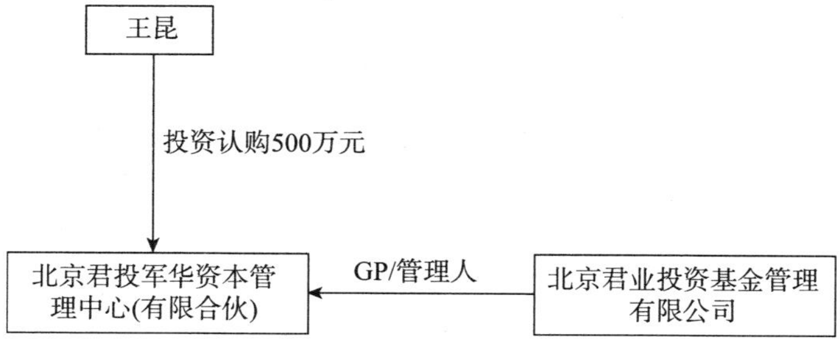

图3-1 交易结构图

二、裁判结果

一审法院北京市西城区人民法院认为，君业公司与王昆签订的《入伙协议》系双方真实意思表示，未违反法律、行政法规的强制性规定，合法有效。因《入伙协议》并未约定固定收益，故王昆与君投军华中心之间并非借款合同关系。王昆与君投军华中心之间亦并非合伙关系。因从双方合同目的来看，君投军华中心系为获得王昆的出资，王昆系为获得投资收益，无需参与经营，亦不承担合伙企业的风险和损失，不符合合伙企业的基本法律特征。同时判令君投军华中心于判决生效之日起7日内偿还王昆欠款410万元，君投军华中心于判决生效之日起7日内赔偿王昆利息损失（均按照年利率6%；自2014年4月5日起至2014年12月29日止，以500万元为基数计付；自2014年12月30日起至实际付清之日止，以410万元为基数计付）。君业公司对君投军华中心的上述债务承担连带清偿责任。

二审法院北京市第二中级人民法院认为，《入伙协议》中虽存在“私募股权投资”“有限合伙人”“执行事务合伙人”等表述，但鉴于王昆并未登记为君投军华中心的有限合伙人，《入伙协议》存在承诺最低收益、“保证退伙人的本金和预期收益”等违反现行《私募投资基金监督管理暂行办法》的条款，且君投军华中心未提供证据证明其在基金业协会备案的合伙协议与《入伙协议》一致，故二审法院认为君投军华中心并非基于《入伙协议》发起设立的合伙企业型私募基金，王昆与君投军华中心基于《入伙协议》所形成的亦非投资人与合伙企业型私募投资基金之间的关系。从合同形式上看，君投军华中心与王昆之间形成的关系类似于私募基金与投资人之间的关系，但同时在《入伙协议》中又存在最低收益承诺，且君投军华中心在其未进行终止清算的情况下对王昆进行投资款返还，故王昆与君投军华中心中间的合同关系又具有借款合同关系的特征，一审法院认定君投军华中心与王昆之间的合同关系为无名合同并无不当。

三、裁判要旨

判断投资者与合伙制私募基金是否构成投资人与合伙制私募投资基金之间的关系，应根据投资人是否签署基金合同、是否在工商登记机关登记为合伙人、合伙企业是否在基金业协会备案等因素来综合认定。对于不构成投资人与私募基金关系的纠纷应根据投资人签署的投资协议来确定各自权责。

四、案例来源

1. 案例索引

【案件名称】北京君投军华资本管理中心(有限合伙)等与王昆合同纠纷案

【审理法院】北京市第二中级人民法院

【案号】(2018)京02民终1077号

【审理程序】二审

2. 关联案例

上海市浦东新区人民法院在"上海长时资产管理中心与上海银善投资有限公司、上海梧啸投资管理合伙企业合伙协议纠纷案"[(2014)浦民二(商)初字第1130号]中认为,采取有限合伙制私募投资基金在资金募集过程中,如投资人与有限合伙企业其他合伙人(包括其他投资人、普通合伙人/基金管理人)未签署基金合同合伙协议,则投资人与私募基金不构成合伙人与合伙企业的法律关系,亦非借贷法律关系,而是基于其签署的入伙协议/投资协议构成无名合同的法律关系,因此,发生的争议应根据投资人签署的入伙协议/投资协议来确定。

五、案例评析

有限合伙制形式是私募基金普遍采用的一种方式,除遵守《证券投资基金法》《私募投资基金监督管理暂行办法》等私募基金监管规定外,合伙制私募基金适用的主要法律为《合伙企业法》,这是判断是否构成合伙关系、投资者是否有效入伙的主要依据。如果投资者仅出资而未与其他合伙人签订合伙协议,即使其与执行事务合伙人或基金管理人签订了入伙协议,投资者与有限合伙企业也不构成合伙人与合伙企业的法律关系,亦非借贷法律关系,而是基于其签署的入伙协议/投资协议构成无名合同的法律关系,因此,发生的争议应根据投资人签署的入伙协议/投资协议来确定。重视并采取合法有效的入伙或出资形式,确保投资关系成立并合法有效,是私募基金募集机构和投资者均应引以为戒的风险点,否则由于募资或入伙"姿势"不对,极易引发纠纷,导致前期募集或出资行为功亏一篑。

六、案例启示

1. 正确入伙"姿势"应以书面入伙协议或和合伙协议,并经工商登记为原则

《合伙企业法》第19条第1款规定:"合伙协议经全体合伙人签名、盖章后

生效。合伙人按照合伙协议享有权利,履行义务。”第43条规定:“新合伙人入伙,除合伙协议另有约定外,应当经全体合伙人一致同意,并依法订立书面入伙协议。订立入伙协议时,原合伙人应当向新合伙人如实告知原合伙企业的经营状况和财务状况。”因此,不论是合伙制私募基金募集机构的合法募资还是投资者的有效出资,均应以签署书面合伙协议或入伙协议为前提,且需要特别注意的是,入伙协议在法律性质上并不能完全等同于合伙协议,新合伙人要成为合法有效的合伙人,还需要与全体合伙人签署书面合伙协议,并在工商登记机关中登记为合伙人,否则不构成合伙关系。

2. 错误入伙“姿势”的法律后果司法实践差异较大

实践中对于错误入伙“姿势”引发的投资者与私募基金或募集机构的纠纷在司法实践处理中差异较大,有的法院按照借贷关系处置投资款返还问题,也有法院按照合同无效处置的,而根据北京市高级人民法院于2007年4月21日发布的《关于审理金融类委托理财合同纠纷案件若干问题的指导意见(试行)》,对于投融资双方形成委托理财法律关系,受托财产依据双方合同约定处理,因此在不同管辖法院对错误入伙“姿势”导致的纠纷处置存在不小差异,需要投资者在投资认购私募基金前,注意防范投资合同无效或不成立的风险。

七、相关法规

《合同法》

第一百二十四条　本法分则或者其他法律没有明文规定的合同,适用本法总则的规定,并可以参照本法分则或者其他法律最相类似的规定。

《合伙企业法》

第十九条　合伙协议经全体合伙人签名、盖章后生效。合伙人按照合伙协议享有权利,履行义务。

修改或者补充合伙协议,应当经全体合伙人一致同意;但是,合伙协议另有约定的除外。

合伙协议未约定或者约定不明确的事项,由合伙人协商决定;协商不成的,依照本法和其他有关法律、行政法规的规定处理。

第四十三条　新合伙人入伙,除合伙协议另有约定外,应当经全体合伙人一致同意,并依法订立书面入伙协议。

订立入伙协议时,原合伙人应当向新合伙人如实告知原合伙企业的经营状况和财务状况。

《私募投资基金监督管理暂行办法》

第二条 本办法所称私募投资基金(以下简称私募基金),是指在中华人民共和国境内,以非公开方式向投资者募集资金设立的投资基金。

私募基金财产的投资包括买卖股票、股权、债券、期货、期权、基金份额及投资合同约定的其他投资标的。

非公开募集资金,以进行投资活动为目的设立的公司或者合伙企业,资产由基金管理人或者普通合伙人管理的,其登记备案、资金募集和投资运作适用本办法。

证券公司、基金管理公司、期货公司及其子公司从事私募基金业务适用本办法,其他法律法规和中国证券监督管理委员会(以下简称中国证监会)有关规定对上述机构从事私募基金业务另有规定的,适用其规定。

第八条 各类私募基金募集完毕,私募基金管理人应当根据基金业协会的规定,办理基金备案手续,报送以下基本信息:

(一)主要投资方向及根据主要投资方向注明的基金类别;

(二)基金合同、公司章程或者合伙协议。资金募集过程中向投资者提供基金招募说明书的,应当报送基金招募说明书。以公司、合伙等企业形式设立的私募基金,还应当报送工商登记和营业执照正副本复印件;

(三)采取委托管理方式的,应当报送委托管理协议。委托托管机构托管基金财产的,还应当报送托管协议;

(四)基金业协会规定的其他信息。

基金业协会应当在私募基金备案材料齐备后的20个工作日内,通过网站公告私募基金名单及其基本情况的方式,为私募基金办结备案手续。

第二节 劣后级投资者应根据其签署的基金协议承担损益责任

一、案例简介

1. 事实经过

祖伊萱、上海量沛资产管理有限公司(以下简称量沛公司)于2015年12月25日签署《基金合作协议》,为量沛3号共同出资1000万元组建安全垫资金一事达成如下协议:双方决定共同出资,为以量沛公司作为管理人的量沛3号组建安全垫资金,其中量沛公司出资200万元,祖伊萱出资800万元。该安全垫资金属于量沛3号产品的B级份额,产品封闭期为24个月,期间不可赎回,封闭期结束后可以赎回。量沛3号产品的A级份额为5000万元,产品封闭期为12个月,封闭期间不可赎回,封闭期结束后可以赎回。此A级份额基金产品由祖伊萱、量沛公司共同负责募集,各负责募集2500万元。双方所投B级份额基金产品是以量沛公司作为B级份额委托人进行投入,必须遵循量沛3号合同中规定的B级基金份额相关条款执行。当量沛3号在券商内部风控审核过会后,3日内将各自承诺所出的安全垫资金份额款项打入量沛3号资金账户内。双方共同出资的B级份额所产生的投资收益根据双方所投安全垫资金的比例进行分配。基金管理人对于B级份额基金产品所收取的认购费将按所认购比例退还给B级份额基金产品认购人,量沛公司作为产品管理人在该基金中所获得的产品管理费、产品赎回费与祖伊萱无关。B级份额基金产品所需支付券商的托管清算费由量沛公司承担。其中《量沛3号产品要素表》载明:产品名称为量沛3号;产品类型为主动管理型;发行公司为量沛公司;运作方式为开放运作;发行规模为6000万元;认购门槛为认购金额不低于100万元,追加金额不低于10万元;产品期限为永续;安全垫为管理人以自有资金认购1000万元,按照合同约定对投资人损失进行补偿;封闭期12个月,不允许申购和赎回;第13个月开始为开放期,可以赎回,可以申购,赎回收取净值的1%作为退出费;开放期开放日为每月20日,节假日顺延,申购费为1%,固定管理费为1%/年。投资范围为本计划财产主要投资于股票、证券投资基金、债券、央行票据、中期票据、短期融资券等以及中国证监会规定的其他投资品种。本计划将预警线设置为0.93元,平仓清盘线为0.88元;资产管理人对因执行上述清盘策略而对委托资产进行变现操作所造成的损失不承担责任;业绩报酬为按盈利的50%计提,每季末的最后一个交易日提取业绩报酬。祖伊萱于2016年2月15日将800万元汇入量沛公司账户。

量沛公司作为基金委托人、基金管理人,国联证券股份有限公司(以下简称国联证券)作为基金综合托管人,双方签订《量沛3号证券投资私募基金合同》(以下简称《基金合同》)1份,约定:量沛公司承诺认购/申购1000万元的本基金基金份额;基金名称为量沛3号;基金类别为契约型私募证券投资基金;基金的运作方式为封闭式运作;基金存续期限为自基金合同生效之日起1年,封闭期也为自基金生效之日起1年;基金成立条件为本基金设立时的初始资金不低于1000万元,持有本基金份额的委托人人数累计不超过200人;基金份额的初始面值为1.00元;基金管理人承诺在基金募集期以自有资金1000万元认购本基金份额,若在基金存续期内基金份额净值触发止损线提前终止或基金存续满1

年终止时基金份额累计净值低于1.00元,则执行补偿条款;该补偿条款只适用于在基金募集期认购的非管理人基金份额;若在基金存续期内,本基金触及止损线提前终止,基金终止日为补偿确认日,基金管理人承诺以其持有的基金份额为限用于补偿非管理人基金份额的损失等。之后量沛公司缴纳了双方共同组成的安全垫资金1000万元。《基金合作协议》签订后,量沛公司又签订了《量沛3号证券投资私募基金合同之补充协议》,在原合同基础上变更和补充合同条款部分内容。

量沛3号于2016年5月20日成立,基金类型为私募证券投资基金,基金管理人为量沛公司,管理类型为受托管理,2016年6月3日在中国基金业协会备案,备案编号为SJ9284。

2016年12月5日,祖伊萱向量沛公司提出《关于提前终止〈量沛3号证券投资基金合作协议〉的函》,表示:因祖伊萱本人自身原因,希望提前终止与量沛公司于2015年12月25日签订的《基金合作协议》,要求量沛公司在国联证券托管运营的量沛3号于2016年12月10日进行提前清算,并且于2016年12月15日将祖伊萱所投入的资金依据《基金合作协议》指定受益分配方案划入祖伊萱账户,并要求量沛公司提供国联证券的清算日为2016年12月10日的、加盖量沛公司公章及国联证券的托管业务章的《量沛3号证券投资基金清算报告》。当日,量沛公司向祖伊萱发出《关于提前终止的回函》,表示同意终止《基金合作协议》,于2016年12月10日对系争基金提前进行清算,于2016年12月15日将祖伊萱所投资于量沛3号的B级份额800万元及对应的损益划入祖伊萱指定账户。

2016年12月14日的《量沛3号证券投资私募基金清算报告》载明:基金管理人发布基金进入清算流程的公告,决定2016年12月10日为私募基金的终止日,本私募基金于2016年12月10日开始进行清算。截止到2016年12月10日,本基金产品所有投资中,除6只股票(市值共444,199.00元)因停牌无法清仓外,其余资产已全部变现。本基金需支付综合托管人托管费16,785.30元,支付管理人管理费111,902.06元,分配给除管理人外的基金委托人50,000,486.11元,剩余资产待停牌股票交现后进入二次清算等。2016年12月16日的《量沛3号证券投资私募基金清算报告之补充报告》载明:根据基金实际运行情况,基金管理人于2016年12月16日变更清算方案,决定将已变现部分资产先分配给管理人,剩余资产在二次清算后退出,因此,对《量沛3号证券投资私募基金清算报告》中部分条款进行补充和修改,其中将“本基金需分配给除管理人外的基金委托人的金额为50,000,486.11元”修改为“本基金需分配给除管理人外的基金委托人的金额为50,000,486.11元,需分配给管理人的金额为5,986,348.59元,剩余未分配资产在二次清算后分配”。2017年4月10日的《量沛3号证券投资私募基金二次清算报告》载明:本基金已于2016年12月15日分配给除管理人外的基金委托人50,000,486.11元,分配给管理人5,986,348.59元。截止到2017年4月7日,基金资产总计461,940.79元,除去负债,资产净值459,754.27元。经与综合托管人确认,本基金需分配给基金管理人金额为168,934.39元。本基金第一次清算结束后已有4只股票复牌,截止到2017年4月7日,本基金产品所有投资中还有2只股票(市值共290,790元)因停牌无法清仓变现。2017年7月10日的《量沛3号证券投资私募基金清算报告》载明:本基金已于2016年12月15日分配给除管理人外的基金委托人50,009,486.11元,分配给管理人5,986,348.59元。2017年4月7日分配给管理人168,934.39元。截止到2017年7月6日,基金资产总计231,590.92元,除去负债,资产净值230,876.46元。本基金二次清算结束后剩余的2只股票复牌,截止到2017年7月6日,本基金产品全部清仓变现。截止到2017年7月6日,基金资产总计231,590.92元,除去负债,资产净值230,876.46元。经与综合托管人确认,本基金需分配给基金管理人金额为230,876.46元。国联证券撤销业务内容申请表载明:2017年7月12日,量沛3号证券账户销户。量沛公司于2016年12月20日、22日共计返还祖伊萱4,789,078.87元。

2017年11月22日,中国证券监督管理委员会上海监管局向量沛公司作出沪证监决〔2017〕99号《关于对上海量沛资产管理有限公司采取出具警示函措施的决定》,载明:量沛公司在量沛3号销售过程中未采取问卷调查等方式,对个别投资者的风险识别能力和风险承担能力进行评估,由其书面承诺符合合格投资者条件;未制作风险揭示书,由其签字确认。上述行为违反了《私募投资基金监督管理暂行办法》第16条第1款的规定。按照《私募投资基金监督管理暂行办法》第33条的规定,对量沛公司采取出具警示函的行政监管措施。

祖伊萱诉至法院要求确认祖伊萱与量沛公司签订的《基金合作协议》无效,量沛公司返还祖伊萱剩余出资额及相应利息。

量沛公司辩称,双方于2015年12月25日签订的《基金合作协议》系双方共同出资组建量沛3号的安全垫资金,双方应共担风险、共享收益。根据《基金合作协议》的约定,祖伊萱出资800万元,量沛公司出资200万元,以量沛公司名义认购量沛公司作为私募基金管理人管理的量沛3号。2016年12月5日(基金存续期内),祖伊萱要求提前终止《基金合作协议》,提前清算量沛3号,并将安全垫资金剩余损益款项,按祖伊萱出资比例返款给原告,量沛公司没有任何过错。祖伊萱主张的款项是其投资行为所应承担的投资风险和投资损失,其投资损失不应由量沛公司承担,故要求驳回祖伊萱的诉讼请求。

2. 核心争议

《基金合作协议》的性质及祖伊萱是否具备相应的主体资格问题。

3. 交易结构图

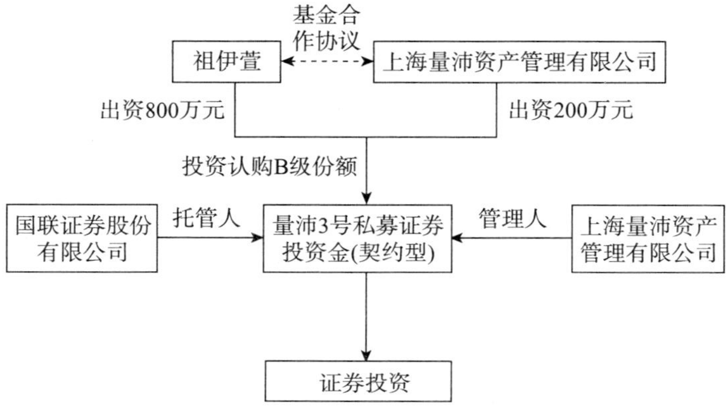

图3-2 交易结构图

二、裁判结果

一审法院上海市虹口区人民法院认为,祖伊萱、量沛公司签订的《基金合作协议》系双方真实的意思表示,该协议没有违反相关法律、法规的规定,合法有效,对双方均具有法律约束力。《基金合作协议》约定祖伊萱、量沛公司双方共同出资,为以量沛公司作为私募基金管理人的量沛3号组建安全垫资金1000万元,对投资者承担相应的损失补偿责任,故双方系合作投资关系,应共担风险,共负盈亏。安全垫资金属于量沛3号B级产品份额,其作用在于按照基金合同的约定对投资人损失进行补偿。祖伊萱于量沛3号运作6个月后即在封闭期内向量沛公司发函,主动要求提前终止《基金合作协议》,并要求量沛公司提供清算报告以确认量沛3号的损益情况。量沛公司同意祖伊萱提前清算的要求,委托托管方国联证券对量沛3号进行清算,并根据清算报告将第一次清算计算所得的安全垫资金剩余损益款项,按祖伊萱出资比例返款给祖伊萱。在第一次清算中,涉案基金产品投资中有6只股票因停牌无法清仓,股票解禁后托管方又先后进行两次清算,清算款已全部汇入量沛公司账户,现量沛3号证券账户已销户,量沛公司应根据清算报告将两次清算所得的安全垫资金剩余损益款项,按祖伊萱出资比例返款给祖伊萱。《基金合作协议》中约定,双方必须遵循量沛3号合同中规定的B级基金份额相关条款执行,产生的投资收益根据双方所投安全垫资金的比例进行分配。祖伊萱在量沛3号封闭期要求提前终止合作协议、提前清算,经全体基金委托人、基金管理人、托管人协商一致提前终止《基金合同》,提前清算基金财产,由此产生的投资损益应根据双方所投安全垫资金的比例进行分配。祖伊萱主张无事实和法律依据,对此不予支持。现量沛3号已清算完毕,分配给基金管理人的资产净值共计为6,386,159.44元,除量沛公司已给付祖伊萱4,789,078.87元外,尚余319,848.68元未给付,故量沛公司应给付祖伊萱319,848.68元。

二审法院上海市第二中级人民法院认为:首先,祖伊萱认为,系争《基金合作协议》虽名为合作协议,实为认购基金份额的基金合同。对此法院认为,对合同性质的判断应从合同条款中关于当事人权利义务的约定内容进行分析。《基金合作协议》明确约定祖伊萱与量沛公司共同出资组建安全垫资金作为B级份额,由量沛公司作为基金管理人和B级份额委托人,即B级份额的投入系以量沛公司名义进行,祖伊萱并非基金产品B级份额名义上的认购人;在系争基金产品的募集组建上,约定双方共同募集A级份额,且共同组建团队负责量沛3号基金在券商内部的材料报批工作,即祖伊萱的权利明显超出一般基金产品认购人的权利范围;投资收益分配方面,约定A级份额基金产品所产生的投资收益的10%及A级份额基金产品认购费按双方募集的A级份额比例分配,A级份额基金产品所产生的投资收益的40%作为基金管理人的业绩报酬,由双方按5∶5的比例进行分配,即祖伊萱主要投资收益来自所募集份额的收益及管理人的业绩报酬,区别于一般基金产品认购人的收益模式。故系争《基金合作协议》系一般的合作协议,属于双方共同投资行为,法律法规对签订此类合同的主体并未作出强制性规定,故祖伊萱主张其作为个人投资者不能成为基金管理人,量沛公司也未对祖伊萱进行合格投资者的确认,系争《基金合作协议》未成立的意见,与查明的事实不符,法院不予采纳。其次,中国证券监督管理委员会上海监管局出具的答复函和行政监管措施决定书仅确认量沛公司在系争基金产品募集过程中存在违规行为,对系争《基金合作协议》并未涉及,且如前所述,祖伊萱并非作为一般投资者认购基金产品份额,量沛公司是否对其进行问卷调查、风险测评、合格投资者确认,并不影响双方所签协议的效力。最后,系争《基金合作协议》明确约定，双方所投B级份额基金产品是以量沛公司作为B级份额委托人进行投入，必须遵循量沛3号合同中规定的B级基金份额相关条款执行。从祖伊萱签署系争《基金合作协议》的行为，及此后发出提前终止系争《基金合作协议》的函所载明内容来看，祖伊萱对收益分配的约定是明知的。量沛公司根据第一次清算报告支付了祖伊萱相应款项，并提交了第二次和第三次的清算报告，祖伊萱不能提供相反证据证明清算报告存在错误，一审判决量沛公司根据清算报告结果按比例支付祖伊萱相应款项，并无不当。

三、裁判要旨

劣后级投资者应根据基金合同约定对优先级投资者承担相应的损失补偿责任。

四、案例来源

1. 案例索引

【案件名称】祖伊萱与上海量沛资产管理有限公司证券投资基金交易纠纷案

【审理法院】上海市第二中级人民法院

【案号】(2018)沪02民终2502号

【审理程序】二审

2. 关联案例

北京市朝阳区人民法院在“潘少华与中信信托有限责任公司营业信托纠纷案”[(2016)京0105民初15707号]中认为，信托计划关于A类受益人、B类受益人及不同收益分配设置的性质，根据《中国银监会关于加强信托公司结构化信托业务监管有关问题的通知》，结构化信托业务是指信托公司根据投资者不同的风险偏好对信托受益权进行分层配置，按照分层配置中的优先与劣后安排进行收益分配，使具有不同风险承受能力和意愿的投资者通过投资不同层级的受益权来获取不同的收益并承担相应风险的集合资金信托业务。据此，信托计划可区分为优先委托人和劣后委托人，并将受益权相应配置为优先受益权和劣后受益权。本案信托计划分为A类受益人和B类受益人，并对两类受益人的收益权分配顺序及收益进行约定，性质上属于结构化信托业务的分层配置方式。

五、案例评析

证券投资领域在基金产品设计上有结构化模式与平层模式之分，结构化产品可以同时满足不同风险偏好的投资者需要，近年来在私募基金产品设计中被大量采用。“结构化”一词最早源于原中国银监会发布的《中国银监会关于加强信托公司结构化信托业务监管有关问题的通知》，指信托公司根据投资者不同的风险偏好对信托受益权进行分层配置，按照分层配置中的优先与劣后安排进行收益分配，使具有不同风险承担能力和意愿的投资者通过投资不同层级的受益权来获取不同的收益并承担相应风险的集合资金信托业务。结构化通过优先级、劣后级或A级、B级份额在收益分配顺序、资金用途方面的约定，可以起到对优先级或A级份额收益一定的保障作用。《证券投资基金法》及行政法规对分级基金并未作出明确规定。因此，上述分级安排系当投资者之间对相关权利义务事项的处分或约定，在不违反法律、行政法规的强制性规定的情况下，应合法有效。本案中法院正是坚持法不禁止皆可为的原则，认为祖伊萱、量沛公司签订的《基金合作协议》系双方真实的意思表示，该协议没有违反相关法律法规的规定，合法有效，对双方均具有法律约束力，双方应按照合作协议的约定履行合同。

六、案例启示

1. 基金管理人发行分级产品应注意遵循监管要求

虽然《证券投资基金法》等法律、行政法规对分级基金产品未作出明确规定，但私募基金管理人在设计、发行结构化私募基金产品时，应注意遵循《私募投资基金监督管理暂行办法》《证券期货经营机构私募资产管理业务运作管理暂行规定》《关于规范金融机构资产管理业务的指导意见》等规定及中国基金业协会的自律性规则关于结构化私募基金产品的规定。比如，《私募投资基金监督管理暂行办法》第15条规定，“私募基金管理人、私募基金销售机构不得向投资者承诺投资本金不受损失或者承诺最低收益”。《关于规范金融机构资产管理业务的指导意见》对各类型私募基金的杠杆比例作出了明确规定，固定收益类产品的分级比例不得超过3∶1，权益类产品的分级比例不得超过1∶1，商品及金融衍生品类产品、混合类产品的分级比例不得超过2∶1，并明确规定分级资管产品不得直接或者间接对优先级份额认购者提供保本保收益安排，这些行业监管要求是业内相关机构必须遵守的规则，虽然不会影响到合同的效力，但仍然会影响到基金产品的备案以及面临监管处罚的风险。

2. 投资者在投资结构化基金产品时应根据自身风险偏好理性选择

结构化产品因其“同股不同权，同股不同责”的灵活性而在私募投资领域备受青睐，结构化私募基金主要包括三类，风险对冲型、固定收益型和混合型。风险对冲型是指优先级和劣后级均没有固定的预期收益率。当产品产生收益时，收益的一定比例要分配给劣后级；当产品发生亏损时，由劣后级本金补偿优先级本金。固定收益型，是指优先级有固定的预期收益。当产品产生收益时，优先级先拿走固定的预期收益，超过部分全部归劣后级所有；当产品发生亏损时，由劣后级本金补偿优先级本金及收益。混合型是指优先级既有预期固定收益，又有浮动收益。在产品合同中规定一个较低的预期固定收益；优先级收益超过该固定收益的部分，再按一定比例分配给劣后级；当产品发生亏损时，由劣后级本金补偿优先级本金及预期收益。通常而言，优先级的投资风险性相对较低，而同时投资收益回报也较低，劣后级的投资收益回报比较高，但同时承受较大的风险，投资者应根据自身的风险承受能力和投资收益期望等综合因素，审慎选择适合自己的结构化基金产品。

七、相关法规

《合同法》

第六十条 当事人应当按照约定全面履行自己的义务。

当事人应当遵循诚实信用原则，根据合同的性质、目的和交易习惯履行通知、协助、保密等义务。

《关于规范金融机构资产管理业务的指导意见》

二十一、公募产品和开放式私募产品不得进行份额分级。

分级私募产品的总资产不得超过该产品净资产的140%。分级私募产品应当根据所投资资产的风险程度设定分级比例（优先级份额/劣后级份额，中间级份额计入优先级份额）。固定收益类产品的分级比例不得超过3∶1，权益类产品的分级比例不得超过1∶1，商品及金融衍生品类产品、混合类产品的分级比例不得超过2∶1。发行分级资产管理产品的金融机构应当对该资产管理产品进行自主管理，不得转委托给劣后级投资者。

分级资产管理产品不得直接或者间接对优先级份额认购者提供保本保收益安排。

本条所称分级资产管理产品是指存在一级份额以上的份额为其他级份额提供一定的风险补偿，收益分配不按份额比例计算，由资产管理合同另行约定的产品。

《证券期货经营机构私募资产管理业务运作管理暂行规定》

第四条 证券期货经营机构设立结构化资产管理计划，不得违背利益共享、

风险共担、风险与收益相匹配的原则,不得存在以下情形:

(一)直接或者间接对优先级份额认购者提供保本保收益安排,包括但不限于在结构化资产管理计划合同中约定计提优先级份额收益、提前终止罚息、劣后级或第三方机构差额补足优先级收益、计提风险保证金补足优先级收益等;

(二)未对结构化资产管理计划劣后级份额认购者的身份及风险承担能力进行充分适当的尽职调查;

(三)未在资产管理合同中充分披露和揭示结构化设计及相应风险情况、收益分配情况、风控措施等信息;

(四)股票类、混合类结构化资产管理计划的杠杆倍数超过 1 倍,固定收益类结构化资产管理计划的杠杆倍数超过 3 倍,其他类结构化资产管理计划的杠杆倍数超过 2 倍;

(五)通过穿透核查结构化资产管理计划投资标的,结构化资产管理计划嵌套投资其他结构化金融产品劣后级份额;

(六)结构化资产管理计划名称中未包含"结构化"或"分级"字样;

(七)结构化资产管理计划的总资产占净资产的比例超过 140%,非结构化集合资产管理计划(即"一对多")的总资产占净资产的比例超过 200%。

《证券期货经营机构私募资产管理计划备案管理规范第 3 号——结构化资产管理计划》

一、严格按照"利益共享、风险共担、风险与收益相匹配"原则设计结构化资产管理计划。所谓利益共享、风险共担、风险与收益相匹配,是指在结构化资产管理计划产生投资收益或出现投资亏损时,所有投资者均应当享受收益或承担亏损,但优先级投资者与劣后级投资者可以在合同中合理约定享受收益和承担亏损的比例,且该比例应当平等适用于享受收益和承担亏损两种情况。

二、结构化资产管理计划合同中不得约定劣后级投资者本金先行承担亏损、单方面提供增强资金等保障优先级投资者利益的内容。

三、结构化资产管理计划应当根据投资标的实际产生的收益进行计提或分配,出现亏损或未实际实现投资收益的,不得计提或分配收益。

四、资产管理人可以按照《暂行规定》要求,通过以自有资金认购的资产管理计划份额先行承担亏损的形式提供有限风险补偿,但不得以获取高于按份额比例计算的收益、提取业绩报酬或浮动管理费等方式变相获取超额收益。

五、结构化资产管理计划的投资者不得直接或间接影响资产管理人投资运作(提供投资建议服务的第三方机构同时认购优先级份额的情况除外),不得通过合同约定将结构化资产管理计划异化为优先级投资者为劣后级投资者变相提供融资的产品。

六、结构化资产管理计划合同中应明确其所属类别,约定相应投资范围及投资比例、杠杆倍数限制等内容。合同约定投资其他金融产品的,资产管理人应当依据勤勉尽责的受托义务要求,履行向下穿透审查义务,即向底层资金方向进行穿透审查,以确定受托资金的最终投资方向符合《暂行规定》在杠杆倍数等方面的限制性要求。

证券期货经营机构不得以规避《暂行规定》及本规范要求为目的,故意安排其他结构化金融产品作为委托资金,通过嵌套资产管理计划的形式,变相设立不符合规定的结构化资产管理计划,或明知委托资金属于结构化金融产品,仍配合其进行止损平仓等保本保收益操作。

七、结构化资产管理计划可以通过业绩比较基准形式向优先级投资者进行推介,但应同时说明业绩比较对象、业绩比较基准测算依据和测算过程等信息。结构化资产管理计划的业绩比较对象应当与其投资标的、投资策略直接相关。

第三节　合伙企业应按照约定向投资者返还投资本息

一、案例简介

1. 事实经过

2014 年 2 月 28 日,北京金鸿华建投资管理中心(有限合伙)(以下简称金鸿华建中心)(甲方)、北京华建通源企业管理有限公司(乙方)与张俊德(丙方)签订《入伙协议》,其上载明:鉴于甲方系由乙方作为普通合伙人与中城华建资产投资有限公司作为次级有限合伙人发起设立的有限合伙企业,专项投资"美丽之都项目(一期)",丙方拟以入伙方式成为甲方的新合伙人。各方同意,丙方入伙后为甲方的优先级有限合伙人。丙方认缴出资额为 73 万元。丙方签署本《入伙协议》即成为甲方之优先级有限合伙人,其应根据《有限合伙协议》之规定按时足额将所认缴的出资额 73 万元支付至甲方开立的银行账户。丙方预期年化收益率为 9%。丙方投资期限为 12 个月,自实缴出资之日起计算,至期末分配之日止。丙方实缴出资日为当月 15 日前(含)的,自当月 16 日起计算投资收益,并开始计算收益分配期间;丙方实缴出资日为当月 16 日后(含)的,自次月 1 日起计算投资收益,并开始计算收益分配期间。本协议项下丙方计息日为 2014 年 3 月 1 日。甲方每半年向丙方分配一次收益,投资期限届满甲方向丙方分配实缴本金及全部未分配收益。该《入伙协议》附件为《有限合伙协议北京金鸿华建投资管理中心（有限合伙）南阳美丽之都项目主要条款摘录》中（以下简称《有限合伙协议》）。《有限合伙协议》载明：本投资计划，具体指合伙企业通过平安银行股份有限公司委托贷款的方式，向河南省锦寓置业有限公司提供资金，用于“美丽之都”项目的开发建设，并通过河南省锦寓置业有限公司清偿贷款本息获得投资收益。当日，张俊德通过银行转账向金鸿华建中心支付了73万元。

2014年3月3日，金鸿华建中心向张俊德出具《投资确认函》，其上载明：张俊德于2014年2月28日认购了金鸿华建中心发行的“南阳美丽之都项目（一期）”，实缴出资额为73万元，起息日为上述款项到账之日次日，即2014年3月4日，预期年化收益率为9%。张俊德于2014年3月3日签收上述确认函。2014年8月28日，金鸿华建中心向张俊德支付了收益32,850元。2015年3月19日，金鸿华建中心向张俊德支付了收益32,850元。2015年9月21日，金鸿华建中心向张俊德退还了本金30万元。因此，张俊德诉至法院要求金鸿华建中心返还剩余投资本金43万元及按照9%计算的投资收益。

二审期间补充查明事实：《入伙协议》第7条约定，新合伙人入伙后在金鸿华建中心的出资比例按照该新合伙人认缴出资占金鸿华建中心总认缴出资的比例计算，届时，原合伙人及所有新入伙的有限合伙人共同签署《有限合伙协议》的补充协议。金鸿华建中心称，除张俊德外，还有26人与金鸿华建中心签署了《入伙协议》，但全体合伙人并未就《入伙协议》第7条约定签署补充协议。张俊德不清楚其他合伙人的情况，也不知道其他合伙人是否存在的事实。

《入伙协议》的附件《有限合伙协议》主要条款摘录第5条“收益分配”第1款第1项约定，合伙企业的投资收益每半年分配一次（期中分配），本投资计划终止时，向合伙人分配全部未分配收益及本投资计划本金（期末分配）；第3项约定，企业分配投资收益，以分配日前合伙企业实际已实现的收益为基础，只分配在分配日前已经实际收到的收益。

金鸿华建中心否认其于2015年9月21日向张俊德支付的30万元系归还投资本金，但经法院询问，该中心未能对上述款项性质予以明确，仅称因张俊德到金鸿华建中心主张权利，金鸿华建中心为解决问题而支付了上述款项。金鸿华建中心称，因张俊德退伙时间已经确定，故未就张俊德投资及入伙办理工商变更登记。另外，金鸿华建中心称《入伙协议》约定的投资期限届满的后果是退伙。

2. 核心争议

张俊德与金鸿华建中心之间所签《入伙协议》及其附件等所反映的双方之

间法律关系性质是否为投资关系。

3. 交易结构图

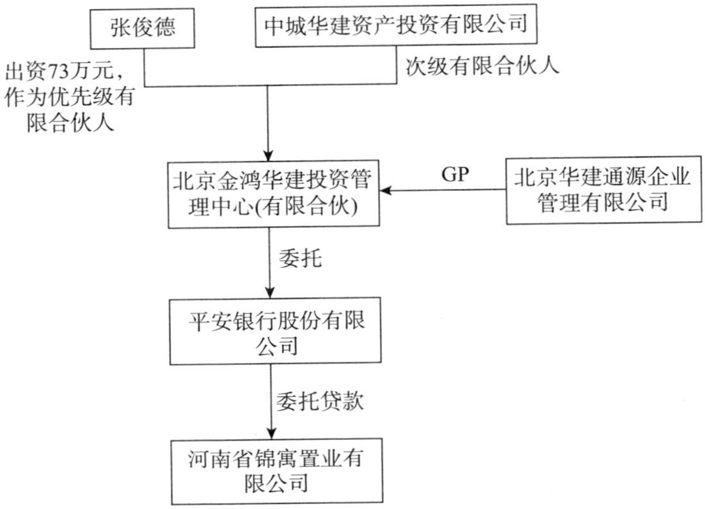

图3－3　交易结构图

二、裁判结果

一审法院北京市海淀区人民法院认为，张俊德与金鸿华建中心签订的《入伙协议》及《投资确认函》系双方真实意思表示，且不违反法律、行政法规的强制性规定，因此合法有效，对双方具有约束力。按照《入伙协议》及《投资确认函》的约定，张俊德认缴出资额为73万元，预期年化收益率为9%，投资期限为12个月，自实缴出资之日起计算，至期末分配之日止，投资期限届满金鸿华建中心向张俊德分配实缴本金及全部未分配收益。张俊德依约支付了出资款73万元，金鸿华建中心亦依约支付了一年期内的收益，现投资期限已满，金鸿华建中心仅返还本金30万元，尚未返还本金43万元，构成违约，张俊德要求其返还剩余本金43万元，有事实及法律依据，法院予以支持。关于利息问题，依据《入伙协议》，张俊德投资期限为12个月，自实缴出资之日起计算，至期末分配之日止。金鸿华建中心在投资期限届满后未归还本金，给张俊德造成了资金占用的损失。因此，张俊德要求金鸿华建中心支付自投资期限届满次日即2015年3月4日起未归还本金的利息，有事实及法律支持，该院予以支持。张俊德主张在投资到期后仍按照9%计算利息，缺乏法律依据，金鸿华建中心对此标准亦不予认可，故该院按银行同期贷款利率确定金鸿华建中心支付利息的标准，超出部分法院不予支持。

二审法院北京市第一中级人民法院认为，本案《入伙协议》，系张俊德与目标合伙企业金鸿华建中心签署，合伙人之间并未签署合伙协议，有限合伙人相互之间仅有资金集合的事实，并没有共同成立有限合伙、经营管理合伙企业的合意，协议内容强调的也不是合伙人之间的权利义务分配，而是投资人投资数额、投资期限、收益分配等内容，不符合合伙的法律特征。一审法院考虑上述情况，未将本案案由确定为合伙协议纠纷，而是根据协议内容确定为合同纠纷，并无不当，法院对金鸿华建中心上述意见不予采信。张俊德与金鸿华建中心签订的《入伙协议》及其附件《有限合伙协议》《投资确认函》系双方真实意思表示，不违反法律、行政法规的强制性规定，合法有效，对双方具有约束力。上述协议及确认函均载明，张俊德投资期限为12个月，预期年化收益率为9%；《入伙协议》及附件《有限合伙协议》亦有关于投资期限届满，金鸿华建中心向张俊德支付收益和本金的约定。现《入伙协议》约定投资期限已经届满，张俊德有权依约向金鸿华建中心主张返还投资本金。在金鸿华建中心已经向投资人张俊德支付投资收益和部分本金的情况下，表明金鸿华建中心同意向张俊德履行《入伙协议》中约定的义务，现金鸿华建中心又以投资收益尚未实际取得为由拒绝返还剩余款项，法院对其主张不予支持。《入伙协议》及其附件、《投资确认函》均明确约定了投资期限届满后，金鸿华建中心向投资人支付本金的内容，故金鸿华建中心有义务向张俊德返还实缴本金，一审法院判决认定金鸿华建中心应向张俊德返还剩余本金，并支付逾期付款利息，并不无当。

三、裁判要旨

有限合伙人投资者与目标合伙企业签署入伙协议，但合伙人之间并未签署合伙协议，有限合伙人相互之间仅有资金集合的事实，并没有共同成立有限合伙、经营管理合伙企业的合意，协议内容强调的也不是合伙人之间的权利义务分配，而是投资人投资数额、投资期限、收益分配等内容，不符合合伙的法律特征，该有限合伙人投资者与目标合伙企业之间不是合伙法律关系，而是合同纠纷。

四、案例来源

1. 案例索引

【案件名称】北京金鸿华建投资管理中心（有限合伙）上诉张俊德合同纠纷案

【审理法院】北京市第一中级人民法院

【案号】(2016)京01民终4967号

【审理程序】二审

2.关联案例

上海市静安区人民法院在“李玉梅与上海聚昱投资中心、上海宏鹤投资管理有限公司等委托理财合同纠纷案”[(2016)沪0106民初447号]中认为,原告李玉梅与被告上海聚昱投资中心(有限合伙)和被告上海宏鹤投资管理有限公司签订《认购风险声明书》《认购协议》《合伙人决议》真实合法。原告已按约履行合同义务,出资1,212,000元。现被告上海聚昱投资中心(有限合伙)未将钱款投入约定的项目,期限届满也未按约返还投资款及支付收益,被告倪锐对原告的出资和收益承诺担保还款,但仅履行部分还款义务,两被告均构成违约。诉讼中,被告上海聚昱投资中心(有限合伙)和被告倪锐对原告主张的事实和诉讼请求均无异议。因此,原告要求两被告赔偿的请求,与法无悖,可予准许。经查,被告上海宏鹤投资管理有限公司不是被告上海聚昱投资中心(有限合伙)的普通合伙人,也未按约办理合伙企业的变更登记手续,但其在《认购风险声明书》承诺对被告上海聚昱投资中心(有限合伙)债务承担无限连带责任,因此亦应对原告的上述损失承担连带赔偿责任。

重庆市涪陵区人民法院在“王可英与重庆量子民泰投资管理中心、重庆量子股权投资有限公司等合伙协议纠纷案”[(2017)渝0102民初1845号]中认为,依法成立的合同,对当事人具有法律约束力;当事人行使权利、履行义务应遵循诚实信用原则,按照约定全面履行自己的义务。原告王可英与被告重庆量子民泰投资管理中心(有限合伙)签订合伙协议及补充协议,原告王可英作为有限合伙人按约定支付投资款,不违反法律、法规的强制性规定,应受法律保护;被告重庆量子股权投资有限公司作为普通合伙人及基金管理人,书面承诺投资期满回购原告王可英已付投资份额,系其真实意思表示,不违反法律、法规的强制性规定;当事人均应按约定全面履行自己的义务。被告重庆量子民泰投资管理中心(有限合伙)未按协议约定兑付投资款及投资收益,在投资项目结算后仍按约定支付投资收益,但至今仍未组织合伙清算,原告王可英请求被告返还投资款170万元并支付投资收益,符合协议约定,法院予以支持。

上海市静安区人民法院在“沈益军与上海誉得股权投资基金管理有限公司其他合同纠纷案”[(2015)静民二(商)初字第492号]中认为,《上海誉淼投资中心(有限合伙)有限合伙协议》系当事人的真实意思表示,合法有效,各合伙人和合伙企业应遵守约定。合伙企业被告上海誉森投资中心(有限合伙)有义务根据合伙协议约定的时间和金额,向作为有限合伙人的原告派发收益,其未在基金项目约定的到期日向原告派发收益构成违约,应当承担违约责任。

五、案例评析

本案是一个典型的因投资协议签署主体错误引发的出资纠纷案件。对于合伙制私募基金而言,投资者投资认购的正确方式为投资者与全体合伙人签署入伙协议或合伙协议,除非合伙协议另有约定的外,投资者与目标合伙企业签订入伙协议,而未与全体合伙人签署入伙协议或合伙协议,导致入伙协议主体错误,不构成入伙;投资者与合伙企业之前系合同纠纷,应根据其签署的合同来确认权利义务关系。二审法院北京市第一中级人民法院并未对入伙协议签署主体错误后金鸿华建中心与张俊德签署的《入伙协议》及其附件《有限合伙协议》《投资确认函》的法律关系性质进行更进一步的分析,而是概括地认为上述协议系双方真实意思表示,不违反法律、行政法规的强制性规定,合法有效,对双方具有约束力。其实法院在此可以做更细致的分析,上述协议内容及金鸿华建中心在审理期间自认的事实——除张俊德外,还有 26 人与金鸿华建中心签署了《入伙协议》,张俊德不清楚其他合伙人的情况,也不知道其他合伙人是否存在的事实,两者之间更符合借贷关系的实质,张俊德与金鸿华建中心相互之间仅有资金集合的事实,并没有共同成立有限合伙、经营管理合伙企业的合意,张俊德追求的是固定收益和无风险投资本金返还。事实上金鸿华建中心对此亦是按此履约的,更证明两者之间关系本质是以合伙之名行民间借贷之实。

六、案例启示

1. 投资合伙制私募基金时应避免与不适格主体签署合伙协议

对于有限合伙人投资者来说,仅签署入伙协议或合伙协议是远远不够的,必须认识到与适格主体及时签订合伙协议的重要性,如此才能避免因错误入伙导致协议效力问题造成的“竹篮打水一场空”。《合伙企业法》第 19 条第 1 款规定:“合伙协议经全体合伙人签名、盖章后生效。合伙人按照合伙协议享有权利,履行义务”。第 43 条规定:“新合伙人入伙,除合伙协议另有约定外,应当经全体合伙人一致同意,并依法订立书面入伙协议。订立入伙协议时,原合伙人应当向新合伙人如实告知原合伙企业的经营状况和财务状况。”因此,投资者的有效出资,均应以签署书面合伙协议或入伙协议为前提,且需要特别注意的是,入伙协议在法律性质上并不能完全等同于合伙协议，新合伙人要成为合法有效的合伙人，还需要与全体合伙人签署书面合伙协议，并在工商登记机关中登记为合伙人，否则不构成合伙关系。

2. 私募基金合同中约定投资者固定收益存在合规风险

私募基金的本质是“受人之托、代人理财”，作为委托人的投资者应自行承担投资风险和投资收益，作为受托人的基金管理人应该履行勤勉尽责的管理义务，这正是《关于规范金融机构资产管理业务的指导意见》立法本意——通过打破刚兑的一系列措施，使私募投资关系逐渐回归本源，真正做到“卖者尽责、买者自负”。因此，从合规角度出发，私募基金合同内容应按照《证券投资基金法》《关于规范金融机构资产管理业务的指导意见》《私募投资基金监督管理暂行办法》《私募投资基金募集行为管理办法》《证券期货经营机构私募资产管理计划备案管理规范1－4号》《中国证券投资基金业协会私募投资基金备案须知》等法律法规和自律规则，避免约定投资者固定收益或保本保收益的内容，防范私募基金管理人在投资运作和经营管理中的合规风险。

七、相关法规

《合同法》

第八条 依法成立的合同，对当事人具有法律约束力。当事人应当按照约定履行自己的义务，不得擅自变更或者解除合同。

依法成立的合同，受法律保护。

第六十条 当事人应当按照约定全面履行自己的义务。

当事人应当遵循诚实信用原则，根据合同的性质、目的和交易习惯履行通知、协助、保密等义务。

第一百零七条 当事人一方不履行合同义务或者履行合同义务不符合约定的，应当承担继续履行、采取补救措施或者赔偿损失等违约责任。

第一百二十四条 本法分则或者其他法律没有明文规定的合同，适用本法总则的规定，并可以参照本法分则或者其他法律最相类似的规定。

《合伙企业法》

第十九条 合伙协议经全体合伙人签名、盖章后生效。合伙人按照合伙协议享有权利，履行义务。

修改或者补充合伙协议，应当经全体合伙人一致同意；但是，合伙协议另有约定的除外。

合伙协议未约定或者约定不明确的事项，由合伙人协商决定；协商不成的，依照本法和其他有关法律、行政法规的规定处理。

第四十三条　新合伙人入伙，除合伙协议另有约定外，应当经全体合伙人一致同意，并依法订立书面入伙协议。

订立入伙协议时，原合伙人应当向新合伙人如实告知原合伙企业的经营状况和财务状况。

第四节　合伙企业逾期支付投资者本金给投资者造成了资金占用损失，应当支付相应利息

一、案例简介

1. 事实经过

2013年6月21日，北京中和鸿儒投资管理中心（有限合伙）（以下简称中和中心）、北京国华大通投资管理有限公司（以下简称国华公司）与李康签订《合伙协议》，其上载明：李康同意作为有限合伙人与其他各方共同设立一家有限合伙企业，即中和中心。该中心的唯一普通合伙人为国华公司。李康认购金额为100万元，预期固定年化收益为12%，认购日期为2013年6月21日，投资期限为24个月，投资满一年投资者可提前赎回。收益分配时间为正式投资后每满一年进行一次分配，合伙企业到期后还付有限合伙人本金及剩余收益。如基金到期后所投标的物未能及时拍卖变现，根据合约规定，基金的回购方中天恒发控股（北京）有限公司（以下简称中天公司）溢价回购所有标的物，溢价价格为投资者利息。后附资金缴付账户，开户名称为中和中心。当日，李康通过银行转账向上述账户支付100万元。

2014年8月1日，李建华作为回购方代表与李康签订《国华大通项目延期给付协议》，约定于2014年10月31日前，由中天公司及其控制人李建华落实标的回购并对李康进行项目投资本息的给付，延期罚息按每日万分之五计算，追加李建华对该项目的个人无限连带责任担保。

同年12月4日，李康与李建华签订《还款协议》，约定延期给付方案：于2015年4月30日，由中天公司及李建华落实标的回购并对李康进行项目投资本息的给付，延期罚息按每日万分之五计算，追加李建华对该项目的个人无限连带责任担保。

因上述100万元本金及相应利息均未偿还，李康诉至法院要求李建华、中和

中心、国华公司连带承担归还“书画二期”项目投资本金100万元及相应的利息（利息计算方法按照年息12%计算，自2013年6月20日至实际归还之日）。

2. 核心争议

合伙企业是否应该以投资期收益率向投资者支付逾期投资本金利息。

3. 交易结构图

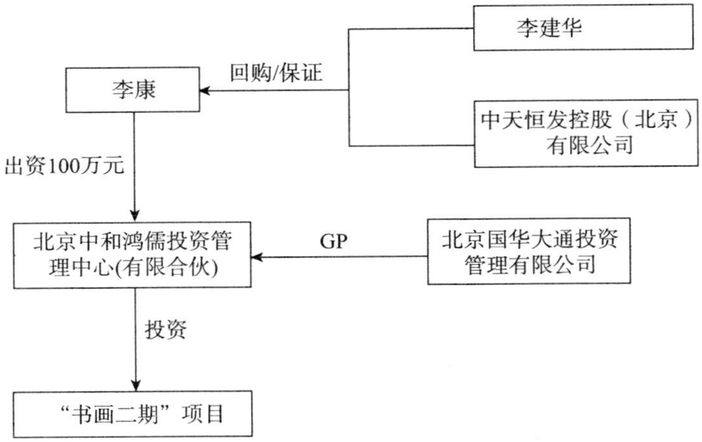

图3－4　交易结构图

二、裁判结果

北京市海淀区人民法院认为，中和中心、国华公司与李康签订的《合伙协议》，李建华与李康签订的《国华大通项目延期给付协议》、《还款协议》均系各方真实意思的表示，且不违反法律、行政法规的强制性规定，因此合法有效，对双方具有约束力。根据《合伙协议》的约定，李康认购金额为100万元，预期固定年化收益12%，投资期限为24个月，中和中心在投资期限到期后向李康还付本金及收益。李康依约支付了出资款100万元，现投资期限届满，中和中心未返还全部本金及收益，构成违约，李康要求其返还全部本金100万元，并按协议约定的收益标准支付自实际认缴日2013年6月21日至投资期限届满日2015年6月20日止的利息，有事实及法律依据，法院予以支持。中和中心在投资期限届满后未归还本金，给李康造成了资金占用的损失，因此，李康要求中和中心自投资期限届满次日即2015年6月21日起支付未归还本金的利息，有事实及法律依据，法院予以支持。李康主张在投资到期后仍按照12%计算利息，缺乏法律依据，故法院按银行同期贷款利率确定中和中心支付利息的标准，超出部分法院不予支持。

另外,《国华大通项目延期给付协议》《还款协议》均约定李建华对该项目承担个人无限连带责任担保。同时,《合伙协议》约定国华公司为中和中心的唯一普通合伙人,依据《合伙企业法》的有关规定,普通合伙人对合伙企业到期不能清偿的债务承担无限连带责任。综上所述,李康要求李建华、国华公司对中和中心的上述债务承担连带责任,有事实及法律依据,法院予以支持。

三、裁判要旨

逾期归还投资者投资本金,对投资者造成了资金占用的损失,投资者有权要求合伙企业支付应自逾期支付投资者本金之日起按照人民银行同期贷款利率的相应利息。

四、案例来源

1. 案例索引

【案件名称】李康与李建华等合同纠纷案

【审理法院】北京市海淀区人民法院

【案号】(2015)海民(商)初字第45431号

【审理程序】一审

2. 关联案例

北京市海淀区人民法院在"张俊德与北京金鸿华建投资管理中心(有限合伙)合同纠纷案"[(2015)海民(商)初字第43117号]中认为,关于利息问题,依据《入伙协议》,张俊德投资期限为12个月,自实缴出资之日起计算,至期末分配之日止。金鸿华建中心在投资期限届满后未归还本金,给张俊德造成了资金占用的损失。因此,张俊德要求金鸿华建中心支付自投资期限届满次日即2015年3月4日起未归还本金的利息,有事实及法律支持,法院予以支持。张俊德主张在投资到期后仍按照9%计算利息,缺乏法律依据,金鸿华建中心对此标准亦不予认可,故法院按银行同期贷款利率确定金鸿华建中心支付利息的标准,超出部分法院不予支持。

云南省昆明市官渡区人民法院在"郑艳芳诉昆明金九典兑投资合伙企业(有限合伙)、云南金九股权投资基金管理有限公司、云南涂典商贸有限公司、段志刚、徐俊洁、德宏州盈江县兆能木业有限公司合同纠纷案"[(2016)云0111民初6784号]中认为,原告要求云南金九医疗合伙企业(有限合伙)支付500,000

元本金自 2015 年 10 月 1 日起至全部还清时止按年利率 17% 计算的利息的诉请，根据最高人民法院《关于审理民间借贷案件适用法律若干问题的规定》第 26 条第 1 款关于“借贷双方约定的利率未超过年利率 24%，出借人请求借款人按照约定的利率支付利息的，人民法院予以支持”、第 29 条第 2 款第 2 项关于“约定了借期内的利率但未约定逾期利率，出借人主张借款人自逾期还款之日起按照借期内的利率支付资金占用期间利息的，人民法院应予支持”的规定，本案中双方约定的预期收利率为年 14%，法院按双方约定的利率予以计收利息。

五、案例评析

对于私募基金投资者投资本金的逾期利率如何计算问题，本案中法院认为，逾期归还本金对投资者造成资金占用损失，投资者有权要求合伙企业支付相应利息，但利息的计算应当以逾期之日人民银行同期利率为准，投资者主张以投资期间的收益率计算逾期利息，缺乏法律或约定依据，法院不予支持。北京市海淀区人民法院在该案中的观点，在司法实践中具有代表性，因投资协议或基金合同仅约定了投资者投资期间的预期收益率，投资者有权按照该投资预期收益率享受投资回报，但对投资期满合伙企业逾期支付的投资本金能否还以该投资预期收益率计算，投资协议或基金合同通常未约定，否则亦不至于就逾期利息发生纠纷。按照《民事诉讼法》举证责任分配，则需要投资者举证证明按照投资预期收益率计算的证据或法律依据，显然投资者无法证明，则应承担举证不利的后果。法院按照同期人民银行贷款利率计算逾期投资利率，具有一定的合理性。但上述司法裁判观点，并未形成统一的裁判尺度，在关联案例中，云南省昆明市官渡区人民法院在“郑艳芳诉昆明金九典兑投资合伙企业（有限合伙）、云南金九股权投资基金管理有限公司、云南涂典商贸有限公司、段志刚、徐俊洁、德宏州盈江县兆能木业有限公司合同纠纷案”中，认定当事人之间是名为合伙实为借贷的法律关系，并据此进一步认为当事人之间约定的投资收益率 14% 实为民间借贷的利率，且未超过年化利率 24%，最终按照该投资收益率为标准判决合伙企业向投资者支付逾期期间的资金占用利息。这是目前两类比较典型的处理逾期资金占用损失的案例，在逻辑上和推理上均能自洽，应属于司法自由裁量权的范围。

六、案例启示

1. 明确约定逾期支付投资本息的违约金或利息的计算方式

为避免因逾期支付投资本息发生争议，建议投资者在投资协议或基金合同中明确约定基金逾期支付投资者投资本金或投资收益的违约金、罚息的计算标准、计算方式等内容，而免予在发生纠纷后承担相应的举证责任。此外，鉴于现在司法实践中对逾期支付投资本金的资金占用损失的裁判尺度不一，并且考虑到国家监管层面已经要求私募基金不得对投资者保本保收益，打破刚性兑付势在必行，因此，不建议采用预期投资收益率作为标准，而是建议采用逾期支付罚息或违约金的方式，约定较高的为违约金支付标准，如同期人民银行贷款利率上浮100%或者按照应付未付部分每日万分之三的标准支付违约金，以此保持对私募基金及其管理人及时分配投资本息的压力。

2. 私募基金管理人应按照约定及时向投资者支付投资本息

经梳理相关案例，司法实践中对投资者主张的逾期支付投资本金的资金占用损失通常是予以支持的，并按照同期人民银行贷款利率或预期投资收益率的标准判决基金支付逾期利息，而且支付逾期利息本身符合公平原则。同时，基金合同或投资协议中通常均对基金的收益核算日、核算期间、收益支付日或分配日、基金收益、基金收入、基金费用等内容作了约定，核算并向投资者分配收益是基金管理人的一项重要职责，基金管理人未按约定分配投资收益应当承担违约赔偿责任。因此，基金管理人应根据基金合同及其他相关约定制定基金收益分配方案，应载明截至收益分配基准日的可供分配利润、基金收益分配对象、分配时间、分配数额及比例、分配方式等内容，并依据具体方案的规定就支付的现金收益向基金托管人发送划款指令，以及时进行现金收益的划付。

七、相关法规

《合同法》

第八条　依法成立的合同，对当事人具有法律约束力。当事人应当按照约定履行自己的义务，不得擅自变更或者解除合同。

依法成立的合同，受法律保护。

第六十条　当事人应当按照约定全面履行自己的义务。

当事人应当遵循诚实信用原则，根据合同的性质、目的和交易习惯履行通知、协助、保密等义务。

第一百零七条 当事人一方不履行合同义务或者履行合同义务不符合约定的，应当承担继续履行、采取补救措施或者赔偿损失等违约责任。

第一百二十四条 本法分则或者其他法律没有明文规定的合同，适用本法总则的规定，并可以参照本法分则或者其他法律最相类似的规定。

第五节 合伙企业与投资者并非合同关系，投资者无权要求合伙企业承担违约赔偿责任

一、案例简介

1. 事实经过

2015年6月22日，曹轶作为有限合伙人与上海超沅商务咨询有限公司（以下简称超沅公司）作为执行事务合伙人、南京舜源股权投资基金管理企业（有限合伙）（以下简称舜源合伙企业）作为合伙企业签订《合伙协议》，约定：全体合伙人共同设立舜源合伙企业，合伙人包括普通合伙人和有限合伙人，普通合伙人即超沅公司，有限合伙人指向合伙企业实缴出资并被普通合伙人接受的投资者，执行事务合伙人指合伙企业的普通合伙人即超沅公司；合伙企业设立的目的为通过进行证券市场投资交易，谋求合伙企业财产的增值；合伙企业首轮投资期限为1年，合伙企业实收资本总额达到1500万元或者合伙人数量达到50人时开始首轮投资，提前或推迟首轮投资开始时间的，应当经过合伙人会议决议；执行事务合伙人，对于合伙企业日常经营事务享有独占及排他的执行权和管理权，承担为合伙人的最大利益处理合伙事务，恪尽职守，履行诚实、信用、谨慎、有效管理，妥善保管合伙企业业务的交易记录、原始凭证及资料，按照合伙企业稳健的约定向合伙人分配合伙财产收益、履行信息披露等义务；有限合伙人以其实缴出资为限对合伙企业的债务承担责任，有权监督执行事务合伙人执行合伙事务并检查其执行情况，有权单独或共同召集或出席合伙人会议，参与投票、进行表决、作出决议等；合伙人会议是合伙企业的最高权力机构，合伙人会议由执行事务合伙人负责召集，或者由占合伙企业实收资本总额50%及以上合伙人向执行事务合伙人提出书面提议，执行事务合伙人决定不召集的，占合伙企业实收资本总额50%以上的合伙人有权自行或委托代表召集合伙人会议；合伙人会议由占合伙企业实收资本总额80%及以上的合伙人出席时合伙会议方可召开，合伙人会议作出的决议，应当经过占出席合伙人会议的合伙人出资总额80%及以上的合伙人同意通过；合伙企业投资于国内依法发行上市的股票、ETF、固定收益类工具（国

债、金融债、央行票据、企业债、公司债、短期融资券、中期票据、债券回购)、货币市场基金和银行存款及无风险期现套利产品,合伙企业持有一家上市公司的股票、单个 ETF 以及单一债券,其市值不得超过合伙企业财产净值的 50%;合伙企业财产设置预警线,预警线为 0.8,合伙企业财产净值触及 0.8 时,执行事务合伙人需通知全体合伙人,召集合伙人大会,决定是否继续操作,如果全体合伙人大会决定终止,则执行事务合伙人需按全体合伙人大会的决议出售全部股票,并办理退伙手续;合伙企业的所有收益原则上按照各合伙人出资比例对应约定进行分配,合伙企业的亏损原则上由合伙人按实缴出资比例分担,执行事务合伙人违反合伙企业文件的规定处理合伙事务,致使合伙财产遭受损失的,由执行事务合伙人以其自有财产赔偿;合伙企业首轮投资期内,有限合伙人不得转让其合伙企业权益或者要求退伙,合伙人会议决议同意的除外,合伙企业首轮投资期限届满或提前终止时,有限合伙人应当办理变更手续,变更为普通合伙人,不愿变更的应当依据本合同的约定办理退伙手续;全体合伙人同意,由执行事务合伙人担任清算人,执行事务合伙人负责合伙财产的保管、变现、清理、确认和分配;执行事务合伙人按月披露合伙企业财产净值,信息披露方式可以采取电子邮件、电话、信函、QQ 群等方式;合伙企业可能存在风险,执行事务合伙人将恪尽职守,履行诚实、信用、谨慎、有效管理的义务,但并不保证合伙财产的运用无风险,投资者在决定入伙前应谨慎衡量市场风险、管理风险、流动性风险、特别提示风险、税收风险、不可抗力及其他风险;合伙人或其他各当事方应严格遵守合伙企业文件的约定,任何一方违反部分或全部约定的,均应向守约方承担违约责任并赔偿因违约给守约方造成的损失等。

《合伙协议》附件一为《有限合伙人风险适合性调查问卷》,曹轶对风险承受能力自选"既可能获取 20% 以上的收益,也可能有 20% 以上的亏损",附件二为《入伙风险申明书》,其中载明了合伙企业不承诺保本和最低收益,合伙企业的投资具有一定的投资风险,适合风险识别、评估、承受能力较强的合格投资者等。

2015 年 6 月 25 日,曹轶向舜源合伙企业账户转账 20 万元。2015 年 8 月 3 日至 2016 年 7 月 3 日期间,超沅公司通过 QQ 群按月发布舜源基金 2015 年 7 月至 2016 年 6 月月报。2015 年 7 月的月报列明有限合伙人共 39 人,出资额合计 625 万元,截止到 2015 年 7 月 31 日,合伙企业期末资产为 502.3162 万元,期末净值为 502.3162 万元 ÷ 625 万元 = 0.8037。自 2015 年 8 月起,每月月报所披露的期末净值均低于 0.8。2016 年 7 月 3 日发布的 2016 年 6 月月报披露,截止到 2016 年 6 月 30 日,期末净值为 0.65。2016 年 7 月 2 日,舜源合伙企业召开合伙人大会,超沅公司于会后发布会议纪要,称当天实际到场25人,对于舜源合伙企业于2016年7月15日满1年后的运作合伙人未形成统一意见,会议决定在2016年7月15日前进一步沟通交流,形成切实可行的方案。2016年7月21日,超沅公司发布舜源合伙企业清算报告,称因合伙人大会无法达成继续投资的决定,根据合伙约定,办理退伙和清算事宜,合伙企业于2016年7月14日卖出所有股票,2016年7月18日转入银行账户并进行结息,合伙企业总资产合计2,690,504元,按初始投资总金额625万元计算,净值为0.43048,故曹轶的清算分配资产为86,096元。2016年7月25日,舜源合伙企业向曹轶退还投资款86,096元。

舜源合伙企业在光大证券股份有限公司开设的证券账户交易记录以及在中国光大银行开设的银行账户交易记录显示:在2015年6月至2016年7月期间,有多笔单一证券买入的市值超过合伙企业财产净值的50%;2016年7月14日卖出所有证券,2016年7月18日自证券账户转出2,690,377.11元至银行账户,当日银行账户结余2,690,427.9元,证券账户资金余额为77元。

曹轶以超沅公司、舜源合伙企业违反《合伙协议》的多项约定致其损失为由诉至法院,要求超沅公司、舜源合伙企业归还曹轶投入基金的剩余款项113,904元,并以86,096元为基数,按银行同期贷款利率支付2015年6月26日至2016年7月22日的利息,以113,904元为基数,按银行同期贷款利率支付自2015年6月26日起至实际还款之日止的利息。

2. 核心争议

执行事务合伙人违反合伙企业文件的规定处理合伙事务,致使合伙财产遭受损失的,合伙企业是否对此承担责任。

3. 交易结构图

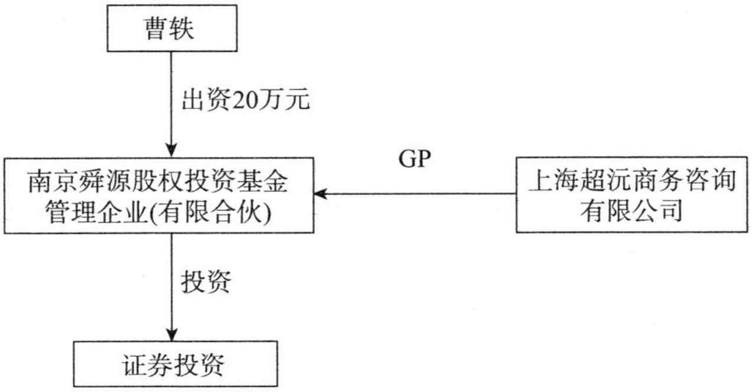

图3-5 交易结构图

二、裁判结果

一审法院南京市鼓楼区人民法院认为，曹轶及另外38人与超沅公司订立《合伙协议》，合伙成立舜源合伙企业，该合伙合同系双方真实意思表示，合同内容亦不违反法律、行政法规的禁止性规定，合法有效，双方均应按照《合伙协议》的约定履行各自的义务。曹轶以超沅公司、舜源合伙企业违反《合伙协议》的多项约定致其损失为由，请求判令超沅公司、舜源合伙企业承担违约赔偿责任，故本案的案由应为合伙协议纠纷。因舜源合伙企业并非合伙人，不存在合伙合同关系，故曹轶要求舜源合伙企业承担违约赔偿责任缺乏事实和法律依据，应不予支持。

二审法院江苏省南京市中级人民法院经审理认为，一审判决认定事实清楚，适用法律正确，应予维持。

三、裁判要旨

执行事务合伙人违反合伙企业文件的规定处理合伙事务，致使合伙财产遭受损失的，执行事务合伙人应当向有限合伙人投资者承担违约赔偿责任，但合伙企业并非合伙人，与有限合伙人投资者不存在合伙合同关系，有限合伙人投资者无权要求合伙企业承担违约赔偿责任。

四、案例来源

1. 案例索引

【案件名称】曹轶与南京舜源股权投资基金管理企业、上海超沅股权投资基金管理有限公司合同纠纷案

【审理法院】江苏省南京市中级人民法院

【案号】(2017)苏01民终10168号

【审理程序】二审

2. 关联案例

南京市建邺区人民法院在“蒋旭枫与刘江、上海超沅股权投资基金管理有限公司、南京丰源投资基金管理企业（有限合伙）合同纠纷案”[(2017)苏0105民初2250号]中认为，蒋旭枫主张丰源合伙企业、刘江与超沅公司共同承担赔偿责任，但丰源合伙企业、刘江并非合伙合同的相对人，依法不应承担合同义务及违约责任，如蒋旭枫有证据证明丰源合伙企业和刘江对其构成侵权，可另案诉讼

解决。

五、案例评析

本案很好解释了合伙人与合伙企业之间的法律关系,《合伙企业法》第2条第1款规定:"本法所称合伙企业,是指自然人、法人和其他组织依照本法在中国境内设立的普通合伙企业和有限合伙企业。"因此,从主体上来看,合伙人与合伙企业是两个不同的法律主体,虽然合伙企业并不具有独立法人地位,但并不妨碍合伙企业以自己名义独立从事民事活动;从产权关系上来说,合伙人基于出资持有的合伙企业份额财产权与合伙企业的财产权是两种不同性质的具有一定独立属性的财产权利;从责任关系上来看,对于有限合伙企业而言,在制度设计上更像是公司,有限合伙人仅以其认缴的出资额为限对合伙企业债务承担责任,而普通合伙人或普通合伙企业的合伙人则需对合伙企业债务承担连带责任。因此,合伙人与合伙企业之间是两个存在牵连关系但又相互独立的民事主体,合伙人基于出资而取得合伙人身份,从而形成与合伙企业之间的权利义务关系,但这种法律关系并不是合同关系,因为从合伙人与合伙企业成立的时间先后及是否存在有效的合约来看,两者之间不能存在并且事实上也不存这样的合约。因此,合伙人主张合伙企业对其出资损失承担违约赔偿责任缺乏法律根据,但两者之间可以构成侵权法律关系,则应适用《侵权责任法》的相关规定,如果合伙企业成立以后,两者建立其他合同关系,则亦存在合伙企业违约赔偿问题,但需要注意的是该违约赔偿法律关系并不是源于出资关系。

六、案例启示

1. 投资者基于出资关系不能向合伙企业主张投资损失的违约赔偿

投资收益或利润分配权是有限合伙人投资者基于出资关系而享有的一项基本权利,在符合法律规定及基金协议约定的情况下,投资者有权向合伙企业提出收益分配的主张,比如,合伙企业在扣除费用、税收等各项成本后有利润可以分配,并符合基金合同约定的分配条件及收益分配方案已经内部批准或全体合伙人一致同意。如果合伙企业未按照该收益分配方案向投资者分配收益,有限合伙投资人可参照最高人民法院《关于适用〈中华人民共和国公司法〉若干问题的规定(四)》(法释〔2017〕16号)第13条第1款"股东请求公司分配利润案件,应当列公司为被告",第14条"股东提交载明具体分配方案的股东会或者股东大会的有效决议,请求公司分配利润,公司拒绝分配利润且其关于无法执行决议的抗辩理由不成立的,人民法院应当判决公司按照决议载明的具体分配方案向股东分配利润"之规定,向人民法院提出相关诉讼。但收益分配请求权的基础是基于出资,并非合伙协议,因为合伙企业并非合伙协议的签约主体,投资者不能向合伙企业主张投资损失的违约赔偿。

2. 投资者投资合伙制私募基金时应注意审核签约主体的合法性

本书在第一编第一章、第三编第一章、第四编第一章介绍了不少因投资者签署入伙协议或合伙协议的主体错误而发生的投资纠纷,因投资者未与全体合伙人签署入伙协议,或者投资者与合伙企业签署合伙协议,均导致法院无法认定形成合法有效的合伙关系,因此,投资者在投资合伙制私募基金时,应注意审核签署主体的合法性,必须认识到与适格主体及时签订合伙协议的重要性。根据《合伙企业法》第 19 条、第 43 条的规定,投资者的有效出资,均应以签署书面合伙协议或入伙协议为前提,且需要特别注意的是,入伙协议在法律性质上并不能完全等同于合伙协议,新合伙人要成为合法有效的合伙人,还需要与全体合伙人签署书面合伙协议,并在工商登记机关中登记为合伙人,否则不构成合伙关系。

七、相关法规

《合同法》

第八条　依法成立的合同,对当事人具有法律约束力。当事人应当按照约定履行自己的义务,不得擅自变更或者解除合同。

依法成立的合同,受法律保护。

第六十条　当事人应当按照约定全面履行自己的义务。

当事人应当遵循诚实信用原则,根据合同的性质、目的和交易习惯履行通知、协助、保密等义务。

第一百零七条　当事人一方不履行合同义务或者履行合同义务不符合约定的,应当承担继续履行、采取补救措施或者赔偿损失等违约责任。

第一百一十三条第一款　当事人一方不履行合同义务或者履行合同义务不符合约定,给对方造成损失的,损失赔偿额应当相当于因违约所造成的损失,包括合同履行后可以获得的利益,但不得超过违反合同一方订立合同时预见到或者应当预见到的因违反合同可能造成的损失。

《合伙企业法》

第二条　本法所称合伙企业,是指自然人、法人和其他组织依照本法在中国境内设立的普通合伙企业和有限合伙企业。

普通合伙企业由普通合伙人组成,合伙人对合伙企业债务承担无限连带责任。本法对普通合伙人承担责任的形式有特别规定的,从其规定。

有限合伙企业由普通合伙人和有限合伙人组成,普通合伙人对合伙企业债务承担无限连带责任,有限合伙人以其认缴的出资额为限对合伙企业债务承担责任。

第九十七条 合伙人对本法规定或者合伙协议约定必须经全体合伙人一致同意始得执行的事务擅自处理,给合伙企业或者其他合伙人造成损失的,依法承担赔偿责任。

第一百零三条 合伙人违反合伙协议的,应当依法承担违约责任。

合伙人履行合伙协议发生争议的,合伙人可以通过协商或者调解解决。不愿通过协商、调解解决或者协商、调解不成的,可以按照合伙协议约定的仲裁条款或者事后达成的书面仲裁协议,向仲裁机构申请仲裁。合伙协议中未订立仲裁条款,事后又没有达成书面仲裁协议的,可以向人民法院起诉。

第二章　退伙纠纷

第一节　普通合伙人退伙时应对基于其退伙前的原因发生的合伙企业债务，承担无限连带责任

一、案例简介

1. 事实经过

2014 年 12 月 18 日，王秋菊通过银行转账向北京华宏投资管理中心（有限合伙）（以下简称华宏中心）支付 10 万元。2014 年 12 月 19 日，王秋菊与华宏中心签订《齐鲁证券吉利祥和一号定向资产管理计划合伙协议》（以下简称《合伙协议》），协议约定：各方根据《合伙企业法》及其他有关法律法规共建一家有限合伙企业：华宏中心。华宏中心已于本协议签订之前成立，并取得营业执照。第 2.7.1 条规定，有限合伙的普通合伙人为钟敬雪。第 4.1 条规定，普通合伙人对有限合伙的债务承担无限连带责任。第 4.9.4（2）条规定，新的普通合伙人签署书面文件确认同意受本协议约束并履行本协议规定的应由普通合伙人履行的职责和义务。第 4.9.7 条规定，普通合伙人依据。第 4.9 条被除名或被更换的，仍应依法对有限合伙在其被除名或更换之前发生的债务承担无限连带责任。第 5.5.1 条规定，有限合伙人在其签署本协议时确认的投资期限届满时退出合伙企业。后附的《合伙协议》签署页中载明：有限合伙人王秋菊，出资额 10 万元，投资期限 6 个月，预期年化收益率 10%。

华宏中心留存于北京市工商行政局备案的 2014 年 5 月

20 日的《华宏中心合伙协议》中载明:钟敬雪承担无限责任;北京中金华平国际投资基金管理有限公司(以下简称中金华平公司)承担有限责任。另一份留存备案的《华宏中心合伙协议》中载明:中金华平公司承担有限责任;李秀文承担无限责任。华宏中心的工商登记注册基本信息显示:华宏中心于 2015 年 5 月 26 日由原投资人钟敬雪、中金华平公司变更为现投资人李秀文、中金华平公司。

投资期满,华宏中心并未如约收到投资本金及收益,王秋菊诉至法院要求华宏中心退还投资款 10 万元及相应利息(以 10 万元为基数,按照银行同期贷款利率,自 2015 年 12 月 18 日起计算至实际付清之日止),钟敬雪、中金华平公司、李秀文承担连带责任。

2. 核心争议

钟敬雪作为普通合伙人已经退伙,是否应对华宏中心退还王秋菊投资款 10 万元及相应利息承担连带责任。

3. 交易结构图

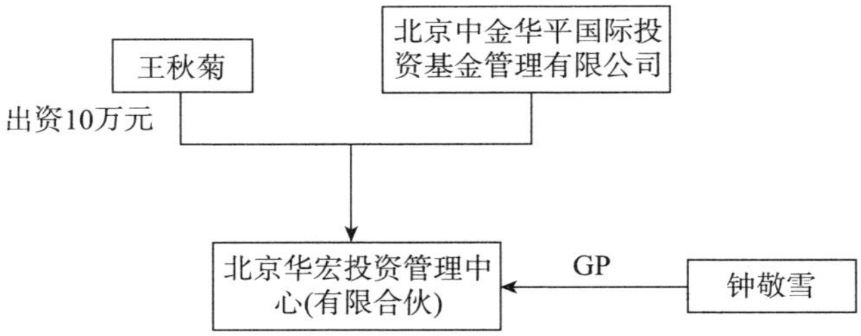

图 3-6 交易结构图

二、裁判结果

北京市海淀区人民法院认为,王秋菊与华宏中心签订的《合伙协议》系双方真实意思表示,且不违反法律、行政法规的强制性规定,因此合法有效,对双方具有约束力。按照协议约定,王秋菊认缴的出资额为 10 万元,预期年化收益率为 10%,投资期限为 6 个月。现投资期限已届满,华宏中心未依约向王秋菊支付本金,构成违约,王秋菊要求华宏中心退还投资款本金 10 万元,有事实及法律依据,法院予以支持。华宏中心在投资期限届满后未归还本金,给王秋菊造成了资金占用的损失,因此王秋菊要求华宏中心以 10 万元为基数,按照中国人民银行同期贷款利率支付利息,有事实及法律依据,法院予以支持。王秋菊自愿以 2015 年 12 月 18 日为利息起算点,不违反法律规定,法院予以支持。

王秋菊与华宏中心签订《合伙协议》时,钟敬雪为华宏中心的普通合伙人,中金华平公司为有限合伙人。2015 年 5 月 26 日,华宏中心投资人变更为李秀文、中金华平公司,李秀文为普通合伙人,中金华平公司为有限合伙人。依据《合伙协议》第 4.9.7 条以及《合伙企业法》的有关规定,普通合伙人钟敬雪在被更换后,仍应对基于其退伙前的原因发生的合伙企业债务,承担无限连带责任;新入伙的普通合伙人李秀文对入伙前合伙企业的债务亦承担无限连带责任。综上所述,王秋菊要求钟敬雪、李秀文对华宏中心的上述债务承担连带责任,有事实及法律依据,法院予以支持。中金华平公司作为有限合伙人,其仅以其认缴的出资额为限对合伙企业债务承担责任,王秋菊要求中金华平公司对华宏中心的上述债务承担连带责任,无事实及法律依据,法院不予支持。

三、裁判要旨

普通合伙人退伙,应对基于其退伙前的原因发生的合伙企业债务,承担无限连带责任。

四、案例来源

1. 案例索引

【案件名称】王秋菊与北京华宏投资管理中心(有限合伙)等合伙协议纠纷案

【审理法院】北京市海淀区人民法院

【案号】(2015)海民(商)初字第 30236 号

【审理程序】一审

2. 关联案例

湖北省武汉东湖新技术开发区人民法院在"深圳市金槌拍卖行有限公司与武汉蓝色经纬投资中心、王兴学入伙纠纷案"[(2016)鄂 0192 民初 473 号]中认为,被告陈丹武于 2011 年 4 月 21 日将其在被告投资中心的全部出资转让给被告王兴学,被告王贵才、郑启兵对此无异议。因此,被告陈丹武自 2011 年 4 月 21 日起不再是被告投资中心的合伙人。《合伙企业法》第 2 条第 3 款规定,"有限合伙企业由普通合伙人和有限合伙人组成,普通合伙人对合伙企业债务承担无限连带责任,有限合伙人以其认缴的出资额为限对合伙企业债务承担责任";第 53 条规定,"退伙人对基于其退伙前的原因发生的合伙企业债务,承担无限连带责任"。本案中,原告拍卖公司投入 3,000,000 元后,于 2016 年起诉形成本案纠纷,其与被告投资中心的债权债务关系发生在被告陈丹武退伙之后。因此,被告投资中心在本案中的债务,应由被告王贵才、王兴学承担无限连带责任,被告陈丹武不应承担责任。

湖南省娄底市(地区)中级人民法院在"卢迎春、卢致华民间借贷纠纷案"[(2018)湘13民终505号]中认为,关于上诉人卢迎春、卢致华对涉争借款是否需要承担连带清偿责任,上诉人卢迎春、卢致华提出他们已将合伙份额赠予他人,不应适用关于退伙的规定,不需再承担责任。经查,本案涉争借款发生于卢迎春、卢致华合伙期间,后卢迎春、卢致华将合伙份额赠予梁满德而退出合伙,根据《合伙企业法》第53条"退伙人对基于其退伙前的原因发生的合伙企业债务,承担无限连带责任"的规定,故一审判决其承担无限连带责任并无不妥,两上诉人与受赠人间的约定系其内部的约定,不及于第三人,上诉人卢迎春、卢致华提出的该上诉理由不能成立,法院不予支持。

五、案例评析

对普通合伙人而言,退伙发生后,退伙人退出了合伙企业,丧失了合伙人资格,与合伙企业不再有任何联系。同时,退伙人在退出合伙企业时,办理了退伙结算,已经对其权利义务进行了清理。因此,从逻辑上来说,退伙人退伙后,合伙企业发生的债务与其没有什么关系。但是,合伙企业的运行是连续性的,有些合伙企业债务虽然发生在合伙人退伙后,但是基于其退伙前的原因发生的,当时退伙人仍然是合伙企业的合伙人,对该笔债务的产生是有责任的。如果不让退伙人对该笔债务承担责任,对其他合伙人来说是不公平的。同时,如果退伙人对退伙后的所有合伙企业债务都不承担责任,可能会产生一定的道德风险,产生利用退伙逃避合伙企业债务,损害债权人利益的情况。因此,《合伙企业法》第53条规定:"退伙人对基于其退伙前的原因发生的合伙企业债务,承担无限连带责任。"在普通合伙人退伙时,其他合伙人应当与其按当时的合伙企业财产状况进行结算,退伙人退伙后仅就基于其退伙前的原因发生的合伙企业债务承担无限连带责任,对退伙后的原因发生的债务不再承担责任。对于本条规定,有三点值得注意:(1)退伙人(普通合伙人)对合伙企业债务承担责任的范围,仅限于基于其退伙前的原因发生的合伙企业债务,即产生该笔债务的原因应发生在退伙生效日之前。对基于退伙人退伙后的原因发生的合伙企业债务,退伙人不承担任何责任。(2)本条规定属于法律的强制性规定,合伙人不能以合伙协议约定或者以其他形式加以排除。即使其他合伙人与退伙人约定退伙后不再对合伙企业债务承担任何责任,也不能对抗基于退伙前的原因产生的合伙企业债务的债权人，合伙企业的债权人仍然可以要求退伙人承担无限连带责任；退伙人在承担责任后，可以依据约定向其他合伙人追索。(3)对于有限合伙人的退伙，因有限合伙人是以认缴的出资额为限对合伙企业债务承担责任，则当其退伙时，应以从合伙人企业取回的财产为限承担责任。

六、案例启示

1. 为避免退伙后对合伙企业债务承担责任，退伙时应做好结算和通知工作

《合伙企业法》第51条第1款规定，“合伙人退伙，其他合伙人应当与该退伙人按照退伙时的合伙企业财产状况进行结算，退还退伙人的财产份额。退伙人对给合伙企业造成的损失负有赔偿责任的，相应扣减其应当赔偿的数额”，第53条规定，“退伙人对基于其退伙前的原因发生的合伙企业债务，承担无限连带责任”。因此，为避免退伙后对合伙企业债务承担责任，有限合伙人或普通合伙人投资者在退伙时应做好合伙企业财产的结算工作和对债务人的通知工作，以退伙生效日当时的合伙企业财产状况对合伙企业资产负债情况进行登记和核实，并按照全体合伙人决议或者合伙协议的约定进行清产核资，以此作为退还合伙人财产份额的依据。同时，对于现存或隐性的负债，在退伙时应通知该债权人，对债务分担或偿还作出令债权人满意的约定，或由合伙企业负责偿还，或约定退伙合伙人承担的份额，并取得债权人的书面同意。

2. 有限合伙制私募基金的普通合伙人通过退伙的方式来规避连带责任的做法存有风险

根据《合伙企业法》第53条“退伙人对基于其退伙前的原因发生的合伙企业债务，承担无限连带责任”之规定，普通合伙人即使退伙后仍应对“基于其退伙前的原因”发生的合伙企业债务承担连带责任。立法机关在制定相关法律规则时，并未使用类似“退伙前发生的合伙企业债务”“退伙前已经存在的合伙企业债务”的前提条件，而是选择“基于其退伙前的原因”作为普通合伙人退伙承担连带责任的依据，包括了但不限于“退伙前发生的合伙企业债务”“退伙前已经存在的合伙企业债务”以及退伙前签署相关债务文件但纠纷发生在退伙以后的情况。通过分析相关案例，我们认为，立法机关在条文设计时已经煞费苦心，“基于其退伙前的原因”给予了司法机关比较宽松的自由裁量权限，其目的在于保护债权人利益，因为判断是否“基于其退伙前的原因”本身是一个比较主观的判断。因此，合伙制私募基金的普通合伙人如果想通过退伙的方式来规避连带责任，在法律上不具有可行性，因此，有限合伙投资人签署的交易文件时间在先，

退伙在后,合伙企业有按照合同约定向投资者支付投资收益(及/或投资本金)的义务。为此,对于普通合伙人而言,事先的风险隔离和风险防范就显得尤为重要。

七、相关法规

《合同法》

第八条 依法成立的合同,对当事人具有法律约束力。当事人应当按照约定履行自己的义务,不得擅自变更或者解除合同。

依法成立的合同,受法律保护。

第六十条 当事人应当按照约定全面履行自己的义务。

当事人应当遵循诚实信用原则,根据合同的性质、目的和交易习惯履行通知、协助、保密等义务。

第一百零七条 当事人一方不履行合同义务或者履行合同义务不符合约定的,应当承担继续履行、采取补救措施或者赔偿损失等违约责任。

《合伙企业法》

第二条 本法所称合伙企业,是指自然人、法人和其他组织依照本法在中国境内设立的普通合伙企业和有限合伙企业。

普通合伙企业由普通合伙人组成,合伙人对合伙企业债务承担无限连带责任。本法对普通合伙人承担责任的形式有特别规定的,从其规定。

有限合伙企业由普通合伙人和有限合伙人组成,普通合伙人对合伙企业债务承担无限连带责任,有限合伙人以其认缴的出资额为限对合伙企业债务承担责任。

第四十四条 入伙的新合伙人与原合伙人享有同等权利,承担同等责任。入伙协议另有约定的,从其约定。

新合伙人对入伙前合伙企业的债务承担无限连带责任。

第五十三条 退伙人对基于其退伙前的原因发生的合伙企业债务,承担无限连带责任。

第六十条 有限合伙企业及其合伙人适用本章规定;本章未作规定的,适用本法第二章第一节至第五节关于普通合伙企业及其合伙人的规定。

第二节　普通合伙人对合伙企业债务承担无限连带责任

一、案例简介

1. 事实经过

被告贵州世纪中天(遵义)房地产开发有限责任公司(以下简称中天遵义房开公司)经批准,对位于遵义市桃溪河畔的遵义桃溪河畔"六组团(云邸)"房开项目进行开发建设。2013年12月21日,被告贵州遵义桃溪河畔建设投资管理中心(有限合伙)(以下简称遵义桃溪河畔投资管理中心)、中天遵义房开公司、国投中基(北京)投资基金管理有限公司贵州分公司(以下简称中基投资公司贵州分公司)、鼎盛鑫融资担保有限公司在遵义宾馆联合召开新闻发布会,推介遵义桃溪河畔"六组团(云邸)"房地产项目,同时宣布联合推出"国投遵义桃溪河畔开发投资基金"。原告何开兰通过会上宣传资料介绍,于2013年12月29日与被告遵义桃溪河畔投资管理中心签订了中天桃溪河畔"六组团(云邸)"项目的《认购意向书》,意向认购"六组团(云邸)"项目私募股权投资基金,约定的基金存续期限为2年,现缴纳定金5000元,到期赎回时选择购房赎回方式按房屋平均价每平方米3580元计价,按编号顺序依次选房进行现房购置。原告按意向协议在遵义桃溪河畔"六组团(云邸)"售楼处预交定金5000元后,于同年12月30日与被告遵义桃溪河畔投资管理中心签订了《贵州遵义桃溪河畔建设管理中心(有限合伙)合伙协议书》,协议约定,《贵州遵义桃溪河畔建设管理中心(有限合伙)合伙协议书》由中天遵义房开公司、杨强作为普通合伙人与本协议所列名并签署协议的有限合伙人于2013年12月30日在遵义市共同订立,经营目的:合伙企业的目的是募集资金以股权方式投资于中天遵义房开公司,通过持有股份获得资本增值,从而给投资人带来超额收益以取得基金资产的增值;企业结构:国投遵义桃溪河畔开发投资基金以中天遵义房开公司、杨强作为普通合伙人、劣后投资人,杨强为合伙事务执行人,国投遵义桃溪河畔开发投资基金以中基投资公司贵州分公司为基金管理人,以原告为优先级投资人,以鼎盛鑫融资担保有限公司为担保机构,以中基投资公司贵州分公司为基金发行机构,在中信银行遵义分行设立资金保管账户。基金存续期限为2年,有限合伙人原告实缴出资额为455,000元,基金合伙退出方式为可选择性退出,一次行赎回本金及2年合计20%的投资收益(每年10%收益),或将投资款按每平方米3580元折抵遵义桃溪河畔"六组团(云邸)"现房购置款;同时还约定,如合伙企业发生亏损,亏损额度小于或等于普通合伙人的认缴出资额,则由普通合伙人承担全部的亏损,如亏损额度大于普通合伙人的认缴出资额,则先由普通合伙人按认缴出资额承担亏损,剩余亏损由普通合伙人承担无限连带责任,同时劣后投资人中天遵义房开公司、杨强对优先级投资人本金及收益安全起保障作用;在合伙企业存续期间,有限合伙人入伙满1年,提前1个月向普通合伙人书面提出,可以退伙等内容。协议签订后,原告先后向被告遵义桃溪河畔投资管理中心在中信银行遵义分行开设的国投遵义桃溪河畔开发投资基金账户存入现金200,000元和250,000元。后原告于2014年1月24日在被告中天遵义房开公司取得了金额为455,000元的国投中基投资基金募集专用收据,该收据载明的日期为2013年12月30日,同时加盖了遵义桃溪河畔投资管理中心、被告中天遵义房开公司公章和被告杨强个人印章。2014年1月24日,被告中基投资公司贵州分公司向原告出具《认(实)缴出资确认书》,该确认书载明原告认缴出资人民币455,000元,出资日期为2014年1月24日,于2016年1月24日向基金认购人分配基金收益,该基金进入清算程序,有限合伙的退出方式,可选择性退出:(1)合伙期届满,一次性赎回合计20%的投资收益;(2)将投资款按每平方米3580元折抵遵义桃溪河畔"六组团(云邸)"现房购置款,按合伙合约先后顺序的编号优先选房。2014年3月20日,被告鼎盛鑫融资担保有限公司向原告出具《合同履约担保函》,载明:鉴于原告与中天遵义房开公司及杨强签订的《贵州遵义桃溪河畔建设管理中心(有限合伙)合伙协议书》,鼎盛鑫融资担保有限公司作为保证方愿就履行主合同约定的义务,以保证的方式向原告提供如下担保:鼎盛鑫融资担保有限公司保证的金额是主合同约定的合同总价款455,000元和投资收益91,000元,保证方式为一般保证等内容。基金存续期限届满后,被告中天遵义房开公司开发建设的遵义桃溪河畔"六组团(云邸)"项目工期严重滞后,且无现房可选可购。经原告催收,被告中天遵义房开公司于2016年2月24日向原告出具了《退六团基金协议》,载明:公司承诺在2016年3月15日前退还原告购买的"六组团(云邸)"购房基金,本金人民币455,000元,利息按照协议计算,本息一次性付清。期限届满,被告未退还原告,原告何开兰故请求判决:由被告遵义桃溪河畔投资管理中心返还原告投资款本金45.5万元、收益9.1万元,共计54.6万元;由被告中天遵义房开公司、中基投资公司贵州分公司、鼎盛鑫融资担保有限公司、杨强承担连带清偿责任。

2. 核心争议

中天遵义房开公司、杨强作为普通合伙人是否应对遵义桃溪河畔投资管理中心返还原告何开兰投资款本金45.5万元、收益9.1万元承担连带责任。

3. 交易结构图

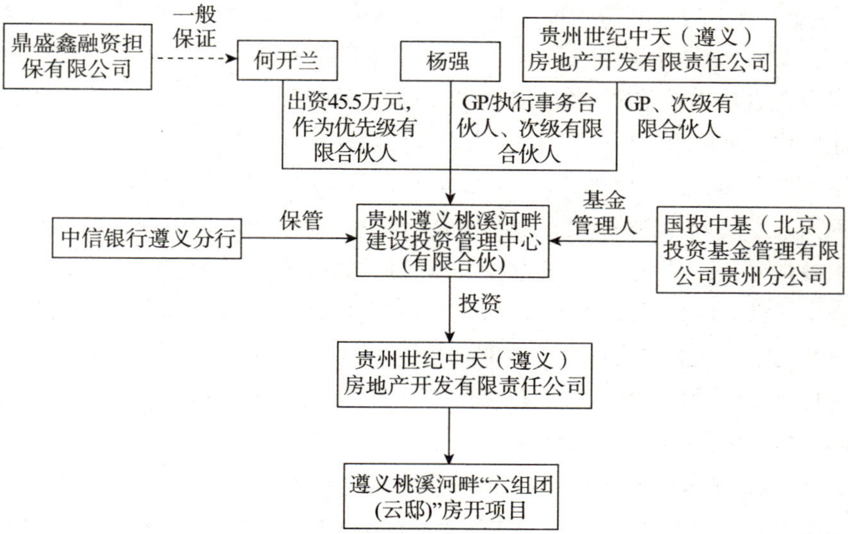

图3－7 交易结构图

二、裁判结果

贵州省遵义市红花岗区人民法院认为，被告中天遵义房开公司对位于遵义市桃溪河畔的遵义桃溪河畔“六组团(云邸)”房开项目进行开发建设，以出资人入伙的形式筹集房屋开发建设资金，同时以新闻发布会的形式对外宣传，推出国投遵义桃溪河畔开发投资基金信息。之后被告遵义桃溪河畔投资管理中心、杨强与原告签订《贵州遵义桃溪河畔建设管理中心(有限合伙)合伙协议书》，该协议书虽是合伙协议，但从协议关于原告作为优先级投资人，有较高的固定投资收益，还能以较低的购房价格从中天遵义房开公司购得现房，同时还有被告中天遵义房开公司对原告的投资本金及收益提供安全保障等内容看，原告作为资金投入的合伙人，义务是投入资金，权利是分享固定收益，即原告投资没有风险；被告遵义桃溪河畔投资管理中心和杨强与原告签订合伙协议，事实上是为被告中天遵义房开公司对遵义桃溪河畔“六组团(云邸)”房开项目的房屋开发建设筹集资金，具有融资性质。该合伙协议中，明确载明了国投遵义桃溪河畔开发投资基金，被告中天遵义房开公司和杨强作为普通合伙人，在合伙协议约定的原告投资本金及收益支付期限届满后，被告中天遵义房开公司、杨强没有按协议约定履行义务,后在原告的催收下,被告中天遵义房开公司才承诺限期退还原告投入资金本息。根据《合伙企业法》第45条关于"合伙协议约定合伙期限的,在合伙企业存续期间,有下列情形之一的,合伙人可以退伙:(一)合伙协议约定的退伙事由出现;(二)经全体合伙人一致同意;(三)发生合伙人难以继续参加合伙的事由;(四)其他合伙人严重违反合伙协议约定的义务"和第52条关于"退伙人在合伙企业中财产份额的退还办法,由合伙协议约定或者由全体合伙人决定,可以退还货币,也可以退还实物"的规定,应认定原告事实上经被告中天遵义房开公司、杨强同意退伙,被告遵义桃溪河畔投资管理中心应承担退还原告投资本息,原告要求被告遵义桃溪河畔投资管理中心退还投资本息理由充分,法院予以支持;对于利息计算,被告遵义桃溪河畔投资管理中心收取原告款项时间已超过2年,应按双方约定的认缴出资额20%计算。根据《合伙企业法》第2条第3款关于"有限合伙企业由普通合伙人和有限合伙人组成,普通合伙人对合伙企业债务承担无限连带责任,有限合伙人以其认缴的出资额为限对合伙企业债务承担责任"的规定,被告中天遵义房开公司、杨强对该款项的履行应承担无限连带责任,其原告主张被告中天遵义房开公司、杨强对该款项的履行承担连带责任的理由于法有据,法院予以采信。被告鼎盛鑫融资担保有限公司作为保证人,就履行主合同约定的合同总价款455,000元和投资收益91,000元进行保证,约定的保证方式为一般保证,根据《担保法》第17条第1款、第2款关于"当事人在保证合同中约定,债务人不能履行债务时,由保证人承担保证责任的,为一般保证。一般保证的保证人在主合同纠纷未经审判或者仲裁,并就债务人财产依法强制执行仍不能履行债务前,对债权人可以拒绝承担保证责任"的规定,应当在被告遵义桃溪河畔投资管理中心、被告中天遵义房开公司和杨强履行不能时承担一般保证责任。被告中基投资公司贵州分公司作为基金管理人,协议没有约定其承担相应责任,故不应承担本案责任,原告主张其承担连带责任理由不充分,法院不予采纳,遂判决被告遵义桃溪河畔投资管理中心在判决生效后10日内,支付原告何开兰本金455,000元、利息91,000元,共计546,000元;由被告中天遵义房开公司和杨强对上述款项承担连带清偿责任;由被告鼎盛鑫融资担保有限公司对上述款项承担一般保证责任。

三、裁判要旨

普通合伙人对合伙企业债务承担无限连带责任,有限合伙人以其认缴的出资额为限对合伙企业债务承担责任。

四、案例来源

1. 案例索引

【案件名称】何开兰与贵州遵义桃溪河畔建设投资管理中心(有限合伙)(以下简称遵义桃溪河畔投资管理中心)、贵州世纪中天(遵义)房地产开发有限责任公司(以下简称中天遵义房开公司)、国投中基(北京)投资基金管理有限公司贵州分公司、鼎盛鑫融资担保有限公司、被告杨强合同纠纷案

【审理法院】贵州省遵义市红花岗区人民法院

【案号】(2016)黔0302民初4472号

【审理程序】一审

2. 关联案例

北京市第二中级人民法院在"张丽丽与张剑鸣等合伙协议纠纷案"[(2018)京02民终4695号]中认为,关于光耀公司和张丽丽、张剑鸣的责任问题。《合伙企业法》第2条第3款规定:"有限合伙企业由普通合伙人和有限合伙人组成,普通合伙人对合伙企业债务承担无限连带责任,有限合伙人以其认缴的出资额为限对合伙企业债务承担责任。"入伙协议签订时,张剑鸣已退伙,张丽丽系广发中心的普通合伙人,故张丽丽应对广发中心的债务承担无限连带责任,张剑鸣不再承担责任。虽然张丽丽辩称其不是广发中心的普通合伙人,并提交鉴定意见书予以证明。但一审法院认为,工商变更档案中签名不是本人书写并不当然否定张丽丽的普通合伙人身份。张丽丽已经是广发中心在工商行政管理部门登记的普通合伙人,该登记具有公示、公信效力,未经法定程序不得随意变更、撤销或否认,况且张丽丽除鉴定意见书外亦未提交其他证据推翻该工商登记,故一审法院对其抗辩意见不予采信,对其据此提出的反诉请求亦不予支持。根据《合伙企业法》第44条第2款之规定,"新合伙人对入伙前合伙企业的债务承担无限连带责任",光耀公司亦应对广发中心的债务承担无限连带责任。

五、案例评析

相对于公司制私募基金而言,有限合伙制私募基金可以在出资人之间的权利义务的配置上进行更为灵活安排,来满足不同出资人的需求,其中一个突出的优势即是普通合伙人(GP)与有限合伙人(LP)的设置,基金管理公司作为普通合伙人仅以少量出资,主要负责基金的投资决策和管理运营,但承担无限连带责任,而有限合伙人提供了主要资金,不参与基金的管理运营,但以出资额为限承

担有限责任，因该机制较好地平衡了普通合伙人与有限合伙人的需求，是私募行业市场中运用最广泛的一种私募基金形式。本案是一起典型的有限合伙制私募基金普通合伙人对基金债务承担连带责任的案例，遵义桃溪河畔投资管理中心由何开兰作为有限合伙人投资者与中天遵义房开公司、杨强作为普通合伙人共同组成的，法院认定遵义桃溪河畔投资管理中心负有退还何开兰投资本息的义务，则作为普通合伙人的中天遵义房开公司、杨强应对该上述款项的清偿承担连带责任。

六、案例启示

1. 有限合伙制私募基金的基金管理人应注意同时作为普通合伙人的法律风险

《合伙企业法》第 2 条第 3 款规定，“有限合伙企业由普通合伙人和有限合伙人组成，普通合伙人对合伙企业债务承担无限连带责任，有限合伙人以其认缴的出资额为限对合伙企业债务承担责任”；第 39 条规定，“合伙企业不能清偿到期债务的，合伙人承担无限连带责任”；第 53 条规定，“退伙人对基于其退伙前的原因发生的合伙企业债务，承担无限连带责任”；第 84 条规定，“普通合伙人转变为有限合伙人的，对其作为普通合伙人期间合伙企业发生的债务承担无限连带责任”；第 91 条规定，“合伙企业注销后，原普通合伙人对合伙企业存续期间的债务仍应承担无限连带责任”；第 92 条第 2 款规定，“合伙企业依法被宣告破产的，普通合伙人对合伙企业债务仍应承担无限连带责任”，由此可见，普通合伙人对合伙企业的债务承担的是一种补充连带责任，即当合伙企业不能清偿到期债务时，或因破产、注销时，普通合伙人均对合伙企业的债务承担连带责任（普通合伙人的退伙、转变身份时亦应按照规定对基于其退伙前原因发生的合伙企业债务或转变身份前的发生的债务承担连带责任），普通合伙人应以自身全部财产对合伙企业不能清偿部分的债务承担连带责任。因此，对基金债务承担连带清偿责任是有限合伙制私募金普通合伙人面临的重大法律风险之一，须引起高度重视，尤其对于私募基金管理人同时担任普通合伙人的情况，一旦其管理的某只基金出现重大债务纠纷，因其承担无限连带责任，不仅会对其后续募集和管理带来负面影响，更会波及其管理的其他基金。通常的方式是采取委托管理的方式，私募基金管理人不直接出资设立有限合伙企业，而仅作为私募金管理人负责管理运营私募基金，对于必须要出资的私募基金可以另行设立有限公司作为普通合伙人的方式，以此规避普通合伙人承担无限连带责任的风险。

2. 有限合伙人投资者与合伙企业发生纠纷时有权要求普通合伙人承担连带责任

根据法律规定，普通合伙人对有限合伙企业的债务承担补充连带清偿责任，因此，在有限合伙人与合伙企业发生纠纷时，无论是基于名为合伙实为借贷的投资本金及利息返还纠纷中，还是基于向投资者承诺固定收益的纠纷中，或者是入伙协议或基金合同无效时出资的返还及退伙时基金退还合伙财产份额纠纷中，有限合伙人投资者均可将普通合伙人列为被告或追加普通合伙人作为被执行人，要求普通合伙人对基金的债务承担连带责任，以此保障债权得到实现。

七、相关法规

《合伙企业法》

第二条 本法所称合伙企业，是指自然人、法人和其他组织依照本法在中国境内设立的普通合伙企业和有限合伙企业。

普通合伙企业由普通合伙人组成，合伙人对合伙企业债务承担无限连带责任。本法对普通合伙人承担责任的形式有特别规定的，从其规定。

有限合伙企业由普通合伙人和有限合伙人组成，普通合伙人对合伙企业债务承担无限连带责任，有限合伙人以其认缴的出资额为限对合伙企业债务承担责任。

第四十五条 合伙协议约定合伙期限的，在合伙企业存续期间，有下列情形之一的，合伙人可以退伙：

（一）合伙协议约定的退伙事由出现；

（二）经全体合伙人一致同意；

（三）发生合伙人难以继续参加合伙的事由；

（四）其他合伙人严重违反合伙协议约定的义务。

第五十二条 退伙人在合伙企业中财产份额的退还办法，由合伙协议约定或者由全体合伙人决定，可以退还货币，也可以退还实物。

第三节 合伙人退伙时合伙企业负有按照合伙企业财产状况进行结算的义务

一、案例简介

1. 事实经过

2014年10月23日，罗继红与深圳中房邦信投资管理合伙企业（有限合伙）（以下简称中房邦信合伙企业）、中房联合集团前海基金管理有限公司（以下简称中房前海基金公司）、中房联合集团前海置业投资有限公司（以下简称中房前海置业公司)签订一份《深圳市中房邦信投资管理合伙企业(有限合伙)合伙协议》,约定罗继红被列在新增有限合伙人一栏,认缴出资额为300万元。其中中房邦信合伙企业为合伙企业,中房前海基金公司为普通合伙人,中房前海置业公司为有限合伙人。该合伙企业设置合伙人名录,用于记载普通合伙人及新增有限合伙人名称(或姓名)、住所等信息,该信息应当自做出之日起15个工作日内,向工商行政管理部门办理变更登记。经全体合伙人一致同意,委托普通合伙人为执行事务合伙人。执行事务合伙人对外代表本企业,并执行合伙事务,其他合伙人不再执行本合伙企业事务,不得对外代表本合伙企业。

同日,罗继红与中房邦信合伙企业、中房前海基金公司、中房前海置业公司签定了一份《深圳中房邦信投资管理合伙企业(有限合伙)合伙协议之补充协议》,约定罗继红作为新增有限合伙人,认缴出资额为300万元。同日,罗继红通过其招商银行账户向收款人为中房邦信合伙企业、开户行为中国银行深圳××支行的账户转账300万元。

中房前海基金公司、中房前海置业公司给罗继红出具的一份函件显示:"罗继红于2014年10月23日认购中房××旧改项目投资基金,罗继红投资金额为300万元,现申请退款。本公司承诺于2015年1月5日前办理完相关退款手续并退款,由该笔业务产生的相关募集费用15.5万元,于我方所退款项到达客户账户后立即返还我司。"

2015年1月9日,罗继红出具一份承诺书,称同意中房前海置业公司、中房前海基金公司于2015年1月16日前退还罗继红投资款262.2万元,该款项付清后与上述公司没有任何经济纠纷。

2015年1月16日,罗继红与中房邦信合伙企业、中房前海基金公司、中房前海置业公司签订一份《深圳中房邦信投资管理合伙企业(有限合伙)补充协议》,约定有限合伙人罗继红如因个人原因提出提前赎回其投资款项,普通合伙人本着诚实互利原则予以积极配合,进行不计息退款。退还有限合伙人投资款项后,有限合伙人罗继红放弃一切权利。

2015年1月16日,罗继红出具承诺书,承诺收到中房邦信合伙企业投资款后,将收据送到公司,转账金额为262.2万元。

罗继红在一审庭审中确认中房邦信合伙企业、中房前海基金公司、中房前海置业公司已退罗继红262.2万元,案外人深圳××××资本管理有限公司支付罗继红15万元,罗继红另收到现金0.5万元,因此罗继红认为中房邦信合伙企业、中房前海基金公司、中房前海置业公司仍需归还其22.3万元的本金。罗继红提交的合伙协议附件一合伙人名录中显示，中房前海置业公司认缴出资额为9900万元。

深圳市市场监督管理局公开的注册登记信息显示：中房邦信合伙企业的总认缴出资额为1亿元，其中中房前海置业公司出资9900万元，占99%份额，中房前海基金公司出资100万元，占1%份额。在一审中，各方均提交了2014年10月23日签订的《深圳市中房邦信投资管理合伙企业（有限合伙）合伙协议》，在该协议的签章页罗继红签名处、附件一合伙人名录“新增合伙人”罗继红处，有手写的“×”标志。

罗继红诉至法院要求中房邦信合伙企业、中房前海基金公司、中房前海置业公司就退回罗继红22.3万元投资款项承担连带责任；中房邦信合伙企业、中房前海基金公司、中房前海置业公司就支付罗继红投资款项利息承担连带责任（上述利息计至2015年2月28日为88,427.77元，利息应计至中房邦信合伙企业、中房前海基金公司、中房前海置业公司实际支付之日止）。

2. 核心争议

罗继红退伙后，中房邦信合伙企业向其退还的财产份额是300万元还是262.2万元。

3. 交易结构图

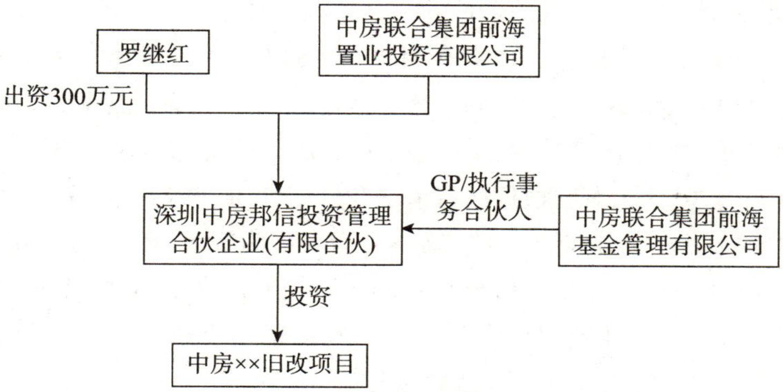

图3-8　交易结构图

二、裁判结果

一审法院深圳前海合作区人民法院认为，中房前海基金公司作为执行事务合伙人，可对外代表合伙企业，并执行合伙事务。罗继红和中房邦信合伙企业、中房前海基金公司、中房前海置业公司曾签订合伙协议，且罗继红转账给中房邦信合伙企业300万元。后罗继红和中房邦信合伙企业、中房前海基金公司、中房前海置业公司发生争议,达成协议由中房邦信合伙企业、中房前海基金公司、中房前海置业公司退回罗继红款项,因此合伙协议解除。对中房邦信合伙企业、中房前海基金公司、中房前海置业公司是应退回300万元还是262.2万元的争议焦点,一审法院认为:合同解除后,尚未履行的,终止履行;已经履行的,根据履行情况和合同性质,当事人可以要求恢复原状、采取其他补救措施,并有权要求赔偿损失。对罗继红诉求返还300万元属于恢复原状的补救措施,一审法院认为中房邦信合伙企业、中房前海基金公司、中房前海置业公司称其将37.8万元全部转给了其发行渠道案外人,此属中房邦信合伙企业、中房前海基金公司、中房前海置业公司与案外人的案外法律关系,应另案解决,不能对抗罗继红恢复原状的主张。同时,中房邦信合伙企业、中房前海基金公司、中房前海置业公司提交证据不足以证明解除合同导致中房邦信合伙企业、中房前海基金公司、中房前海置业公司的损失。故一审审法院对中房邦信合伙企业、中房前海基金公司、中房前海置业公司应返还罗继红300万元予以支持,罗继红在一审庭审中确认其已收到262.2万元,案外人深圳××××资本管理有限公司支付罗继红15万元,罗继红另收到现金0.5万元,故上述三企业尚余22.3万元的本金应归还罗继红。罗继红诉求利息,属解除合同后要求赔偿损失,从中房前海基金公司、中房前海置业公司给罗继红出具的函件看,中房邦信合伙企业、中房前海基金公司、中房前海置业公司承诺于2015年1月5日前办理完相关退款手续并退款;从2015年1月16日罗继红与中房邦信合伙企业、中房前海基金公司、中房前海置业公司签订的《深圳中房邦信投资管理合伙企业(有限合伙)补充协议》看,双方约定为不计息退款。因此,根据履行情况和合同性质,该22.3万元本金的利息应从2015年1月5日起算。中房前海基金公司作为普通合伙人,且为执行事务合伙人,应对合伙企业中房邦信合伙企业的上述债务及利息承担无限连带责任。中房前海置业公司作为有限合伙人,应以其认缴的出资额为限对合伙企业中房邦信合伙企业的上述债务及利息承担责任。

二审法院广东省深圳市中级人民法院认为,《合伙企业法》第52条规定:"退伙人在合伙企业中财产份额的退还办法,由合伙协议约定或者由全体合伙人决定,可以退还货币,也可以退还实物。"具体到本案:2014年10月23日的《深圳中房邦信投资管理合伙企业(有限合伙)合伙协议之补充协议》未对提前退伙作出约定;中房前海基金公司、中房前海置业公司向罗继红出具函件承诺:于2015年1月5日前办理完相关退款手续并退款,并扣除相关募集费用15.5

万元;在这之后的 2015 年 1 月 9 日罗继红出具的承诺书显示,罗继红同意中房前海置业公司、中房前海基金公司于 2015 年 1 月 16 日前退还投资款 262.2 万元,且该款项付清后与上述公司没有任何经济纠纷;2015 年 1 月 16 日,罗继红与中房邦信合伙企业、中房前海基金公司、中房前海置业公司又签订一份《深圳中房邦信投资管理合伙企业(有限合伙)补充协议》,约定对罗继红进行不计息退款,退款后罗继红放弃一切合伙人权利,但未明确退款金额。当天,中房邦信合伙企业向罗继红账户转账 262.2 万元,而同日罗继红出具承诺:收到中房邦信合伙企业投资款后,将收据送到公司,转账金额为 262.2 万元。从上述过程看,罗继红与中房邦信合伙企业等三企业就退款事宜进行了多次协商,应当以各方于 2015 年 1 月 16 日最后签订的《深圳中房邦信投资管理合伙企业(有限合伙)补充协议》为准,但该协议没有约定退款的具体金额。虽然当天中房邦信合伙企业向罗继红转款 262.2 万元、罗继红承诺出具收据,但也不能当然得出中房邦信合伙企业等三企业与罗继红商定的退款金额就是为 262.2 万元的结论。中房邦信合伙企业等三企业在抗辩中提出罗继红应当承担合伙期间的费用等成本,而未退款项就是合伙期间的费用。对此,法院认为,《合伙企业法》第 51 条第 1 款规定:"合伙人退伙,其他合伙人应当与该退伙人按照退伙时的合伙企业财产状况进行结算,退还退伙人的财产份额。退伙人对给合伙企业造成的损失负有赔偿责任的,相应扣减其应当赔偿的数额。"第 2 款规定:"退伙时有未了结的合伙企业事务的,待该事务了结后进行结算。"第 81 条规定:"有限合伙人退伙后,对基于其退伙前的原因发生的有限合伙企业债务,以其退伙时从有限合伙企业中取回的财产承担责任。"罗继红提前退伙,中房邦信合伙企业应当依照法律规定按其退伙时的合伙企业财产状况对相关损失和债务进行结算,如果退伙时有未了结的合伙企业事务的,应当待该事务了结后进行结算。因此,中房邦信合伙企业应当负有结算的义务,以证明罗继红在合伙期间应当承担损失还是分得盈利。鉴于中房邦信合伙企业在一审中未提交结算的证据,在二审中亦明确尚未进行结算,故应当承担举证不能的不利后果。原审法院认为中房邦信合伙企业、中房前海基金公司、中房前海置业公司提交证据不足以证明其损失正确,法院予以认同。至于本金的利息计算以及三企业在返还本金和利息时所应当承担的责任范围,原审法院已经有详细的说明,法院均予认同,不再重复。

三、裁判要旨

合伙人退伙,合伙企业应当依照法律规定按其退伙时的合伙企业财产状况对相关损失和债务进行结算,如果退伙时有未了结的合伙企业事务的,应当待该事务了结后进行结算。因此,合伙企业应当负有结算的义务,以证明退伙的合伙人在合伙期间应当承担损失还是分得盈利。如果合伙企业未提交结算的证据,则应当承担举证不能的不利后果。

四、案例来源

1. 案例索引

【案件名称】深圳中房邦信投资管理合伙企业(有限合伙)与罗继红、中房联合集团前海基金管理有限公司、中房联合集团前海置业投资有限公司合同纠纷案

【审理法院】广东省深圳市中级人民法院

【案号】(2016)粤03民终815号

【审理程序】二审

2. 关联案例

四川省德阳市旌阳区人民法院在"陶忠秋与余伟琳、彭玲玲、支婷婷、张宏洲合伙协议纠纷案"[(2018)川0603民初1650号]中认为,虽然合伙人约定任一合伙人自动退伙,其他合伙人只退还其原出资本金,但也同时约定若有亏损,退伙人应按出资比例承担相应的亏损。原告、被告曾对该合伙企业的相关财产进行计算,庭审中,原告亦出具了企业的收支和账户流水,被告亦出具了《德阳市圣美职业培训学校2017年度年报审计报告》和会计账目资料,但双方对合伙企业的资产价值、盈亏状况均未达成一致意见。故即便按照双方的约定,原告主张退还出资本金的请求,由于无法确认其是否应承担相应的亏损,本院无法支持。另外,根据《合伙企业法》第51条第1款的规定,合伙人退伙,其他合伙人应当与该退伙人按照退伙时的合伙企业财产状况进行结算,退还退伙人的财产份额。退伙意味着原合伙人与其他合伙人脱离了由合伙协议所设定的一切权利义务,将导致合伙人部分出资的返还和盈余的分配;对债权人来说,退伙将意味着减少了一个债务担保人和一份担保财产,因此,合伙人退伙时都必须对合伙企业的财产状况进行结算,结算的目的就是要合伙人能够对合伙企业的财务状况全面了解,以便确定退伙人应分得的财产份额,同时也明确其应承担的债务。从本案查明的事实看,各合伙人之间尚未对合伙企业的利润分配、债务负担等问题进行清理和了结。本院依据原告、被告所提供的证据不能查明原告与被告合伙经营期间的盈亏情况,亦即无法确定被告应退还原告的财产价值。故依据最高人

民法院《关于适用〈中华人民共和国民事诉讼法〉的解释》第90条规定，对原告主张退还出资款40万元的诉讼请求，因证据不足，法院不予支持。原告、被告可在对合伙期间的合伙财产进行结算后，另行处理。

五、案例评析

合伙人退伙意味着原合伙人与其他合伙人脱离了由合伙协议所设定的一切权利义务，将导致合伙人部分出资的返还和盈余的分配；对债权人来说，退伙将意味着减少了一个债务担保人和一份担保财产，因此，《合伙企业法》第51条第1款规定："合伙人退伙，其他合伙人应当与该退伙人按照退伙时的合伙企业财产状况进行结算，退还退伙人的财产份额。退伙人对给合伙企业造成的损失负有赔偿责任的，相应扣减其应当赔偿的数额。"合伙人退伙时都必须对合伙企业的财产状况进行结算，结算的目的就是要合伙人能够对合伙企业的财务状况全面了解，以便确定退伙人应分得的财产份额，同时也明确其应承担的债务。在本案中，广东省深圳市中级人民法院认定在合伙人退伙时的结算义务人是合伙企业，因为合伙企业作为一类非法人民事主体，有意思表达机关、相对独立的财产，能以自己名义从事民事活动，了解合伙企业的资产债务状况，由其承担结算相关工作是比较合适的，退伙的合伙人及其合伙人亦应配合该结算工作。全体合伙人已经就罗继红退伙的份额退还数额问题达成了一致，而对合伙企业主张的22.3万元系合伙企业费用及损失赔偿，因合伙企业未进行结算，由其承担举证不利的后果。在关联案例中，因未对退伙的退还财产份额金额达成一致，合伙企业亦未进行结算，故法院对原告要求按照出资金额退还财产份额的主张不予支持。如合伙企业或其他合伙人不予配合结算工作，退伙的合伙人可向法院提起诉讼，进行司法结算，并据此司法结算结果作为退还财产份额的依据。

六、案例启示

1. 合伙企业与全体合伙人负有在退伙时对合伙企业财产状况进行结算的义务

《合伙企业法》第51条规定："合伙人退伙，其他合伙人应当与该退伙人按照退伙时的合伙企业财产状况进行结算，退还退伙人的财产份额。退伙人对给合伙企业造成的损失负有赔偿责任的，相应扣减其应当赔偿的数额。退伙时有未了结的合伙企业事务的，待该事务了结后进行结算。"因此，合伙人退伙的，合伙企业、其他合伙人应当与该退伙人按照退伙时的合伙企业的财产状况进行结算，退还退伙人的财产份额。退伙时有未了结的合伙企业事务的，待了结后进行结算。退伙时,经结算,企业的现实财产少于原始出资的,按现实财产折算的份额返还退伙人;企业经营持平的,将原始出资财产返还退伙人;企业经营有盈利的,要连同退伙人原始出资和应分得的收益一起返还退伙人。合伙人退伙时,合伙企业财产少于合伙企业债务的,由合伙人依照合伙协议约定的比例分配和分担债务;合伙协议未约定亏损分担比例的,由各合伙人平均分配和分担。经结算,合伙企业财产少于合伙企业承担的债务的,退伙人应当按合伙协议规定的亏损分担办法和比例,以自己的其他财产来抵补分到自己名下的份额的亏损。由此可见,对于有限合伙制私募基金的投资者采取退伙退出方式的,其获得财产份额具有不确定性,取决于基金的投资状况;如果基金亏损,则其获得退还的财产份额可能少于其投资金额,但如果基金合同对退伙的财产份额退还办法另有约定的除外。

2. 退伙时合伙企业存在尚未了结的合伙企业事务的,退伙人无权请求退还财产份额

根据《合伙企业法》第51条第2款的规定,退伙时有未了结的合伙企业事务的,待该事务了结后进行结算。退伙结算原则上以退伙生效时合伙企业的财产状况为准,但在退伙生效时,合伙企业可能还有未了结的企业事务,对于该事务所产生的收益,退伙人有权享有,所产生的亏损,退伙人也有责任承担。如果以退伙生效时的合伙企业财产状况为依据进行退伙结算,那么在该事务了结后,就需要根据损益情况,重新对退伙人进行该笔事务的结算,从而增加合伙企业和退伙人的负担。因此,在退伙时有未了结的合伙企业事务的,待该事务了结后进行结算,以事务了结后的合伙企业财产状况为准计算应退还的财产份额。这条规定对退伙后退还财产份额又加以了限制,则即使符合法定或约定的退伙事由,合伙企业或全体合伙人亦同意对合伙企业进行结算,但因存在未了结的合伙企业事务,如合伙企业的投资项目尚未退出或清算,合伙企业存在纠纷等,事实上会造成合伙企业无法结算,导致退伙后退伙人无法及时收回投资本息,这是有限合伙制私募基金投资者采取退伙退出的重大障碍和风险。

七、相关法规

《合伙企业法》

第四十五条 合伙协议约定合伙期限的,在合伙企业存续期间,有下列情形之一的,合伙人可以退伙:

(一)合伙协议约定的退伙事由出现;

（二）经全体合伙人一致同意；

（三）发生合伙人难以继续参加合伙的事由；

（四）其他合伙人严重违反合伙协议约定的义务。

第五十一条　合伙人退伙，其他合伙人应当与该退伙人按照退伙时的合伙企业财产状况进行结算，退还退伙人的财产份额。退伙人对给合伙企业造成的损失负有赔偿责任的，相应扣减其应当赔偿的数额。

退伙时有未了结的合伙企业事务的，待该事务了结后进行结算。

第五十二条　退伙人在合伙企业中财产份额的退还办法，由合伙协议约定或者由全体合伙人决定，可以退还货币，也可以退还实物。

第六十条　有限合伙企业及其合伙人适用本章规定；本章未作规定的，适用本法第二章第一节至第五节关于普通合伙企业及其合伙人的规定。

第八十一条　有限合伙人退伙后，对基于其退伙前的原因发生的有限合伙企业债务，以其退伙时从有限合伙企业中取回的财产承担责任。

第三章　知情权纠纷

第一节　合伙协议关于知情权内容与法律规定的知情权内容不完全相同的约定合法有效

一、案例简介

1. 事实经过

2010 年 3 月 18 日，上海宝赢投资管理中心（有限合伙）经工商登记注册成立，类型为有限合伙企业，执行事务合伙人为崔军。2010 年 3 月 29 日，陆凤弟与案外人徐雯、尹奕、姜华签订了 1 份上海宝赢投资管理中心（有限合伙）的合伙协议，约定合伙设立一家有限合伙企业，名称为上海宝赢投资管理中心（有限合伙），崔军为有限合伙企业的执行事务合伙人。合伙协议第 10 条第 3 款第 9 项还约定，执行事务合伙人每半年向其他合伙人报告合伙事务执行情况及有限合伙的经营财务状况。第 13 条第 1 款约定，有限合伙人对执行合伙人的操作，具有公司运作情况的知情权和询问权；第 2 款约定，有限合伙公司执行事务合伙人每季度应向有限合伙人公布合伙公司所有投资组合，执行合伙人应当主动向其他全体合伙履行告知义务。合伙协议还就其他事项进行了约定。2010 年 4 月 1 日，上海宝赢投资管理中心（有限合伙）出具收条，确认收到陆凤弟 100 万元投资资金。2015 年 6 月 9 日，陆凤弟发律师函致崔军，要求如下：（1）希你于收本函后三日内立即向本律师提供，自 2010 年 3 月 29 日起至今的会计账簿（含总账、明细账、日记账和其他辅助性账簿）、会计凭证（含会计凭证、相关原始凭证及应作为原始凭证附件入账备查的有关资料)及合伙企业账户明细、合伙企业股票交易明细,以便委托人查阅、复制。(2)希你于收本函后3日内向本律师出示利润分配计算公式并在5日内将委托人应得之利润支付至委托人之账户。

后陆凤弟起诉被告上海宝赢投资管理中心(有限合伙)及第三人崔军,要求其履行以下义务:(1)提供自2010年3月29日起至判决生效之日止,企业合伙人名单、变更情况及相应出资金额、实缴出资情况;(2)提供自2010年3月29日起至判决生效之日止,企业章程、合伙人大会会议记录、决定、决议;(3)提供自2010年3月29日起至判决生效之日止,财务会计报告、审计报告、会计账簿(包括总账、明细账、日记账和其他辅助性账簿)、会计凭证(包括但不仅限于合伙企业自成立至判决生效日止,托管账户入账及出账的会计凭证、原始凭证及应作为原始凭证附件放账备查的有关资料);(4)提供自2010年3月29日起至判决生效之日止,合伙企业所有的投资组合(包括但不限于合伙企业股票、期货账户明细、其他企业对外股权投资情况),合伙企业其他银行账户明细(除民生银行账户);(5)上海宝赢投资管理中心(有限合伙)与崔军共同承担第1项诉讼请求所涉材料的义务;(6)上海宝赢投资管理中心(有限合伙)及崔军共同承担如实告知合伙企业经营和财务状况的义务,并就陆凤弟对合伙企业(自2010年3月29日起至判决生效之日止)运作情况的询问作出答复与解释。

2. 核心争议

合伙协议约定的知情权内容与法律规定的知情权内容并不完全相同,该约定是否有效。

3. 交易结构图

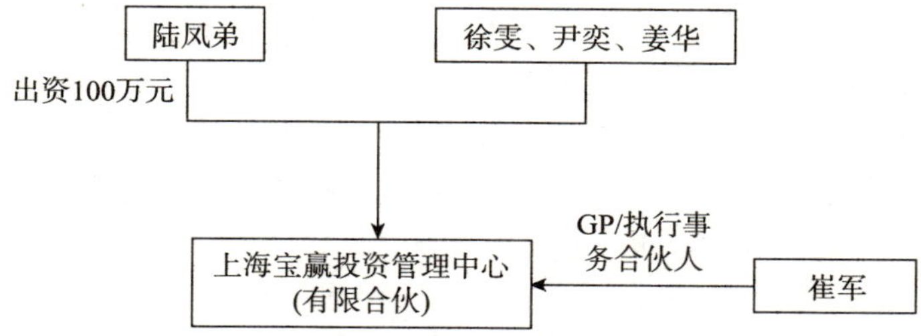

图3-9　交易结构图

二、裁判结果

上海市金山区人民法院认为,被告上海宝赢投资管理中心(有限合伙)系一家有限合伙企业,有限合伙企业由普通合伙人和有限合伙人组成。合伙人对合伙企业及执行事务合伙人享有的知情权,是其法定权利。就此,《合伙企业法》第28条对上述知情权的内容作出了具体规定:“由一个或者数个合伙人执行合伙事务的,执行事务合伙人应当定期向其他合伙人报告事务执行情况以及合伙企业的经营和财务状况,其执行合伙事务所产生的收益归合伙企业,所产生的费用和亏损由合伙企业承担。合伙人为了解合伙企业的经营状况和财务状况,有权查阅合伙企业会计账簿等财务资料。”合伙企业中的知情权行使发生于合伙企业、合伙企业执行事务合伙人以及合伙人之间,反映的是三者之间的权利义务关系,具有特定的相对性,因此,该权利不具有强制性,以上三主体可以在法律规定的情形之外对该项权利作出特别约定,只要该约定本身不违反法律规定。本案中,合伙协议约定的知情权内容与法律规定的知情权内容,并不完全相同,该约定同样有效。被告及第三人崔军应当恪守。被告及第三人关于知情权应仅限于法律规定的财务资料意见,不能成立。当然,本案合伙协议只对执行合伙人应履行的义务作了约定,而未对合伙企业的义务作出约定,因此被告作为合伙企业,原告向其行使知情权的范围应仅限于企业会计账簿等财务资料。原告要求的其他内容超出了法律的规定或协议的约定,本院难以支持。第三人作为合伙企业的执行事务合伙人,依照法律规定及协议约定,应当定期向其他合伙人报告事务执行情况以及合伙企业的经营和财务状况,以及每季度应向有限合伙人公布合伙公司所有投资组合,执行合伙人应当主动向其他全体合伙履行告知义务。原告向第三人行使的知情权也以上述范围为限。其超出部分的诉讼请求,本院不能支持。合伙协议第13条第1款中还约定了合伙人具有公司运作的知情权和询问权,其中知情权内容未作明确具体的规定,可以推定为与法定的知情权一致,而询问权原告无需通过诉讼方式即可行使,只有合伙人向执行事务合伙人行使询问权后,其拒绝作出答复的,原告才可以提起诉讼。而本案中,原告未提供充分的证据证明其已向第三人就相关事项作出了询问,故其要求第三人就有关企业运作情况的询问作出答复与解释的诉讼请求,本院难以支持。本院还要说明两个问题:一是原告所主张的诉讼请求中,提出了一些具体的指向,但这些具体的指向,缺乏明确的证据证明,难以证明这些请求具有可执行性,本院不宜直接作出确定性的支持;二是作为一起知情权纠纷案件,本案只对原告是否享有知情权及知情权的范围作出判断,至于被告及第三人在履行义务时是否准确、可靠,不在本案处理范围之内,因此,原告要求法院对被告诸如是否经营期货等企业的运作情况进行调查,超出了本案审查范围。综上所述,依照《合伙企业法》第28条第1款、第2款,《民事诉讼法》第142条的规定,判决如下:被告上海宝赢投资管理中心(有限合伙)应于本判决生效之日起30日内提供自2010年3月29日起至判决生效之日止被告上海宝赢投资管理中心(有限合伙)的企业会计账簿(包括总账、明细账、日记账和其他辅助性账簿)、会计凭证、财务报表,供原告陆凤弟查阅;第三人崔军应于本判决生效之日起30日内向原告陆凤弟告知自2010年3月29日起至判决生效之日止被告上海宝赢投资管理中心(有限合伙)的经营和财务状况以及投资组合;驳回陆凤弟其他诉讼请求。

三、裁判要旨

合伙企业中的知情权行使发生于合伙企业、合伙企业执行事务合伙人以及合伙人之间,反映的是三者之间的权利义务关系,具有特定的相对性,因此,该权利不具有强制性,以上三主体可以在法律规定的情形之外对该项权利作出特别约定,只要该约定本身不违反法律规定。

四、案例来源

1.案例索引

【案件名称】陆凤弟与上海宝赢投资管理中心(有限合伙)股东知情权纠纷案

【审理法院】上海市金山区人民法院

【案号】(2015)金民二(商)初字第1203号

【审理程序】一审

2.关联案例

福建省长乐市人民法院在"杨宝英与陈兴光合伙协议纠纷案"[(2017)闽0182民初235号]中认为,关于复制权,根据《合伙企业法》的规定,杨宝英对相关会计资料仅有查阅权,并无复制权,而本案中合伙人之间签订的《合伙协议》中也无特别约定合伙人享有合伙企业资料的复制权,因此,杨宝英主张复制上述会计资料的请求超出了法律的规定和协议的约定,本院不予支持。

五、案例评析

合伙企业知情权一般是指法律赋予合伙人了解合伙企业的相关事务,查阅合伙企业的财务会计报告、会计账簿等与合伙企业经营、管理、决策相关的资料,实现了解合伙企业的经营状况和监督执行事务合伙人行为的权利,是合伙人的基础性权利。《合伙企业法》第28条第2款规定,合伙人为了解合伙企业的经营状况和财务状况,有权查阅合伙企业会计账簿等财务资料。该条款对合伙人的知情权的权利内容及行权方式作了规定,合伙人对合伙企业事务的知情权的内容仅限于合伙企业的会计账簿等财务资料,行使方式为查阅,而非复制,但这仅是法律规定的最低限度的知情权内容,基于合伙企业的人合性,合伙人可以通过合伙协议对知情权的内容及行权方式作出特殊约定,权利内容可以超过法律规定最低限度。比如,可以约定合伙人有权了解合伙企业的投资组合及盈亏情况等,行权方式亦可不限于查阅;再如,合伙人可以复制会计账簿等财务资料,只要不违反法律强制性规定即可。本案中,上海市金山区人民法院即支持了合伙协议中关于合伙人知情权内容比法律规定更为广泛的约定,认可合伙协议特殊约定的效力。但在合伙协议未作特殊约定的情况下,合伙人主张法律规定以外的知情权内容,往往得不到法院的支持。

六、案例启示

1. 投资者可以在有限合伙制私募基金合同中约定广泛的知情权内容

合伙企业是合伙人之间基于信任设立的经济组织,人合性是其鲜明的特点,《合伙企业法》规定了大量的合伙人可以自由约定的事项,赋予合伙人较为宽泛的自治权限,除法律有强制性规定外,合伙人可以在合伙协议中对合伙目的、出资方式、数额和缴付期限、利润分配、亏损分担方式、入伙与退伙等事项进行自由约定,从这个意义上讲,合伙协议可以看做合伙企业的"宪法"或"根本大法"。因此,投资者可以在有限合伙制私募基金合同中约定广泛的知情权内容,其权利内容可以超过法律规定最低限度,不仅仅限于会计账簿等财务材料,还可以包括投资者有权了解合伙企业的投资组合及盈亏情况,合伙企业应该按季度或年度向投资者提供投资经营报告、年度报告以及投资决策的材料等;行权方式亦可不限于查阅,可以约定合伙人有权复制会计账簿等财务资料、投资决策文件资料等,并对合伙企业或执行事务合伙人、基金管理人的信息披露义务、违约责任作出相应的约定,以保障投资者知情权的实现。

2. 有限合伙制私募基金合同中约定的知情权内容应明确具有可操作性

在陆凤弟与上海宝赢投资管理中心(有限合伙)股东知情权纠纷案中,陆凤弟的诉求之一是要求合伙企业及执行事务合伙人如实告知合伙企业经营和财务状况,并就合伙企业的运作情况的询问作出答复与解释,法院在经审理后认为,该项诉求的指向缺乏明确的证据证明,难以证明该些请求具有可执行性,法院未直接作出确定性的支持。因此,为避免约定的知情权内容流于形式,不具有可诉性,投资者在参与制定有限合伙制私募基金合同中,还应注意约定的知情权内容应当遵循清晰、具体、可执行的原则，如信息披露的内容、披露方式、披露频率、违约责任等事项应逐一细化，使之符合上述原则，以便在发生争议时，获得司法机关的支持。

七、相关法规

《合伙企业法》

第二十八条　由一个或者数个合伙人执行合伙事务的，执行事务合伙人应当定期向其他合伙人报告事务执行情况以及合伙企业的经营和财务状况，其执行合伙事务所产生的收益归合伙企业，所产生的费用和亏损由合伙企业承担。

合伙人为了解合伙企业的经营状况和财务状况，有权查阅合伙企业会计账簿等财务资料。

第六十八条　有限合伙人不执行合伙事务，不得对外代表有限合伙企业。

有限合伙人的下列行为，不视为执行合伙事务：

（一）参与决定普通合伙人入伙、退伙；

（二）对企业的经营管理提出建议；

（三）参与选择承办有限合伙企业审计业务的会计师事务所；

（四）获取经审计的有限合伙企业财务会计报告；

（五）对涉及自身利益的情况，查阅有限合伙企业财务会计账簿等财务资料；

（六）在有限合伙企业中的利益受到侵害时，向有责任的合伙人主张权利或者提起诉讼；

（七）执行事务合伙人怠于行使权利时，督促其行使权利或者为了本企业的利益以自己的名义提起诉讼；

（八）依法为本企业提供担保。

第二节　除合伙协议另有约定外，合伙人仅可查阅而不能复制财务资料

一、案例简介

1．事实经过

上海碁弘投资管理中心（有限合伙）（以下简称碁弘中心）于2014年10月24日成立，性质为有限合伙企业，由齐洪涛、徐芬二人合伙成立，齐洪涛为普通合伙人，认缴出资人民币9.9万元（本书所涉币种均为人民币），徐芬为有限合

伙人，认缴出资1000元，分别于2016年10月14日以货币出资。2014年10月15日，齐洪涛和徐芬达成合伙协议1份，约定：委托齐洪涛为执行事务合伙人，负责企业日常事务和对外代表企业的合伙人；不执行合伙事务的合伙人有权监督执行事务合伙人执行合伙事务的情况，执行事务合伙人应当定期向其他合伙人报告事务执行情况以及合伙企业的经营和财务状况，其执行合伙事务所产生的收益归合伙企业，所产生的费用和亏损由合伙企业承担等。碁弘中心成立后，由齐洪涛为碁弘中心执行事务合伙人，至2016年6月30日未直接向徐芬报告碁弘中心的经营和财务状况。

徐芬向法院起诉请求：判令徐芬查阅和复印自2014年10月24日至2016年6月30日碁弘中心财务资料，具体包括会计凭证（银行资金往来明细、对外签订的相关协议、发票、收据、收条等）、会计账簿、会计报表（收益表、资产负债表、损益表的月季度报表和年度报表）。

一审法院审理中，碁弘中心表示，同意徐芬查阅会计账簿和会计报表，不同意查阅会计凭证，更不同意复印上述财务资料。

2. 核心争议

法律规定合伙人有权查阅合伙企业会计账簿等财务资料，是否表明合伙人有权复印财务资料。

3. 交易结构图

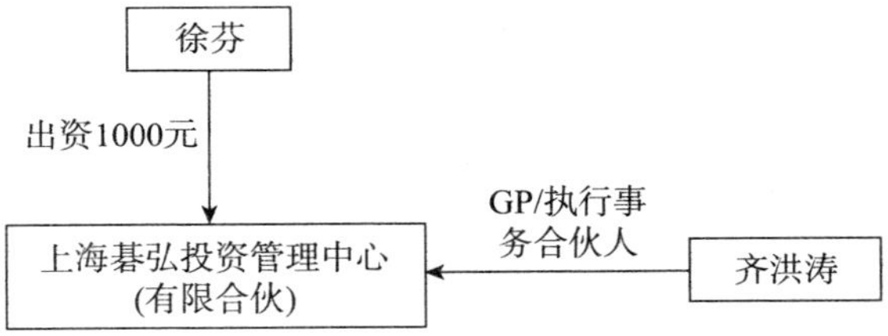

图3－10　交易结构图

二、裁判结果

一审法院上海市崇明区人民法院认为，《合伙企业法》第28条第2款规定，合伙人为了解合伙企业的经营状况和财务状况，有权查阅合伙企业会计账簿等财务资料。该法律条文赋予合伙人享有对合伙企业知情权中的查阅权。在本案中，碁弘中心是有限合伙企业，徐芬系碁弘中心有限合伙人，徐芬、碁弘中心订立合伙协议中亦明确徐芬有权了解合伙事务执行情况以及合伙企业的经营和财务状况，且双方对于徐芬享有对碁弘中心企业的知情权并无异议，法院予以确认。

根据《合伙企业法》的规定，徐芬对相关会计资料仅有查阅权，并无复制权，而合伙人之间签订的《合伙协议》中也无特别约定合伙人享有合伙企业资料的复制权，因此，一审法院对徐芬主张查阅上述会计资料的请求予以支持，而徐芬主张复制上述会计资料的请求超出了法律的规定和协议的约定，一审法院不予支持。

二审法院上海市第二中级人民法院认为，法律赋予了合伙人相应的知情权，但该权利不能被滥用，应当在法律规定的范围内谨慎行使。《合伙企业法》第28条对合伙人的知情权作出了明确规定，其中第2款规定："合伙人为了解合伙企业的经营状况和财务状况，有权查阅合伙企业会计账簿等财务资料。"可见，法律并无赋予合伙人复制权。我国《公司法》尚且对股东知情权范围中的复制权作出了相应的限制，何况是合伙企业中的有限合伙人可能存在与合伙企业进行交易或产生同业竞争的情况，如任由有限合伙人复制合伙企业财务资料，可能将损害合伙企业的正当利益，故在目前法律无明确规定合伙人可以复制相关财务资料的情况下，法院对徐芬的上述请求不予支持。

三、裁判要旨

在合伙协议未对合伙人有权复制合伙企业财务资料作出约定的情况下，合伙人的知情权仅限于查询而不能复制合伙企业的会计账簿等财务资料，《合伙企业法》并未赋予合伙人复制权。

四、案例来源

1. 案例索引

【案件名称】徐芬与上海碁弘投资管理中心合伙企业纠纷案

【审理法院】上海市第二中级人民法院

【案号】（2016）沪02民终7050号

【审理程序】二审

2. 关联案例

江苏省徐州市铜山区人民法院在"渠文姗与徐州支点知识产权代理事务所、魏铭雯合伙协议纠纷案"［（2014）铜商初字第743号］中认为，关于渠文姗主张查阅、复制相关资料是否有事实和法律依据的问题：《合伙企业法》第28条规定，"由一个或者数个合伙人执行合伙事务的，执行事务合伙人应当定期向其他合伙人报告事务执行情况以及合伙企业的经营和财务状况，其执行合伙事务所产生的收益归合伙企业，所产生的费用和亏损由合伙企业承担。合伙人为了解合伙企业的经营状况和财务状况,有权查阅合伙企业会计账簿等财务资料"。上述规定旨在保障合伙人尤其是非执行事务合伙人对合伙企业经营状况和财务状况的知情权和监督权,而查阅合伙企业会计账簿等财务资料,是获取企业真实经营和财务状况的重要途径。支点事务所是渠文姗与魏铭雯基于人合而成立的普通合伙企业,各合伙人应按照合伙协议约定和《合伙企业法》规定享有权利、承担义务。渠文姗要求查阅支点事务所自 2014 年 1 月至该案最后一次庭审之日期间的财务会计报告、会计账簿等财务资料(含会计账簿、原始凭证、记账凭证、银行对账单、资产负债表、损益表以及现金流量表),符合前述法律规定,予以支持。鉴于涉案合伙企业经营存在不确定性,故对于渠文姗主张的上述期间之后的相应知情权利不予处理。渠文姗要求复制支点事务所会计账簿等财务资料并要求查阅、复制该事务所经营资料的主张,没有法律依据,不予支持。

五、案例评析

本案中,上海市第二中级人民法院从《公司法》第 33 条对股东知情权与《合伙企业法》第 28 条对合伙人知情权的规定区别的角度,分析了立法机关的意图,认为法律并无赋予合伙人复制权,因为公司股东对公司章程、股东会会议记录、董事会会议决议、监事会会议决议和财务会计报告有查阅权和复制权,而对于公司会计账簿,法律的规定是"查阅",并对查阅的程序和目的作了限制,即应向公司书面申请并说明目的,如果公司有证据证明股东查阅会计账簿具有不正当目的,则有权拒绝股东的查阅。并且从字面意思来理解,查阅与复制的内涵的差别还是比较明显,《合伙企业法》第 28 条仅规定了查阅,而非"查阅和复制",其目的是为平衡保护合伙人知情权、监督权与维护合伙企业经营发展权。在制定该法律条文时,对合伙人知情权的行权方式采取了技术处理,仅规定了查阅权,但不禁止合伙协议对此作出特殊约定,既能保障合伙人知情权,又能防止合伙人滥用权利损害合伙企业正当利益。

六、案例启示

1. 如合伙协议无特殊约定,有限合伙制私募基金有限合伙投资者的知情权仅限于查询财务资料而无复制权

根据《合伙企业法》第 28 条第 2 款"合伙人为了解合伙企业的经营状况和财务状况,有权查阅合伙企业会计账簿等财务资料"之规定,有限合伙制私募基金的投资者有权查阅基金的会计账簿等财务资料,基金及执行事务合伙人应予

以配合,并依法按照《证券投资基金法》第46条、《私募投资基金监督管理暂行办法》第24条等规定履行如实向投资者披露基金投资、资产负债、投资收益分配、基金承担的费用和业绩报酬、可能存在的利益冲突情况以及可能影响投资者合法权益的其他重大信息的义务。因现行的《合伙企业法》并未规定合伙人有权复制合伙企业会计账簿等财务资料,因此,如合伙协议对此未作特殊规定,则有限合伙制私募基金的投资者的知情权仅限于查询财务资料而无复制权,但投资者在参与制定基金合同时,可要求在合伙协议中明确约定其享有查阅权和复制权,并对查阅和复制权的范围作出具体规定。我们认为,上述约定属于法律认可的合伙人意思自治事项,并会得到司法机关的支持。

2. 是否赋予合伙人复制权应根据合伙企业自身状况事先确定

合伙企业或执行事务伙人担心有限合伙人滥用合伙人知情权损害合伙企业利益,并非没有道理,反观公司股东行使知情权查阅公司的财务资料时,尚且需要符合一定条件,向公司提出书面申请,说明查阅的目的,并且公司在有合理根据认为股东查阅会计账簿有不正当目的,可能损害公司合法利益时,公司有权拒绝提供查阅。我国《公司法》尚且对股东知情权范围中的复制权作出了相应的限制,何况是合伙企业中的有限合伙人可能存在与合伙企业进行交易或产生同业竞争的情况,如任由有限合伙人复制合伙企业财务资料,可能将损害合伙企业的正当利益,因此,是否赋予合伙人复制权,应由全体合伙人在制定合伙协议时,根据合伙的目的、投资方式、投资范围、投资策略等情况来平衡合伙人知情权与合伙企业自身利益,并对知情权的范围及方式作出合理约定,一方面要保障合伙人尤其是有限合伙人的知情权和监督权,另一方面要防止合伙人滥用权利损害合伙企业正当利益。

七、相关法规

《合伙企业法》

第二十八条　由一个或者数个合伙人执行合伙事务的,执行事务合伙人应当定期向其他合伙人报告事务执行情况以及合伙企业的经营和财务状况,其执行合伙事务所产生的收益归合伙企业,所产生的费用和亏损由合伙企业承担。

合伙人为了解合伙企业的经营状况和财务状况,有权查阅合伙企业会计账簿等财务资料。

第六十八条　有限合伙人不执行合伙事务,不得对外代表有限合伙企业。

有限合伙人的下列行为,不视为执行合伙事务:

(一)参与决定普通合伙人入伙、退伙;

(二)对企业的经营管理提出建议;

(三)参与选择承办有限合伙企业审计业务的会计师事务所;

(四)获取经审计的有限合伙企业财务会计报告;

(五)对涉及自身利益的情况,查阅有限合伙企业财务会计账簿等财务资料;

(六)在有限合伙企业中的利益受到侵害时,向有责任的合伙人主张权利或者提起诉讼;

(七)执行事务合伙人怠于行使权利时,督促其行使权利或者为了本企业的利益以自己的名义提起诉讼;

(八)依法为本企业提供担保。

《证券投资基金法》

第四十六条 基金份额持有人享有下列权利:

(一)分享基金财产收益;

(二)参与分配清算后的剩余基金财产;

(三)依法转让或者申请赎回其持有的基金份额;

(四)按照规定要求召开基金份额持有人大会或者召集基金份额持有人大会;

(五)对基金份额持有人大会审议事项行使表决权;

(六)对基金管理人、基金托管人、基金服务机构损害其合法权益的行为依法提起诉讼;

(七)基金合同约定的其他权利。

公开募集基金的基金份额持有人有权查阅或者复制公开披露的基金信息资料;非公开募集基金的基金份额持有人对涉及自身利益的情况,有权查阅基金的财务会计账簿等财务资料。

第三节 合伙人知情权的行使无须以说明目的为前提条件

一、案例简介

1. 事实经过

上海墉德信息科技中心(有限合伙)于2014年10月28日成立,性质为有限合伙企业，由黄怿、张某二人合伙出资成立，黄怿为普通合伙人，认缴出资人民币9.9万元（以下币种均为人民币），张某为有限合伙人，认缴出资1000元，分别于2016年10月14日以货币出资。2014年12月10日，宋晓燕受让张某的合伙份额，成为上海墉德信息科技中心（有限合伙）有限合伙人。同日，黄怿和宋晓燕达成合伙协议1份，约定：委托黄怿为执行事务合伙人，负责企业日常事务和对外代表企业的合伙人；不执行合伙事务的合伙人有权监督执行事务合伙人执行合伙事务的情况，执行事务合伙人应当定期向其他合伙人报告事务执行情况以及合伙企业的经营和财务状况，其执行合伙事务所产生的收益归合伙企业，所产生的费用和亏损由合伙企业承担等。上海墉德信息科技中心（有限合伙）成立后，由黄怿为上海墉德信息科技中心（有限合伙）执行事务合伙人，至2016年6月30日从未直接向宋晓燕报告上海墉德信息科技中心（有限合伙）的经营和财务状况。

宋晓燕于2016年7月1日向法院提起诉讼，请求查阅和复印于2014年10月28日至2016年6月30日上海墉德信息科技中心（有限合伙）财务资料，具体包括会计凭证（银行资金往来明细、对外签订的相关协议、发票、收据、收条等）、会计账簿、会计报表（收益表、资产负债表、损益表的月季度报表和年度报表）。庭审中，上海墉德信息科技中心（有限合伙）表示，同意宋晓燕查阅会计账簿和会计报表，不同意查阅会计凭证，更不同意复印上述财务资料。在本案中，宋晓燕陈述合伙企业可能存在偷税漏税或职务侵占等事实，为避免法律风险而请求行使知情权，上海墉德信息科技中心（有限合伙）辩称案外人欲通过宋晓燕的诉讼行为调查其财务资料，达到寻找职务侵占和偷税漏税的事实的意见。

2. 核心争议

上海墉德信息科技中心（有限合伙）辩称案外人欲通过宋晓燕的诉讼行为调查其财务资料达到寻找职务侵占和偷税漏税的事实的意见是否能阻却合伙人行使知情权。

3. 交易结构图

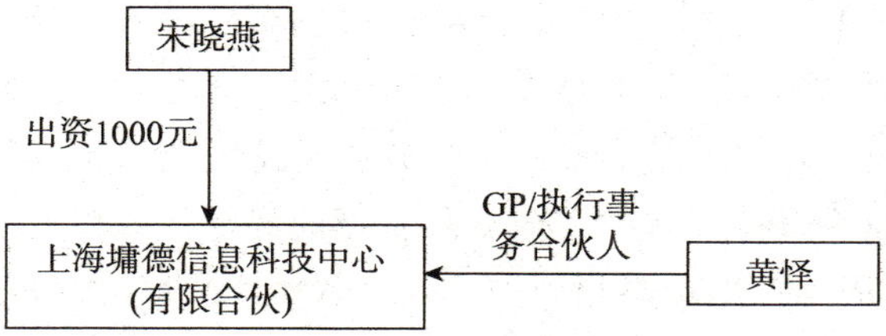

图3－11　交易结构图

二、裁判结果

上海市崇明区人民法院认为，合伙人知情权是合伙人的基本权利，法律并未规定该权利的行使必须以说明目的为前提条件，但任何人实施法律行为都必须具备合法性。在没有证据证明原告宋晓燕请求行使合伙企业知情权存在非法性的前提下，被告上海墉德信息科技中心（有限合伙）理应依法满足原告的要求。况且合伙企业及其合伙人遵守法律、行政法规等，本就是合伙企业及其合伙人的社会责任，不应成为阻却合伙人实施知情权的理由。法院遂判决上海墉德信息科技中心（有限合伙）于判决生效之日起10日内在其经营场所内提供自2014年12月10日至2016年6月30日的会计账簿、会计凭证（银行资金往来明细、对外签订的相关协议、发票、收据、收条等）、会计报表（收益表、资产负债表、损益表的月季度报表和年度报表）供原告宋晓燕查阅。

三、裁判要旨

合伙人知情权是合伙人的基本权利，法律并未规定该权利的行使必须以说明目的为前提条件，但任何人实施法律行为都必须具备合法性。在没有证据证明合伙人请求行使合伙企业知情权存在非法性的前提下，合伙企业理应依法满足合伙人的要求。

四、案例来源

1. 案例索引

【案件名称】宋晓燕与上海墉德信息科技中心（有限合伙）合伙企业纠纷案

【审理法院】上海市崇明区人民法院

【案号】（2016）沪0230民初4331号

【审理程序】一审

2. 关联案例

福建省长乐市人民法院在“杨宝英与陈兴光合伙协议纠纷案”[（2017）闽0182民初235号]中认为，关于合伙企业知情权一般是指法律赋予合伙人了解合伙企业的相关事务，查阅合伙企业的财务会计报告、会计账簿等与合伙企业经营、管理、决策相关的资料，实现了解合伙企业的经营状况和监督执行事务合伙人行为的权利，是合伙人的基础性权利。《合伙企业法》第28条第2款规定，合伙人为了解合伙企业的经营状况和财务状况，有权查阅合伙企业会计账簿等财务资料。该法律条文赋予合伙人对合伙企业事务知情权中的查阅权。本案中，合伙体未办理工商登记，但合伙人知情权是合伙人的基本权利，法律并未规定该权利的行使必须以说明目的为前提条件。陈兴光对杨宝英享有对合伙体会计财务信息平等的知情权并无异议，对此，法院予以确认。

五、案例评析

了解合伙企业的经营状况和财务状况，是不执行事务的合伙人监督执行合伙事务最有效的手段。而了解企业的经营状况和财务状况的重要途径是通过查阅合伙企业会计账簿等财务资料，获取企业财务的真实情况。没有查账权，合伙人的监督权往往会落空。为了保障不执行合伙事务的合伙人切实行使其监督权，维护其合法权益，保护合伙企业正常的生产经营活动，《合伙企业法》第 28 条第 2 款规定，合伙人为了解合伙企业的经营状况和财务状况，有权查阅合伙企业会计账簿等财务资料。需要注意的是，上述规定不同于《公司法》第 33 条第 2 款的规定，"股东可以要求查阅公司会计账簿。股东要求查阅公司会计账簿的，应当向公司提出书面请求，说明目的。公司有合理根据认为股东查阅会计账簿有不正当目的，可能损害公司合法利益的，可以拒绝提供查阅，并应当自股东提出书面请求之日起 15 日内书面答复股东并说明理由。公司拒绝提供查阅的，股东可以请求人民法院要求公司提供查阅"。合伙人查阅合伙企业财务资料无须说明目的，合伙企业亦无权以合伙人查阅会计账簿有不正当目的为由拒绝向合伙人提供查阅，法律并未规定合伙人行使该权利必须以说明目的为前提条件。

六、案例启示

1. 除合伙协议另有约定外，合伙企业不得以说明目的为由妨碍合伙人行使知情权

合伙企业知情权是法律赋予合伙人的一项基础性权利，合伙人可以通过查阅合伙企业的财务会计报告、会计账簿等与合伙企业经营、管理、决策相关的资料，来了解合伙企业的经营状况和财务状况，并监督执行事务合伙人的行为，法律并未规定该权利的行使必须以说明目的为前提条件。因此，在合伙协议事前未作特殊约定的情况下，合伙企业和执行事务合伙人无权拒绝合伙人根据法律规定或合伙协议的约定行使知情权。关于合伙人是否可以通过事先制定的合伙协议，要求合伙人查阅财务资料前须说明目的，比如合伙企业有合理证据表明合伙人查阅财务资料具有不正当目的，会损害合伙企业利益的，则合伙企业有权拒

绝提供查阅，以约束或限制合伙人行使知情权的约定是否有效的问题，我们认为，因合伙企业具有较强的人合性，法律尊重当事人的意思自治，合伙人对其自身权利的处分，并不违反法律的禁止性规定，因此，上述约束或限制应合法有效。为避免争议，建议合伙协议参照最高人民法院《关于适用〈中华人民共和国公司法〉若干问题的规定（四）》（法释〔2017〕16号）第8条之规定，对合伙人查阅合伙企业财务资料具有不正当目的进行细化，包括但不限于：（1）合伙人自营或者为他人经营与合伙企业主营业务有实质性竞争关系业务的，但合伙协议另有规定或者全体合伙人另有约定的除外；（2）合伙人为了向他人通报有关信息查阅合伙企业会计账簿，可能损害合伙企业合法利益的；（3）合伙人在向合伙企业提出查阅请求之日前的3年内，曾通过查阅合伙企业会计账簿，向他人通报有关信息损害合伙企业合法利益的。

2. 合伙人不得滥用知情权损害合伙企业利益

本案中，上海市崇明区人民法院在裁判文书中提到"合伙人知情权是合伙人的基本权利，法律并未规定该权利的行使必须以说明目的为前提条件，但任何人实施法律行为都必须具备合法性。在没有证据证明合伙人请求行使合伙企业知情权存在非法性的前提下，合伙企业理应依法满足合伙人的要求"，虽然《合伙企业法》并未规定合伙人查阅合伙企业财务资料需要像公司股东那样需要提出申请并说明目的，但并不意味着合伙人可以滥用知情权损害合伙企业正当利益，即合伙人知情权的行使应具有目的之正当性，除法律规定、合伙协议约定或全体合伙人另有约定外，合伙人行使知情权不得为了谋取合伙人自营或者为他人经营与合伙企业主营业务有实质性竞争关系的业务，或向他人通报有关信息查阅合伙企业会计账簿，等等。对于合伙人滥用知情权损害合伙企业利益的行为，合伙企业可以根据《合伙企业法》第99条"合伙人违反本法规定或者合伙协议的约定，从事与本合伙企业相竞争的业务或者与本合伙企业进行交易的，该收益归合伙企业所有；给合伙企业或者其他合伙人造成损失的，依法承担赔偿责任"等规定，要求该合伙人承担违约责任或侵权责任。

七、相关法规

《合伙企业法》

第二十八条 由一个或者数个合伙人执行合伙事务的，执行事务合伙人应当定期向其他合伙人报告事务执行情况以及合伙企业的经营和财务状况，其执行合伙事务所产生的收益归合伙企业，所产生的费用和亏损由合伙企业承担。

合伙人为了解合伙企业的经营状况和财务状况,有权查阅合伙企业会计账簿等财务资料。

第六十八条　有限合伙人不执行合伙事务,不得对外代表有限合伙企业。

有限合伙人的下列行为,不视为执行合伙事务:

(一)参与决定普通合伙人入伙、退伙;

(二)对企业的经营管理提出建议;

(三)参与选择承办有限合伙企业审计业务的会计师事务所;

(四)获取经审计的有限合伙企业财务会计报告;

(五)对涉及自身利益的情况,查阅有限合伙企业财务会计账簿等财务资料;

(六)在有限合伙企业中的利益受到侵害时,向有责任的合伙人主张权利或者提起诉讼;

(七)执行事务合伙人怠于行使权利时,督促其行使权利或者为了本企业的利益以自己的名义提起诉讼;

(八)依法为本企业提供担保。

《证券投资基金法》

第四十六条　基金份额持有人享有下列权利:

(一)分享基金财产收益;

(二)参与分配清算后的剩余基金财产;

(三)依法转让或者申请赎回其持有的基金份额;

(四)按照规定要求召开基金份额持有人大会或者召集基金份额持有人大会;

(五)对基金份额持有人大会审议事项行使表决权;

(六)对基金管理人、基金托管人、基金服务机构损害其合法权益的行为依法提起诉讼;

(七)基金合同约定的其他权利。

公开募集基金的基金份额持有人有权查阅或者复制公开披露的基金信息资料;非公开募集基金的基金份额持有人对涉及自身利益的情况,有权查阅基金的财务会计账簿等财务资料。

第四节　合伙人知情权范围是财务资料，包括会计账簿、会计凭证和会计报表

一、案例简介

1. 事实经过

上海灏漫企业管理咨询中心（有限合伙）（以下简称灏漫咨询中心）于2014年10月23日成立，性质为有限合伙企业，由徐悦卿、赵玉杰二人合伙出资成立，徐悦卿为普通合伙人，认缴出资人民币9.9万元（以下币种均为人民币），赵玉杰为有限合伙人，认缴出资1000元，分别于2016年10月14日以货币出资。2014年12月10日，宋占川受让赵玉杰的合伙份额，成为灏漫咨询中心有限合伙人。同日，徐悦卿和宋占川达成合伙协议1份，约定：委托徐悦卿为执行事务合伙人，负责企业日常事务和对外代表企业的合伙人；不执行合伙事务的合伙人有权监督执行事务合伙人执行合伙事务的情况，执行事务合伙人应当定期向其他合伙人报告事务执行情况以及合伙企业的经营和财务状况，其执行合伙事务所产生的收益归合伙企业，所产生的费用和亏损由合伙企业承担等。灏漫咨询中心成立后，由徐悦卿为执行事务合伙人，至2016年6月30日从未直接向宋占川报告灏漫咨询中心的经营和财务状况。

宋占川向法院起诉请求：判令宋占川查阅和复印于2014年10月23日至2016年6月30日期间灏漫咨询中心财务资料，具体包括会计凭证（银行资金往来明细、对外签订的相关协议、发票、收据、收条等）、会计账簿、会计报表（收益表、资产负债表、损益表的月季度报表和年度报表）。一审法院庭审中，灏漫咨询中心表示，同意宋占川查阅会计账簿和会计报表，不同意查阅会计凭证，更不同意复印上述财务资料。

2. 核心争议

合伙人有权查询合伙企业会计账簿等财务资料，其范围是否包括会计凭证。

3. 交易结构图

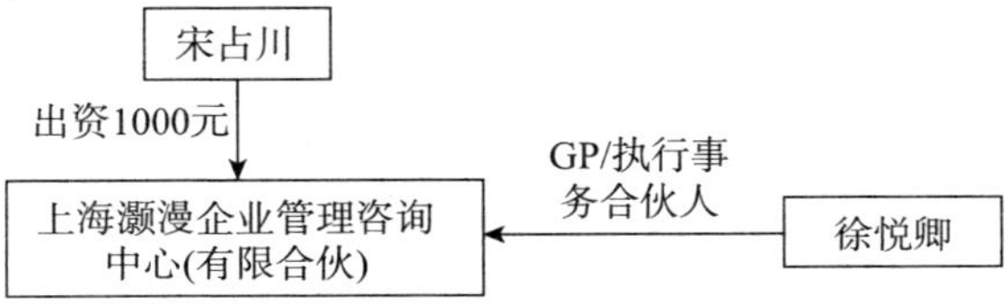

图3-12　交易结构图

二、裁判结果

一审法院上海市崇明区人民法院认为，合伙人必须在法定的范围内行使知情权。对于宋占川有权知晓灏漫咨询中心的财务资料的范围除会计账簿、财务报表之外是否包括会计凭证，《合伙企业法》以列举的方式规定有权查阅的范围是"财务账簿等财务资料"，其表达的基本文义为：合伙人有权查阅的是财务资料，包括财务账簿。其中是否包括会计凭证呢？对此，《会计法》第9条第1款规定："各单位必须根据实际发生的经济业务进行会计核算，填制会计凭证，登记会计账簿，编制财务会计报告。"第14条规定："会计凭证包括原始凭证和记账凭证。办理本法第十条所列的经济业务事项，必须填制或者取得原始凭证并及时送交会计机构。……记账凭证应当根据经过审核的原始凭证及有关资料编制。"第15条规定："会计账簿登记，必须以经过审核的会计凭证为依据，并符合有关法律、行政法规和国家统一的会计制度的规定。会计账簿包括总账、明细账、日记账和其他辅助性账簿。"通过上述规定可见，会计账簿是重要的，但并非唯一的会计资料，其上的数据来自会计凭证，只有会计账簿全面、真实、客观地反映会计凭证，才能真实反映合伙企业的资产经营状况；合伙人也只有通过查阅原始凭证才能知晓会计账簿的记录与合伙企业的实物、款项的实有数额是否相符，与会计凭证的有关内容是否相符，才能真正地使合伙人了解和掌握合伙企业的经营和财务状况，充分保护合伙人的知情权。在本案中，宋占川主张会计凭证（银行资金往来明细、对外签订的相关协议、发票、收据、收条等）属于《会计法》第10条规定的进行会计核算的经济业务事项中所产生的资料；另外，宋占川主张的财务报表，属于会计资料中财务会计报告的一部分，其范围并未超越《会计法》中会计资料的相关规定。由此，法院认定，宋占川主张其享有合伙企业知情权的范围包括财务账簿（包括总账、明细账、日记账和其他辅助性账簿）、会计凭证（银行资金往来明细、对外签订的相关协议、发票、收据、收条等）、会计账簿、会计报表（收益表、资产负债表、损益表的月季度报表和年度报表）符合法律的规定，应予支持，并据此判决灏漫咨询中心于判决生效之日起10日内在其经营场所内提供自2014年12月10日至2016年6月30日的会计账簿、会计凭证（银行资金往来明细、对外签订的相关协议、发票、收据、收条等）、会计报表（收益表、资产负债表、损益表的月季度报表和年度报表）供宋占川查阅。

二审法院上海市第二中级人民法院经审理，驳回上诉，维持原判。

三、裁判要旨

合伙人对合伙企业知情权的范围包括财务账簿（包括总账、明细账、日记账和其他辅助性账簿）、会计凭证（银行资金往来明细、对外签订的相关协议、发票、收据、收条等）、会计账簿、会计报表（收益表、资产负债表、损益表的月季度报表和年度报表）。

四、案例来源

1. 案例索引

【案件名称】宋占川与上海灏漫企业管理咨询中心合伙企业纠纷案

【审理法院】上海市第二中级人民法院

【案号】（2016）沪02民终7051号

【审理程序】二审

2. 关联案例

上海市徐汇区人民法院在“卢俊与上海重子资产管理合伙企业其他合伙企业纠纷案”［（2017）沪0104民初18644号］中认为，关于卢俊知晓重子资产企业的财务资料的范围除会计账簿、财务报表之外是否包括会计凭证：首先，从《合伙企业法》第28条的规定来看，虽然没有明确规定会计凭证能否查阅，但亦未明确禁止合伙人进行查阅。其次，根据《合伙企业法》的规定，合伙企业不能清偿到期债务的，普通合伙人承担无限连带责任。作为承担无限连带责任的普通合伙企业合伙人，其在行使会计账簿查阅权时，对于会计账簿内容的真实性、完整性的判断，必然要借助会计凭证的查阅才能实现。不查阅原始凭证，普通合伙人可能无法准确了解公司真实的、完整的经营状况，普通合伙人的知情权就不能得到实质性的保护，也与普通合伙人所要承担的无限连带责任不对等。最后，从《会计法》第9条第1款关于“各单位必须根据实际发生的经济业务事项进行会计核算，填制会计凭证，登记会计账簿，编制财务会计报告”、第14条关于“会计凭证包括原始凭证和记账凭证。办理本法第十条所列的各项经济业务事项，必须填制或者取得原始凭证并及时送交会计机构。……记账凭证应当根据经过审核的原始凭证及有关资料编制”以及第15条第1款关于“会计账簿登记，必须以经过审核的会计凭证为依据”的规定来看，合伙企业的具体经营活动只有通过查阅原始凭证才能充分知晓，普通合伙人应该享有充分知晓公司经营活动的权利。综上所述，法院认定，卢俊主张享有合伙企业知情权的范围包括会计账簿、会计凭证(银行资金往来明细、对外签订的相关协议、发票、收据、收条)、会计报告(全部收益类会计报表、资产负债类会计报表、损益类会计报表)符合法律规定,法院予以支持。

五、案例评析

《合伙企业法》第28条第2款仅规定"合伙人为了解合伙企业的经营状况和财务状况,有权查阅合伙企业会计账簿等财务资料",通过字面意思可以理解该规定是合伙人有权查阅合伙企业的财务资料,包括但不限于会计账簿,但该规定对财务资料的范围即哪些资料或文件属于财务资料却语焉不详。从会计专业角度而言,财务资料可以略等于会计资料,指会计核算单位在会计核算过程中形成的,记录和反映本单位实际发生的经济业务事项的会计专业资料,主要包括会计凭证、会计账簿、财务会计报告和其他会计资料,其范围包括但不限于会计账簿,还包括会计凭证、会计报告和其他会计资料,这也正符合《会计法》第13条的规定。本案中,上海市第二中级人民法院结合《会计法》的相关规定,分析了合伙人为了解合伙企业的经营状况和财务状况,仅仅查阅会计账簿是远不能达到该目的的,应对法律规定的"财务资料"范围作出合理界定,从其推理及判决内容来看,并未僵化理解法律条文,亦未过度解释法律规定,是符合《会计法》和一般专业常识的。

六、案例启示

1. 合伙人有权查询的财务资料除会计账簿外还包括会计凭证和会计报告

《合伙企业法》第28条第2款以列举的方式规定有权查阅的范围是"会计账簿等财务资料",根据会计专业知识及法律推理,财务资料的范围应略等于会计资料,其主要包括会计凭证、会计账簿、财务会计报告和其他会计资料,并在实践中得到了司法机关的支持与认可。结合《会计法》等法规,合伙人有权查阅的财务资料应包括四类,会计凭证、会计账簿、财务会计报告和其他会计资料,其中:会计凭证包括原始凭证和记账凭证,原始凭证包括但不限于银行资金往来明细、对外签订的相关协议、发票、收据、收条等;会计账簿包括总账、明细账、日记账和其他辅助性账簿;财务会计报告包括资产负债表、损益表、现金流量表、各种附表以及附注说明;其他会计资料包括银行存款余额调节表、银行对账单、纳税申报表、会计档案移交清册、会计档案保管清册、会计档案销毁清册、会计档案鉴定意见书及其他具有保存价值的会计资料。只有通过查阅上述财务资料,合伙人才能全面充分了解合伙企业的经营活动和财务状况,否则仅通过查阅会计账簿,无法保障合伙人知晓合伙企业经营状况和财务状况的权利。

2. 合伙协议可事先对合伙人有权查阅的会计账簿等财务资料的范围加以约定

因我国不是判例法国家,上海市第二中级人民法院在本案中的论证及确定的裁判规则,并不一定为其他法院所认可或遵循,加上各地法院或同一法院的法官对会计凭证等财务资料的认知存在差异,《合伙企业法》第28条第2款规定的"会计账簿等财务资料"是否及于会计凭证、财务会计报告和其他会计资料有待观察(见本书第三编第三章第五节)。为避免争议,建议合伙人投资者应事先在拟定合伙协议时,对有权查阅或复制的财务资料的范围作出具体明确规定,必要时应聘请专业的律师或会计师协助确认或制定相应条款,避免因地区差异或认知差异引发的知情权纠纷。

七、相关法规

《合伙企业法》

第二十八条 由一个或者数个合伙人执行合伙事务的,执行事务合伙人应当定期向其他合伙人报告事务执行情况以及合伙企业的经营和财务状况,其执行合伙事务所产生的收益归合伙企业,所产生的费用和亏损由合伙企业承担。

合伙人为了解合伙企业的经营状况和财务状况,有权查阅合伙企业会计账簿等财务资料。

第六十八条 有限合伙人不执行合伙事务,不得对外代表有限合伙企业。

有限合伙人的下列行为,不视为执行合伙事务:

(一)参与决定普通合伙人入伙、退伙;

(二)对企业的经营管理提出建议;

(三)参与选择承办有限合伙企业审计业务的会计师事务所;

(四)获取经审计的有限合伙企业财务会计报告;

(五)对涉及自身利益的情况,查阅有限合伙企业财务会计账簿等财务资料;

(六)在有限合伙企业中的利益受到侵害时,向有责任的合伙人主张权利或者提起诉讼;

(七)执行事务合伙人怠于行使权利时,督促其行使权利或者为了本企业的利益以自己的名义提起诉讼;

(八)依法为本企业提供担保。

《证券投资基金法》

第四十六条　基金份额持有人享有下列权利：

（一）分享基金财产收益；

（二）参与分配清算后的剩余基金财产；

（三）依法转让或者申请赎回其持有的基金份额；

（四）按照规定要求召开基金份额持有人大会或者召集基金份额持有人大会；

（五）对基金份额持有人大会审议事项行使表决权；

（六）对基金管理人、基金托管人、基金服务机构损害其合法权益的行为依法提起诉讼；

（七）基金合同约定的其他权利。

公开募集基金的基金份额持有人有权查阅或者复制公开披露的基金信息资料；非公开募集基金的基金份额持有人对涉及自身利益的情况，有权查阅基金的财务会计账簿等财务资料。

《会计法》

第九条　各单位必须根据实际发生的经济业务事项进行会计核算，填制会计凭证，登记会计账簿，编制财务会计报告。

任何单位不得以虚假的经济业务事项或者资料进行会计核算。

第十条　下列经济业务事项，应当办理会计手续，进行会计核算：

（一）款项和有价证券的收付；

（二）财物的收发、增减和使用；

（三）债权债务的发生和结算；

（四）资本、基金的增减；

（五）收入、支出、费用、成本的计算；

（六）财务成果的计算和处理；

（七）需要办理会计手续、进行会计核算的其他事项。

第十三条　会计凭证、会计账簿、财务会计报告和其他会计资料，必须符合国家统一的会计制度的规定。

使用电子计算机进行会计核算的，其软件及其生成的会计凭证、会计账簿、财务会计报告和其他会计资料，也必须符合国家统一的会计制度的规定。

任何单位和个人不得伪造、变造会计凭证、会计账簿及其他会计资料，不得提供虚假的财务会计报告。

第十四条 会计凭证包括原始凭证和记账凭证。

办理本法第十条所列的经济业务事项,必须填制或者取得原始凭证并及时送交会计机构。

会计机构、会计人员必须按照国家统一的会计制度的规定对原始凭证进行审核,对不真实、不合法的原始凭证有权不予接受,并向单位负责人报告;对记载不准确、不完整的原始凭证予以退回,并要求按照国家统一的会计制度的规定更正、补充。

原始凭证记载的各项内容均不得涂改;原始凭证有错误的,应当由出具单位重开或者更正,更正处应当加盖出具单位印章。原始凭证金额有错误的,应当由出具单位重开,不得在原始凭证上更正。

记账凭证应当根据经过审核的原始凭证及有关资料编制。

第十五条 会计账簿登记,必须以经过审核的会计凭证为依据,并符合有关法律、行政法规和国家统一的会计制度的规定。会计账簿包括总账、明细账、日记账和其他辅助性账簿。

会计账簿应当按照连续编号的页码顺序登记。会计账簿记录发生错误或者隔页、缺号、跳行的,应当按照国家统一的会计制度规定的方法更正,并由会计人员和会计机构负责人(会计主管人员)在更正处盖章。

使用电子计算机进行会计核算的,其会计账簿的登记、更正,应当符合国家统一的会计制度的规定。

第二十条 财务会计报告应当根据经过审核的会计账簿记录和有关资料编制,并符合本法和国家统一的会计制度关于财务会计报告的编制要求、提供对象和提供期限的规定;其他法律、行政法规另有规定的,从其规定。

财务会计报告由会计报表、会计报表附注和财务情况说明书组成。向不同的会计资料使用者提供的财务会计报告,其编制依据应当一致。有关法律、行政法规规定会计报表、会计报表附注和财务情况说明书须经注册会计师审计的,注册会计师及其所在的会计师事务所出具的审计报告应当随同财务会计报告一并提供。

第五节　除公司章程另有约定外，有限公司股东有权查阅公司会计账簿的范围并不包括会计凭证

一、案例简介

1. 事实经过

北京安通博瑞铁路器材有限公司(以下简称安通博瑞公司)成立于2012年4月20日，性质为有限责任公司。2015年12月8日，范文苑与李哲博签订股权转让协议，将范文苑在安通博瑞公司股权900万元转让给李哲博。2016年2月26日，范文苑与李哲博办理了股权转让的工商变更登记。2016年6月19日，范文苑代李哲博向安通博瑞公司的实际经营地址北京市丰台区大成路6号大成时代1018室寄送《申请书》，要求查阅、复制公司章程、股东会会议记录、账务涉及的相关资料，包括但不限于：自公司成立初至查账起止日的全部财务凭证、账簿、报表、纳税申报表等材料。因安通博瑞公司未向李哲博提供上述材料，故李哲博诉至法院，请求法院判令安通博瑞公司提供自2012年4月20日至2017年9月1日的股东会会议记录、财务会计报告给李哲博查阅、复制；请求法院判令安通博瑞公司提供自2012年4月20日至2017年9月1日的会计账簿(包括原始账簿和记账凭证)给李哲博及其委托的会计人员查询。

2. 核心争议

股东可以要求查阅公司会计账簿的范围是否包括会计凭证(记账凭证和原始凭证)。

3. 交易结构图

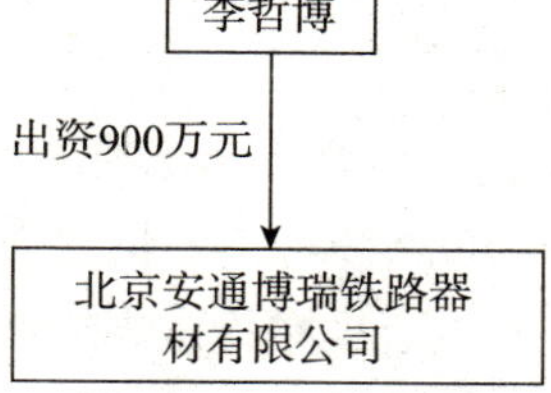

图3－13　交易结构图

二、裁判结果

一审法院北京市丰台区人民法院认为，安通博瑞公司系依法成立的有限责任公司，李哲博为安通博瑞公司工商登记在册股东。《公司法》第33条规定：

"股东有权查阅、复制公司章程、股东会会议记录、董事会会议决议、监事会会议决议和财务会计报告。股东可以要求查阅公司会计账簿。股东要求查阅公司会计账簿的,应当向公司提出书面请求,说明目的。公司有合理根据认为股东查阅会计账簿有不正当目的,可能损害公司合法利益的,可以拒绝提供查阅,并应当自股东提出书面请求之日起十五日内书面答复股东并说明理由。公司拒绝提供查阅的,股东可以请求人民法院要求公司提供查阅。"据此,有限责任公司股东的知情权,是法律赋予股东通过查阅公司的股东会会议记录、财务会计报告、会计账簿等有关公司文件资料,了解公司经营决策和管理模式的法定权利,更是保护股东决策权、财产权不受侵犯的重要手段。因此,李哲博要求查阅、复制安通博瑞公司自成立之日起至2017年9月1日止股东会会议记录、财务会计报告的诉讼请求,于法有据,法院予以支持。关于李哲博是否可以查阅会计账簿,法院认为,会计账簿是以经过审核的会计凭证为依据进行登记而形成的,会计凭证既包括原始凭证,又包括记账凭证。股东通过查阅原始凭证,可以核实会计账簿的内容,验证会计账簿对公司财务状况的记录是否完整准确,详细了解公司的具体经营活动,不查阅原始凭证,股东可能会无法准确了解公司真正的经营状况,故李哲博要求查阅公司会计账簿(包括原始账簿及记账凭证)的诉讼请求符合股东知情权之立法目的,应予支持;对于李哲博是否有权主张其委托的会计人员一并进行查阅,法院认为,根据最高人民法院《关于适用〈中华人民共和国公司法〉若干问题的规定(四)》第10条第2款规定,"股东依据人民法院生效判决查阅公司文件材料的,在该股东在场的情况下,可以由会计师、律师等依法或者依据执业行为规范负有保密义务的中介机构执业人员辅助进行",李哲博有权在其本人在场的情况下委托会计师辅助进行查阅,对其该项诉讼请求,法院予以支持。据此判令安通博瑞公司于判决生效之日起7日内,将安通博瑞公司2012年4月20日至2017年9月1日的股东会会议记录、财务会计报告置备于该公司住所地内,供李哲博查阅、复制;安通博瑞公司于判决生效之日起7日内,将安通博瑞公司2012年4月20日至2017年9月1日的财务账簿(包括原始账簿和记账凭证)置备于该公司住所地内,供李哲博及其委托的会计师查阅。

二审法院北京市第二中级人民法院认为,根据《会计法(1999年修订)》第14条第1款、第5款,第15条第1款的规定,会计凭证包括原始凭证和记账凭证,记账凭证应当根据经过审核的原始凭证及有关资料编制,而且会计账簿登记,必须以经过审核的会计凭证为依据,按照不同的会计科目登记造册而形成。因此,会计账簿与会计凭证之间既密切联系,又相对独立,两者显然不是同一概念。《公司法》第33条规定的有限责任公司股东的查阅范围并不包括会计凭证，因此李哲博关于查阅安通博瑞公司会计凭证的请求，与《公司法》第33条的规定不符。而且，本案现有证据也未证明安通博瑞公司的章程赋予了股东查阅公司会计凭证的权利，因此，一审法院判决李哲博查阅安通博瑞公司会计凭证，没有法律依据和章程依据，二审法院予以纠正。

三、裁判要旨

会计账簿与会计凭证之间既密切联系，又相对独立，两者显然不是同一概念。《公司法》第33条规定的有限责任公司股东的查阅范围并不包括会计凭证。如公司章程未赋予公司股东查阅公司会计凭证的权利，则股东查阅会计账簿的范围并不包括会计凭证。

四、案例来源

1. 案例索引

【案件名称】北京安通博瑞铁路器材有限公司与李哲博股东知情权纠纷案

【审理法院】北京市第二中级人民法院

【案号】(2018)京02民终532号

【审理程序】二审

2. 关联案例

广东省东莞市第二人民法院在“蒋建军与东莞市路尚实业有限公司股东知情权纠纷案”[(2017)粤1972民初13892号]中认为，关于原告蒋建军行使股东知情权可查阅资料的范围：首先，根据《公司法》第33条第2款的规定，股东有权查阅、复制财务会计报告及查阅公司会计账簿。故原告有关查阅、复制被告路尚公司2015年、2016年财务会计报告的诉请，于法有据，本院予以支持。根据《会计法》第15条的规定，会计账簿包括总账、明细账、日记账和其他辅助性账簿，故对原告诉请查阅被告路尚公司的会计账簿(包括总账、明细账、日记账)，法院予以支持。其次，关于原告能否查阅会计凭证的问题。股东行使股东知情权查阅企业会计资料的范围，应当遵守法律规定以及公司章程的特别约定。依照《公司法》第33条的规定，包括原始凭证和记账凭证等在内的会计凭证不属于股东知情权的查阅对象。被告的公司章程中关于股东权利的规定，也没有赋予股东查阅企业会计凭证的权利。故对原告诉请查阅会计凭证(包括原始凭证、记账凭证以及原始凭证附件入账备查的有关资料)，法院不予支持。

五、案例评析

股东知情权是股东的固有权利,根据《公司法》第 33 条的相关规定,股东知情权的具体行使范围可以分为两类:第一类为公司章程、股东会会议记录、董事会会议决议、监事会会议决议和财务会计报告,对这五项内容,股东有权查阅并复制;第二类为公司会计账簿。《公司法》对上述两类不同的股东知情权范围的行权方式进行了有区别的规定,对于第一类的公司章程、股东会会议记录、董事会会议决议、监事会会议决议和财务会计报告,无论公司章程或股东协议是否有特殊规定,股东均拥有查阅和复制的权利,但对于第二类的公司的会计账簿,《公司法》仅规定了股东有权查阅,而未规定可以复制的权利。并且,对于会计账簿的查阅,还需要履行一定程序后才可以查阅会计账簿,即向公司提出书面申请并说明目的。本案中,李哲博诉求之一是要求查阅公司的会计账簿(包括原始账簿和记账凭证),一审法院北京市丰台区人民法院以不查阅原始会计凭证,股东可能会无法准确了解公司真正的经营状况为由,支持了股东查阅会计账簿的范围包括会计凭证的观点,但二审法院北京市第二中级人民法院从《会计法》对会计账簿与会计凭证的规定入手,认为两者并非同一概念,《公司法》规定的会计账簿并不及于会计凭证,即除非公司章程或股东协议另有约定外,股东查阅会计账簿的范围并不包括会计凭证(记账凭证和原始凭证)。从法律适用原则出发,对二审法院的上述认定本身并无可挑剔之处,关于会计账簿和会计凭证的区分,也是符合会计专业常识的。

六、案例启示

1. 从严格法律适用角度,股东有权查阅有限公司会计账簿的范围不包括会计凭证

根据《会计法》第 13 条"会计凭证、会计账簿、财务会计报告和其他会计资料,必须符合国家统一的会计制度的规定"之规定,会计账簿与会计凭证是两种独立的会计资料,两者虽然有联系,会计账簿登记,必须以经过审核的会计凭证为依据,按照不同的会计科目登记造册而形成,但两者的区别也是明显的。会计账簿包括总账、明细账、日记账和其他辅助性账簿,而会计凭证包括原始凭证和记账凭证,原始凭证包括但不限于银行资金往来明细、对外签订的相关协议、发票、收据、收条等。立法机关制定《公司法》第 33 条时,未使用"会计账簿等财务资料"而是使用了会计专业术语"会计账簿",其目的和意图应该比较明显,即法

律规定的公司有权查阅的会计账簿并不包括会计凭证尤其是原始凭证(股份公司股东知情权亦有类似规定,见《公司法》第97条),因为同合伙企业相比,有限公司具有独立法人地位,股东以出资额为限承担责任,具有较强的资合性,股东利益与公司利益并不完全一致,公司对其经营财务资料有保密的需求。因此,对于有限公司股东的知情权范围而言,除非公司章程另有约定,否则,公司股东有权查阅公司会计账簿的范围并不及于会计凭证。

2. 有限公司股东可以在公司章程中对查阅会计账簿的范围作延伸扩大约定

虽然《公司法》第33条规定的股东有权查阅有限公司会计账簿的范围不包括会计凭证,但不妨碍公司股东在公司章程中对此作出特殊约定,即可以明确股东有权查阅公司的记账凭证或/和原始凭证。我们认为,《公司法》第33条规定的股东有权查阅有限公司会计账簿是法律对股东知情权的最低限度要求,但未禁止股东之间对此作出特殊约定,并且股东之间通过以事先签订公司章程的方式对自身权利作出相关处分,并不违反法律的禁止性规定,理应合法有效。因此,公司股东为了更好地行使知情权和监督权,可以在公司章程中对查阅会计账簿的范围作延伸扩大约定,把知情权范围扩大至会计凭证及其他会计材料。

七、相关法规

《公司法》

第三十三条　股东有权查阅、复制公司章程、股东会会议记录、董事会会议决议、监事会会议决议和财务会计报告。

股东可以要求查阅公司会计账簿。股东要求查阅公司会计账簿的,应当向公司提出书面请求,说明目的。公司有合理根据认为股东查阅会计账簿有不正当目的,可能损害公司合法利益的,可以拒绝提供查阅,并应当自股东提出书面请求之日起十五日内书面答复股东并说明理由。公司拒绝提供查阅的,股东可以请求人民法院要求公司提供查阅。

第九十七条　股东有权查阅公司章程、股东名册、公司债券存根、股东大会会议记录、董事会会议决议、监事会会议决议、财务会计报告,对公司的经营提出建议或者质询。

第一百六十五条　有限责任公司应当依照公司章程规定的期限将财务会计报告送交各股东。

股份有限公司的财务会计报告应当在召开股东大会年会的二十日前置备于本公司,供股东查阅;公开发行股票的股份有限公司必须公告其财务会计报告。

最高人民法院《关于适用〈中华人民共和国公司法〉若干问题的规定(四)》

第八条 限责任公司有证据证明股东存在下列情形之一的,人民法院应当认定股东有公司法第三十三条第二款规定的“不正当目的”:

(一)股东自营或者为他人经营与公司主营业务有实质性竞争关系业务的,但公司章程另有规定或者全体股东另有约定的除外;

(二)股东为了向他人通报有关信息查阅公司会计账簿,可能损害公司合法利益的;

(三)股东在向公司提出查阅请求之日前的三年内,曾通过查阅公司会计账簿,向他人通报有关信息损害公司合法利益的;

(四)股东有不正当目的的其他情形。

第九条 公司章程、股东之间的协议等实质性剥夺股东依据公司法第三十三条、第九十七条规定查阅或者复制公司文件材料的权利,公司以此为由拒绝股东查阅或者复制的,人民法院不予支持。

第十条 人民法院审理股东请求查阅或者复制公司特定文件材料的案件,对原告诉讼请求予以支持的,应当在判决中明确查阅或者复制公司特定文件材料的时间、地点和特定文件材料的名录。

股东依据人民法院生效判决查阅公司文件材料的,在该股东在场的情况下,可以由会计师、律师等依法或者依据执业行为规范负有保密义务的中介机构执业人员辅助进行。

第十一条 股东行使知情权后泄露公司商业秘密导致公司合法利益受到损害,公司请求该股东赔偿相关损失的,人民法院应当予以支持。

根据本规定第十条辅助股东查阅公司文件材料的会计师、律师等泄露公司商业秘密导致公司合法利益受到损害,公司请求其赔偿相关损失的,人民法院应当予以支持。

《会计法》

第十四条 会计凭证包括原始凭证和记账凭证。

办理本法第十条所列的经济业务事项,必须填制或者取得原始凭证并及时送交会计机构。

会计机构、会计人员必须按照国家统一的会计制度的规定对原始凭证进行审核,对不真实、不合法的原始凭证有权不予接受,并向单位负责人报告;对记载不准确、不完整的原始凭证予以退回,并要求按照国家统一的会计制度的规定更正、补充。

原始凭证记载的各项内容均不得涂改;原始凭证有错误的,应当由出具单位重开或者更正,更正处应当加盖出具单位印章。原始凭证金额有错误的,应当由出具单位重开,不得在原始凭证上更正。

记账凭证应当根据经过审核的原始凭证及有关资料编制。

第十五条 会计账簿登记,必须以经过审核的会计凭证为依据,并符合有关法律、行政法规和国家统一的会计制度的规定。会计账簿包括总账、明细账、日记账和其他辅助性账簿。

会计账簿应当按照连续编号的页码顺序登记。会计账簿记录发生错误或者隔页、缺号、跳行的,应当按照国家统一的会计制度规定的方法更正,并由会计人员和会计机构负责人(会计主管人员)在更正处盖章。

使用电子计算机进行会计核算的,其会计账簿的登记、更正,应当符合国家统一的会计制度的规定。

第六节 股东对会计账簿行使股东知情权应当及于原始凭证和记账凭证

一、案例简介

1. 事实经过

广州海朋酷远投资管理有限公司(以下简称海朋酷远公司)成立于2015年12月29日,系其他有限责任公司,法定代表人为赵剑海,股东为赵剑海、方明、海朋投资,经营范围为商务服务业。2018年4月3日,方明向海朋酷远公司寄出《关于要求行使股东知情权的通知书》,要求海朋酷远公司提供公司设立登记之日起的章程、章程修正案、股东会会议记录、董事会会议决议、财务会计报告等供方明及委托的律师、会计师查阅、复制,还要求海朋酷远公司提供公司设立之日起的会计账簿(含总账、明细账、日记账、其他辅助性账簿)以及会计凭证(含相关原始凭证)等供方明及委托的律师、会计师查阅。2018年4月17日,海朋酷远公司向方明作出《回函》。《回函》载明,海朋酷远公司已向方明提供公司章程、章程修正案、股东会会议记录、执行董事会决议、监事会决议和2016年财务会计报告;因尚未收到会计师事务所出具的2017年财务会计报告,海朋酷远公司暂无法向方明提供2017年度财务会计报告;海朋酷远公司暂无法向方明提供会计账簿以供查阅,因海朋酷远公司认为其有合理理由认为方明查阅会计账簿有不正当目的,可能损害公司合法权益等。为此,方明向法院提出诉讼要求:判决海朋酷远公司向方明提供完整的自2015年12月29日成立以来的财务会计报告(包括会计报表、会计报表附注、财务情况说明书和其他会计报告)供方明和方明委托的执业律师、会计师查阅、复制;海朋酷远公司向方明提供完整的自2015年12月29日成立以来的会计账簿(含总账、明细账、日记账、其他辅助性账簿)以及会计凭证(含记账凭证、相关原始凭证及作为原始凭证附件入账备查的有关资料)供方明和方明委托的执业律师、会计师查阅。

2. 核心争议

方明行使股东知情权的范围的会计账簿是否包括会计凭证(含记账凭证、相关原始凭证及作为原始凭证附件入账备查的有关资料)。

3. 交易结构图

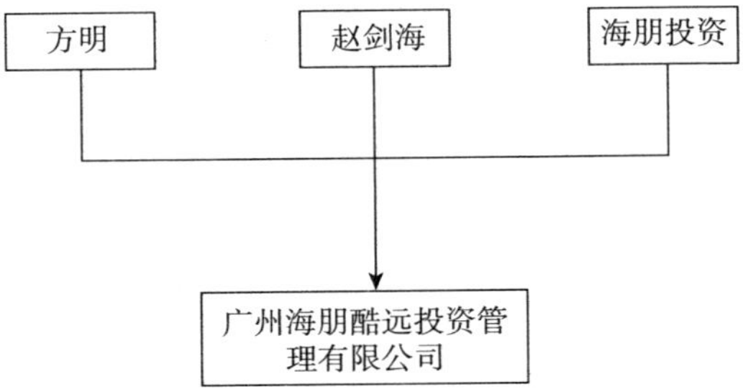

图3-14　交易结构图

二、裁判结果

一审法院广东省广州市越秀区人民法院认为,《公司法》第33条规定,"股东有权查阅、复制公司章程、股东会会议记录、董事会会议决议、监事会会议决议和财务会计报告。股东可以要求查阅公司会计账簿。股东要求查阅公司会计账簿的,应当向公司提出书面请求,说明目的。公司有合理根据认为股东查阅会计账簿有不正当目的,可能损害公司合法利益的,可以拒绝提供查阅,并应当自股东提出书面请求之日起十五日内书面答复股东并说明理由。公司拒绝提供查阅的,股东可以请求人民法院要求公司提供查阅"。本案方明系海朋酷远公司的股东,方明已于2018年4月3日向海朋酷远公司寄出《关于要求行使股东知情权的通知书》,要求行使股东知情权,海朋酷远公司2018年4月17日向方明作出《回函》拒绝了方明要求行使股东知情权的请求,故方明可提起本案股东知情权诉讼。根据《公司法》第33条规定,海朋酷远公司应向方明提供自2015年12月29日成立以来的财务会计报告供方明查阅、复制,并提供2015年12月29日成立以来的会计账簿供方明查阅。提供查阅或复制资料的期限应计至方明向海朋酷远公司发出《关于要求行使股东知情权的通知书》之日，即2018年4月3日。《会计法》第20条规定，财务会计报告由会计报表、会计报表附注和财务情况说明组成，故海朋酷远公司应将含有会计报表、会计报表附注和财务情况说明的财务会计报告提供给方明查阅、复制。《会计法》第15条规定，会计账簿的登记，必须以经过审核的会计凭证为依据，会计账簿包括总账、明细账、日记账和其他辅助性账簿。《会计法》第14条规定，会计凭证包括原始凭证和记账凭证，记账凭证应当根据经过审核的原始凭证及有关资料编制。故方明有权同时查阅会计账簿相应的原始凭证和记账凭证，海朋酷远公司应提交包括总账、明细账、日记账和其他辅助性账簿在内的会计账簿，以及包括原始凭证和记账凭证在内的会计凭证供方明查阅。同时，法院认为本案现有证据无法证实方明行使股东知情权存在不正当目的，故判决海朋酷远公司于判决发生法律效力之日起20日内将公司自2015年12月29日起至2018年4月3日止的财务会计报告（含会计报表、会计报表附注和财务情况说明）置备于公司，供方明（包括其委托的执业律师、会计师）查阅、复制；判决海朋酷远公司于判决发生法律效力之日起20日内将公司自2015年12月29日起至2018年4月3日止的会计账簿（含总账、明细账、日记账和其他辅助性账簿）及会计凭证（含原始凭证和记账凭证）置备于公司，供方明（包括其委托的执业律师、会计师）查阅。

二审法院广东省广州市中级人民法院认为，本案现有证据尚不足以认定方明行使股东知情权存在《公司法》第33条第2款规定的“不正当目的”，海朋酷远公司拒绝提供查阅的理由不成立。至于方明查阅公司会计账簿是否应包括会计凭证（含原始凭证和记账凭证）问题，一审对此已作论述，二审法院予以确认，并维持一审判决。

三、裁判要旨

法律规定有限公司的股东有权查阅公司的会计账簿，因会计账簿的登记必须以经过审核的会计凭证为依据，因此，股东查阅会计账簿的同时，应有权同时查阅会计账簿相应的原始凭证和记账凭证。

四、案例来源

1. 案例索引

【案件名称】广州海朋酷远投资管理有限公司、方明股东知情权纠纷案

【审理法院】广东省广州市中级人民法院

【案号】(2018)粤01民终17289号

【审理程序】二审

2. 关联案例

江苏省高级人民法院在“郁继兰与南京郁氏生物科技有限公司股东知情权纠纷案”[(2016)苏民终620号]中认为,根据《公司法》第33条之规定,股东有权查阅、复制公司章程、股东会会议记录、董事会会议决议、监事会会议决议和财务会计报告,股东可以要求查阅公司会计账簿。本案中,郁继兰作为郁氏公司股东,在其具有股东资格期间,依法享有查阅、复制上述文件的权利。因此,虽然上述资料可以通过工商登记管理部门等公开渠道获取,但股东向公司行使知情权时,公司依法应当向股东提供。一审判决第一项认定的股东知情权范围并无不当。郁氏公司关于《公司法》没有赋予股东诉权来查阅公司章程、股东会会议记录、董事会会议决议、监事会会议决议和财务会计报告的主张没有法律依据,法院不予支持,并维持了一审法院江苏省南京市中级人民法院在(2015)宁商外初字第67号判决书中的内容:《公司法》第33条第1款规定,“股东有权查阅、复制公司章程、股东会会议记录、董事会会议决议、监事会会议决议和财务会计报告”。该条第2款规定,“股东可以要求查阅公司会计账簿”。关于公司会计账簿的范围,根据《会计法》第9条第1款的规定,“各单位必须根据实际发生的经济业务事项进行会计核算,填制会计凭证,登记会计帐簿,编制财务会计报告”。《会计法》第14条第1款规定,“会计凭证包括原始凭证和记帐凭证”。根据上述法律规定,本案原告郁继兰要求查阅和复制郁氏公司章程(包括章程修正案)、股东会会议记录、董事会会议决议、监事会会议决议和财务会计报告,以及查阅会计账簿(包括总账、明细账、日记账、原始凭证和记账凭证),于法有据。

湖北省武汉市中级人民法院在“江永舟、武汉九通商厦有限责任公司股东知情权纠纷案”[(2018)鄂01民终9768号]中认为,《会计法》第14条第1款“会计凭证包括原始凭证和记帐凭证”、第15条第1款“会计帐簿登记,必须以经过审核的会计凭证为依据,并符合有关法律、行政法规和国家统一的会计制度的规定。会计帐簿包括总帐、明细帐、日记帐和其他辅助性帐簿”的规定,江永舟提出的诉讼请求成立,本院均予支持。

河南省郑州市中级人民法院在“朱华、河南中瑞科技发展有限公司股东知情权纠纷案”[(2018)豫01民终18739号]中认为,2004年6月23日,朱华为被上诉人的股东,持有河南中瑞科技发展有限公司8%的股份。朱华有权以股东身份要求查阅、复制公司章程、股东会会议记录、执行董事决定、监事决定和财务会计报告。朱华为了了解公司情况，不存在有不正当目的或可能损害公司合法利益的情形，被上诉人应当提供会计账簿由朱华查阅。为了便于更好地查阅公司财务情况，朱华可以查阅所有会计账簿（包括总账、明细账、日记账和其他辅助性账簿等）、依法应当保存的会计凭证（包括原始凭证、记账凭证、银行对账单、出入库单据、各类合同等入账备查的有关资料）。

上海市第二中级人民法院在“上海国信新能源有限公司与上海福萌投资管理有限公司股东知情权纠纷案”［（2018）沪02民终4247号］中认为，我国《公司法》第33条虽未将会计凭证及其他会计资料列为股东知情权的范畴，但会计凭证是会计账簿形成的基础，会计凭证及其他会计资料亦是判断会计账簿真实性、完整性的依据。判断股东知情权的适用范围时，应结合法律规定及对应的立法目的来综合予以认定，即股东知情权系股东依法享有对公司经营、管理、决策等重要情况或信息真实了解和掌握的权利，被上诉人要求查阅的会计凭证及其他会计资料符合其了解公司经营状况的目的。股东有权查阅会计凭证及其他会计资料，本质上属于我国《公司法》实现充分保障股东知情权的应有之义，故一审法院支持被上诉人的一审诉请，于法不悖，法院予以认可。

五、案例评析

股东知情权是股东的固有权利，股东依法有权复制公司章程、股东会会议记录、董事会会议决议、监事会会议决议和财务会计报告，并有权查阅公司会计账簿。前文（本书第三编第三章第五节）已经论述过立法机关在股东有权查阅公司会计账簿的范围是否及于会计凭证的问题上，所持的是一种保留意见，即认可二者的区别，法律从平衡公司与股东利益考虑，对此不作规定，但又不反对公司章程对此另作约定。但从会计专业角度，会计账簿登记必须以经过审核的会计凭证为依据，虽然《公司法》没有明确规定股东可以查阅会计凭证，但基于利益平衡以及确保信息真实的考虑，如果只允许股东查阅会计账簿而不能查阅原始凭证，则股东无法将会计账簿与最真实的原始凭证相对比，很难获得充分、真实、全面的公司各项信息，难以实现查阅公司会计账簿的目的。因此，有必要通过司法裁量，适当对会计账簿的范围作扩大解释，以维护股东的知情权。通过检索发现，多数法院在章程未作特殊约定的情况下，从法律规定知情权的目的出发，支持了股东有权查阅公司会计凭证的诉请，亦未超出司法自由裁量权的范围，因为在现阶段，不少公司的内控制度、财务制度不完善，阴阳账本等财务造假现象并不鲜见,公司的财务会计报告和会计账簿无法客观、全面地反映公司的财务状况,如果一味僵化理解和适用《公司法》第33条的规定,不允许股东查阅公司会计凭证,则无法真正保障股东了解公司的经营情况、财务状况的权利和行使监督权利。

六、案例启示

1. 司法实践中关于股东查阅会计账簿是否及于会计凭证尚存争议

因立法机关制定《公司法》第33条时,未对股东有权查阅会计账簿的范围是否及于会计凭证进行明确规定,而是采取了保留态度,留待公司股东在制定公司章程时另行协商确定,而最高人民法院2017年8月25日发布的《关于适用〈中华人民共和国公司法〉若干问题的规定(四)》(法释〔2017〕16号),亦回避了股东是否有权查阅公司会计凭证这一个问题。从严格法律适用角度,公司有权查阅公司会计账簿的范围并不及于会计凭证。但在司法实践中,经过检索,我们发现各地、各级法院在该问题上的裁判观点也不尽一致,大致分为两派,肯定论派和否定论派。肯定论派运用目的解释原则,支持了股东有权查阅公司会计凭证的诉请,发挥了司法的能动性,而否定论派则从严格法律适用的角度,以法律规定为准绳,认为公司法并未赋予公司股东查阅会计凭证的权利。由此可见,除非公司章程对此问题另有约定,否则股东提出查阅公司会计凭证的诉请会在各地法院呈现不同的判决结果,而该问题的争论亦会一直延续下去。

2. 为保障股东知情权建议公司章程对会计账簿的范围进行具体规定

如前文所述,从严格法律适用角度,股东有权查阅有限公司会计账簿的范围不包括会计凭证,且各地司法机关在处理该问题上的态度和裁判尺度仍明显分为对立的两派。因此,为避免股东提出的查阅公司会计凭证的诉求因缺乏法律依据无法得到法院的支持,建议在制定公司章程时,应对股东有权查阅、复制公司会计凭证等其他会计资料事项作出明确具体的约定,即应明确股东有权查阅或复制公司的记账凭证或/和原始凭证等其他会计资料,并对公司履行信息披露义务及保障股东知情权的程序、方式、违约责任等事项作出明确规定,以保护股东的知情权和监督权。

七、相关法规

《公司法》

第三十三条 股东有权查阅、复制公司章程、股东会会议记录、董事会会议决议、监事会会议决议和财务会计报告。

股东可以要求查阅公司会计账簿。股东要求查阅公司会计账簿的,应当向公司提出书面请求,说明目的。公司有合理根据认为股东查阅会计账簿有不正当目的,可能损害公司合法利益的,可以拒绝提供查阅,并应当自股东提出书面请求之日起十五日内书面答复股东并说明理由。公司拒绝提供查阅的,股东可以请求人民法院要求公司提供查阅。

第九十七条 股东有权查阅公司章程、股东名册、公司债券存根、股东大会会议记录、董事会会议决议、监事会会议决议、财务会计报告,对公司的经营提出建议或者质询。

第一百六十五条 有限责任公司应当依照公司章程规定的期限将财务会计报告送交各股东。

股份有限公司的财务会计报告应当在召开股东大会年会的二十日前置备于本公司,供股东查阅;公开发行股票的股份有限公司必须公告其财务会计报告。

最高人民法院《关于适用〈中华人民共和国公司法〉若干问题的规定(四)》

第八条 限责任公司有证据证明股东存在下列情形之一的,人民法院应当认定股东有公司法第三十三条第二款规定的"不正当目的":

(一)股东自营或者为他人经营与公司主营业务有实质性竞争关系业务的,但公司章程另有规定或者全体股东另有约定的除外;

(二)股东为了向他人通报有关信息查阅公司会计账簿,可能损害公司合法利益的;

(三)股东在向公司提出查阅请求之日前的三年内,曾通过查阅公司会计账簿,向他人通报有关信息损害公司合法利益的;

(四)股东有不正当目的的其他情形。

第九条 公司章程、股东之间的协议等实质性剥夺股东依据公司法第三十三条、第九十七条规定查阅或者复制公司文件材料的权利,公司以此为由拒绝股东查阅或者复制的,人民法院不予支持。

第十条 人民法院审理股东请求查阅或者复制公司特定文件材料的案件,对原告诉讼请求予以支持的,应当在判决中明确查阅或者复制公司特定文件材料的时间、地点和特定文件材料的名录。

股东依据人民法院生效判决查阅公司文件材料的,在该股东在场的情况下,可以由会计师、律师等依法或者依据执业行为规范负有保密义务的中介机构执业人员辅助进行。

第十一条 股东行使知情权后泄露公司商业秘密导致公司合法利益受到损害,公司请求该股东赔偿相关损失的,人民法院应当予以支持。

根据本规定第十条辅助股东查阅公司文件材料的会计师、律师等泄露公司商业秘密导致公司合法利益受到损害,公司请求其赔偿相关损失的,人民法院应当予以支持。

《会计法》

第九条 各单位必须根据实际发生的经济业务事项进行会计核算,填制会计凭证,登记会计账簿,编制财务会计报告。

任何单位不得以虚假的经济业务事项或者资料进行会计核算。

第十条 下列经济业务事项,应当办理会计手续,进行会计核算:

(一)款项和有价证券的收付;

(二)财物的收发、增减和使用;

(三)债权债务的发生和结算;

(四)资本、基金的增减;

(五)收入、支出、费用、成本的计算;

(六)财务成果的计算和处理;

(七)需要办理会计手续、进行会计核算的其他事项。

第十三条 会计凭证、会计账簿、财务会计报告和其他会计资料,必须符合国家统一的会计制度的规定。

使用电子计算机进行会计核算的,其软件及其生成的会计凭证、会计账簿、财务会计报告和其他会计资料,也必须符合国家统一的会计制度的规定。

任何单位和个人不得伪造、变造会计凭证、会计账簿及其他会计资料,不得提供虚假的财务会计报告。

第十四条 会计凭证包括原始凭证和记账凭证。

办理本法第十条所列的经济业务事项,必须填制或者取得原始凭证并及时送交会计机构。

会计机构、会计人员必须按照国家统一的会计制度的规定对原始凭证进行审核,对不真实、不合法的原始凭证有权不予接受,并向单位负责人报告;对记载不准确、不完整的原始凭证予以退回,并要求按照国家统一的会计制度的规定更正、补充。

原始凭证记载的各项内容均不得涂改;原始凭证有错误的,应当由出具单位重开或者更正,更正处应当加盖出具单位印章。原始凭证金额有错误的,应当由出具单位重开，不得在原始凭证上更正。

记账凭证应当根据经过审核的原始凭证及有关资料编制。

第十五条　会计账簿登记，必须以经过审核的会计凭证为依据，并符合有关法律、行政法规和国家统一的会计制度的规定。会计账簿包括总账、明细账、日记账和其他辅助性账簿。

会计账簿应当按照连续编号的页码顺序登记。会计账簿记录发生错误或者隔页、缺号、跳行的，应当按照国家统一的会计制度规定的方法更正，并由会计人员和会计机构负责人（会计主管人员）在更正处盖章。

使用电子计算机进行会计核算的，其会计账簿的登记、更正，应当符合国家统一的会计制度的规定。

第二十条　财务会计报告应当根据经过审核的会计账簿记录和有关资料编制，并符合本法和国家统一的会计制度关于财务会计报告的编制要求、提供对象和提供期限的规定；其他法律、行政法规另有规定的，从其规定。

财务会计报告由会计报表、会计报表附注和财务情况说明书组成。向不同的会计资料使用者提供的财务会计报告，其编制依据应当一致。有关法律、行政法规规定会计报表、会计报表附注和财务情况说明书须经注册会计师审计的，注册会计师及其所在的会计师事务所出具的审计报告应当随同财务会计报告一并提供。

第四编　投资者之间的纠纷

第一章　入伙纠纷

第一节　投资者并未与全体合伙人签订入伙协议,不构成入伙

一、案例简介

1. 事实经过

2014 年 6 月,河南嘉富诚股权投资基金管理有限公司(以下简称河南嘉富诚)制作《洛阳双勇定向股权投资基金说明书》一份,载明基金的名称是宁波嘉诚双勇股权投资合伙企业(有限合伙)(以下简称宁波嘉诚),基金的规模是 3000 万元人民币,基金存续期为 3 年,投资项目是洛阳市双勇机器制造有限公司(以下简称洛阳双勇)20% 的股权,投资总额为 3000 万元人民币,以增资扩股的方式持有洛阳双勇 20% 股权,投资期满后,根据企业经营业绩选择 IPO、回购方式退出,取得投资收益。投资收益分三种,分别是:上市退出(预期收益不低于 200%/年)、并购退出(预期收益不低于 100%/年)、回购退出(预期收益 15%/年)。2014 年 6 月 9 日,宁波嘉诚成立,签订合伙协议,河南嘉富诚是普通合伙人、执行事务合伙人和基金管理人,认缴 30 万元并出资到位,张强是有限合伙人,认缴 2970 万元,出资没有到位。

贾树勤、贾密琴、张祖源、马宪杰、成方公司、贾东怀、张淼、冯晓辉、河南高通通信科技有限公司、蔡喜青、河南省羿丰实业有限公司、河南万邦钢铁有限公司、河南世润实业有限公司、河南鑫联鑫钢铁有限公司、张秀英、陈永辉分别与河南嘉富诚签订入伙协议,因募集资金未达到 3000 万元,故全

体合伙人之间未签订合伙协议,未办理登记备案。

其中,马宪杰与河南嘉富诚于2014年7月15日签署《宁波嘉诚双勇股权投资合伙企业(有限合伙)入伙协议》(以下简称《入伙协议》),马宪杰认缴出资额为150万元,约定全体新入伙的合伙人按照基金或普通合伙人的安排于入伙后签署正式《合伙协议》,本协议自经新合伙人和普通合伙人签署之日起生效,马宪杰和河南嘉富诚均盖章确认。当日,马宪杰向宁波嘉诚转投资款150万元、管理费9万元。

由于拟入伙的宁波嘉诚原合伙人始终未出资到位,全体合伙人也未达成签订合伙协议的一致意见,马宪杰认为河南嘉富诚作为执行事务合伙人具有过错,导致《入伙协议》合同目的不能实现。马宪杰遂诉至法院,主张解除与河南嘉富诚签订的《入伙协议》,请求河南嘉富诚返还投资款100万元、管理费6万元、支付利息损失175,000元,同时请求河南嘉富诚的股东赵留俊、赵燕歌、北京嘉富诚资产管理股份有限公司(原名称为北京嘉富诚股权投资基金管理有限公司,以下简称北京嘉富诚)在上述范围内承担连带清偿责任。

河南嘉富诚、赵留俊认为,河南嘉富诚与马宪杰之间的合伙关系已经成立,《入伙协议》的合同目的已经实现。投资有风险,即便返还投资款,返还主体应为合伙组织,河南嘉富诚不应承担返还责任。赵燕歌和北京嘉富诚同意河南嘉富诚的意见。

2. 核心争议

河南嘉富诚与马宪杰之间的合伙关系是否成立,即马宪杰是否有权请求河南嘉富诚返还投资款、管理费。

3. 交易结构图

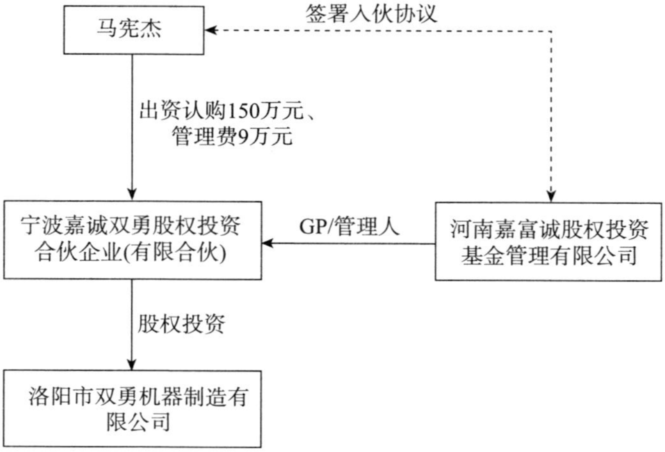

图4-1　交易结构图

二、裁判结果

一审法院河南省郑州高新技术产业开发区人民法院认为，合伙关系是一种以人的结合为基础的法律关系，不同于公司制企业以资本为主展开合作，合伙企业在成立和入伙的过程中，更加注重各个合伙人之间的互信和相互确认。宁波嘉诚成立时合伙人为河南嘉富诚（普通合伙人）和张强（有限合伙人），双方合伙协议第14条入伙、退伙中约定，新合伙人入伙时，除合伙协议另有约定外，应当经全体合伙人一致同意，并依法订立书面入伙协议。后来，马宪杰与宁波嘉诚普通合伙人河南嘉富诚签订了入伙协议，约定全体新入伙合伙人按照基金或普通合伙人的安排于入伙后签署正式《合伙协议》，表达了入伙的意思表示。但全体合伙人之间始终未签订书面的合伙协议，全体合伙人亦并未表达互相同意入伙的意思表示，故马宪杰等新合伙人与河南嘉富诚、张强之间并未形成新的合伙关系。河南嘉富诚作为执行事务合伙人具有过错，其行为已导致原告签订《入伙协议》的合同目的无法实现，原告马宪杰有权向合同相对方河南嘉富诚主张解除合同。马宪杰接受河南嘉富诚的指示交付款项，履行了合同义务，在合同依法解除后，河南嘉富诚应依照合同解除的法律后果向原告返还款项。一审法院判决解除马宪杰与河南嘉富诚签订的《入伙协议》，河南嘉富诚向马宪杰返还投资款100万元及利息损失、管理费6万元，赵留俊、赵燕歌承担补充赔偿责任。

二审法院河南省郑州市中级人民法院认为，合伙协议依法由全体合伙人协商一致、以书面形式订立。新合伙人入伙，除合伙协议另有约定外，应当经全体合伙人一致同意，并依法订立书面入伙协议。宁波嘉诚合伙协议第14条第5项明确约定：有限合伙人入伙时，除合伙协议另有约定外，应当经全体合伙人一致同意，订立书面协议。马宪杰与河南嘉富诚签订入伙协议，拟成为宁波嘉诚的新入伙人，但全体合伙人之间未签订书面的合伙协议，亦无证据证实马宪杰的入伙已经其他合伙人的一致同意，马宪杰尚不具备宁波嘉诚合伙人的身份。故对河南嘉富诚及赵留俊上诉称马宪杰缴付出资即成为宁波嘉诚的合伙人的上诉理由不予采信。马宪杰在按《入伙协议》约定缴付出资后，合同目的却无法实现，其有权向合同相对方河南嘉富诚主张解除合同。此外，相关证据表明河南嘉富诚股东赵留俊构成抽逃出资，赵燕歌构成抽逃出资的证据不足，因此，二审法院判决解除马宪杰与河南嘉富诚签订的《入伙协议》，河南嘉富诚向马宪杰返还投资款100万元及利息损失、管理费6万元，赵留俊承担补充赔偿责任。

三、裁判要旨

合伙协议依法由全体合伙人协商一致、以书面形式订立。新合伙人入伙，除合伙协议另有约定外，应当经全体合伙人一致同意，并依法订立书面入伙协议。新合伙人仅与普通合伙人签订了入伙协议，但未与全体合伙人签订书面的合伙协议，亦未取得其他合伙人的一致同意，则不构成入伙，无法取得合伙人的身份。

四、案例来源

1. 案例索引

【案件名称】河南嘉富诚股权投资基金管理有限公司、赵留俊合同纠纷案

【审理法院】河南省郑州市中级人民法院

【案号】(2016)豫01民终13739号

【审理程序】二审

2. 关联案例

最高人民法院在“云南水电十四局昆华建设有限公司、李永忠合同纠纷案”[(2018)最高法民申472号]中认定崔逸不是大营煤矿的合伙人。理由如下：第一，尽管有增资扩股协议及补充协议明确约定了当事人崔逸入伙的主要内容，但崔逸与大营煤矿之间还签订了煤炭委托销售协议，在向大营煤矿付款时明确付款用途为支付煤炭预付款，其真实意思表示并非认缴合伙出资；第二，有关是否同意崔逸入伙，工商档案记载的三名合伙人意见不一致，大营煤矿原合伙人肖永刚、李永忠同意崔逸入伙，陈戈反对崔逸入伙，即使陈戈在崔逸入伙前后保持沉默或在有关企业文件上签字，亦不能视为其明确同意崔逸入伙；第三，崔逸辩称其参与合伙事务的经营管理是为了确保煤炭委托销售协议得到执行的理由具有合理性；第四，在大营煤矿清算时，崔逸虽然被任命为清算组负责人，但其本人并未分得清算后的合伙剩余财产。综上所述，尽管部分协议中包含崔逸入伙的内容，但崔逸未与全体合伙人签订入伙协议，三名合伙人中一名对其入伙持反对意见，故崔逸不构成入伙。

五、案例评析

合伙企业由各合伙人组成，以合伙协议作为其法律基础。合伙关系不同于公司制企业以资本为主展开合作，是一种以人的结合为基础的法律关系，合伙企业在成立和入伙的过程中，注重各个合伙人之间的互信和相互确认。为了确保

合伙人之间的相互信任,新合伙人入伙往往须经全体合伙人同意。《合伙企业法》第43条第1款就作出了这样的规定:"新合伙人入伙,除合伙协议另有约定外,应当经全体合伙人一致同意,并依法订立书面入伙协议。"本规定明确了新合伙人入伙应当符合两个法定条件:第一,除合伙协议另有约定外,应当经全体合伙人一致同意;第二,新合伙人入伙,应当依法订立书面入伙协议。因此,对于通过入伙方式投资合伙制私募基金的投资者而言,入伙成了投资过程中的核心环节,如何顺利完成入伙、成为有限合伙人是投资者需要特别注意的事项。订立书面入伙协议是入伙的形式要件,除另有约定外应当经全体合伙人一致同意是入伙的实质要件。这正是案例中法院认为马宪杰仅与普通合伙人签订入伙协议而未与全体合伙人签订合伙协议不构成合法入伙的原因。

这一实质要件正是合伙企业人合性的体现。一个新合伙人的加入,意味着合伙企业的原有合伙人都将对该新合伙人在合伙企业中的行为承担连带责任,原合伙协议的信任基础发生了变化。因此,对于是否接受一个非合伙人入伙,每一个合伙人均应有决定权;任何一个合伙人拒绝其入伙的,该非合伙人就不能成为合伙企业的合伙人。《合伙企业法》第43条的规定也是尊重合伙人意思自治的体现,一方面以"另有约定"为合伙人之间相互约定入伙条件提供一种可能性,另一方面在没有特殊约定的情况下,赋予每一个合伙人关于自身利益的一票否决权。此外,《私募投资基金募集行为管理办法》第23条第14项也规定,"私募基金采取合伙企业、有限责任公司组织形式的,应当明确说明入伙(股)协议不能替代合伙协议或公司章程"。

六、案例启示

1. 投资者若在与部分合伙人签订入伙协议后发现投资风险,应及时暂停或终止与全体合伙人签订合伙协议

合伙制私募基金的募集过程很可能持续一段时间,不同的投资者在作出入伙的意思表示与认购基金份额之间往往存在一定的时间差。在一次募集过程中,投资者很可能先与部分合伙人(通常是私募基金管理人或执行事务合伙人)签署入伙协议,作为入伙的意思表示,之后才与全部新、旧合伙人签署正式的合伙协议。在这期间,投资者若发现该私募基金存在巨大的投资风险,或者该私募基金本身就是一个投资陷阱,则投资者应及时暂停或终止与全体合伙人签订合伙协议。在未签订合伙协议之前,尽管有作为入伙意思表示的入伙协议,但该协议只能表明入伙意向,并不意味着投资者已经正式入伙,对于合伙制私募基金的

债务不必承担连带责任。一旦投资者与全体合伙人签订了合伙协议,那么就完成了入伙,所投资金已经成为有限合伙企业的财产,资金去向、盈亏已经在事实上一定程度脱离投资者的控制,风险随之而来。因此,如果投资者提前发现投资风险,及时暂停或终止签订合伙协议方能保证资金的安全。

2. 基金管理人应及时组织新入伙的合伙人与全体合伙人签订合伙协议

私募基金管理人的核心职责和义务是在严格遵守监管规定的前提下,按照约定负责基金的募、投、管、退等工作,为投资者实现投资收益。对于有限合伙制私募基金,当有一批新入伙的合伙人投资认购基金份额时,基金管理人同时肩负着对新合伙人和旧合伙人的法律责任。新合伙人入伙的过程充满了变数,在符合条件的情况下,及时组织新合伙人与全体旧合伙人签订合伙协议,尽快完成入伙过程,是基金管理人的职责所在。一方面,对旧合伙人来说,保证新合伙人顺利入伙能够让本次募集过程顺利完成;另一方面,对新合伙人来说,签订合伙协议才意味着真正入伙,才有可能实现投资收益。对于基金本身来说,通过签署合伙协议完成入伙,实现基金规模的扩大,能够在投资过程中更游刃有余,实现更大的收益。因此,基金管理人应及时组织新合伙人与全体合伙人签订合伙协议,把资金募集工作落实到法律文件上,避免因错误入伙方式导致私募基金募集失败。

七、相关法规

《合伙企业法》

第四条　合伙协议依法由全体合伙人协商一致、以书面形式订立。

第十八条　合伙协议应当载明下列事项:

(一)合伙企业的名称和主要经营场所的地点;

(二)合伙目的和合伙经营范围;

(三)合伙人的姓名或者名称、住所;

(四)合伙人的出资方式、数额和缴付期限;

(五)利润分配、亏损分担方式;

(六)合伙事务的执行;

(七)入伙与退伙;

(八)争议解决办法;

(九)合伙企业的解散与清算;

(十)违约责任。

第四十三条　新合伙人入伙,除合伙协议另有约定外,应当经全体合伙人一致同意,并依法订立书面入伙协议。

订立入伙协议时,原合伙人应当向新合伙人如实告知原合伙企业的经营状况和财务状况。

《合同法》

第九十四条 有下列情形之一的,当事人可以解除合同:

(一)因不可抗力致使不能实现合同目的;

(二)在履行期限届满之前,当事人一方明确表示或者以自己的行为表明不履行主要债务;

(三)当事人一方迟延履行主要债务,经催告后在合理期限内仍未履行;

(四)当事人一方迟延履行债务或者有其他违约行为致使不能实现合同目的;

(五)法律规定的其他情形。

第九十七条 合同解除后,尚未履行的,终止履行;已经履行的,根据履行情况和合同性质,当事人可以要求恢复原状、采取其他补救措施,并有权要求赔偿损失。

《私募投资基金募集行为管理办法》

第二十三条 募集机构应当采取合理方式向投资者披露私募基金信息,揭示投资风险,确保推介材料中的相关内容清晰、醒目。私募基金推介材料内容应与基金合同主要内容一致,不得有任何虚假记载、误导性陈述或者重大遗漏。如有不一致的,应当向投资者特别说明。私募基金推介材料内容包括但不限于:

(一)私募基金的名称和基金类型;

(二)私募基金管理人名称、私募基金管理人登记编码、基金管理团队等基本信息;

(三)中国基金业协会私募基金管理人以及私募基金公示信息(含相关诚信信息);

(四)私募基金托管情况(如无,应以显著字体特别标注)、其他服务提供商(如律师事务所、会计师事务所、保管机构等),是否聘用投资顾问等;

(五)私募基金的外包情况;

(六)私募基金的投资范围、投资策略和投资限制概况;

(七)私募基金收益与风险的匹配情况;

(八)私募基金的风险揭示;

(九)私募基金募集结算资金专用账户及其监督机构信息;

（十）投资者承担的主要费用及费率，投资者的重要权利（如认购、赎回、转让等限制、时间和要求等）；

（十一）私募基金承担的主要费用及费率；

（十二）私募基金信息披露的内容、方式及频率；

（十三）明确指出该文件不得转载或给第三方传阅；

（十四）私募基金采取合伙企业、有限责任公司组织形式的，应当明确说明入伙（股）协议不能替代合伙协议或公司章程。说明根据《合伙企业法》或《公司法》，合伙协议、公司章程依法应当由全体合伙人、股东协商一致，以书面形式订立。申请设立合伙企业、公司或变更合伙人、股东的，并应当向企业登记机关履行申请设立及变更登记手续；

（十五）中国基金业协会规定的其他内容。

第二节　新合伙人应有入伙的意思表示，否则不能构成入伙

一、案例简介

1. 事实经过

2013年1月9日，成都高德盛股权投资基金管理有限公司（以下简称基金公司）的股东召开股东会形成的股东会决议载明，一致同意基金公司出资100万元与佘珂组成成都高德盛世华投资中心（有限合伙）（以下简称投资中心），佘珂出资10万元。2013年1月14日，基金公司和佘珂作为合伙人一致确认由佘珂担任投资中心的执行事务合伙人。2013年1月15日，基金公司和佘珂共同出资设立投资中心，出资额与上述股东会决议一致，基金公司占出资比例90.91%，佘珂占出资比例9.09%。投资中心的合伙协议载明，基金公司为有限合伙人，佘珂为普通合伙人，双方已如约实缴出资，出资方式均为货币，出资时间为2013年1月13日。投资中心成立于2013年1月24日，注册资本为110万元，经济性质为普通合伙企业，负责人为佘珂，营业范围为项目投资、资产管理、投资咨询等。

2014年5月21日，佘珂向基金公司和投资中心发出函件，要求其变更佘珂在投资中心的负责人身份。2016年3月10日，投资中心形成合伙人会议纪要载明：（1）确认佘珂代表冯华在投资中心担任合伙人，认缴金额为10万元；（2）同意冯华转为显名合伙人；（3）同意在工商行政主管部门办理合伙人更名手续，将

合伙人佘珂变更为冯华。基金公司的法定代表人杜珂和佘珂在该会议纪要上签字捺印。佘珂主张其与冯华之间系代持关系,其并未向投资中心出资,实际出资人为冯华,佘珂仅为投资中心挂名合伙人。同时,投资中心其他合伙人亦同意变更冯华为显名合伙人并同意配合办理变更手续。佘珂向法院起诉请求确认冯华为投资中心实际出资人,出资额 10 万元,并请求判决冯华、投资中心配合佘珂在工商行政管理部门办理合伙人更名手续。

2. 核心争议

冯华是否为投资中心实际出资人;若是,冯华、投资中心是否应配合佘珂在工商管理部门办理合伙人更名手续。

3. 交易结构图

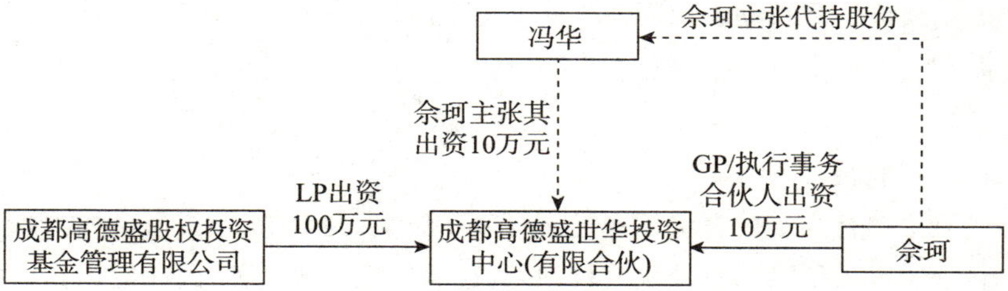

图 4－2　交易结构图

二、裁判结果

一审法院成都市成华区人民法院认为,新合伙人入伙,除合伙协议另有约定外,应当经全体合伙人一致同意,并依法订立书面入伙协议。因冯华加入到合伙企业中,除享有合伙人权利外,还需承担合伙义务,因此,应当由冯华作出明确意思表示同意,否则无法确认冯华是否愿意入伙。虽然佘珂和基金公司作为投资中心的登记合伙人,以合伙人会议纪要的书面形式同意冯华入伙、佘珂退伙,并且合伙协议第 11 条第 4 款规定,经全体合伙人一致同意,通过接受财产份额转让成为合伙人或通过继承而成为新合伙人的,无需订立入伙协议,只需修改合伙协议相关条款即成为合伙人,但是,现有在案证据无法证实冯华作出明确意思表示或以实际行为表明愿意入伙并按照前述合伙协议约定或法律规定签订书面协议。此外,案涉合伙人会议纪要确认佘珂出资份额系冯华出资,但是,现有证据无法证实冯华系实际出资人。一审法院认为,佘珂请求确认案涉出资实际出资人为冯华并要求变更工商登记的请求缺乏事实和法律依据,判决驳回佘珂的全部诉讼请求。

二审法院四川省成都市中级人民法院认为,关于冯华是否为投资中心实际出资人:首先,佘珂并未提供证据证明其与冯华之间存在代持关系。其次,虽佘珂提供了基金公司法定代表人杜珂的证人证言,拟证明冯华系投资中心的实际出资人,佘珂并未出资且未参与投资中心经营管理,但证人证言并不能证明冯华与佘珂形成了代持关系以及冯华实际向投资中心进行了出资。同时,佘珂亦未提供其他证据证明冯华向投资中心出资的事实,法院对佘珂要求确认冯华为投资中心实际出资人的上诉请求不予支持。关于冯华、投资中心是否应配合佘珂在工商管理部门办理合伙人更名手续,法院认为,新合伙人入伙,无论是通过出资入伙,还是经合伙人一致同意,通过接受财产份额转让或通过继承入伙,均应以新合伙人有入伙的意思表示为基础,佘珂并未提供证据证明冯华作出了明确意思表示或以实际行动表示同意入伙。综上所述,佘珂的上诉请求不能成立,二审法院判决驳回上诉,维持原判。

三、裁判要旨

民事法律行为是民事主体通过意思表示设立、变更、终止民事法律关系的行为。新合伙人入伙除享有合伙人权利外,还需承担合伙义务,因此应当作出明确意思表示同意。若没有证据证明新合伙人有入伙的意思表示,即便有全体合伙人书面同意新合伙人入伙或者新合伙人满足合伙协议关于入伙的条件,亦不能构成入伙。

四、案例来源

1. 案例索引

【案件名称】佘珂、冯华合伙协议纠纷、企业出资人权益确认纠纷案

【审理法院】四川省成都市中级人民法院

【案号】(2017)川01民终8094号

【审理程序】二审

2. 关联案例

湖北省咸宁市咸安区人民法院在“黄建香与徐唐海、孙刚等入伙纠纷案”[(2018)鄂1202民初3923号]中认为:在合伙经营过程中增加合伙人,书面协议有约定的,按照协议处理;书面协议未约定的,须经全体合伙人同意。未经全体合伙人同意的,应当认定入伙无效。黄建香仅与合伙项目的负责人欧阳佳健协商后,即向合伙项目账户汇款,并以其汇款行为要求确认其投资款及合伙人身

份。但该笔汇款汇入公司账户后,欧阳佳健通知全体合伙人,该汇款为其个人追加投资款。由此说明黄建香与欧阳佳健并未就入伙事宜达成合意,黄建香汇款备注是“投资款”,并未明确作出入伙的意思表示。且黄建香至庭审时也未与合伙项目的全体合伙人就汇款及入伙事宜进行协商,其余合伙人均不同意黄建香成为该合伙项目的合伙人,欧阳佳健也无权代表或代理全体合伙人对原告投资入伙事项作出决定。黄建香的汇款行为不符合合伙出资的规定,与合伙项目的其他合伙人无关。因此,法院判决驳回黄建香关于确认黄建香成为该项目合伙人的诉讼请求。

五、案例评析

意思表示是法律行为的核心要素,《民法总则》第 133 条规定:“民事法律行为是民事主体通过意思表示设立、变更、终止民事法律关系的行为。”存于内心的意思必须通过一定的形式发表才能发生法律效果,因此意思表示由客观要件与主观要件构成。以入伙方式投资私募基金的投资者必须作出明确入伙的意思表示,否则不能构成入伙,这一规则正是意思表示作为民事法律行为核心要素在投资者投资入伙有限合伙企业过程中的体现。一方面,如果投资者只有投资的内心意思而没有表达于外(只具备意思表示的主观要件,不具备意思表示的客观要件),那么就不能构成入伙,关联案例中的黄建香即属于此种情形。另一方面,如果投资者在事实上已经投资,但始终没有入伙的内心意思(只具备意思表示的客观要件,而不具备意思表示的主观要件),那么也不能构成入伙,前述案例中的冯华即属于此种情形。如果佘珂代持冯华的股份(法院以证据不足为由对此不予认定),冯华是投资中心的实际出资人,但冯华不具备入伙的内心意思,虽然有合伙人书面同意冯华入伙,冯华依然不构成入伙。因此,只有主客观要件同时具备,投资者有入伙的意思表示,才有可能在符合其他条件的情况下构成入伙。投资者没有入伙的意思表示,即便其他条件都具备,符合法律法规以及合伙协议,也不能强制投资者入伙。这一裁判规则一方面尊重民事主体的意思自治,另一方面通过形式要件(客观要件)的限定保护了交易安全。

六、案例启示

1. 投资者投资合伙制私募基金时应当作出明确的意思表示

投资者投资合伙制私募基金时,应当作出明确的意思表示,因为“投资者入伙合伙制私募基金”这一民事法律行为,必须由投资者作出入伙的意思表示才能成立投资者与原合伙人之间“有限合伙”的法律关系。这要求每一个投资者务必重视投资过程中的每一个环节及其核心法律要素。投资者在投资合伙制私募基金的过程中，除了要作出入伙的意思表示之外，还应主动或要求管理人配合完成入伙的全部手续。首先，根据《合伙企业法》第43条第1款的规定，新合伙人入伙，除合伙协议另有约定外，应当经全体合伙人一致同意，并依法订立书面入伙协议。该条规定明确了入伙的法定条件——订立书面入伙协议。其次，《合伙企业法》第4条还规定了，合伙协议依法由全体合伙人协商一致、以书面形式订立。也就是说，投资者仅仅签订入伙协议还不够，只有和全体原合伙人重新签订合伙协议才行。最后，为了切实保障投资者的权益，避免可能出现的纠纷，签署入伙协议及合伙协议等法律文件之后，还应该办理工商登记。完成以上三大步骤，投资者投资合伙制私募基金才符合法律规定，才真正实现了法律上的入伙行为。

2. 代持人应注意代持私募基金投资份额中的风险

由于作出入伙的意思表示是投资认购有限合伙制私募基金的首要前提，那么只要始终不作出入伙的意思表示，就绝无入伙的可能性。这一推定从正面来看充分保证了投资者的意思自治，但从反面来看就让代持私募基金份额的名义出资人即代持人可能承担巨大的风险。代持人本身只是名义上的出资人，对于所持基金份额的盈亏不应当由其自身来承担。在名义出资人与实际出资人之间的代持关系没有确实充分的证据的前提下，如果该基金所投项目即将面临重大亏损，那么名义出资人很可能无法顺利地全身而退。因为在这种情形下，其他合伙人已经不可能收购代持人的基金份额，代持人无法转让代持份额的话，只能让实际出资人成为显名合伙人，但实际出资人此时必定不愿意成为显名合伙人，实际出资人只需始终不作出入伙的意思表示，那么便能实现让名义出资人代其承担代持私募基金份额亏损的目的。因此，代持私募基金份额的名义出资人务必注意代持私募基金投资份额中的风险，保留足以证明代持关系存在的证据，才有可能避免实际出资人在特定情形下不愿意入伙带来的巨大风险。

七、相关法规

《民法总则》

第一百三十三条 民事法律行为是民事主体通过意思表示设立、变更、终止民事法律关系的行为。

《民法通则》

第五十五条 民事法律行为应当具备下列条件：

(一)行为人具有相应的民事行为能力；

(二)意思表示真实；

(三)不违反法律或者社会公共利益。

《合伙企业法》

第四条 合伙协议依法由全体合伙人协商一致、以书面形式订立。

第四十三条 新合伙人入伙，除合伙协议另有约定外，应当经全体合伙人一致同意，并依法订立书面入伙协议。

订立入伙协议时，原合伙人应当向新合伙人如实告知原合伙企业的经营状况和财务状况。

《合同法》

第十条 当事人订立合同，有书面形式、口头形式和其他形式。

法律、行政法规规定采用书面形式的，应当采用书面形式。当事人约定采用书面形式的，应当采用书面形式。

第十三条 当事人订立合同，采取要约、承诺方式。

第十四条 要约是希望和他人订立合同的意思表示，该意思表示应当符合下列规定：

(一)内容具体确定；

(二)表明经受要约人承诺，要约人即受该意思表示约束。

第二十一条 承诺是受要约人同意要约的意思表示。

第二章 退伙除名纠纷

第一节 对于非经合伙人一致同意的退伙，以退还出资款的时间确定退伙结算的基准日

一、案例简介

1.事实经过

2010年3月29日，陆凤弟与崔军以及第三人尹弈、姜华、徐雯签订了1份设立上海宝赢投资管理中心（有限合伙）（以下简称宝赢投资中心）的合伙协议，约定陆凤弟与崔军及上述第三人共同设立宝赢投资中心，其中崔军为普通合伙人兼执行事务合伙人，其他人员为有限合伙人，全体有限合伙人出资额为205万元，其中陆凤弟出资额为100万元。协议第9条规定了利润分配和亏损分担，每年12月30日进行一次利润分配及结算，有限合伙人获得每年公司利润中按出资比例分配不高于4%的所有部分，余下的利润由普通合伙人崔军和有限合伙人分成，75%归有限合伙人（按每个有限合伙人的出资额比例分配），25%归崔军，每年结算时如出现亏损由全体合伙人按照实缴出资比例分担，下一个投资年度弥补上年亏损后，剩余的投资收益再按原分配方式进行分配，以此类推。第10条规定，合伙事务的执行：……（3）有限合伙企业经代表出资额比例2/3以上的合伙人同意崔军为执行事务合伙人，执行合伙事务，对外代表有限合伙企业，其权限为：……⑨每半年向其他合伙人报告合伙事务执行情况及有限合伙企业的经营和财务状况。……⑭如果由于执

行合伙人隐瞒事实，隐瞒其他合伙人，私自进行违法违规操作，所造成的经济损失等一系列后果，由该执行合伙人自负。第 13 条规定，有限合伙人对执行合伙人的操作，具有公司运作情况的知情权和询问权。有限合伙公司执行事务合伙人每季度应向有限合伙人公布合伙公司所有投资组合，执行合伙人应当主动向其他合伙人履行告知义务。第 14 条对退伙作了规定，其中第 6 项确定，合伙人退伙后，其他合伙人与该退伙人按退伙时的有限合伙企业的财产状况进行结算，如没有红利可分，退伙作价按照原投资额即成本价计算，如有红利可分，按照最后一期的经审计的资产净值和结算后成本价相比，以低者作价等。

2014 年 1 月 13 日，案外人王某 1 作为甲方与王某 3 作为乙方签订了 1 份委托理财协议，约定甲方出资 1600 万元，由乙方对该笔资金进行理财操作，交易通道为乙方指定的宝赢投资中心，若理财投资产生收益则按照约定条款向乙方支付酬金，若没有收益或者亏损（负收益）则不付酬金。甲方初始投入的理财资金总额为 1600 万元，委托理财期限为自 2014 年 1 月 13 日起至 2015 年 2 月 26 日止。到期后经过双方协商达成一致，本协议可延续。2014 年 2 月 10 日，案外人孟某作为甲方与王某 3 作为乙方签订了与上述协议条款类似的 1 份委托理财协议，孟某出资额为 500 万元。

2014 年 2 月 20 日，宝赢投资中心作为甲方与王某 3 作为乙方签订了 1 份账户交易通道协议，约定：(1) 服务项目，①乙方的客户出资合计 2100 万元至甲方的证券资金账户，该笔资金的投（融）资、清算独立于甲方原有管理资金 205 万元资金之外动作。宝赢投资中心原 6 个有限合伙人 205 万元资金的股票组合为 90 股中行转债、1100 股基金兴和、5600 股华夏银行、321, 200 股民生银行、119 股招商银行、1 股新华百货、1 股大秦铁路、1 股中国人寿、132, 500 股光大银行、1 股五粮液、1 股苏宁云商及可用资金 427. 10 元。……③乙方客户的投资行为和投资策略是独立于甲方管理的资金之外的，乙方客户的所有投资收益、亏损和甲方原有管理资金之间没有任何的关联性，乙方客户的所有投资收益和亏损都由乙方及乙方投资关联方独享和自行承担。④甲方为该笔资金的投资提供清单服务和通道服务，甲方收取的通道服务费每年为该笔资金本金的 0. 1%。……协议还就其他事项作了约定。2014 年 2 月 20 日，王某 1 转入宝赢投资中心 1600 万元。2014 年 3 月 12 日，孟某转入宝赢投资中心 500 万元。

陆凤弟认为，宝赢投资中心未能如约在每年 12 月 30 日进行一次利润分配及结算，执行合伙事务人也未能如约每半年向其他合伙人报告合伙事务执行情况及有限合伙企业的经营和财务状况，未保障合伙人的知情权，遂提出退伙。

2015年4月4日，宝赢投资中心返还陆凤弟100万元，但未就利润进行分配。2016年10月，上海××有限公司向一审法院出具沪达资评报字（2016）第F031号委托司法鉴定报告，该报告评估结论为：经评估，宝赢投资中心在评估基准日2015年4月4日的总资产为27,168,707.75元，确认负债为5,030,341.19元，未能确认负债为943,216元，未能确认负债原因系2013年以前形成，企业未能提供相关资料。

陆凤弟诉至法院请求：（1）确认陆凤弟于2015年4月4日退伙；（2）宝赢投资中心、崔军连带支付自2010年3月29日成立之后产生的有限合伙企业利润11,107,457.22元；（3）宝赢投资中心、崔军连带支付上述应分配利润按照银行同期贷款利率计算自2015年4月5日起至实际支付日止的利息。

2. 核心争议

陆凤弟的退伙应如何结算，即案外人王某1、孟某的2100万元资金收益是否应计入合伙体的退伙净资产，以及陆凤弟退伙基准日为何时。

3. 交易结构图

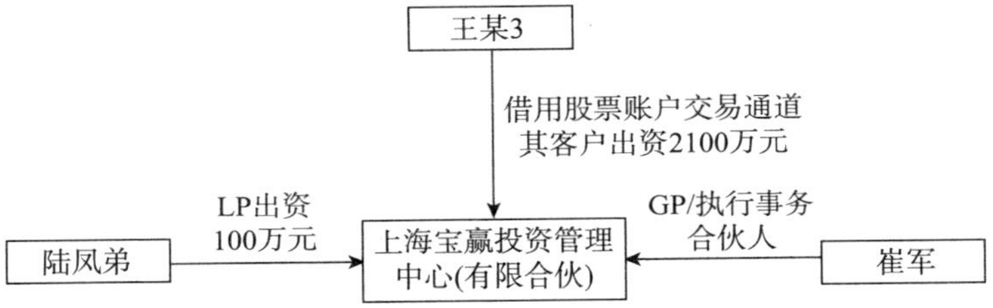

图4-3　交易结构图

二、裁判结果

一审法院上海市金山区人民法院认为，合伙企业的设立目的是追求合伙人及各方利益的最大化，因而依合伙协议的约定，进行利润分配及结算，应是合伙企业和执行合伙人的主要义务。据现有证据分析，宝赢投资中心依其经营状况，完全可以在每年向各合伙人分配利润，但自该合伙企业自2010年成立以来，并未作实质分配，宝赢投资中心、崔军对此也未能作出合理性的解释，确有违合伙协议对利润分配的约定；从违约的内容和性质角度分析，不分配利润的违约行为是严重的。因此，陆凤弟以此为由，要求退伙，符合法律规定。2015年4月4日，宝赢投资中心向陆凤弟支付了100万元，称该款是陆凤弟应得的部分利润，但未提供证据加以证明，相反该金额恰与陆凤弟原先投入的合伙出资款是一致的，故法院认定宝赢投资中心以先行退还陆凤弟合伙出资款的这一形式来确认陆凤弟退伙，因此陆凤弟以2015年4月4日作为确认其退出合伙企业的时间点，具有合理性。综合合伙协议关于退伙内容的约定和法律的规定，有限合伙企业合伙人退伙以后，其他合伙人应与该退伙人进行退伙结算，退伙结算的基础是该合伙企业退伙的财产状况。关于王某1流入宝赢投资中心的1600万元、孟某流入宝赢投资中心的500万元这两笔款项及其收益，宝赢投资中心、崔军提供了王某3与宝赢投资中心的通道协议，王某3分别与王某1、孟某签订的委托理财协议，孟某作为证人出庭陈述了委托理财关系的真实性，因此，法院认定非宝赢投资中心所有。宝赢投资中心、崔军提出陆凤弟应分配的资产为合伙企业总资产×其资产比例（100÷205），该方案计算的退伙所得数额高于陆凤弟提出的按合伙协议第9条计算的数额，一审法院予以采纳，陆凤弟可分配资产为4,901,791.43元×（100÷205）=2,391,117.78元。一审判决确认陆凤弟自2015年4月4日起从宝赢投资中心退伙，宝赢投资中心应于判决生效之日起10日内支付陆凤弟1,391,117.78元。

二审法院上海市第一中级人民法院认为，宝赢投资中心、崔军提供的委托理财协议、交易通道协议及其补充协议证明：王某3的客户王某1、孟某的2100万元资金的投资行为和投资策略是独立于宝赢投资中心管理的资金之外的。陆凤弟上诉主张分配该2100万元资金的收益，法院不予支持。陆凤弟退伙发生在2015年4月4日，退伙前始终未参与分配，严格依据合伙协议中逐年分配利润的有关约定予以分配的时机和客观条件已经不再具备，且历年的未分配利润连续滚动投入到后期投资中，又产生部分新的收益，因此，在合伙人退出合伙体时酌定以陆凤弟的出资占合伙体总出资的比例，即100÷205=48.78%作为分配利润的比例。根据第三方出具的全部评估报告的记载事项和内容，经过结合其他案件事实与证据综合认定和调整后，宝赢投资中心合伙体2015年4月4日的净资产金额应为6,099,676.49元。陆凤弟按出资比例计算的应分配净资产（含出资款100万元）为2,975,422元。崔军担任合伙体的执行事务合伙人，依据合伙协议作为唯一的普通合伙人掌控合伙体的一切事务和运营，陆凤弟的退伙事由亦基于合伙体运营违反了合伙协议的约定。因此，陆凤弟上诉主张崔军对合伙体的还款承担连带清偿责任，具备事实和法律依据，法院应予支持。二审判决确认陆凤弟自2015年4月4日起从宝赢投资中心退伙，宝赢投资中心应于本判决生效之日起10日内支付上诉人陆凤弟1,975,422元，崔军对前述宝赢投资中心的还款义务承担连带清偿责任。

三、裁判要旨

经全体合伙人一致同意,合伙人可以退伙,其他合伙人一致同意退伙的时间点应作为退伙结算的基准日。若退伙并非基于全体合伙人的一致同意,仍以此来确定退伙基准日,缺乏合理性。合伙企业可以以退伙的实际发生(如退还合伙人的合伙出资款)确认合伙人退伙,并以相关时间点确定退伙结算的基准日。

四、案例来源

1. 案例索引

【案件名称】陆凤弟诉崔军退伙纠纷案

【审理法院】上海市第一中级人民法院

【案号】(2017)沪01民终5382号

【审理程序】二审

2. 关联案例

河北省磁县人民法院在"张亚东与林洪亮退伙纠纷案"[(2014)磁民初字第810号]中认为,根据最高人民法院《关于贯彻执行〈中华人民共和国民法通则〉若干问题的意见(试行)》规定,"合伙人退伙,书面协议有约定的,按书面协议处理;书面协议未约定的,原则上应予准许。……合伙人退伙时分割的合伙财产,应当包括合伙时投入的财产和合伙期间积累的财产,以及合伙期间的债权和债务。入伙的原物退伙时原则上应予退还……"原告张亚东与被告林洪亮及李少军、薛宜合伙共同制作加工门窗工程系事实,原告主张李少军、薛宜先后退伙,实体合伙仅原、被告两家,并要求被告张亚东返还其合伙资金51,300元,合伙安装门窗利润72,512.5元及其他费用,依法应视为要求收回其合伙投资及相关利润。由于原告当庭并未举证其四人合伙经营的清算情况,无法证明原被告之间的合伙盈亏与否,在合伙经营盈亏不确定的情况下,原告依法不能要求被告返还其合伙投资。同时原告没有提供让被告张亚东返还其合伙资金、合伙利润及其他费用的合伙清算的相关证据。被告对原告的说法不认可。故根据最高人民法院《关于民事诉讼证据的若干规定》的第2条,"当事人对自己提出的诉讼请求所依据的事实或者反驳对方诉讼请求所依据的事实有责任提供证据加以证明。没有证据或者证据不足以证明当事人的事实主张的,由负有举证责任的当事人承担不利后果"。在未经其他合伙人一致同意且未进行合伙清算的情况下,法院不能认为李少军、薛宜已经退伙,亦不支持原告收回其合伙投资及相关利润,判决驳回原告张亚东的诉讼请求。

五、案例评析

为保证有限合伙制私募基金的稳定性和投资目标的实现,合伙协议通常对有限合伙人的退伙进行了相关限制,比如在投资期间内不得退伙或者经全体合伙人一致同意方可退伙。在发生退伙纠纷时,若合伙协议对退伙有相关规定,则从其约定,若没有相关规定,则应当适用《合伙企业法》等相关法律法规。退伙一般分为自愿退伙、法定退伙两大类。本案中的情形属于自愿退伙,具体来说属于《合伙企业法》第45条中的第四种情形:“其他合伙人严重违反合伙协议约定的义务”。此种情形是一种单方法律行为,不需要征得其他合伙人的同意(尽管某些国家,如法国,要求需要其他合伙人同意)。《合伙企业法》第51条规定:“合伙人退伙,其他合伙人应当与该退伙人按照退伙时的合伙企业财产状况进行结算,退还退伙人的财产份额……”退伙基准日的重要性在于影响退伙结算。法院对退伙基准日的确定兼顾多种退伙情形,对于非基于全体合伙人一致同意的,法院可以参考其他因素确定退伙基准日。本案中的情形,退伙人不需要经过其他合伙人一致同意,那么退伙基准日的确定缺乏形式上的明确时点,只能以实际退伙的时间(如事务交接、领取分配的利润、取回投入合同财产的时间)加以确定。本案中,宝赢投资中心于2015年4月4日返还陆凤弟100万元,但在此前以及此后均未就利润进行分配,返还数额又与陆凤弟投资额一致,尽管宝赢投资中心声称该笔款项为利润分配,但法院认为该款项返还时间在退伙纠纷之后,将其认定为返还投资额是符合事实的。对于非经合伙人一致同意的退伙,以退还出资款的时间确定退伙结算的基准日是一种合理的标准,但具体到个案,法院仍然会综合考虑案件事实,而非机械适用这一标准。

六、案例启示

1.基金管理人可以通过合理控制实际退伙时间,在确定退伙基准日上掌握主动权

基金管理人最主要的职责就是按照基金合同的约定,负责基金资产的投资运作,在有效控制风险的基础上为基金投资者争取最大的投资收益。发生退伙纠纷时,退伙基准日的确定可能对退还退伙人的财产份额产生巨大的影响。而基金管理人通过合理控制实际退伙时间,可以在确定退伙基准日上掌握主动权。具体而言,在三种退伙情形——自愿退伙、当然退伙、除名退伙中,后两者属于法

定退伙，其退伙基准日相对固定：当然退伙情形下，根据《合伙企业法》第 48 条第 3 款的规定，退伙事由实际发生之日为退伙生效日；除名退伙情形下，根据《合伙企业法》第 49 条第 2 款的规定，被除名人接到除名通知之日，除名生效，被除名人退伙。而自愿退伙的退伙基准日则取决于实际退伙时间，在司法实践中，实际退伙时间往往等同于退伙人事务交接、退伙人领取分配的利润、退伙人取回投资款的时间。这些情形中，基金管理人都有权限对其施加相当程度的影响，从而可以取得确定退伙基准日的主动权。

2. 合伙制私募基金投资者退伙时应当选择适当的退伙时间

有限合伙投资者投资合伙制私募基金的根本目的是获取投资利益，因此在有限合伙投资者退伙时，无论其退伙原因为何，其理性的选择是在退伙时争取最大的利益。在发生合伙协议中约定的退伙情形或其他退伙条件成就时，合伙人无需取得其他合伙人的一致同意即可退伙。因此，选择一个最合适的退伙时间更有利于保障自身利益。退伙时间的选择依赖于合伙人利用好其作为合伙人的知情权，应当避免冲动决策，在充分了解有限合伙基金的投资收益状况后，再决定何时提出退伙申请。合伙人同时应当考虑退伙的难易程度，进一步考虑提出退伙申请以后其他合伙人和合伙企业的应对状况以及可能的诉讼程序所需时间，在综合权衡之后，再谨慎提出退伙。

七、相关法规

《合伙企业法》

第四十五条　合伙协议约定合伙期限的，在合伙企业存续期间，有下列情形之一的，合伙人可以退伙：

（一）合伙协议约定的退伙事由出现；

（二）经全体合伙人一致同意；

（三）发生合伙人难以继续参加合伙的事由；

（四）其他合伙人严重违反合伙协议约定的义务。

第四十八条　合伙人有下列情形之一的，当然退伙：

（一）作为合伙人的自然人死亡或者被依法宣告死亡；

（二）个人丧失偿债能力；

（三）作为合伙人的法人或者其他组织依法被吊销营业执照、责令关闭、撤销，或者被宣告破产；

（四）法律规定或者合伙协议约定合伙人必须具有相关资格而丧失该资格；

（五）合伙人在合伙企业中的全部财产份额被人民法院强制执行。

合伙人被依法认定为无民事行为能力人或者限制民事行为能力人的，经其他合伙人一致同意，可以依法转为有限合伙人，普通合伙企业依法转为有限合伙企业。其他合伙人未能一致同意的，该无民事行为能力或者限制民事行为能力的合伙人退伙。

退伙事由实际发生之日为退伙生效日。

第五十一条　合伙人退伙，其他合伙人应当与该退伙人按照退伙时的合伙企业财产状况进行结算，退还退伙人的财产份额。退伙人对给合伙企业造成的损失负有赔偿责任的，相应扣减其应当赔偿的数额。

退伙时有未了结的合伙企业事务的，待该事务了结后进行结算。

《民法通则》

第三十一条　合伙人应当对出资数额、盈余分配、债务承担、入伙、退伙、合伙终止等事项，订立书面协议。

最高人民法院《关于贯彻执行〈中华人民共和国民法通则〉若干问题的意见（试行）》

52. 合伙人退伙，书面协议有约定的，按书面协议处理；书面协议未约定的，原则上应予准许。但因其退伙给其他合伙人造成损失的，应当考虑退伙的原因、理由以及双方当事人的过错情况，确定其应当承担的赔偿责任。

54. 合伙人退伙时分割的合伙财产，应当包括合伙时投入的财产和合伙期间积累的财产，以及合伙期间的债权和债务。入伙的原物退伙时原则上应予退还，一次清退有困难的，可以分批分期清退；退还原物确有困难的，可以折价处理。

第二节　违反法律规定的合伙人大会除名决议无效

一、案例简介

1. 事实经过

2012 年 7 月 13 日，上海 A 管理中心（有限合伙）（以下简称 A 中心）成立，出资额 500 万元，合伙期限为 2012 年 7 月 13 日至 2022 年 7 月 12 日。合伙经营范围：投资管理、投资咨询、企业管理、商务咨询、企业营销策划、财务咨询（不得从事代理记账）。上海龙优投资管理有限公司（以下简称龙优公司）、曲敬东、朱婕、李广新、李忠强签订《合伙协议》。执行事务合伙人为龙优公司，委派代表李广新。有限合伙人为：曲敬东（出资 125 万元，认缴比例 25%）、朱婕（出资 50 万元，认缴比例10%）、李广新（出资275万元，认缴比例55%）、李忠强（出资25万元，认缴比例5%）；普通合伙人为：龙优公司（出资25万元，认缴比例5%）。《合伙协议》第17条规定，未经全体合伙人一致同意，本企业不得对外举债……第20条规定，竞业禁止与豁免：除经全体合伙人一致同意外，执行合伙人不得与本企业进行交易，有限合伙人可以同本企业进行交易……第37.1条规定，有限合伙人未经授权以有限合伙企业名义与他人进行交易，给本企业或者其他合伙人造成损失的，该有限合伙人应当承担赔偿责任。第37.2条规定，有限合伙人违反《合伙企业法》及本协议执行合伙事务给本企业造成损失的，该有限合伙人应当承担赔偿责任。

2013年6月25日，A中心在北京经工商登记设立"上海A管理中心（有限合伙）北京分部"，曲敬东为负责人。2015年4月21日，德丰杰龙脉（上海）股权投资管理有限公司（以下简称德丰杰龙脉公司）出具《授权书》：德丰杰龙脉公司是众多在中国注册的商标（包括但不限于如下商标）的所有人，"德丰杰龙脉"（商标注册号14136042）……上述及我司拥有的其他德丰杰龙脉相关商标以下统称"德丰杰龙脉系列商标"。经授权，A中心在中国使用德丰杰龙脉系列商标。

2014年9月至2016年4月，曲敬东作股东，与他人共同设立下列1－8公司。曲敬东担任1、2、7、8公司法定代表人。公司2系公司9股东、公司6系公司10股东、公司7系公司11股东。(1)北京A有限公司；(2)北京B有限公司；(3)北京B管理中心（有限合伙）；(4)北京C管理中心（有限合伙）；(5)深圳D管理中心（有限合伙）；(6)北京C有限公司；(7)北京D有限公司；(8)深圳E有限公司；(9)北京E管理中心（有限合伙）；(10)北京F管理中心（有限合伙）；(11)北京G管理中心（有限合伙）。公司1－11的经营范围均包括投资管理、投资咨询、企业管理、商务咨询、企业营销策划等。北京C有限公司在域名为www.dfjfund.com，网站中介绍：北京C有限公司是新龙××集团旗下专注于新兴产业领域的私募基金管理机构。旗下包括"德丰杰龙脉基金""德丰杰新龙脉基金""德丰杰龙升基金""德丰杰复华基金"……投资团队为曲敬东，管理合伙人、董事长……"新龙××集团"网页有类似表述的介绍。

2016年2月2日，德丰杰龙脉公司向北京市海淀区人民法院起诉曲敬东、北京F有限公司、北京C有限公司、北京D有限公司、北京F管理中心（有限合伙）、北京G管理中心（有限合伙）侵犯商标注册权及不正当竞争纠纷。2016年2月17日，德丰杰龙脉公司作为投诉人，向香港国际仲裁中心投诉北京C有限公司等。2016年4月15日，香港国际仲裁中心作出《行政专家裁决》（案件编号:DCN－1600673):投诉人以被投诉人注册争议域名而提起的投诉成立,争议域名应转移给投诉人。

2016年6月,北京F管理中心(有限合伙)向北京市海淀区法院起诉A中心北京分部、A中心、龙优公司、李广新借款合同纠纷。要求A中心北京分部、A中心返还借款及违约金26万元,返还垫付的租金等399,755.69元。

2016年6月12日,A中心合伙人李广新、朱婕、李忠强、龙优公司作出《关于对有限合伙人曲敬东除名退伙等事宜的决议》:(1)由于原合伙人曲敬东在执行合伙事务中有不当行为,经所有四位合伙人一致同意,决议对曲敬东予以除名。(2)所有四位合伙人一致同意对原合伙人之一曲敬东所占的25%股权予以收回,并将曲敬东的股权作以下转让,同意合伙人曲敬东将原认缴出资125万元(占合伙出资比例25%)中的125万元转让给合伙人李广新,实际转让金额125万元……(3)所有四位合伙人一致同意对原合伙人之一曲敬东已经实缴的出资金额75万元,按照上述股权转让决议,由合伙人李广新予以返还……(8)所有四位合伙人一致同意撤销曲敬东作为A中心北京分部的负责人资格。(9)所有四位合伙人一致同意注销A中心北京分部的决议。2016年6月13日,A中心出具了包含上述除名决议内容的《除名通知书》。

2016年7月7日,曲敬东通过电子邮件收到《关于对有限合伙人曲敬东除名退伙等事宜的决议》以及《除名通知书》。曲敬东收到上述决议和除名通知后,持有异议,遂于2016年7月27日向一审法院提起诉讼,请求确认上述决议无效。

2.核心争议

李广新等四名A中心合伙人作出系争除名决议是否符合法律规定的对合伙人除名的条件,即除名决议是否有效。

3.交易结构图

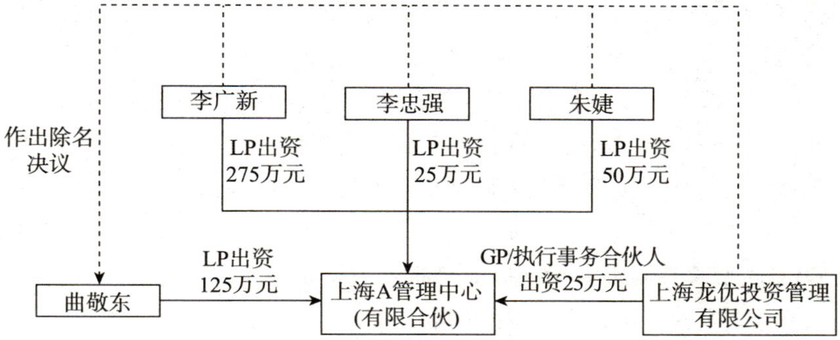

图4－4　交易结构图

二、裁判结果

一审法院上海市徐汇区人民法院认为,《合伙企业法》第49条除名退伙条款,其目的是为保护其他合伙人权益以及合伙企业的整体权益。侵害这两者权益的行为,应当视为具有不正当性。《合伙企业法》第32条规定,合伙人不得自营或者同他人合作经营与本合伙企业相竞争的业务,合伙人不得从事损害本企业利益的活动。2014年至2016年,曲敬东作为股东,与他人共同投资,合作经营公司达数十家。除在该数十家公司名称中使用与本案合伙企业的商号、商标相同的"德丰杰龙升""德丰杰龙脉"字样外,该数十家公司的经营范围也与本案合伙企业相同。合伙企业的合伙人在本企业以外从事与合伙企业经营的业务相同或相近、并与之存在竞争关系的业务,应当认定该合伙人从事与本合伙企业相竞争的业务。曲敬东与他人共同投资,从事与本案合伙企业相同的业务,构成竞业行为。合伙人的竞业行为,违背公平原则,客观上导致合伙企业利润减少,对其他合伙人以及合伙企业权益造成侵害。为《合伙企业法》明令禁止。曲敬东从事竞业行为,对其他合伙人以及本案合伙企业权益造成侵害。朱婕、李广新、李忠强、龙优公司为维护其他合伙人以及本案合伙企业的权益,作出《除名退伙决议》,并书面送达曲敬东,符合法律规定。曲敬东对《除名退伙决议》所提异议,于法无据,不予支持。一审判决驳回曲敬东诉讼请求。

二审法院上海市第一中级人民法院认为,除名是多数合伙人对少数合伙人在合伙中的身份和权利的剥夺,对除名决议应严格审查。龙优公司等四名合伙人认为曲敬东因故意或重大过失给合伙企业造成损失,执行合伙事务时有不正当行为,发生合伙协议约定的事由,符合法律规定的除名条件。然而从证据来看,曲敬东虽另行设立了类似商号的公司、企业经营与本合伙企业相竞争的业务,但我国法律允许有限合伙人自营或与他人合作经营与本有限合伙企业相竞争的业务,涉案《合伙协议》也未禁止有限合伙人经营竞争业务。因此,曲敬东的此种行为并不构成因故意或重大过失给合伙企业造成损失的情形。龙优公司等四名合伙人所称的侵犯商标注册权及不正当竞争纠纷尚未产生生效判决,且本案合伙企业并非案件当事人,借款合同纠纷案也尚未有生效判决认定该案原告虚假诉讼,故本案目前并无证据证明曲敬东因故意或重大过失给合伙企业造成损失。曲敬东作为本合伙企业的有限合伙人,不执行合伙事务,担任合伙企业北京分部的负责人也不属于执行合伙事务的行为,故龙优公司等四名合伙人亦无证据证明其在执行合伙事务时有不正当行为。《合伙协议》也没有关于除名的特别约定。因此,曲敬东的行为不满足法律规定的除名条件,龙优公司等四名合伙人决议将其除名违反法律规定,该决议应认定为无效。二审判决系争除名决议无效。

三、裁判要旨

合伙人因故意或重大过失给合伙企业造成损失,执行合伙事务时有不正当行为,发生合伙协议约定的事由,符合法律规定的除名条件。反之,若合伙人的行为不构成因故意或重大过失给合伙企业造成损失的情形,作为有限合伙人亦不执行合伙事务,合伙协议没有关于除名的特别约定或者特别约定的情形没有发生,则合伙人大会对其作出除名决议属于违反法律规定,该决议应认定为无效。

四、案例来源

1. 案例索引

【案件名称】曲敬东诉朱婕合伙协议纠纷案

【审理法院】上海市第一中级人民法院

【案号】(2017)沪01民终6517号

【审理程序】二审

2. 关联案例

江苏省苏州市中级人民法院在"曹广勋与杨玉龙、杨玉魁等合伙协议纠纷案"[(2016)苏05民终5091号]中认为,杨玉龙等合伙人对曹广勋作出合伙除名决议的理由是曹广勋至竞争企业处工作并试图挖走合伙企业苏州一号线持股的苏州畅途公司的工作人员,损害了合伙企业的利益。如果曹广勋存在上述行为,依据《合伙企业法》的有关规定,其他合伙人可以决定将其除名。所以本案的争议焦点在于曹广勋有无作出损害合伙企业利益的行为,对此,应由作出除名决议的合伙人承担相应举证责任。但综合本案证据,曹广勋损害合伙企业利益的依据不足,杨玉龙等合伙人作出的除名决议没有合法依据。一审法院判决杨玉龙、杨玉魁、张凤宝、程帅洲、王洲信于2015年5月31日对曹广勋作出的《除名通知》决议无效。二审判决驳回上诉,维持原判。

五、案例评析

除名退伙实质上是多数人作为一体要求认定某个合伙人退伙的行为,这种决定必须要具有正当理由,即要有被除名之人确实实施了有损合伙企业利益的行为;若该退伙人的行为是合法的,甚至是有益于合伙的权益,则其他合伙人不能以此为由对该合伙人进行除名。《合伙企业法》第49条第1款规定了四种除名退伙的情形:未履行出资义务、因故意或者重大过失给合伙企业造成损失、执行合伙事务时有不正当行为、发生合伙协议约定的事由。民事行为应当遵循意思自治原则,其他合伙人通过决议将合伙人从合伙中除名,本质上仍然是一种民事行为,但带有一定的强制性。因此《合伙企业法》第49条第3款规定了救济途径:被除名人对除名决议有异议的,可以自接到除名通知之日起30日内,向人民法院起诉。本案即是被除名人曲敬东对除名决议有异议并起诉至法院的典型案例。一审认定曲敬东与他人共同投资,从事与本案合伙企业相同的业务,构成竞业行为,对其他合伙人以及本案合伙企业权益造成侵害,但忽视了我国法律允许有限合伙人自营或与他人合作经营与本有限合伙企业相竞争的业务,属于适用法律错误。其他合伙人的除名决议并不符合上述除名退伙的四种情形,其提出的除名理由也违反《合伙企业法》第71条有限合伙人可以自营或者同他人合作经营与本有限合伙企业相竞争的业务的规定。根据我国民法上的相关规定,违反法律规定的民事行为当属无效,因此,二审法院纠正了一审法院的错误,判定系争除名决议无效于法有据。该判决维护了曲敬东作为有限合伙人的合法权益。由于事实上除名决议已经作出,被除名之合伙人还可以以其他合伙人违约为由,主张其他合伙人共同承担违约责任。

六、案例启示

1. 合伙人作出除名决议时应当注意留存证据

如果合伙制私募基金的某一合伙人在合伙期间出现了《合伙企业法》第49条规定的四种情形,则其他合伙人有权提出建议,并经其他合伙人协商一致,作出开除该合伙人的决定。但因该行为会直接影响到该合伙人的权益及合伙企业的经营发展,应属于重大事项,可以通过召开合伙人大会作出除名决议的形式进行。由于除名决议对被除名人是一种强制,而合伙企业又具有很强的人合性,所以应当审慎进行。如果被除名的合伙人存在未履行出资义务、因故意或者重大过失给合伙企业造成损失、执行合伙事务时有不正当行为、发生合伙协议约定的事由四种情形中的一种或多种,则合伙企业应持有被除名合伙人符合该种情形的充分证据。当被除名人的确侵害了合伙企业以及其他合伙人的权益时,合伙企业主张除名的有效性也需要充分的证据。此外,类似上述"曲敬东诉朱婕合伙协议纠纷案”中的情形，严格而言，曲敬东并未违反法律规定，因此除名决议无效；但从案情来看，曲敬东也确实很可能损害了合伙企业的权益。这提醒所有的投资者以及基金管理人，在签订合伙协议时就应当将有关事项在事前作为特殊约定，防患于未然。

2. 合伙人对除名决议不服的应及时寻求司法救济

根据《民法总则》《民法通则》的有关规定，民事活动不得违反法律，同时《合伙企业法》第 8 条规定，合伙企业及其合伙人的合法财产及其权益受法律保护。合伙制私募基金合伙人对将其除名的决议不服，拟寻求救济之时，最好的切入点是除名决议的合法性。任何民事活动都不应当违反法律规定，除名决议亦然。合伙人大会作出除名决议，被除名人可以紧紧抓住除名决议阐述的除名理由，将其与《合伙企业法》第 49 条第 1 款进行对比，从决议不属于法定的除名情形入手，诉至法院请求确认除名决议无效。同时，合伙人对除名决议不服的，应在法律规定的时限内，即自接到除名通知之日起 30 日内，向人民法院起诉，避免超过法律规定的期限，而无法启动司法救济。

七、相关法规

《民法总则》

第八条　民事主体从事民事活动，不得违反法律，不得违背公序良俗。

《民法通则》

第六条　民事活动必须遵守法律，法律没有规定的，应当遵守国家政策。

《合伙企业法》

第八条　合伙企业及其合伙人的合法财产及其权益受法律保护。

第四十九条　合伙人有下列情形之一的，经其他合伙人一致同意，可以决议将其除名：

（一）未履行出资义务；

（二）因故意或者重大过失给合伙企业造成损失；

（三）执行合伙事务时有不正当行为；

（四）发生合伙协议约定的事由。

对合伙人的除名决议应当书面通知被除名人。被除名人接到除名通知之日，除名生效，被除名人退伙。

被除名人对除名决议有异议的，可以自接到除名通知之日起三十日内，向人民法院起诉。

第三章　合伙份额转让纠纷

第一节　除合伙协议另有约定外，合伙人之间转让合伙份额时，只需通知其余合伙人，不必经全体合伙人一致同意

一、案例简介

1. 事实经过

上海弘复投资管理合伙企业（有限合伙）（以下简称弘复投资）成立于2011年8月23日，合伙人为案外人马某甲、马某乙。同年9月，张兴、周正明等13人签订了《2011年9月合伙协议》，其中有限合伙人为杨广宋、屈金华、李剑平、王勇、姚斌、陈贵才，普通合伙人为胡正柳、李晨雁、包仁平、陈涛、刘浙、张兴（出资70万元）、周正明（出资50万元）。协议第9.2.2条约定，普通合伙人需转让全部权益时，受让人应承担原普通合伙人之全部责任和义务，在经非关联合伙人一致同意后方可转让。2011年10月10日，弘复投资合伙人经工商登记变更为上述13人。同时，上述13人又签订一份《合伙协议》，即《2011年10月10日合伙协议》，普通合伙人和有限合伙人人员及出资额未变，协议第29条约定，合伙人向合伙人以外的人转让其在合伙企业中的全部或者部分财产份额时，须经其他合伙人一致同意。合伙人之间转让在合伙企业中的全部或者部分财产份额时，应当通知其他合伙人。

2014年9月1日，张兴（受让人）与周正明（转让人）签订《合伙份额转让协议》，主要约定：周正明决定将其所持有

的弘复投资的50万元普通合伙份额作价90万元全部转让给张兴;张兴应于本协议签订后的5天内向周正明支付25万元收购价款,余款65万元在当年的9月19日前付清;张兴向周正明支付全部收购款项后,周正明应协助张兴办理工商变更登记手续;自本协议签订之日起,周正明在弘复投资的普通合伙份额的全部本利收益及风险由张兴享受或承担。签约后,张兴与周正明将合伙份额的转让事宜通知了部分合伙人。2014年9月2日至9月19日,张兴分三次将40万元支付给周正明,另50万元张兴按周正明的要求于2014年9月19日支付给弘复投资。张兴将周正明转让其在弘复投资50万元普通合伙份额之事通知到了弘复投资的所有合伙人。

因弘复投资迟迟未至工商部门办理变更登记,经多次沟通无效,为此,张兴诉至原审法院,要求判令确认张兴受让周正明持有的弘复投资50万元普通合伙份额以及弘复投资办理张兴合伙份额变更的工商登记。

2. 核心争议

周正明向张兴转让持有的弘复投资50万元普通合伙份额是否仅仅由张兴通知了所有合伙人即可,此次转让是否必须经过全体合伙人同意。

3. 交易结构图

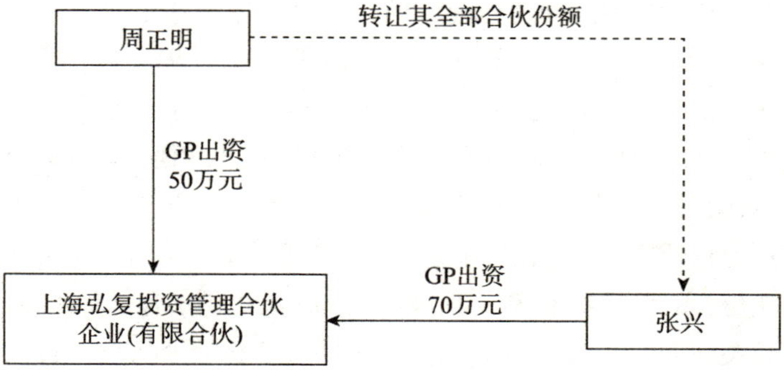

图4-5　交易结构图

二、裁判结果

一审法院上海市嘉定区人民法院认为,张兴、周正明与弘复投资的其他合伙人对于入伙弘复投资先后签订了两份合伙协议。虽然《2011年9月合伙协议》约定普通合伙人需转让全部权益时,须经非关联合伙人一致同意后方可转让。但在之后签订的《2011年10月10日合伙协议》,对于合伙人之间转让在合伙企业中的全部或者部分财产份额的要求作了变更,各方约定只需通知其他合伙人,而非经合伙人同意。《2011 年 9 月合伙协议》签订在前,《2011 年 10 月 10 日合伙协议》签订在后,因此应当以签订在后的《2011 年 10 月 10 日合伙协议》确定各方的权利义务。在诉讼前及诉讼过程中,张兴、周正明已将合伙份额转让事宜通知到了弘复投资的所有合伙人,履行了通知义务;我国《合伙企业法》亦规定,合伙人之间转让在合伙企业中的全部或部分财产份额时,只需通知其他合伙人,而非必须经各方一致同意;弘复投资与周正明均确认张兴已将转让的 90 万元款项支付完毕,因此周正明持有的弘复投资 50 万元普通合伙份额应属张兴所有,张兴诉请合理合法。一审法院据此作出判决:周正明名下的弘复投资 50 万元普通合伙份额归属于张兴所有;弘复投资应于判决生效之日起 15 日内至企业登记机关办理上述判决第一款事项的变更登记。周正明应予以协助办理。

二审法院上海市第二中级人民法院认为,当事人对自己提出的主张,有责任提供证据予以证明。弘复投资认为《2011 年 10 月 10 日合伙协议》是为了便于办理工商登记采用的格式协议,并非全体合伙人的真实意思表示;《2011 年 9 月合伙协议》才是全体合伙人的真实意思表示,应以《2011 年 9 月合伙协议》为裁判依据。对此,法院认为两份合伙协议均经上诉人全体合伙人签字确认,均应视为全体合伙人之真实意思表示;而《2011 年 10 月 10 日合伙协议》签订在后,且经过工商登记,根据"后合同覆盖前合同"的原则,原审认定应当以签订在后的《2011 年 10 月 10 日合伙协议》确定各方的权利义务,并无不当。故弘复投资该项主张于法无据,本院不予支持。根据《2011 年 10 月 10 日合伙协议》之约定,张兴与周正明之间的普通合伙份额转让事宜只需通知其他合伙人即可。现弘复投资称,其对张兴向原审法院提交的部分证据真实性不予认可,故认为原审认定张兴在诉讼中将转让合伙份额一事通知到所有合伙人的事实认定错误。关于系争普通合伙份额的转让事宜,张兴已经向原审法院提供了合伙份额转让通知、收寄凭证等相关证据予以证明,原审认定张兴将系争普通合伙份额转让之事通知到所有合伙人,于法有据,并无不当。弘复投资该项主张亦缺乏相应依据,二审法院不予支持。综上所述,弘复投资之上诉请求,缺乏事实和法律依据,原审认定事实清楚,判决并无不当,二审法院判决驳回上诉,维持原判。

三、裁判要旨

当事人之间签订了两份内容不一致的有效合同时,根据"后合同覆盖前合同"的原则,合同约定事项以后合同之规定为准。除合伙协议另有约定的外,合伙人之间转让在合伙企业中的全部或部分财产份额时,只需通知其余所有合伙人即可,而非必须经各方一致同意。

四、案例来源

1. 案例索引

【案件名称】上海弘复投资管理合伙企业与张兴、周正明合伙企业纠纷案

【审理法院】上海市第二中级人民法院

【案号】(2016)沪02民终2071号

【审理程序】二审

2. 关联案例

甘肃省兰州市中级人民法院在“乔某某和张某合伙协议纠纷案”[(2017)甘01民终3754号]中认为,张某与乔某某、时昕、戚永梅、杨淏雯、王艳6人共同签订合伙经营协议,对于个人合伙的各个合伙人之间能否转让份额,《民法通则》对此未作禁止性规定,合伙经营协议中亦未对此进行约定。《合伙企业法》第22条规定:“除合伙协议另有约定外,合伙人向合伙人以外的人转让其在合伙企业中的全部或者部分财产份额时,须经其他合伙人一致同意。合伙人之间转让在合伙企业中的全部或者部分财产份额时,应当通知其他合伙人。”张某与乔某某等六人合伙,虽并未设立合伙企业,但对个人合伙的各个合伙人之间能否转让合伙份额,应参照《合伙企业法》第22条第2款的相关规定,不需征得其他合伙人的同意即可相互转让合伙财产份额。因此,一审法院认可张某通过将投资转让于乔某某的方式退出合伙的事实,判决乔某某限期支付张某投资转让款及利息并无不当,二审法院判决:驳回上诉,维持原判。

五、案例评析

合伙企业是基于合伙人之间的相互信任而成立并维系的,此即所谓合伙企业的人合性。当合伙人成立合伙企业之时,彼此之间已经建立了相互信任,因此合伙人之间转让在合伙企业中的财产份额时,没有动摇这种信任基础,其转让要求其他合伙人同意并无必要。只有合伙人对外转让合伙财产份额时,才会让合伙人之间的信任基础发生改变,需要其他合伙人信任受让人,同意将其纳入合伙之中。因此,《合伙企业法》第22条第2款规定,合伙人之间转让在合伙企业中的全部或者部分财产份额时,应当通知其他合伙人。虽然合伙人之间转让合伙财产份额没有改变全体合伙人之间的信任基础,但这种转让改变了合伙人之间占有合伙财产份额的比例,若是全部转让合伙财产份额,还会导致转让人退伙,

因此应当通知其他合伙人。值得注意的一点是，上述规定只针对合伙企业中的普通合伙人。对于有限合伙企业中的有限合伙人而言，《合伙企业法》第73条规定，有限合伙人可以按照合伙协议的约定向合伙人以外的人转让其在有限合伙企业中的财产份额，但应当提前30日通知其他合伙人。因为有限合伙人更多地体现了有限合伙企业的资合性，因此有限合伙人对外转让合伙财产份额，提前30日通知其他合伙人即可。举重以明轻，《合伙企业法》并未对有限合伙人之间转让合伙财产份额作出规定，在合伙协议没有约定的前提下，其转让应当不受限制，但也应当通知其他合伙人。上述案例是普通合伙人之间的合伙财产份额转让，因此必须履行通知其他合伙人的义务，但不必取得其他合伙人的同意。《合伙企业法》对合伙人之间合伙财产份额转让的相关规定，较好地平衡了民事主体意思自治、有限合伙企业人合性与资合性的关系。

六、案例启示

1. 除合伙协议另有约定外，合伙人对内转让合伙财产份额无须取得其他合伙人同意

根据《合伙企业法》第22条第2款的规定，合伙人之间转让在合伙企业中的全部或部分财产份额时，只需通知其余合伙人即可，而非必须经各方一致同意。由此可以推定，在合伙协议对转让未作其他限制条件的情况下，合伙人对内转让合伙财产份额，仅需履行通知其他合伙人即可，无须取得其他合伙人的同意。此外，从法律规定的“应当通知其他合伙人”来看，通知义务仅是转让方和受让方进行财产份额转让的附随义务，并非转让协议生效要件，无论合伙财产份额转让是否在事实上完成（完成是指受让方支付了转让的合伙财产份额对价，转让方和合伙企业变更了工商登记），也无论转让进行到哪一步，只要转让方与受让方有效签署了转让协议，则转让协议即宣告生效。在转让协议生效后，无论是转让方还是受让方，均不得以转让未经全体合伙人同意为由反悔，否则应当承担违约责任。例如，在上述关联案例——“乔某某和张某合伙协议纠纷案”中，受让方在支付了一部分合伙份额转让款之后反悔，但法院在审理之后认为，转让方通过转让合伙份额给受让方，已经退出了合伙，转让事宜已经通知了其他合伙人，并为其他合伙人所默许，遂判决受让方继续履行支付合伙份额转让款。但同时需要注意的是，法律并未禁止合伙协议对合伙人对内转让合伙份额加以限制或约束，因此，如合伙协议另有约定，如需要取得其他合伙人的同意或者执行事务合伙人的同意，合伙人在对内转让合伙企业财产份额时须遵守上述约定，否则将会

影响到转让行为的效力。

2. 有限合伙制私募基金可通过合伙协议对合伙人对内转让合伙份额进行合理干预

在有限合伙制私募基金中，普通合伙人与有限合伙人之间通过转让合伙财产份额进行相互转化，须经全体合伙人一致同意，因为这种转化改变了该合伙企业的人合性与资合性的基础。因此，《合伙企业法》第82条规定，除合伙协议另有约定外，普通合伙人转变为有限合伙人，或者有限合伙人转变为普通合伙人，应当经全体合伙人一致同意。但若是普通合伙人之间或者有限合伙人之间，拟转让合伙财产份额，或者有限合伙人拟通过转让合伙财产份额给其他有限合伙人达到退伙的目的，那么有限合伙制私募基金以及其他合伙人则很难对此进行干预。因为根据《合伙企业法》第22条、第73条之规定，普通合伙人之间转让合伙财产份额只需通知其他合伙人即可，有限合伙人之间转让合伙财产份额几乎不受限制，如欲对其进行干预，则于法无据。但法律并未禁止合伙人在合伙协议中对合伙人对内转让合伙份额事项作出特殊约定，因此，为确保投资人的稳定及后续募资，有限合伙制私募基金可通过合伙协议对合伙人对内转让合伙份额进行合理干预和控制，以约束投资者通过对内转让合伙份额方式来实现退伙的目的。

七、相关法规

《合伙企业法》

第二十二条 除合伙协议另有约定外，合伙人向合伙人以外的人转让其在合伙企业中的全部或者部分财产份额时，须经其他合伙人一致同意。

合伙人之间转让在合伙企业中的全部或者部分财产份额时，应当通知其他合伙人。

第六十条 有限合伙企业及其合伙人适用本章规定；本章未作规定的，适用本法第二章第一节至第五节关于普通合伙企业及其合伙人的规定。

第七十三条 有限合伙人可以按照合伙协议的约定向合伙人以外的人转让其在有限合伙企业中的财产份额，但应当提前三十日通知其他合伙人。

第八十二条 除合伙协议另有约定外，普通合伙人转变为有限合伙人，或者有限合伙人转变为普通合伙人，应当经全体合伙人一致同意。

《合同法》

第七十七条 当事人协商一致，可以变更合同。

法律、行政法规规定变更合同应当办理批准、登记等手续的,依照其规定。

第二节 合伙人对外转让合伙份额需经全体合伙人同意,其他合伙人在同等条件下有优先购买权

一、案例简介

1.事实经过

2010年9月26日,张宇欣、李健武、徐延峰、刘光德、陈献开、王程与被告王馨羚登记成立上海利合股权投资合伙企业(有限合伙)(以下简称利合股权)。被告王馨羚认缴出资900万元,实缴出资225万元,占出资总额的9%,为执行事务合伙委派代表。

2011年3月30日,缪露斐与王馨羚签署《自愿离婚协议书》一份,约定:双方自愿离婚。夫妻共同财产的处理之一为,目前在王馨羚名下的同捷科技股份50万股(价值300万元)、浙江我武生物科技股份有限公司(以下简称我武公司)股权(价值225万元),本金及净利润双方均按50%分割,目前由王馨羚代持,在股权上市或未获准上市退出后,王馨羚负有协助转让手续的义务。翌日,双方在上海市浦东新区民政局登记离婚。

《上海利合股权投资合伙企业有限合伙协议》第10条约定,本合伙企业的合伙人分为普通合伙人和有限合伙人,其中:普通合伙人1名,为上海利合股权投资管理有限公司;有限合伙人7名,为张宇欣、李健武、徐延峰、刘光德、陈献开、王馨羚、王程。第22条约定,执行事务合伙人由全体合伙人选举产生,在合伙企业存续期间,上海利合投资管理有限公司为合伙企业的普通合伙人,代表其执行合伙事务,为执行事务合伙人,王馨羚为执行事务合伙人委派代表,代表该执行事务合伙人行使权利及义务;其他合伙人不得执行合伙事务。第36条规定,合伙份额的转让,经全体合伙人书面同意,合伙人出资份额可以以下方式转让:……(2)有限合伙人可以向执行事务合伙人同意的第三人转让其在有限合伙企业中的财产份额,但应当提前30日通知其他合伙人,且在同等条件下,普通合伙人有优先受让权。

上海利合股权投资管理合伙企业、李健武(持有合伙财产比例20%)、陈献开(持有合伙财产比例10%)、张宇欣(持有合伙财产比例25%)表示,不同意王馨羚将合伙的份额转让给合伙人以外的人员。

缪露斐起诉至法院要求判令:(1)确认登记在王馨羚名下利合股权的9%的

合伙财产中50%(4.50%的合伙财产)归缪露斐所有;(2)利合股权办理相应的工商变更登记手续,将缪露斐登记为利合股权的有限合伙;(3)王馨羚向缪露斐支付已领取合伙企业分红中属于缪露斐的部分,即992,050.94元。

2. 核心争议

缪露斐能否依据《自愿离婚协议书》,受让王馨羚名下利合股权的9%的合伙财产中50%的份额。

3. 交易结构图

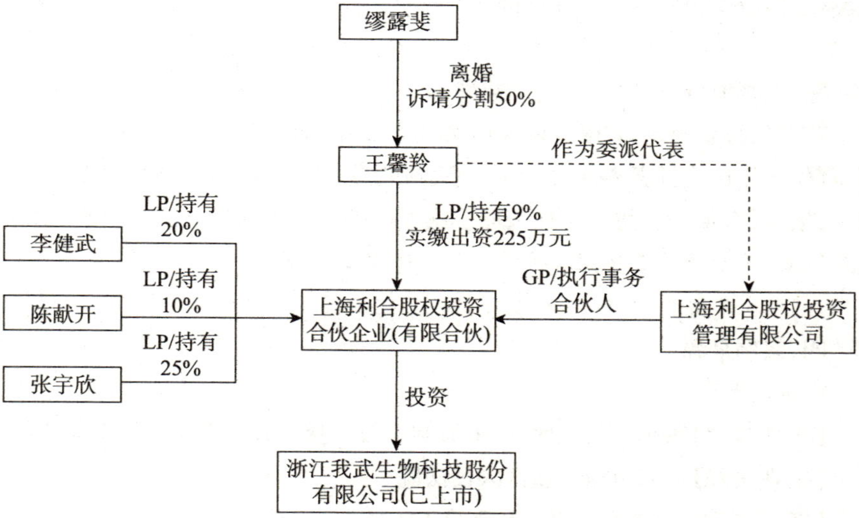

图4-6　交易结构图

二、裁判结果

上海市浦东新区人民法院认为:首先,缪露斐与王馨羚在离婚协议中并未明确被告利合股权合伙财产的分割问题。其次,根据被告利合股权的合伙协议,有限合伙人向第三人转让其在有限合伙企业中的财产份额,首先应经过执行事务合伙人的同意。王馨羚为执行事务合伙人委派代表,仅是代表该执行事务合伙人行使权利及义务,执行事务合伙人代表并不能代替执行事务合伙人进行决策。合伙协议同时规定其他合伙人不得执行合伙事务,从该条款看,合伙协议显然排除了任何一个有限合伙人单独决定执行事务合伙人事项的权利。王馨羚为执行事务合伙人代表,其本人同意不应视为执行事务合伙人同意。"应经过执行事务合伙人同意",意味着应当需要利合股权全体股东进行表决。现在持有合伙财产比例占55%的有限合伙人表示对当时缪露斐与王馨羚的约定不知情，也不同意王馨羚向合伙企业股东以外包括原告在内的人员转让股份。无论涉案合伙协议还是《合伙企业法》均规定，合伙人向合伙人以外的其他人转让股份，需告知其他合伙人，其他合伙人在同等条件下具有优先受让权。现缪露斐未有证据证明双方离婚时就合伙财产的转让当时告知过其他合伙人，且现有合伙人明确表示过未告知其，这在事实上剥夺了其他合伙人的优先受让权。综上，即使王馨羚与缪露斐在离婚时约定了利合股权的合伙财产的分割，该约定也无效。法院判决：驳回原告缪露斐的全部诉请。

三、裁判要旨

若合伙协议规定，有限合伙人向第三人转让其在有限合伙企业中的财产份额，首先应经过执行事务合伙人的同意，则应当遵守约定。即便合伙协议无相关约定，根据《合伙企业法》，合伙人向合伙人以外的其他人转让股份，仍应通知其他合伙人，其他合伙人在同等条件下享有优先受让权。

四、案例来源

1. 案例索引

【案件名称】缪露斐与王馨羚、上海利合股权投资合伙企业合伙企业纠纷案

【审理法院】上海市浦东新区人民法院

【案号】(2014)浦民二(商)初字第474号

【审理程序】一审

2. 关联案例

广东省翁源县人民法院在“何沾良与何裕胜、何保元确认合同无效纠纷案”[(2017)粤0229民初379号]中认为，何保元等人与何裕胜签订《入股合伙协议》是约定何裕胜将其与何沾良承包的翁源县新江镇小镇村河角村小组山林所占有的50%股份以40万元的价格转让25%给何保元、何求先、何东来、何元兴。何保元等人与何裕胜签订的《入股合伙协议》并未经何沾良签名确认，何裕胜也承认其在与何保元等人签订《入股合伙协议》时未告知何沾良也未取得何沾良同意，何保元等人提供的证据也不足以证实何沾良同意何裕胜转让合伙股份给何保元等人。《合伙企业法》第22条第1款规定：“除合伙协议另有约定之外，合伙人向合伙人以外的人转让其在合伙企业中的全部或者部分财产份额时，须经其他合伙人一致同意。”据此，何沾良请求判决确认何裕胜与何保元、何元兴、

何东来、何求先之间签订的《入股合伙协议》无效,本院予以支持。关于何沾良请求判决在同等条件下即人民币40万元的价格优先受让何裕胜25%的山林份额。《合伙企业法》第23条规定:“合伙人向合伙人以外的人转让其在合伙企业中的财产份额的,在同等条件下,其他合伙人有优先购买权;但是,合伙协议另有约定的除外。”但何裕胜并未表示在法院判决无效后,仍以40万元人民币转让25%的合伙股份。对此,何沾良请求判决在同等条件下即人民币40万元的价格优先受让何裕胜25%的山林份额,法院不予支持。综上所述,判决被告何裕胜在2014年10月21日与被告何保元、何元兴、何东来、何求先签订的《入股合伙协议》无效,驳回原告何沾良的其他诉讼请求。

五、案例评析

我国法律对于优先购买权的规定可以分为法定优先购买权和约定优先购买权,法定的优先购买权包括承租人优先购买权、股东优先购买权、合伙人优先购买权及共有人对共有物的优先购买权等,当法律明确规定了优先购买权及其实现途径时,当事人可以按照其规定主张权利;当法律没有明确规定时,则应当在约定合法的前提下遵从当事人的意思自治。法律规定合伙人的优先购买权,其目的在于维护合伙企业的人合性和稳定性。合伙人因相互信任而共同合作,当合伙人将其财产份额转让给合伙人以外的人时,这种原有的信任基础就丧失了,甚至该受让人可能难以与其他合伙人和睦相处,进而引发合伙企业的矛盾,对于合伙企业的发展十分不利。但若合伙人将其财产份额转让给合伙企业中的其他合伙人,则不会对企业的经营造成影响。故此,《合伙企业法》第22条第1款规定了合伙人对外转让其在合伙企业中的财产份额须经其他合伙人一致同意,第23条规定了合伙人在同等条件下的优先购买权。但在实践当中,往往是部分合伙人在未告知其他合伙人的前提下,侵害其他合伙人的优先购买权,即先违反上述第22条第1款的规定,后违反第23条的规定。本案中,法院即以王馨羚与缪露斐离婚时分割其持有的利合股权财产份额侵害了其他合伙人优先购买权为由,对缪露斐的诉讼请求不予支持。

六、案例启示

1. 合伙制私募基金的投资人对外转让合伙份额应当符合法律规定和协议约定的条件,防止转让行为被认定为无效

尽管法律没有明确规定合伙制私募基金有限合伙人对外转让合伙份额是否

需要经过其他合伙人同意作出明确规定，但从《合伙企业法》第22条、第23条、第60条的规定及基于合伙企业的人合性的考虑来看，有限合伙人对外转让合伙份额亦应遵循一定的程序。首先，有限合伙人对外转让其在合伙企业中的全部或者部分财产份额前应提前30日通知其他合伙人，征求其他合伙人的意见；其次，其他合伙人若是不同意转让，在同等条件下可以行使优先购买权；最后，其他合伙人既不同意转让又不行使优先购买权，则视为同意，有限合伙人可对外转让合伙份额。但同时，法律又赋予了合伙人可以对转让问题另行约定的权力，如果合伙协议对此作了特殊规定，则有限合伙投资人对外转让合伙份额应当按照合伙协议约定的条件和程序，防止转让行为被认定为无效。

2. 投资者在拟定合伙制私募基金协议时，应对优先购买权及其行使作出明确约定

《合伙企业法》对有限合伙人对外转让合伙份额时的优先购买权并未作出明确规定，为避免因有限合伙人对外转让合伙份额产生的优先购买权纠纷，避免他人随意入伙，维持合伙企业的人合性和稳定性，投资者在拟定或签署合伙协议时，应对优先购买权及其行使作出详细约定，约定是否享有优先购买权及行使优先购买权的条件和程序。需要注意的是，合伙人行使优先购买权的前提是“同等条件”，包括价格、付款期限、付款方式等，若合伙人以外的人以更高的价格，或者合伙人不能达到相应的付款期限和方式上的要求，则优先购买权丧失。如果在其他合伙人不知情的前提下，合伙人已经对外转让了合伙份额，则其他合伙人的优先购买权仍然没有丧失，可以通过诉讼程序确认转让合同无效，再行使优先购买权。

七、相关法规

《合伙企业法》

第二十二条 除合伙协议另有约定外，合伙人向合伙人以外的人转让其在合伙企业中的全部或者部分财产份额时，须经其他合伙人一致同意。

合伙人之间转让在合伙企业中的全部或者部分财产份额时，应当通知其他合伙人。

第二十三条 合伙人向合伙人以外的人转让其在合伙企业中的财产份额的，在同等条件下，其他合伙人有优先购买权；但是，合伙协议另有约定的除外。

第六十条 有限合伙企业及其合伙人适用本章规定；本章未作规定的，适用本法第二章第一节至第五节关于普通合伙企业及其合伙人的规定。

第七十三条　有限合伙人可以按照合伙协议的约定向合伙人以外的人转让其在有限合伙企业中的财产份额，但应当提前三十日通知其他合伙人。

《公司法》

第七十一条　有限责任公司的股东之间可以相互转让其全部或者部分股权。

股东向股东以外的人转让股权，应当经其他股东过半数同意。股东应就其股权转让事项书面通知其他股东征求同意，其他股东自接到书面通知之日起满三十日未答复的，视为同意转让。其他股东半数以上不同意转让的，不同意的股东应当购买该转让的股权；不购买的，视为同意转让。

经股东同意转让的股权，在同等条件下，其他股东有优先购买权。两个以上股东主张行使优先购买权的，协商确定各自的购买比例；协商不成的，按照转让时各自的出资比例行使优先购买权。

公司章程对股权转让另有规定的，从其规定。

第五编　投资者与第三人之间的纠纷

第一章　派生诉讼

第一节　合伙制私募基金的有限合伙人可以提出派生诉讼

一、案例简介

1. 事实经过

2011 年 8 月，世欣荣和投资管理股份有限公司（以下简称世欣荣和公司）签署《合伙协议》，与天津东方高圣股权投资管理有限公司（以下简称天津东方高圣公司，为执行事务合伙人）等共 9 名合伙人组建了合伙企业即天津东方高圣诚成股权投资合伙企业（有限合伙）（以下简称东方高圣）。同年 8 月 16 日，东方高圣召开第一次临时合伙人会议，全体合伙人一致同意“合伙企业资金用于受让恒逸石化限售流通股的股份收益权”。2012 年 2 月 15 日，东方高圣召开了 2012 年度投资决策委员会会议，决议：长安国际信托股份有限公司（以下简称长安信托）将募集资金人民币 3.1 亿元购买天津鼎晖股权投资一期基金（有限合伙）（以下简称鼎晖一期）和天津鼎晖元博股权投资基金（有限合伙）（以下简称鼎晖元博）分别持有的 900.4 万股和 253.96 万股（合计为 1154.36 万股）恒逸石化股票收益权；同意东方高圣和长安信托签署《长安信托·高圣一期分层式股票收益权投资集合资金信托合同》（以下简称《信托合同》），出资人民币共计 1.12 亿元认购长安信托发行的信托单位，每 1 信托单位面值 1 元。

2012 年 3 月 15 日，长安信托分别与鼎晖一期、鼎晖元博签署了《股票收益权转让协议》,约定的主要内容是:长安信托拟通过发行“长安信托·高圣一期分层式股票收益权投资集合资金信托计划”的方式募集资金,并以所募集的信托资金,按照协议约定的条款和条件,从鼎晖一期、鼎晖元博处受让其持有的恒逸石化限售流通股股票在约定期间的收益权。其中,以24,180万元的价格受让鼎晖一期持有的9,003,983股股票收益权,以6820万元的价格受让鼎晖元博持有的2,539,585股股票收益权。只有当“信托计划”已正式宣告成立之后,长安信托才需要向出让方履行支付上述转让款的义务。标的股票均有3年的限售期,解禁日为2014年6月8日。约定的收益期间指长安信托支付全部转让价款之日起至限售期届满后按照长安信托的指示将标的股票全部处置完成之日。标的股票收益权包括股票的处置收益及股票在约定收益期间所实际取得的股息及红利、红股、配售、新股认股权证等孳息;除上述收益权之外的表决权、监督权、知情权等其他股东权利均由出让方继续享有。

2012年3月28日,东方高圣与长安信托签署两份《认购风险申明书》及相应的《信托合同》。在《认购风险申明书》中,长安信托告知投资者:信托计划不承诺保本和最低收益,具有一定的投资风险;认购人认真阅读并理解所有的信托文件,并愿意依法承担相应的信托投资风险,方才自愿认购相应的信托单位。

根据两份《信托合同》的约定,东方高圣认购普通信托单位2509万份,次级信托单位8695万份,认购资金共计11,204万元。东方高圣于签约当日即将上述认购资金全额支付给长安信托。长安信托与东方高圣又签署了《高圣一期分层式股票收益权投资集合资金信托计划信托合同之补充协议》,将认购次级信托单位的8695万元变更为8691万元,多交付的4万元不计入信托财产,也不属于东方高圣持有的信托单位,而是将其中的3.1万元用于支付公证费用,其余9000元退还给了东方高圣。最终,东方高圣交付给长安信托的认购资金数额为112,031,000元。2012年8月27日,标的股票恒逸石化因市场长期下跌触及预警线,长安信托通知东方高圣追加保证金,东方高圣于2012年8月31日追加B类保证金1,385,200元,于2013年3月7日追加A类保证金6,065,800元。

标的股票禁售期届满之后,由于标的股票价格持续走低,2014年9月26日,优先级信托单位兴业银行上海分行给长安信托发出委托指令,主要内容是:标的股票恒逸石化于2014年7月16日解禁,标的股票的收盘价持续低于优先级保本价,且次级受益人至今未追加现金或追加股票,故根据《征询函》约定,现优先受益人即该行请贵司立即将持仓股票变现,变现所得用于清偿优先级受益人本息。2014年10月11日,长安信托给东方高圣发出通知函,主要内容是:根据

2013年3月1日受益人大会表决通过的《征询函》之约定，该信托计划的股票恒逸石化已于2014年7月16日解禁，标的股票收盘价持续低于优先级保本价，次级受益人至今未追加现金或追加股票。优先受益人已向长安信托发出变现持仓股票的委托指令，长安信托根据《征询函》约定，将操作变现持仓股票。嗣后，长安信托遂分别于10月13日、21日解除了标的股票的质押登记，并全部出售。10月27日，长安信托将出售标的股票所得收益共计185,141,010.31元分配清算完毕，由于清算时信托财产尚不足以完全支付优先级受益人本金及收益，次级受益人东方高圣分配为零。长安信托公开发布了《长安信托·高圣一期分层式股票收益权投资集合资金信托计划清算报告》，并声明：委托人、受益人自清算报告公告之日起3个工作日内未提出书面异议，长安信托就清算报告所列内容解除责任。异议期内，世欣荣和公司及东方高圣均未向长安信托就清算事宜提出异议。

2015年3月5日，世欣荣和公司向东方高圣、天津东方高圣公司邮寄送达了《请求维权催告函》，认为长安信托与鼎晖一期、鼎晖元博恶意串通，造成其信托投资全部亏损，要求东方高圣及天津东方高圣公司立即采取行动，向法院提起诉讼。3月31日，天津东方高圣公司回函表示已聘请律师对相关文件进行研究，但尚未掌握长安信托与鼎晖一期、鼎晖元博恶意串通的证据，希望世欣荣和公司能够提供帮助。

世欣荣和公司依据《合伙协议》的约定及《合伙企业法》第68条之规定，提起了诉讼，请求：(1)判决长安信托与东方高圣签订的前述两份《信托合同》无效；(2)判令长安信托向东方高圣返还认购款112,031,000元，以及基于《信托合同》追加的保证金6,065,814元，共计118,096,814元；(3)判令长安信托向东方高圣赔偿按中国人民银行同期基准贷款利率计算的利息损失21,693,166.45元（认购款利息自付款之日2012年3月28日起计算至2015年3月30日止，计20,737,858.91元；追加保证金利息自付款之日2012年9月1日起至2015年3月30日止，计955,307.54元，利息损失应计算至实际偿付日止）；(4)判令长安信托承担案件诉讼费；(5)判令鼎晖一期、鼎晖元博与鼎晖管理中心与长安信托承担连带责任。

2. 核心争议

世欣荣和公司作为东方高圣的合伙人是否有权提起诉讼；长安信托与东方高圣签订的《信托合同》是否有效。

3. 交易结构图

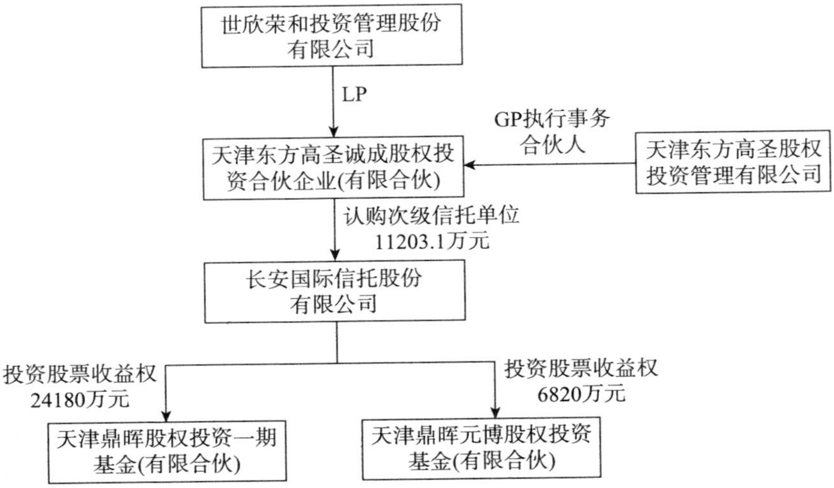

图5－1　交易结构图

二、裁判结果

一审法院陕西省高级人民法院认为，世欣荣和公司有权提起诉讼。根据《合伙企业法》第68条之规定，执行事务合伙人怠于行使权利时，有限合伙人可以督促其行使权利或者为了本企业的利益以自己的名义提起诉讼。世欣荣和公司在认为合伙企业东方高圣的权利被侵犯时，已经就相关问题向东方高圣及执行事务合伙人发函催告，要求东方高圣向人民法院提起民事诉讼，维护东方高圣的民事权利，东方高圣虽予以响应，但未依法提起民事诉讼，世欣荣和公司遂选择以自己的名义提起诉讼并无不妥，符合法律规定。长安信托关于东方高圣未怠于行使权利，世欣荣和公司以自己的名义提起诉讼的条件并未成就的抗辩理由不符合法律规定，该院不予采纳。关于《信托合同》的有效性，法院认为长安信托与东方高圣签订的《信托合同》是双方真实意思表示，内容不违反法律规定，应为合法有效合同。首先，长安信托设立高圣一期分层式股票收益权投资集合资金信托计划，是因东方高圣提议而设立的，对该《信托合同》项下标的恒逸石化股票收益权能否进行投资的考察了解，是东方高圣完成的并最终决定投资的，作为东方高圣最大的合伙人世欣荣和公司应该对东方高圣投资项目的内容是完全知情和掌握的。其次，世欣荣和公司所称的标的股票在签订之时尚在业绩补偿期限内，标的股票处于可能被上市公司回购的状态，标的股票收益权不确定，信托合同无效的理由与该案事实不符。信托合同的终结完全是受托人长安信托依据合同约定,在标的股票低于优先级受益人保本价之后,依据优先级受益人的指令变现清盘所致,纯属合同约定的商业风险造成。最后,该案信托财产应该是确定的,该案的信托财产应是委托人东方高圣交付给受托人长安信托的112,031,000元资金。一审法院依法判决驳回世欣荣和公司的诉讼请求。

二审法院最高人民法院认为,东方高圣按照涉诉两份《信托合同》认购信托单位而交付给长安信托的112,031,000元资金属于受托人长安信托获得的信托财产,因该资金取得的涉诉股票收益权亦属于信托财产。长安信托与鼎晖一期、鼎晖元博分别在相应《股票收益权转让协议》中约定了长安信托所取得的涉诉股票收益权的数量、权利内容及边界,已经使长安信托取得的涉诉股票收益权明确和特定,因此,两份《信托合同》中信托财产是确定的。涉诉股票需进行权益协调的问题,与股票收益权确定与否的问题,属不同法律问题,两者没有法律上的关联。结合案件其他事实,可以认定本案中东方高圣与长安信托签订的两份《信托合同》有效。二审法院判决驳回世欣荣和公司上诉,维持原判。

三、裁判要旨

根据《合伙企业法》第68条之规定,执行事务合伙人怠于行使权利时,有限合伙人可以督促其行使权利或者为了本企业的利益以自己的名义提起诉讼。有限合伙人在认为合伙企业的权利被侵犯时,已经就相关问题催告合伙企业及执行事务合伙人,要求其提起民事诉讼维权。合伙企业及执行事务合伙人对有限合伙人的催告未作出实质响应,即可认为怠于行使权利,有限合伙人有权为了合伙企业的利益以自己的名义提起诉讼。

四、案例来源

1.案例索引

【案件名称】世欣荣和投资管理股份有限公司与长安国际信托股份有限公司、天津鼎晖股权投资一期基金等合伙协议纠纷案

【审理法院】最高人民法院

【案号】(2016)最高法民终19号

【审理程序】二审

2.关联案例

最高人民法院在"信达投资有限公司与河北融投置业有限公司、兴业银行股

份有限公司石家庄分行等管辖权异议纠纷案”[(2016)最高法民辖终94号]中认为，根据《合伙企业法》第68条第2款第7项的规定，有限合伙人有权在“执行事务合伙人怠于行使权利时，督促其行使权利或者为了本企业的利益以自己的名义提起诉讼”。信达公司在融实投资和信瑞基金未能及时主张债权并依法收回贷款的情况下，以自己名义提起本案诉讼符合法律规定。融投置业认为信达公司的主体身份应当按照融实投资对待的上诉理由不能成立。被上诉人信达公司的住所地在北京市西城区，上诉人融投置业的住所地在河北省，属于当事人一方住所地不在受理法院所处省级行政辖区的情形。本案涉诉金额为2.17亿元，根据最高人民法院《关于调整高级人民法院和中级人民法院管辖第一审民商事案件标准的通知》(法发〔2015〕7号)的规定，河北省高级人民法院对本案有管辖权。一审裁定驳回融投置业对本案管辖权提出的异议并无不当。综上，一审裁定适用法律正确，应予维持。上诉人的上诉理由不能成立，应予驳回。

五、案例评析

派生诉讼，也被称为股东代表诉讼，源于英国衡平法，也被称为衍生诉讼和传来诉讼，它是指当公司怠于通过诉讼追究给公司利益造成损害的经营者的责任以维护公司利益时，具备法定资格的股东有权以自己的名义代表公司提起诉讼，而所得赔偿归于公司的一种诉讼机制。我国现行有效的《公司法》第151条直接确立了股东派生诉讼制度，而在合伙制私募投资基金中，有限合伙人有权根据《合伙企业法》第68条第2款“有限合伙人的下列行为，不视为执行合伙事务：……(七)执行事务合伙人怠于行使权利时，督促其行使权利或者为了本企业的利益以自己的名义提起诉讼”之规定，在执行事务合伙人怠于行使权利时，为了私募投资基金的利益，对侵害私募投资基金合法权益的执行事务合伙人、普通合伙人、基金管理人及包括债务人在内的他人提起诉讼。此为合伙制私募基金的派生诉讼的法律依据，为合伙制私募基金管理人维护自身权益提供了法律武器。有限合伙人派生诉讼的前提条件是“执行事务合伙人怠于行使权利”。关于“怠于行使权利”的实质认定，执行事务合伙人未及时通过诉讼或者仲裁向合伙企业债务人主张权利，是“怠于行使权利”典型情形。实践中，有限合伙人直接起诉往往是由于执行事务合伙人倒闭、跑路，或因涉刑被公安机关控制，无法正常执行合伙事务等，需要结合实际情况由法院具体认定。本案属于另外一种情形，即世欣荣和公司认为长安信托与鼎晖一期、鼎晖元博恶意串通，造成其信托投资全部亏损，要求东方高圣及天津东方高圣公司立即采取行动挽回损失。

天津东方高圣公司以尚未掌握相关方恶意串通的证据为由未采取实质行动，世欣荣和公司作为东方高圣最大的合伙人提起派生诉讼。尽管案件审理结果是投资亏损属于正常的商业风险，但两级法院均肯定了世欣荣和公司为东方高圣的利益主张维权，在执行事务合伙人天津东方高圣公司未积极维权的前提下，自行提起派生诉讼的权利。《合伙企业法》第 68 条第 2 款第 7 项的规定打开了有限合伙人提起派生诉讼的大门，有利于维护有限合伙人的权益，同时也可以对执行事务合伙人执行合伙事务形成有效监督和制约。

六、案例启示

1. 合伙制私募基金有限合伙人具有以自己名义起诉的主体资格

私募基金近年来迅猛发展，投资合伙制私募基金的投资者越来越多，在宏观经济下行的大背景下，投资项目失败时有发生。当合伙制私募基金遭遇投资失败或发生投资纠纷，而私募基金管理人或执行事务合伙人采取消极策略拒不积极采取诉讼、仲裁等方式维护合伙企业利益时，或者由于同时作为基金管理人的执行事务合伙人跑路、失联时，作为投资者的有限合伙人可以自己名义对合伙企业的债务人直接提起诉讼，以维护合伙企业利益，并最终实现保护自身的合法权益的目的。有限合伙人的派生诉讼避免了内部救济维权机制沟通不畅、效率低下的缺点，尤其在执行事务合伙人与债务人之间可能存在不法交易或者相互串通损害合伙企业利益的情况下，可以避免合伙企业利益蒙受更大损失。从目前搜集的相关案例，尤其是最高人民法院的案例，基本上均认可了有限合伙人在特定情形下，依据《合伙企业法》第 68 条之规定，直接对合伙企业债务人提起诉讼的主体资格，为有限合伙人理直气壮地行使派生诉讼权利注入了安心剂。派生诉讼须由有限合伙人以自己的名义，而非以合伙企业或执行事务合伙人的名义提起。若存有多名有限合伙人，每一名有限合伙人均可单独依法提起派生诉讼。若非以有限合伙人名义提起诉讼，则会存在因诉讼主体不适格被法院驳回起诉的风险。

2. 执行事务合伙人应勤勉尽责执行合伙事务，避免消极不作为

国家立法设计有限合伙企业这种企业组织形式，赋予了普通合伙人无限连带责任的同时，由其负责合伙企业的管理、决策等事务，而将监督权交给了有限合伙人，由其以出资为限承担有限责任，使普通合伙人和有限合伙人的利益紧密结合，这一灵活有效的激励机制、决策机制，使得有限合伙这一组织形式为私募基金广泛采用。在有限合伙企业中，有限合伙人不执行合伙事务、不得对外代表合伙企业，

要求作为执行合伙事务的普通合伙人应勤勉尽责、积极执行合伙事务，维护合伙企业和全体合伙人的权益。当私募基金投资的项目陷入困境或者与第三方发生纠纷时，执行事务合伙人应当认真履行职责，及时采取有效措施，尽最大努力维护合伙企业利益，并按照约定向其他合伙人报告有关情况并接受监督检查。如果执行事务合伙人消极不作为，怠于行使权利，不仅会损害合伙企业的利益，而且还会因为未尽勤勉尽职责任造成有限合伙人损失而承担相应的赔偿责任。

七、相关法规

《合伙企业法》

第六十八条 有限合伙人不执行合伙事务，不得对外代表有限合伙企业。

有限合伙人的下列行为，不视为执行合伙事务：

(一)参与决定普通合伙人入伙、退伙；

(二)对企业的经营管理提出建议；

(三)参与选择承办有限合伙企业审计业务的会计师事务所；

(四)获取经审计的有限合伙企业财务会计报告；

(五)对涉及自身利益的情况，查阅有限合伙企业财务会计账簿等财务资料；

(六)在有限合伙企业中的利益受到侵害时，向有责任的合伙人主张权利或者提起诉讼；

(七)执行事务合伙人怠于行使权利时，督促其行使权利或者为了本企业的利益以自己的名义提起诉讼；

(八)依法为本企业提供担保。

《公司法》

第一百五十一条 董事、高级管理人员有本法第一百四十九条规定的情形的，有限责任公司的股东、股份有限公司连续一百八十日以上单独或者合计持有公司百分之一以上股份的股东，可以书面请求监事会或者不设监事会的有限责任公司的监事向人民法院提起诉讼；监事有本法第一百四十九条规定的情形的，前述股东可以书面请求董事会或者不设董事会的有限责任公司的执行董事向人民法院提起诉讼。

监事会、不设监事会的有限责任公司的监事，或者董事会、执行董事收到前款规定的股东书面请求后拒绝提起诉讼，或者自收到请求之日起三十日内未提起诉讼，或者情况紧急、不立即提起诉讼将会使公司利益受到难以弥补的损害的，前款规定的股东有权为了公司的利益以自己的名义直接向人民法院提起诉讼。

他人侵犯公司合法权益，给公司造成损失的，本条第一款规定的股东可以依照前两款的规定向人民法院提起诉讼。

《信托法》

第二十二条　受托人违反信托目的处分信托财产或者因违背管理职责、处理信托事务不当致使信托财产受到损失的，委托人有权申请人民法院撤销该处分行为，并有权要求受托人恢复信托财产的原状或者予以赔偿；该信托财产的受让人明知是违反信托目的而接受该财产的，应当予以返还或者予以赔偿。

前款规定的申请权，自委托人知道或者应当知道撤销原因之日起一年内不行使的，归于消灭。

第二节　有限合伙人提出派生诉讼时，不能要求将利益归于自己，只能要求将利益归于合伙企业

一、案例简介

1. 事实经过

北京和信恒轩投资中心（有限合伙）（以下简称和信投资中心）于2013年1月23日成立，焦建、刘强、李春红系该合伙企业的有限合伙人，和信联合资本管理有限公司（以下简称和信资本公司）为执行事务合伙人。2013年7月4日，上海浦东发展银行股份有限公司淮南支行（以下简称浦发银行淮南支行）作为抵押权人、安徽瑞智房地产开发有限公司（以下简称瑞智公司）作为抵押人签订《最高额抵押合同》，合同约定，抵押人以在建工程提供抵押担保，被担保的主债权为浦发银行淮南支行在自2013年7月4日至2014年7月4日止的与瑞智公司办理各类融资业务所发生的债权，以及双方约定的在先债权，前述主债权余额在债权确定期间内以最高不超过等值4亿元为限。2013年7月9日，双方办理了抵押登记，浦发银行淮南支行取得在建工程他项权证。

2013年7月4日，和信投资中心作为委托人、浦发银行淮南支行作为受托人/贷款人、瑞智公司作为借款人签订编号为12412013280121的《委托贷款合同》约定，贷款金额为5800万元，贷款用途为支付工程款等经营周转款项，贷款期限为自2013年7月4日起至2014年7月4日止，贷款利率为15%，贷款计息方式为到期一次还本付息，逾期罚息利率为19.5%。2013年7月30日，浦发银

行淮南支行向瑞智公司发放贷款5800万元。2013年8月1日,上述三方又以类似前述合同的条款签订编号为12412013280125的《委托贷款合同》,贷款4200万元并发放。

上述贷款期限届满后,瑞智公司未按约偿还借款本金及利息,和信投资中心也一直未向瑞智公司通过诉讼或仲裁等方式主张权利。焦建、刘强、李春红为督促和信资本公司、和信投资中心行使权利,曾向其多次邮寄律师函,但均被退回,并一直无法与其取得联系。焦建、刘强、李春红遂以和信投资中心、和信资本公司怠于主张债权为由诉至原审法院,请求判令瑞智公司向和信投资中心归还贷款本金10,000万元,并支付委托贷款利息23,572,416.67元(按委托贷款合同约定的利率暂计算至2015年1月8日,此后利息按年利率19.5%实际计算至判决生效之日)。

2014年11月11日,安徽省高级人民法院受理了和信投资中心与瑞智公司及第三人交通银行股份有限公司安徽省分行借款合同纠纷一案。该案中,和信投资中心诉请判令瑞智公司偿还和信投资中心委托交通银行股份有限公司安徽省分行于2013年6月9日向瑞智公司发放的贷款本金5600万元及利息。2015年4月24日,安徽省高级人民法院判如所请。

2015年1月2日,和信资本公司应瑞智公司要求出具了一份《确认书》,载明:同意瑞智公司直接向投资人按合伙协议约定兑付投资本金及收益,具体兑付方式为以中翔商业中心项目的待售房源及停车位折抵投资人支付的本金及收益,将其视为瑞智公司偿还合伙企业的债务,支付的同时解除瑞智公司相应抵押物的抵押权。

2015年2月4日,瑞智公司与和信投资中心合伙人解艳玲签订了一份《折抵三方协议书》,约定瑞智公司以一套价值2,288,388元的房屋冲抵解艳玲的200万元投资本金产生的债务。协议书上没有加盖和信投资中心印章。

2015年6月24日,和信资本公司与瑞智公司签订了一份《协议书》,和信资本公司为甲方,瑞智公司为乙方。该《协议书》确认,乙方目前尚未归还甲方的投资款项为四笔委托贷款的本金20,800万元、利息及相关费用等,以及其他方式投入的投资款项7225.75万元;安徽省高级人民法院作出的(2014)皖民二初字第00037号民事判决书在事实履行过程中以该协议为准;乙方保证于2015年8月15日前全额结清所欠甲方四笔委托贷款的本金、利息及逾期利息;根据基金投资人对乙方所提诉讼事宜,甲方必须根据事实情况向乙方提供相应的证明材料,以保护乙方的合法权益……瑞智公司未按该《协议书》约定的期限履行还款义务。瑞智公司也未举证证明其履行了还款义务。

2016 年 1 月 22 日，和信资本公司向瑞智公司出具了《意见函》，该函载明：和信投资中心得悉，瑞智公司向项目所在地政府申请减少自持比例，把商业地产部分改变为可售，拟将销售资金用于项目竣工和偿还债务。和信投资中心认为减少自持，销售资金用于偿还债务是瑞智公司积极自救的可行方法，同意有步骤地解除瑞智公司的抵押物的抵押权。2016 年 9 月 18 日，和信资本公司出具了一份《关于中翔商业中心项目在建工程抵押融资款项往来及抵押情况的说明》。该说明亦同意有步骤地解除瑞智公司的抵押物的抵押权。

焦建、刘强、李春红向一审法院起诉请求：判令瑞智公司向和信投资中心归还贷款本金 10,000 万元，并支付委托贷款利息 23,572,416.67 元（按委托贷款合同约定的利率暂计算至 2015 年 1 月 8 日，此后利息按年利率 19.5% 实际计算至判决生效之日）。

2. 核心争议

和信资本公司作为执行事务合伙人是否怠于行使权利，焦建、刘强、李春红能否代表和信投资中心提起诉讼。

3. 交易结构图

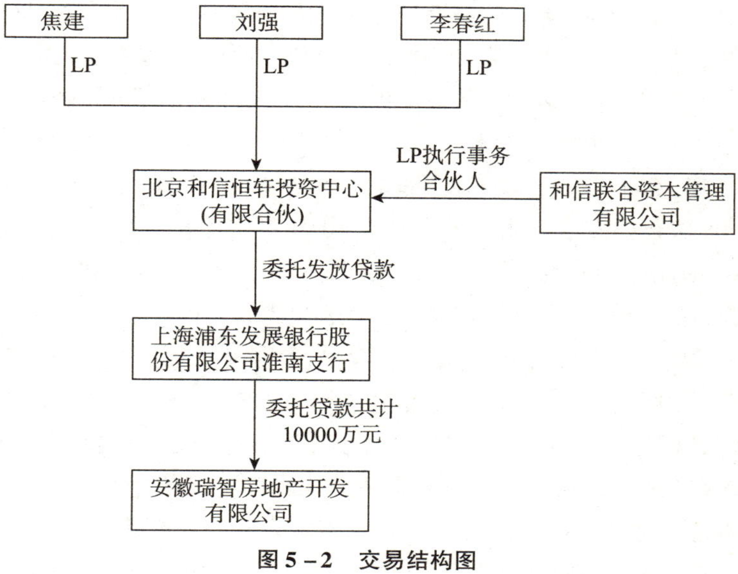

图 5－2　交易结构图

二、裁判结果

一审法院安徽省高级人民法院认为，和信投资中心、浦发银行淮南支行与瑞智公司签订的《委托贷款合同》，系当事人真实意思表示，内容不违反法律、行政法规的强制性规定，应为合法有效。案涉《委托贷款合同》明确载明1亿元借款系和信投资中心委托浦发银行淮南支行发放，因此和信投资中心享有出借人的权利。现案涉两笔委托贷款均已逾期，瑞智公司未偿还借款本金及利息。根据《合伙企业法》第68条第2款第7项的规定，执行事务合伙人怠于行使权利时，有限合伙人可以督促其行使权利或者为了本企业的利益以自己的名义提起诉讼。焦建、刘强、李春红的起诉是否符合法律规定，主要应审查和信投资中心的执行事务合伙人是否怠于行使权利。案涉两笔委托贷款到期后，因和信投资中心一直没有通过诉讼或仲裁方式向瑞智公司主张债权，焦建、刘强、李春红采取包括邮寄律师函等多种方式督促和信资本公司、和信投资中心行使权利主张债权，但一直未能与其取得联系。在诉讼中，一审法院亦向和信投资中心邮寄过开庭传票等材料，也均被退回，后经公告方式送达，和信投资中心仍未到庭参加诉讼。此应视为和信资本公司怠于行使权利。瑞智公司在焦建等起诉后提交的《折抵三方协议书》上并无和信资本公司或和信投资中心的签章认可，且瑞智公司在焦建、刘强、李春红起诉后与部分有限合伙人协商以在建房产兑付投资本金及收益的行为不能视为其清偿和信投资中心债务的行为，亦不能证明和信投资中心在向瑞智公司主张权利。故该案焦建、刘强、李春红为了合伙企业的利益向该院提起诉讼具有事实和法律依据，系该案适格的原告。鉴于案涉《委托贷款合同》中约定期内利率15%（年）及逾期利率19.5%（年）不违反法律规定，一审判决如下：瑞智公司于判决生效之日起10日内偿还和信投资中心借款本金10,000万元，并支付利息（截至2015年1月8日为23,572,416.67元，此后利息以10,000万元为基数，按年19.5%计算至判决生效之日）。

二审法院最高人民法院认为：首先，案涉两笔委托贷款到期后不提起诉讼或仲裁，即为怠于行使权利。其次，和信资本公司于2015年1月2日加盖印章的《确认书》不能作为其积极督促还款的证明。该《确认书》系和信资本公司应投资人及瑞智公司要求而盖章的，之后各方均未履行。《确认书》并不是和信资本公司与瑞智公司签订的协议书，仅为和信资本公司单方盖章的意见书。《确认书》中，和信资本公司同意瑞智公司直接向投资人以房屋折抵的方式兑付本金，并视为偿还合伙企业的债务。这种对于债务的处理，已经涉及在合伙协议约定范围以外分配资产，按合伙协议属于需要有限合伙人全体一致同意的重大事项。和信资本公司未告知全体有限合伙人应瑞智公司的要求盖章确认，且放任瑞智公司与合伙人解艳玲签订《折抵三方协议书》，系违背合伙协议约定的行为，不能作为其积极督促还款的证明。最后，和信资本公司于2015年6月24日签订的《协议书》，并不能否定其怠于行使权利。该《协议书》第1.7条约定，根据基金投资人对瑞智公司所提诉讼事宜，和信资本公司必须根据事实情况向瑞智公司提供相应的证明材料，以保护瑞智公司的合法权益。和信投资中心在法庭调查中表示在一审中不知道焦建、刘强、李春红提起诉讼。瑞智公司在一审中并未提交该证据，和信资本公司明知一审诉讼却不积极应诉，反而隐瞒《协议书》签订的事实以“保护瑞智公司的合法权益”，本身即违背执行事务合伙人的职责。且瑞智公司并未按约于2015年8月15日履行还款义务，再次违约后，和信资本公司依然未主动参加一审诉讼或以其他方式向瑞智公司主张权利，而是被动地应瑞智公司的请求，于2016年1月22日和9月18日分别出具《意见函》《关于中翔商业中心项目在建工程抵押融资款项往来及抵押情况的说明》，放任瑞智公司一再拖延到期债务，此为其怠于行使权利的证明。《北京和信恒轩投资中心(有限合伙)合伙协议》约定、《合伙企业法》第68条第2款第7项规定，都赋予了有限合伙人在执行事务合伙人怠于行使权利时，以自己的名义代表合伙企业提起诉讼的权利。

解艳玲、李晓萍、迟恩范等有限合伙人虽然与瑞智公司签订了《折抵三方协议书》《承诺书》《协议》，但是并不享有法律上认可的利益。从内容上看，以上三类协议中均包含三方确认的表述，但任何一份协议中均没有和信资本公司或和信投资中心加盖的印章或签字，和信投资中心也并未认可上述协议。和信投资中心系瑞智公司的债权人，解艳玲等人系和信投资中心的有限合伙人，解艳玲等人与瑞智公司之间并无直接的法律关系，瑞智公司与解艳玲等少数有限合伙人签订协议向其兑付投资以冲抵对和信投资中心的债务，在未经和信投资中心签章确认的情况下，协议内容不受法律保护。解艳玲等有限合伙人通过直接与借款人瑞智公司签订抵债协议的方式来维护自己利益的愿望是可以理解的，但是这种方式并不符合契约精神，也不具有法律上的正当性。作为和信投资中心的合伙人，必须遵守《北京和信恒轩投资中心(有限合伙)合伙协议》。该合伙协议中约定，有限合伙人不执行有限合伙事务，不得对外代表有限合伙。有限合伙人在执行事务合伙人怠于行使权利时，有权为了本企业的利益以自己的名义提起诉讼。据此，解艳玲等人不能代表和信投资中心，也无权代替和信资本公司执行合伙事务,其与瑞智公司签订的抵债协议,超越了合伙协议赋予的权限。焦建等人为合伙企业的利益以自己名义提起诉讼,才是符合合伙协议约定和法律规定的维权方式,才能平等保护全体合伙人的共同利益。综上所述,一审判决认定事实清楚,适用法律正确,二审法院判决驳回上诉,维持原判。

三、裁判要旨

合伙企业或执行事务合伙人在债权到期后,一直没有通过诉讼或仲裁方式向债务人主张债权,即为执行事务合伙人怠于行使权利。执行事务合伙人超越执行事务合伙人权限、违背执行事务合伙人职责、违背合伙协议约定的行为不能证明其没有怠于行使权利。执行事务合伙人怠于行使权利时,有限合伙人可以督促其行使权利或者为了本企业的利益以自己的名义提起诉讼。

四、案例来源

1. 案例索引

【案件名称】焦建、刘强等与安徽瑞智房地产开发有限公司金融借款合同纠纷案

【审理法院】最高人民法院

【案号】(2016)最高法民终756号

【审理程序】二审

2. 关联案例

广东省广州市中级人民法院在“辛军、广州国际采购中心有限公司民间借贷纠纷案”[(2017)粤01民终3847号]中认为,本案二审的争议焦点为辛军是否有权行使代位权的问题。根据《合同法》第73条规定,因债务人怠于行使其到期债权,对债权人造成损害的,债权人可以向人民法院请求以自己的名义代位行使债务人的债权,但该债权专属于债务人自身的除外。辛军主张其对广州凯德铂瑞企业存在债权,缺乏事实依据,一审法院认为其无权据此主张行使代位权正确,本院予以维持。根据《合伙企业法》第68条第2款第7项的规定以及《广州凯德铂瑞投资合伙企业(有限合伙)之有限合伙协议》第4.1条“有限合伙人”的约定,有限合伙人在普通合伙人怠于行使权利时,有权督促其行使权利或者为了有限合伙企业的利益以自己的名义提起诉讼。本案中,辛军认为普通合伙人上海清科公司怠于行使权利,故以自己名义提起本案诉讼,但其诉请要求广州国采公司向其偿还借款本息,以及要求对拍卖、变卖广州环博公司的抵押物的价款

优先受偿,并非为了有限合伙企业的利益,而是出于保护其自身的投资利益的目的,不符合《合伙企业法》第68条第2款第7项的规定,故一审法院驳回其诉请正确,二审法院予以维持。

五、案例评析

有限合伙人的派生诉讼须以合伙企业利益为目的,不能仅以自己利益为目的。派生诉讼的目的是通过赋予有限合伙人直接提起诉讼的权利,以保护有限合伙企业的利益,并非保护有限合伙人的个人投资利益,即通过诉讼所确定的利益应归于合伙企业。本案中,焦建、刘强、李春红的诉讼请求是判令瑞智公司向和信投资中心归还贷款本息,并没有要求将胜诉利益归于自己。正因为有限合伙人是为了合伙企业利益才提起派生诉讼的,所以,《合伙企业法》未对提起诉讼的有限合伙人的出资份额作出限制,只规定了一个前提条件——“执行事务合伙人怠于行使权利”,这一前提条件实际上还规定了有限合伙人提起派生诉讼之前,需要先敦促执行事务合伙人行使权力,相当于规定了前置程序。但这种规定还比较笼统,这使在实践中有限合伙人能否行使该权利、如何行使权利存在较大的裁量空间。本节关联案例提供了一个反例,辛军本符合提起派生诉讼的条件,但由于其诉请要求债务人向其偿还借款本息,以及要求对拍卖、变卖债务人抵押物的价款优先受偿,显示出其并非为了有限合伙企业的利益,而是出于保护其自身的投资利益的目的,因此,法院认为辛军不再符合提起派生诉讼的条件,对其诉请不予支持。《合伙企业法》对有限合伙人的派生诉讼的权利加了“为了本企业的利益”这一前置条件,既有利于有限合伙人维护投资权益,又区分了有限合伙人对合伙企业的债权或可期待债权和合伙企业对债务人的债权,对厘清有限合伙人、合伙企业、债务人三方关系是有益的。

六、案例启示

1.私募基金有限合伙人提起派生诉讼时,只能要求胜诉利益归属于合伙企业而不能归于其个人

有限合伙人派生诉讼的胜诉利益应该归属于合伙企业,而非有限合伙人自己,这与股东派生诉讼的法理相同。派生诉讼的目的是维护整个合伙企业的利益,而非某个有限合伙人自身的利益。在许多案例中,原本有权提起派生诉讼的有限合伙人,因为提出了不恰当的诉讼请求,要求将胜诉利益绕过合伙企业直接

归于自己,导致该请求无法得到法院的支持而面临败诉的风险。有限合伙人在私募基金投资项目失败的情况下,急于收回己方所投资金的迫切心情是可以理解的,但在实际维权的过程中,应该保持冷静与理性。当有限合伙人能够积极提起派生诉讼时,大多数情况下有限合伙人对合伙企业的债权尚未到期,此时只能通过诉请债务人清偿对合伙企业的债务,将胜诉利益归属于合伙企业,才能间接地维护有限合伙人自己的利益。

2. 私募基金有限合伙人可将派生诉讼与债权人代位权相结合,直接挽回投资损失

私募基金有限合伙人在投资项目失败,执行事务合伙人不履行职责或失联的情况下,可以提起派生诉讼维护自身权益。虽然根据法律规定,有限合伙人可以自己名义直接对合伙企业的债务人提出派生诉讼,但实际上有限合伙人提起派生诉讼的情况却并不普遍,其原因在于派生诉讼的前提条件之一是"为了本企业的利益",而胜诉利益也归属于合伙企业。因此,有限合伙人难以直接通过派生诉讼收回投资,甚至可能出现收回的资金被执行事务合伙人卷走的情况,这导致有限合伙人提起派生诉讼的积极性不高。如果有限合伙人对合伙企业拥有合法的、明确的到期债权,那么可以通过将派生诉讼与债权人代位权相结合的方式,直接挽回投资损失。因为合伙企业对债务人享有到期债权,有限合伙人对合伙企业享有到期债权,债权人代位权行使条件成就,有限合伙人提起派生诉讼的同时,将合伙企业列为被告之一,可以诉请合伙企业的债务人直接向该有限合伙人清偿,直接挽回损失,避免胜诉利益二次分配的问题。

七、相关法规

《合伙企业法》

第六十八条 有限合伙人不执行合伙事务,不得对外代表有限合伙企业。

有限合伙人的下列行为,不视为执行合伙事务:

(一)参与决定普通合伙人入伙、退伙;

(二)对企业的经营管理提出建议;

(三)参与选择承办有限合伙企业审计业务的会计师事务所;

(四)获取经审计的有限合伙企业财务会计报告;

(五)对涉及自身利益的情况,查阅有限合伙企业财务会计账簿等财务资料;

(六)在有限合伙企业中的利益受到侵害时,向有责任的合伙人主张权利或

者提起诉讼；

（七）执行事务合伙人怠于行使权利时，督促其行使权利或者为了本企业的利益以自己的名义提起诉讼；

（八）依法为本企业提供担保。

《公司法》

第一百五十一条　董事、高级管理人员有本法第一百四十九条规定的情形的，有限责任公司的股东、股份有限公司连续一百八十日以上单独或者合计持有公司百分之一以上股份的股东，可以书面请求监事会或者不设监事会的有限责任公司的监事向人民法院提起诉讼；监事有本法第一百四十九条规定的情形的，前述股东可以书面请求董事会或者不设董事会的有限责任公司的执行董事向人民法院提起诉讼。

监事会、不设监事会的有限责任公司的监事，或者董事会、执行董事收到前款规定的股东书面请求后拒绝提起诉讼，或者自收到请求之日起三十日内未提起诉讼，或者情况紧急、不立即提起诉讼将会使公司利益受到难以弥补的损害的，前款规定的股东有权为了公司的利益以自己的名义直接向人民法院提起诉讼。

他人侵犯公司合法权益，给公司造成损失的，本条第一款规定的股东可以依照前两款的规定向人民法院提起诉讼。

《信托法》

第二十二条　受托人违反信托目的处分信托财产或者因违背管理职责、处理信托事务不当致使信托财产受到损失的，委托人有权申请人民法院撤销该处分行为，并有权要求受托人恢复信托财产的原状或者予以赔偿；该信托财产的受让人明知是违反信托目的而接受该财产的，应当予以返还或者予以赔偿。

前款规定的申请权，自委托人知道或者应当知道撤销原因之日起一年内不行使的，归于消灭。

第三节　有限合伙人提出派生诉讼时应证明执行事务合伙人怠于行使权利

一、案例简介

1. 事实经过

2013年5月21日，信瑞（北京）股权投资基金管理有限公司（以下简称信瑞基金)(甲方)、信达投资有限公司(以下简称信达投资)(乙方)、河南省金博大开发建设总公司(以下简称金博大公司)(丙方)签订《入伙协议》,主要约定:“……第一条　甲方同意接纳乙方、丙方加入石家庄融实投资中心(以下简称融实投资),成为合伙企业的有限合伙人……第三条　乙方、丙方签署本协议即视为乙方、丙方同意《合伙协议》有关约定,并接受《合伙协议》的约束。第四条　乙方承诺向合伙企业认缴出资2亿元……第七条　合伙企业的投资期限为两年,自各合伙人首次实缴资金之日起计算……”

同日,信瑞基金、信达投资、金博大公司签订《合伙协议》,主要约定:“……有限合伙的名称为融实投资……认缴出资的有限合伙人预期年化收益率为13%……信瑞基金作为受托管理人对外代表企业……本合伙企业的投资期限为两年……本合伙企业所有投资的企业,仅限于河北融投担保集团有限公司(以下简称融投担保)同意提供资金和收益担保的企业……每个有限合伙人的出资,投资期限届满自投资款及收益到达合伙企业账户至向全体合伙人分配完毕期间,按照同期银行活期存款利率计算利息,税后归该有限合伙人所有,会同当期投资收益一起分配给该有限合伙人……”

2013年5月21日,融投担保向信达投资出具《担保函》,主要约定:“……我公司承诺为贵公司取得《入伙协议》及《和合伙协议》约定的2亿元认缴投资额返还及年化13%的投资收益提供连带责任保证。保证期限为《入伙协议》约定的资金使用期限届满之日起两年……”

2013年5月24日,信达投资向融实投资转账2亿元。融实投资认可依据《入伙协议》《合伙协议》,对信达投资的欠款为本金2亿元,截止到2015年5月20日的投资收益10,688,888.9元,以及2015年5月21日起,按照年13%利率计至实际支付之日止的投资收益,其他当事人对上述欠款数额和计算方式未提异议。

2013年5月28日,融实投资(委托人)、兴业银行股份有限公司石家庄分行(以下简称兴业石家庄分行)(贷款人)、河北融投置业有限公司(以下简称融投置业)(借款人)签订编号为兴银(石)委借字第20号委贷合同,约定融实投资委托兴业石家庄分行向融投置业发放贷款2.5亿元,借款期限2年,自2013年5月28日至2015年5月28日,借款利率为固定利率,即执行年利率13%,并约定,融投置业未按期还款且又未就展期事宜达成协议的,即借款逾期,融实投资有权对逾期的借款计收罚息,罚息利率为借款利率上浮50%。对未按时支付的利息,融实投资有权按合同约定的借款逾期罚息利率计收复利。同时,20号委贷合同约定,融投置业违反合同约定导致融实投资需采取实现债权措施的,由融投置业承担相应实现债权的费用。

在合同履行过程中及借款到期后,融投置业并未依约偿还全部借款本金及相应利息。兴业石家庄分行、融实投资、信瑞基金亦怠于向融投置业主张相应权利。同时,《合伙协议》约定的投资期限已届满,但融实投资、信瑞基金未给付信达投资投资款和投资收益,融投担保亦未承担其相应的担保责任。

此前,融投置业已将20号委贷合同项下的债务全部偿还完毕,但融投置业、兴业石家庄分行、融实投资三方又于2013年6月7日签订了兴银(石)委借字第130027号《委托贷款借款合同》(以下简称27号委贷合同)。27号委贷合同除贷款期限为2013年6月7日至2015年6月7日外,其他内容均与20号委贷合同相同。27号委贷合同签订后,融实投资依约通过兴业石家庄分行向融投置业发放了借款2.5亿元。借款到期后,融实投资、信瑞基金亦怠于向融投置业主张相应权利。

信达投资诉请判令融投置业偿还信达投资投资于融实投资的借款本金2亿元及其利息、罚息、复利,融投担保对此承担连带保证担保责任,并将行使代位权的合同依据,由20号委贷合同变更为27号委贷合同。

融投置业辩称,融投置业与信达投资在本案中无直接利害关系。信达投资要求退伙、返还本金及收益,不符合法律规定。信达投资当庭增加了27号委贷合同,融投置业认为27号委贷合同是另一个借款事实,与本案没有关系。

兴业石家庄分行辩称,信达投资并非委贷合同的当事人,不具备起诉兴业石家庄分行的主体资格。20号委贷合同已履行完毕,融投置业已还款完毕。根据20号委贷合同的约定,兴业石家庄分行不承担任何风险,不具有催收义务,不承担包括诉讼费在内的任何费用。另外关于信达投资当庭的变更,属于对事实的颠覆性变更,应该另案起诉。

2. 核心争议

信达投资是否为本案适格原告,即信达投资能否要求融投置业直接向信达投资归还欠款;融投担保是否应当就融实投资对信达投资的欠款本金及13%/年的预期收益承担连带保证责任。

3. 交易结构图

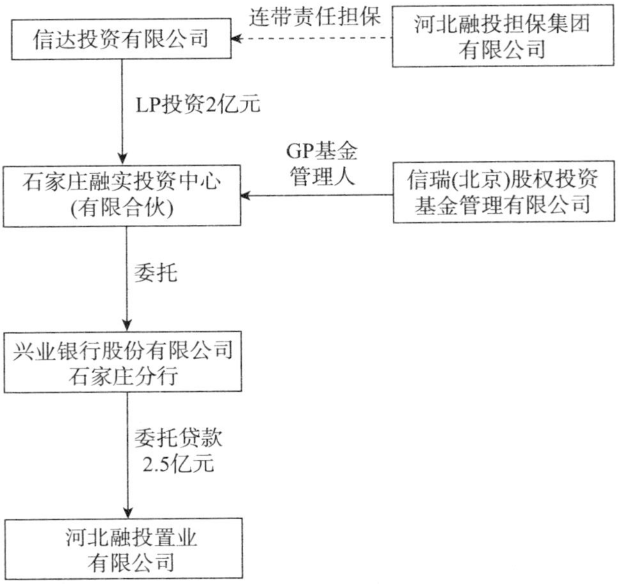

图 5-3　交易结构图

二、裁判结果

河北省高级人民法院认为,信达投资基于《入伙协议》《合伙协议》要求融实投资返还本金并支付收益,其诉讼请求具有法律和合同依据。信达投资要求融投置业向其直接还款的依据为融实投资、信瑞基金未及时向融投置业主张债权,因此需要审查的是融实投资对融投置业是否存在合法、到期的债权,不应仅审查20号委贷合同项下的贷款是否归还。经查,融实投资对融投置业享有27号合同项下的合法到期债权(本金2.5亿元及相应利息、复利、罚息)。融实投资、信瑞基金主张向融投置业发出过催款函,并认为在未经合伙人授权的情况下,不能对融投置业提起诉讼。但是,信达投资、金博大公司早就提起本案诉讼,融实投资、信瑞基金在当时对上述合伙人的诉讼态度应当系明知的,且发出催款函并不等同于法律规定主张权利的方式,即提起诉讼或仲裁。因此,本院对融实投资、信瑞基金的上述主张不予支持。同时,融实投资表示已无其他财产可用于归还对信达投资的债务。故,融实投资、信瑞基金怠于向融投置业主张27号委贷合同项下欠款的行为,已对信达投资的合法利益造成侵害。信达投资要求融投置业直接向信达投资归还欠款并要求融实投资承担本案诉讼费的主张,符合《合同法》第73条关于债权人行使代位权的规定。《担保函》足以证明融投担保应当对融实投资对信达投资的欠款承担连带保证责任。一审法院判决融投置业向信达投资给付本金2亿元及投资收益、利息收益，融投担保对此承担连带保证责任。

三、裁判要旨

《合同法》第73条第1款规定："因债务人怠于行使其到期债权，对债权人造成损害的，债权人可以向人民法院请求以自己的名义代位行使债务人的债权，但该债权专属于债务人自身的除外。"在有限合伙人已经对私募基金债务人提起诉讼的前提下，作为私募基金管理人的执行事务合伙人仅向债务人发出过催款函而没有提起诉讼或仲裁，可以认定为怠于行使权利，有限合伙人可以提起代位权之诉或提出派生诉讼。

四、案例来源

1. 案例索引

【案件名称】信达投资有限公司与河北融投置业有限公司、兴业银行股份有限公司石家庄分行等合伙协议纠纷、债权人代位权纠纷案

【审理法院】河北省高级人民法院

【案号】(2015)冀民二初字第19号

【审理程序】一审

2. 关联案例

深圳前海合作区人民法院在"王远臣与梅州利贞实业有限公司、深圳市朗聚光电科技有限公司、王晖、王松、黄华、梅州望江楼大酒店等合同纠纷案"[(2016)粤0391民初55号]中认为，管辖权是对诉权的保障，如原告方的诉权缺乏依据，管辖权则成无源之水、无本之木，亦缺乏依据。原告方称为有限合伙人，《合伙企业法》第68条规定："有限合伙人不执行合伙事务，不得对外代表有限合伙企业。有限合伙人的下列行为，不视为执行合伙事务……(七)执行事务合伙人怠于行使权利时，督促其行使权利或者为了本企业的利益以自己的名义提起诉讼……"故原告方如作为有限合伙人为了本企业的利益以自己的名义提起诉讼，其应提交证据证明执行事务合伙人怠于行使权利的前置条件。本案另一种可能的解决方式是审查原告方诉权的有无，以决定是否驳回起诉。但为更有利于纠纷的解决，以处理管辖权争议为宜。结合案件其他事实，本院裁定如下：梅州利贞实业有限公司对案件管辖权提出的管辖异议成立，(2015)深前法

涉外初字第599号、(2016)粤0391民初42－60号案件移送广州市中级人民法院处理。

五、案例评析

按照《合伙企业法》第68条第2款第7项的规定,“执行事务合伙人怠于行使权利时,督促其行使权利或者为了本企业的利益以自己的名义提起诉讼”不视为执行合伙事务。也就是说,有限合伙企业的有限合伙人以该规定为依据提起派生诉讼的前提是“执行事务合伙人怠于行使权利”,有限合伙人应对此承担举证责任,以证明执行事务合伙人怠于行使权利,其具有提出派生诉讼权利。若是有限合伙人不能举证证明这一点,其诉权又缺乏其他支持,法院可以裁定驳回起诉。一旦涉及举证,就需要讨论证明标准的问题,即有限合伙人的证据证明到何种程度才能说明执行事务合伙人怠于行使权利呢?通常来说,有限合伙人需要证明曾经多次催告执行事务合伙人积极主张履行到期债权,这种积极主张在大多数判例中表现为执行事务合伙人必须提起诉讼或仲裁,否则执行事务合伙人即便曾经发函催收债务,也属于没有采取实质措施履行职责,属于怠于行使权利,本案即属于此种情形。有时候证明标准可以相对放宽,这需要法院结合案件事实加以判断。在某些情形下,有限合伙人甚至不需要举证,例如,执行事务合伙人的实际运作者被公安机关拘留,相关投资团队离职,执行事务合伙人在客观上无法履行职责。该客观事实原被告双方均无异议,法院可以直接认定此种情形下有限合伙人有权提起派生诉讼。有些案例中,债务人会以有限合伙人没有诉权为由提出抗辩,因此,有限合伙人举证证明执行事务合伙人怠于行使权利,不仅是向法院证明自己的诉权,也是向债务人证明其有权利代替合伙企业向债务人主张债权。《合伙企业法》第68条第2款第7项的规定引申出的有限合伙人的举证责任,避免了有限合伙人随意越过合伙企业提起诉讼,有利于节约司法资源,敦促民事主体自行化解纠纷。

六、案例启示

1. 有限合伙人提出派生诉讼时,应提供执行事务合伙人怠于行使权利的证据

有限合伙人在认为合伙企业的权利被侵犯且执行事务合伙人怠于行使权利时,有权利督促执行事务合伙人行使权利,甚至是直接以自己的名义提出派生诉讼,但有限合伙人需要举证证明执行事务合伙人确实怠于行使权利。因此,有限合伙人在提起派生诉讼前应当为诉讼程序做好充分的准备,其中就包括通过发

函的书面形式催告执行事务合伙人行使权利。如果执行事务合伙人对函件没有回应或者回应之后没有采取实质行动，此函件就可以作为未来证明其怠于行使权利的证据使用，以免有限合伙人在将来的诉讼程序中面临诉权被否定导致无法维权的处境。从《合伙企业法》第68条第2款第7项可以推导出执行事务合伙人怠于行使权利的证明标准，即有限合伙人证明自己曾经督促执行事务合伙人行使权利，而执行事务合伙人未通过提起诉讼或仲裁的有效方式行使权利即可。有限合伙人举证时，应当给出催告执行事务合伙人行使权利的证据，至于执行事务合伙人在接到催告后曾以有效方式行使权利，则属于执行事务合伙人对此抗辩时应当举证证明的事实。

2. 执行事务合伙人应当及时回应有限合伙人的诉求，勤勉尽责执行合伙事务

有限合伙制私募基金相关法律法规和行业规范都规定了执行事务合伙人应当勤勉尽职执行合伙事务。执行事务合伙人及时回应有限合伙人的诉求是执行事务合伙人勤勉尽职的应有之义，不仅有利于保障有限合伙人知情权的实现，还可以维系投资者对执行事务合伙人的信任，维持私募基金的稳定性，实现良性治理和健康发展。虽然有限合伙人不直接执行合伙事务，但对合伙企业的经营管理，有限合伙人仍拥有监督权和建议权，尤其是有限合伙人认为其投资利益可能受损的情况下，执行事务合伙人对其诉求的及时回应就显得尤为重要。执行事务合伙人应按照法律规定和合同约定勤勉尽责，不进行有损私募基金利益的关联交易，不开展与私募基金利益相冲突的业务，在私募基金利益受损或发生投资纠纷时，应及时采取有效措施，对债务人或责任人及时提起诉讼或仲裁，以维护合伙企业的权益，避免因履职不当承担赔偿责任。

七、相关法规

《合伙企业法》

第六十八条 有限合伙人不执行合伙事务，不得对外代表有限合伙企业。

有限合伙人的下列行为，不视为执行合伙事务：

（一）参与决定普通合伙人入伙、退伙；

（二）对企业的经营管理提出建议；

（三）参与选择承办有限合伙企业审计业务的会计师事务所；

（四）获取经审计的有限合伙企业财务会计报告；

（五）对涉及自身利益的情况，查阅有限合伙企业财务会计账簿等财务资料；

（六）在有限合伙企业中的利益受到侵害时，向有责任的合伙人主张权利或者提起诉讼；

（七）执行事务合伙人怠于行使权利时，督促其行使权利或者为了本企业的利益以自己的名义提起诉讼；

（八）依法为本企业提供担保。

《公司法》

第一百五十一条 董事、高级管理人员有本法第一百四十九条规定的情形的，有限责任公司的股东、股份有限公司连续一百八十日以上单独或者合计持有公司百分之一以上股份的股东，可以书面请求监事会或者不设监事会的有限责任公司的监事向人民法院提起诉讼；监事有本法第一百四十九条规定的情形的，前述股东可以书面请求董事会或者不设董事会的有限责任公司的执行董事向人民法院提起诉讼。

监事会、不设监事会的有限责任公司的监事，或者董事会、执行董事收到前款规定的股东书面请求后拒绝提起诉讼，或者自收到请求之日起三十日内未提起诉讼，或者情况紧急、不立即提起诉讼将会使公司利益受到难以弥补的损害的，前款规定的股东有权为了公司的利益以自己的名义直接向人民法院提起诉讼。

他人侵犯公司合法权益，给公司造成损失的，本条第一款规定的股东可以依照前两款的规定向人民法院提起诉讼。

《合同法》

第七十三条 因债务人怠于行使其到期债权，对债权人造成损害的，债权人可以向人民法院请求以自己的名义代位行使债务人的债权，但该债权专属于债务人自身的除外。

代位权的行使范围以债权人的债权为限。债权人行使代位权的必要费用，由债务人负担。

《民事诉讼法》

第六十四条 当事人对自己提出的主张，有责任提供证据。

当事人及其诉讼代理人因客观原因不能自行收集的证据，或者人民法院认为审理案件需要的证据，人民法院应当调查收集。

人民法院应当按照法定程序，全面地、客观地审查核实证据。

最高人民法院《关于适用〈中华人民共和国民事诉讼法〉的解释》

第九十条 当事人对自己提出的诉讼请求所依据的事实或者反驳对方诉讼

请求所依据的事实,应当提供证据加以证明,但法律另有规定的除外。

在作出判决前,当事人未能提供证据或者证据不足以证明其事实主张的,由负有举证证明责任的当事人承担不利的后果。

第二章　第三人对投资者所作的保底条款纠纷

第一节　第三人对投资者投资本息承担差额补足的承诺函合法有效

一、案例简介

1. 事实经过

2014年8月8日，原告俞培泓作为资产投资人，第三人上海庸恳资产管理有限公司（以下简称庸恳公司）作为管理人，案外人国信证券股份有限公司作为托管人，共同签署《庸恳高傅量化1号基金基金合同》，原告认购庸恳公司发行、国信证券股份有限公司托管的庸恳高傅量化一号基金300万元。2014年8月26日，上述各方再次签署了《庸恳高傅量化1号基金基金合同》，认购上述基金700万元。庸恳公司出具基金份额确认函，确认截止到2014年9月1日原告认购基金总金额为1000万元。2015年3月，被告上海浙嘉投资有限公司（以下简称浙嘉公司）出具《承诺函》，约定本《承诺函》为持有《庸恳高傅量化一号基金》基金产品到期的俞培泓的利益而订立，在符合本《承诺函》的规定下，承诺人和受益人可有效地享有本《承诺函》的利益。（1）如受益人持有该产品从正式成立之日起至到期日的年化收益率低于10%的，承诺人同意无条件地予以补足前述差额部分。（2）当发生下列情形时，承诺人不承担上述补足责任：①受益人在该产品到期前全部或部分赎回资金的；②受益人在该产品到期前更换基金管理人或投资顾问的。（3）如受益人持有该产品从正式成立之日起至到期日止的年化收益率高于10%的，受益人应当支付超出10%收益部分的80%给承诺人。……2015年10月20日，第三人庸恳公司发出《庸恳高傅量化1号基金清算公告》，确定庸恳公司发行、国信证券股份有限公司托管的庸恳高傅量化1号基金成立时间为2014年9月1日，基金期限为无固定期限，经与产品托管机构国信证券股份有限公司确认，本基金于2015年10月20日终止并进入清算程序，该基金将按照合同的约定完成资产清算。2015年10月26日，第三人庸恳公司作为管理人，案外人国信证券股份有限公司作为托管人出具了《庸恳高傅量化1号基金清算报告》。依据该报告，项目初始委托资产本金为21,909,900元，委托资产运作起始日为2014年9月1日，合同终止日为2015年10月22日，首次清算结束日为2015年10月22日，利润总和为－4,686,042.81元，可划付给委托人的总额为28,467,357.19元。2015年10月27日，原告账户汇入8,558,332.90元清算款项。2015年10月30日，原告委托广东中信致诚律师事务所张涛律师向被告浙嘉公司发送律师函，要求被告依据《承诺函》补足差额2,441,667.10元，但未获解决。

原告俞培泓诉至法院，要求法院判令：被告浙嘉公司立即向原告俞培泓支付投资补偿款人民币2,441,667.10元及从起诉之日起至实际付清日止的利息（利息按中国人民银行同期贷款利息标准计算）。

浙嘉公司辩称，被告浙嘉公司对原告俞培泓所提供的承诺书的真实性存疑，被告与原告之间从未见过面，也没有采用电话、短信等联系过，本案中浙嘉公司不应当承担支付投资补偿款的责任。本案系担保合同纠纷，但是本案中没有主债务人或主债务，本案的主债务明显违反了《私募投资基金监督管理暂行办法》第15条的规定。本案的主债务本身并不存在，被告也不承担担保责任。根据《担保法》的规定，担保合同是主合同的从合同，主合同无效的，担保合同也应当无效，担保合同无效的，应按过错承担责任，但浙嘉公司并无过错，故浙嘉公司无需承担责任。本案中根据《承诺函》，浙嘉公司承担担保责任的前提是没有更换投资顾问，但是本案的投资顾问更换，且依据《承诺函》，即使被告应当承担担保责任，所承担的也只是保收益的责任，而并非保本，保本与保收益是明显不同的两个概念。此外，本案的第三人庸恳公司应该是本案的被告，而并非第三人。本案是担保合同纠纷，庸恳公司作为债务人，应该依法一并加入本案。

审理中，浙嘉公司对于《承诺函》真实性有异议，对其上加盖的浙嘉公司印章不能确认，但经法院释明，浙嘉公司未提出鉴定申请，并于庭后提供书面回复意见，称《承诺函》上的公章及签名章极有可能系由庸恳公司相关人员利用被告浙嘉公司公章管理不善而私自加盖，但浙嘉公司对此未提供证据。

2. 核心争议

浙嘉公司出具的对俞培泓投资庸恳高傅量化1号基金投资予以补足差额部分的《承诺函》是否有效。

3. 交易结构图

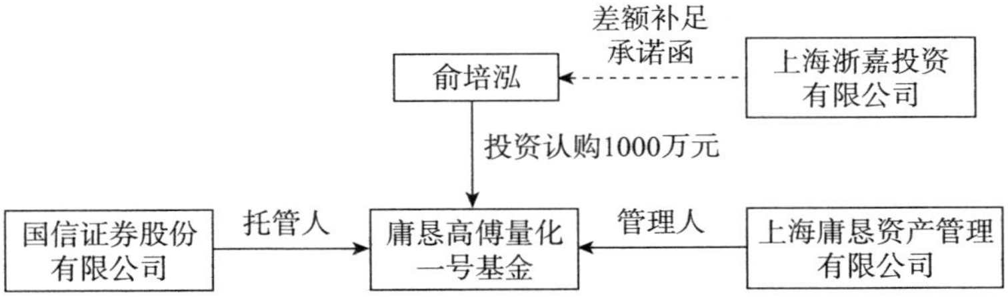

图5－4　交易结构图

二、裁判结果

上海市浦东新区人民法院认为，当事人应当按照约定全面履行自己的义务。依据最高人民法院《关于适用〈中华人民共和国担保法〉若干问题的解释》第22条第1款，第三人单方以书面形式向债权人出具担保书，债权人接受且未提出异议的，保证合同成立。本案中，被告以《承诺函》的形式同意无条件地予以补足差额部分，被告虽对《承诺函》真实性不予认可，但经本院释明后被告未对印章提出鉴定申请，本院对该《承诺函》的真实性予以确认。被告辩称该《承诺函》违反《私募投资基金监督管理暂行办法》第15条而无效，本院认为依据《合同法》第52条第5项，违反法律、行政法规的强制性规定的合同无效。本案被告所称的该暂行办法的性质为部门规章，并非法律、行政法规，且第15条为管理性规定而非效力性强制性规定，该条也仅规定私募基金管理人、私募基金销售机构不得向投资者承诺投资本金不受损失或者承诺最低收益，并未限定第三人为之提供担保，故该《承诺函》具有法律效力，对于被告的此项辩称本院不予采信。依据该《承诺函》第1条，如受益人持有该产品从正式成立之日起至到期日的年化收益率低于10%的，承诺人同意无条件地予以补足前述差额部分。对于“差额部分”的理解，结合文义及整个《承诺函》，应当指的是本金及年化10%的收益。现经清算，原告所取得的收益低于10%，原告有权要求被告补足该差额。被告对此又辩称依据《承诺函》第2条，受益人在该产品到期前更换基金管理人或投资顾问的，被告不承担上述补足责任。但从本案证据看，原告并无更换基金管理人或投资顾问的行为，即便第三人庸恳公司有变更投资顾问的行为，也不能影响原告要求被告依据《承诺函》承担上述责任，故对被告的此项辩称，法院亦不予采信。经核算，原告所主张的差额2,441,667.10元，未超出依据《承诺函》年化收益10%的标准所计算得出的数额，法院应当予以支持。关于原告主张的从起诉之日起至实际付清日止按中国人民银行同期贷款利息标准计算的利息，双方在《承诺函》中并未作约定，被告不同意支付，法院认为，原告因被告拒不履行义务而导致的违约损失是客观存在的，依据《合同法》第113条，当事人一方不履行合同义务给对方造成损失的，损失赔偿额应当相当于因违约造成的损失，考虑到本案的具体情况，法院认为可以按中国人民银行同期存款利息标准计算。第三人庸恳公司经本院合法传唤后未到庭参加诉讼，视为对其诉讼权利的放弃，不影响本案的审理。法院据此判决被告浙嘉公司于本判决生效之日起10日内向原告俞培泓支付投资补偿款人民币2,441,667.10元及以该钱款为基数从2015年11月26日起至实际付清日止的利息（利息按中国人民银行同期存款利息标准计算）。

三、裁判要旨

《私募投资基金监督管理暂行办法》的性质为部门规章，并非法律、行政法规，且该办法第15条为管理性规定而非效力性强制性规定，该条也仅规定私募基金管理人、私募基金销售机构不得向投资者承诺投资本金不受损失或者承诺最低收益，并未限制第三人为之提供担保，故第三人出具的对私募基金投资者投资本息承担差额补足的承诺函，具有法律效力。

四、案例来源

1.案例索引

【案件名称】俞培泓与上海浙嘉投资有限公司保证合同纠纷案

【审理法院】上海市浦东新区人民法院

【案号】（2015）浦民一（民）初字第43690号

【审理程序】一审

2.关联案例

浙江省杭州市滨江区人民法院在“任伟杰与杭州天衡晟投资有限公司合同纠纷案”[（2017）浙0108民初6552号]中认为，关于被告抗辩承诺内容违反了《私募投资基金监督管理暂行办法》第15条的规定而无效，法院认为，违反上述规定的行为应当由监管机关依法给予处罚,但被告作出的承诺具有民事效力,被告应当履行其承诺,扣除原告已收到的95,575.25元,被告尚应向原告支付1,554,424.75元。本案被告抗辩的诉讼时效应自2015年7月13日起算,但由于《承诺函》未明确支付时间,且被告提出原告在起诉前未向其主张过债权,故被告的抗辩主张缺乏事实及法律依据。对于原告要求被告支付利息的诉讼请求,由于《承诺函》未约定支付时间,故法院仅支持原告自起诉日起按年利率6%计算的利息损失。

五、案例评析

第三人提供差额补足是私募基金投资领域常见的增信方式,包括差额补足协议、差额补足承诺函、差额补足条款等形式,通常安排是第三人为投资者的投资本金或投资收益或投资本息提供差额补足。对于差额补足条款的法律性质,理论与实务界形成了比较统一的看法,即通常认为差额补足条款不是法定担保方式,其法律性质需要结合差额补足条款的具体内容及安排来判断,实践中的差额补足条款的法律性质大致包括保证式的差额补足、债务加入式的差额补足、赠与式差额补足、安慰函式的差额补足或构成无名合同。本案中,法院虽未明确差额补足承诺函的法律性质,但从案由"保证合同纠纷"来看,法院倾向于将其认定为保证式的差额补足,符合《担保法》第6条"本法所称保证,是指保证人和债权人约定,当债务人不履行债务时,保证人按照约定履行债务或者承担责任的行为"的规定。关于第三人出具的差额补足承诺函的法律效力,法院认为《私募投资基金监督管理暂行办法》的性质为部门规章,并非法律、行政法规,不应作为确定合同效力的依据,且《私募投资基金监督管理暂行办法》第15条"私募基金管理人、私募基金销售机构不得向投资者承诺投资本金不受损失或者承诺最低收益"为管理性规定而非效力性强制性规定,法院据此确认了第三人出具差额补足承诺函的法律效力。

六、案例启示

1. 第三人对私募基金投资者的投资本息的差额补足行为不违反法律强制性规定

在法律层面,《证券投资基金法》第103条规定:"基金投资顾问机构及其从业人员提供基金投资顾问服务,应当具有合理的依据,对其服务能力和经营业绩进行如实陈述,不得以任何方式承诺或者保证投资收益,不得损害服务对象的合法权益。"但该规定适用对象是"基金投资顾问机构及其从业人员"，并未限制或禁止私募基金管理人或第三人对投资者承诺或保证投资收益，而《私募投资基金监督管理暂行办法》本身属于部门规章，根据最高人民法院《关于适用〈中华人民共和国合同法〉若干问题的解释（一）》第4条"合同法实施以后，人民法院确认合同无效，应当以全国人大及其常委会制定的法律和国务院制定的行政法规为依据；不得以地方性法规、行政规章为依据"之规定，不能作为判断合同有效与否的依据；同理，虽然《关于规范金融机构资产管理业务的指导意见》禁止明股实债、打破刚性兑付，但该规定的法律性质仍属于部门规章性质，亦不能作为人民法院认定合同无效的依据。此外，第三人对投资者的投资本息承担差额补足，属于商事主体之间对其权利义务的处分行为，并未直接损害国家利益和社会公共利益，据此分析，第三人对私募基金投资者的投资本息的差额补足行为不违反法律强制性规定，应合法有效。

2. 投资者应关注第三人提供差额补足的风险

虽然第三人提供的差额补足在私募行业甚至是资管领域普遍存在，并且有不少司法案例肯定了差额补足的法律效力，但投资者仍应关注采取这种方式存在的合规风险。第三人提供的差额补足或流动性支持或者保证担保，均系外部保底安排，其自身的合法性并无太大问题，因为目前在法律、行政法规层面未对该种方式作出明令禁止，更多的是在部门规章、自律性监管层面的规定。但这种形式的外部保底安排，与内部保底安排一样，其实质均是将私募基金的投资风险承担由投资者或基金财产转嫁予他人（第三方或基金管理人），与私募基金坚持"买者自负、风险自担"的基本原则背道而驰，尤其是在2018年4月《关于规范金融机构资产管理业务的指导意见》颁布以后，国家监管层面强调资管产品应回归资产管理业务"受人之托、代客理财"的本源，要求打破刚性兑付，强调投资风险自担。在当前金融监管形势发生重大变化的情况下，我们认为不排除审判风向发生转变的可能性。2017年8月4日最高人民法院印发的《关于进一步加强金融审判工作的若干意见》（法发〔2017〕22号）指出，"以金融服务实体经济为价值本源，依法审理各类金融案件。对于能够实际降低交易成本，实现普惠金融，合法合规的金融交易模式依法予以保护。对以金融创新为名掩盖金融风险、规避金融监管、进行制度套利的金融违规行为，要以其实际构成的法律关系确定其效力和各方的权利义务"。此外，法院是否可能以《合同法》第52条第4项之"损害社会公共利益"为由否定合同效力亦不无可能，根据《关于规范金融机构资产管理业务的指导意见》，我们认为不排除此风险之存在。

七、相关法规

《合同法》

第五十二条 有下列情形之一的，合同无效：

（一）一方以欺诈、胁迫的手段订立合同，损害国家利益；

（二）恶意串通，损害国家、集体或者第三人利益；

（三）以合法形式掩盖非法目的；

（四）损害社会公共利益；

（五）违反法律、行政法规的强制性规定。

第六十条 当事人应当按照约定全面履行自己的义务。

当事人应当遵循诚实信用原则，根据合同的性质、目的和交易习惯履行通知、协助、保密等义务。

第一百一十三条 当事人一方不履行合同义务或者履行合同义务不符合约定，给对方造成损失的，损失赔偿额应当相当于因违约所造成的损失，包括合同履行后可以获得的利益，但不得超过违反合同一方订立合同时预见到或者应当预见到的因违反合同可能造成的损失。

经营者对消费者提供商品或者服务有欺诈行为的，依照《中华人民共和国消费者权益保护法》的规定承担损害赔偿责任。

最高人民法院《关于适用〈中华人民共和国担保法〉若干问题的解释》

第二十二条 第三人单方以书面形式向债权人出具担保书，债权人接受且未提出异议的，保证合同成立。

主合同中虽然没有保证条款，但是，保证人在主合同上以保证人的身份签字或者盖章的，保证合同成立。

《私募投资基金监督管理暂行办法》（证监会令第105号）

第十五条 私募基金管理人、私募基金销售机构不得向投资者承诺投资本金不受损失或者承诺最低收益。

《关于进一步加强金融审判工作的若干意见》的通知（法发〔2017〕22号）

1．遵循金融规律，依法审理金融案件。以金融服务实体经济为价值本源，依法审理各类金融案件。对于能够实际降低交易成本，实现普惠金融，合法合规的金融交易模式依法予以保护。对以金融创新为名掩盖金融风险、规避金融监管、进行制度套利的金融违规行为，要以其实际构成的法律关系确定其效力和各方的权利义务。对于以金融创新名义非法吸收公众存款或者集资诈骗，构成犯罪的,依法追究刑事责任。

4. 规范和促进直接服务实体经济的融资方式,拓宽金融对接实体经济的渠道。依法保护融资租赁、保理等金融资本与实体经济相结合的融资模式,支持和保障金融资本服务实体经济。对名为融资租赁合同、保理合同,实为借款合同的,应当按照实际构成的借款合同关系确定各方的权利义务,防范当事人以预扣租金、保证金等方式变相抬高实体经济融资成本。

《私募投资基金募集行为管理办法》

第二条第二款　在中国证券投资基金业协会(以下简称中国基金业协会)办理私募基金管理人登记的机构可以自行募集其设立的私募基金,在中国证监会注册取得基金销售业务资格并已成为中国基金业协会会员的机构(以下简称基金销售机构)可以受私募基金管理人的委托募集私募基金。其他任何机构和个人不得从事私募基金的募集活动。

《证券期货经营机构私募资产管理业务运作管理暂行规定》

第四条　证券期货经营机构设立结构化资产管理计划,不得违背利益共享、风险共担、风险与收益相匹配的原则,不得存在以下情形:

(一)直接或者间接对优先级份额认购者提供保本保收益安排,包括但不限于在结构化资产管理计划合同中约定计提优先级份额收益、提前终止罚息、劣后级或第三方机构差额补足优先级收益、计提风险保证金补足优先级收益等;

(二)未对结构化资产管理计划劣后级份额认购者的身份及风险承担能力进行充分适当的尽职调查;

(三)未在资产管理合同中充分披露和揭示结构化设计及相应风险情况、收益分配情况、风控措施等信息;

(四)股票类、混合类结构化资产管理计划的杠杆倍数超过1倍,固定收益类结构化资产管理计划的杠杆倍数超过3倍,其他类结构化资产管理计划的杠杆倍数超过2倍;

(五)通过穿透核查结构化资产管理计划投资标的,结构化资产管理计划嵌套投资其他结构化金融产品劣后级份额;

(六)结构化资产管理计划名称中未包含"结构化"或"分级"字样;

(七)结构化资产管理计划的总资产占净资产的比例超过140%,非结构化集合资产管理计划("一对多")的总资产占净资产的比例超过200%。

《关于规范金融机构资产管理业务的指导意见》

资产管理业务是金融机构的表外业务,金融机构开展资产管理业务时不得承诺保本保收益。出现兑付困难时,金融机构不得以任何形式垫资兑付。金融机构不得在表内开展资产管理业务。

第二节　第三人对投资者本息承担连带保证担保协议合法有效

一、案例简介

1. 事实经过

2014 年 7 月 10 日,鲁商联盟(北京)投资基金管理有限公司作为普通合伙人与鲍玉葵作为有限合伙人签署编号为 LSBY2014(商业)第 LS1－1[000140B]号《北京鲁商宝赢投资中心(有限合伙)合伙协议》(以下简称《合伙协议》),约定:本企业为合伙企业,是全体合伙人根据协议自愿组成的共同经营体;合伙企业名称为北京鲁商宝赢投资中心(有限合伙),普通合伙人为鲁商联盟(北京)投资基金管理有限公司,执行事务合伙人为鲁商联盟(北京)投资基金管理有限公司,本协议任何条款不得视为对有限合伙人给予任何形式的固定回报之承诺。本协议及其任何附件不构成有限合伙企业、普通合伙人、管理人及其各自的关联方就有限合伙企业经营绩效向任何有限合伙人作出的任何保证。全体合伙人认缴出资人民币 2000 万元(以实际募集金额为准),由普通合伙人鲁商联盟(北京)投资基金管理有限公司、有限合伙人联合发起设立,全体合伙人共同组成。有限合伙人应在有限合伙人签署本协议之日或普通合伙人通知其付款之日实际缴付出资,各有限合伙人的出资均由各有限合伙人按照其认缴出资额的 100%缴付。基金预期收益为:20 万元≤认购金额＜50 万元,第一年 10%/年,第二年 12%/年,有限合伙人对本基金认购金额为人民币 20 万元,预期年化收益率为 10%,基金自成立之日起 6 个月后进行首次收益分配,分配比例为有限合伙认购金额所对应的年化收益率的 50%,即 5%,基金投资期届满后,分配比例为有限合伙人认购金额所对应的年化收益率的 50%,即 5%,同时返还有限合伙投资本金 20 万元,如分配后仍有盈余部分,由普通合伙人享有。有限合伙企业在本协议第三章约定的存续期满时,合伙人可以退伙并给予相应的收益回报,有限合伙企业存续期满清算时,合伙人按照实现的收益率获得收益回报。有限合伙人认购本基金资金到帐后的次日为基金起息日,基金工商登记完成之日为基金成立日,基金起息日与成立日期间为募集期,募集期不超过 10 个自然日的,募集期内收益按同期银行活期利率计算,募集期超过 10 个自然日的,募集期内收益计算公式如下:收益 = 本金 ×10 + 本金 × 预期年化收益率 ×(募集期 - 10);收益回报起始日以基金成立日为开始进行计算;每6个月分红一次,首次分红为基金成立之日起6个月的最后一个自然日(如当日非工作日则顺延到下一个工作日)。资金本金就剩余收益返还日为基金成立之日起12月的最后一个自然日(如当日非工作日则顺延到下一个工作日),基金清算日相关规定参见本协议第十九章等。

同日,鲍玉葵签署了《北京鲁商宝赢投资中心(有限合伙)风险声明书》,载明:鲁商联盟(北京)投资基金管理有限公司作为基金的普通合伙人及管理人,在此郑重声明:(1)……(2)不承诺保本和最低风险,投资具有一定的风险,适合风险承受能力较强的合伙人;(3)投资人作为基金的有限合伙人,以争议认缴的出资额为限对基金债务承担责任,普通合伙人对基金债务承担无限连带责任;(4)在签署投资文件前,您应当仔细阅读本申明书及相关的投资文件,谨慎作出是否签署投资文件的决定,您签署了本申明书则表明您已认真阅读并理解所有的投资文件,并愿意依法承担相应的投资风险。鲍玉葵同时签署的文件还包括《北京鲁商宝赢投资中心(有限合伙)私募备忘录》《北京鲁商宝赢投资中心(有限合伙)入伙申请书》。

2017年7月10日,张雅婷向鲍玉葵出具《个人担保承诺》,今张雅婷(身份证×××)对鲍玉葵于2014年7月20日签订北京鲁商宝赢投资中心(有限合伙)合伙协议予以承担无限连带责任,合伙协议编号:LSBY2014(商业)第LS1-1[000140C]号,共计投资金额200,000元,贰拾万元整。到期结束日前保证其资金安全,本期产品半年付息,年化收益10%,一年期,其中有8%即16,000元(壹万陆仟元整)在7月18日之前打入鲍玉葵账户,作为购买产品补贴。双方在庭审中确认,《个人担保承诺》编号与《合伙协议》的编号的差异系笔误造成,上述个人承诺担保函系针对LSBY2014(商业)第LS1-1[000140B]《合伙协议》作出。

2014年7月10日,鲍玉葵向北京鲁商宝赢投资中心(有限合伙)账户付款20万元。双方确认针对涉案合同鲍玉葵未取得收益。鲍玉葵诉至法院要求张雅婷清偿投资本金20万元并且按照年利率10%的标准支付自2014年7月10日至实际还款日的收益。

张雅婷答辩称:本案作为担保合同纠纷案件具有特殊性,在于张雅婷作为担保的主合同,都属于涉嫌犯罪,目前正在刑事审判阶段。主合同已经不属于民事案件,作为担保合同也不应由民事法律调整,张雅婷认为按照《民事诉讼法》相关规定,本案应该属于人民法院不予受理的情形。关于担保责任的问题,张雅婷认为本案中担保合同作为从合同,主合同已经违反法律法规强制性规定,主合同的效力已经属于无效合同,作为担保合同本身也属无效,担保人不应该为违法犯罪的合同进行担保,应属于无效。因为基金管理人鲁商联盟(北京)投资基金管理有限公司已经涉刑集资诈骗,被刑事立案,而鲍玉葵已经以受害人的身份向北京市朝阳区公安局报案并立案,以后可能涉及对投资人的赔偿,鲍玉葵已经按照刑事案件主张自己权利,同时在接下来财产分配中也有可能获得清偿,在这种情况下不应当由张雅婷来承担担保责任。从鲍玉葵提交证据看,张雅婷在本案中也属于投资人,也不清楚公司在做集资诈骗,张雅婷在本案中即使签订个人担保函,自身并无过错。鲍玉葵与投资企业签订的协议是合伙协议,签订该协议之后是作为合伙企业的合伙人,具备合伙人身份,按照《合伙企业法》的相关规定,自主经营自担风险,其地位类似于股东身份,张雅婷向合伙企业合伙人承担责任、对合伙企业经营进行担保是不符合《合伙企业法》规定的。

2. 核心争议

张雅婷向鲍玉葵出具《个人担保承诺》是否合法有效。

3. 交易结构图

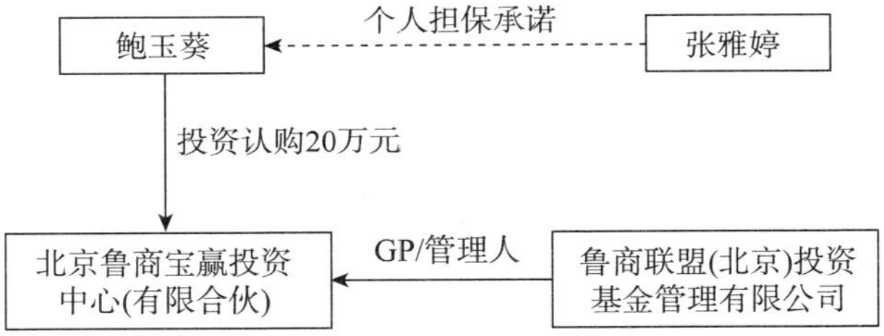

图 5-5　交易结构图

二、裁判结果

一审法院北京市朝阳区人民法院认为,鲍玉葵作为有限合伙人与普通合伙人鲁商联盟(北京)投资基金管理有限公司签订《合伙协议》,虽鲁商联盟(北京)投资基金管理有限公司相关行为可能会涉嫌非法吸收公众存款罪,但该罪名规制的是市场准入资格而非合同行为本身,属于管理性强制性规定而非效力性强制性规定;鲍玉葵作为投资人签订该协议的真实意思亦非与鲁商联盟(北京)投资基金管理有限公司共同实施违法犯罪行为,故该协议不违反法律、行政法规的强制性规定,应属合法有效。张雅婷自愿对鲍玉葵上述合同下的本金收益出具

《个人担保承诺》，其与鲍玉葵之间构成保证合同法律关系。

张雅婷针对涉案的《合伙协议》向鲍玉葵出具《个人担保承诺》，该担保函作为上述《合伙协议》的从合同，明确约定张雅婷的保证责任性质为连带保证责任，同时对于保证范围作出了明确的规定。虽然涉案的合同约定为合伙协议，但协议中对于鲍玉葵按月取得利息及返还本金的权利作出了明确约定，张雅婷亦在担保函中对投资期间的收益和到期返本作出了承诺，因此该《合伙协议》的性质不影响张雅婷保证责任的承担。依据我国《担保法》的规定，连带责任保证的债务人在主合同规定的债务履行期届满没有履行债务的，债权人可以要求债务人履行债务，也可以要求保证人在其保证范围内承担保证责任。本案中，由于主债务人未能按约定支付收益，故鲍玉葵有权向连带保证责任人张雅婷主张权利，故法院对于鲍玉葵主张的返还本金及支付利息收益的请求予以支持。依据我国《合同法》的规定，当事人一方不履行合同义务或者履行合同义务不符合约定的，应当承担继续履行、采取补救措施或赔偿损失等违约责任。北京鲁商宝赢投资中心（有限合伙）作为有限合伙企业在合同期满后未按约定返还本金并支付收益，鲍玉葵有权要求其按照协议约定的年化收益率继续支付利息，故张雅婷亦应当就此部分利息承担连带保证责任。需要指出的是，在张雅婷向鲍玉葵履行了付款责任后，鲍玉葵不能再向主债务人重复主张，张雅婷应在其付款范围内向主债务人追偿。法院据此判决张雅婷于判决生效之日起10日内偿还鲍玉葵本金20万元；张雅婷于判决生效之日起10日内支付鲍玉葵收益。如果未按判决指定的期间履行给付金钱义务，应当依照《民事诉讼法》第253条之规定，加倍支付迟延履行期间的债务利息。

二审法院北京市第三中级人民法院认为，张雅婷自愿对鲍玉葵上述合同下的本金收益出具《个人担保承诺》系双方真实意思表示，亦不违反法律、行政法规强制性规定，其与鲍玉葵之间构成保证合同法律关系，张雅婷应当按约承担保证责任。张雅婷主张《合伙协议》无效，《个人担保承诺》无效缺乏法律依据，法院不予采纳。《个人担保承诺》明确约定张雅婷的保证责任性质为连带保证责任，同时对于保证范围作出了明确的规定。本案中，由于主债务人北京鲁商宝赢投资中心（有限合伙）未能按约定支付收益，在合同期满后亦未按约返还本金并支付收益，鲍玉葵有权要求北京鲁商宝赢投资中心（有限合伙）返还本金及按照约定的收益支付利息，并且就合同到期后继续按照合同约定支付利息。根据《个人担保承诺》，鲍玉葵请求张雅婷对上述债务承担连带保证责任，于法有据，法院予以支持。需要指出的是，在张雅婷向鲍玉葵履行了付款责任后，鲍玉葵不能再向主债务人重复主张，张雅婷应在其付款范围内向主债务人追偿。

三、裁判要旨

第三人自愿对投资者在私募基金投资协议项下的本金收益出具担保承诺，系双方真实意思表示，亦不违反法律、行政法规强制性规定，其与投资者之间构成保证合同法律关系，第三人应当按约承担保证责任。

四、案例来源

1. 案例索引

【案件名称】张雅婷与鲍玉葵保证合同纠纷案

【审理法院】北京市第三中级人民法院

【案号】(2017)京03民终13952号

【审理程序】二审

2. 关联案例

河北省高级人民法院在“山西出版传媒集团有限公司与邯郸猎人行生态休闲度假有限公司保证合同纠纷案”[(2015)冀民二初字第13号]中认为，资亿盛通在与出版公司合伙期间，按期向出版公司支付了《资亿基金合伙协议》约定的11%的预期收益。但在《资亿基金合伙协议》到期后，资亿盛通未向出版公司返还投资款本金1亿元，并向出版公司出具了《致歉函》和《承诺函》。猎人行公司向出版公司出具的《协议履约担保函》约定保证金额为“主协议约定的协议总价款加约定逾期收益率11%”，保证方式为无限连带保证，期限为“自该协议生效之日起至主协议约定的日期结束后一年内”，即2015年9月23日。出版公司发现猎人行公司已无人经营后，于2015年5月25日向本院提起诉讼，本院向猎人行公司公告送达的到期时间为2015年9月20日。法院认为，出版公司起诉和人民法院依程序进行公告送达的行为，能够起到对猎人行公司的告知作用。故，猎人行公司应按照《协议履约担保函》的约定，向出版公司承担连带保证责任，向出版公司偿还投资本金1亿元。

北京市第一中级人民法院在“杨卓舒、卓达房地产集团有限公司等与汪萍合同纠纷案”[(2017)京01民终5812号]中认为，汪萍与弘信汇融中心、中投弘信公司签订《合伙协议》以及卓达集团公司、杨卓舒分别出具的《连带保证承诺函》《个人无限连带保证责任承诺函》，系各方当事人的真实意思表示，且未违反法律、行政法规的效力性禁止性规定，应属有效，各方当事人均应依约履行各自合同义务。卓达集团公司签章确认的在案《连带保证承诺函》系针对涉案《合伙协议》出具，根据该《连带保证承诺函》中载明的内容，卓达集团公司承诺的担保范围不仅包括合伙企业的投资本金、预期收益，还包括合伙人的投资本金、预期收益。据此，卓达集团公司关于汪萍与弘信汇融中心之间实为民间借贷关系，其承诺担保的事项仅针对合伙企业弘信汇融中心的资金安全，而不包括《合伙协议》中列明的合伙企业投资人汪萍的投资本金及收益的上诉主张，与其出具的《连带保证承诺函》中明确载明的内容不符，不能成为卓达集团公司不履行担保承诺的理由。由此，对其上诉请求本院不予支持。卓达集团公司理应履行其担保承诺，对一审判决确定的弘信汇融中心对汪萍所负债务承担连带保证责任。

五、案例评析

第三人对私募基金投资者收回投资本息承担保证担保，是私募基金投资领域一种比较典型的增信措施，因内部增信方式存在较大合规风险已经为监管机构所明令禁止，因此由私募基金投资者、管理人或投资顾问以外的第三人对某一投资者的投资本金和投资收益承担连带保证或一般保证担保。本案中的第三人张雅婷通过出具《个人担保承诺》的方式，对投资者鲍玉葵投资北京鲁商宝赢投资中心（有限合伙）的本金及收益承担连带责任保证，因该《个人担保承诺》在形式及实质上均已经满足最高人民法院《关于适用〈中华人民共和国担保法〉若干问题的解释》（法释〔2000〕44 号）第 22 条第 1 款“第三人单方以书面形式向债权人出具担保书，债权人接受且未提出异议的，保证合同成立”的规定，因此，法院认定该《个人担保承诺》约定的责任系连带责任保证担保。同时，虽然基金管理人鲁商联盟（北京）投资基金管理有限公司相关行为可能会涉嫌非法吸收公众存款罪，但管理人涉嫌犯罪行为与本案所涉法律事实不同，不影响张雅婷与鲍玉葵之间的保证合同的法律效力。法院最终认为，在没有相反证据推翻的情况下，应认定签订该协议是双方的真实意思表示，有关承担保证责任、偿付资本金等内容不违反国家法律、法规的强制性规定，应属合法有效，对双方具有约束力。

六、案例启示

1. 第三人对私募基金投资者的投资本息提供保证担保应原则上合法有效

根据最高人民法院《关于适用〈中华人民共和国合同法〉若干问题的解释（一）》第 4 条“合同法实施以后，人民法院确认合同无效，应当以全国人大及其常委会制定的法律和国务院制定的行政法规为依据，不得以地方性法规、行政规章为依据”之规定，判断合同是否有效的依据是法律、行政法规，不能以部门规章等行政规章、自律性规范作为确认合同无效的依据。基于上述，在现阶段法律、行政法规的框架下，并未对基金管理人、基金投资顾问机构及其从业人员以外的保底条款存在禁止性规定，而《私募投资基金监督管理暂行办法》《关于规范金融机构资产管理业务的指导意见》以及中国基金业协会发布的自律性规定虽然有限制或禁止明股实债的规定，但受其法律位阶限制，不能作为人民法院认定合同无效的依据。正是基于此逻辑，本案及关联案例中，法院对第三人提供的投资本息保证担保的法律效力均予以了认可。我们亦认为，在司法审判理念不发生重大调整的情况下，案例中的保证担保应原则合法有效，可以作为投资者投资私募基金的增信方式。

2. 第三人对投资者投资本息提供保证担保存在合规风险

私募基金的运作除受法律、行政法规的规范，还受中国证监会、中国基金业协会的合规监管。因此，某些对投资者投资本息的增信方式即使不会被法院认定为违反强制性规定而无效，但也可能违反监管机构制定的相关监管规定，存在合规风险，应承担相应的行政责任。如《私募投资基金监督管理暂行办法》第 15 条规定，“私募基金管理人、私募基金销售机构不得向投资者承诺投资本金不受损失或者承诺最低收益”，《私募投资基金募集行为管理办法》第 24 条规定，“募集机构及其从业人员推介私募基金时，禁止有以下行为：……（三）以任何方式承诺投资者资金不受损失，或者以任何方式承诺投资者最低收益，包括宣传‘预期收益’、‘预计收益’、‘预测投资业绩’等相关内容……”《关于规范金融机构资产管理业务的指导意见》规定，“资产管理业务是金融机构的表外业务，金融机构开展资产管理业务时不得承诺保本保收益。出现兑付困难时，金融机构不得以任何形式垫资兑付”。如果私募基金、私募基金销售机构或投资顾问等在私募基金中采用固定收益与保底条款，有可能受到监管部门的处罚，而且监管部门也的确已对违反上述规定的私募基金管理人或普通合伙人采取自律监管措施，或处以行政处罚。为避免合规风险，私募基金管理人、私募基金销售机构应避免各种形式的承诺固定收益与保底条款，包括提供由第三方出具增信的保底条款。作为投资人，应做到风险自担，做好尽职调查和自身风险管理，不能仅以存在保底条款而作出投资的决策，否则可能会落得赢了官司输了钱、竹篮打水一场空的境地。

七、相关法规

《合同法》

第六十条　当事人应当按照约定全面履行自己的义务。

当事人应当遵循诚实信用原则，根据合同的性质、目的和交易习惯履行通知、协助、保密等义务。

《担保法》

第十八条　当事人在保证合同中约定保证人与债务人对债务承担连带责任的，为连带责任保证。

连带责任保证的债务人在主合同规定的债务履行期届满没有履行债务的，债权人可以要求债务人履行债务，也可以要求保证人在其保证范围内承担保证责任。

最高人民法院《关于适用〈中华人民共和国担保法〉若干问题的解释》

第二十二条　第三人单方以书面形式向债权人出具担保书，债权人接受且未提出异议的，保证合同成立。

主合同中虽然没有保证条款，但是，保证人在主合同上以保证人的身份签字或者盖章的，保证合同成立。

《私募投资基金监督管理暂行办法》

第十五条　私募基金管理人、私募基金销售机构不得向投资者承诺投资本金不受损失或者承诺最低收益。

《私募投资基金募集行为管理办法》

第二条第二款　在中国证券投资基金业协会(以下简称中国基金业协会)办理私募基金管理人登记的机构可以自行募集其设立的私募基金，在中国证监会注册取得基金销售业务资格并已成为中国基金业协会会员的机构(以下简称基金销售机构)可以受私募基金管理人的委托募集私募基金。其他任何机构和个人不得从事私募基金的募集活动。

《证券期货经营机构私募资产管理业务运作管理暂行规定》

第四条　证券期货经营机构设立结构化资产管理计划，不得违背利益共享、风险共担、风险与收益相匹配的原则，不得存在以下情形：

(一)直接或者间接对优先级份额认购者提供保本保收益安排，包括但不限于在结构化资产管理计划合同中约定计提优先级份额收益、提前终止罚息、劣后级或第三方机构差额补足优先级收益、计提风险保证金补足优先级收益等；

(二)未对结构化资产管理计划劣后级份额认购者的身份及风险承担能力

进行充分适当的尽职调查；

（三）未在资产管理合同中充分披露和揭示结构化设计及相应风险情况、收益分配情况、风控措施等信息；

（四）股票类、混合类结构化资产管理计划的杠杆倍数超过1倍，固定收益类结构化资产管理计划的杠杆倍数超过3倍，其他类结构化资产管理计划的杠杆倍数超过2倍；

（五）通过穿透核查结构化资产管理计划投资标的，结构化资产管理计划嵌套投资其他结构化金融产品劣后级份额；

（六）结构化资产管理计划名称中未包含"结构化"或"分级"字样；

（七）结构化资产管理计划的总资产占净资产的比例超过140%，非结构化集合资产管理计划（即"一对多"）的总资产占净资产的比例超过200%。

《关于规范金融机构资产管理业务的指导意见》

资产管理业务是金融机构的表外业务，金融机构开展资产管理业务时不得承诺保本保收益。出现兑付困难时，金融机构不得以任何形式垫资兑付。金融机构不得在表内开展资产管理业务。

第三节　第三人对投资者承诺兑付投资本息行为构成单方允诺债务加入，形成并存的债务承担

一、案例简介

1. 事实经过

北京融信投资公司成立项目投资基金并担任基金管理人，其通过设立北京融信金世资产管理中心（有限合伙）（以下简称融信金世中心）募集资金，直接投资于安徽永顺房地产开发集团有限公司（以下简称安徽永顺集团）用于北辰天都项目的二期开发建设。张瑞清分别于2013年8月23日、2013年8月26日与北京融信投资公司、融信金世中心签订了《A1类入伙协议书》，成为融信金世中心的有限合伙人。双方约定，北京融信投资公司作为该中心的普通合伙人，出资总投资额10%的资金作为劣后资金，按照劣后资金的偿还顺序优先偿还其他有限合伙人的本金及利息；且约定本基金的还款来源为安徽永顺集团的北辰天都项目及公司其他项目的预售和销售收入，当融资方因各方面原因造成无法按时偿还借款本息时，由中元国信信用担保有限公司为投资者本金及收益安全提供无限连带担保责任，为本基金还本付息提供强有力的保证。融信金世中心存续

期间的各年,根据收益情况向合伙人分配收益,每6个月分配一次。上述协议签订后,张瑞清于2013年8月26日通过银行向融信金世中心监管账户两次转账汇款共计200万元。此后,融信金世中心将张瑞清的出资款200万元投入到安徽永顺集团开发的北辰天都二期项目建设中。

2014年10月21日,因上述项目的运作情况不理想,安徽永顺集团、胡国开向张瑞清出具《承诺担保函》,该函载明,安徽永顺集团及胡国开本人现在对融信金世中心(有限合伙)投资人张瑞清作出以下还款承诺及担保:(1)2014年9月2日至2014年10月2日由本金人民币200万元整产生的利息上浮50%为18.75%于2014年10月22日付清;(2)自2014年11月10日起本金支付至少10%,以2014年11月10日为第一个本金还款日,2015年1月10日为第二个本金还款日,2015年3月30日为第三个本金还款日;(3)2015年3月30日之前还清所有本金及利息,包括罚息;(4)自2014年11月10日起每月10日支付上一个月的剩余本金及利息,该利息执行原有利率上浮50%为18.75%(注:银行贷款放款后,优先还清本息);(5)安徽永顺集团及胡国开本人名下所有财产对此还款计划进行担保并承担无限连带责任;(6)以上条款如发生任何一项承诺未能兑现,构成违约。投资人可以在所在居住地法院对承诺人提起诉讼,有权要求安徽永顺集团和胡国开立即支付全部本金及全部收益,并承担投资人因此发生的实现债权的全部费用(包括但不限于差旅费、律师费、诉讼费等)。上述《承诺担保函》的落款处,有安徽永顺集团的印章和胡国开个人签字。

张瑞清自认于2014年3月4日收到融信金世中心汇至的前半年收益128,767.12元,于2014年9月28日收到安徽永顺集团汇至的后半年收益126,027.4元,于2014年10月27日收到安徽永顺集团汇至的利息31,250元,于2014年11月17日收到融信金世中心汇至的利息31,250元及安徽永顺集团支付的基金本金100,000元,于2014年11月20日收到安徽永顺集团支付的基金本金100,000元,于2014年12月10日收到安徽永顺集团法定代表人支付的利息28,125元,于2015年1月16日收到安徽永顺集团支付的利息28,125元,于2015年5月13日收到中元国信风险管理咨询(北京)有限公司代中元国信信用担保有限公司支付的利息20,980元。

在双方约定的还清本息的期限届满后,安徽永顺集团及胡国开未能按时足额支付款项,张瑞清遂提起本案诉讼,要求判令:安徽永顺集团、胡国开退还张瑞清项目投资款1,800,000元及项目投资收益。

2. 核心争议

安徽永顺集团、胡国开是否应向张瑞清支付投资本金 180 万元及相关利息。

3. 交易结构图

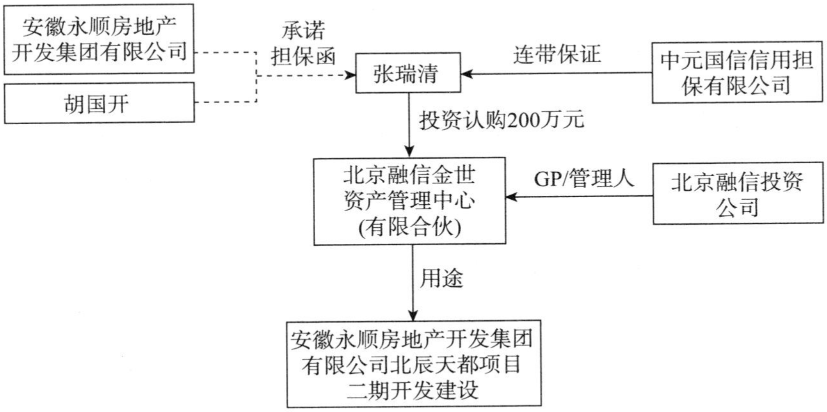

图 5－6　交易结构图

二、裁判结果

一审法院福建省泉州市鲤城区人民法院认为，张瑞清与北京融信投资公司签订《A1 类入伙协议书》，并按照《A1 类入伙协议书》的约定完成了对投资基金的投资行为，故其依约取得了融信金世中心有限合伙人的法律地位。同时，张瑞清有权在约定的投资基金存续期内，享有按约定比例取得预期收益的相应权利。上述投资基金存续期届满后，张瑞清亦有权要求取回其投资本金。双方形成一种投资人通过向融信金世中心缴纳投资，并在一定期限后返还本金获得收益的合同关系，该合同关系并未违反国家法律和行政法规的强制性规定，应属有效。张瑞清实际并不参与融信金世中心的日常经营，仅仅是按照约定的投资期限和预期收益率获取可兑付债权。债是按照合同的约定或者依照法律的规定，在当事人之间产生的特定的权利和义务关系。享有权利的人是债权人，负有义务的人是债务人。债权人有权要求债务人按照合同的约定或者依照法律的规定履行义务。既然融信金世中心按约定需要向张瑞清兑付本金和收益，那么其对张瑞清负有的权利义务特定，构成债务。该等债务合法、确定、有效，无需融信金世中心另行清算分割。另张瑞清曾就该笔债权单独起诉了保证人中元国信信用担保有限公司，该案生效判决支持了张瑞清的诉讼请求，实际也确认了本案债权。融信金世中心在收到张瑞清投资款后，未按期向其返还投资款和相应的收益，已构成违约。因本案基金实际用于安徽永顺集团的项目,安徽永顺集团及胡国开为解决该问题,以《承诺担保函》的形式,承诺向张瑞清兑付本金及利息,应视为安徽永顺集团、胡国开加入到融信金世中心与张瑞清之间所产生的债权债务法律关系中来。所谓债务加入,又称并存式债务承担,系指原债务人并未免除原债务或脱离原债权债务法律关系,而由第三人加入到原债权债务法律关系中来,成为主债务人之一,并与原债务人共同向同一债权人承担债务。第三人单方允诺也可构成债务加入。第三人单方允诺构成的债务加入构成要件主要包括:(1)第三人的允诺行为是单方法律行为;(2)允诺的意思表示有效;(3)允诺内容明确是要加入债权人与债务人的债权债务关系。单方法律行为指基于当事人一方的意思表示就可以发生法律效力的民事法律行为,无需原债务人或债权人同意,安徽永顺集团及胡国开即以书面承诺的形式加入融信金世中心对张瑞清所负债务。而安徽永顺集团及胡国开同时又向张瑞清承诺新的债务清偿期限并提高利息的计算标准,允诺承担包括律师费用在内的张瑞清实现债权的费用,形成新的债务承担内容。安徽永顺集团实际上已数次向张瑞清兑付部分本金、收益和利息,履行了部分债务,后因履行能力问题而未继续履行债务。故张瑞清向法院起诉要求安徽永顺集团、胡国开继续清偿剩余本金及收益(利息),应予支持。但是,债的加入可以是全部加入,也可以是部分加入。安徽永顺集团、胡国开在承诺函中明确了其对于张瑞清投资款及利息于2014年9月2日之后的具体偿还方式,并未涉及张瑞清投资款在2014年9月2日之前投资收益部分的支付,因此关于原告张瑞清针对该部分的诉讼请求,缺乏事实与法律依据,不予支持。除未获清偿的本金外,张瑞清诉讼主张的利息应根据本金的支付时间,分阶段分别计算,但应按安徽永顺集团及胡国开承诺的还款方式及其实际还款情况予以调整,按18.75%的标准计算利息,自2014年9月2日至2014年11月17日,应以借款本金200万元为基数;自2014年11月18日至2014年11月20日,应以借款本金190万元为基数;2014年11月21日至实际给付之日,应以借款本金180万元为基数,并应扣除二被告已支付的利息139,730元。

二审法院福建省泉州市中级人民法院认为,张瑞清与北京融信投资公司签订《A1类入伙协议书》,主体合格,未违反国家法律和行政法规的强制性规定,应认定合法有效。根据《A1类入伙协议书》约定,张瑞清有权在约定的投资基金存续期内,享有按约定比例取得预期收益的相应权利。《A1类入伙协议书》约定:投资基金直接投资于安徽永顺集团用于北辰天都项目的二期开发建设,基金的还款来源为安徽永顺集团的北辰天都项目及公司其他项目的预售和销售收入。融信金世中心在收到张瑞清投资款后,未按期向其返还投资款和相应的收益,已构成违约。安徽永顺集团及胡国开为解决该问题,以《承诺担保函》的形式,向张瑞清承诺新的债务清偿期限并提高利息的计算标准,允诺承担包括律师费用在内的张瑞清实现债权的费用;该意思表示真实,内容合法,应视为安徽永顺集团及胡国开以书面承诺的形式加入融信金世中心对张瑞清所负债务,形成新的债务承担内容。并且,安徽永顺集团实际上已数次向张瑞清兑付部分本金、收益和利息,履行了部分债务。故张瑞清要求安徽永顺集团、胡国开清偿剩余本金及收益(利息),理据充分,二审法院予以支持。上诉人安徽永顺集团及胡国开关于案涉《A1类入伙协议书》无效、两上诉人只应与北京融信中心承担相同的债务以及不应承担律师费的辩解,没有事实和法律依据,法院不予采纳。

三、裁判要旨

第三人自愿承诺加入债权人与债务人之间的债权债务关系中,构成债务加入,第三人成为债务人之一,并应与原债务人共同向同一债权人承担债务。第三人单方允诺构成的债务加入构成要件主要包括:(1)第三人的允诺行为是单方法律行为;(2)允诺的意思表示有效;(3)允诺内容明确是要加入债权人与债务人的债权债务关系。单方法律行为指基于当事人一方的意思表示就可以发生法律效力的民事法律行为,无须原债务人或债权人同意。

四、案例来源

1. 案例索引

【案件名称】安徽永顺房地产开发集团有限公司、胡国开合同纠纷案

【审理法院】福建省泉州市中级人民法院

【案号】(2018)闽05民终2826号

【审理程序】二审

2. 关联案例

广东省广州市中级人民法院在“刘文华、胡红晖民间委托理财合同纠纷案”[(2017)粤01民终16602号]中认为,《会议纪要》第3条第2项约定,“在2015年4月30日前,刘文华老师自己拿出不少于人民币壹仟万元整(¥10,000,000.00元)给文华泰富基金的投资人,按实际投资比例分配”。从该约定来看,刘文华自愿用其个人资金按投资比例分配给相关投资人,故其所作的承诺符合第三方债务加入的特征,在法律性质上属于债的加入。至于《会议纪

要》第4条“从龚坜鉴处追回的所有资金，应第一时间用于支付给刘文华老师的垫付款和参会费及写字楼的租金。多余的款项才可按投资比例分发给投资人”的内容，系刘文华与投资人就从龚坜鉴处所追回资金应如何分配所作的约定，与刘文华债的加入之承诺属于不同的法律关系，且该约定并未否定刘文华在前款约定中关于债的加入之承诺的效力。因此，刘文华如认为其所垫付的资金应得到偿还，可于“从龚坜鉴处追回资金”的条件成就时，另循法律途径解决。刘文华在本案中主张单方撤回承诺缺乏法律依据，法院不予支持。综合上述分析，刘文华承诺向胡红晖按比例支付投资款损失，构成债的加入。刘文华未依约履行，已经构成合同的违约。一审法院根据查明的事实认定刘文华应向胡红晖支付款项的比例及具体金额，并酌情判处刘文华按中国人民银行规定的同期同类贷款基准利率上浮30%标准支付利息并无不当，法院予以维持。

五、案例评析

根据《合同法》第84条“债务人将合同的义务全部或部分转移给第三人的，应当经债权人同意”之规定，债务转移可以是全部转移，也可以是部分转移。在债务全部转移的情况下，原债务人已经脱离了原来的合同关系，而由第三人取代债务人承担合同义务，学界将此称之为免责的债务承担，即指债务人经债权人同意将其债务全部转移给第三人承担，债务人不再承担履行债务的责任。在债务部分转移的情况下，债务人并没有脱离原债权债务关系，而是加入了第三人与债务人共同向债权人承担债务，故学界将此种方式称之为并存的债务承担，即指第三人自愿加入，与债务人共同对债权人履行义务，债务人的责任并未免除。本案中，安徽永顺集团及胡国开单方以《承诺担保函》的形式承诺向张瑞清兑付本金及利息，法院认为，该承诺构成第三人单方允诺的债务加入，即安徽永顺集团及胡国开以书面承诺的形式加入融信金世中心对张瑞清所负债务，并进而对第三人单方允诺构成的债务加入构成要件作了分析。首先，第三人的允诺行为是单方法律行为；其次，允诺的意思表示有效；最后，允诺内容明确是要加入债权人与债务人的债权债务关系。因此可见，投资者既可以要求与第三人签署协议的方式，也可以要求第三人单方出具承诺的方式，对投资本息提供增信；无论是哪种形式，只要第三人明确表示了加入投资者与债务人的债权债务关系之中，即构成并存的债务承担，第三人应当与原债务人共同履行清偿责任。

六、案例启示

1. 投资者在接受第三人出具的兑付投资本息承诺函时应确保其有效性

第三人提供增信的方式具有多样性，其法律性质亦不相同，应根据承诺的具体内容来确定其法律性质及有效性，因具体内容的不同而可能构成保证担保、债务加入、赠与、安慰函或无名合同，并因此对债权人（投资者）的保障力度存在显著差异。对于债务人加入类的承诺文件，需要确保可能被转移承担的债务具有可移转性（如当事人特别约定不能移转的债务以及只能由约定或特定的当事人承担的债务则不具有可转移性），同时文件中需明确债权人同意义务人的债务承担或义务人应承诺无论债权人是否作出认可的意思表示，义务人均确保其债务承担义务的履行，其不履行或履行不符合承诺的，债权人可径行向其主张违约责任。另外需要注意的是，在《关于规范金融机构资产管理业务的指导意见》颁布后，如果第三人出具的增信文件触及"刚兑""保本保息"，或以合法形式掩盖非法目的，那么在民事效力上存在无效的风险，但风险出现概率尚需考察司法实践的态度。

2. 投资者应关注增信方对其增信行为履行内部决策程序的合规性

投资者需要注意的是，虽然第三人出具的兑付投资本息承诺函的法律性质因具体内容而存在差异，但有一点可以明确的是，该承诺函通常不构成法定担保方式，并且第三人热衷于出具单方承诺函而不是签署保证担保函或合同，亦有规避公司内部相关股东会、董事会决议流程或"优化"财务报表的考虑，因为很多单方承诺函仅是双方之间的君子协定或者是抽屉协议，并不会走公司内部决策流程或者出示给会计师。因此，对于作为接收方的投资者而言，需要根据具体情况要求增信方履行必要的内部决策程序，并将董事会或股东会关于增信行为的决议文件提交给投资者，以确保其履行内部决策程序，或必要的信息披露义务，避免增信方藉此不履行相关义务而发生纠纷。

七、相关法规

《合同法》

第八条 依法成立的合同，对当事人具有法律约束力。当事人应当按照约定履行自己的义务，不得擅自变更或者解除合同。

依法成立的合同，受法律保护。

第六十条 当事人应当按照约定全面履行自己的义务。

当事人应当遵循诚实信用原则，根据合同的性质、目的和交易习惯履行通知、协助、保密等义务。

第八十四条　债务人将合同的义务全部或者部分转移给第三人的，应当经债权人同意。

第一百零七条　当事人一方不履行合同义务或者履行合同义务不符合约定的，应当承担继续履行、采取补救措施或者赔偿损失等违约责任。

《私募投资基金监督管理暂行办法》

第十五条　私募基金管理人、私募基金销售机构不得向投资者承诺投资本金不受损失或者承诺最低收益。

《私募投资基金募集行为管理办法》

第二条第二款　在中国证券投资基金业协会（以下简称中国基金业协会）办理私募基金管理人登记的机构可以自行募集其设立的私募基金，在中国证监会注册取得基金销售业务资格并已成为中国基金业协会会员的机构（以下简称基金销售机构）可以受私募基金管理人的委托募集私募基金。其他任何机构和个人不得从事私募基金的募集活动。

《证券期货经营机构私募资产管理业务运作管理暂行规定》

第四条　证券期货经营机构设立结构化资产管理计划，不得违背利益共享、风险共担、风险与收益相匹配的原则，不得存在以下情形：

（一）直接或者间接对优先级份额认购者提供保本保收益安排，包括但不限于在结构化资产管理计划合同中约定计提优先级份额收益、提前终止罚息、劣后级或第三方机构差额补足优先级收益、计提风险保证金补足优先级收益等；

（二）未对结构化资产管理计划劣后级份额认购者的身份及风险承担能力进行充分适当的尽职调查；

（三）未在资产管理合同中充分披露和揭示结构化设计及相应风险情况、收益分配情况、风控措施等信息；

（四）股票类、混合类结构化资产管理计划的杠杆倍数超过 1 倍，固定收益类结构化资产管理计划的杠杆倍数超过 3 倍，其他类结构化资产管理计划的杠杆倍数超过 2 倍；

（五）通过穿透核查结构化资产管理计划投资标的，结构化资产管理计划嵌套投资其他结构化金融产品劣后级份额；

（六）结构化资产管理计划名称中未包含“结构化”或“分级”字样；

（七）结构化资产管理计划的总资产占净资产的比例超过 140%，非结构化集合资产管理计划("一对多")的总资产占净资产的比例超过200%。

《关于规范金融机构资产管理业务的指导意见》

资产管理业务是金融机构的表外业务,金融机构开展资产管理业务时不得承诺保本保收益。出现兑付困难时,金融机构不得以任何形式垫资兑付。金融机构不得在表内开展资产管理业务。

第四节　第三人对投资者收回投资本息承担代偿责任的约定具有法律效力

一、案例简介

1. 事实经过

2014年2月25日,侯兴龙通过王永辉介绍与北京鑫海华盛资产管理中心签订《北京联拓·众汇私募股权投资基金认购合同》,约定侯兴龙作为认购人承诺认缴出资50万元作为有限合伙人加入。同日,侯兴龙与鑫达众汇(北京)投资基金管理有限公司签订《回购协议》,约定:若基金认购协议约定的封闭期结束(一年期),鑫达众汇(北京)投资基金管理有限公司无条件回购侯兴龙持有的权益,双方的成交价格为"认购金额+基金认购"合同中的预期年化收益率9%。双方均认可,回购尚未履行。

侯兴龙、马桂芬、王永辉于2015年7月9日签订协议一份,约定:"因侯兴龙所存伍拾万联拓基金延期,王永辉负责偿还,并将王永辉所存万华融通基金贰拾万元抵押至马桂芬处。伍拾万还回后抵押撤回。协议时间:贰零壹伍年柒月玖日。协议人:王永辉、侯兴龙、马桂芬。"王永辉主张协议并非本人签字。

在本案一审审理过程中,经王永辉申请,该院委托北京天平司法鉴定中心对协议书上的王永辉签字进行笔迹鉴定,该公司2017年10月24日出具的北天司鉴〔2017〕文鉴字第081号《文书鉴定意见书》载明:2015年7月9日协议上三处"王永辉"签名笔迹与样本上王永辉签名笔迹是同一人书写。王永辉预交鉴定费5200元。

侯兴龙、马桂芬向法院起诉请求判令王永辉偿还侯兴龙、马桂芬50万元。

王永辉辩称其仅是侯兴龙购买基金的介绍人,并且其出具的协议书违反了《证券投资基金法》第20条第4项规定的基金不得保底和承诺收益的规定,应属无效合同。

2. 核心争议

侯兴龙、马桂芬与王永辉签订的由王永辉负责偿还侯兴龙投资联拓基金50万元的协议书是否有效。

3. 交易结构图

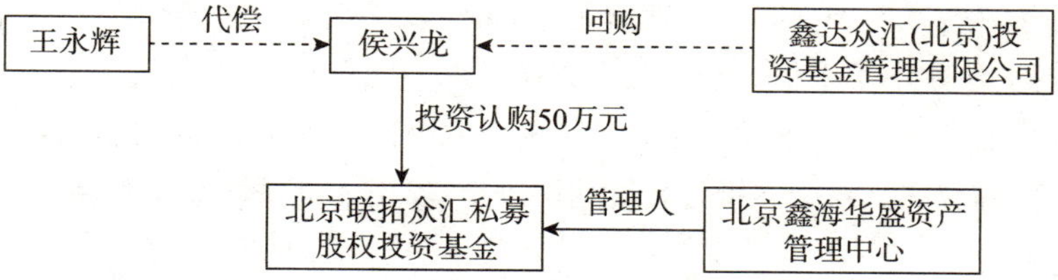

图5-7　交易结构图

二、裁判结果

一审法院北京市丰台区人民法院认为，依法成立的合同，对当事人具有法律约束力。本案中，侯兴龙、马桂芬、王永辉签订的协议系双方真实意思表示，不违反法律法规强制性规定，应为有效，双方均应依照约定履行义务。王永辉承诺"因侯兴龙所存伍拾万联拓基金延期，王永辉负责偿还"，侯兴龙、马桂芬依据协议内容，要求王永辉向侯兴龙、马桂芬支付50万元，于法有据，法院予以支持。王永辉主张协议非其本人签字，根据《文书鉴定意见书》的结论，王永辉该项主张不能成立。双方协议性质并非投资理财合同，王永辉主张协议内容违反关于保底条款的法律规定，法院不予采信。协议签订时，不存在一方利用优势或者对方没有经验的情形，王永辉主张协议内容显失公平，法院不予采信。根据协议内容，协议性质并非债权转让，王永辉主张必须通知债务人的答辩意见，法院不予采信。综上所述，一审法院依照《合同法》第8条、第10条、第60条、《民事诉讼法》第64条之规定，判决：王永辉于判决书生效之日起10日内给付侯兴龙、马桂芬50万元。如果未按判决指定的期间履行给付金钱义务，应当按照《民事诉讼法》第253条之规定，加倍支付迟延履行期间的债务利息。

二审法院北京市第二中级人民法院认为，根据最高人民法院《关于民事诉讼证据的若干规定》第2条规定，当事人对自己提出的诉讼请求所依据的事实或反驳对方诉讼请求所依据的事实有责任提供证据加以证明；没有证据或者证据不足以证明当事人的事实主张的，由负有举证责任的当事人承担不利后果。本案中，王永辉出具的协议中明确载明"因侯兴龙所存伍拾万联拓基金延期，王永辉负责偿还"。王永辉作为完全民事行为能力人，应知道出具该协议的法律后果。王永辉上诉称该协议是在恐吓情况下,非自愿出具,但在其出具该协议后,王永辉未报警,也未向法院申请撤销该协议,亦并未提交任何证据予以证明该协议的出具非其真实意思表示,故对王永辉此上诉理由,法院不予采信。因该协议系王永辉向侯兴龙、马桂芬出具,与第三方无关,故对于王永辉上诉称应追加北京鑫海华盛资产管理中心和鑫达众汇(北京)投资基金管理有限公司无事实和法律依据,法院不予采信。对于王永辉在二审中提交的录音证据,因其未提供该录音的原始载体,且王永辉陈述该录音的形成时间是在出具协议之后,故王永辉在二审中提交的该录音不符合新证据的规定,亦不能证明涉案相关事实,法院不予采信。

三、裁判要旨

第三人对投资者收回投资本息承担代偿责任的协议是双方真实意思表示,不违反法律法规强制性规定,应为有效,双方均应依照约定履行义务。

四、案例来源

1. 案例索引

【案件名称】王永辉与马桂芬等合同纠纷案

【审理法院】北京市第二中级人民法院

【案号】(2018)京 02 民终 2031 号

【审理程序】二审

2. 关联案例

北京市第二中级人民法院在“中誉远发国际建设集团有限公司与程维周、叶志平民间借贷纠纷案”[(2017)京 02 民终 10023 号]中认为,2015 年 8 月 3 日中誉公司、程维周等向叶志平出具承诺函(明确承诺于 2016 年 5 月 26 日前支付叶志平本金 100 万元,且述明款项性质为“乐山基建四期投资项目的回款”),叶志平系依据该承诺函,提起本案诉讼,要求中誉公司、程维周履行承诺函中承诺的义务。虽然承诺函是基于叶志平与鸿誉基金公司的基金合同等法律关系而产生,但中誉公司、程维周在明知其在基金合同项下与叶志平不具有直接的法律关系的情况下,仍然向叶志平出具承诺函,作出直接向叶志平支付本金 100 万元的意思表示,并有支付时间、违约责任等约定条款,明确了叶志平与中誉公司、程维周之间的权利义务,在各方之间形成了新的合同关系。这种新的合同关系已经脱离了原基金合同的法律框架,在性质上属于无名合同。法院确认本案案由为为合同纠纷。该合同系包括中誉公司、程维周在内的各方当事人的真实意思表示，内容亦不违反法律、行政法规的效力性强制性规定，应为合法有效。中誉公司、程维周应当按照承诺函的约定，履行其承诺书项下的义务。叶志平有权依据承诺函，要求中誉公司、程维周承担相应责任。

五、案例评析

代偿协议或代偿承诺函是私募基金领域乃至资管领域一种比较常见的增信方式，通常是由第三人与投资者或债权人签订代偿协议或第三人单方出具代偿承诺函，约定在投资者或债权人未足额收回投资本息的情况下，第三人无条件不可撤销地予以代为履行清偿责任，以保证投资者或债权人按时足额收回投资本息，其法律性质与差额补足协议或差额补足函类似，需要具体结合代偿条款的具体内容及安排来判断。实践中的代偿条款的法律性质大致包括保证担保、债务加入、赠与、无名合同、安慰函等。本案中，因三方签订的代偿协议明确约定了“因侯兴龙所存伍拾万联拓基金延期，王永辉负责偿还”，并且从案由及法院认定来看，法院将代偿协议作为一种无名合同来处理，根据《合同法》的一般原理，当事人之间经平等协商订立的合同，在不违反法律法规强制性规定的情况下，是当事人真实意思表示，认可了王永辉与侯兴龙、马桂芬签订的代偿协议书的法律效力。如果代偿协议（含承诺函）的内容符合《担保法》关于保证的界定，则其法律性质应属于保证担保（详见本书第五编第二章第二节），如代偿协议的条款具有债务加入和并存债务承担的内容，则构成债务加入，如果代偿协议内容明确第三人的代偿系赠与，则该代偿协议构成赠与，如代偿协议仅仅表明第三人承担道义上义务、督促债务人履行债务，则其性质属于安慰函，不具有可诉性，作为接收方的投资者或者债权人需要注意甄别。

六、案例启示

1.投资者在接受第三人代偿时应明确其法律性质及具体义务

由上文可知，第三人提供代偿的法律性质因其具体内容的不同而存在差异，应根据代偿协议的具体内容来确定其法律性质及有效性，可能因具体内容的不同而可能构成保证担保、债务加入、赠与、安慰函或无名合同，并因此对债权人（投资者）的保障力度存在显著差异。所以作为接收方的投资者或债权人应该尽可能要求作为提供方的第三人明确其承担的义务属于哪类性质及具体的义务内容。比如，债权人（投资者）要求代偿义务人承担的是连带保证，那么在协议或义务人的承诺中就应当明确为“连带的清偿责任保证”；而如果是并存的债务承担，则应明确约定“将债务人未偿还部分债务转让予代偿义务人，代偿义务人与债务人一并承担还款义务”，并对代偿的债权债务内容、数额、履行期间、代偿的方式、期限、金额、违约等事项作出详细约定。上述建议只是通常情况下需要注意的事项，具体交易中还需要根据情况分析设计。此外，需要注意的是，在《关于规范金融机构资产管理业务的指导意见》颁布后，如果第三人出具的代偿协议触及“刚兑”“保本保息”，或以合法形式掩盖非法目的，那么在民事效力上存在无效的风险，但风险出现概率尚需考察司法实践的态度。

2. 投资者应关注第三人提供代偿的风险

虽然有司法案例认可此类代偿协议的法律效力，但投资者仍应关注采取这种方式存在的合规风险，无论何种方式的第三人代偿，其实质上均属于对投资者承诺固定收益，将私募基金的投资风险承担由投资者或基金财产转嫁予他人（第三方或基金管理人），显然属于明基实贷、明股实债的一种，与私募基金坚持“买者自负、风险自担”的基本原则背道而驰，中国基金业协会的相关规定已经命令禁止私募基金管理人、投资顾问为投资者提供此类保障。2018 年 4 月《关于规范金融机构资产管理业务的指导意见》颁布以后，国家监管层面强调资管产品应回归资产管理业务“受人之托、代客理财”的本源，要求打破刚性兑付，强调投资风险自担。在当前金融监管形势发生重大变化的情况下，不排除审判风向发生转变的可能性。2017 年 8 月 4 日最高人民法院印发的《关于进一步加强金融审判工作的若干意见》指出，“以金融服务实体经济为价值本源，依法审理各类金融案件。对于能够实际降低交易成本，实现普惠金融，合法合规的金融交易模式依法予以保护。对以金融创新为名掩盖金融风险、规避金融监管、进行制度套利的金融违规行为，要以其实际构成的法律关系确定其效力和各方的权利义务”。此外，法院是否可能以《合同法》第 52 条第 4 项之“损害社会公共利益”为由否定此类代偿协议效力亦不无可能，根据前述审判指导意见，我们认为不排除此风险之存在。

七、相关法规

《合同法》

第八条 依法成立的合同，对当事人具有法律约束力。当事人应当按照约定履行自己的义务，不得擅自变更或者解除合同。

依法成立的合同，受法律保护。

第十条　当事人订立合同,有书面形式、口头形式和其他形式。

法律、行政法规规定采用书面形式的,应当采用书面形式。当事人约定采用书面形式的,应当采用书面形式。

第六十条　当事人应当按照约定全面履行自己的义务。

当事人应当遵循诚实信用原则,根据合同的性质、目的和交易习惯履行通知、协助、保密等义务。

第一百零七条　当事人一方不履行合同义务或者履行合同义务不符合约定的,应当承担继续履行、采取补救措施或者赔偿损失等违约责任。

最高人民法院《关于适用〈中华人民共和国担保法〉若干问题的解释》

第二十二条　第三人单方以书面形式向债权人出具担保书,债权人接受且未提出异议的,保证合同成立。

主合同中虽然没有保证条款,但是,保证人在主合同上以保证人的身份签字或者盖章的,保证合同成立。

《私募投资基金监督管理暂行办法》(证监会令第105号)

第十五条　私募基金管理人、私募基金销售机构不得向投资者承诺投资本金不受损失或者承诺最低收益。

《私募投资基金募集行为管理办法》

第二条第二款　在中国证券投资基金业协会(以下简称中国基金业协会)办理私募基金管理人登记的机构可以自行募集其设立的私募基金,在中国证监会注册取得基金销售业务资格并已成为中国基金业协会会员的机构(以下简称基金销售机构)可以受私募基金管理人的委托募集私募基金。其他任何机构和个人不得从事私募基金的募集活动。

《证券期货经营机构私募资产管理业务运作管理暂行规定》

第四条　证券期货经营机构设立结构化资产管理计划,不得违背利益共享、风险共担、风险与收益相匹配的原则,不得存在以下情形:

(一)直接或者间接对优先级份额认购者提供保本保收益安排,包括但不限于在结构化资产管理计划合同中约定计提优先级份额收益、提前终止罚息、劣后级或第三方机构差额补足优先级收益、计提风险保证金补足优先级收益等;

(二)未对结构化资产管理计划劣后级份额认购者的身份及风险承担能力进行充分适当的尽职调查;

(三)未在资产管理合同中充分披露和揭示结构化设计及相应风险情况、收益分配情况、风控措施等信息;

（四）股票类、混合类结构化资产管理计划的杠杆倍数超过1倍，固定收益类结构化资产管理计划的杠杆倍数超过3倍，其他类结构化资产管理计划的杠杆倍数超过2倍；

（五）通过穿透核查结构化资产管理计划投资标的，结构化资产管理计划嵌套投资其他结构化金融产品劣后级份额；

（六）结构化资产管理计划名称中未包含“结构化”或“分级”字样；

（七）结构化资产管理计划的总资产占净资产的比例超过140%，非结构化集合资产管理计划（“一对多”）的总资产占净资产的比例超过200%。

《关于规范金融机构资产管理业务的指导意见》

资产管理业务是金融机构的表外业务，金融机构开展资产管理业务时不得承诺保本保收益。出现兑付困难时，金融机构不得以任何形式垫资兑付。金融机构不得在表内开展资产管理业务。

第五节　第三人溢价回购投资者所持基金份额的协议不违反法律法规的强制性规定

一、案例简介

1. 事实经过

2015年5月6日，李玉秋与北京中鑫智融投资基金管理有限公司（以下简称中鑫智融公司）签订《认购协议》，约定，基金名称为鑫四海现代农业新三板股权投资基金Ⅰ期，基金类别为私募股权投资基金，基金运作方式为契约型、封闭式，基金投资目标：在严格控制投资风险的基础上，谋求基金资产的长期稳定增值；基金募集份额规模为5000万元人民币，共计5000万份；个人投资者最低100万元起；李玉秋认购基金350万份，即人民币350万元，折合目标企业140万股股份；基金存续期限为“1+1”年（封闭期1年，封闭期后逢高退出），即2015年5月30日起至2016年5月30日止。基金保证与承诺：本基金投资目标企业山西鑫四海养殖有限公司（以下简称养殖公司）拟在全国中小企业股份转让系统有限责任公司挂牌；若挂牌成功，每2.5份基金份额直接转为挂牌后目标企业1股股份；若挂牌不成功，持有人可按照本协议第7.2条约定赎回其份额。第7.2条规定，基金管理人规定若目标公司在2016年4月30日前未在全国中小企业股份转让系统有限责任公司挂牌，本基金将启动大股东溢价回购程序即目标公司控股股东山西鑫四海投资集团有限公司（以下简称投资公司）以15%的溢价回购基金持有人的基金份额。

同日,李玉秋作为基金投资人、中鑫智融公司作为基金管理人、广发证券股份有限公司(以下简称广发证券公司)作为基金托管人签订《基金合同》,其中对基金名称、基金类别、存续期间、投资范围、各方权利义务等基本内容与上述《认购协议》总体一致,此外明确约定:本基金托管人为广发证券股份有限公司……基金认购费用由投资人承担,不列入基金财产,认购费率为认购金额的1%;李玉秋认购金额为350万元,其中认购费用为3.5万元……基金合同后附《认购(申购)风险揭示书》,该揭示书为基金合同不可分割的一部分,与基金合同具有同等法律效力。作为基金管理人的中鑫智融公司在揭示书中声明:在基金财产管理运用和处分过程中存在市场风险、管理风险、流动性风险、信用风险、操作或技术风险以及本金特定投资对象及特定投资方式所产生的风险等,并郑重申明:本基金不承诺保本和最低收益。其中划线并用部分大号黑色字体提示:本人作为委托人已详阅并充分理解《认购(申购)风险揭示书》及相关基金文件所提示的风险,并自愿承担由上述风险引致的全部后果。李玉秋作为委托人签字并抄录相关文字。

同日,李玉秋通过工商银行账户向广发证券公司基金运营外包业务募集专户汇款350万元,备注为:鑫四海现代农业新三板认购款。李玉秋还另外向中鑫智融公司支付3.5万元,作为鑫四海基金认购款。

后养殖公司并未如期完成在全国中小企业股份转让系统有限责任公司挂牌。

2017年2月8日,北京仲裁委员会针对申请人中鑫智融公司与被申请人投资公司、李珺、李玲、葛军、山西鑫四海大酒店有限公司、李国英、王爱芬、盖春梅、曹刚因编号为ZJXSH－08《鑫四海养殖有限公司增资扩股协议》(以下简称08号增资扩股协议)、编号为ZJXSH－09《鑫四海养殖有限公增资扩股协议》、《股份回购保证承诺函》所引起的争议仲裁案出具(2017)京仲裁字第0199号裁决书,确认中鑫智融公司于2015年4月11日与投资公司及其他被申请人签订08号增资扩股协议,约定由中鑫智融公司管理的鑫四海现代农业新三板股权投资基金I期向养殖公司出资5000万元,若养殖公司未在2015年12月31日之前完成在全国中小企业股份转让系统有限责任公司挂牌,该公司控股股东投资公司有义务按投资人要求履行回购义务;若上述约定的条件成就,投资公司同意在股份原值基础上溢价15%回购中鑫智融公司持有的股权并向中鑫智融公司支付相应的回购价款。仲裁庭根据查明的情况确认股权回购条件成就且回购价格应为4720.75万元，并对该部分申请裁决投资公司向中鑫智融公司支付4720.75万元回购08号增资扩股协议项下股份并向中鑫智融公司支付违约金821万元。其后中鑫智融公司就该裁决书向北京市第二中级人民法院申请强制执行，北京市第二中级人民法院于2017年3月15日出具(2017)京02执180号执行裁定书，裁定对上述生效裁决予以强制执行。

李玉秋诉至法院，请求判决：中鑫智融公司向李玉秋返还投资本金350万元、收益52.5万元，并支付逾期利息损失，并请求返还基金认购款3.5万元。

中鑫智融公司辩称，不同意李玉秋的诉讼请求，认为本案双方的法律关系并不是资金借贷关系，而是以基金为合作载体的合作关系。在这个基金载体中，李玉秋是投资人，也即基金份额持有人，中鑫智融公司是基金管理人。中鑫智融公司按照《认购协议》《基金合同》的约定行使基金管理人权利，履行基金管理人义务，其并不是该基金的债务人，也不是该基金的回购义务主体。此外，本案基金为契约封闭式的私募股权投资基金，受《证券投资基金法》和《私募投资基金监督管理暂行办法》的管辖和约束。而原告李玉秋不仅主张本金保本，还要保最低年收益15%加年利率24%，根本违背了有关法律法规的规定和原则精神。根据《合同法》第8条，并根据《民法通则》第4条和《合同法》第6条规定的诚实信用的原则，中鑫智融公司恳请法庭驳回李玉秋的主张，维护中鑫智融公司和其他投资人的合法权益。

2. 核心争议

李玉秋是否可以向中鑫智融公司主张返还投资本金，即《认购协议》中的溢价回购条款是否可以作为李玉秋主张返还投资本金的依据。

3. 交易结构图

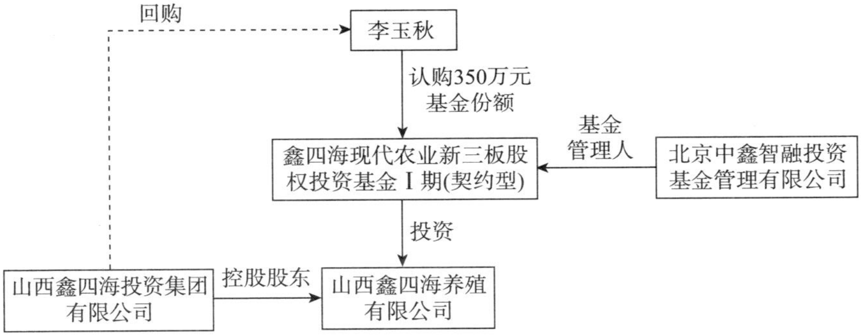

图5-8　交易结构图

二、裁判结果

北京市丰台区人民法院认为，李玉秋与中鑫智融公司签订的《认购协议》《基金合同》系双方当事人真实意思表示，内容不违反法律、行政法规强制性规定，合法有效。双方均应依约履行各自义务。李玉秋与中鑫智融公司之间签订的认购协议明确约定：若目标公司在2016年4月30日前未在全国中小企业股份转让系统有限责任公司挂牌，本基金将启动大股东溢价回购程序，即目标公司控股股东投资公司以15%的溢价回购基金持有人的基金份额。从该条约定可以看出，如养殖公司未能如期挂牌，中鑫智融公司所做的工作应为启动控股股东投资公司溢价回购李玉秋的基金份额的程序。而中鑫智融公司也确实依约履行了启动大股东回购程序的义务，其通过向北京仲裁委员会申请仲裁的方式要求大股东投资公司履行回购基金份额的义务，北京仲裁委员会裁决支持了中鑫智融公司的申请，认定回购条件成就，投资公司向中鑫智融公司支付回购价格4720.75万元及违约金。后中鑫智融公司也申请了强制执行。由此可以看出，中鑫智融公司已经依约履行了认购协议中约定的义务。中鑫智融公司作为基金管理人，按照认购协议的约定，其有“按规定受理认购和赎回申请，及时、足额支付赎回款项”的义务，因此，中鑫智融公司在收到投资公司支付的回购款后，应当向基金投资人支付相应的款项。该款项的具体金额为以中鑫智融公司最终实际收到的投资公司支付的回购款为基数，计算标准为按照基金投资人所投入的款项占中鑫智融公司应收到投资公司支付的回购款之比例。李玉秋要求中鑫智融公司返还基金认购款的请求，没有事实和法律依据，法院不予支持。法院判决：中鑫智融公司于本判决生效后，收到投资公司回购款之日起10日内向李玉秋返还投资款，返还金额为以中鑫智融公司最终实际收到的投资公司支付的回购款为基数，按照李玉秋所投入的款项占中鑫智融公司应收到投资公司支付的回购款之比例标准计算；驳回李玉秋其他诉讼请求。

三、裁判要旨

第三人溢价回购投资者所持基金份额的约定并不违反《私募投资基金监督管理暂行办法》第15条“私募基金管理人、私募基金销售机构不得向投资者承诺投资本金不受损失或者承诺最低收益”之规定，系双方当事人真实意思表示，在内容不违反法律、行政法规强制性规定的前提下，应属合法有效。

四、案例来源

1. 案例索引

【案件名称】李玉秋与北京中鑫智融投资基金管理有限公司案

【审理法院】北京市丰台区人民法院

【案号】(2018)京0106民初24264号

【审理程序】一审

2. 关联案例

上海市虹口区人民法院在“吴京明与上海玉汉霖股权投资基金管理有限公司、金泽霖资产管理有限公司等其他合同纠纷案”[(2017)沪0109民初10041号]中认为,因玉汉霖未向吴京明返还吴京明已支付款项,为解决基金项目延期兑付问题,金泽霖、周玉华向吴京明作出书面承诺,承诺其将在指定期限内,向吴京明兑付本金,并按预期收益率支付利息。该承诺实际上是一份第三方溢价回购基金份额的协议。金泽霖、周玉华的行为系其真实的意思表示,且该承诺未违反国家法律和行政法规的强制规定,应属有效。该承诺在法律上应认定为“债的加入”,而非“一般保证”,金泽霖、周玉华应与债务人玉汉霖对债务履行承担共同还款责任,吴京明要求金泽霖、周玉华承担连带责任有误。法院判决上海玉汉霖股权投资基金管理有限公司、金泽霖资产管理有限公司、周玉华支付吴京明回购本金50万元以及以此为基数按照预期年利率10%计算的补偿利息。

五、案例评析

第三人溢价回购私募基金投资者所持的基金份额,是私募基金保底安排的另外一种方式,相对于其他投资者或私募基金管理人对特定投资者的内部保底安排,这类保底安排可以称之为外部保底安排,因为第三人本身不属于私募基金投资关系中的当事人,其对特定投资者提供的固定收益或保底安排,并不属于私募基金合同约定的内容,而是在基金投资关系之外独立存在的另一种合同关系,具有一定的担保或增信作用,但并不属于法定担保形式。关于这种外部保底安排的法律效力,存有一定争议,提供外部保底的第三人通常会以该项安排违反了私募基金不得承诺保本保收益的监管规定为由进行抗辩,拒绝履行增信责任。但从合规角度分析,监管规定明令禁止的保底行为主要是基金投资顾问机构、基金管理人、基金销售机构对投资者进行的保底行为,而非针对第三人对特定投资者的外部保底行为,如《证券投资基金法》第103条规定,“基金投资顾问机构及其从业人员提供基金投资顾问服务，应当具有合理的依据，对其服务能力和经营业绩进行如实陈述，不得以任何方式承诺或者保证投资收益，不得损害服务对象的合法权益”，《私募投资基金监督管理暂行办法》第 15 条规定，“私募基金管理人、私募基金销售机构不得向投资者承诺投资本金不受损失或者承诺最低收益”、《私募投资基金募集行为管理办法》第 24 条规定：“募集机构及其从业人员推介私募基金时，禁止有以下行为：……（三）以任何方式承诺投资者资金不受损失，或者以任何方式承诺投资者最低收益，包括宣传‘预期收益’、‘预计收益’、‘预测投资业绩’等相关内容……”因此，本案中，法院认为外部保底安排系当事人之间的商业安排，属于意思自治范畴，并不违反法律、行政法规的强制性规定，应合法有效。

六、案例启示

1. 投资者在进行私募基金投资时，可通过第三人溢价回购方式降低投资风险

私募基金投资是一种高风险高收益的投资方式，投资者投资私募基金的最主要的目的是尽可能获得高额投资收益，同时尽可能降低投资风险，那么最理想的情况是投资者在进行私募基金投资时，能获得类似于债权投资的固定收益或保本保收益的承诺或安排。但私募基金的投资项目运行状况具有商业风险，市场不可能为投资者提供保底，在投资项目不能达到预期收益甚至出现亏损时，如果有某种主体能够溢价回购投资人持有的基金份额，那就实现了对投资者进行投资收益的保障。如前所述，保底安排通常分为内部保底和外部保底，内部保底通常是指私募管理人或其他投资者对特定投资者作出的保底承诺，而外部保底通常是由私募基金外部的第三人对特定给投资者作出的保底承诺，两种形式的主要区别在于增信方的来源是私募基金内部还是外部。内部保底因违反了私募基金不得承诺保本保收益的监管规定，而存在一定的合规风险；同时，对于合伙制私募基金，合伙人之间的内部保底，还存在违反《合伙企业法》第 33 条第 2 款“合伙协议不得约定将全部利润分配给部分合伙人或者由部分合伙人承担全部亏损”的强制性规定而存在无效的风险（详见本书第一编第三章）。但对于外部保底，如第三人不是私募基金募集机构或投资顾问，则通常不会直接违反监管的规定，亦不违反法律、行政法规的强制性规定，一般是有效的。因此，投资者在进行私募基金投资时，可优先采取第三人回购投资者所持基金份额的结构设计，避免采取私募基金管理人或其他投资者进行内部保底的安排，以降低投资风险。

2. 投资者应关注第三人回购中的合规风险，避免不适格主体作为回购义务人

第三人回购投资者所持基金份额作为一种保底安排，由于不违反法律法规的强制性规定，因此是大受投资者欢迎的实现保本保收益的投资手段。但第三方回购投资者所持的基金份额可能存在一定的合规风险，例如《私募投资基金监督管理暂行办法》中禁止基金管理人和销售机构的保底行为，《私募投资基金募集行为管理办法》中禁止募集机构的保底，《证券投资基金法》第103条禁止基金投资顾问机构及其从业人员提供保底。所以，投资者在与第三人签订外部保底协议时，应确认保底协议中承担保底的义务人不属于上述机构或其关联方。此外，2018年4月《关于规范金融机构资产管理业务的指导意见》颁布以后，国家监管层面强调资管产品应回归资产管理业务“受人之托、代客理财”的本源，要求打破刚性兑付，强调投资风险自担。2017年8月，最高人民法院出台的《关于进一步加强金融审判工作的若干意见》（法发〔2017〕22号）中，明确“以金融服务实体经济为价值本源，依法审理各类金融案件。对于能够实际降低交易成本，实现普惠金融，合法合规的金融交易模式依法予以保护。对以金融创新为名掩盖金融风险、规避金融监管、进行制度套利的金融违规行为，要以其实际构成的法律关系确定其效力和各方的权利义务”。如第三人提供回购、担保的交易安排牵涉国家金融政策和社会公共利益，也不排除法院根据《合同法》第52条“损害社会公共利益”之规定，否定保底协议效力的可能性。

七、相关法规

《民法总则》

第一百五十六条 民事法律行为部分无效，不影响其他部分效力的，其他部分仍然有效。

《合同法》

第五十二条 有下列情形之一的，合同无效：

（一）一方以欺诈、胁迫的手段订立合同，损害国家利益；

（二）恶意串通，损害国家、集体或者第三人利益；

（三）以合法形式掩盖非法目的；

（四）损害社会公共利益；

（五）违反法律、行政法规的强制性规定。

第五十六条 无效的合同或者被撤销的合同自始没有法律约束力。合同部分无效，不影响其他部分效力的，其他部分仍然有效。

第六十条 当事人应当按照约定全面履行自己的义务。

当事人应当遵循诚实信用原则,根据合同的性质、目的和交易习惯履行通知、协助、保密等义务。

《证券投资基金法》

第一百零三条 基金投资顾问机构及其从业人员提供基金投资顾问服务,应当具有合理的依据,对其服务能力和经营业绩进行如实陈述,不得以任何方式承诺或者保证投资收益,不得损害服务对象的合法权益。

《私募投资基金监督管理暂行办法》

第十五条 私募基金管理人、私募基金销售机构不得向投资者承诺投资本金不受损失或者承诺最低收益。

《私募投资基金募集行为管理办法》

第二十四条 募集机构及其从业人员推介私募基金时,禁止有以下行为:

(一)公开推介或者变相公开推介;

(二)推介材料虚假记载、误导性陈述或者重大遗漏;

(三)以任何方式承诺投资者资金不受损失,或者以任何方式承诺投资者最低收益,包括宣传"预期收益"、"预计收益"、"预测投资业绩"等相关内容;

(四)夸大或者片面推介基金,违规使用"安全"、"保证"、"承诺"、"保险"、"避险"、"有保障"、"高收益"、"无风险"等可能误导投资人进行风险判断的措辞;

(五)使用"欲购从速"、"申购良机"等片面强调集中营销时间限制的措辞;

(六)推介或片面节选少于6个月的过往整体业绩或过往基金产品业绩;

(七)登载个人、法人或者其他组织的祝贺性、恭维性或推荐性的文字;

(八)采用不具有可比性、公平性、准确性、权威性的数据来源和方法进行业绩比较,任意使用"业绩最佳"、"规模最大"等相关措辞;

(九)恶意贬低同行;

(十)允许非本机构雇佣的人员进行私募基金推介;

(十一)推介非本机构设立或负责募集的私募基金;

(十二)法律、行政法规、中国证监会和中国基金业协会禁止的其他行为。

《证券期货经营机构私募资产管理业务运作管理暂行规定》

第四条 证券期货经营机构设立结构化资产管理计划,不得违背利益共享、风险共担、风险与收益相匹配的原则,不得存在以下情形:

(一)直接或者间接对优先级份额认购者提供保本保收益安排,包括但不限于在结构化资产管理计划合同中约定计提优先级份额收益、提前终止罚息、劣后级或第三方机构差额补足优先级收益、计提风险保证金补足优先级收益等；

（二）未对结构化资产管理计划劣后级份额认购者的身份及风险承担能力进行充分适当的尽职调查；

（三）未在资产管理合同中充分披露和揭示结构化设计及相应风险情况、收益分配情况、风控措施等信息；

（四）股票类、混合类结构化资产管理计划的杠杆倍数超过1倍，固定收益类结构化资产管理计划的杠杆倍数超过3倍，其他类结构化资产管理计划的杠杆倍数超过2倍；

（五）通过穿透核查结构化资产管理计划投资标的，结构化资产管理计划嵌套投资其他结构化金融产品劣后级份额；

（六）结构化资产管理计划名称中未包含“结构化”或“分级”字样；

（七）结构化资产管理计划的总资产占净资产的比例超过140%，非结构化集合资产管理计划（即“一对多”）的总资产占净资产的比例超过200%。

《关于规范金融机构资产管理业务的指导意见》

资产管理业务是金融机构的表外业务，金融机构开展资产管理业务时不得承诺保本保收益。出现兑付困难时，金融机构不得以任何形式垫资兑付。金融机构不得在表内开展资产管理业务。

第三章　有限合伙份额质押、代持纠纷

第一节　有限合伙份额质押应当适用动产质权的规定，质权自出质人交付质押财产时设立

一、案例简介

1. 事实经过

2012 年 8 月 3 日，苏州高新区通安农村小额贷款有限公司（以下简称小贷公司）（贷款人，乙方）与苏州成罡钢铁贸易有限公司（以下简称成罡公司）（借款人，甲方）签订《最高额借款合同》，约定：乙方根据甲方的申请，同意自 2012 年 8 月 3 日起至 2013 年 8 月 3 日（授信期间）止，向甲方提供最高本金限额为人民币 3,000,000 元（授信额度）的授信。同日，小贷公司（债权人，乙方）与苏州鑫澳担保投资有限公司（以下简称鑫澳担保公司）（保证人，甲方）签订《最高额保证合同》，约定：甲方所担保的主债权为乙方根据主合同约定向债务人发放借款所形成的债权；主合同指乙方与债务人（成罡公司）签订的《最高额借款合同》；保证担保的主合同中主债权本金最高限额为人民币 3,000,000 元整；保证方式为连带责任保证；保证范围为乙方根据主合同约定发放给债务人的借款本金、该本金产生的利息（包括罚息、复利）、手续费及其他费用、违约金、损害赔偿金、甲方实现主债权及担保债权的费用（包括但不限于诉讼费、保全费、评估费、拍卖费、鉴定费、律师费、公证费、提存费、执行费、保管费、过户费、送达费、公告费、差旅费等），保证期间为主合同约定的

债务履行期限届满之日起2年。

同日,小贷公司(质权人)与张海根(出质人)签订《权利质押合同》,合同约定:为了确保债务人成罡公司与质权人签订的《最高额借款合同》的切实履行,出质人愿意提供质押担保;被担保的主债权本金数额为3,000,000元整;质押担保的范围包括主合同项下的债务本金、利息、逾期利息、复利、罚息、手续费、违约金、损害赔偿金以及实现债权的一切费用(包括但不限于诉讼费、执行费、保全费、鉴定费、保管费、评估费、拍卖费、运输费、税金、律师代理费、差旅费、过户费、质押物处置费等);出质人同意以苏州凯风万盛创业投资合伙企业(有限合伙)(以下简称凯风万盛企业)的股权作为出质权利,作价3,000,000元整,其最终价值以质权实现时实际处理的净收入为准。凯风万盛企业第四次合伙人决议同意合伙人张海根将其对凯风万盛企业基金的实缴出资额向小贷公司提供质押担保,具体担保内容以双方签署的质押担保文件的约定为准。该决议有普通合伙人苏州凯风正德创业投资管理合伙企业(有限合伙)与14名有限合伙人中的10名合伙人签字盖章。

同日,小贷公司与凯风万盛企业、张海根签订《补充协议》一份,明确凯风万盛企业为有限合伙企业,张海根为其有限合伙人之一,其认缴出资额为1000万元,实缴出资额为300万元;凯风万盛企业同意张海根以其实缴出资额及其享有的财产份额为上述《最高额借款合同》项下的债务向小贷公司提供质押担保;凯风万盛企业进行任何收益分配时、张海根退伙或被除名时、张海根拟转让部分或全部出资额及其享有的财产份额时,应及时通知小贷公司,归属于张海根的任一收益在扣除必需的税收、政府收费以及张海根分担的为进行收益分配而支出的必要费用后全部进入小贷公司账户;凯风万盛企业同意小贷公司因实现质权时受让张海根的实缴出资额及其享有的财产份额而成为其合伙人。

同日,小贷公司向成罡公司发放了300万元贷款。庭审中,小贷公司确认成罡公司在借款期内的利息已经全部清偿。至2012年11月5日上述贷款到期,成罡公司未能按约归还借款本金。因催讨未果,小贷公司遂诉至法院,请求法院判令:成罡公司归还借款本金人民币3,000,000元及利息(包括罚息、复利)326,116.85元(截至2013年4月11日,之后的利息、罚息、复利按合同约定计算至本息还清之日);鑫澳担保公司对成罡公司的上述债务承担连带清偿责任;小贷公司就上述债权对张海根所质押财产依法折价或拍卖、变卖并对所得款项享有优先受偿权。

2. 核心争议

张海根以向凯风万盛企业实缴出资及其享有的财产份额出质是否成立。

3. 交易结构图

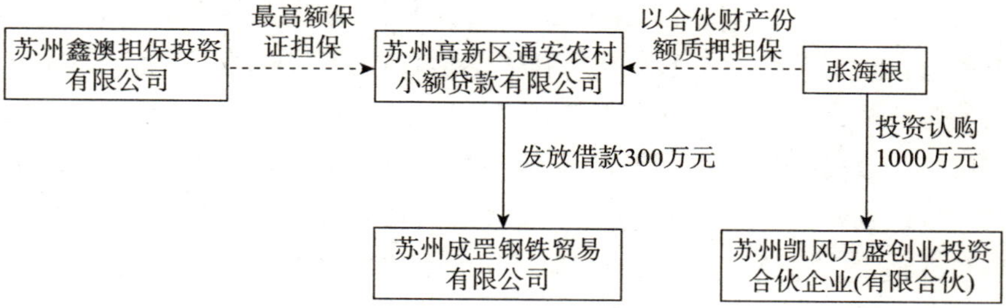

图5－9　交易结构图

二、裁判结果

江苏省苏州市虎丘区人民法院认为：小贷公司与成罡公司签订的《最高额借款合同》、小贷公司与鑫澳担保公司签订的《最高额保证合同》、小贷公司与张海根签订的《权利质押合同》均系各方的真实意思表示，且不违反法律法规的强制性规定，应为合法有效的，各方均应严格履行上述合同项下的义务。小贷公司按约提供了借款，但成罡公司未能按期归还借款本金。其一，按照《最高额借款合同》的约定，成罡公司应当归还小贷公司借款本金3,000,000元及逾期利息并且应当承担小贷公司为实现债权所支付的律师费。小贷公司在庭审中明确利息系以3,000,000元为基数，自2012年11月6日起按年利率24%计算至判决确定的给付之日。该主张于法有据，法院予以支持。其二，鑫澳担保公司作为连带责任保证人应当依据《最高额保证合同》的约定对成罡公司的上述债务承担连带清偿责任。鑫澳担保公司承担连带清偿责任后有权向成罡公司进行追偿。其三，张海根与小贷公司签订《权利质押合同》，将其在凯风万盛企业的实缴出资额300万元及其享有的财产份额作为出质权利，为成罡公司的上述债务提供质押担保。依据《合伙企业法》的规定，有限合伙人可以将其在有限合伙企业中的财产份额出质。但对于以有限合伙企业中的财产份额进行的权利质押，《物权法》和《担保法》均未规定其质权设立的登记手续，故而应当适用动产质权的规定，质权自出质人交付质押财产时设立。在本案中，关于张海根将其出资额及其享有的财产份额出质给小贷公司的相关事宜，凯风万盛企业召开合伙人会议进行决议，并与小贷公司以《补充协议》的方式对该出质事宜以及出质后质权人即小贷公司所享有的权利进行了约定。从《补充协议》的内容来看，小贷公司实际上已经取得了对该出资额及其享有的财产份额的控制权，应视为该质押权利已经交付给小贷公司，质权自该《补充协议》生效时设立。因此，小贷公司有权就该质押的出资额及其享有的财产份额优先受偿。法院判决如下：成罡公司应于本判决生效之日起10日内归还小贷公司借款本金300万元及利息（以300万元为基数，自2012年11月6日起按年利率24%计算至判决确定的给付之日），并支付律师费45,000元。鑫澳担保公司对成罡公司的上述第一项债务承担连带清偿责任。鑫澳担保公司承担连带清偿责任后有权向成罡公司进行追偿。小贷公司有权以张海根质押的凯风万盛企业实缴出资额300万元及其享有的财产份额折价或拍卖、变卖所得价款，就成罡公司的上述第一项债务优先受偿。

三、裁判要旨

有限合伙企业中的财产份额进行的权利质押，应当适用动产质权的规定，质权自出质人交付质押财产时设立。出质人对有限合伙企业实际出资所形成的财产份额，包括利润分享权和剩余财产分配权，其出质的财产份额是明确的，而质权自出质人交付质押财产时设立。因此，当质权人实际控制财产份额，即出质人获得利润分红、转让财产份额、退伙等，均需要质权人的同意才能实现的，则可以认为质权人对该质押的财产权利有实际控制权，该有限合伙财产份额质权成立。

四、案例来源

1. 案例索引

【案件名称】苏州高新区通安农村小额贷款有限公司诉张海根等金融借款合同纠纷案

【审理法院】江苏省苏州市虎丘区人民法院

【案号】（2013）虎商初字第0522号

【审理程序】一审

2. 关联案例

江苏省苏州市虎丘区人民法院在“苏州高新区通安农村小额贷款有限公司与顾纪林等金融借款合同纠纷案”［（2014）虎商初字第0019号］中认为，黄珠妹将其出资额及其享有的财产份额出质给小贷公司的相关事宜，苏州某投资合伙企业（有限合伙）召开合伙人会议进行决议，并与小贷公司以《补充协议》的方式对该出质事宜以及出质后质权人即小贷公司所享有的权利进行了约定。从《补充协议》的内容来看，小贷公司实际上已经取得了对该出资额及其享有的财产份额的控制权,应视为该质押权利已经交付给小贷公司,质权自该《补充协议》生效时设立。因此,小贷公司有权就该质押的出资额及其享有的财产份额优先受偿。

浙江省杭州市下城区人民法院在“上海银行股份有限公司杭州分行与金厦建设集团有限公司、北京城建九建设工程有限公司等金融借款合同纠纷案”[(2015)杭下商初字第04682号]中查明,2014年12月25日,上海银行杭州分行(质权人)与王梦展(出质人)签订《最高额质押合同》一份,约定:王梦展以其在浙江浙信博君股权投资合伙企业(有限合伙)的股权中的17.86%(数量为10,000,000股,价值为9,750,000元)为上海银行杭州分行的债权提供最高额质押担保;担保的主债权为上海银行杭州分行与债务人金厦集团公司之间在2014年12月25日至2015年12月25日所订立的一系列综合授信、贷款、项目融资、票据承兑等业务合同所形成的债权本金;担保的主债权余额最高不超过人民币17,500,000元;质押担保的范围为前述主债权本金、利息、罚息、违约金、赔偿金、债权实现费用(包括但不限于案件受理费、保全费、律师费、公告费等)以及债务人金厦集团公司给债权人上海银行杭州分行造成的其他损失;质押担保的范围若超出前述最高主债权限额,出质人仍应在质物价值范围内承担担保责任;等等。嗣后,上述股权质押事项由浙江浙信博君股权投资合伙企业(有限合伙)记载于公司股东名册(合伙人名册)。法院经审理认为,被告王梦展自愿以其在浙江浙信博君股权投资合伙企业(有限合伙)的部分股权出质,为被告金厦集团公司的案涉债务提供最高额质押担保,故在被告金厦集团公司不履行债务时,原告上海银行杭州分行依法对被告王梦展的上述财产份额享有质权。

五、案例评析

本案的实践意义在于通过对现有法律的参照适用,解决了有限合伙制私募基金份额质押的成立认定问题,为解决相关案例提供了借鉴。有关合伙企业中股权份额质押权成立条件的问题法律尚无明确规定。在本案中涉及的张海根所出质的凯风万盛企业的股权份额,实为有限合伙私募股权投资基金份额,是符合《物权法》第223条规定的可以出质的财产权利。但在司法实践中,却面临无法办理出质登记的困难:基于《物权法》第223条,如果将该财产权利定义为基金份额,则该私募基金份额出质应当由证券登记结算机构办理,但事实是,作为有限合伙企业,其没有法律上授予的独立法人地位,非自然人开立证券交易结算账户必须有法人身份,所以证券登记结算机构无法办理该基金份额出质;如果将其定义为股权,则该质权应当由工商行政管理部门办理登记,但在法律上和现实中,合伙企业股权份额的出质人、质权人向工商行政管理部门申请出质登记时,亦因缺乏法律依据而不被受理。本案中,江苏省苏州市虎丘区人民法院并未受制于法律未作规定的局面,而是首先认可合伙企业财产份额属于依法可以出质的其他财产权利的范围,进而依据《物权法》第229条"权利质权除适用本节规定外,适用本章第一节动产质权的规定"之规定,认为以合伙企业财产份额出质应适用动产质权的规定,即以交付作为质权生效的方式。

在合伙企业财产份额出质中,以何为标准判断交付是另外一个难题,本案中法院认为,判断交付的标准为是否享有特定质押份额的实际控制权利。首先,出质的财产份额须是明确、特定的,合伙企业内部有名册可以证明其登记在出质人的名下;其次,质权人应当实际控制该财产份额,当质权人能够控制该财产份额的利润分配和剩余财产分配的权力,或质权人能够影响该合伙企业的解散、出质人转让份额、退伙等事项时,可以判断质权人享有了该份特定财产的实际控制权。由此可见,法院在判断实际控制权的时候,是结合具体案情来综合判断质权人对于该财产权利的影响。当实际控制权属于质权人,也就满足了"交付"这一要件。

六、案例启示

1. 质权人接受有限合伙制私募基金份额质押时应注意"交付"条件的实现

以有限合伙制私募基金份额设立质权,质权人应注意出质的基金份额是否已经实际"交付",不同法院对于交付的标准亦有不同的认定。比如,案例中法院以质权人是否享有特定质押份额的实际控制权作为交付的认定标准,其认定的事实包括凯风万盛企业形成了合伙人会议决议、签订了三方的补充协议,而在"上海银行股份有限公司杭州分行与金厦建设集团有限公司、北京城建九建设工程有限公司等金融借款合同纠纷案"中,法院仅以有限合伙份额质押事项已经记载于合伙企业的合伙人名册即认定质权有效设立。因此,在以有限合伙制私募基金份额设立质权的实务中,在签订质押协议外,质权人还应注意尽可能确保出质的有限合伙财产份额已经实现法律上的"交付"。比如,取得有限合伙企业合伙人会议同意出质的决议,将质押事项及质权人记载于合伙人名册,质权人、合伙企业、出质人就出质及后续财产份额权利行使等事项订立三方协议,办理出质事项的公证,要求管理人在中国基金业协会信息披露系统报送相关份额出质的信息或者向基金份额登记机构进行出质事项的登记,并在中国人民银行征信中心建立的中征动产融资统一登记平台(其他动产融资)进行登记,以增加质权已经成立的证明力。

2. 质权人应做好出质份额的尽职调查工作

为防范合伙制私募基金份额出质中存在的风险,质押质权人在接受合伙制私募基金份额质押时,应做好事前的尽职调查工作。一方面,法律允许合伙人对其在合伙企业中的财产份额出质事项进行特别约定,实践中不少合伙制私募基金协议为防止出现因出质导致的合伙人不稳定而限制或禁止合伙人以基金份额出质;另一方面,基金份额本身的价值会发生变动,质押物本身的价值会受到合伙企业本身的经营状况和市场的影响。因此,在接受合伙制私募基金份额质押前,质权人需做好详尽的尽职调查工作,确保质物合法有效、价值足额,并通过检索和查询国家企业信用信息网、中国基金业协会信息披露系统、私募基金份额登记机构或中征动产融资统一登记平台等公示平台,以确认质物的质押情况。

七、相关法规

《合伙企业法》

第二十五条　合伙人以其在合伙企业中的财产份额出质的,须经其他合伙人一致同意;未经其他合伙人一致同意,其行为无效,由此给善意第三人造成损失的,由行为人依法承担赔偿责任。

第七十二条　有限合伙人可以将其在有限合伙企业中的财产份额出质;但是,合伙协议另有约定的除外。

《担保法》

第十八条　当事人在保证合同中约定保证人与债务人对债务承担连带责任的,为连带责任保证。

连带责任保证的债务人在主合同规定的债务履行期届满没有履行债务的,债权人可以要求债务人履行债务,也可以要求保证人在其保证范围内承担保证责任。

第二十条　一般保证和连带责任保证的保证人享有债务人的抗辩权。债务人放弃对债务的抗辩权的,保证人仍有权抗辩。抗辩权是指债权人行使债权时,债务人根据法定事由,对抗债权人行使请求权的权利。

第三十一条　保证人承担保证责任后,有权向债务人追偿。

《合同法》

第一百零七条　当事人一方不履行合同义务或者履行合同义务不符合约定

的,应当承担继续履行、采取补救措施或者赔偿损失等违约责任。

第二百零五条 借款人应当按照约定的期限支付利息。对支付利息的期限没有约定或者约定不明确,依照本法第六十一条的规定仍不能确定,借款期间不满一年的,应当在返还借款时一并支付;借款期间一年以上的,应当在每届满一年时支付,剩余期间不满一年的,应当在返还借款时一并支付。

第二百零六条 借款人应当按照约定的期限返还借款。对借款期限没有约定或者约定不明确,依照本法第六十一条的规定仍不能确定的,借款人可以随时返还;贷款人可以催告借款人在合理期限内返还。

第二百零七条 借款人未按照约定的期限返还借款的,应当按照约定或者国家有关规定支付逾期利息。

《物权法》

第二百零八条 为担保债务的履行,债务人或者第三人将其动产出质给债权人占有的,债务人不履行到期债务或者发生当事人约定的实现质权的情形,债权人有权就该动产优先受偿。

前款规定的债务人或者第三人为出质人,债权人为质权人,交付的动产为质押财产。

第二百一十二条 质权自出质人交付质押财产时设立。

第二百二十三条 债务人或者第三人有权处分的下列权利可以出质:

(一)汇票、支票、本票;

(二)债券、存款单;

(三)仓单、提单;

(四)可以转让的基金份额、股权;

(五)可以转让的注册商标专用权、专利权、著作权等知识产权中的财产权;

(六)应收账款;

(七)法律、行政法规规定可以出质的其他财产权利。

第二百二十九条 权利质权除适用本节规定外,适用本章第一节动产质权的规定。

第二节　显名合伙人违反代持份额代持协议，应向隐名合伙人承担违约责任

一、案例简介

1. 事实经过

2011年12月29日，姜言礼与天津歌斐资产管理有限公司签订威海谨乾股份投资中心（有限合伙）（以下简称威海谨乾）《入伙协议》。2012年6月29日，姜言礼成为该合伙企业合伙人，认缴出资额4000万元，实缴出资800万元，缴付期限至2014年12月31日。

2011年12月31日，宋云发与姜言礼签订《股权投资基金份额委托代持协议书》，约定：威海谨乾基金系在威海市成立的有限合伙制私募股权基金，该基金以1000万元为最低认购起点，只投资于PE或跟投PE基金，姜言礼为该基金的有限合伙之一，所登记的投入份额为4000万元，姜言礼同意将所持有基金4000万元中的200万元由宋云发出资投入并享有同股同利的收益，宋云发享有其实际出资在基金中的应得财产权益；但因宋方发出资未达该基金最低认购限额，故宋云发委托姜言礼作为自己实际投入份额部分的股权代持人，宋云发享有取得相应份额基金分红及分配的权利，姜言礼不得变卖、抵押、出让宋云发基金份额，基金分红或期满分配时，姜言礼应在得到分红或分配后一周内将宋云发所享有份额相对应的款项支付给宋云发；委托期限为不定期，在基金存续期满并已全部分配结束等情况而终止。姜言礼未经宋云发同意擅自处分上述基金份额的，或因姜言礼自身原因致使代持基金份额灭失的，姜言礼应依法承担赔偿责任，赔偿范围为宋云发因此遭受的实际损失及相关实现债权的费用。宋云发分别于2011年12月31日、2012年3月31日、2013年3月29日给姜言礼支付代持威海谨乾基金40万元、40万元、20万元，共计100万元，姜言礼已给宋云发出具相关收款收据。

2015年4月2日，威海谨乾作出合伙协议修正案，合伙人由包含姜言礼等5位合伙人变更为3位合伙人，分别为天津歌斐资产管理有限公司、青岛美源创业投资有限公司、韩瑛。

宋云发以姜言礼在2015年4月2日之前未经宋云发同意擅自将宋云发代持的威海谨乾基金转让给他人，给宋云发造成损失为由，诉至法院，请求法院：确认宋云发的股权投资金额份额；姜言礼、威海谨乾连带返还宋云发的本金100万

元及相应份额的分红10万元;姜言礼、威海谨乾连带承担擅自处分宋云发的股权投资基金份额给宋云发造成的损失及实现债权的费用10万元。

2. 核心争议

姜言礼是否违反《股权投资基金份额委托代持协议书》及其责任如何确定。

3. 交易结构图

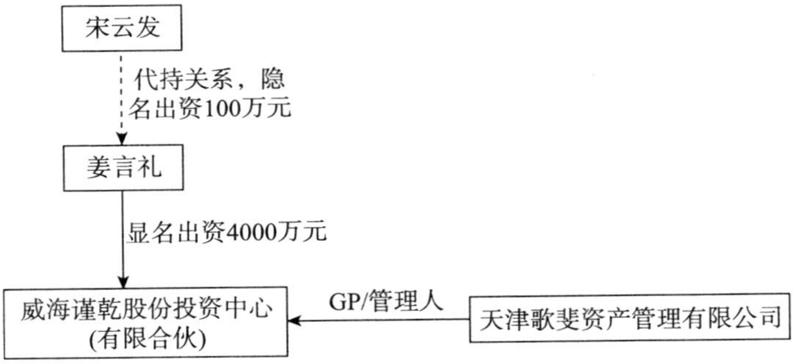

图5-10 交易结构图

二、裁判结果

一审法院山东省青岛市市北区人民法院认为,宋云发和姜言礼之间存在代持股合同关系,双方签订的《股权投资基金份额委托代持协议书》系双方真实意思表示,又不存在违反法律、行政法规的强制性规定情形,为此,上述协议书合法有效,应严格按照约定履行。基于上述协议书,宋云发为威海谨乾的实际出资人。关于宋云发要求确认宋云发的股权投资金额份额,姜言礼、威海谨乾连带返还宋云发本金100万元及相应份额分红10万元,姜言礼、威海谨乾连带承担擅自处分宋云发股权投资基金份额给宋云发造成的损失及实现债权费用10万元的诉讼请求。(1)关于宋云发的股权投资金额份额。根据法律规定,实际出资人与名义股东因投资权益的归属发生争议,实际出资人以其实际履行了出资义务为由向名义股东主张权利的,人民法院应予支持。实际出资人未经公司其他股东半数以上同意,请求公司变更股东、签发出资证明书、记载于股东名册、记载于公司章程并办理公司登记机关登记的,人民法院不予支持。本案中,姜言礼于2011年12月29日与天津歌斐资产管理有限公司签订威海谨乾《入伙协议》,2012年6月29日成为该合伙企业合伙人,认缴出资额4000万元、实缴出资800万元,根据上述协议书,姜言礼同意将所持有的威海谨乾基金中的200万元由宋云发出资投入并享有同股同利的收益,但宋云发至2013年3月29日共计给姜言礼支付代持威海谨乾基金100万元,且姜言礼已于2015年4月2日不是威海谨乾的合伙人即不持有威海谨乾基金。为此,依据上述法律规定,宋云发现要求确认其在威海谨乾的股权投资金额份额,已没有事实依据,不予支持。(2)关于返还本金、分红及赔偿损失。根据法律规定,名义股东处分股权造成实际出资人损失,实际出资人请求名义股东承担赔偿责任的,人民法院应予支持。根据上述协书,宋云发享有取得相应份额基金分红及分配的权利,姜言礼不得变卖、抵押、出让宋云发基金份额,基金分红或期满分配时,姜言礼应在得到分红或分配后一周内将宋云发所享有份额相对应的款项支付给宋云发……姜言礼未经宋云发同意擅自处分上述基金份额的,或因姜言礼自身原因致使代持基金份额灭失的,姜言礼应依法承担赔偿责任,赔偿范围为宋云发因此遭受的实际损失及相关实现债权的费用。本案中,宋云发称姜言礼在2015年4月2日之前未经宋云发同意擅自将宋云发代持的威海谨乾基金转让给他人,而根据威海谨乾2015年4月2日的合伙协议修正案,姜言礼已不是威海谨乾合伙人即姜言礼不再持有威海谨乾基金,因姜言礼未提交其代持宋云发在威海谨乾的基金转让已征得宋云发同意的相关证据,所以,宋云发上述诉称原审法院予以采信。依据上述法律规定及协议约定,姜言礼已构成违约,应对宋云发承担损害赔偿责任,因此,宋云发要求返还本金100万元的诉讼请求,予以支持。因宋云发未提交基金分红及其他损失的相关证据,所以宋云发应承担举证不能的法律后果,故宋云发要求姜言礼支付分红及赔偿损失的诉讼请求,不符合法律规定,不予支持。宋云发可待确定分红及损失数额后另行向姜言礼主张。(3)关于威海谨乾的连带责任。因威海谨乾未在上述协议书上盖章,宋云发亦未提交威海谨乾应承担责任的相关有效证据,所以宋云发要求威海谨乾承担连带责任的诉讼请求,不符合法律规定,不予支持。综上所述,宋云发的上述诉讼请求,予以部分支持。一审法院判决:姜言礼于判决生效之日起10日内返还宋云发本金100万元,并驳回宋云发的其他诉讼请求。

二审山东省青岛市中级人民法院认为,宋云发与姜言礼签订《股权投资基金份额委托代持协议书》,约定姜言礼同意将其持有基金部分份额200万元由宋云发出资投入并享有同股同利的收益,同时约定基于股份代持协议的特定法律性质,甲方(宋云发)不得向基金及管理人主张或透露代持信息,协议还约定了双方违约应承担的责任。从协议内容看,该协议是宋云发与姜言礼就姜言礼个人的部分出资所作的约定,协议同时也对合同当事人的保密义务作出约定,姜言礼行为不属于合伙人执行合伙事务的行为,本案中宋云发据此要求被告威海谨乾与姜言礼承担连带责任，缺乏事实和法律依据，宋云发主张不能成立。

三、裁判要旨

显名合伙人违反代持份额代持协议擅自处分代持份额造成隐名实际出资人损失的，隐名合伙人有权要求显明合伙人承担赔偿责任。

四、案例来源

1. 案例索引

【案件名称】宋云发与姜言礼等与公司有关纠纷案

【审理法院】山东省青岛市中级人民法院

【案号】(2018)鲁02民终146号

【审理程序】二审

2. 关联案例

黑龙江省高级人民法院在“王宾与龚朋成等房地产开发经营合同纠纷案”(黑民终字第39号)中认为：关于案外人郭海的身份问题，郭海自称其与案外人马跃君于2009年共同投资该案涉项目，并将15,000,000.00元通过转账的方式交付给王宾，其二人均系该项目的隐名合伙人。对此，龚朋成、王可臣予以否认。本案中，王宾与龚朋成、王可臣无论在案涉合作项目的合作阶段，还是双方签订《结算协议书》时，王宾从未向龚朋成、王可臣披露过郭海和马跃君系隐名合伙人身份的信息。故对于龚朋成、王可臣而言，案涉系项目的合伙关系应仅限与王宾之间。王宾主张郭海系隐名合伙人之一，无论郭海是否对该项目进行了投资，其隐名合伙人身份只能对王宾产生约束力，而不能及于龚朋成、王可臣。原审中，王宾举示一份《给付乾日公司现金和楼房明细》，该明细中明确记载王宾以现金和楼房支付乾日公司总计70,051,309.00元的情况。其中除房产外，现金转账合计仅8,000,000.00余元，与郭海陈述的其与马跃君实际出资额亦不符。故王宾关于郭海系该涉案项目隐名合伙人、郭海不是本案项目受让人的主张，法院不予支持。

五、案例评析

合同具有相对性，代持投资关系正体现了这一特性。在代持投资关系中包括两层相互联系而又有相对独立的法律关系，其一是实际出资人(或称隐名合伙人/股东)与代持人(或称显名合伙人/股东)基于代持协议产生的委托法律关系，其二是代持人与被投资企业（或称目标企业）基于投资协议产生的出资法律关系。在实际出资人未得到合伙企业中其他合伙人认可时，代持协议仅仅在代持双方之间发生效力，也就是隐名合伙人的身份仅仅对代持人具有约束力。隐名合伙人与公司和其他合伙人没有直接的法律关系，隐名合伙人对代持人仅仅具有债权请求权，而不是股权请求权；名义合伙人，也就是代持人，才是真正与合伙企业建立投资关系的人。所以，隐名投资实质上是代持双方内部的债权债务关系，这也就能很好解释法院在本案裁判中并未支持威海谨乾对违约承担连带责任的原因。代持协议的相对性主要体现在以下几点：(1)出资。实际出资人仅对显名合伙人负有出资义务，当显名合伙人没能及时向合伙企业履行出资义务时，合伙企业只能向显名合伙人请求出资义务的履行。(2)知情权。由于代持关系仅仅及于实际出资人与显名合伙人双方，所以实际出资人的知情权有所受限，这涉及合伙企业与实际出资人利益平衡的问题。当涉及合伙企业的会计账簿等关系合伙企业商业秘密的文件上，通常认为实际出资人不能直接行使知情权，而应通过显名合伙人来行使。(3)收益分配。只有显名合伙人才能够向合伙企业请求利润分配，成为其个人财产，再经由代持协议构建的合同关系转至实际出资人。(4)合同的终止。当名义合伙人死亡，实际出资人就失去了和公司联结的桥梁，其不能通过具有相对性的代持协议成为合伙企业的合伙人，代持协议也因此终止。本案中，宋云发与姜言礼通过签署《股权投资基金份额委托代持协议书》建立代持法律关系，代持人姜言礼未经实际出资人宋云发的同意擅自将代持的威海谨乾基金转让给他人，违反了代持协议，应承担违约责任，但威海谨乾基金对上述代持行为毫不知情，且未与宋云发签署任何协议，基于合同相对性原则，宋云发主张的威海谨乾基金对姜言礼的违约承担连带责任因缺乏法律依据，无法得到法院的支持。

六、案例启示

1. 代持投资方式法律风险复杂多样，投资者应谨慎选择代持人

投资者出于规避合伙投资者条件、保密需要等各种考虑而选择代持方式进行私募基金投资，但这种投资方式中也隐藏不少风险。首先是合伙份额收益与分红的风险。由于代持协议是隐名合伙人和显名合伙人之间的协议，所以实际出资人很难有当面请求分配红利的资格，分红必须经由显名合伙人向公司请求分配；分配的红利从表面来看是归属于显名合伙人，隐名合伙人需凭借双方的代持协议再向显名合伙人要求红利转让。在这样复杂的过程中，隐名合伙人的收

益权很难得到保障。其次是合伙企业重大事项决策的风险。合伙人会议做决议时,隐名合伙人没有办法直接反映自己的意见,保护自己的权益,隐名合伙人不具有直接主张个人权利的资格。最后是代持协议无效或者终止的风险。如为了规避法律强制性规定或者以合法形式掩盖非法目的的代持,因直接违反《合同法》有关合同无效的规定,导致代持协议被认定无效。当显名合伙人死亡或者出现违约情况都会导致代持协议的非正常终止,并由此引发纠纷。以上三种风险是隐名投资中常常出现的法律风险,这些风险都会极大影响隐名投资人投资目的的实现,这需要投资者在选择代持人时要慎重考虑,做好尽职调查工作并通过签订规范完善的代持协议来防范相关风险。

2. 私募基金管理人应注意核实投资者代持投资,严格遵守"穿透式"监管规定

代持本质是一种委托投资法律关系,私募基金领域存在的隐形股东、股份代持等现象不仅规避了有关合格投资者的要求,导致投资者适当性管理制度形同虚设,还容易造成投资者人数突破法律规定的上限,引发公开募集和非法集资等社会性问题,因此,代持问题一直是监管的重点问题。例如,《私募投资基金监督管理暂行办法》第 13 条第 2 款规定,"以合伙企业、契约等非法人形式,通过汇集多数投资者的资金直接或者间接投资于私募基金的,私募基金管理人或者私募基金销售机构应当穿透核查最终投资者是否为合格投资者,并合并计算投资者人数",《关于规范金融机构资产管理业务的指导意见》第 27 条第 2 款规定,"实行穿透式监管,对于多层嵌套资产管理产品,向上识别产品的最终投资者,向下识别产品的底层资产(公募证券投资基金除外)",中国基金业协会于 2018 年 12 月更新的《私募基金管理人登记须知》中明确禁止了私募基金管理人的出资人存在股权代持行为,要求"申请机构出资人应当以货币财产出资。出资人应当保证资金来源真实合法且不受制于任何第三方。申请机构应保证股权结构清晰,不应当存在股权代持情形"。因此,虽然《私募投资基金监督管理暂行办法》未直接指出代持这种形式需要穿透核查,但根据穿透式监管的精神,私募基金投资者代持亦应在监管之列,私募基金管理人应全面考察直接投资者的最终出资人,一直穷尽到最终出资人为自然人、公司等法人,基金管理人不得通过设置多层结构规避合格投资者限制。

七、相关法规

最高人民法院《关于适用〈中华人民共和国公司法〉若干问题的规定(三)》

第二十四条 有限责任公司的实际出资人与名义出资人订立合同,约定由

实际出资人出资并享有投资权益，以名义出资人为名义股东，实际出资人与名义股东对该合同效力发生争议的，如无合同法第五十二条规定的情形，人民法院应当认定该合同有效。

前款规定的实际出资人与名义股东因投资权益的归属发生争议，实际出资人以其实际履行了出资义务为由向名义股东主张权利的，人民法院应予支持。名义股东以公司股东名册记载、公司登记机关登记为由否认实际出资人权利的，人民法院不予支持。

实际出资人未经公司其他股东半数以上同意，请求公司变更股东、签发出资证明书、记载于股东名册、记载于公司章程并办理公司登记机关登记的，人民法院不予支持。

第二十五条　名义股东将登记于其名下的股权转让、质押或者以其他方式处分，实际出资人以其对于股权享有实际权利为由，请求认定处分股权行为无效的，人民法院可以参照物权法第一百零六条的规定处理。

名义股东处分股权造成实际出资人损失，实际出资人请求名义股东承担赔偿责任的，人民法院应予支持。

《合同法》

第一百零七条　当事人一方不履行合同义务或者履行合同义务不符合约定的，应当承担继续履行、采取补救措施或者赔偿损失等违约责任。

《私募投资基金监管管理暂行办法》

第十三条　下列投资者视为合格投资者：

（一）社会保障基金、企业年金等养老基金，慈善基金等社会公益基金；

（二）依法设立并在基金业协会备案的投资计划；

（三）投资于所管理私募基金的私募基金管理人及其从业人员；

（四）中国证监会规定的其他投资者。

以合伙企业、契约等非法人形式，通过汇集多数投资者的资金直接或者间接投资于私募基金的，私募基金管理人或者私募基金销售机构应当穿透核查最终投资者是否为合格投资者，并合并计算投资者人数。但是，符合本条第（一）、（二）、（四）项规定的投资者投资私募基金的，不再穿透核查最终投资者是否为合格投资者和合并计算投资者人数。

《关于规范金融机构资产管理业务的指导意见》

二十七、对资产管理业务实施监管遵循以下原则：

（一）机构监管与功能监管相结合，按照产品类型而不是机构类型实施功能监管,同一类型的资产管理产品适用同一监管标准,减少监管真空和套利。

(二)实行穿透式监管,对于多层嵌套资产管理产品,向上识别产品的最终投资者,向下识别产品的底层资产(公募证券投资基金除外)。

(三)强化宏观审慎管理,建立资产管理业务的宏观审慎政策框架,完善政策工具,从宏观、逆周期、跨市场的角度加强监测、评估和调节。

(四)实现实时监管,对资产管理产品的发行销售、投资、兑付等各环节进行全面动态监管,建立综合统计制度。

《私募基金管理人登记须知》

五、机构出资人及实际控制人相关要求

(一)【严禁股权代持】申请机构出资人应当以货币财产出资。出资人应当保证资金来源真实合法且不受制于任何第三方。申请机构应保证股权结构清晰,不应当存在股权代持情形。

出资人应具备与其认缴资本金额相匹配的出资能力,并提供相应的证明材料。

第三节 隐名合伙人要求变更登记为显名合伙人,须取得其他合伙人一致同意

一、案例简介

1. 事实经过

2015年12月22日,绍兴柯桥中凌晟银壹号投资中心(有限合伙)、凌国军签订《合伙企业财产份额代持协议》一份,约定:绍兴柯桥中凌晟银壹号投资中心(有限合伙)拟与他人合伙设立杭州金梳股权投资合伙(有限合伙)(以下简称金梳合伙),成为该合伙企业的有限合伙人,绍兴柯桥中凌晟银壹号投资中心(有限合伙)委托凌国军代持有限合伙企业财产份额;双方一致确认,以凌国军名义对金梳合伙认缴及实际出资的出资额均系绍兴柯桥中凌晟银壹号投资中心(有限合伙)认缴及实际出资,凌国军系代持人,绍兴柯桥中凌晟银壹号投资中心(有限合伙)系实际所有人,投资收益全部归绍兴柯桥中凌晟银壹号投资中心(有限合伙)所有,投资风险由绍兴柯桥中凌晟银壹号投资中心(有限合伙)承担;协议同时对双方其他权利义务进行了约定。2016年3月24日,双方签订确认书一份,确认以凌国军名义于2015年12月22日、2016年3月24日向金梳合伙支付的投资款1500万元,4100万元,合计5600万元,均系绍兴柯桥中凌晟银

壹号投资中心（有限合伙）向金梳合伙的出资。

根据上述协议，凌国军与案外人杭商资产管理（杭州）有限公司、杭州金投产业基金管理有限公司共同出资设立金梳合伙，其中杭商资产管理（杭州）有限公司为普通合伙人及执行事务合伙人，凌国军与杭州金投产业基金管理有限公司为有限合伙人，各方于2016年3月3日签订《合伙协议》及《补充协议》一份，后又签订《补充协议（二）》一份，各协议中对于合伙份额的转让均未作明确约定。

绍兴柯桥中凌晟银壹号投资中心（有限合伙）诉至法院要求确认其与凌国军签订的《合伙企业财产份额代持协议》有效，凌国军协助办理将其合伙人身份变更登记至绍兴柯桥中凌晟银壹号投资中心（有限合伙）名下的工商变更登记手续。

2. 核心争议

绍兴柯桥中凌晟银壹号投资中心（有限合伙）是否有权要求凌国军协助办理将其登记为金梳合伙合伙人的工商变更登记手续。

3. 交易结构图

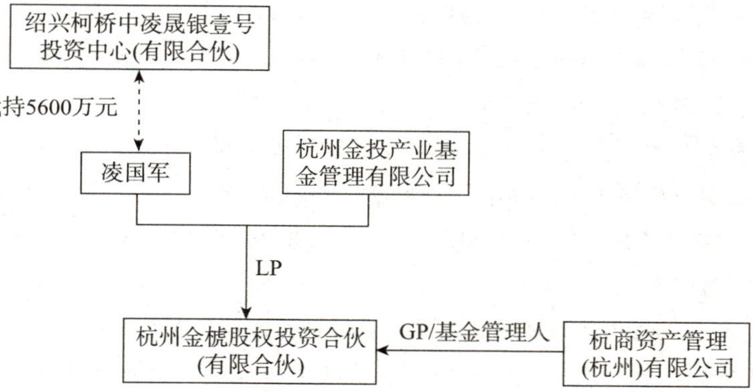

图5－11　交易结构图

二、裁判结果

浙江省绍兴市柯桥区人民法院认为，原告绍兴柯桥中凌晟银壹号投资中心（有限合伙）、被告凌国军之间签订的《合伙企业财产份额代持协议》，主体适格，内容未违反国家相关法律法规的禁止性规定，合法有效，对原、被告均具有法律约束力，故原告的第一项诉讼请求可予支持。对原告的第二项诉讼请求，原告、被告并无证据证明该二人的代持关系已为金梳合伙或其他合伙人知晓，故原告作为隐名合伙人,要求变更登记为显名合伙人,相当于外部人受让合伙份额,根据《合伙企业法》的相关规定,须经其他合伙人一致同意,且应由金梳合伙而非其他合伙人履行变更登记义务。现原告并无证据证明其要求变更登记的请求已经金梳合伙其他合伙人一致同意,即其要求办理变更登记手续的条件尚不具备,原告是否最终能变更为显名合伙人目前尚不确定,其要求被告在办理变更登记手续时配合签字,系前提未定的假设性请求,本案中暂无法予以支持。

三、裁判要旨

隐名合伙人要求变更登记为显明合伙人,须经其他合伙人一致同意,隐名合伙人并无证据证明其要求变更登记的请求已经其他合伙人一致同意,则其要求办理变更登记手续的条件尚不具备。

四、案例来源

1. 案例索引

【案件名称】绍兴柯桥中凌晟银壹号投资中心与凌国军合同纠纷

【审理法院】浙江省绍兴市柯桥区人民法院

【案号】(2017)浙0603民初6729号

【审理程序】一审

2. 关联案例

无锡市滨湖区人民法院在“阙焕忠与姜言礼、朱湛企业出资人权益确认纠纷案”[(2015)锡滨商初字第00521号]中认为,涉案的代持协议书、出资转让协议书系双方当事人真实意思表示,且不违反法律、行政法规禁止性规定,应为合法有效,对签约各方当事人均有法律约束力。根据上述两份代持协议书,阙焕忠、朱湛分别委托姜言礼代持其实际出资的南海成长基金企业各500万元的出资份额,且阙焕忠、朱湛事后已分别向姜言礼支付了500万元出资款,则姜言礼仅为南海成长基金企业的1000万元出资份额的名义出资人,上述出资份额的全部出资权益实际应属阙焕忠、朱湛享有,亦即阙焕忠、朱湛为上述出资份额的实际所有人。此后,基于特定原因,经与阙焕忠协商,姜言礼同意将其名下的1400万元实际出资份额全部转让给阙焕忠,双方为此签订了出资转让协议书,朱湛作为涉案500万元出资份额的实际出资人对此亦明确表示予以认可。基于前述出资代持合同关系,涉案双方当事人签署上述出资转让协议书的真实目的主要为,姜言礼将隐在其名下的1000万元(包括朱湛的500万元)出资份额恢复至阙焕忠名下，同时由姜言礼将自己实缴的400万元出资也一并转让给阙焕忠。根据我国《合伙企业法》的相关规定，合伙人可以向合伙人以外的他人转让合伙企业的出资份额，而同创伟业公司作为南海成长基金企业的基金管理人对涉案出资转让事宜表示认可并寄送了办理出资变更登记所需的相关手续资料，且未有证据表明基金企业的其他合伙人对此转让事宜存有异议，则姜言礼理应按照上述出资转让协议书约定将总计1400万元出资额变更至阙焕忠名下。虽涉案的1400万元出资额现因法院查封而暂时无法办理变更登记手续，但涉案出资转让协议书已在法院查封之前即已签署，故出资份额被法院查封的既定事实并不能影响涉案出资转让合同的效力，即该转让协议在签署后即已生效。此外，出资份额的过户变更登记行为仅是对目标企业外部第三人产生登记公示效力，而非出资转让合同的生效要件。在涉案转让出资额被查封的事实原因消除后，出资额的变更登记手续亦可继续进行。据此，阙焕忠无论基于其与姜言礼之间的出资委托代持还是出资转让合同关系，在涉案出资转让协议书生效后，其已成为涉案南海成长基金企业1400万元出资份额的所有人。法院判决：确认登记在姜言礼名下的南海成长基金企业1400万元出资份额归阙焕忠所有，并且姜言礼应协助阙焕忠将上述1400万元出资份额办理变更登记至阙焕忠名下。

五、案例评析

本案较好反映了代持投资关系中存在的隐名股东/合伙人要求变更登记为显明股东/合伙人的风险，当隐名股东/合伙人主张股东/合伙人身份即请求显名时，存在公司/合伙企业治理结构中的“人合性”障碍。对于公司制私募基金中的代持关系，最高人民法院《关于适用〈中华人民共和国公司法〉若干问题的规定（三）》第24条对股权代持的相关问题作了比较详细的规定，其中第24条第3款规定，隐名股东主张变更股东、要求公司签发出资证明书、记载于股东名册、记载于公司章程及要求办理工商登记的，应当经过公司其他股东过半数的同意。在隐名股东无法提供公司其他过半数股东同意的相关证据下，即使该隐名股东是涉案股权的实际出资人，其向法院主张成为显名股东或者要求记载于股东名册、公司章程的，仍旧存在困难。对于合伙制私募基金而言，根据《合伙企业法》第22条、第60条的规定，除合伙企业有特殊约定外，隐名合伙人主张合伙人身份应取得其他合伙人一致同意，否则隐名合伙人的主张难以获得法院支持。因为合伙企业存在的一个重要基础是合伙人之间彼此信任，愿意共担风险，而隐名合伙人的显明化会打破这种信任关系，使合伙企业陷入僵局或困境。为此，法律将这种是否同意合伙人转让份额、新合伙人入伙、退伙的事项均交给了合伙人，由其在合伙协议自行约定，但在合伙协议未作特殊约定的情况下，法律则要求涉及合伙人转让份额、入伙、退伙的事项，均须取得其他合伙人一致同意。

六、案例启示

1. 投资者采取代持投资方式时应注意防范风险

代持行为涉及多个合同主体、多重法律关系，突破了出资人、股东/合伙人身份、股权/合伙财产份额的特定关系，对交易安全和公司或合伙企业的治理结构均产生了一定的影响，投资者在采取代持投资方式时，不应忽视其中的风险。对于隐名合伙人及实际投资者而言，代持的风险主要包括以下几类：一是违反强制性规定或恶意串通导致代持协议无效，如《证券公司监督管理条例》第 14 条第 2 款规定，“未经国务院证券监督管理机构批准，任何单位或者个人不得委托他人或者接受他人委托持有或者管理证券公司的股权”，违反规定的代持协议无效；二是显名合伙人私自处分侵害显名合伙人投资利益，主要是显明合伙人转让、质押代持的财产份额，善意第三人将优先于隐名合伙人受到保护；三是隐名合伙人无法登记为显名合伙人，本案中即为此种情形，隐名合伙人要求确认其合伙人身份通常需要经过其他合伙人一致同意；四是显名合伙人代持的份额被其债权人强制执行，主要是显名合伙人因自身债务而涉诉，进而因败诉而成为被执行人时，显名合伙人所代持的财产份额很有可能被作为执行财产被冻结、拍卖。对于上述风险，隐名合伙人在选择显名合伙人时应综合考量成本与收益，并采取必要措施防范相关风险，如对代持人进行相关尽职调查，签订书面代持协议并办理公证、设立代持的份额质押，等等。

2. 为确保取得合伙人地位，隐名合伙人选择代持投资方式应取得其他合伙人同意

为取得合伙人资格，投资者在通过代持方式进行投资时，最好取得合伙企业其他合伙人的同意。根据《合伙企业法》第 4 条“合伙协议依法由全体合伙人协商一致、以书面形式订立”、第 22 条第 1 款“除合伙协议另有约定外，合伙人向合伙人以外的人转让其在合伙企业中的全部或者部分财产份额时，须经其他合伙人一致同意”、第 43 条“新合伙人入伙，除合伙协议另有约定外，应当经全体合伙人一致同意，并依法订立书面入伙协议。订立入伙协议时，原合伙人应当向新合伙人如实告知原合伙企业的经营状况和财务状况”之规定，新合伙人入伙需要经过全体合伙人的一致同意方可有效。由于合伙企业的人合性，一旦某一个

合伙人不同意接受隐名合伙人入伙，则隐名合伙人无法登记为显名合伙人。因此，为确保取得显名合伙人地位，投资者在通过代持方式进行投资时，应事先取得其他合伙人的书面同意。

七、相关法规

《合同法》

第六条　当事人行使权利、履行义务应当遵循诚实信用原则。

第八条　依法成立的合同，对当事人具有法律约束力。当事人应当按照约定履行自己的义务，不得擅自变更或者解除合同。

依法成立的合同，受法律保护。

第四十四条　依法成立的合同，自成立时生效。

法律、行政法规规定应当办理批准、登记等手续生效的，依照其规定。

《合伙企业法》

第二十二条　除合伙协议另有约定外，合伙人向合伙人以外的人转让其在合伙企业中的全部或者部分财产份额时，须经其他合伙人一致同意。

合伙人之间转让在合伙企业中的全部或者部分财产份额时，应当通知其他合伙人。

第二十三条　合伙人向合伙人以外的人转让其在合伙企业中的财产份额的，在同等条件下，其他合伙人有优先购买权；但是，合伙协议另有约定的除外。

第六十条　有限合伙企业及其合伙人适用本章规定；本章未作规定的，适用本法第二章第一节至第五节关于普通合伙企业及其合伙人的规定。

第七十三条　有限合伙人可以按照合伙协议的约定向合伙人以外的人转让其在有限合伙企业中的财产份额，但应当提前三十日通知其他合伙人

最高人民法院《关于适用〈中华人民共和国公司法〉若干问题的规定(三)》

第二十四条　有限责任公司的实际出资人与名义出资人订立合同，约定由实际出资人出资并享有投资权益，以名义出资人为名义股东，实际出资人与名义股东对该合同效力发生争议的，如无合同法第五十二条规定的情形，人民法院应当认定该合同有效。

前款规定的实际出资人与名义股东因投资权益的归属发生争议，实际出资人以其实际履行了出资义务为由向名义股东主张权利的，人民法院应予支持。名义股东以公司股东名册记载、公司登记机关登记为由否认实际出资人权利的，人民法院不予支持。

实际出资人未经公司其他股东半数以上同意,请求公司变更股东、签发出资证明书、记载于股东名册、记载于公司章程并办理公司登记机关登记的,人民法院不予支持。

第四节　受让人不知隐名合伙人存在时,受让显名合伙人持有的合伙份额,对隐名合伙人产生效力

一、案例简介

1. 事实经过

娄锡锋与唐正兰于2004年共同投资开办原孙家沟煤矿,尚未取得采矿许可证及营业执照。2008年1月18日,四川省人民政府办公厅以川办函(2008)12号复函,批准万源市青花镇黑石溪煤矿三煤矿等进行独立扩能,原孙家沟煤矿被整合到该煤矿,作为孙家沟采区。

2009年7月31日,娄锡锋与方洪州签订《合作意向协议》,约定:原孙家沟煤矿(现孙家沟采区)被整合到万源市青花镇黑石溪煤矿三煤矿后,该采区资源归娄锡锋开采,娄锡锋应承担开采资源价款等相关费用和每吨10元的管理费等。万源市青花镇黑石溪煤矿三煤矿亦在协议上签章。娄锡锋于2009年6月20日、同年7月31日、2010年6月7日共计向万源市青花镇黑石溪煤矿三煤矿支付了资源、安保费等400万元,娄锡锋在2010年8月6日万源市青花镇黑石溪煤矿三煤矿另行出具的400万元总收条上签注"此笔款是唐正兰委托娄锡锋代交的"。2010年10月16日,娄锡锋向唐正兰出具书面《委托书》,载明:"2004年唐正兰与其共同开办原孙家沟煤矿,2009年整合到黑石溪三煤矿,期间唐正兰委托娄锡锋代为办理整合相关手续,投入资金上千万元,现将孙家沟两井给你自行处理挽回损失,娄锡锋原投资由唐正兰负责偿还,原投资应由现煤矿负责清偿。我由于工作和身体原因不能继续管理,特全权委托唐正兰负责处理黑石溪三矿孙家沟采区的一切遗留问题,包括所有债权债务等与娄锡锋无关。"期间,娄锡锋向唐正兰出具收条,认可唐正兰在原孙家沟煤矿整合前投入资金399万元。

在此期间,娄锡锋又吸收彭红军合伙。2009年10月23日,娄锡锋向唐正兰出具《授权委托书》,载明:"因孙家沟煤矿是娄锡锋、唐正兰共同投资开办,后因办手续等原因,唐正兰委托娄锡锋代为经营管理,后与黑石溪三矿整合为一矿,

湖北彭红军入股共同开办,我因工作和身体原因无能代为管理,特委托唐正兰代娄锡锋管理等。"2010年10月14日,方洪洲与娄锡锋、彭红军签订《合伙协议》及《黑石溪三煤矿内部补充协议(一)》,约定:方洪洲占万源市青花镇黑石溪煤矿三煤矿80%的股权,娄锡锋、彭红军占20%的股权等,并明确了孙家沟采区应承担的资源、安保、管理等费用。娄锡锋在该两份协议上签注"此协议是唐正兰委托娄锡锋代笔的"。四川省万源市人民法院(2013)万源民初字第2094号民事判决认定,2011年8月11日,娄锡锋与彭红军签订《煤矿股权转让协议》,约定彭红军支付娄锡锋50万元的补偿款后,娄锡锋放弃在孙家沟采区15%的股权,且原采区的债权债务与娄锡锋无关,彭红军在处理该矿时,按收购方付款的进度逐步支付等。在本案审理中,双方当事人均认可该协议及款项均未履行。万源市青花镇黑石溪煤矿系普通合伙企业,合伙人为龙昊、方洪洲。万源市青花镇黑石溪煤矿三煤矿系合伙企业分支机构,负责人为方洪洲。

2013年5月,唐正兰提起本案诉讼,请求确认唐正兰享有万源市青花镇黑石溪煤矿三煤矿20%的财产份额及相应的利润分配等财产权利,方洪洲、娄锡锋、彭红军、万源市青花镇黑石溪煤矿三煤矿共同赔偿因侵权给唐正兰造成的直接经济损失300万元。

2. 核心争议

唐正兰是否为隐名合伙人享有万源市青花镇黑石溪煤矿三煤矿20%的财产权益,娄锡锋、方洪洲、彭红军、万源市青花镇黑石溪煤矿三煤矿是否应共同赔偿唐正兰经济损失。

3. 交易结构图

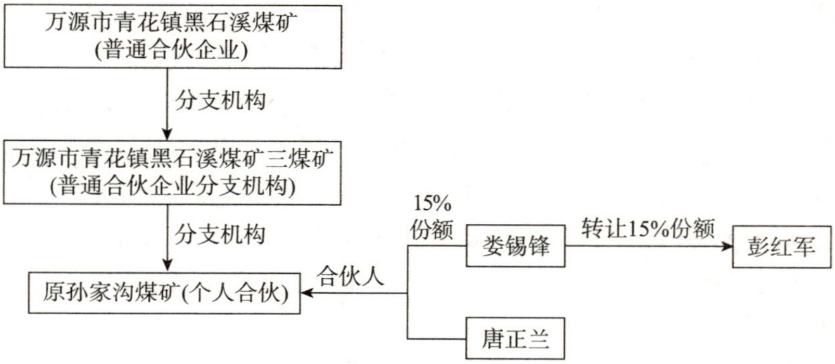

图5-12 交易结构图

二、裁判结果

一审法院四川省达州市中级人民法院认为，关于唐正兰是否享有万源市青花镇黑石溪煤矿三煤矿20%的财产权益的问题，现有证据可以证明唐正兰与娄锡锋共同合伙开办原孙家沟煤矿，后经职能部门批准整合到万源市青花镇黑石溪煤矿三煤矿，作为孙家沟采区。唐正兰与娄锡锋可共同享有孙家沟采区的合法权益。2009年7月31日，娄锡锋与方洪洲签订《合作意向协议》约定，原孙家沟煤矿（现孙家沟采区）被整合到万源市青花镇黑石溪煤矿三煤矿后，该采区资源归娄锡锋开采，娄锡锋应承担开采资源价款等相关费用和每吨10元的管理费等。娄锡锋因此向万源市青花镇黑石溪煤矿三煤矿支付了资源、安保费等400万元。娄锡锋在2010年8月6日万源市青花镇黑石溪煤矿三煤矿另行出具的400万元总收条上签注"此笔款是唐正兰委托娄锡锋代交的"。之后，彭红军经娄锡锋同意入伙投资孙家沟采区，娄锡锋在协议中也表明其为唐正兰"代笔"。此事实在娄锡锋向唐正兰出具的《授权委托书》中已阐明，唐正兰未提出异议，故彭红军亦应作为合伙人享有权利。同时，彭红军也应知道唐正兰亦是合伙人。2010年10月16日，娄锡锋向唐正兰出具的书面《委托书》载明，2004年唐正兰与其共同开办孙家沟煤矿，2009年整合到万源市青花镇黑石溪煤矿三煤矿，其间唐正兰委托娄锡锋代为办理整合相关手续，投入资金上千万元，现将孙家沟两井给唐正兰自行处理挽回损失……全权委托唐正兰负责处理万源市青花镇黑石溪煤矿三煤矿孙家沟采区的一切遗留问题，包括所有债权债务等与娄锡锋无关。2010年10月14日，方洪洲与娄锡锋、彭红军签订的《合伙协议》及《黑石溪三煤矿内部补充协议（一）》约定，方洪洲占万源市青花镇黑石溪煤矿三煤矿80%的股权，娄锡锋、彭红军占20%的股权等，并明确了孙家沟采区应承担的资源、安保、管理等费用。娄锡锋在该两份协议上签注"此协议是唐正兰委托娄锡锋代笔的"。四川省万源市人民法院（2013）万源民初字第2094号民事判决认定：2011年8月11日，娄锡锋与彭红军签订《煤矿股权转让协议》，约定彭红军支付娄锡锋50万元补偿款后，娄锡锋放弃在孙家沟采区15%的股权，且原采区的债权债务与娄锡锋无关，及该协议未履行等事实。上述协议明确了娄锡锋（唐正兰）与彭红军在万源市青花镇黑石溪煤矿三煤矿中的财产权益份额，应予认定。唐正兰请求确认其享有万源市青花镇黑石溪煤矿三煤矿20%的财产权益，与查明的娄锡锋（唐正兰）占有15%的财产权益事实不符。根据《合同法》第60条"当事人应当按照约定全面履行自己的义务"的规定，娄锡锋出具《委托书》全权委托唐正兰处理万源市青花镇黑石溪煤矿三煤矿孙家沟采区的一切遗留问题，包括所有债权债务等与娄锡锋无关，其财产权益份额应全部由唐正兰享有，其与唐正兰之间的其余债权债务关系应按双方协议另行处理。据此，唐正兰应享有万源市青花镇黑石溪煤矿三煤矿15%的财产权益。关于娄锡锋、方洪洲、彭红军、万源市青花镇黑石溪煤矿三煤矿应否共同赔偿唐正兰经济损失的问题，唐正兰诉请赔偿经济损失300万元，但未提供相应的证据证实，不予支持。一审法院判决：唐正兰享有万源市青花镇黑石溪煤矿三煤矿15%的财产权益。

二审法院四川省高级人民法院认为：关于唐正兰是否享有万源市青花镇黑石溪煤矿三煤矿15%的财产权益的问题。首先，根据本案查明的事实，原孙家沟煤矿是唐正兰、娄锡锋共同投资开办，双方虽未签订相关协议，但构成事实上的合伙关系，二人对共同投资形成的财产权益应当共同享有。该煤矿虽未办理合法手续，但后经职能部门批准被整合到万源市青花镇黑石溪煤矿三煤矿成为孙家沟采区，且娄锡锋作为整合前的孙家沟煤矿投资人与万源市青花镇黑石溪煤矿三煤矿负责人方洪洲签订《合作意向协议》，明确约定原孙家沟煤矿（现孙家沟采区）被整合到万源市青花镇黑石溪煤矿三煤矿后，该采区资源归娄锡锋开采，娄锡锋承担开采资源价款等相关费用和每吨10元的管理费等。唐正兰虽不是上述协议的签约主体，但由于原孙家沟煤矿属唐正兰与娄锡锋共同投资开办，娄锡锋的签约行为应是代表全体合伙人的行为，故唐正兰亦应享有整合后的孙家沟采区的相应财产权益。其次，唐正兰并未作为原孙家沟煤矿的合伙人对外参与签订整合协议，而是由娄锡锋作为原孙家沟煤矿的投资人对外签订整合协议。娄锡锋虽在2010年8月6日万源市青花镇黑石溪煤矿三煤矿出具的收条上签注“此笔款是唐正兰委托娄锡锋代交的”，但系娄锡锋与唐正兰的内部关系，对万源市青花镇黑石溪煤矿三煤矿并不具有约束力。唐正兰亦未作为孙家沟采区的合伙人在娄锡锋、彭红军共同作为孙家沟采区的投资人与方洪洲签订的《合伙协议》及《黑石溪三煤矿内部补充协议（一）》上签字，现唐正兰持有的上述协议上虽有娄锡锋签注的“此协议是唐正兰委托娄锡锋代笔的”内容，但由于协议一方主体彭红军所持有的上述协议并无娄锡锋所签注的上述内容，同时娄锡锋虽于2009年10月23日、2010年10月16日先后给唐正兰出具《授权委托书》《委托书》，委托唐正兰代为管理孙家沟采区或全权负责处理孙家沟采区的一切遗留问题，亦是其内部关系，事实上唐正兰亦未提供证据证明其实施了委托事务，且本案亦没有其他证据证明彭红军知道或者应当知道唐正兰是孙家沟采区的合伙人。因此，一审判决以娄锡锋的上述签注内容为据，认定彭红军应当知道唐正兰是孙家沟采区的合伙人，认定事实不清，本院予以纠正。最后，娄锡锋在经营孙家沟采区期间，又吸收彭红军入伙共同经营，且娄锡锋、彭红军共同作为孙家沟采区的投资人与方洪洲签订《合伙协议》及《黑石溪三煤矿内部补充协议(一)》，明确约定娄锡锋、彭红军占万源市青花镇黑石溪煤矿三煤矿20%股权，方洪洲占万源市青花镇黑石溪煤矿三煤矿80%股权。相对于整合后的孙家沟采区而言，唐正兰仅是娄锡锋的隐名合伙人，故娄锡锋吸收彭红军作为合伙人的行为对唐正兰具有约束力，彭红军亦应是孙家沟采区的合伙人之一，且孙家沟采区占万源市青花镇黑石溪煤矿三煤矿20%的合伙份额。娄锡锋、彭红军进行合伙时并未签订书面协议明确各自在孙家沟采区中享有的合伙份额。2011年8月11日娄锡锋与彭红军签订的《煤矿股权转让协议》明确约定彭红军支付娄锡锋50万元补偿款后，娄锡锋放弃在孙家沟采区15%的股权。该协议是合伙人内部就合伙份额转让达成的协议，因唐正兰仅是娄锡锋的隐名合伙人，本案没有证据证明彭红军知道或者应当知道唐正兰是合伙人，因此，彭红军属善意相对人，娄锡锋对外签订协议的行为对唐正兰具有约束力。从该协议中载明娄锡锋放弃孙家沟采区15%股权的表述看，是针对孙家沟采区内部合伙份额而言，结合转让(补偿)价款仅为50万元分析，该孙家沟采区15%份额是指娄锡锋在孙家沟采区所占的合伙份额，并不是指娄锡锋在万源市青花镇黑石溪煤矿三煤矿所占的合伙份额。同时，结合2010年10月15日娄锡锋、彭红军、武云、黄亚平签订的《万源市青花镇黑石溪三矿孙家沟采区增资扩股协议》约定的内容，亦能够印证孙家沟采区的合伙人就其内部合伙份额的划分是以孙家沟采区作为100%合伙份额进行划分的，且能够印证娄锡锋占孙家沟采区15%的合伙份额，并不是占万源市青花镇黑石溪煤矿三煤矿15%的合伙份额。因此，一审判决以娄锡锋、彭红军与方洪洲签订的《合伙协议》《黑石溪三煤矿内部补充协议(一)》明确约定娄锡锋、彭红军占万源市青花镇黑石溪煤矿三煤矿20%股权及2011年8月11日娄锡锋与彭红军签订的《煤矿股权转让协议》明确约定彭红军支付娄锡锋50万元补偿款后娄锡锋放弃在孙家沟采区15%的股权为据，认定娄锡锋(唐正兰)与彭红军明确了各自在万源市青花镇黑石溪煤矿三煤矿中的财产权益及娄锡锋(唐正兰)占有万源市青花镇黑石溪煤矿三煤矿15%的财产权益，认定事实不清，本院予以纠正。综上所述，唐正兰仅是娄锡锋的隐名合伙人，娄锡锋作为显名合伙人与彭红军合伙经营万源市青花镇黑石溪煤矿三煤矿孙家沟采区，并最终将其合伙份额转让给彭红军；本案亦没有证据证明彭红军知道或者应当知道唐正兰是孙家沟采区的合伙人，故娄锡锋与彭红军之间的协议对唐正兰均具有约束力。现娄锡锋(唐正兰)已不享有万源市青花镇黑石溪煤矿三煤矿孙家沟采区的合伙份额,唐正兰请求确认其享有万源市青花镇黑石溪煤矿三煤矿20%财产份额,无相应的事实依据和法律依据,应不予支持。一审判决确认唐正兰享有万源市青花镇黑石溪煤矿三煤矿15%的财产份额,认定事实不清,证据不足,法院予以纠正。唐正兰与娄锡锋之间的内部合伙关系,双方应另行解决。二审法院判决:撤销四川省达州市中级人民法院(2013)达中民初字第66号民事判决;驳回唐正兰的全部诉讼请求。

三、裁判要旨

显名合伙人转让其持有的财产份额,没有证据证明受让人知道或应当知道存在隐名合伙人时,受让人为善意第三人;受让人受让显名合伙人持有的合伙份额,对隐名合伙人产生效力。

四、案例来源

1. 案例索引

【案件名称】彭红军与唐正兰等合同纠纷案

【审理法院】四川省高级人民法院

【案号】(2015)川民终字第836号

【审理程序】二审

2. 关联案例

福建省高级人民法院在"徐益强、林少青、徐荣标、陈康秀确认合同无效纠纷案"[(2015)闽民终字第1194号]中认为,《林地转包协议书》是否侵害了徐益强、林少青的利益而应认定为无效?根据在案证据,虽可确认徐益强、林少青与徐荣标之间存在合伙承包案涉山地的事实,但这是三人之间内部的权利义务关系,徐益强、林少青只是隐名合伙人,对外与龙海市人民武装部签订《山地承包合同》的只有徐荣标一人。在没有证据证明陈康秀知道或应当知道徐益强、林少青是合伙权利人的情形下,陈康秀只认可徐荣标并与之签订《林地转包协议书》并无不当,其付出了170万元转让款之后,相应地取得了案涉山地的承包经营权。在整个转让承包权的过程中,陈康秀属于善意第三人,不存在与徐荣标恶意串通,损害国家、集体或者第三人利益的情形,其合法权益应受法律保护。徐荣标如果未经徐益强、林少青的同意,擅自转让二人的股份,由此造成的损失,应通过三人之间合伙法律关系进行处理,在本案中不予涉及。

五、案例评析

在股权代持或合伙企业财产份额代持法律纠纷中，往往会涉及代持人（或称显名合伙人/股东）在未取得实际出资人（或称隐名合伙人/股东）同意擅自处分、质押或转让代持的股权或财产份额的问题，这里面主要涉及无权处分的法律效力和善意取得制度这两个问题。根据《合同法》第51条的规定，无处分权的人处分他人财产，经权利人追认或者无处分权的人订立合同后取得处分权时，合同自始有效。如行为人未取得处分权，权利人又不追认的，构成合同无效，但该无效不得对抗善意第三人。因而，在第三人为善意时，构成善意取得，照样取得处分物的所有权。《物权法》第106条规定了善意取得制度，指无权处分人将其财产有偿转让给第三人，如果受让人取得该财产时出于善意，则受让人将依法即时取得对该物产的所有权的一种法律制度。因此，在涉及显名合伙人无权处分隐名合伙人的财产份额时，应适用善意取得的相关规定，如果受让人取得该财产份额时出于善意，符合《物权法》第106条规定的条件，则受让人将依法取得对该财产份额的所有权，隐名合伙人只能依据其与显名合伙人的协议要求其承担违约责任或侵权责任。本案中，当受让人为善意受让，即受让人支付了相应对价，履行了物权变动的手续，且不知道隐名合伙人的存在。就本案的裁判结果来看，受让人是否善意是确定案争份额归属的关键要素。当显名合伙人转让其代持的份额，如果没有证据证明受让人知道或应当知道隐名合伙人的存在，那么该转让协议对隐名合伙人发生效力，隐名合伙人不能向该份额主张权利，仅可在代持关系的内部求偿。

六、案例启示

1. 投资者应关注并防范隐名合伙中的风险

由于隐名合伙人与合伙企业并没有直接的法律关系，并且隐名合伙人并不为他人所知晓，所以实践中，经常发生显名合伙人擅自处分其代持的合伙企业财产份额的问题，容易引发法律纠纷。投资者出于规避法律或监管的禁止性或限制性条件、投资者适当性要求、保密等各种需要而选择代持方式进行私募基金投资，但这种投资方式中也隐藏不少风险。比如，违反强制性规定或恶意串通导致代持协议无效，显名合伙人私自处分侵害显名合伙人投资利益，隐名合伙人无法登记为显名合伙人，显名合伙人代持的份额被其债权人强制执行，因此，隐名合伙人选择显名合伙人时应谨慎，需要关注通过代持方式进行投资的风险，采取必要措施防范相关风险，如签订书面代持协议并办理公证、设立代持的份额质押或由显名合伙人提供担保，最大限度保护自身利益。

2. 投资者应通过订立相对规范完善的代持股协议来规范代持行为

同公司制私募基金相比，《合伙企业法》对合伙企业份额代持未作出直接规定，由于缺少详细的法律规范，且代持股协议是实际投资者和代持人双方内部约定，很难对目标合伙企业产生影响，这就需要代持双方对代持事项相关内容进行明确约定。首先在形式上，代持协议应当明确合同各方的地位，列明出资人、出资数额、出资周期，代持时间等。其次在内容上，应当明确各方的权利义务，例如，隐名合伙人的投资义务、显名合伙人的忠实义务等。最后在责任承担上，应当写明违约的后果，当协议任意一方违反代持的约定时，如何返还投资收益。除此之外，还可以利用公证手段，对代持的关系进行公证，或者将代持的份额对隐名合伙人进行质押担保，规制代持人的违约行为或道德风险。

七、相关法规

《合同法》

第五十一条　无处分权的人处分他人财产，经权利人追认或者无处分权的人订立合同后取得处分权的，该合同有效。

第六十条　当事人应当按照约定全面履行自己的义务。当事人应当遵循诚实信用原则，根据合同的性质、目的和交易习惯履行通知、协助、保密等义务。

《民法通则》

第八十四条　债是按照合同的约定或者依照法律的规定，在当事人之间产生的特定的权利和义务关系。享有权利的人是债权人，负有义务的人是债务人。债权人有权要求债务人按照合同的约定或者依照法律的规定履行义务。

《民法总则》

第一百一十八条　民事主体依法享有债权。

债权是因合同、侵权行为、无因管理、不当得利以及法律的其他规定，权利人请求特定义务人为或者不为一定行为的权利。

最高人民法院《关于适用〈中华人民共和国公司法〉若干问题的规定(三)》

第二十五条　名义股东将登记于其名下的股权转让、质押或者以其他方式处分，实际出资人以其对于股权享有实际权利为由，请求认定处分股权行为无效的，人民法院可以参照物权法第一百零六条的规定处理。

名义股东处分股权造成实际出资人损失，实际出资人请求名义股东承担赔偿责任的,人民法院应予支持。

《物权法》

第一百零六条 无处分权人将不动产或者动产转让给受让人的,所有权人有权追回;除法律另有规定外,符合下列情形的,受让人取得该不动产或者动产的所有权:

(一)受让人受让该不动产或者动产时是善意的;

(二)以合理的价格转让;

(三)转让的不动产或者动产依照法律规定应当登记的已经登记,不需要登记的已经交付给受让人。

受让人依照前款规定取得不动产或者动产的所有权的,原所有权人有权向无处分权人请求赔偿损失。

当事人善意取得其他物权的,参照前两款规定。

最高人民法院《关于适用〈中华人民共和国物权法〉若干问题的解释(一)》

第十八条 物权法第一百零六条第一款第一项所称的"受让人受让该不动产或者动产时",是指依法完成不动产物权转移登记或者动产交付之时。

当事人以物权法第二十五条规定的方式交付动产的,转让动产法律行为生效时为动产交付之时;当事人以物权法第二十六条规定的方式交付动产的,转让人与受让人之间有关转让返还原物请求权的协议生效时为动产交付之时。

法律对不动产、动产物权的设立另有规定的,应当按照法律规定的时间认定权利人是否为善意。

第十九条 物权法第一百零六条第一款第二项所称"合理的价格",应当根据转让标的物的性质、数量以及付款方式等具体情况,参考转让时交易地市场价格以及交易习惯等因素综合认定。

第二十条 转让人将物权法第二十四条规定的船舶、航空器和机动车等交付给受让人的,应当认定符合物权法第一百零六条第一款第三项规定的善意取得的条件。

第二十一条 具有下列情形之一,受让人主张根据物权法第一百零六条规定取得所有权的,不予支持:

(一)转让合同因违反合同法第五十二条规定被认定无效;

(二)转让合同因受让人存在欺诈、胁迫或者乘人之危等法定事由被撤销。

第四章　其他纠纷

投资者与私募基金投资标的公司并非投资合同关系，因市场风险造成的投资损失，标的公司不承担侵权责任。

一、案例简介

1. 事实经过

2015年8月3日，山东宏力热泵能源股份有限公司（以下简称宏力热泵能源公司）在全国中小企业股份转让系统公布了2015年度《山东宏力热泵能源股份有限公司半年度报告》，将宏力热泵能源公司2015年上半年年报进行了公示，公示内容包括宏力热泵能源公司2015年上半年财务状况。宏力热泵能源公司在该报告中对宏力热泵能源公司未来可能遇到的国家宏观经济政策调整、可再生能源产业政策调整和行业竞争加剧等风险进行了提示。2015年11月16日，宏力热泵能源公司通过全国中小企业股份转让系统公布了《山东宏力热泵能源股份有限公司2015年第二次股票发行方案》，公告其拟以每股人民币10元的价格定向增发不超过600万股，募集资金金额不超过6000万元。公告发布后，宏力热泵能源公司积极寻找投资者认购其增发的股份。2015年11月30日，宏力热泵能源公司与北京协力筑成金融信息服务股份有限公司（以下简称36氪）签订《融资顾问合同书》，约定36氪为宏力热泵能源公司提供融资顾问服务，为宏力热泵能源公司寻找合适的投资者。《融资顾问合同书》签订后，由36氪牵头，宏力热泵能源公司股东韩冰于

2016 年 2 月 25 日与北京金盛博基资产管理有限公司(以下简称金盛博基公司)下设基金产品“金盛博基 – 36 氪新三板基金 2 号基金”签订《股票转让协议》,约定被告韩冰将其所持有的宏力热泵能源公司 58.5 万股股票以每股 10 元的价格转让给金盛博基公司。2015 年 12 月 20 日,基金投资者阮京文与基金管理人金盛博基公司签订《金盛博基 – 36 氪新三板 2 号基金合同》。2016 年 3 月 14 日,金盛博基公司出具的证明载明:“我司管理的金盛博基 – 36 氪新三板 2 号基金正在运行,该基金唯一投资标的为宏力热泵能源公司。2016 年 2 月 26 日,我司以该基金 10 元每股的价格,通过协议成交方式买入 58.5 万股宏力热泵能源公司的股票。该基金投资人及投资份额如下:投资人胡科斌持有基金份额 200 万份,张浩持有基金份额 100 万份……”2016 年 3 月,宏力热泵能源公司受市场波动及 2015 年度财务业绩的影响股票价格出现下跌,使得金盛博基基金产品持有的宏力热泵能源公司的股票价值下降,并引起了相关媒体的关注。宏力热泵能源公司股票在新三板上市首日即在 2016 年 3 月 23 日,价格就跌破 8 元。针对股票价格下跌的情况,宏力热泵能源公司积极应对并通过主办券商中泰证券股份有限公司向全国中小企业股份转让有限公司进行了相关情况说明,主办券商对宏力热泵能源公司法定代表人于奎明及本次股权转让出让方韩冰进行了访谈。2016 年 6 月 28 日和 2016 年 7 月 6 日,宏力热泵能源公司在全国中小企业股份转让系统分别作出《澄清公告》《媒体事件的补充说明》,针对此次宏力热泵能源公司股票价格下降及媒体关注的问题进行了解释。

阮京文诉至法院要求判令宏力热泵能源公司赔偿其投资差额损失 638,625 元,韩冰对宏力热泵能源公司上述付款义务承担连带责任。

宏力热泵能源公司辩称宏力热泵能源公司在本次股票转让和股票价格波动过程中,不存在过错,未实施侵权行为,阮京文不存在权利损害事实,与宏力热泵能源公司不存在权利义务关系,非本案适格主体。

2. 核心争议

宏力热泵能源公司是否应对阮京文的投资损失承担赔偿责任。

3. 交易结构图

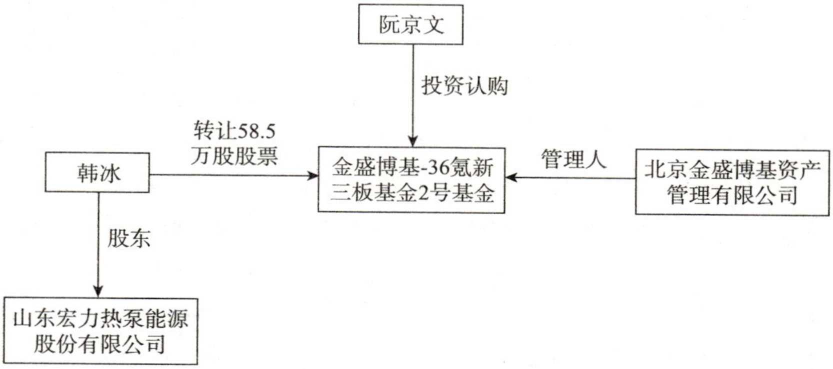

图 5－13　交易结构图

二、裁判结果

山东省潍坊高新技术产业开发区人民法院认为，宏力热泵能源公司股东韩冰与金盛博基公司下设基金产品签订《股票转让协议》，约定韩冰将其所持有的宏力热泵能源公司 58.5 万股股票转让给金盛博基基金产品，阮京文持有的并非宏力热泵能源公司的股份，而是金盛博基基金产品的份额，阮京文和宏力热泵能源公司、韩冰之间不存在直接的权利义务关系。阮京文主张因被告宏力热泵能源公司路演时向投资者宣传陈述的业绩情况与其《2015 年度报告》不符，导致其投资损失，但阮京文没有证据证明阮京文是宏力热泵能源公司的投资者，亦没有证据证明被告宏力热泵能源公司存在虚构增发计划、隐瞒财务状况、捏造财务数据的情况，因此，对于阮京文以被告宏力热泵能源公司实施违法违规欺诈手段导致其投资损失为由要求宏力热泵能源公司赔偿其损失的诉讼请求，法院不予支持。另外，被告韩冰与金盛博基公司签订《股票转让协议》是其对自己权利的处分，关于阮京文主张韩冰与宏力热泵能源公司串通，实施共同侵权行为，阮京文没有提交证据证实韩冰存在侵犯阮京文合法权益的行为，对阮京文主张被告韩冰承担侵权责任的诉讼请求，法院不予支持。综上所述，阮京文要求宏力热泵能源公司赔偿阮京文投资差额损失，韩冰承担连带责任的诉讼请求，无事实和法律依据，法院不予支持。

三、裁判要旨

私募基金的投资者与私募基金投资标的公司之间并非投资合同关系，投资者应对其提出的标的公司实施了违法违规欺诈手段导致其投资损失的主张提供证据加以证明，对于因市场风险导致的投资者投资损失，标的公司不承担侵权责任。

四、案例来源

1. 案例索引

【案件名称】阮京文与山东宏力热泵能源股份有限公司、韩冰侵权责任纠纷案

【审理法院】山东省潍坊高新技术产业开发区人民法院

【案号】(2017)鲁0791民初600号

【审理程序】一审

2. 关联案例

山东省潍坊高新技术产业开发区人民法院在“顾伟与山东宏力热泵能源股份有限公司、韩冰侵权责任纠纷案”[(2017)鲁0791民初596号]中认为，被告宏力能源股东韩冰与金盛博基公司下设基金产品签订《股票转让协议》，约定被告韩冰将其所持有的宏力能源58.5万股股票转让给金盛博基基金产品，顾伟持有的并非宏力能源的股份，而是金盛博基基金产品的份额，顾伟和被告宏力能源、韩冰之间不存在直接的权利义务关系。原告主张因被告宏力能源路演时向投资者宣传陈述的业绩情况与其《2015年度报告》不符，导致其投资损失，但原告没有证据证明原告是宏力能源的投资者，亦没有证据证明被告宏力能源存在虚构增发计划、隐瞒财务状况、捏造财务数据的情况，因此，对于原告以被告宏力能源实施违法违规欺诈手段导致其投资损失为由要求被告宏力能源赔偿其损失的诉讼请求，本院不予支持。另外，被告韩冰与金盛博基公司签订《股票转让协议》是其对自己权利的处分，关于原告主张被告韩冰与被告宏力能源串通，实施共同侵权行为，原告没有提交证据证实韩冰存在侵犯原告合法权益的行为，对原告主张被告韩冰承担侵权责任的诉讼请求，法院不予支持。综上所述，原告要求被告宏力能源赔偿原告投资差额损失，被告韩冰承担连带责任的诉讼请求，无事实和法律依据，法院不予支持。

五、案例评析

私募基金投资者与私募基金投资的标的公司之间通常并不存在投资协议或其他合同，虽然有间接的出资关系，但并无直接的法律关系，两者之间通过私募

基金才建立联结关系。投资者与私募基金是出资关系,私募基金与标的公司之间存在出资关系或债权关系,根据合同的相对性,投资者与标的公司之间并未建立出资关系。因此,当标的公司遭遇经营风险或其他风险导致私募基金投资亏损,进而造成私募基金投资者损失时,投资者不能直接以标的公司违约为由向标的公司主张赔偿,因为投资者并非真正权利人。投资者只能依据投资协议或基金合同的约定要求私募基金或管理人主张权利,只有在符合《公司法》第151条、《合伙企业法》第68条规定的派生诉讼条件下,投资者才可以自己名义向包括标的公司在内的私募基金的债务人提起诉讼(见本书第五编第一章)。此外,当标的公司存在因过错侵害投资者投资利益的事实时,投资者可依据《侵权责任法》的相关规定向标的公司提出侵权赔偿之诉,该种侵权行为属于一般侵权责任,构成要件为过错、侵害行为、损害和因果关系,但因标的公司对私募基金投资者并无法定义务,因此,投资者以市场风险遭受的损失主张侵权责任难以获得法院支持。

六、案例启示

1. 投资者应正确认识投资风险,真正做到风险自担

投资有风险,私募投资基金也不例外。在进行私募基金产品推介和资金募集时,私募基金管理人或募集机构均会通过调查问卷、风险测评、风险揭示书等各种方式向投资者披露私募基金投资的风险,并了解投资者的风险承受能力,以满足投资者适当性管理的监管要求。但实践中,投资者往往被私募基金的收益或私募管理人的过往业绩宣传所吸引,忽略了私募基金投资的风险,甚至是故意视而不见。根据中国基金业协会发布的要求募集机构和投资者填报的风险揭示书中的描述,投资者投资私募基金的风险包括一般风险和特殊风险两大类风险一般风险主要包括资金损失风险、基金运营风险、募集失败风险、税收风险、宏观经济风险、操作风险、违约风险等其他风险,特殊风险包括基金合同与中国基金业协会合同指引不一致所涉风险、基金委托募集的风险、聘请投资顾问的风险、未在中国基金业协会登记备案的风险、经纪服务商风险、基金延期风险、基金的关联交易风险、单一标的所涉风险、基金的产品架构和底层标的所涉风险、资金流动性风险等。投资者在进行私募基金投资时,应正确认识投资风险,不要盲目听信基金管理人过往业绩及推介资料的夸大宣传,做到理性投资,选择与自身风险承受能力相一致的私募基金投资产品,切忌超过自身风险承受能力投资高风险私募基金产品。

2. 投资者在发生私募基金投资损失时应依法维权、理性维权

随着几年来金融领域去通道、降杠杆、消非标、破刚兑的监管调控力度的显现,私募基金行业的风险逐渐暴露,2018 年 6 月发生的阜兴系私募爆雷事件,引起全社会震动,涉及阜兴系 4 家私募机构、150 多只私募基金产品、50 多个项目、200 多亿元资金,并一度引发众多投资者围聚托管银行维权的事件。投资有风险,私募基金也不例外,因外部经营环境变化及私募基金管投水平影响,并非所有私募基金都能实现盈利,为投资者创造价值,私募基金存在亏损亦很正常。投资者应理性看待投资损失,在追求高收益的同时,亦应做好承担亏损的准备。在发生投资损失时应按照法律规定及合同约定,采取法律武器维护自身权益。比如,在私募基金管理人、推介募集机构存在欺诈时,可以提起侵权之诉要求赔偿损失;在私募基金管理人怠于行使权力时,可以提起派生诉讼;在有增信措施时,可以要求增信方履行担保责任。此外,在私募基金或者基金管理人涉嫌违法或刑事犯罪时,及时向中国证监会及派出机构或公安机关报案,积极寻求行政机关或司法机关的救济。

七、相关法规

《侵权责任法》

第六条 行为人因过错侵害他人民事权益,应当承担侵权责任。

根据法律规定推定行为人有过错,行为人不能证明自己没有过错的,应当承担侵权责任。

《合同法》

第四百零六条 有偿的委托合同,因受托人的过错给委托人造成损失的,委托人可以要求赔偿损失。无偿的委托合同,因受托人的故意或者重大过失给委托人造成损失的,委托人可以要求赔偿损失。

受托人超越权限给委托人造成损失的,应当赔偿损失。

第四百零九条 两个以上的受托人共同处理委托事务的,对委托人承担连带责任。

第六编　私募基金与第三人之间的纠纷

第一章　对赌条款效力纠纷

第一节　投资方与目标公司之间对赌条款无效

一、案例简介

1. 事实经过

2007 年 11 月 1 日前，甘肃众星锌业有限公司(2009 年 6 月更名为甘肃世恒有色资源再利用有限公司，以下简称世恒公司)、苏州工业园区海富投资有限公司(以下简称海富公司)、香港迪亚有限公司(以下简称迪亚公司)、陆波共同签订一份《甘肃众星锌业有限公司增资协议书》(以下简称《增资协议书》)，约定：世恒公司注册资本为 384 万美元，迪亚公司占投资的 100%。各方同意海富公司以现金 2000 万元人民币对世恒公司进行增资，占世恒公司增资后注册资本的 3.85%，迪亚公司占 96.15%。依据协议内容，迪亚公司与海富公司签订合营企业合同及修订公司章程，并于合营企业合同及修订后的章程批准之日起 10 日内一次性将认缴的增资款汇入世恒公司指定的账户。合营企业合同及修订后的章程，在报经政府主管部门批准后生效。海富公司在履行出资义务时，陆波承诺于 2007 年 12 月 31 日之前将四川省峨边县五渡牛岗铅锌矿过户至世恒公司名下。募集的资金主要用于以下项目：(1)收购甘肃省境内的一个年产能大于 1.5 万吨的锌冶炼厂；(2)开发四川省峨边县牛岗矿山；(3)投入 500 万元用于循环冶炼技术研究。第 7 条特别约定第 1 项：本协议签订后，世恒公司应尽快成立“公司改制上市工作小组”，着手筹备安排公司改制上市的前期准备工作，工作小组成员由股东代表和主要经营管理人员组成。协议各方应在条件具备时将公司改组成规范的股份有限公司,并争取在境内证券交易所发行上市。第2项业绩目标约定:世恒公司2008年净利润不低于3000万元人民币。如果世恒公司2008年实际净利润完不成3000万元,海富公司有权要求世恒公司予以补偿,如果世恒公司未能履行补偿义务,海富公司有权要求迪亚公司履行补偿义务。补偿金额=(1-2008年实际净利润÷3000万元)×本次投资金额。第4项股权回购约定:如果至2010年10月20日,由于世恒公司的原因造成无法完成上市,则海富公司有权在任一时刻要求迪亚公司回购届时海富公司持有的世恒公司的全部股权,迪亚公司应自收到海富公司书面通知之日起180日内按以下约定回购金额向海富公司一次性支付全部价款。若自2008年1月1日起,世恒公司的净资产年化收益率超过10%,则迪亚公司回购金额为海富公司所持世恒公司股份对应的所有者权益账面价值;若自2008年1月1日起,世恒公司的净资产年化收益率低于10%,则迪亚公司回购金额为(海富公司的原始投资金额-补偿金额)×(10%×投资天数÷360)。此外,规定了信息披露约定、违约责任等,还约定该协议自各方授权代表签字并加盖公章,于协议文首注明之签署日期生效。协议未作规定或约定不详之事宜,应参照经修改后的世恒公司章程及股东间的投资合同(若有)办理。

2007年11月1日,海富公司、迪亚公司签订《中外合资经营甘肃众星锌业有限公司合同》(以下简称《合资经营合同》),有关约定为:世恒公司增资扩股将注册资本增加至399.38万美元,海富公司决定受让部分股权,将世恒公司由外资企业变更为中外合资经营企业。在合资公司的设立部分约定,合资各方以其各自认缴的合资公司注册资本出资额或者提供的合资条件为限对合资公司承担责任。海富公司出资15.38万美元,占注册资本的3.85%;迪亚公司出资384万美元,占注册资本的96.15%。海富公司应于本合同生效后10日内一次性向合资公司缴付人民币2000万元,超过其认缴的合资公司注册资本的部分,计入合资公司资本公积金。在第68条、第69条关于合资公司利润分配部分约定:合资公司依法缴纳所得税和提取各项基金后的利润,按合资方各持股比例进行分配。合资公司上一个会计年度亏损未弥补前不得分配利润。上一个会计年度未分配的利润,可并入本会计年度利润分配。还规定了合资公司合资期限、解散和清算事宜。还特别约定:合资公司完成变更后,应尽快成立"公司改制上市工作小组",着手筹备安排公司改制上市的前期准备工作,工作小组成员由股东代表和主要经营管理人员组成。合资公司应在条件具备时改组成立为股份有限公司,并争取在境内证券交易所发行上市。如果至2010年10月20日，由于合资公司自身的原因造成无法完成上市，则海富公司有权在任一时刻要求迪亚公司回购届时海富公司持有的合资公司的全部股权。合同于审批机关批准之日起生效。《中外合资经营甘肃众星锌业有限公司章程》(以下简称《公司章程》)第62条、第63条与《合资经营合同》第68条、第69条内容相同。之后，海富公司依约于2007年11月2日缴存世恒公司银行账户人民币2000万元，其中新增注册资本114.7717万元，资本公积金1885.2283万元。2008年2月29日，甘肃省商务厅甘商外资字〔2008〕79号文件《关于甘肃众星锌业有限公司增资及股权变更的批复》同意增资及股权变更，并批准"投资双方于2007年11月1日签订的增资协议、合资企业合营合同和章程从即日起生效"。随后，世恒公司依据该批复办理了相应的工商变更登记。2009年6月，世恒公司依据该批复办理了相应的工商变更登记。另据工商年检报告登记记载，世恒公司2008年度生产经营利润总额为26,858.13元，净利润为26,858.13元。

2009年12月30日，海富公司诉至法院请求判令世恒公司、迪亚公司和陆波向其支付协议补偿款1998.2095万元并承担本案诉讼费及其他费用。

世恒公司辩称《增资协议书》第7条第2项的内容无效，因其违反了《中外合资经营企业法》及《中外合资经营企业法实施条例》关于合资企业利润分配的强制性规定，实为不分担公司任何经营风险，固定地获取巨额收益，明显属于"保底条款"，以合法形式掩盖非法目的。

2. 核心争议

《增资协议书》中关于世恒公司2008年实际净利润完不成3000万元，海富公司有权要求世恒公司予以补偿约定及要求迪亚公司回购股权的约定是否具有法律效力。

3. 交易结构图

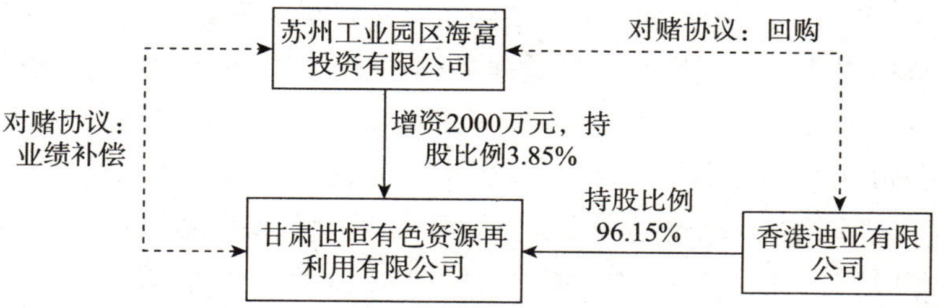

图6-1　交易结构图

二、裁判结果

一审法院甘肃省兰州市中级人民法院认为,《增资协议书》系双方真实意思表示,但第7条第2项内容即世恒公司2008年实际净利润完不成3000万元,海富公司有权要求世恒公司补偿的约定,不符合《中外合资经营企业法》第8条第1款关于企业利润根据合营各方注册资本的比例进行分配的规定;同时,该条规定与《公司章程》的有关条款不一致,也损害公司利益及公司债权人的利益,不符合《公司法》第20条第1款的规定。因此,根据《合同法》第52条第5项的规定,该条由世恒公司对海富公司承担补偿责任的约定违反了法律、行政法规的强制性规定,该约定无效,故海富公司依据该条款要求世恒公司承担补偿责任的诉请,依法不能支持。由于海富公司要求世恒公司承担补偿责任的约定无效,因此,海富公司要求世恒公司承担补偿责任失去了前提依据。同时,《增资协议书》第7条第2项内容与《合资经营合同》中相关约定内容不一致,依据《中外合资经营企业法实施条例》第10条第2款的规定,应以《合资经营合同》内容为准,故海富公司要求迪亚公司承担补偿责任的依据不足,依法不予支持。陆波虽是世恒公司的法定代表人,但其在世恒公司的行为代表的是公司行为利益,并且《增资协议书》第7条第2项内容中,并没有关于由陆波个人承担补偿义务的约定,故海富公司要求陆波个人承担补偿责任的诉请无合同及法律依据,依法应予驳回。至于陆波未按照承诺在2007年12月31日之前将四川省峨边县五渡牛岗铅锌矿过户至世恒公司名下,涉及对世恒公司及其股东的违约问题,不能成为本案陆波承担补偿责任的理由。

二审法院甘肃省高级人民法院认为,海富公司与世恒公司、迪亚公司、陆波四方签订的协议书虽名为《增资协议书》,但纵观该协议书全部内容,海富公司支付2000万元的目的并非仅享有世恒公司3.85%的股权(计15.38万美元,折合人民币114.771万元),期望世恒公司经股份制改造并成功上市后,获取增值的股权价值才是其缔结协议书并出资的核心目的。基于上述投资目的,海富公司等四方当事人在《增资协议书》第7条第2项就业绩目标进行了约定,即"如果世恒公司2008年净利润不低于3000万元,海富公司有权要求世恒公司予以补偿,如果世恒公司未能履行补偿义务,海富公司有权要求迪亚公司履行补偿义务。补偿金额=(1-2008年实际净利润÷3000万元)×本次投资金额"。四方当事人就世恒公司2008年净利润不低于3000万元人民币的约定,仅是对目标企业盈利能力提出要求,并未涉及具体分配事宜;且约定利润如实现,世恒公司及其股东均能依据《公司法》《合资经营合同》《公司章程》等相关规定获得各自相应的收益,也有助于债权人利益的实现,故并不违反法律规定。而四方当事人就世恒公司2008年实际净利润完不成3000万元,海富公司有权要求世恒公司及迪亚公司以一定方式予以补偿的约定,则违反了投资领域风险共担的原则,使海富公司作为投资者无论世恒公司经营业绩如何,均能取得约定收益而不承担任何风险。参照最高人民法院《关于审理联营合同纠纷案件若干问题的解答》第4条第2项关于"企业法人、事业法人作为联营一方向联营体投资,但不参加共同经营,也不承担联营的风险责任,不论盈亏均按期收回本息,或者按期收取固定利润的,是明为联营,实为借贷,违反了有关金融法规,应当确认合同无效"之规定,《增资协议书》第7条第2项部分约定内容,因违反《合同法》第52条第5项之规定应认定无效。海富公司除已计入世恒公司注册资本的114.771万元外,其余1885.2283万元资金性质应属名为投资、实为借贷。虽然世恒公司与迪亚公司的补偿承诺亦归于无效,但海富公司基于对其承诺的合理依赖而缔约,故世恒公司、迪亚公司对无效的法律后果应负主要过错责任。根据《合同法》第58条之规定,世恒公司与迪亚公司应共同返还海富公司1885.2283万元及占用期间的利息,因海富公司对于无效的法律后果亦有一定过错,如按同期银行贷款利率支付利息不能体现其应承担的过错责任,故世恒公司与迪亚公司应按同期银行定期存款利率计付利息。因陆波个人并未就《增资协议书》第7条第2项所涉补偿问题向海富公司作出过承诺,且其是否于2007年12月31日之前将四川省峨边县五渡牛岗铅锌矿过户至世恒公司名下与本案不属于同一法律关系,故海富公司要求陆波承担补偿责任的诉请无事实及法律依据,法院不予支持。

再审法院最高人民法院认为,2009年12月,海富公司向一审法院提起诉讼时的诉讼请求是请求判令世恒公司、迪亚公司、陆波向其支付协议补偿款19,982,095元并承担本案诉讼费用及其他费用,没有请求返还投资款。因此,二审判决判令世恒公司、迪亚公司共同返还投资款及利息超出了海富公司的诉讼请求,是错误的。海富公司作为企业法人,向世恒公司投资后与迪亚公司合资经营,故世恒公司为合资企业。世恒公司、海富公司、迪亚公司、陆波在《增资协议书》中约定,如果世恒公司实际净利润低于3000万元,则海富公司有权从世恒公司处获得补偿,并约定了计算公式。这一约定使海富公司的投资可以取得相对固定的收益,该收益脱离了世恒公司的经营业绩,损害了公司利益和公司债权人利益,一审法院、二审法院根据《公司法》第20条第1款和《中外合资经营企业法》第8条第1款的规定认定《增资协议书》中的这部分条款无效是正确的。但二审法院认定海富公司18,852,283元的投资名为联营、实为借贷,并判决世恒公司和迪亚公司向海富公司返还该笔投资款,没有法律依据,应予以纠正。但是,在《增资协议书》中,迪亚公司对于海富公司的补偿承诺并不损害公司及公司债权人的利益,不违反法律法规的禁止性规定,是当事人的真实意思表示,是有效的。迪亚公司对海富公司承诺了世恒公司2008年的净利润目标并约定了补偿金额的计算方法,在世恒公司2008年的利润未达到约定目标的情况下,迪亚公司应当依约应海富公司的请求对其进行补偿。迪亚公司对海富公司请求的补偿金额及计算方法没有提出异议,法院予以确认,并判决撤销甘肃省高级人民法院(2011)甘民二终字第96号民事判决,迪亚公司向海富公司支付协议补偿款19,982,095元。

三、裁判要旨

投资方与目标公司本身之间的对赌条款如果使投资方可以取得相对固定的收益,则该收益会脱离目标公司的经营业绩,直接或间接地损害公司利益和公司债权人利益,违反了《公司法》第20条第1款的规定,故应认定无效。但目标公司股东对投资方的补偿承诺不违反法律法规的禁止性规定,是有效的。

四、案例来源

1. 案例索引

【案件名称】苏州工业园区海富投资有限公司与甘肃世恒有色资源再利用有限公司、香港迪亚有限公司、陆波增资纠纷案

【审理法院】最高人民法院

【案号】(2012)民提字第11号

【审理程序】再审

2. 关联案例

厦门市中级人民法院在"厦门金泰九鼎股权投资合伙企业与骆鸿、江西旭阳雷迪高科技股份有限公司公司增资纠纷案"[(2014)厦民初字第137号]中认为,金泰九鼎与旭阳雷迪公司的对赌条款无效。评价融资公司承诺补偿行为的效力应当遵守《公司法》有关公司资本维持原则的规定。该原则强调公司至少须维持相当于资本额的财产,以具体财产充实抽象资本。公司债权人可以在与公司交易中得到最低限度的担保,从而实现对其利益的保护。向股东返还资本

则意味着从债权人有权获得支付的资本中攫取财富。如果融资公司可以直接作为补偿主体,必将不当减少公司资产,损害公司及债权人的利益。上述对赌条款的约定使金泰九鼎等投资方对旭阳雷迪公司的投资可以取得相对固定收益,参照苏州工业园区海富投资有限公司与甘肃世恒有色资源再利用有限公司、香港迪亚有限公司、陆波增资纠纷再审案,该约定的对赌条款损害公司利益和公司债权人利益,违反《公司法》第20条第1款之规定,该部分条款无效。同时,认定"旭阳雷迪公司未能实现年度净利润,应对投资方进行补偿,骆鸿承诺担保赔偿"非《担保法》意义上的保证,而是控股股东与投资人就未来一段时间内目标公司的经营业绩进行约定,如目标企业未实现约定的业绩,则需按一定标准与方式对投资人进行补偿的条款。骆鸿作为对赌条款的相对方应对投资人直接承担补偿责任,而非担保责任,是股东对投资人的补偿承诺并不损害公司及公司债权人的利益,不违反法律法规的禁止性规定,是当事人的真实意思表示,是有效的。

湖南省高级人民法院在"湖南湖大海捷津杉创业投资有限公司与张立忠、柳莉等与公司有关的纠纷案"[(2017)湘民终245号]中认为,《增资扩股协议》系海捷公司与正忠公司所签订,且经过正忠公司股东大会通过,系当事人之间的真实意思表示,内容不违反法律法规的强制性规定,应为有效合同。《增资扩股补充协议》中关于正忠公司回购股份的条款,原审法院认为,该系列条款违反《公司法》的强制性规定无效,驳回海捷公司对正忠公司的诉讼请求,海捷公司对此并没有提出上诉,故对该部分处理,法院予以维持。

五、案例评析

对赌协议即估值调整机制,其英文名称为 Valuation Adjustment Mechanism,是私募股权投资中经常使用的一种投资工具。由于对被投资企业未来的业绩无法确定,投融资双方就在融资协议中约定一定的条件(一般是以一定的业绩指标作为标准),如果约定的条件出现,由投资方行使估值调整权利,以弥补高估企业自身价值的损失;如果约定的条件未出现,则由融资方行使一种权利,以补偿企业自身价值被低估的损失。对赌可以一方面促进交易达成、引导目标公司加强经营管理、降低投资风险,另一方面对双方交易起到一定的担保高性能,有效降低了投融资双方的信息不对称带来的交易成本。当前我国法律规定对投资过程中所涉及的对赌行为并没有明确规定,其合法性长期处于模糊状况。本案是对赌协议效力第一案,历经中级人民法院、高级人民法院、最高人民法院三级审判机关,从一审、二审到再审,出现了三份完全不同的法院判决书,充分反映了司法界对对赌协议效力认定的巨大分歧。最高人民法院以提审的方式纠正了一审、二审关于对赌协议效力认定问题上的误解和适用法规的错误,从《公司法》第20条第1款和《中外合资经营企业法》第8条第1款出发,确定了"股东与公司对赌无效、股东与股东之间对赌有效"的裁判规则,体现了对处理新型民商事法律关系所持的司法理念和裁判原则:一是坚持促进交易、维护交易安全的理念,审慎认定对赌协议的效力;二是强调《公司法》资本维持原则,保护公司及债权人利益;三是在不违反法律强制性规定的前提下,尊重商法领域的契约自由原则。随着本案的尘埃落定,不仅在一定程度上结束了司法实务中关于对赌效力的分歧,而且影响私募股权投资活动中的决策行为。

六、案例启示

1. 投资方选择对赌对象时应避免绑定目标公司

最高人民法院以《增资协议书》中约定海富公司有权从世恒公司处获得补偿,使海富公司的投资可以取得相对固定的收益,该收益脱离了世恒公司的经营业绩,损害了公司利益和公司债权人利益,违反了《公司法》第20条第1款"公司股东应当遵守法律、行政法规和公司章程,依法行使股东权利,不得滥用股东权利损害公司或者其他股东的利益;不得滥用公司法人独立地位和股东有限责任损害公司债权人的利益"的强制性规定,因此,认定该补偿约定无效,因本案刊登在《最高人民法院公报》2014年第8期(总第214期),故最高人民法院在本案中裁判观点也为其他法院裁判类似案件所接受或援引。因此,投资方在设计对赌协议时一般应避免绑定目标公司,而应该以其他方式来达到估值调整的目的,比如,可以选择与目标公司管理层、实际控制人或关联人、股东(或控股股东)进行对赌,绕开将目标公司卷入对赌,从而避免相关协议被认定为无效。这是因为,根据《公司法》理论及相关法律规定,在公司有效存续的情况下,基于公司资本维持和法人独立财产的原则,股东基于其投资可从公司获得财产的途径只能是依法从公司分配利润或者通过减资程序退出公司,除此之外,公司股东应无权直接从公司取得公司财产,否则是公司及公司债权人利益的损害,有可能被认定为滥用股东权利损害公司或者其他股东及公司债权人的利益。

2. 对赌协议的内容应注意不能违反法律、行政法规的强制性规定

最高人民法院认定《增资协议书》中关于世恒公司对海富公司现金补偿的约定无效的第二个理由是其违反了《中外合资经营企业法》第8条第1款"合营企业获得的毛利润,按中华人民共和国税法规定缴纳合营企业所得税后,扣除合

营企业章程规定的储备基金、职工奖励及福利基金、企业发展基金，净利润根据合营各方注册资本的比例进行分配”的关于中外合资经营企业中有关利润分配的规定，世恒公司系经甘肃省商务厅批准设立的中外合资经营企业，《增资协议书》第7条第2项内容约定世恒公司2008年实际净利润完不成3000万元，则海富公司有权要求世恒公司补偿，不符合《中外合资经营企业法》第8条第1款关于企业利润根据合营各方注册资本的比例进行分配的规定，违反了法律强制性规定，该项约定无效。对于不同性质的目标公司，特别是涉及目标公司为中外合资经营企业、中外合作经营企业、国有企业的，在设计对赌条款及选择对赌的内容（货币补偿、股权补偿、管理层激励、股权优先等）时应注意进行合法性审查，避免因违反相关法律、行政法规的强制性规定导致对赌协议无效的情形发生。

七、相关法规

《公司法》

第六条　设立公司，应当依法向公司登记机关申请设立登记。符合本法规定的设立条件的，由公司登记机关分别登记为有限责任公司或者股份有限公司；不符合本法规定的设立条件的，不得登记为有限责任公司或者股份有限公司。

法律、行政法规规定设立公司必须报经批准的，应当在公司登记前依法办理批准手续。

公众可以向公司登记机关申请查询公司登记事项，公司登记机关应当提供查询服务。

第十六条　公司向其他企业投资或者为他人提供担保，依照公司章程的规定，由董事会或者股东会、股东大会决议；公司章程对投资或者担保的总额及单项投资或者担保的数额有限额规定的，不得超过规定的限额。

公司为公司股东或者实际控制人提供担保的，必须经股东会或者股东大会决议。

前款规定的股东或者受前款规定的实际控制人支配的股东，不得参加前款规定事项的表决。该项表决由出席会议的其他股东所持表决权的过半数通过。

第二十条　公司股东应当遵守法律、行政法规和公司章程，依法行使股东权利，不得滥用股东权利损害公司或者其他股东的利益；不得滥用公司法人独立地位和股东有限责任损害公司债权人的利益。

公司股东滥用股东权利给公司或者其他股东造成损失的，应当依法承担赔偿责任。

公司股东滥用公司法人独立地位和股东有限责任,逃避债务,严重损害公司债权人利益的,应当对公司债务承担连带责任。

《合同法》

第五十二条 有下列情形之一的,合同无效:

(一)一方以欺诈、胁迫的手段订立合同,损害国家利益;

(二)恶意串通,损害国家、集体或者第三人利益;

(三)以合法形式掩盖非法目的;

(四)损害社会公共利益;

(五)违反法律、行政法规的强制性规定。

第五十八条 合同无效或者被撤销后,因该合同取得的财产,应当予以返还;不能返还或者没有必要返还的,应当折价补偿。有过错的一方应当赔偿对方因此所受到的损失,双方都有过错的,应当各自承担相应的责任。

《中外合资经营企业法》

第二条 中国政府依法保护外国合营者按照经中国政府批准的协议、合同、章程在合营企业的投资、应分得的利润和其他合法权益。

合营企业的一切活动应遵守中华人民共和国法律、法规的规定。

国家对合营企业不实行国有化和征收;在特殊情况下,根据社会公共利益的需要,对合营企业可以依照法律程序实行征收,并给予相应的补偿。

第三条 合营各方签订的合营协议、合同、章程,应报国家对外经济贸易主管部门(以下称审查批准机关)审查批准。审查批准机关应在三个月内决定批准或不批准。合营企业经批准后,向国家工商行政管理主管部门登记,领取营业执照,开始营业。

第八条 合营企业获得的毛利润,按中华人民共和国税法规定缴纳合营企业所得税后,扣除合营企业章程规定的储备基金、职工奖励及福利基金、企业发展基金,净利润根据合营各方注册资本的比例进行分配。

合营企业依照国家有关税收的法律和行政法规的规定,可以享受减税、免税的优惠待遇。

外国合营者将分得的净利润用于在中国境内再投资时,可申请退还已缴纳的部分所得税。

《中外合资经营企业法实施条例》

第十条 本条例所称合营企业协议,是指合营各方对设立合营企业的某些要点和原则达成一致意见而订立的文件;所称合营企业合同,是指合营各方为设立合营企业就相互权利、义务关系达成一致意见而订立的文件；所称合营企业章程，是指按照合营企业合同规定的原则，经合营各方一致同意，规定合营企业的宗旨、组织原则和经营管理方法等事项的文件。

合营企业协议与合营企业合同有抵触时，以合营企业合同为准。

经合营各方同意，也可以不订立合营企业协议而只订立合营企业合同、章程。

第二节　投资方与目标公司控股股东之间对赌条款有效

一、案例简介

1. 事实经过

上海永鼎投资中心（有限合伙）（以下简称永鼎中心）系成立于2011年10月的有限合伙企业；上海永鼎股权投资基金管理有限公司（以下简称永鼎基金公司）系成立于2011年9月的一人有限责任公司（自然人独资），法定代表人均为李启恒。永鼎基金公司系永鼎中心的执行事务合伙人亦为永鼎中心的普通合伙人。双方签订的合伙协议载明：有限合伙人为麦照容，普通合伙人为永鼎基金公司；全体合伙人一致同意委托永鼎基金公司为本企业执行合伙事务的合伙人，对外代表本合伙企业并执行合伙事务。山东瀚霖生物技术有限公司（以下简称瀚霖公司）的工商登记档案显示，永鼎基金公司是瀚霖公司的股东之一，认缴出资额200万元，持股比例为0.43%。

2011年10月20日，永鼎中心与永鼎基金公司签订委托持股协议，该协议载明：永鼎中心将以永鼎基金公司名义向瀚霖公司出资1400万元获得的股份委托永鼎基金公司代为持有，永鼎基金公司按协议约定代表永鼎中心行使股东权利。在委托持股期间，永鼎基金公司作为标的股权形式上的拥有者，以永鼎基金公司的名义在工商股东登记中具名登记。股权归属：委托股份的所有权归永鼎中心所有，永鼎基金公司仅作为瀚霖公司的名义股东。永鼎基金公司因委托持股股份产生的或与委托持股股份有关的收益、所得或收入的所有权归永鼎中心所有。

2011年10月28日，永鼎中心与曹务波签订《股权转让协议书》，载明：永鼎中心、曹务波一致同意，由曹务波向永鼎中心溢价转让其持有的200万股瀚霖公司股份，溢价价格为每股7元，转让金额合计为1400万元。本次转让完成后，永鼎中心持有瀚霖公司注册资本200万元。永鼎中心的认购方式为货币现金认购。曹务波承诺自永鼎中心将其认缴的出资汇入曹务波指定账户之日起30个工作日内,负责督促瀚霖公司办理完毕本次转让的工商变更登记。同日,永鼎中心与曹务波又签订《股权转让补充协议书》,对永鼎中心的回购权作出如下约定:(1)发生以下情形时,永鼎中心有权要求曹务波回购其持有的全部或者部分瀚霖公司的股权:①瀚霖公司在2013年年底前没有公开发行A股股票;②瀚霖公司2011年实现的经审计扣除非经营性损益后的净利润低于16,000万元。(2)永鼎中心的回购决定须在2014年4月30日之前以书面通知形式送达曹务波,逾期将视为永鼎中心放弃回购权。(3)永鼎中心行使回购权时,回购对价为永鼎中心拟转让股权对应的瀚霖公司上一年度经审计净资产值与永鼎中心本次投资金额加年资金成本8%计算孰高者为准(单利计算,但应减去永鼎中心已分配利润)。(4)曹务波应在永鼎中心作出回购决定之日起60日内完成回购并支付全部回购对价。之后,永鼎中心分别于2011年11月1日、2011年11月4日向曹务波支付股权转让款合计1400万元。

曹务波于2013年6月15日向永鼎中心出具承诺书,该承诺书载明:"我承诺:上海永鼎投资中心购买的山东瀚霖生物技术有限公司壹仟肆佰万元,贰佰万股股权于2013年8月底前签订正式股权回购协议,具体回购条款在正式签订合同时双方商定。"

曹务波曾于2010年11月1日与案外人青岛国助典当有限责任公司签订股权质押合同,将曹务波持有的瀚霖公司全部股权(32,560万元)出质给质权人青岛国助典当有限责任公司,并于同日办理了股权出质登记。在该案审理过程中,青岛国助典当有限责任公司出具书面情况说明,称"曹务波持有的瀚霖公司的全部股权已经质押给我公司,且莱阳市工商局也办理了出质登记手续,我公司并不知道曹务波又将部分股权转让给其他人,也不可能同意曹务波将股权再进行转让,也没有和曹务波办理股权质押的注销登记"。一审法院作出(2014)烟商初字第139号案判决:(1)原告中扶华夏融资担保有限公司与被告曹务波于2011年9月28日签订的股权转让协议书以及2011年9月29日签订的股权转让补充协议书无效。(2)被告曹务波于判决生效之日起10日内返还原告中扶华夏融资担保有限公司股权转让款1000万元并赔偿利息损失(自2014年7月7日至判决生效之日按中国人民银行规定的同期贷款利率计付)。该案已经发生法律效力。

永鼎中心向法院起诉请求:曹务波立即回购永鼎中心持有的全部瀚霖公司的股权共计1773.3万元(1400万元+1400万元×8%×3年+1400万元×8%÷12×4个月)。

曹务波辩称2011年10月28日《股权转让补充协议书》及2013年6月15日承诺书无效，因协议和承诺书内容即股权回购之约定，具有对赌条款性质，违反了《公司法》规定的股东投资风险共担原则，上述约定实际是固定收益的保底条款，严重损害公司股东利益和债权人利益。永鼎中心1400万元已经出资进入瀚霖公司，并持有瀚霖公司0.43%股权，其只能按《公司法》规定，承担亏损或享受股权利益，无权要求返还原投资及约定收益。

2. 核心争议

永鼎中心、曹务波于2011年10月28日签订的股权转让协议、补充协议以及2013年6月15日曹务波出具的承诺书是否有效。

3. 交易结构图

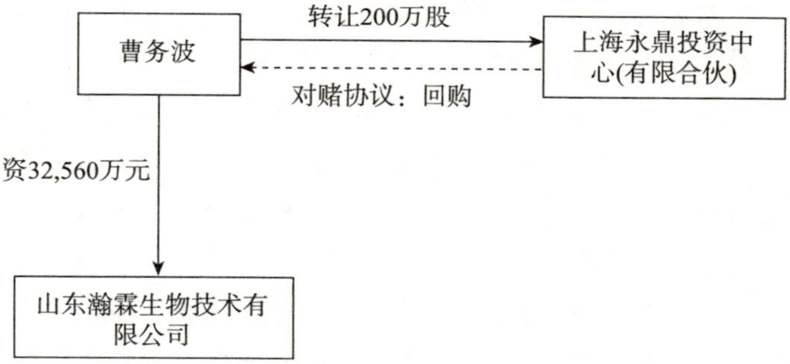

图6－2　交易结构图

二、裁判结果

一审法院山东省烟台市中级人民法院认为，涉案股权转让协议及补充协议约定曹务波将持有的瀚霖公司200万股股权转让给永鼎中心，而曹务波在与永鼎中心签订上述股权转让协议书及补充协议书之前即2010年11月1日已经将其持有的瀚霖公司的全部股权质押给青岛国助典当有限责任公司并办理了股权出质登记。依据《物权法》第226条“以基金份额、股权出质的，当事人应当订立书面合同。以基金份额、证券登记结算机构登记的股权出质的，质权自证券登记结算机构办理出质登记时设立；以其他股权出质的，质权自工商行政管理部门办理出质登记时设立。基金份额、股权出质后，不得转让，但经出质人与质权人协商同意的除外。出质人转让基金份额、股权所得的价款，应当向质权人提前清偿债务或者提存”之规定，在未经质权人青岛国助典当有限责任公司同意及未办理股权质押的注销登记的情况下，涉案股权转让协议及补充协议约定将曹务波持有的瀚霖公司200万股股权转让给永鼎中心，违反了法律的强制性规定，该股权转让协议及补充协议应认定无效。经一审法院依法释明，永鼎中心明确表示不变更诉讼请求。故永鼎中心依据涉案股权转让协议及补充协议约定主张曹务波立即回购永鼎中心持有的全部瀚霖公司的股权合计1773.3万元的诉讼请求没有法律依据，法院不予支持。

二审法院山东省高级人民法院认为，根据物权变动与其原因行为相区分原则，合同作为物权变动的原因，其效力应根据《合同法》来判断，而不能通过合同是否能够履行进行判断。《物权法》第226条关于股权出质后不得转让的规定，并不属于对合同的效力性强制性规定。因转让出质的股权而签订的股权转让合同，不存在其他导致合同无效的情形时，股权转让合同本身应是有效，即合同在债权领域发生效力，只是在物权领域无法发生变动效力，亦即合同构成履行不能。本案永鼎中心与曹务波签订的《股权转让协议书》及《股权转让补充协议书》，是双方当事人的真实意思表示，且内容不违反法律、行政法规的效力性强制性规定，应为有效。曹务波所转让的股权是否已出质、质权人是否同意转让均不影响本案股权转让合同的效力，况且本案股权已变更到了永鼎中心指定的代持人名下。一审法院依据《物权法》第226条认定本案股权转让合同无效，属于适用法律错误，二审法院予以纠正。永鼎中心与曹务波签订的《股权转让补充协议书》约定，发生以下情形时，永鼎中心有权要求曹务波回购股权：(1)瀚霖公司在2013年年底前没有公开发行A股股票；(2)瀚霖公司2011年实现的经审计扣除非经营性损益后的净利润低于16,000万元；(3)回购对价为永鼎中心拟转让股权对应的瀚霖公司上一年度经审计净资产值与永鼎中心本次投资金额加年资金成本8%计算孰高者为准。该约定属于估值调整协议，有利于锁定永鼎中心的投资风险，约束和激励瀚霖公司改善经营管理，最大限度地保护永鼎中心和曹务波双方的权益。该《股权转让补充协议书》及曹务波出具的承诺书并不损害瀚霖公司及瀚霖公司债权人的利益，不违反法律、行政法规的效力性强制性规定，是当事人的真实意思表示，应为有效。本案瀚霖公司既没有在2013年年底前公开发行A股股票，2011年实现的经审计扣除非经营性损益后的净利润也未超过16,000万元，《股权转让补充协议书》约定的股权回购条件已成就，永鼎中心诉请曹务波回购股权，符合合同约定，二审法院予以支持。关于回购对价，《股权转让补充协议书》约定，永鼎中心行使回购权时，回购对价为永鼎中心拟转让股权对应的瀚霖公司上一年度经审计净资产值与永鼎中心本次投资金额加年资金成本8%计算孰高者为准。本案永鼎中心选择按照投资金额加年资金成本8%计算回购对价，是对自身权利的选择，二审法院予以支持。永鼎中心于2011年11月1日向曹务波支付股权转让款700万元，于2011年11月4日支付700万元，截止到2015年4月30日起诉之日，已超过3年4个月，永鼎中心主张按3年4个月计算回购对价，即1773.3万元(1400万元+1400万元×8%×3年+1400万元×8%÷12×4个月)，法院予以支持。曹务波支付上述款项后，永鼎中心应当在合理期限内将200万股瀚霖公司股份过户到曹务波名下。

三、裁判要旨

投资方与控股股东签署的有关业绩补偿的对赌协议，属于估值调整协议，并不损害目标公司及其债权人的利益，不违反法律、行政法规的效力性强制性规定，是当事人的真实意思表示，应为有效。

四、案例来源

1. 案例索引

【案件名称】上海永鼎投资中心与曹务波股权转让纠纷案

【审理法院】山东省高级人民法院

【案号】(2016)鲁民终1838号

【审理程序】二审

2. 关联案例

最高人民法院在“苏州工业园区海富投资有限公司与甘肃世恒有色资源再利用有限公司、香港迪亚有限公司、陆波增资纠纷案”[(2012)民提字第11号]中认为，在《增资协议书》中，迪亚公司对于海富公司的补偿承诺并不损害公司及公司债权人的利益，不违反法律法规的禁止性规定，是当事人的真实意思表示，是有效的。迪亚公司对海富公司承诺了世恒公司2008年的净利润目标并约定了补偿金额的计算方法，在世恒公司2008年的利润未达到约定目标的情况下，迪亚公司应当依约应海富公司的请求对其进行补偿。迪亚公司对海富公司请求的补偿金额及计算方法没有提出异议，法院予以确认，并判决撤销甘肃省高级人民法院(2011)甘民二终字第96号民事判决，迪亚公司向海富公司支付协议补偿款19,982,095元。

江西省高级人民法院在“共青城招银叁号投资合伙企业与杨新红、北京乾坤翰林文化传播有限公司合同纠纷案”[(2016)赣民初46号]中认为，本案属于投资方作为买壳项目的资金方，与优质资产方联合共同买壳上市，由资金方出资持有资产方的股份、资产方用资金方的资金购买上市公司股权并以资产方业绩对赌，锁定该优质资产注入上市公司完成借壳上市，资金方从中获取一定的投资收益，当投资方预期投资利益无法达到时（借壳上市无法成就），触发投资方行使股权回购退出权利条款所引发的案件。原告与被告签订的《合作协议》及相关的《股权转让协议》《借款协议》等，均系双方真实意思表示，内容不违反法律、行政法规禁止性规定，应为合法有效。双方当事人为进一步明确合作各方的真实意思表示、协商一致达成的《备忘录》，对各项合作事项作出了具体明确的安排，协议合法有效。根据《合同法》规定的合同全面履行原则及商事交易应遵循的诚实信用原则，当事人应按约定履行相应的合同义务。

江苏省高级人民法院在“苏州嘉岳九鼎投资中心与陈云天、辽宁天和科技股份有限公司与公司有关的纠纷案”[（2016）苏民终 1023 号]中认为，陈云天提出的《投资协议书》中关于其就业绩补偿向嘉岳投资中心作出的承诺违背平等自愿原则，应为无效的主张，不能成立。一则陈云天未能提供证据证实协议内容违背其真实意愿；二则在《投资协议书》签订前陈云天持有天和公司 89% 的股权，《投资协议书》签订后，仍持有 76% 的股权，故陈云天系天和公司的控股股东，且担任公司法定代表人，其理应知悉天和公司的经营状况，其在《投资协议书》中就天和公司的经营业绩向新进投资人嘉岳投资中心作出承诺，应是其作为商事主体对于利益权衡的结果；三则陈云天作出的业绩补偿承诺并不违反法律、行政法规的强制性规定。据此，陈云天所作的业绩补偿承诺应为合法有效。至于陈云天上诉时提出的天和公司未能达到《投资协议书》中约定的经营业绩，非其所能控制，且与天和公司经营业务相关的钢铁、冶金行业价格大幅下跌，此属于重大情势变更的主张，亦不能成立。情势变更是当事人在缔约时无法预见的非市场系统固有的风险。从《投资协议书》签订后天和公司的经营业绩可见，虽然天和公司 2011 年度和 2012 年度经营业绩未达到承诺金额，但仍属于营利状态，故钢铁、冶金行业价格的波动对天和公司经营业绩的影响属于正常的商业风险，双方在缔约之初对于商业风险也应有合理预期。况且，陈云天在嘉岳投资中心提起本案诉讼之前并未提出情势变更的主张，也未请求人民法院变更或者解除上述《投资协议书》，故法院对陈云天的该项主张不予采信。

五、案例评析

本案例中，山东省高级人民法院关于投资方与控股股东之间对赌协议效力的认定其实是重申和延续了最高人民法院在“苏州工业园区海富投资有限公司与甘肃世恒有色资源再利用有限公司、香港迪亚有限公司、陆波增资纠纷案”[(2012)民提字第11号]中确定的裁判规则,即投资方与目标公司控股股东之间对赌条款有效。因我国法律法规对投资过程中所涉及的对赌行为并没有强制性的规定,依据民商事法律基本原理“法无禁止即合法”,法律未对对赌协议明确禁止的情况下,投融资双方依据意思自治原则而签订的对赌协议应属于合法有效。首先,根据《合同法》第52条的规定,合同无效的情形包括:(1)一方以欺诈、胁迫的手段订立合同,损害国家利益;(2)恶意串通,损害国家、集体或者第三人利益;(3)以合法形式掩盖非法目的;(4)损害社会公共利益;(5)违反法律、行政法规的强制性规定。从对赌协议的签署主体、签约目的、对赌内容及安排来看,对赌协议通常不存在以欺诈、胁迫手段订立合同,或恶意串通损害国家、集团或者第三人利益,或以合法形式掩盖非法目的的情况。其次,对赌协议是当事人之间自由协商确定的事项,依据意思自治和契约自由的原则,协议约定估值调整机制属于正常的市场投资行为,协议履行仅涉及当事人各方利益,一般不涉及对公共利益的影响。最后,根据最高人民法院《关于适用〈中华人民共和国合同法〉若干问题的解释(二)》第14条之规定,确认合同无效的依据“强制性规定”是指效力性强制性规定。所谓效力性强制规定,指法律及行政法规明确规定违反了这些禁止性规定将导致合同无效或者合同不成立的规定;或者指法律及行政法规虽然没有明确规定违反这些禁止性规定后将导致合同无效或者不成立,但是,违反了这些禁止性规定后如果使合同继续有效将损害国家利益和社会公共利益的规定。除涉及投资方与目标公司对赌存在违反《公司法》第20条第1款规定以外,投资方与目标公司股东或关联方的对赌一般不涉及违反《公司法》的强制性规定。此外,最高人民法院于2014年6月11日发布的《关于人民法院为企业兼并重组提供司法保障的指导意见》(法发〔2014〕7号)亦规定,“要坚持促进交易进行,维护交易安全的商事审判理念,审慎认定企业估值调整协议、股份转换协议等新类型合同的效力,避免简单以法律没有规定为由认定合同无效”,反映了司法机关在处理新型商事纠纷案件中坚持的尊重意思自治、保护交易的立场,对于私募股权投资领域大量存在的对赌行为无疑打了一针“强心剂”,对私募股权投资行业乃至整个资本市场均产生了深刻的积极影响。

六、案例启示

1. 投资方在投资中应审慎选择对赌协议的签订主体

如果目标公司作为对赌协议的签订主体可能存在两个风险:其一,可能违反

《公司法》等法律、行政法规的强制性规定而触发合同无效的情形，如《公司法》第20条第1款规定，"公司股东应当遵守法律、行政法规和公司章程，依法行使股东权利，不得滥用股东权利损害公司或者其他股东的利益；不得滥用公司法人独立地位和股东有限责任损害公司债权人的利益"。其二，一旦对赌协议约定的事件实现时，目标公司在作为对赌协议责任承担主体时很有可能对目标公司的长远发展产生影响，如支付现金补偿款、对股东之间的对赌承担连带责任或承担股权回购义务等，而目标公司的股东、关联方、实际控制人等作为对赌协议义务的承担主体，则会避免上述问题给目标公司带来的风险，并且不会对目标公司的财产和经营管理产生重大影响。因此，投资方在投资过程中选择与融资方签订对赌协议时，应选择与目标公司的股东、关联方、实际控制人等主体签订对赌协议，避免将目标公司绑定为对赌协议的签订主体。

2. 投融资双方应谨慎选择对赌内容

对赌类型众多，例如根据对赌内容，可以分为货币补偿型、股权补偿型、管理层激励型、股权优先型。货币补偿型是指当目标公司未能实现对赌目标时，目标公司和(或)原股东向投资方给予一定数量的货币补偿，不对双方的股权比例进行调整。中国基金业协会于2017年2月14日发布的《证券期货经营机构私募资产管理计划备案管理规范第4号——私募资产管理计划投资房地产开发企业、项目》规定，"名股实债，是指投资回报不与被投资企业的经营业绩挂钩，不是根据企业的投资收益或亏损进行分配，而是向投资者提供保本保收益承诺，根据约定定期向投资者支付固定收益，并在满足特定条件后由被投资企业赎回股权或者偿还本息的投资方式，常见形式包括回购、第三方收购、对赌、定期分红等"，把"对赌"纳入了名股实债的范畴。因此，对于私募股权投资基金而言，如果对赌协议约定的货币补偿脱离了目标公司的经营业绩，并且私募基金不参与目标公司的经营管理，实际上形成了固定了收益，则存在被监管认定为名股实债的风险。为避免合规风险及促进投融资双方实现互赢，建议投融资双方选择一些柔性指标作为对赌内容。就货币补偿而言，这种方式固然有利于投资方控制投资方风险，但就其操作结果而言，如融资方缺乏资金将导致该方式无法执行，因为融资方引进投资的重要目的即是解决目标公司的资金需求，而在目标公司未完成业绩目标时要求其进行货币补偿，无疑是增加了目标公司的经营困难，其结果也难免是两败俱伤。鉴于此，建议投融资双方在签订对赌协议时，尽可能选择一些柔性指标作为对赌内容，如目标公司控制权转移、股权稀释等方式，以利于目标公司长远发展。

七、相关法规

《公司法》

第二十条　公司股东应当遵守法律、行政法规和公司章程,依法行使股东权利,不得滥用股东权利损害公司或者其他股东的利益;不得滥用公司法人独立地位和股东有限责任损害公司债权人的利益。

公司股东滥用股东权利给公司或者其他股东造成损失的,应当依法承担赔偿责任。

公司股东滥用公司法人独立地位和股东有限责任,逃避债务,严重损害公司债权人利益的,应当对公司债务承担连带责任。

《合同法》

第五十二条　有下列情形之一的,合同无效:

(一)一方以欺诈、胁迫的手段订立合同,损害国家利益;

(二)恶意串通,损害国家、集体或者第三人利益;

(三)以合法形式掩盖非法目的;

(四)损害社会公共利益;

(五)违反法律、行政法规的强制性规定。

第三节　投资方与目标公司实际控制人之间对赌有效

一、案例简介

1.事实经过

2008年12月1日,湖北天峡鲟业有限公司(以下简称湖北天峡公司)在湖北省宜都市工商行政管理局登记注册宜都天峡特种渔业有限公司(以下简称宜都天峡公司),注册资本200万元,湖北天峡公司作为独资法人股东持有宜都天峡特种渔业有限公司(以下简称宜都天峡公司)100%的股份。

2010年10月19日,苏州周原九鼎投资中心(有限合伙)(以下简称九鼎投资中心)作为甲方、蓝泽桥作为乙方、宜都天峡公司作为丙方、湖北天峡公司作为丁方,共同签署了《苏州周原九鼎投资中心(有限合伙)对宜都天峡特种渔业有限公司之投资协议书》(以下简称《投资协议书》),协议明确各方合作宗旨与目的为:资源共享,优势互补,规范管理,加快发展,产品经营与资本经营相结合,做强做大丙方主营业务,提升综合竞争力,致力于实现丙方在中国境内资本市场公开发行并上市。协议约定:乙方和丁方承诺将对丙方进行增资,本次增资后丁方占丙方增资后股份总数的51%;甲方向丙方投资7000万元取得丙方本次增资后股份总数34.3%的股份;第三方投资者向丙方投资3000万元取得丙方本次增资后股份总数14.7%的股份。在协议规定的前提条件全部满足后5个工作日内,甲方应以现金形式支付投资款7000万元至专用账户。丙方收到甲方投资款7000万元之日,为本次投资完成之日。投资完成后,甲方按照丙方章程的规定享有股东权利并承担股东义务。协议对投资完成后的其他事项作出了具体约定。其中第7条关于业绩承诺和股权奖励条款项下载明:乙方、丙方、丁方共同进行丙方的经营业绩承诺,保证丙方2010年度实现净利润不低于1500万元,2011年实现净利润不低于3000万元,2012年度实现净利润不低于5000万元。如丙方2010年、2011年与2012年实现的年度净利润均达到或超过本协议承诺的业绩指标,甲方和第三方投资者按照各自持有股权比例,将不少于本次增资后9%的丙方股权作为奖励赠予丁方,其中甲方奖励丁方本次增资后6.3%的丙方股权,第三方投资者奖励丁方本次增资后2.7%的丙方股权。如丙方公开发行股票申请在2013年12月31日之前通过中国证券监督管理委员会审核,则无论丙方是否实现了本协议了第7.1条中所承诺之业绩,甲方和第三方投资者均按照各自持有股权比例,将本次增资后9%的丙方股权作为奖励赠予丁方,其中甲方奖励丁方本次增资后6.3%的丙方股权,第三方投资者奖励丁方本次增资后2.7%的丙方股权。如果丙方2013年12月31日之前公开发行股票申请尚未通过中国证券监督管理委员会审核,若丙方2010年、2011年与2012年实现的年度净利润均达到或超过本协议承诺的业绩指标,2013年度丙方实现净利润达到1亿元,且丙方鱼子酱产品产生的净利润不超过4000万元,甲方和第三方投资者将按照各自持有的股权比例再奖励丁方本次增资后2%的丙方股权,其中甲方奖励丁方本次增资后1.4%的丙方股权,第三方投资者奖励丁方本次增资后0.6%的丙方股权。如果丙方公开发行股票申请在2013年12月31日前通过中国证券监督管理委员会审核,则上列未通过审核情形下奖励条款自动失效。如果丙方公开发行股票申请通过中国证券监督管理委员会审核,且甲方持有的丙方股份实现上市变现后,甲方与第三方投资者按股权比例共同奖励乙方现金500万元。上述股权奖励约定的第三方投资者给予丁方的奖励,由乙方、丙方、丁方与第三方投资者所协商、确定和督促收取,最终其是否怎样协商、确定和收取与甲方无关。

甲方在该协议书中承诺并保证:按照协议要求按时完成投资入股的相应流

程，足额到位投资资金；采取具体行动积极协助丙方实现在国内 A 股市场公开上市；投资后通过董事会、股东会参与丙方管理；协助丙方拓展客户领域，选择投资项目，物色并购对象，推进丙方做大做强。积极协助丙方获取 1 亿元的贷款融资额度。《投资协议书》还约定：本协议中未尽事宜或出现与本协议相关的其他事宜时，由各方协商解决并另行签订补充协议，补充协议与本协议具有同等的法律效力。《投资协议书》还对其他相关事项进行了约定。

同日，《投资协议书》四方主体即甲方九鼎投资中心、乙方蓝泽桥、丙方宜都天峡公司、丁方湖北天峡公司又共同签署一份《补充协议》，约定：除非甲方另以书面形式同意延长，如果丙方自本次投资完成之日起至 2014 年 12 月 31 日内未完成公开发行股票和上市，则甲方可于 2014 年 12 月 31 日后随时要求丙方、乙方及丁方受让甲方持有的全部或部分丙方股份，乙方和丁方承诺予以受让。乙方及丁方受让价款计算公式如下：受让价款 = 甲方总投资额 ×（1 + 8%）n − 甲方入股期间从丙方获得的业绩补偿 − 甲方届时因已转让部分丙方股份所取得的收入（含已分红的收入）。上述公式中，n 代表甲方持有股份的时间，时间从甲方投资款汇到丙方验资账户之日起开始计算，到甲方收到所有受让价款之日结束（n 精确到月，如 2 年 3 个月，则 n = 2.25）；如果乙方、丁方对丙方发行上市申报不予以正常配合，或者丙方提交甲方的尽职调查材料以及本次投资后的材料中相关数据有重大虚假（差额 10% 以上），或者乙方实际控制的其他投资、经营任何与丙方主营业务相关的其他业务或企业且其资产规模超过丙方资产规模的 5%，则甲方有权选择在上述任何一种情况出现后 1 个月内要求乙方受让甲方持有的全部或部分丙方股份，乙方承诺予以受让，受让价格具体按照以下公式确定：受让价款 = 甲方总投资额 ×（1 + 8%）n − 甲方入股期间从丙方获得的业绩补偿 − 甲方届时因已转让部分丙方股份所取得的收入（含已分红的收入）。上述公式中，n 代表甲方持有股份的时间，时间从甲方投资款汇到丙方验资账户之日起开始计算，到甲方收到所有受让价款之日结束（n 精确到月，如 2 年 3 个月，则 n = 2.25）。

2010 年 10 月 21 日，九鼎投资中心通过中信银行总行营业部向宜都天峡公司汇入 7000 万元。同年 12 月 29 日，湖北省宜都市工商行政管理局核准宜都天峡公司工商变更登记，宜都天峡公司投资人及股权比例由湖北天峡公司出资 200 万元占 100% 的股份变更为湖北天峡公司出资 3570 万元占 51%，九鼎投资中心出资 3430 万元占 49%。企业类型由法人独资有限责任公司变更为有限责任公司，注册资本由 200 万元变更为 7000 万元。变更后的宜都天峡公司章程载明:湖北天峡公司和九鼎投资中心为公司股东,湖北天峡公司出资占公司注册资本51%,九鼎投资中心出资占公司注册资本49%。

2011年11月16日,深圳市信诺泰创业投资企业(有限合伙)与蓝泽桥、宜都天峡公司及湖北天峡公司签订一份《投资协议书解除协议》,该协议明确载明四方同意解除原于2010年10月22日签订的《深圳市信诺泰创业投资企业(有限合伙)对宜都天峡特种渔业有限公司之投资协议书》。由宜都天峡公司退回深圳市信诺泰创业投资企业(有限合伙)投资款1500万元。投资方已按约定完成了投资义务,但因蓝泽桥、宜都天峡公司及湖北天峡公司原因造成该协议无法继续履行,违约方同意按协议约定向投资方支付违约金500万元。同日,那曲元和投资有限公司与蓝泽桥、宜都天峡公司及湖北天峡公司签订一份《投资协议书解除协议》,该协议明确载明四方同意解除原于2010年10月签订的《那曲元和投资有限公司对宜都天峡特种渔业有限公司之投资协议书》。由宜都天峡公司退回那曲元和投资有限公司投资款1500万元。投资方已按约定完成了投资义务,但因蓝泽桥、宜都天峡公司及湖北天峡公司原因造成该协议无法继续履行,违约方同意按协议约定向投资方支付违约金500万元。上述两份协议所涉共计1000万元违约金已实际支付完毕。

2012年10月25日,亚太(集团)会计师事务所有限公司向宜都天峡公司出具的亚会审字(2012)148号《宜都天峡特种渔业有限公司审计报告》中所附企业利润表显示,宜都天峡公司2012年1月至6月营业总收入为3233.683467万元。2012年12月31日宜都天峡公司编制的《利润表》显示本年度该公司营业总收入为2332.313769万元,《利润表(合并)》显示本年度该公司营业总收入为2324.469105万元。《利润表》记载本年度净利润为-485.491382万元,《利润表(合并)》记载本年度净利润为-485.175892万元。

2014年3月,九鼎投资中心发现本单位印章被他人伪造用于为宜都天峡公司的商业银行贷款提供担保,于是向湖北省宜都市公安局报案。2014年3月18日,该局作出都公(经)刑立字(2014)第86号《立案决定书》,决定对宜都天峡公司、蓝泽桥涉嫌伪造企业印章案立案侦查。

因各方当事人投资合作不畅,2013年10月28日,九鼎投资中心向法院提起诉讼,认为蓝泽桥、宜都天峡公司、湖北天峡公司分别或共同违反了《投资协议书》和《补充协议》约定的义务,侵犯了九鼎投资中心的合法权益,请求法院判令:蓝泽桥、湖北天峡公司向九鼎投资中心支付9023万元受让九鼎投资中心所持有的宜都天峡公司49%的股份;蓝泽桥和湖北天峡公司连带承担违约责任,赔偿九鼎投资中心损失4655万元；宜都天峡公司向九鼎投资中心提供宜都天峡公司2010年至今的年度财务报表（至少包括年度资产负债表、年度利润表、年度现金流量表、年度财务报表附注以及年度审计报告）、月度财务报表、月度生产产品数量报表、销售产品数量报表。

2. 核心争议

案涉《投资协议书》和《补充协议》中回购股份条款的法律效力。

3. 交易结构图

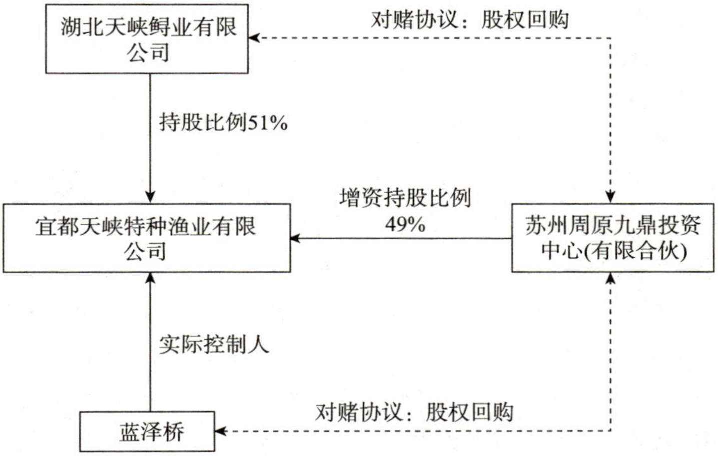

图6-3　交易结构图

二、裁判结果

一审法院湖北省高级人民法院认为，从本案诉讼的成因分析，其性质属于股权投资过程中投资方与融资方签订协议进行溢价增资，当投资方预期投资利益无法达到时，触发投资方行使退出权利条款所引发的案件。该类纠纷中，股权投资方与被投资方出于对未来不确定因素的考量，通常根据协议设定预期目的实现与否来约定由投资方或者融资方实现一定的权利或义务。所设条件的内容包括对所投资公司的财务绩效、利润实现和公司能否实现上市等方面。由于投资方最初以溢价方式对被投资方进行增资而成为新股东，因此，原股东在此种情况下首先将获得该溢价部分的相对股东权益。一旦企业运营的实际绩效达到预期，原股东还可能实现再次获利。故投资方为化解自身商业风险，通常会与原股东协商签订相应条款，约定在预期盈利目标无法实现时，重新确定双方的股权比例。该条款本身因商事交易的利益平衡而产生，以当事人意思自治为前提，具有其合理性。本案四方当事人签订的《补充协议》中所设定的投资方退出条款类型属于股权回购,即如果被投资公司发生预设情形时,投资方可要求原始股东及关联义务人按协议约定溢价回购投资者股份。根据庭审查明的情况,蓝泽桥、宜都天峡公司和湖北天峡公司对九鼎投资中心提交的证据真实性均无异议,涉案《投资协议书》及《补充协议》系各方当事人的真实意思表示,协议内容不违反法律、行政法规禁止性规定,应为合法有效。《补充协议》中约定的特定情形出现时九鼎投资中心有权要求蓝泽桥、湖北天峡公司承担股份回购义务的条款以及蓝泽桥、湖北天峡公司所作出的受让承诺,均属民事主体在缔约过程中应当充分认识的商业风险,与协议中的相关股权奖励条款相对应,未超过其合理预期,亦不违反法律法规的禁止性规定。故合同约定情形出现时,负有契约义务的当事人依法应当按约定履行自己的承诺。蓝泽桥、宜都天峡公司、湖北天峡公司虽在庭审中援引《合同法》第 39 条、第 40 条提出《补充协议》条款无效的抗辩主张,但因本案《补充协议》退出条款不存在单方制定,且蓝泽桥、宜都天峡公司、湖北天峡公司未参与协商的情形不存在,故不属于《合同法》关于格式条款效力规制的范畴。本案《补充协议》将触发回购条款的条件预设为两项:若 2014 年 12 月 31 日前宜都天峡公司未完成公开发行股票和上市,蓝泽桥和湖北天峡公司承诺受让九鼎投资中心持有的宜都天峡公司全部股份;或者如果蓝泽桥、湖北天峡公司对宜都天峡公司发行上市申报不予以正常配合,或者宜都天峡公司提交九鼎投资中心的尽职调查材料以及本次投资后的材料中相关数据有重大虚假(差额 10% 以上),或者蓝泽桥实际控制的其他投资、经营任何与宜都天峡公司主营业务相关的其他业务或企业且其资产规模超过宜都天峡公司资产规模的 5%。九鼎投资中心有权选择在上述任何一种情况出现后 1 个月内要求蓝泽桥受让九鼎投资中心持有的宜都天峡公司全部或部分股份。一审法院最终判决蓝泽桥、湖北天峡公司向九鼎投资中心支付人民币 8989.2869 万元,用于受让九鼎投资中心持有的宜都天峡公司 49% 的股份。

二审法院最高人民法院认为:首先,从诉争的两份协议书的内容看,立约各方为达到使宜都天峡公司增资、在中国境内资本市场公开发行股票并上市之目的,先签订了《投资协议书》,约定蓝泽桥、宜都天峡公司以资产及股权增资,九鼎投资中心则以资金注入方式对目标公司宜都天峡公司进行增资,协议包括业绩承诺与股权奖励等条款内容;同日,为保证投资方基本投资利益的实现,各方当事人又签订了《补充协议》,主要包括在一定条件下被投资方股东回购股份的承诺等内容。案涉两份协议系典型的商事合同,《补充协议》系对《投资协议书》

的补充约定，二者系同一天达成，共同完整地构成了各方当事人的意思表示。《补充协议》中有关两种情形下被投资方股东应当回购股份的承诺清晰而明确，是当事人在《投资协议书》外特别设立的保护投资人利益的条款，属于缔约过程中当事人对投资合作商业风险的安排。该条款与《投资协议书》中的相关股权奖励条款相对应，系各方当事人的真实意思表示。其次，案涉协议关于在一定条件下被投资方股东回购股份的内容不违反国家法律、行政法规的禁止性规定，不存在《合同法》第52条所规定的有关合同无效的情形。诉争协议系各方当事人专为此次交易自愿达成的一致约定，并非单方预先拟定或者反复使用，不属于我国《合同法》所规定的格式合同或者格式条款，不存在显失公平的问题。蓝泽桥、湖北天峡公司提出回购股份的条款属于格式条款、有违公平原则的上诉理由缺乏事实与法律依据，不能成立。因此，原审判决认定案涉《投资协议书》与《补充协议》，包括在一定条件下被投资方股东回购股份的承诺等内容合法有效正确，应予以维持。并且，宜都天峡公司委托作出的评估报告与该公司自己编制的财务报表显示，宜都天峡公司存在财务虚假，且虚假程度已超过《补充协议》中约定的10%差额上限；宜都天峡公司在2012年出现亏损，湖北天峡公司在《投资协议书》中的相关业绩承诺并未实现，根据《公司法》《证券法》等法律、法规有关企业公开发行股票并上市的条件规定，宜都天峡公司在2014年12月31日前无法上市已呈事实状态，《补充协议》所约定的股份回购条件业已成就。蓝泽桥与湖北天峡公司应当依约履行自己的合同义务，向九鼎投资中心承担回购股份的民事责任。一审判决认定蓝泽桥与湖北天峡公司应当承担回购股份的民事责任，具有合同与法律依据。

再审法院最高人民法院认为，关于原审判决适用法律是否存在错误的问题，本案讼争《投资协议书》及《补充协议》均为各方当事人真实意思表示，其中《补充协议》关于在一定条件下被投资方股东回购股份的内容不违反法律、行政法规的禁止性规定，不存在《合同法》第52条规定的有关合同无效的情形。原审法院判决认为讼争协议系各方当事人专为此次交易自愿达成的一致约定，并非单方预先拟定或者反复使用，不属于我国《合同法》所规定的格式合同或者格式条款，不存在显失公平的问题，对蓝泽桥、湖北天峡公司关于回购股份的条款属于格式条款、有违公平原则的主张未予支持，适用法律并无不当。

三、裁判要旨

对赌协议系各方当事人的真实意思表示，协议内容不违反法律、行政法规禁止性规定,且该协议系各方当事人自愿达成的一致约定,并非单方预先拟定或者反复使用,不属于我国《合同法》所规定的格式合同或者格式条款,不存在显失公平的问题,应为合法有效。对赌协议中约定的特定情形出现时,投资方有权要求目标公司控股股东、实际控制人承担股份回购义务的条款以及目标公司控股股东、实际控制人所作出的受让承诺,均属民事主体在缔约过程中应当充分认识的商业风险,与协议中的相关股权奖励条款相对应,未超过其合理预期,亦不违反法律法规的禁止性规定。故合同约定情形出现时,负有契约义务的当事人依法应当按约定履行自己的承诺。

四、案例来源

1. 案例索引

【案件名称】蓝泽桥、湖北天峡鲟业有限公司等与苏州周原九鼎投资中心合伙协议纠纷案

【审理法院】最高人民法院

【案号】(2015)民申字第295号

【审理程序】再审

2. 关联案例

湖南省高级人民法院在"湖南湖大海捷津杉创业投资有限公司与张立忠、柳莉等与公司有关的纠纷案"[(2017)湘民终245号]中认为,《增资扩股补充协议》关于正忠公司实际控制人张立忠、柳莉回购股权的约定,是当事人真实意思表示,内容不违反法律法规的强制性规定,该约定条款合法有效。张立忠、柳莉上诉主张《增资扩股补充协议》侵害其他股东的优先购买权,并且违背正忠公司公司章程的规定,是无效协议。本院认为,根据《公司法》第71条第1款的规定,有限责任公司的股东之间可以相互转让其全部或者部分股权。正忠公司的公司章程规定,股东转让股份,应当经过过半数股权的股东同意,其他过半数股权的股东不同意转让的,不同意的股东应当购买该转让的股权,不购买视为同意。该章程主要是针对股权的转让应当经过过半数股权的股东的同意。本案中,张立忠、柳莉合计持有正忠公司61.5%股权,已经超过正忠公司过半数股权,其与海捷公司签订《增资扩股补充协议》并没有违反正忠公司的章程规定。此外,张立忠、柳莉并没有提交其他股东主张购买海捷公司股权的相关证据,且股东优先购买权的行使与否并不影响到协议的效力,故张立忠、柳莉以前述补充协议侵害了其他股东的优先购买权主张合同无效,没有事实和法律依据,法院依法予以驳

回。此外,张立忠、柳莉认为《增资扩股补充协议》是一份对赌协议,是张立忠、柳莉与海捷公司恶意串通所签订,侵害了其他股东的知情权、盈余分配权和公司剩余财产分配权,属于无效协议。本院认为,《增资扩股补充协议》关于张立忠、柳莉回购股权的约定,是当事人在投资合作中的商业风险承担的安排,是当事人的真实意思表示,并没有侵害其他股东的权利,该补充协议中关于张立忠、柳莉回购股权条款应为有效。

山东省淄博市中级人民法院在"沧州燕赵股权投资基金中心与施宣明股权转让纠纷案"[(2014)淄商初字第263号]中认为,2011年11月20日,原告与被告、台均公司签订《台均科技(深圳)有限公司股权变更协议之补充协议》约定,如果标的公司2011年合并报表扣除非经常损益后的净利润额低于承诺金额的90%,但高于60%,则实际控制人及标的公司共同承诺,对投资方进行资金补偿,并约定了计算公式。这一约定使原告公司投资可以取得相对固定的收益,该收益脱离了目标公司的经营业绩,损害了公司利益和公司债权人利益。依据《公司法》第20条的规定,此部分约束标的公司责任的条款无效。但是协议中,施宣明作为实际控制人对于原告的补偿承诺并不损害公司及公司债权人的利益,不违反法律、法规的禁止性规定,是当事人的真实意思表示,该约定有效。本案中原告并未诉求目标公司台均公司支付补偿款,而是诉求目标公司的实际控制人施宣明支付补偿款2,353,324.52元,对此,法院予以支持。

五、案例评析

本案的裁判发生在对赌第一案之后,在关于对赌协议效力认定的问题上,湖北省高级人民法院与最高人民法院在一审、二审及再审问题上保持了一致,并未再现第一案中三级法院三份判决书结论完全相反的情形,这也正是得益于最高人民法院在"苏州工业园区海富投资有限公司与甘肃世恒有色资源再利用有限公司、香港迪亚有限公司、陆波增资纠纷案"[(2012)民提字第11号]中所确定的裁判规则,及时厘清了对赌协议有效与无效的边界,为此后各级法院的审判实践所参照和遵循。本案中的对赌协议属于股权稀释型与股权回购型的复合式的对赌,承担股权回购义务的责任主体共有两方,一方是目标公司的控股股东,另一方是目标公司的实际控制人,当目标公司未实现约定的业绩目标,投资方有权要求由目标公司的控股股东、实际控制人溢价回购投资方所持目标公司的股权,目标公司实际控制作为对赌义务的承担主体参与对赌的效力,与控股股东作为对赌义务人的情形类似(详见本书第六编第二章第二节),系商事交易主体为平衡各方进行磋商确定的商务风险承担方式，是当事人意思自治的集中体现，通常不涉及公共利益，不存在损害目标公司及其股东或债权人利益的情形，不违反法律、行政法规的强制性规定，应合法有效。

六、案例启示

1. 合理选择对赌协议的义务承担主体

综合分析对赌第一案以后的案例，可以发现，投资方与目标公司直接约定对赌条款，无论是货币补偿或是股权回购型，因存在滥用股东权利而损害目标公司及其债权人利益进而违反《公司法》等法律强制性规定，很有可能被认定为无效条款，而投资方与目标公司的控股股东、实际控制人之间签订的对赌协议只要符合当事人真实意思表示，内容不违反法律的强制性规定，即可被认定为有效。因此，投资方在投资过程中选择与融资方签订对赌协议时，应选择与目标公司的股东、关联方、实际控制人等主体签订对赌协议，避免将目标公司绑定为对赌协议的义务承担主体，以防范潜在的对赌协议被认定无效的法律风险。而且，从交易的实际效果来看，将目标公司作为对赌义务承担主体对投融资双方而言均不是最优选择，因为一旦由目标公司承担了对赌协议项下的义务时，目标公司因承担义务受到了损失，如支付了大量现金补偿款导致公司出现流动性问题，对目标公司的长远发展必将产生重大不利影响，而投资方亦因此产生了机会成本，未能实现长远投资目标，难以获得高额投资回报。

2. 融资方应充分认识到对赌协议的潜在风险，审慎签订对赌协议

从私募股权投资的实践来看，融资方在获得或争取投资方投资时往往会签订比较苛刻的投资协议，包括较高的业绩承诺、单向股权回购型的对赌条款以及其他一些对融资方限制性的安排，而融资方为了解决生产经营所需资金，不得不与投资方签订“城下之盟”，全盘接受这些明显不利的投资协议。但在目标公司的实际经营过程中，因各种无法完成相关业绩承诺，投资方不得不为此付出极大的代价，比如，支付高额的业绩补偿金、溢价回购投资方股权、无偿向投资方让渡股权或公司控制权，这是由于融资方未能充分识别对赌的潜在风险所致。对此，融资方在引进投资方时，应充分平衡自身的融资需求和对赌协议的潜在风险，审慎接受对赌安排。此外，在签订对赌协议时应争取对己方有利的条件，或避免明显不公正的安排，比如，合理预估确定目标公司的业绩，切莫为了高溢价投资而盲目高估企业业绩，或者随意作出不切实际的业务承诺，在具体设计对赌安排时，应明确除外责任，即在哪些情况下不适用对赌，尤其要明确哪些亏损或者损

失情况是属于投资方应当负有责任的，以及对赌条款不适用的情形或条件，包括但不限于因为经济环境、金融形势、市场波动等原因导致目标公司盈利未满足预期，或因疫情、灾害以及其他不可抗力对目标公司盈利造成的重大不利影响等，以尽量规避和化解对赌的潜在风险。

七、相关法规

《公司法》

第二十条　公司股东应当遵守法律、行政法规和公司章程，依法行使股东权利，不得滥用股东权利损害公司或者其他股东的利益；不得滥用公司法人独立地位和股东有限责任损害公司债权人的利益。

公司股东滥用股东权利给公司或者其他股东造成损失的，应当依法承担赔偿责任。

公司股东滥用公司法人独立地位和股东有限责任，逃避债务，严重损害公司债权人利益的，应当对公司债务承担连带责任。

《合同法》

第三十九条　采用格式条款订立合同的，提供格式条款的一方应当遵循公平原则确定当事人之间的权利和义务，并采取合理的方式提请对方注意免除或者限制其责任的条款，按照对方的要求，对该条款予以说明。

格式条款是当事人为了重复使用而预先拟定，并在订立合同时未与对方协商的条款。

第四十条　格式条款具有本法第五十二条和第五十三条规定情形的，或者提供格式条款一方免除其责任、加重对方责任、排除对方主要权利的，该条款无效。

第四十一条　对格式条款的理解发生争议的，应当按照通常理解予以解释。对格式条款有两种以上解释的，应当作出不利于提供格式条款一方的解释。格式条款和非格式条款不一致的，应当采用非格式条款。

第五十二条　有下列情形之一的，合同无效：

（一）一方以欺诈、胁迫的手段订立合同，损害国家利益；

（二）恶意串通，损害国家、集体或者第三人利益；

（三）以合法形式掩盖非法目的；

（四）损害社会公共利益；

（五）违反法律、行政法规的强制性规定。

第四节　目标公司为股东之间对赌提供履约担保责任，符合一般公平原则，应合法有效

一、案例简介

1. 事实经过

山东瀚霖生物技术有限公司（以下简称瀚霖公司）作为甲方，北京冷杉投资中心（有限合伙）、福建国耀投资有限公司、强静延、孙博、许欣欣作为乙方，曹务波作为丙方，三方共同签订了《增资协议书》及《补充协议书》。主要约定乙方向甲方增资扩股及其他事宜。其中，关于强静延向瀚霖公司增资以及其他事宜部分，《增资协议书》主要约定：强静延向瀚霖公司增资3000万元，其中400万元作为瀚霖公司的新增注册资本，其余2600万元作为瀚霖公司的资本公积金，强静延持有瀚霖公司0.86%的股权。《补充协议书》第2条第1款约定：曹务波承诺争取目标公司于2013年6月30日前获准首次公开发行股票并在国内主板或创业板证券交易所上市（以下简称合格IPO）；第2款约定：如果目标公司未能在2013年6月30日前完成合格IPO，强静延有权要求曹务波以现金方式购回强静延所持的目标公司股权，回购价格为强静延实际投资额再加上每年8%的内部收益率溢价，计算公式为P＝M×（1＋8%）T，其中P为购回价格，M为实际投资额，T为自本次投资完成日至强静延执行选择回购权之日的自然天数除以365；第6款约定：瀚霖公司为曹务波的回购提供连带责任担保。《增资协议书》及《补充协议书》落款处有甲方瀚霖公司加盖印章及法定代表人签名，乙方北京冷杉投资中心（有限合伙）、福建国耀投资有限公司、强静延、孙博、许欣欣签章，丙方曹务波签名。上述协议签订后，强静延于2011年4月29日将3000万元转入瀚霖公司账上，瀚霖公司将强静延登记在其股东名单中。

2012年5月31日，强静延与曹务波签订了《股权转让协议》，约定：强静延将持有的瀚霖公司股权转让给曹务波，按《补充协议书》约定的价格计算方式回购，曹务波应在协议签订后30个工作日内全额付清转让款，逾期未付清应按欠款额每日5‰支付违约金；逾期超过30日仍未付清，则强静延有权要求曹务波付清转让款和违约金后，退出股权。《股权转让协议》签订后，曹务波未履行支付义务。2014年4月2日，强静延书面通知曹务波、瀚霖公司支付股权转让款并承担违约责任，但曹务波、瀚霖公司未履行付款义务。

强静延向法院起诉请求：曹务波支付强静延股权转让款37,791,360元，并

从强静延起诉之日起按银行逾期付款违约金的计算标准承担违约金；瀚霖公司对曹务波的付款承担连带清偿责任。

2. 核心争议

《补充协议书》中关于瀚霖公司对曹务波向强静延支付回购股权价款承担连带清偿责任的约定是否有效。

3. 交易结构图

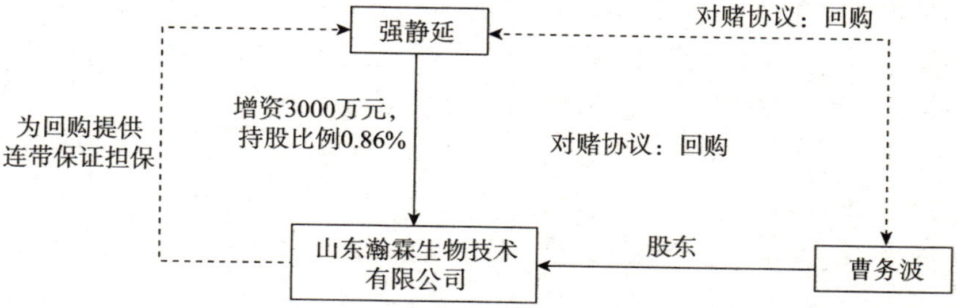

图6－4　交易结构图

二、裁判结果

一审法院四川省成都市中级人民法院认为，案涉《增资协议书》系股权投资合同，是对强静延出资入股的相关约定；《补充协议书》中第2条第6款关于瀚霖公司为回购提供连带责任担保外的其他条款，系各方就回购条件、价格等作出的约定；《股权转让协议》系对股权转让价款、支付方式等的约定。《增资协议书》《股权转让协议》未违反法律、行政法规的强制性规定，应属合法有效。关于《补充协议书》中瀚霖公司为回购提供连带担保的约定，因强静延与曹务波均系瀚霖公司股东，且曹务波为公司法定代表人，基于此情形，强静延应当提交瀚霖公司为股东曹务波提供担保已经股东会决议通过的相关证据；结合强静延与曹务波的股东身份以及瀚霖公司并非为经营发展向公司以外的第三人提供担保的事实，该约定损害了公司、公司其他股东以及公司债权人的利益，应认定为无效。《补充协议书》的其余条款系强静延与曹务波的真实意思表示，不损害公司及公司债权人的利益，不违反法律、行政法规的强制性规定，合法有效，协议各方均应按约履行义务。强静延按约出资后，瀚霖公司未在约定预期完成合格 IPO 的情况下，强静延要求曹务波回购的条件已经成就，曹务波应在收到回购通知函后按约定价格回购股权。根据《补充协议书》和《股权转让协议》的约定，回购价格是实际投资额加上每年 8% 的内部收益率溢价，强静延出资时间为 2011 年 4 月 29

日，起诉时间为2014年5月14日，强静延主张按3年计算，放弃超出的16天，故回购款计算方式为：3000万元（实际投资额）×（1+8%）3=37,791,360元，对强静延要求曹务波支付股权转让款37,791,360元的请求予以支持。强静延主张自其起诉之日起曹务波应按银行逾期付款违约金的计算标准承担违约金，符合《股权转让协议》的相关约定，考虑违约金的主要功能系补偿损失，强静延的损失也主要体现为资金占用利息的损失，故一审法院酌情认定以中国人民银行同期贷款基准利率计算违约金。关于强静延要求瀚霖公司对股权转让款的支付承担连带清偿责任的主张，如上所述，《补充协议书》关于瀚霖公司提供担保的约定无效，一审法院对强静延的该项请求不予支持。

二审法院四川省高级人民法院认为，从《公司法》法理来看，公司作为法人主体，其从事经营活动的主要目的是营利、取得利润。股东向公司投资的主要目的是通过参与公司经营管理获取公司从可分配利润中分配给股东的利润即股东红利，因此，股东与公司是利益共同体，利益共享、风险共担。具体来说，股东能否从公司获取经济利益取决于公司经营业绩如何及法律和公司章程规定可分配给股东的利润情况，“无利润不得分配”，无论公司经营业绩如何，股东均可从公司获取经济利益，可能有损于公司的长远发展，且损害公司债权人的利益。综观本案《增资协议书》《补充协议书》《股权转让协议》的约定，强静延向瀚霖公司增资目的在于实现瀚霖公司上市并获取瀚霖公司上市后的溢价收益，且瀚霖公司的实际控制人曹务波保证瀚霖公司2011年、2012年的最低利润达到一定条件，如未达条件，则由曹务波退还部分投资款，而曹务波回购强静延的股权并支付股权转让款是曹务波补偿强静延的具体履行方式，并由瀚霖公司承担担保责任。强静延、曹务波关于股权回购的约定是其真实意思表示，亦不违反法律、行政法规的禁止性规定，属合法有效。对于瀚霖公司提供担保行为的效力问题，瀚霖公司为曹务波回购强静延股权的股权转让款支付提供担保，其实质是不管瀚霖公司经营业绩如何，股东强静延均可以从瀚霖公司获取收益，该约定使股东获益脱离了公司的经营业绩，背离了《公司法》法理精神，最终使股东强静延规避了交易风险，将瀚霖公司可能存在的经营不善及业绩不佳的风险转嫁给瀚霖公司及其债权人，严重损害了瀚霖公司其他股东和债权人的合法利益，应当认定《增资协议书》《补充协议书》约定的瀚霖公司为曹务波回购强静延股权产生的责任承担担保责任无效。

再审法院最高人民法院认为，本案二审判决认定瀚霖公司担保条款无效的主要裁判理由系担保条款使股东获益脱离公司经营业绩，背离了《公司法》法理精神,使强静延规避了交易风险,严重损害瀚霖公司其他股东和债权人的合法利益。本院认为,合同无效的判定严格遵循法定主义,本案二审判决否定担保条款效力的裁判理由不符合《合同法》关于合同无效的各类法定情形,该项认定已违反《合同法》基本规则,构成适用法律错误。案涉《补充协议书》所约定担保条款合法有效,瀚霖公司应当依法承担担保责任,理由如下:其一,强静延已对瀚霖公司提供担保经过股东会决议尽到审慎注意和形式审查义务。案涉《增资协议书》载明"瀚霖公司已通过股东会决议,原股东同意本次增资;各方已履行内部程序确保其具有签订本协议的全部权利;各方授权代表已获得本方正式授权"。《补充协议书》载明"甲方(瀚霖公司)通过股东会决议同意本次增资扩股事项"。两份协议书约定内容包括增资数额、增资用途、回购条件、回购价格以及瀚霖公司提供担保等"一揽子"事项,且均由瀚霖公司盖章及其法定代表人签名。对于债权人强静延而言,增资扩股、股权回购、公司担保本身属于链条型的整体投资模式,基于《增资协议书》及《补充协议书》的上述表述,强静延有理由相信瀚霖公司已对包括提供担保在内的增资扩股"一揽子"事项通过股东会决议,曹务波已取得瀚霖公司授权代表公司对外签订担保条款,且瀚霖公司在本案审理中亦没有提交其他相反证据证明该公司未对担保事项通过股东会决议,故应当认定强静延对担保事项经过股东会决议已尽到审慎注意和形式审查义务,因而案涉《补充协议书》所约定担保条款对瀚霖公司已发生法律效力。其二,强静延投资全部用于公司经营发展,瀚霖公司全体股东因而受益,故应当承担担保责任。《公司法》第16条之立法目的,系防止公司大股东滥用控制地位,出于个人需要而由公司为其个人债务提供担保,从而损害公司及公司中小股东权益。本案中,案涉担保条款虽系曹务波代表瀚霖公司与强静延签订,但3000万元款项并未供曹务波个人投资或消费使用,亦并非完全出于曹务波个人需要,而是全部投入瀚霖公司资金账户,供瀚霖公司经营发展使用,有利于瀚霖公司提升持续盈利能力。这不仅符合公司新股东强静延的个人利益,也符合公司全体股东的利益,瀚霖公司本身是最终的受益者。即使确如瀚霖公司所述并未对担保事项进行股东会决议,但是该担保行为有利于瀚霖公司的自身经营发展需要,并未损害公司及公司中小股东权益,不违反《公司法》第16条之立法目的。因此,认定瀚霖公司承担担保责任,符合一般公平原则。综上所述,强静延已对瀚霖公司提供担保经过股东会决议尽到审慎注意和形式审查义务,瀚霖公司提供担保有利于自身经营发展需要,并不损害公司及公司中小股东权益,应当认定案涉担保条款合法有效,瀚霖公司应当对曹务波支付股权转让款及违约金承担连带清偿责任。

三、裁判要旨

在投资方与股东对赌时，因投资方投资资金有利于目标公司的经营发展，有利于目标公司提升持续盈利能力，并不损害公司及公司中小股东权益，目标公司为股东之间对赌提供保证担保，符合一般公平原则，应当认定目标公司为股东对赌提供的保证担保合法有效。

四、案例来源

1. 案例索引

【案件名称】强静延与曹务波等股权转让纠纷案

【审理法院】最高人民法院

【案号】(2016)最高法民再128号

【审理程序】再审

2. 关联案例

最高人民法院在"成都新方向科技发展有限公司、四川久远新方向智能科技有限公司与通联资本管理有限公司与公司有关的纠纷案"[(2017)最高法民再258号]中认为，关于久远公司应否对新方向公司的股权回购义务承担履约连带责任问题，《增资扩股协议》中约定新方向公司在约定触发条件成就时按照约定价格回购通联公司持有的久远公司股权，该约定实质上是投资人与目标公司原股东达成的特定条件成就时的股权转让合意，该合意系当事人真实意思表示，亦不存在违反《公司法》规定的情形，二审判决认定新方向公司与通联公司达成的"股权回购"条款有效，且触发回购条件成就，遂依协议约定判决新方向公司承担支付股权回购款本金及利息，适用法律正确，予以维持。至于《增资扩股协议》中约定久远公司对新方向公司的股权回购义务承担履约连带责任的条款效力问题，本院认为：首先，久远公司不是股权回购的义务主体，并不产生久远公司回购本公司股份的法律后果，即不存在新方向公司答辩中称《增资扩股协议》约定久远公司对新方向公司的股权回购义务承担履约连带责任的条款违反《公司法》第35条、第36条、第37条第1款第7项及第74条规定的情形。其次，《增资扩股协议》第6.2.1条约定久远公司对新方向公司负有的股权回购义务承担履约连带责任，并未明确为连带担保责任。通联公司在一审也是诉请久远公司对新方向公司承担的股份回购价款及涉及的税款承担连带责任。但是，久远公司、新方向公司二审上诉中称"通联公司明知未经股东会批准，而约定由久远公司对新方向公司提供担保,有违我国《公司法》第 16 条第 2 款的规定,其请求亦不应得到支持”。通联公司亦抗辩称“我国《公司法》第 16 条第 2 款属于管理性强制性规定,即使久远公司所提供的该担保未经股东会议决议,也不影响担保的有效性”。二审法院在双方当事人将《增资扩股协议》第 6.2.1 条约定的“连带责任”条款解释为“连带担保责任”基础上,适用《公司法》第 16 条第 2 款的规定裁判本案。法院认为,连带担保责任属于连带责任的情形之一,但连带担保责任有主从债务之分,担保责任系从债务。双方当事人将“连带责任”理解为“连带担保责任”,并未加重久远公司的责任负担,且从通联公司诉请久远公司的责任后果看,是对新方向公司承担的股权回购价款本息承担连带责任,仍然属于金钱债务范畴,也与久远公司实际承担的法律责任后果一致,最高人民法院予以确认。因此,二审判决依据《公司法》第 16 条第 2 款关于公司对控股股东、实际控制人提供担保的相关规定来裁判久远公司对新方向公司的股权回购义务承担履约连带责任的条款效力,并无不当。最后,通联公司申请再审称《公司法》第 16 条第 2 款的规定系管理性规范,久远公司承诺为新方向公司的股权回购义务承担履约连带责任,虽然未经久远公司股东会决议通过,亦不影响公司承诺担保条款的效力,并提交最高人民法院相关案例佐证。法院认为,《公司法》第 16 条第 2 款明确规定“公司为公司股东或者实际控制人提供担保的,必须经股东会或者股东大会决议”,该条规定的目的是防止公司股东或实际控制人利用控股地位,损害公司、其他股东或公司债权人的利益。对于合同相对人在接受公司为其股东或实际控制人提供担保时,是否对担保事宜经过公司股东会决议负有审查义务及未尽该审查义务是否影响担保合同效力,《公司法》及其司法解释未作明确规定。二审法院认为,虽然久远公司在《增资扩股协议》中承诺对新方向公司进行股权回购义务承担连带责任,但并未向通联公司提供相关的股东会决议,亦未得到股东会决议追认,而通联公司未能尽到基本的形式审查义务,从而认定久远公司法定代表人向生建代表公司在《增资扩股协议》上签字、盖章行为,对通联公司不发生法律效力,适用法律并无不当。

五、案例评析

本案中最高人民法院在在对赌第一案[苏州工业园区海富投资有限公司与甘肃世恒有色资源再利用有限公司、香港迪亚有限公司、陆波增资纠纷案,(2012)民提字第 11 号]的基础上,对认定目标公司参与对赌法律效力的裁判规则进行一定程度调整,从“投资方与目标公司对赌无效”修正至“目标公司以保证形式与投资方对赌有效”，从关联案例中对目标公司对股东之间对赌承担连带责任既不直接否认又不肯定的“犹抱琵琶半遮面”式的态度，到本案中直接予以了正面肯定，等于是确认了目标公司间接参与对赌的法律效力。最高人民法院在本案中首先认为合同无效的判定严格遵循法定主义，司法机关应按照《合同法》第52条等相关条款的法定情形来判断合同无效，并纠正了二审法院关于担保条款效力的裁判理由，认为二审法院否认担保条款的效力不符合《合同法》关于合同无效的各类法定情形，违反了《合同法》基本规则，构成适用法律错误。反观最高人民法院在对赌第一案中的审判思路，“投资方与目标公司本身之间的对赌条款如果使投资方可以取得相对固定的收益，则该收益会脱离目标公司的经营业绩，直接或间接地损害公司利益和公司债权人利益，违反了《公司法》第20条的规定，故应认定无效”，与本案的裁判思路明显不在同一个逻辑轨道上。经分析可以发现，最高人民法院在对赌第一案中认定投资方与目标公司的对赌协议无效的主要依据是《公司法》第20条，认为其违反了公司股东共担投资风险、共享投资收益的原则，损害了公司及债权人利益，故而无效；但在本案中，最高人民法院认为目标公司为股东之间对赌提供连带担保的法定依据应该是《合同法》第52条，并且目标公司及全体股东因投资方的投资而受益，则由目标公司承担担保责任符合一般公平原则，并以此肯定了目标公司为股东之间的对赌提供连带担保的法律效力。

但最高人民法院在本案中裁判思路的转变势必会造成目标公司以承担连带责任或连带担保的方式，大量以间接方式参与到投资方与股东或实际控制人之间的对赌之中，虽然在法律关系层面，股东之间对赌与目标公司对原股东或实际控制人提供的对赌义务承担连带责任系两种不同的法律关系，具有相对独立性，然而从实质上来看，目标公司对股东之间对赌提供担保，往往是身不由己，投资者高溢价投资固然能使公司所有股东包括债权人收益，但如果控股股东或实际控制人将目标公司的担保作为吸引投资者或获取高溢价回报的筹码，则一旦目标公司实际承担了连带责任或担保责任，必将不当减少公司财产，损害的仍是公司、小股东及其债权人的利益，并引发新的法律纠纷。

六、案例启示

1. 目标公司可以承担连带责任或担保等间接方式参与到对赌之中

按照最高人民法院在本案中确定的裁判规则，目标公司对股东之间的对赌承担连带担保责任或连带责任的方式，如无法定无效情形，则应不违反《合同法》关于合同无效的规定，应具有法律效力。因此，在私募股权投资过程中，为有效降低投资风险，投资方在避免直接与目标公司进行对赌的同时，可以将目标公司作为增信方，由其为对赌义务承担主体的支付义务承担连带责任或连带担保责任，其方式可以是信用类的保证、代偿或者差额补足，也可以是质押、抵押等方式。同时，为避免目标公司提供增信被认定为与投资方直接对赌而归于无效的风险，建议投资方与目标公司在投资协议之外，单独签订相关的担保协议，避免在投资协议或投资协议的补充协议中约定担保事项，并应办理公证手续。

2. 投资方应关注目标公司提供担保的内部决策程序的履行情况

本案中最高人民法院从正面肯定了目标公司对其股东间对赌安排承担连带担保责任的法律效力，但同时也体现了在关联案例中对投资方需尽到合理注意、对目标公司担保责任相应内部决策程序履行审慎义务的要求。按照《公司法》第16条第2款、第3款"公司为公司股东或者实际控制人提供担保的，必须经股东会或者股东大会决议。前款规定的股东或者受前款规定的实际控制人支配的股东，不得参加前款规定事项的表决。该项表决由出席会议的其他股东所持表决权的过半数通过"之规定，公司为股东及实际控制人担保必须经过股东大会决议，该规定系法律强制性规定，在关联案例中，最高人民法院正是依据这一点来认定目标公司担保条款无效。结合本案中最高人民法院的裁判规则，投资方对目标公司承担担保责任的安排是否已由目标公司履行股东会决议等内部程序应尽合理注意义务。如果目标公司未履行法定内部决策程序，未形成有效决议，则很可能导致其与投资方签订的担保条款因违反法定程序而存在效力争议。如果投资方已尽到合理注意和审慎义务，但由于目标公司过错致使该等约定无效的，则投资方有权要求目标公司承担担保条款无效的过错责任。

七、相关法规

《公司法》

第十六条　公司向其他企业投资或者为他人提供担保，依照公司章程的规定，由董事会或者股东会、股东大会决议；公司章程对投资或者担保的总额及单项投资或者担保的数额有限额规定的，不得超过规定的限额。

公司为公司股东或者实际控制人提供担保的，必须经股东会或者股东大会决议。

前款规定的股东或者受前款规定的实际控制人支配的股东，不得参加前款规定事项的表决。该项表决由出席会议的其他股东所持表决权的过半数通过。

第二十条 公司股东应当遵守法律、行政法规和公司章程,依法行使股东权利,不得滥用股东权利损害公司或者其他股东的利益;不得滥用公司法人独立地位和股东有限责任损害公司债权人的利益。

公司股东滥用股东权利给公司或者其他股东造成损失的,应当依法承担赔偿责任。

公司股东滥用公司法人独立地位和股东有限责任,逃避债务,严重损害公司债权人利益的,应当对公司债务承担连带责任。

《合同法》

第五十二条 有下列情形之一的,合同无效:

(一)一方以欺诈、胁迫的手段订立合同,损害国家利益;

(二)恶意串通,损害国家、集体或者第三人利益;

(三)以合法形式掩盖非法目的;

(四)损害社会公共利益;

(五)违反法律、行政法规的强制性规定。

最高人民法院《关于适用〈中华人民共和国担保法〉若干问题的解释》

第七条 主合同有效而担保合同无效,债权人无过错的,担保人与债务人对主合同债权人的经济损失,承担连带赔偿责任;债权人、担保人有过错的,担保人承担民事责任的部分,不应超过债务人不能清偿部分的二分之一。

第五节 投资方与目标公司对赌回购股权的约定无效,但目标公司应返还投资方计入资本公积部分的投资

一、案例简介

1. 事实经过

2011年4月9日,山东瀚霖生物技术有限公司(以下简称瀚霖公司)作为甲方与杭州境界投资股份有限公司作为乙方、苏州香樟一号投资管理中心作为丙方、天津硅谷天堂合盈股权投资基金合伙企业(以下简称硅谷天堂)作为丁方及瀚霖公司的实际控制人曹务波作为戊方签订《瀚霖公司增资协议书》(以下简称《增资协议》)。协议第1条约定,甲乙丙丁各方一致同意,由乙方向甲方溢价增资,增资金额合计人民币4200万元;丙方向甲方溢价增资人民币4900万元;丁方向甲方溢价增资4900万元,其中,700万元作为甲方的注册资本,其余4200万

元进入甲方的资本公积，本次增资完成后，乙方持有甲方新增注册资本700万元。乙方、丙方、丁方的出资方式为现金出资。第2条约定了各方的陈述与保证。(1)各方一致同意:①自乙方、丙方、丁方将其认购新增注册资本的款项，汇入甲方指定账户之日起，至本协议所述增资完成工商登记手续之日止，除非甲乙丙丁各方协商一致，否则任何一方无权单独动用账户内认购股份的款项。②甲方负责办理本次增资的各项手续，乙方、丙方、丁方协助。③自乙方、丙方、丁方将其认缴的出资汇入甲方指定账户之日起30个工作日内，如因甲方过错导致本次增资的各项手续不能完成的，乙方、丙方、丁方有权选择自行解除本协议，甲方应全额返还乙方、丙方、丁方认购股份之款项，并按照银行同期存款利率付息。如因乙方、丙方、丁方违约导致甲方未按照本协议约定完成增资手续，则甲方有权选择自行解除本协议，乙方、丙方、丁方须按照本协议约定承担各种相应的违约责任。……第3条约定了各方的义务。(1)各方应在签订本协议的同时签署与本次协议增资相关的其他文件。(2)……。(3)乙方、丙方、丁方应按照本协议约定的时间缴纳出资。(4)甲方承诺，自乙方、丙方、丁方将其认缴的出资汇入甲方指定账户之日起30个工作日内，办理完毕本次增资的工商变更登记。第4条约定了新股东的权利。(1)增资完成后，乙方、丙方、丁方自增资的工商登记变更之日起即根据其实际缴纳的出资比例依法享有各项股东权利。(2)人员委派权。(3)知情权。(4)一般反稀释。(5)优先受让权。(6)重大事项决定权。(7)回购权:①发生以下情形时，乙方、丙方、丁方将有权要求甲方或者戊方回购其持有的全部或部分甲方股权:a.甲方在2013年年底没有公开发行A股股票；b.甲方2011年实现的经审计扣除非经常性损益后的净利润低于16,000万元。②乙方、丙方、丁方的回购决定须在2014年4月30日之前以书面通知形式送达甲方或戊方，逾期将视为乙方、丙方、丁方放弃回购权。如由于不可抗力或证券监管机构出台相关政策等原因致使证监会发行审核或上市程序暂停的，乙方、丙方、丁方回购时间可顺延与上述暂停期相同的期限。③乙方、丙方、丁方根据上述规定行使回购权时，回购对价为乙方、丙方、丁方拟转让股权对应的甲方上一年度经审计净资产与乙方投资额加年资金成本8%计算孰高者为准(单利计算，但应减去乙方、丙方、丁方已分配利润)。④甲方或戊方应在乙方、丙方、丁方作出回购决定之日起60日内完成回购并支付全部回购对价。(8)业绩承诺。戊方承诺:若2011年会计年度结束后，甲方2011年实现的经审计后的净利润低于20,000万元的90%时，在甲方股票公开发行材料申报前7日或2012年6月30日孰早，戊方应一次性给予乙方、丙方、丁方占本次投资额7%的现金作为补偿。

2011年4月14日,硅谷天堂将4900万元汇入瀚霖公司账户,硅谷天堂于当日在山东省烟台市工商行政管理局被登记为瀚霖公司的股东。硅谷天堂的认缴出资额700万元,其持股比例为1.41%。

2012年6月19日,根据瀚霖公司的委托,国富浩华会计师事务所对瀚霖公司的财务报表,包括对2011年12月31日的资产负债表、2011年度的利润表、现金流量表、所有者权益变动表进行了审计。审计认为,瀚霖公司财务报表在所有重大方面均按照企业会计准则的规定编制,公允反映了瀚霖公司2011年12月31日的财务状况以及2011年度的经营成果和现金流量。从审计报告中的利润表中显示,瀚霖公司在2011年12月31日净利润为30,491,082.65元。

2013年10月27日,北京市万商天勤律师事务所受硅谷天堂委托,致函瀚霖公司及曹务波,要求瀚霖公司和曹务波履行回购义务。

因瀚霖公司和曹务波未履行回购义务,硅谷天堂诉至法院要求:瀚霖公司和曹务波以人民币59,600,109.59元价格回购其持有的瀚霖公司700万元的出资额,并自2013年12月27日起按中国人民银行公布的金融机构同期人民币贷款基准利率的150%标准向硅谷天堂支付逾期付款利息。

2. 核心争议

《增资协议》中关于硅谷天堂要求瀚霖公司回购硅谷天堂持有瀚霖公司部分或全部股权的约定是否有效。

3. 交易结构图

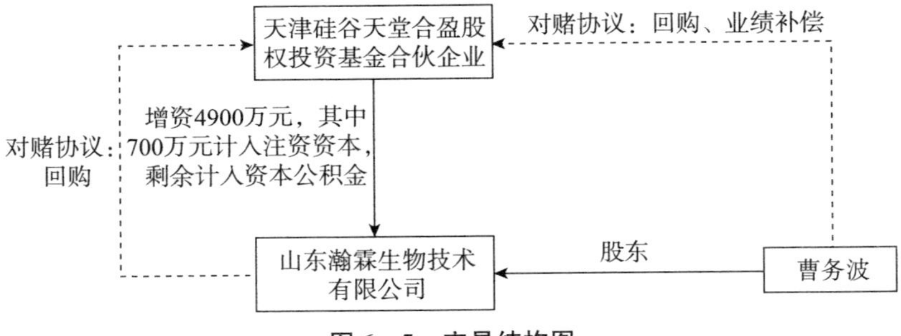

图6-5　交易结构图

二、裁判结果

山东省高级人民法院认为,依照《公司法》第35条和第37条第1款第7项之规定,有限责任公司注册资本确定后,未经法定程序,不得随意减少和抽回。《公司法》第74条第1款规定,"有下列情形之一的,对股东会该决议投反对票的股东可以请求公司按照合理的价格收购其股权:(一)公司连续五年不向股东分配利润,而公司该五年连续盈利,并且符合本法规定的分配利润条件的;(二)公司合并、分立、转让主要财产的;(三)公司章程规定的营业期限届满或者章程规定的其他解散事由出现,股东会会议通过决议修改章程使公司存续的”。因此,涉案的《增资协议》是合同当事人真实意思表示,但协议中关于瀚霖公司回购股份的条款约定因违反《公司法》上述强制性规定而无效。协议其他条款并不违反《公司法》规定,应为有效。因瀚霖公司在2011年未实现净利润16,000万元以上且在2013年年底未完成上市,故协议约定曹务波购买股权条件已经成就,原告硅谷天堂根据合同约定,诉请曹务波购买其股权并承担相应的赔偿责任符合合同约定,本院予以支持。原告硅谷天堂诉请瀚霖公司回购其1.41%股权(《增资协议》约定的价值为700万元)违反《公司法》规定,本院不予支持。但主张瀚霖公司与曹务波共同偿还作为公积金部分4200万元及其资金成本及利息损失,本院应予支持。

关于曹务波以及瀚霖公司应向原告硅谷天堂年资金成本费及逾期付款利息数额的计算:(1)关于资金成本费的计算。《增资协议》签订后,原告硅谷天堂于2011年4月14日依协议付款4900万元。原告硅谷天堂于2013年10月27日通知曹务波和瀚霖公司履行回购义务,根据《增资协议》的约定,曹务波和瀚霖公司应在60日内履行回购义务,即应于2013年12月27日前回购,至此,瀚霖公司占用资金的时间为987天(2011年4月14日至2013年12月27日),按《增资协议》约定的年资金成本8%计算,2011年4月14日至2013年12月27日的资金成本为4900万元×8%÷365天×987天,计10,600,109.59元。故曹务波应在59,600,109.59元(4900万元+10,600,109.59元)范围内向原告承担付款责任。因原告主张瀚霖公司回购700万元的股权法律及事实依据不足,故瀚霖公司在4200万元本金及其资金成本9,085,808.22元(4200万元×8%÷365天×987天)共计51,085,808.22元范围内承担付款责任。曹务波或瀚霖公司支付上述款项后,原告应当在合理的期限内将占比1.41%的股权过户至曹务波名下。(2)关于逾期利息的计算。原告于2013年10月27日向瀚霖公司及曹务波致函,明确要求瀚霖公司和曹务波回购股权,但曹务波和瀚霖公司未在《增资协议》约定的60日内(2013年12月27日前)回购,故原告主张曹务波和瀚霖公司承担逾期付款的利息损失(银行贷款基准利率6%上浮50%)符合法律规定。曹务波应承担的逾期付款利息范围为59,600,109.59元×9%÷365天×逾期天数(自2013年12月27日起至本判决生效之日止)。瀚霖公司承担的逾期付款利息范围为51,085,808.22元×9%÷365天×逾期天数(自2013年12月27日起至本判决生效之日止)。综上所述,原告硅谷天堂的诉讼请求大部分成立,本院应予支持。曹务波及瀚霖公司经本院合法传唤无正当理由拒不到庭,应视为放弃诉讼权利,并据此判决被告曹务波与被告山东瀚霖生物技术有限公司共计向原告硅谷天堂付款59,600,109.59元及逾期付款利息;被告瀚霖公司对本判决第1项承担责任的范围是不超过51,085,808.22元及逾期付款利息;被告曹务波对本判决第1项承担责任的范围是不超过59,600,109.59元及逾期付款利息。

三、裁判要旨

投资方与目标公司对赌回购股权的约定无效,但对于投资方对目标公司投资计入资本公积部分的出资,投资方有权要求目标公司按照对赌协议的约定,承担返还义务并承担相应的资金成本。

四、案例来源

1.案例索引

【案件名称】天津硅谷天堂合盈股权投资基金合伙企业与曹务波、山东瀚霖生物技术有限公司合伙协议纠纷案

【审理法院】山东省高级人民法院

【案号】(2014)鲁商初字第25号

【审理程序】一审

2.关联案例

最高人民法院在"江门市江建建筑有限公司与江门市金华物业投资管理有限公司、江门市金华投资有限公司执行异议之诉纠纷"[(2013)民提字第226号]中认为,林金培对金华投资公司的额外出资不是借款,而属于资本公积金,林金培对金华投资公司所谓的借款债权并不成立。资本公积金属于公司的后备资金,股东可以按出资比例向公司主张所有者权益,但股东出资后不能抽回,也不得转变为公司的债务计算利息,变相抽逃。2003年5月14日,金华投资公司董事会决议用本案的房产抵顶林金培多投入的出资本息,实质是将林金培本属于资本公积金的出资转变为公司对林金培的借款,并采用以物抵债的形式予以返还,导致林金培变相抽逃出资,违反了公司资本充实原则,与《公司法》和国务院上述通知的规定相抵触,故董事会决议对林金培借款债权的确认及以物抵债决定均应认定为无效。

五、案例评析

本案中，山东省高级人民法院在认定《瀚霖公司增资协议书》中关于硅谷天堂要求瀚霖公司回购硅谷天堂持有瀚霖公司部分或全部股权约定的法律效力时，未直接采用最高人民法院在对赌第一案中的审判思路——直接认定股权回购条款使海富公司的投资可以取得相对固定的收益，该收益脱离了世恒公司的经营业绩，损害了公司利益和公司债权人利益，而是从《公司法》有关公司资本维持原则及股东回购股权的规定作为法律适用的依据，认为硅谷天堂与瀚霖公司在《增资协议》约定的由瀚霖公司回购硅谷天堂所持的股权违反了《公司法》第35条、第37条第1款第7项、第74条关于资本维持原则及减资的相关规定，属于违反法律强制性规定的情形，因此否定了其法律效力。但本案的特殊之处在于，硅谷天堂对瀚霖公司的增资款4900万元分为两个部分，其中700万元计入注册资本，4200万元计入资本公积，法院虽然否定了增资协议中瀚霖公司回购股权条款的效力，但认为瀚霖公司应当按照增资协议的相关约定向硅谷天堂支付计入资本公积部分4200万元的资金占用成本。尽管法院在此未作展开论述，我们无法窥探法院支持此项诉请的逻辑，但可以推测出法院将注册资本和资本公积的法律性质、功能进行了区分，《公司法》关于公司资本三原则的规定仅限于注册资本，并未将资本公积作为股东溢价增资而计入资本公积的投资款并不属于《公司法》意义上的股东出资，因为工商登记公示的仅是注册资本，《公司法》并未有关于抽逃资本公积的规定。因此，就目标公司与投资方就计入资本公积部分的投资进行对赌约定，并不违反公司资本维持原则，亦不会损害公司利益及债权人利益，故而支持了硅谷天堂要求瀚霖公司与曹务波共同偿还作为公积金部分4200万元及其资金成本及利息损失的请求。但我们亦应注意，该案仅是个案，并不代表最高人民法院的态度，并且在关联案例中，最高人民法院明确表示“资本公积金属于公司的后备资金，股东可以按出资比例向公司主张所有者权益，但股东出资后不能抽回”，因此，投资方在私募股权投资过程中，选择与目标公司就增资溢价部分进行对赌，仍然存在合法性的问题，在最高人民法院作出类似判决前，投资方应审慎选择该种方式作为保障投资安全的安排，避免被认定为无效的法律风险。

六、案例启示

1. 在更高层级法院的裁判规则明晰前,投资方应审慎选择与目标公司对赌的安排

对赌第一案之后,各级法院往往会以其为指引,在审理投资方要求目标公司回购股权案件时,通常会以回购条款涉及公司资本的不当减少、违反公司"资本确定、资本维持、资本不变"的原则、损害公司及债权人利益而违反《公司法》的强制规定等为由,认定公司回购约定无效。但在本案中,山东省高级人民法院在否定了投资方与目标公司回购股权的对赌协议效力的同时,又支持了投资方要求目标公司返还投资方计入资本公积部分投资款的要求,并按照对赌协议约定的方式支付相应的资本成本。但通过梳理相关案例可以发现,司法实践中对于抽逃出资中的资本是仅指"股本"(注册资本)还是包括资本公积存在争议,并且《公司法》对该问题的规定亦不是很明确,导致公司资本的边界比较模糊。虽然最高人民法院在(2013)民提字第226号判决书中认为股东不得抽回资本公积部分的出资,但该案有其特殊性,因金华投资公司变造会计凭证将林金培的出资计入资本公积部分转变为借款,以阻却法院的执行行为,最高人民法院从林金培对金华投资公司是否因额外出资而享有借款债权而进行上述认定,不一定是适用于本案中的情形。因此,为避免对赌协议被认定为无效的风险,投资方应谨慎选择与目标公司就增资溢价部分进行对赌的安排,因为当股权回购的主体是目标公司时,会涉及公司利益、小股东利益及公司债权人利益保护等复杂问题,司法机关对股权回购条款的审查往往更为严格;如果选择与公司股东、实际控制人作为对赌的对象,因有先例可循,更能通过司法审查。

2. 投融资双方应充分评估对赌后续风险,避免盲目对赌

私募股权投资过程中,投融资双方签订的对赌协议中通常会将目标公司的经营业绩或者IPO作为回购、业绩补偿或者控制权转移的触发条件,由于目标公司未来发展会受公司内外部的主客观诸多因素影响,一旦触发对赌实现条件,对赌义务承担主体势必会付出巨大代价,对目标公司长远发展亦会产生重大影响。因此,作为融资方,在制定目标公司经营业绩指标时,应立足目标公司的实际情况,切忌盲目高估目标公司经营业绩,导致后期因无法实现业绩目标而承担业绩补偿、回购、控制权转移等责任。同时,融资方还应在对赌协议中明确除外责任,即在哪些情况下不适用对赌,尤其要明确哪些亏损或者损失情况是属于投资方应当负有责任的,以及对赌条款不适用的情形或条件,包括但不限于因为经济环

境、金融形势、市场波动等原因导致目标公司盈利未满足预期,或因疫情、灾害以及其他不可抗力对目标公司盈利造成的重大不利影响等,以尽量规避和化解对赌的潜在风险。作为投资方,在投资前则要进行全面充分的尽职调查,对目标公司经营业绩、公司治理等情况进行合理评估和预判,避免盲目听信融资方的承诺,以防后期因融资方缺乏回购或补偿能力而"血本无归"。

七、相关法规

《公司法》

第二十条 公司股东应当遵守法律、行政法规和公司章程,依法行使股东权利,不得滥用股东权利损害公司或者其他股东的利益;不得滥用公司法人独立地位和股东有限责任损害公司债权人的利益。

公司股东滥用股东权利给公司或者其他股东造成损失的,应当依法承担赔偿责任。

公司股东滥用公司法人独立地位和股东有限责任,逃避债务,严重损害公司债权人利益的,应当对公司债务承担连带责任。

第三十五条 公司成立后,股东不得抽逃出资。

第三十七条 股东会行使下列职权:

(一)决定公司的经营方针和投资计划;

(二)选举和更换非由职工代表担任的董事、监事,决定有关董事、监事的报酬事项;

(三)审议批准董事会的报告;

(四)审议批准监事会或者监事的报告;

(五)审议批准公司的年度财务预算方案、决算方案;

(六)审议批准公司的利润分配方案和弥补亏损方案;

(七)对公司增加或者减少注册资本作出决议;

(八)对发行公司债券作出决议;

(九)对公司合并、分立、解散、清算或者变更公司形式作出决议;

(十)修改公司章程;

(十一)公司章程规定的其他职权。

对前款所列事项股东以书面形式一致表示同意的,可以不召开股东会会议,直接作出决定,并由全体股东在决定文件上签名、盖章。

第七十四条 有下列情形之一的,对股东会该项决议投反对票的股东可以请求公司按照合理的价格收购其股权：

(一)公司连续五年不向股东分配利润，而公司该五年连续盈利，并且符合本法规定的分配利润条件的；

(二)公司合并、分立、转让主要财产的；

(三)公司章程规定的营业期限届满或者章程规定的其他解散事由出现，股东会会议通过决议修改章程使公司存续的。

自股东会会议决议通过之日起六十日内，股东与公司不能达成股权收购协议的，股东可以自股东会会议决议通过之日起九十日内向人民法院提起诉讼。

第一百四十二条 公司不得收购本公司股份。但是，有下列情形之一的除外：

(一)减少公司注册资本；

(二)与持有本公司股份的其他公司合并；

(三)将股份奖励给本公司职工；

(四)股东因对股东大会作出的公司合并、分立决议持异议，要求公司收购其股份的。

公司因前款第(一)项、第(二)项的原因收购本公司股份的，应当经股东大会决议。公司依照前款规定收购本公司股份后，属于第(一)项情形的，应当自收购之日起十日内注销；属于第(二)项、第(四)项情形的，应当在六个月内转让或者注销。

公司依照第一款第(三)项规定收购的本公司股份，不得超过本公司已发行股份总额的百分之五；用于收购的资金应当从公司的税后利润中支出；所收购的股份应当在一年内转让给职工。

最高人民法院《关于适用〈中华人民共和国公司法〉若干问题的规定(二)》

第五条 人民法院审理解散公司诉讼案件，应当注重调解。当事人协商同意由公司或者股东收购股份，或者以减资等方式使公司存续，且不违反法律、行政法规强制性规定的，人民法院应予支持。当事人不能协商一致使公司存续的，人民法院应当及时判决。

经人民法院调解公司收购原告股份的，公司应当自调解书生效之日起六个月内将股份转让或者注销。股份转让或者注销之前，原告不得以公司收购其股份为由对抗公司债权人。

《合同法》

第五十二条 有下列情形之一的，合同无效：

(一)一方以欺诈、胁迫的手段订立合同，损害国家利益；

(二)恶意串通,损害国家、集体或者第三人利益;

(三)以合法形式掩盖非法目的;

(四)损害社会公共利益;

(五)违反法律、行政法规的强制性规定。

第六节　投资对赌过程中负有股权回购义务的股东不能因目标公司遭受不可抗力而主张免除回购义务

一、案例简介

1. 事实经过

2012年10月23日,江西建信金牛新兴产业投资基金企业(有限合伙)(以下简称建信金牛)与南昌宝葫芦农庄有限公司(以下简称南昌宝葫芦)、陈宗伟、宋徽玉、王俊华签订了一份《投资协议书》。此协议约定,建信金牛直接将投资款13,300万元投入被告南昌宝葫芦,投资完成后建信金牛持有南昌宝葫芦22.06%股权。该协议第18.6条中约定南昌宝葫芦及其股东对该协议履行所产生的经济责任和法律责任承担连带保证责任。南昌宝葫芦工商登记股东为陈宗伟、宋徽玉、王俊华。同日,南昌宝葫芦与陈宗伟、宋徽玉、王俊华签订《股权转让协议书》,协议书"2 投资方股权退出机制"中2.1项下约定六种退出情形,其一为如南昌宝葫芦不能按期支付按照每年度不得低于18%之收益获得股息分配,则投资方即建信金牛股权退出,建信金牛有权要求原股东即陈宗伟、宋徽玉、王俊华购买投资方持有的南昌宝葫芦股权,并约定股权购买款的确定方法为:投资方的投资款金额+投资方的投资款金额×(18%)×n。协议6.4项下约定付款期限为收到建信金牛发出的到期欠付的通知后90个工作日内支付所有欠款,逾期未付,每日按应付未付金额的2.1‰计算违约金。被告南昌宝葫芦在该协议上加盖了公章。建信金牛为保证其与被告陈宗伟、宋徽玉、王俊华签订的《股权转让协议》的履行,确保股权转让款的安全回购,同日还签订了多份抵押保证合同为股权转让款提供保证:与江西靖安中部梦幻城实业有限公司(以下简称靖安梦幻城)、南昌洪崖房地产开发有限公司(以下简称洪崖公司)签订了土地《抵押合同》,并在靖安县国土资源局对抵押的靖安梦幻城135,689.163平方米土地办理了登记及他项权证[靖土他项(2012)第034号、037号],他项权证列明贷款金额(人民币)共9400万元(2200万元+7200万元);在南昌市国土资源局湾里分局对抵押的洪崖公司52,866.66平方米土地办理了登记及他项权;与被告靖安梦幻城单独就其动产签订了设备《抵押合同》,对靖安梦幻城的双层豪华转马、古堡幽灵、5D动感影院以及云霄飞车设备在靖安县工商行政管理局办理了抵押登记;与陆经富签订了《保证合同》,约定陆经富为股权转让款提供连带责任保证;与邓莲华、朱学珍、徐雪梅签订了《保证合同》,约定邓莲华、朱学珍、徐雪梅为股权转让款提供连带责任保证,其中徐雪梅在该保证合同上的签字为其丈夫王俊华所签。在上述协议、合同签订后,建信金牛依约向南昌宝葫芦支付了投资款13,300万元。2012年11月16日,《南昌市人民政府办公厅抄告单》通知暂停办理南昌宝葫芦等项目的土地报批供应和报建手续。同年12月13日,南昌市红谷滩新区外经贸局致函南昌宝葫芦《关于做好相关配合工作的函》,明确南昌宝葫芦项目所涉地块规划将做调整,要求配合政府尽快完成核算、清算工作,并做好与员工、股东、债权人及相关人员的协调工作。2013年3月21日,建信金牛向陈宗伟、宋徵玉、王俊华发出《关于要求南昌宝葫芦农庄有限公司原股东回购股权的函》,指出由于南昌宝葫芦正与南昌市红谷滩新区政府商谈资产征收事宜且无法按照约定支付每年度不得低于18%之收益的股息分配,要求南昌宝葫芦原股东按照协议约定回购建信金牛持有的22.06%股权。回购金额为:投资款13,300万元+投资款13,300万元×(18%)年息×n,要求在2013年3月31日前将回购款支付建信金牛。同年4月10日,陈宗伟、宋徵玉、王俊华向建信金牛答复《关于南昌宝葫芦农庄有限公司回购股权的复函》,提出由于南昌宝葫芦正与南昌市红谷滩新区政府商谈资产征收事宜,无法按照约定支付每年度不得低于18%之收益的股息分配,承诺在未完全付清建信金牛回购款之前,放弃对南昌宝葫芦资产征收补偿款的处置权。对回购金额确认为:投资款13,300万元+投资款13,300万元×(18%)年息×n。2013年11月18日,南昌宝葫芦召开股东会,明确了陈宗伟、宋徵玉、王俊华仅为登记股东,公司实际控制人为陆经富,陆经富授权代表周红艳、张亦寒。股东会决议组成公司清算组。陈宗伟、宋徵玉、王俊华辩称建信金牛依据《投资协议书》选择行使优先清算权,故无权主张回购其持有的南昌宝葫芦22.06%股权。经查,除陈宗伟、宋徵玉、王俊华提供一份《南昌宝葫芦农庄有限公司股东会决议》证明股东会决议公司组成清算组外,没有任何证据证明南昌宝葫芦进行了实质清算。

建信金牛以南昌市红谷滩新区人民政府要对南昌宝葫芦资产进行征收,从而造成南昌宝葫芦无法履行《投资协议书》中约定的声明、保证、承诺等义务为由诉至法院要求:陈宗伟、宋徵玉、王俊华向建信金牛偿付投资款13,300万元、利息(利率按年息18%计算)及违约金1743.70万元;陈宗伟、宋徵玉、王俊华回购原告建信金牛持有的南昌宝葫芦 22.6% 股权；南昌宝葫芦对上述欠款本息承担连带还款责任；邓莲华、朱学珍、徐雪梅、陆经富对陈宗伟、宋徽玉、王俊华的上述还款责任承担连带付款责任；洪崖公司、靖安梦幻城对陈宗伟、宋徽玉、王俊华的上述还款责任承担抵押担保责任。

陈宗伟、宋徽玉、王俊华、陆经富、南昌宝葫芦辩称，建信金牛对南昌宝葫芦增资后，南昌宝葫芦即被政府列入征收对象，该不可抗力属于法定免责事由。建信金牛已经依据《投资协议书》选择行使优先清算权，故无权主张陈宗伟、宋徽玉、王俊华、陆经富回购其持有的南昌宝葫芦 22.06% 股权。

2. 核心争议

南昌宝葫芦土地被政府征收，这种征收行为是否构成履行回购义务的不可抗力，以及回购股权的条件是否成就。

3. 交易结构图

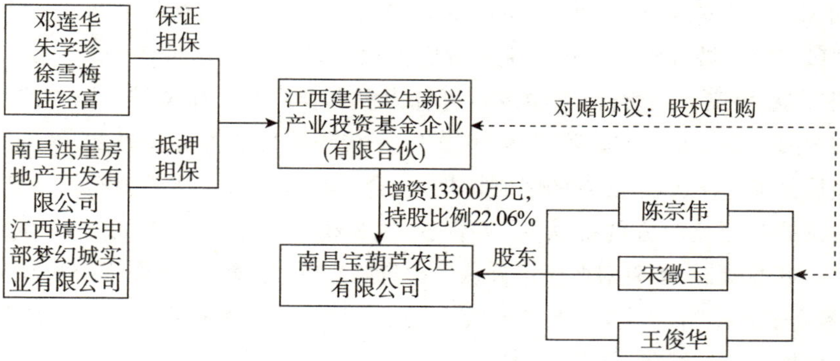

图 6－6　交易结构图

二、裁判结果

江西省高级人民法院认为，《民法通则》第 153 条及《合同法》第 117 条第 2 款均对不可抗力作出了规定，不可抗力是指不能预见、不能避免并不能克服的客观情况。本案中被告南昌宝葫芦土地被政府征收，这种征收行为是南昌宝葫芦不能预见、不能避免并不能克服的客观情况。依照《合同法》第 117 条第 1 款规定，"因不可抗力不能履行合同的，根据不可抗力的影响，部分或者全部免除责任，但法律另有规定的除外"。一般来说，不可抗力产生两个法律效力，法定解除权及免除违约责任，即对不可抗力造成的履约不能可以解除合同以及对不可抗力导致的履约不能产生的赔偿（违约）责任的免除。但该法律后果均只针对本合同当事人,即不可抗力产生的后果也不能突破合同相对性。《合同法》第121条规定:"当事人一方因第三人的原因造成违约的,应当向对方承担违约责任。当事人一方和第三人之间的纠纷,依照法律规定或者按照约定解决。"本案中,原告与被告南昌宝葫芦签订的《投资协议书》中,被告南昌宝葫芦在发生政府征收其土地的不可抗力后,导致南昌宝葫芦不能按照约定按期支付原告每年度不得低于18%之收益的股息分配,产生违约。该《投资协议书》中南昌宝葫芦的违约责任因不可抗力可以免除。原告与被告陈宗伟、宋徽玉、王俊华签订的《股权转让协议书》系另一合同,各方当事人意思表示真实,内容不违反法律、行政法规的强制性规定,合法有效。《股权转让协议书》系附条件协议,该协议中约定的投资方股权退出条件之一即为被告南昌宝葫芦不能按照约定按期支付原告每年度不得低于18%之收益的股息分配。被告南昌宝葫芦不能按照约定按期支付原告每年度不得低于18%之收益的股息分配的事实在原告2013年3月21日函及被告陈宗伟、宋徽玉、王俊华2013年4月10日的复函中确认,该回购条件已成就。被告南昌宝葫芦主张政府征收南昌宝葫芦土地等资产行为成为《股权转让协议书》履行回购中的不可抗力没有合同及法律依据。原告按照协议约定要求原股东即被告陈宗伟、宋徽玉、王俊华回购原告持有的22.06%股权不违反我国法律、行政法规的强制性规定,合法有效。对于回购金额的计算,依照协议的约定及双方的确认为:投资款13,300万元+投资款13,300万元×(18%)年息×n。本院对此予以确认。被告陈宗伟、宋徽玉、王俊华辩称其为名义(登记)股东,并未出资,不享有股东权益,不应当对回购股权转让款承担责任。根据《公司法》第32条第2款的规定,"公司应当将股东的姓名或者名称向公司登记机关登记,登记事项变更的,应当办理变更登记。未经登记或者变更登记的,不得对抗第三人"。被告陈宗伟、宋徽玉、王俊华作为南昌宝葫芦登记股东,同时也是《股权转让协议书》签约主体,依法应当承担合同责任。原告主张被告陈宗伟、宋徽玉、王俊华按照约定回购股权,理由成立,本院予以支持。

原告主张根据约定的回购金额的计算方式[投资款13,300万元+投资款13,300万元×(18%)年息×n],计算至2014年12月31日利息为5226.35万元,违约金为1743.70万元。本案各被告对利息的性质究竟为利息还是投资收益虽有疑问,但对利息数据本身未提出异议。本院对该利息数据5226.35万元予以确认。原告主张被告陈宗伟、宋徽玉、王俊华因逾期支付股权转让款而承担违约金1743.70万元,鉴于本案实际情况,被告南昌宝葫芦遭遇政府征收土地的不可抗力,导致被告陈宗伟、宋徽玉、王俊华在原告投资不到1个月即面临回购

13,300 万元的股权转让款的巨大压力,可以免除被告陈宗伟、宋徽玉、王俊华的违约责任。

对于原告主张被告南昌宝葫芦对陈宗伟、宋徽玉、王俊华股权转让款承担连带保证责任,本院认为该主张没有合同及法律依据。首先,被告南昌宝葫芦不是《股权转让协议书》的合同主体,《股权转让协议书》第一句话明确"本股权转让协议由以下各方于 2012 年 10 月 23 日在中国【南昌】签订:陈宗伟……宋徽玉……王俊华……江西建信金牛新兴产业投资基金企业(有限合伙)……""南昌宝葫芦原股东与投资方合称'各方',单独为'一方'"可以确定该合同主体为原告与被告陈宗伟、宋徽玉、王俊华;其次,该协议中并无南昌宝葫芦就股权转让款承担保证责任的条款;再次,原告也未与南昌宝葫芦签订任何由南昌宝葫芦为被告陈宗伟、宋徽玉、王俊华回购原告股权承担保证责任的协议;最后,被告南昌宝葫芦在《股权转让协议书》加盖了公章,其辩称成立。故原告主张被告南昌宝葫芦对股权转让承担连带责任没有事实和法律依据,法院不予支持。

本案《保证合同》是否有效?各保证人是否应当承担保证责任?本院认为,原告与被告陆经富签订的《保证合同》、与被告邓莲华、朱学珍签订的《保证合同》,系当事人真实意思表示,内容不违反法律、行政法规强制性规定,上述合同均依法成立,合法有效。原告主张被告陆经富、邓莲华、朱学珍为被告陈宗伟、宋徽玉、王俊华支付原告的股权转让款承担连带担保责任于法有据,予以支持。原告与被告徐雪梅签订的《保证合同》,由于该合同中徐雪梅签字非本人所签,系其丈夫王俊华代签,被告徐雪梅认为该保证不是家庭事务,王俊华无权代理其签字,其不承担保证责任。法院认为,王俊华代其妻子徐雪梅签字未经徐雪梅的同意和授权,徐雪梅对此也不予认可,虽然徐雪梅与王俊华为夫妻关系,但王俊华代签字的保证行为超出了家庭日常事务的范围,只能由其自行承担后果。徐雪梅的抗辩成立,对原告主张徐雪梅的保证责任法院不予支持。

本案抵押担保合同是否有效?抵押担保人是否应承担抵押担保责任?被告靖安梦幻城辩称即使承担抵押责任也应当在他项权证中的抵押登记范围 9400 万元承担抵押责任。法院认为,原告与被告靖安梦幻城、洪崖公司签订的土地《抵押合同》,与被告靖安梦幻城签订的设备《抵押合同》系当事人真实意思表示,内容不违反法律、行政法规强制性规定,且都依法办理了抵押登记,上述合同均合法有效。他项权证作为对外公示性的抵押登记证书,其登记范围 9400 万元具有公示性。原告主张对被告靖安梦幻城、洪崖公司承担抵押担保责任,并就抵押物优先受偿于法有据,予以支持。但对靖安梦幻城土地抵押的优先受偿权以

9400 万元为限。

三、裁判要旨

不可抗力的法律后果均只针对本合同当事人，即不可抗力产生的后果也不能突破合同相对性；不可抗力造成目标公司支付股息的免责事由，但原股东不能因目标公司遭受不可抗力主张免除回购义务。

四、案例来源

1. 案例索引

【案件名称】江西建信金牛新兴产业投资基金企业（有限合伙）与陈宗伟、宋徵玉、王俊华、南昌宝葫芦农庄有限公司、邓莲华、朱学珍、徐雪梅、陆经富、南昌洪崖房地产开发有限公司、江西靖安中部梦幻城实业有限公司增资合同纠纷案

【审理法院】江西省高级人民法院

【案号】（2015）赣民一初字第 3 号

【审理程序】一审

2. 关联案例

厦门市中级人民法院在"厦门金泰九鼎股权投资合伙企业与骆鸿、江西旭阳雷迪高科技股份有限公司公司增资纠纷案"［（2014）厦民初字第 137 号］中认为，根据最高人民法院前述案例的认定，股东对投资人的补偿承诺并不损害公司及公司债权人的利益，不违反法律法规的禁止性规定，是当事人的真实意思表示，是有效的。因此，骆鸿的对赌承诺是有效的。至于被告提到的"双反"问题不构成情势变更。根据最高人民法院《关于适用〈中华人民共和国合同法〉若干问题的解释（二）》第 26 条之规定，合同成立以后客观情况发生了当事人在订立合同时无法预见的、非不可抗力造成的不属于商业风险的重大变化，继续履行合同对于一方当事人明显不公平或者不能实现合同目的，当事人请求人民法院变更或者解除合同的，人民法院应当根据公平原则，并结合案件的实际情况确定是否变更或者解除。所谓"双反"系当进口产品以倾销价格或在接受出口国政府补贴的情况下低价进入国内市场，并对生产同类产品的国内产业造成实质损害或实质损害威胁的情况下，世界贸易组织（WTO）允许成员方使用反倾销、反补贴等贸易救济措施，恢复正常的进口秩序和公平的贸易环境，保护国内产业的合法利益。作为一国的贸易保护措施，进口国对出口国产品进行"双反"调查并非不可预见的情形，属于正常的商业风险。因此，被告关于中国光伏企业遭受"双

反”构成情势变更的理由不能成立。

五、案例评析

根据《民法通则》及《合同法》的规定，不可抗力是指不能预见、不能避免和不能克服的客观情况，因不可抗力致不能履行合同或不能如期履行合同时，遭受不可抗力的一方可以免除履行合同的责任。引起不可抗力的原因有两种：一是自然原因，如洪水、暴风、地震、干旱、暴风雪等人类无法控制的大自然力量所引起的灾害事故；二是社会原因，如战争、罢工、政府禁止令、征收、征用等引起的。发生不可抗力的法律后果包括两种：一是迟延履行合同，如果只是暂时阻碍合同的履行，可以推迟合同的履行；二是全部或部分免除遭受不可抗力一方的履行义务。因不可抗力导致合同不能履行或部分不能履行的情况下，不履行的一方可以不可抗力要求免责或部分免责，关键在于不可抗力的影响范围。但不可抗力的法律效力仅及于民事法律关系的当事人或合同的签约方，某个法律关系中的不可抗力事件是否构成其他法律关系中的不可抗力事件，需要视该法律关系中当事人的约定而定。本案中，法院以合同具有相对性为由，认为南昌宝葫芦土地被政府征收的事件仅构成南昌宝葫芦与建信金牛之间的不可抗力事件，南昌宝葫芦据此可以免除按期支付建信金牛每年度不得低于18%之收益的股息分配的违约责任，但该事件不构成陈宗伟、宋徵玉、王俊华按照《投资协议书》履行回购义务的不可抗力，亦不构成保证人或抵押人履行相关担保责任的不可抗力。因为在陈宗伟、宋徵玉、王俊华与建信金牛的股权回购法律关系中，并未将南昌宝葫芦土地征收约定为不可抗力，而且从当事人订立回购条款的本旨与目的出发，南昌宝葫芦土地征收似乎并不能构成股权回购条款履行中的“不能预见、不能避免和不能克服的客观情况”，陈宗伟、宋徵玉、王俊华难以据此作为拒绝履行股权回购义务的抗辩。

六、案例启示

1. 投融资双方应在对赌协议中对不可抗力等免责事由作出明确规定

为防范突发事件或意外事件被当作对赌义务承担主体履约抗辩事由而造成的纠纷，投融资双方在设计或签订对赌协议时，应对构成履约不能的免责事件尤其是不可抗力作出明确约定，明确哪些情况或事件构成对赌条款或协议项下的意外事件、不可抗力、情势变更或免责事件，在哪些情况下不适用对赌，尤其要明确哪些亏损或者损失情况是属于投资方或融资方应当负有责任的，以及对赌条款不适用的情形或条件,包括但不限于因为经济环境、金融形势、市场波动等原因导致目标公司盈利未满足预期,或因疫情、灾害以及其他事件对目标公司经营管理造成的重大不利影响等,并对免责事件或不可抗力的处理及通知和证明的安排作出具体详细的约定,以便投融资双方在发生免责事件或不可抗力后可以按照事先约定及时处理,避免因无约定或约定不清发生的纠纷。

2. 融资方应合理设置对赌业绩目标

国内私募股权投资领域的对赌,通常是以目标公司未来业绩作为对赌的指标,部分处于成长期的中小企业,出于扩大生产、占领市场或解决资金不足等各种目的,不惜接受较高的业绩目标或苛刻的条件参与对赌而换取投资方的投资,一方面给目标企业长远健康发展埋下了隐患,因为获得投资后,融资方为了赢得对赌,一切经营行为均围绕业绩而展开,注重眼前的发展而忽视企业长远规划,另一方面使融资方面临较高的履行对赌义务的风险,一旦无法完成既定的业绩目标,或支付大额业绩补偿,或转让股权或控制权。因此,融资方应审慎看待目标公司的未来发展业绩,不得因盲目乐观和自信而估值偏高,在与投资方进行接洽时,应当尽可能拉低对赌业绩目标,使之保持在一个相对合理的范围内,不仅有利于目标公司的长远发展,又能实现投融资双方的共赢,避免零和博弈。

七、相关法规

《合同法》

第八条 依法成立的合同,对当事人具有法律约束力。当事人应当按照约定履行自己的义务,不得擅自变更或者解除合同。

依法成立的合同,受法律保护。

第六十条 当事人应当按照约定全面履行自己的义务。

当事人应当遵循诚实信用原则,根据合同的性质、目的和交易习惯履行通知、协助、保密等义务。

第一百一十七条 因不可抗力不能履行合同的,根据不可抗力的影响,部分或者全部免除责任,但法律另有规定的除外。当事人迟延履行后发生不可抗力的,不能免除责任。

本法所称不可抗力,是指不能预见、不能避免并不能克服的客观情况。

第一百一十八条 当事人一方因不可抗力不能履行合同的,应当及时通知对方,以减轻可能给对方造成的损失,并应当在合理期限内提供证明。

第一百二十一条 当事人一方因第三人的原因造成违约的,应当向对方承担违约责任。当事人一方和第三人之间的纠纷,依照法律规定或者按照约定解决。

《民法通则》

第一百零七条　因不可抗力不能履行合同或者造成他人损害的,不承担民事责任,法律另有规定的除外。

第一百五十三条　本法所称的“不可抗力”,是指不能预见、不能避免并不能克服的客观情况。

《民法总则》

第一百八十条　因不可抗力不能履行民事义务的,不承担民事责任。法律另有规定的,依照其规定。

不可抗力是指不能预见、不能避免且不能克服的客观情况。

第七节　因目标公司未实现业绩目标而触发股权回购时,作为投资方的股东方也负有相应责任,法院有权依据公平原则调整违约金

一、案例简介

1. 事实经过

2010 年 2 月 1 日,中静汽车投资有限公司(以下简称中静投资公司)作为甲方与上海铭源实业集团有限公司(以下简称铭源实业公司)作为乙方签订《协议书》约定:“鉴于:1. 甲乙双方共同签署《增资协议》,甲方拟以现金认购桂林客车工业集团有限公司(以下简称桂客集团)的本次新增股权及根据增资协议完成后续出资,桂客集团增资扩股后将整体变更为股份公司。甲方因首次增资及后续出资形成的权益以下合称‘甲方权益’。2. 乙方为桂客集团实际控制人,已明确规划了桂客集团未来新能源汽车发展战略以及国内 A 股上市的目标,引入具有附加价值的投资者对实现前述战略及目标具有重要意义,乙方愿意就甲方权益的未来实现提供必要的保障。甲乙双方经友好协商达成如下协议,以资共同遵守:一、甲方同意在本协议签署生效后即行签署《增资协议》及其有关增资的法律文件,并按照协议约定履行甲方义务。二、乙方预测《增资协议》2010 年、2011 年、2012 年实现的合并归属于母公司税后净利润在扣除当年实现的根据《增资协议》中第七条规定的应归属于铭源实业公司及桂林市国有资产投资经营有限公司(以下简称桂林国投公司)之‘退二进三’净收益后,所余税后净利润

分别为3000万元、4000万元、7500万元,经具有证券从业资质的会计师事务所审计后,如果上述三个会计年度的税后净利润在扣除'退二进三'净收益后,三年平均数低于乙方预测金额平均数70%的,则甲乙双方同意按照本协议第四条约定执行。三、乙方承诺在2010年12月31日之前按具有证券从业资质的会计师事务所认可的合规方式,消除桂客集团合并大宇客车公司财务报表之障碍,否则,甲乙双方同意按照本协议第四条约定执行。四、甲乙双方同意,如果发生本协议第二条、第三条中乙方预测利润未实现,乙方承诺未完成的任一情形,甲方有权按照以下条件向乙方出售甲方权益,乙方不得拒绝:4.1甲方权益转让价格包括甲方原始出资额以及出资期限内的合理收益部分。甲方原始出资额包括首次增资以及后续实际发生的出资;出资期限为甲方出资完成验资至甲方收到甲方权益交易对价之间的时期;合理收益是指按年利率10%,以甲方原始出资额为基数计算的收益,但该合理收益中已包含甲方从桂客集团获得的现金分红部分,如在出资期限内发生现金分红,应从转让价格中予以扣除。4.2甲方可在本协议第二条、第三条中乙方预测利润未实现、乙方承诺未完成的任一情形实际发生后90日内,向乙方提出转让甲方权益的书面要求。4.3乙方以自身或甲方指定的机构、个人作为受让甲方权益的交易主体,该等受让主体应同意遵守《增资协议》中约定的关于中静投资公司应遵守之义务。4.4乙方需在收到甲方书面要求后30日内,按照本条第4.1款约定的转让价格向甲方支付完毕转让价款,甲方应在收到转让价款后的30日内协助办理完成股权交割手续。4.5乙方履行上述支付股权价款义务,不以股权转让协议是否签署/或股权交割是否完成为前提条件。在此情形下,无需签署其他文件,乙方有权仅依据本协议要求甲方办理股权交割手续,甲方不得拒绝。4.6甲乙双方同意,因该项股权转让而发生的一切税费按照相关法律法规规定各自承担。……六、若乙方违反约定,未按照本协议约定收购甲方权益并支付股权转让价款的,甲方有权要求乙方实际履行,并按照股权转让价款的20%支付违约金。"双方还就其他事项进行了约定。

2010年2月5日,铭源实业公司、桂林国投公司、中静投资公司与柳州五菱汽车有限责任公司(以下简称柳州五菱公司)在桂林市签订《增资协议》约定,铭源实业公司、桂林国投公司、中静投资公司与柳州五菱公司持有桂客集团100%股权,其中铭源实业公司对桂客集团的注册资本出资为9785万元,占桂客集团注册资本总额的51%;桂林国投公司对桂客集团的注册资本出资为9399.8万元,占桂客集团注册资本总额的49%。桂客集团拟通过引入外部投资者进行投资,将公司注册资本由19,184.8万元增加到30,434.46万元,其中中静投资公司认缴新增注册资本5624.83万元，柳州五菱公司认缴新增资本5624.83万元。该《增资协议》第7.1条约定，“退二进三”净收益指桂客集团及其下属桂林客车发展有限责任公司、大宇客车公司根据《桂林市工业企业“退二进三”搬迁改造管理办法》及《桂林市工业企业“退二进三”搬迁改造管理办法(试行)调整补充意见》享受桂林市人民政府“退二进三”政策，包括因厂房由中心城区搬迁至指定工业园区，原厂区土地拍卖而从土地储备中心及政府财政实际收到的土地及地面建筑成本及财政补贴款扣除土地账面成本，因搬迁形成的地面建筑及设备损失、搬迁费用、相关税费等按股比折合成的桂客集团净资产增值。第7.3.1条约定，原股东与增资方一致同意“退二进三”净收益归属于原股东。当每块土地“退二进三”净收益实现时，本次增资方应按此次增资后按第7.3.2条所确定计算方式以现金方式补足权益差价，该等权益差价作为本次增资的股本溢价计入桂客集团资本公积。另约定因本协议引起的或与本协议有关的任何争议，本协议有关各方均应当首先通过友好协商谋求解决；如果协商不成，则任何乙方均有权将争议提交签约地人民法院。协议还就其他事项进行了约定。

2011年3月30日，中静投资公司与铭源实业公司签订《补充协议书一》约定，鉴于铭源实业公司积极推进《协议书》第3条约定事项，经双方友好协商，一致同意将该款改为“依法承诺在2011年6月30日之前按具有证券从业资质的会计师事务所认可的合规方式，消除桂客集团合并大宇客车公司财务报表之障碍，否则甲乙双方同意按照《协议书》第四条约定执行”。《协议书》其他条款不变，甲乙双方应继续履行。

2011年4月28日，中静投资公司(甲方)与铭源实业公司(乙方)签订《补充协议书二》，约定甲乙双方一致同意，甲方有权选择以下两种方式之一来为甲方投资于桂客集团的权益实现提供保障：第一种方式，甲方有权按照本协议约定方式分享乙方依照《增资协议》第7.1条约定所得“退二进三”净收益。第二种方式，乙方预测桂客集团2010年、2011年、2012年实现的合并归属于母公司税后净利润在扣除当年实现的根据《增资协议》中第7条规定的应归属于甲方及桂林国投公司之“退二进三”净收益后，所余税后净利润应分别为3000万元、4500万元、7500万元，经具有证券从业资质的会计师事务所审计后，如果上述三个会计年度的税后净利润在扣除“退二进三”净收益后，三年平均数低于上述金额平均数70%的，甲方可依照《协议书》第4条的约定将所持的桂客集团权益出售给乙方，并从乙方获得约定的合理收益。甲方应自2013年3月26日起20个工作日内从上述两种方式选择其一，并以书面方式告知乙方。

2011年6月24日，中静投资公司与铭源实业公司签订《补充协议书三》约定，鉴于铭源实业公司正在积极推进《协议书》第3条约定事项，经双方友好协商，一致同意将该款修改为：铭源实业公司承诺在2011年9月30日之前按具有证券从业资质的会计师事务所认可的合规方式，消除桂客集团合并大宇客车公司财务报表之障碍，否则，双方同意按照《协议书》第4条约定执行。《补充协议书一》中有不同之处的，以本协议为准。《协议书》其他条款不变，双方应继续履行。协议还约定了其他事项。

2011年11月24日，中静投资公司与铭源实业公司签订《补充协议书四》，约定中静投资公司有权在2013年12月31日前1个月内向铭源实业公司作出书面选择，向铭源实业公司出售其所持权益或继续持有桂客集团股权。若中静投资公司选择向铭源实业公司出售其所持权益，铭源实业公司向中静投资公司应支付的回购价款包括下列三个部分：(1)中静投资公司对桂客集团的原始出资6000万元；(2)中静投资公司对桂客集团出资完成验资日(2010年3月26日)至2011年12月31日(共计646天)止原始出资额6000万元按照年利率10%应计利息即1061.92万元；(3)按照年利率15%(复利，每年计算一次，不足一年的按天数年化计算)，以上述(1)+(2)合计7061.92万元为基数，自2012年1月1日起至铭源实业公司向中静投资公司缴付回购价款前一日止应付利息。中静投资公司提出向铭源实业公司出售所持权益后，若铭源实业公司未按照本协议约定回购中静投资公司所持权益、按时支付回购价款的，视为铭源实业公司违约，中静投资公司有权要求铭源实业公司实际履行，并按照回购价款总额的20%支付违约金。在铭源实业公司按本协议约定向中静投资公司支付完全部回购价款的前提下，无论股权转让协议是否签署及/或股权交割是否完成，无需签署其他文件，铭源实业公司有权依据本协议要求中静投资公司办理股权交割手续，中静投资公司不得拒绝。除本协议另有约定外，本协议与《协议书》《补充协议书一》《补充协议书二》《补充协议书三》不一致的，以本协议约定为准。该份协议还约定因本协议产生的争议，应首先通过友好协商谋求解决，如果协商不成任何一方均有权将该争议事项提交中静投资公司所在地人民法院。

2013年12月2日，中静投资公司通过特快专递向铭源实业公司邮寄《关于提请贵司依约回购我司所持桂客集团全部股权的函》，称依据双方签订相关协议约定，要求铭源实业公司回购中静投资公司所持桂客集团全部股权，并按照《补充协议书四》的约定，在2013年12月27日前支付相应股权回购款。如在上述期限未能办理完回购股权事项，中静投资公司有权要求支付铭源实业公司包括但不限于 20% 违约金等违约责任。

因铭源实业公司未履行回购义务，中静投资公司将其诉至高院，请求判令：铭源实业公司立即回购中静投资公司持有之桂客集团 18.4818% 股权，并向中静投资公司支付股权回购款（计算至实际支付之日，暂算至 2014 年 2 月 12 日为人民币 95,044,277 元）；铭源实业公司按照回购价款总额的 20% 向中静投资公司支付违约金。

铭源实业公司辩称不同意中静投资公司要求铭源实业公司按回购价款的 20% 支付违约金的诉讼请求。

2. 核心争议

中静投资公司主张铭源实业公司应自 2012 年 1 月 1 日起以 7061.92 万元为基数按照年利率 15% 计算复利支付股权回购款，以及按照回购款总额 20% 支付违约金的诉请能否得以支持。

3. 交易结构图

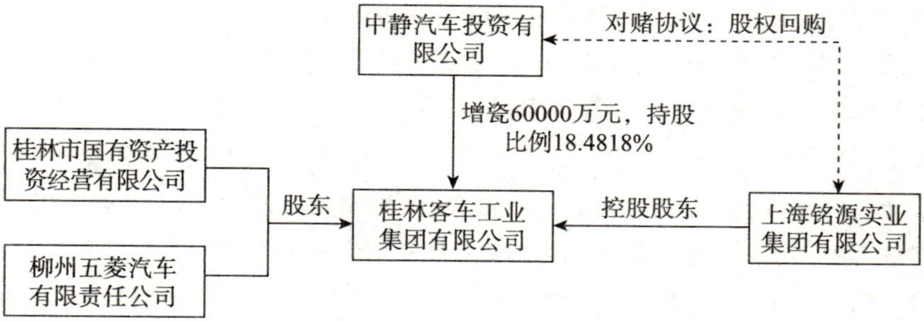

图 6－7　交易结构图

二、裁判结果

一审法院安徽省高级人民法院认为，中静投资公司与铭源实业公司签订的《协议书》为各方真实意思表示，内容不违反法律、行政法规的强制性规定，应为合法有效，该院予以确认。依据《合同法》第 60 条第 1 款规定，双方当事人应当按照约定全面履行自己的义务。上述协议签订后，中静投资公司与铭源实业公司等三方签订《增资协议》，并依约出资 6000 万元，认购桂客集团新增股权 18.4818%。嗣后，双方就《协议书》履行的后续事宜又分别签订了《补充协议书一》《补充协议书二》《补充协议书三》，对此各方亦无争议，该院亦予以确认。因《协议书》第 2 条约定的有关桂客集团预期利润未能实现，中静投资公司依据《补充协议书四》要求铭源实业公司回购其持有的桂客集团 18.4818% 股权，铭源实业公司对此也予以认可，中静投资公司该项诉请有事实和法律依据，该院予以支持。至于铭源实业公司所称，其已于2010年2月1日将持有桂客集团股权转让给上海铭源新能源汽车有限公司，不再实际经营管理桂客集团，故无法实现对中静投资公司所作桂客集团利润预测的承诺，经查，其虽与上海铭源新能源汽车有限公司签订有股权转让协议，但是该协议签订后，并未办理股权变更手续，且从桂客集团的2014年第四次、第五次股东决议内容看，其仍作为公司股东实际参与公司经营及行使股权权利，故该院对其该项辩称不予采信。关于铭源实业公司应支付的桂客集团18.4818%股权的回购款，中静投资公司主张该款按照《补充协议书四》应为包括其原始出资额6000万元及出资完成验资日（2010年3月26日）至2011年12月31日止按照年利率10%应计利息即1061.92万元，按照年利率15%（复利，每年计算一次，不足一年的按天数年化计算），以7061.92万元（6000+1061.92万元）为基数，自2012年1月1日起至铭源实业公司向中静投资公司缴付回购价款前一日止应付利息，并按照上述回购款支付20%违约金。铭源实业公司对于以6000万元回购桂客集团18.4818%股权以及中静投资公司原始出资日至2011年12月31日按照年利率10%、自2012年1月1日起按照年利率15%计算利息无异议，但对于中静投资公司有关计收复利以及支付回购款20%的违约金的主张不予认可。鉴于：(1)中静投资公司与铭源实业公司签订《协议书》、与其他各方签订《增资协议》，并实际出资6000万元入股桂客集团，其目的应在于通过桂客集团的经营获得收益，以及对于该集团良好发展前景的期许，而非希望《协议书》约定的事项不能实现，获得高额的违约金。(2)《协议书》《增资协议》约定有关桂客集团国内A股上市目标，三年预期税后利润为3000万元、4500万元、7500万元目前未能实现，涉及多方因素，并非全部是铭源实业公司单方原因，也不符合其利益；中静投资公司成为桂客集团股东后，各方股东对于上述目标的实现均负有相应义务。(3)中静投资公司主张的按照回购款分段按照年利率10%、15%计算利息以及按照回购款20%计算违约金，从其性质上说均是对于《协议书》约定事项未能实现，铭源实业公司向中静投资公司承担的违约责任；按照《补充协议书四》约定自2012年1月1日起以7061.92万元为基数，按照年利率15%每年以此计算复利，此标准计算明显超出《协议书》第4.1条关于合理收益为年利率为10%的预期利益，亦会超过资金出借能够获得的合法收益。(4)依据《合同法》第114条等相关规定，违约金制度系以赔偿非违约方的损失为主要功能。本案中，虽然铭源实业公司存在违约情形，但《协议书》《补充协议书四》有关违约金的约定明显过高，导致双方权益严重失衡。铭源实业公司亦对此提出异议,中静投资公司除资金占用损失外,又未能提交证据证明因此给其造成的其他损失。综合考虑上述因素,根据公平原则和诚实信用原则,一审法院酌定铭源实业公司自2012年1月1日起至回购款实际付清之日,应以6000万元为基数,按照年利率15%标准向中静投资公司支付利息。

二审法院最高人民法院认为,本案系股权转让及回购纠纷,股东一旦注资成为公司股东,即应承担相应的投资风险,即便此类由股东予以回购的协议并不违反法律禁止性规定,但回购实质上是在"双赢"目标不能达成之后对投资方权益的一种补足,而非获利,故其回购条件亦应遵循公平原则,在合理的股权市场价值及资金损失范围之内,不能因此鼓励投资方促成融资方违约从而获取高额赔偿。因此,虽然双方在《补充协议书四》中自主约定了回购价款及违约金的计算方式,但从其性质上而言均系因《协议书》约定事项未能实现,铭源实业公司向中静投资公司承担的违约责任,故可对此作统一调整和权衡。具体而言,股权回购价款的第三部分明确表述为按照年利率15%(复利,每年计算一次,不足一年的按天数年化计算),以第1项和第2项的合计数7061.92万元为基数,自2012年1月1日起至铭源实业公司向中静投资公司交付回购价款前一日止应计的利息。从其表述内容与计算方式均可显示出复息的性质。复息计算之规定源自中国人民银行《人民币利率管理规定》,而该规定适用对象仅限于金融机构,故中静投资公司并不具有向铭源实业公司收取复息的权利。对于中静投资公司要求自2012年1月1日起以7061.92万元为基数按照年利率15%计算复利的该项上诉主张,本院不予支持。关于是否应按照回购款总额的20%支付违约金的问题。依据双方约定,铭源实业公司支付回购款的最后履行期限应为2013年12月27日,在此之前尚不构成违约。自2013年12月27日至中静投资公司诉讼主张的2014年2月12日,铭源实业公司逾期不足3个月,而中静投资公司以全部回购价款为基数计算得出的违约金数额为19,008,855元,明显高于合理范围。且本院认为,本案中违约责任的特殊之处在于:其一,双方签订协议的根本目的应在于通过桂客集团的经营获得收益,以及对于该集团良好发展前景的期许,而非希望《协议书》约定的事项不能实现,从中获得高额违约金。其二,因双方间事先约定的为股权收益,而造成协议约定的盈利目标未能实现亦涉及多方因素,并不能完全归咎于铭源实业公司单方原因,该结果亦不符合其合同利益。中静投资公司成为桂客集团股东后,各方股东对于盈利目标的实现均负有相应义务,故在区分其违约责任时亦不能简单以到期未偿还资金为由苛以严格的逾期还款违约责任。其三,依据《合同法》第 114 条等相关规定,违约金虽兼具以补偿为主、以惩罚为辅的双重性质,但以赔偿非违约方的损失为主要功能。现铭源实业公司对违约金计算方式及数额提出异议,在中静投资公司除资金占用损失外并未提交证据证明其因此所造成的其他损失之情形下,以 6000 万元投资本金为基数,其诉请支付逾期 3 个月的违约金 19,008,855 元显属过高,依法可予以调整。基于以上考虑,本院认为,结合本案相关事实,依据铭源实业公司的主张可对违约金数额予以适当减少,一审判决以资金占用损失为中静投资公司的实际损失,统一将双方约定的利息及违约金计算方式予以调整,确定按照自 2010 年 3 月 26 日起至 2011 年 12 月 31 日止,以 6000 万元为基数,按照年利率 10% 计算,自 2012 年 1 月 1 日起至实际支付日止,以 6000 万元为基数,按照年利率 15% 计算,有一定的事实与法律依据,亦是在基于公平原则行使自由裁量权的权限范围之内,并无明显不当,二审法院予以维持。

三、裁判要旨

投融资双方签订投资协议的根本目的应在于通过目标公司的经营获得收益,以及对于该目标公司良好发展前景的期许,而非希望投资协议约定的事项不能实现,从中获得高额违约金;而造成协议约定的盈利目标未能实现亦涉及多方因素,投资人成为目标公司股东后,各方股东对于盈利目标的实现均负有相应义务,故在区分其违约责任时亦不能简单以到期未偿还资金为由苛以回购义务人严格的逾期还款违约责任。

四、案例来源

1. 案例索引

【案件名称】中静汽车投资有限公司与上海铭源实业集团有限公司股权转让纠纷案

【审理法院】最高人民法院

【案号】(2015)民二终字第 204 号

【审理程序】二审

2. 关联案例

最高人民法院在"北京东方大地地基基础技术开发有限公司与巴州俊发房地产开发有限责任公司合资、合作开发房地产合同纠纷案"[(2016)最高法民终 82 号]中认为,《合作开发协议》第 10 条违约条款约定:(1)本协议签订后任何一方违背本协议条款均视为违约,违约方应赔偿对方损失费200万元。(2)本协议在实施过程当中如出现因俊发公司问题或因与第三方有任何纠纷而影响工程项目不能进行,则俊发公司除按东方大地公司投资额退还东方大地公司全款外,并按东方大地公司投资额的双倍支付东方大地公司的全部经济损失。违约金是按照当事人的约定或者法律直接规定,一方当事人违约的,应向另一方支付的金钱,具有以补偿为主、惩罚为辅的双重性质。最高人民法院《关于适用〈中华人民共和国合同法〉若干问题的解释(二)》第29条规定,当事人主张约定的违约金过高请求予以适当减少的,人民法院应当以实际损失为基础,兼顾合同的履行情况、当事人的过错程度以及预期利益等综合因素,根据公平原则和诚实信用原则予以衡量,并作出裁决;当事人约定的违约金超过造成损失的30%的,一般可以认定为《合同法》第114条第2款规定的"过分高于造成的损失"。最高人民法院(2013)民一终字第110号判决在认定俊发公司构成根本违约的基础上,已判令俊发公司承担违约金200万元。本案中,一方面东方大地公司根据合同约定投资500万元款项的用途仅为弥补俊发公司办理前期证件手续出现的资金缺口,另一方面案涉工程进入冬季停工期,东方大地公司将工作人员撤出项目部,案涉工程已经由俊发公司单独组织施工并实际建设完成,且东方大地公司对于其实际损失并未举证证明。一审法院综合考虑合同履行情况、当事人的过错程度以及逾期利益等综合因素,根据公平原则和诚实信用原则,在东方大地公司已经获得200万元违约金前提下,对于其主张的赔偿投资损失9,700,554.4元不予支持并无不当。

五、案例评析

本案中,中静投资公司通过增资入股方式投资桂客集团,其与控股股东铭源实业公司就桂客集团相关业绩目标约定的对赌协议本身不违反法律、行政法规的强制性规定,应合法有效。当触发对赌条件时,铭源实业公司负有回购中静投资公司持有的桂客集团股权的义务,这一点双方均无争议,但本案特殊之处在于,对赌协议中还约定了股权回购价款的复利及迟延履行回购义务的高额违约金。铭源实业公司认为其虽然是控股股东,但中静投资公司亦是股东之一,享有和行使其作为股东的权利,桂客集团的董事及高管亦由中静投资公司委派,因中静投资公司与桂客集团其他股东长期不和,导致桂客集团陷入僵局并出现亏损,中静投资公司亦负一定的责任,对于要求其承担20%的违约金有违公平原则并要求法院予以调整。最高人民法院认为,违约金的主要功能是赔偿非违约方的损失,而非惩罚功能,并且投资方在投资目标公司后对于盈利目标的实现均负有相应义务,如支持高额违约金会存在鼓励投资方促成融资方违约从而获取高额赔偿获利的问题,有违公平原则,铭源实业公司有权依据《合同法》第114条第2款的规定对违约金进行调整。

六、案例启示

1. 投资方在对赌协议中约定惩罚性违约金应符合公平原则

违约金具有补偿性和惩罚性双重性质,合同当事人可以约定高于实际损失的惩罚性违约金,但违约金的性质仍以补偿为主,以填补守约方的损失为主要功能,而不是以严厉惩罚违约方为目的。投资方应该认识到,惩罚性违约金功能的发挥是受到限制的,司法机关不会任由当事人以"意思自治"为由,任意履行约定的"违约金";当约定的违约金过分高于造成的损失的,当事人可以请求人民法院或者仲裁机构予以适当减少。这里判断违约金过高的标准是"损失",因为违约金本身就具有补偿性,其根本功能在于弥补损失,并且"损失"是司法机关在综合判断违约金是否合理时,需要综合考量的各种"因素"中最容易量化和确定的,当约定的违约金超过造成损失的30%时即可认为是过高,司法机关可以依法予以调整。因此,投资方在以对赌方式参与股权投资、在设计违约金条款时应注意以下事项:其一,违约金条款应具体明确,具有可操作性,应尽可能约定不与实际损失挂钩的违约金条款,避免加重举证责任,如按照应付未付部分回购价款的每日5‱的标准计算违约金直至足额支付之日止;其二,违约金条款应符合公平原则,不同违约行为的违约金可以重复适用,但亦应注意违约金不能过高,通常以损失的30%为限;其三,在专为迟延履行而约定违约金时,支付迟延的违约金并不能免除违约方继续履行合同的责任。

2. 融资方应尽量争取在违约责任中加入责任限制条款

在对赌投资过程中,融资方为了争取投资方的资金,不得不接受一些比较苛刻的条件,承担较高的融资风险,比如当目标公司经营业绩或对赌指标未达成时,则会触发溢价回购投资方股权、支付业绩补偿或者控制权转移等。有的投资方还就对赌义务承担事项设置了高额的违约责任条款,比如本案中未及时履行回购义务则按照回购款的20%支付违约金。为避免承担过重的违约赔偿责任,融资方应尽量争取在对赌协议中写进责任限制条款,以期将自身责任锁定在一个合理的额度内,降低自身融资风险。与违约金不同,责任限制条款一般未约定给付条件和给付形式,而是就给付的大小设置最高限额:若损害低于预定额度,非违约方的当事人只能就实际损害主张赔偿;若损害高于预定额度,违约方则仅以预定额度为限承担责任。

七、相关法规

《合同法》

第五条 当事人应当遵循公平原则确定各方的权利和义务。

第六条 当事人行使权利、履行义务应当遵循诚实信用原则。

第六十条 当事人应当按照约定全面履行自己的义务。

当事人应当遵循诚实信用原则,根据合同的性质、目的和交易习惯履行通知、协助、保密等义务。

第一百零七条 当事人一方不履行合同义务或者履行合同义务不符合约定的,应当承担继续履行、采取补救措施或者赔偿损失等违约责任。

第一百一十四条 当事人可以约定一方违约时应当根据违约情况向对方支付一定数额的违约金,也可以约定因违约产生的损失赔偿额的计算方法。

约定的违约金低于造成的损失的,当事人可以请求人民法院或者仲裁机构予以增加;约定的违约金过分高于造成的损失的,当事人可以请求人民法院或者仲裁机构予以适当减少。

当事人就迟延履行约定违约金的,违约方支付违约金后,还应当履行债务。

最高人民法院《关于适用〈中华人民共和国合同法〉若干问题的解释(二)》

第二十九条 当事人主张约定的违约金过高请求予以适当减少的,人民法院应当以实际损失为基础,兼顾合同的履行情况、当事人的过错程度以及预期利益等综合因素,根据公平原则和诚实信用原则予以衡量,并作出裁决。

当事人约定的违约金超过造成损失的百分之三十的,一般可以认定为合同法第一百一十四条第二款规定的"过分高于造成的损失"。

第二章　业绩补偿条款纠纷

第一节　按照股权投资补偿条款计算的股权补偿款为负值的，股权补偿款无法获得支持

一、案例简介

1. 事实经过

2011 年 7 月 9 日，天津盛彦股权投资基金合伙企业（有限合伙）[以下简称天津盛彦，后于 2012 年 9 月更名为上海盛彦投资合伙企业（有限合伙），以下简称上海盛彦]作为投资方与宋立新、辽宁唐人神曙光农牧集团有限公司（以下简称曙光农牧）签订《增资合同》。约定天津盛彦以增资形式向曙光农牧投资，支付投资款合计 5000 万元（含沈阳滨海）。其中 1250 万元计入公司注册资本金，其余部分全部计入曙光农牧的资本公积金。增资前曙光农牧的股本结构是宋立新占 68.97%，增资完成后的股本结构是宋立新占 62.26%，天津盛彦投资占 3.89%。《增资合同》第 7 条第 2.4 项规定，公司股改后，不得以任何方式改变公司的实际控制人地位，未经投资方同意，大股东不得转让（直接或间接）、质押或抵押其所持有的公司股份。

同日，天津盛彦作为投资方（甲方），宋立新作为曙光农牧的控股股东（乙方）签订《增资补充合同》。该补充合同第 3 条第 3.3 项明确了《增资合同》约定的投资价款及支付，又约定在公司 2011 年的净利润达到或者超过 1 亿元时，经由公司正式聘请的上市会计师事务所审计或甲方审计确认后，投资方再支付第二期投资款合计 2500 万元（上海盛彦 1000

万元)，该等第二期投资款全部计入公司的资本公积金。第3条第3.5项约定，标的公司在2011年所获得的各项国家扶助资金，作为营业外收入入账(经由乙方正式聘请的上市会计师事务所审计认可)，计作公司的非经常性损益。第5条第5.1项约定了目标公司接受投资后的经营目标，其中2011年度净利润(扣除非经常性损益后)为1亿元，2012年度净利润(扣除非经常性损益后)为1.3亿元，2013年度净利润(扣除非经常性损益后)为1.69亿元。或者以标的公司2011年实际完成的净利润为基础，乙方保证2012年至2013年年均实现净利润增长不低于30%。承诺：如2011年至2013年标的公司实际经营业绩低于约定的经营目标，则乙方以相应的现金对沈阳滨海投资、天津盛彦投资进行补偿，现金补偿计算如下：2011年补偿金额=5000万元×(6666.67万元－实际完成净利润)÷6666.67万元(公司实际完成的净利润低于6666.67万元适用本公式，公司完成的净利润达到或超过6666.67万元时，乙方无需向投资方进行现金补偿)；2012年补偿金额为按下列两公式计算的款项的较低者：(1)2012年补偿金额=7500万元×(5000万元－实际完成净利润)÷5000万元；(2)2012年补偿金额=甲方实际投资金额×(2011年实际完成净利润×130%－2012年实际完成净利润)÷(2011年实际完成净利润×130%)。当2012年净利润较2011年的净利润增长达到或超过5%时，乙方无需向甲方进行补偿。2013年补偿金额为按下列两公式计算的款项的较低者：(1)2013年补偿金额=7500万元×(1.69亿元－实际完成净利润)÷1.69亿元；(2)2013年补偿金额=甲方实际投资金额×(2012年实际完成净利润×130%－2013年实际完成净利润)÷(2012年实际完成净利润×130%)。当2013年净利润较2012年的净利润增长达到或超过5%时，乙方无需向甲方进行补偿。还约定，对2011年度的补偿应于2012年4月30日之前结清，对2012年、2013年度的补偿应于次年的4月30日之前结清。第8条第8.1项约定，标的公司股改后首次公开发行股票并上市前，未经投资方书面同意，乙方不得向其他股东或公司股东以外的第三方转让标的公司的股权。第18条第18.1项、第18.2项约定，本协议的任何一方违反本协议约定的条款，均构成违约，除本协议另有约定之外，违约金为投资方投资总额的5%。《增资补充合同》第3条第3.3(2)项约定，在公司2011年的净利润达到或者超过10,000万元时，经由公司正式聘请的上市会计师事务所审计或宋立新审计确认后，投资方再按2元每股支付第二期投资款2500万元，该等第二期投资款全部计入公司的资本公积金。

2011年7月20日，天津盛彦向曙光农牧支付2000万元，摘要中注明“投资款”。2012 年 3 月 30 日，天津盛彦向曙光农牧支付 750 万元，摘要中注明“投资款”。2012 年 3 月 30 日曙光农牧出具收据，载明：今收到上海盛彦对我公司的追加投资款 750 万元。

曙光农牧与大信会计师事务有限公司签订《大信会计师事务有限公司业务约定书》，约定对曙光农牧每年一期的财务报表进行审计。大信会计师事务所大信审字(2013)第 3 – 00082 号审计报告记载，曙光农牧 2011 年的净利润为 95,485,284.08 元，政府补助利得为 3,068,768.67 元，经营净利润为 92,416,516 元；2012 年曙光农牧的净利润为 –40,184,884.15 元，政府补助利得为 12,363,535.23 元，经营净利润为 –5254.84 万元。大信会计师事务所大信审字(2014)第3 –00227 号审计报告记载，2013 年曙光农牧的净利润为 –12,355,598.52 元，政府补助利得为 62,211,829.41 元，经营净利润为 –7456.74 万元。在上述两份审计报告的“其他应付款”项目中记载，上海盛彦投资打入曙光农牧的 750 万元在“其他应付款性质或内容”中均记载为“投资款”。

上海盛彦起诉要求法院判令宋立新向上海盛彦支付 2012 年的业绩补偿款人民币 3952.86 万元；判令宋立新向上海盛彦支付 2012 年业绩补偿款自 2013 年 4 月 30 日至实际履行之日的利息损失 415.05 万元(暂计至 2015 年 2 月 1 日，按中国人民银行同期贷款利率 6% 年计算)；判令宋立新向上海盛彦支付 2013 年的业绩补偿款人民币 503.96 万元；判令宋立新向上海盛彦支付 2013 年业绩补偿款自 2014 年 4 月 30 日至实际履行之日的利息损失 22.67 万元(暂计至 2015 年 2 月 1 日，按中国人民银行同期贷款利率 6% 年计算)；判令根据宋立新逾期支付 2013 年业绩补偿款的违约行为，向上海盛彦支付违约金 137.5 万元。上述诉讼请求合计人民币 5032.04 万元。

宋立新辩称天津盛彦的计算错误，即使存在业绩补偿，根据公式计算也应该是 2012 年业绩补偿为 2874.71 万元，2013 年业绩补偿为负数，宋立新认为没有向天津盛彦支付业绩补偿款和利息损失的义务。

2. 核心争议

在根据《增资补充合同》约定的估值调整公式计算出股权补偿款为负数的情况下，宋立新是否还应向上海盛彦支付股权投资补偿款及如何支付。

3. 交易结构图

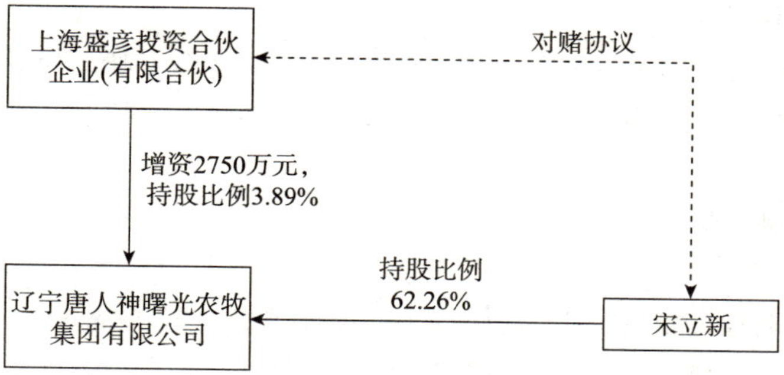

图 6-8　交易结构图

二、裁判结果

辽宁省高级人民法院认为,《增资合同》《增资补充合同》是各方当事人真实意思表示,不违反法律、行政法规的强制性规定,内容合法有效。2012 年的补偿金额,按照《增资补充合同》约定的公式二计算 =2750×[9241.65 万元×130% -(-5254.84 万元)]÷(9241.65 万元×130%)=3952.86 万元。按照合同约定,补偿款的确定应在两个公式计算结果中取较低的一个,故上海盛彦应获得的 2012 年的补偿款应确定为 3952.86 万元。按照合同约定,该笔款项应于 2013 年 4 月 30 日之前结清,宋立新至今未予支付,构成违约,故除应向上海盛彦支付该补偿款外,还应按照《增资补充合同》中违约条款的约定承担相应的违约责任。故上海盛彦要求宋立新按照“违约金为投资方投资总额的 5%”(2750 万元×5% =137.5 万元)的约定支付违约金的诉请应予支持。上海盛彦要求宋立新给付补偿款的利息,因已判令宋立新承担补偿款和相应的违约责任,其承担支付的补偿款及违约金均具有补偿性质,故对上海盛彦要求给付利息的该项诉请不予支持。关于 2013 年的补偿金额,曙光农牧 2013 年扣除非经常性损益后净利润为 -7456.74 万元,未能达到约定的业绩指标,根据《增资补充合同》第 5.2 条的约定,宋立新应当给予上海盛彦现金补偿,按公式一计算 =7500 万元×[16,900 万元 -(-7456.74 万元)]÷16,900 万元 =10,809.2 万元,按公式二计算 =2750×[(-5254.84 万元)×130% -(-7456.74 万元)]÷[(-5254.84 万元)×130%]= -251.78 万元,最低值是个负数。两个公式计算结果中较低的为 -251.78 万元,因该结果出现负值,故对上海盛彦要求宋立新给付 2013 年补偿款及利息的诉请无法支持。

三、裁判要旨

按照对赌协议中业绩补偿条款约定计算出股权投资补偿款为负值时，私募投资基金要求支付股权投资补偿款的请求无法得到法院的支持。

四、案例来源

1. 案例索引

【案件名称】上海盛彦投资合伙企业（有限合伙）与宋立新公司增资纠纷案

【审理法院】辽宁省高级人民法院

【案号】（2015）辽民二初字第00029号

【审理程序】一审

2. 关联案例

浙江省杭州市中级人民法院在“苏州富丽泰泓投资企业与杭州中宙科技有限公司、浙江中宙光电股份有限公司合同纠纷案”[（2014）浙杭商终字第2488号]中认为，富丽泰泓投资与杭州中宙公司签订的《增资扩股补充协议》系意思表示真实，内容未违反法律、行政法规的效力性强制性规定，依法确认有效。根据《增资扩股补充协议》第2.2条约定，如果浙江中宙公司2011年和2012年实际净利润总和低于7700万元，杭州中宙公司对低于7700万元的部分，按照公式“（1－实际完成额/承诺额）×增资方增资款总额”计算补偿，并在2012年度公司合并报表审计完成后的60日内，以现金方式支付补偿款。根据会计师事务所出具的审计报告，浙江中宙公司2011年、2012年两年合并项下的净利润之和为－87,220,606.23元，根据《增资扩股补充协议》约定，杭州中宙公司应当向富丽泰泓投资进行补偿。本案的争议焦点是在浙江中宙公司利润为亏损的情况下，如何计算杭州中宙公司应当支付的补偿金额。杭州中宙公司认为最大的补偿金额应当不超过富丽泰泓投资的增资款总额即870万元，而富丽泰泓投资认为应当按照浙江中宙公司的全部亏损额作为基数计算补偿金额。对此，本院认为，《增资扩股补充协议》第2.2条约定的“实际净利润”，理解上的确可能包括负数的情况，但是在公式中约定了“实际完成额”，两者并非同一概念。在双方约定目标利润为7700万元的情况下，全部完成即实现实际净利润7700万元时，根据公式，杭州中宙公司无需进行补偿，而当实际净利润为零时，杭州中宙公司的补偿金额达到870万元。当实际净利润为负数时，应当视为浙江中宙公司没有实际完成额。由于浙江中宙公司的实际净利润为负数，如果将负的净利润直接等同于公式中的“实际完成额”，并以此计算杭州中宙公司的补偿金额，则可能出现浙江中宙公司亏损越多，富丽泰泓投资获得的补偿越多之现象，有违诚实信用和公平合理原则。

北京市海淀区人民法院在“北京秉鸿嘉盛创业投资有限公司与邹红伟等股权转让纠纷案”[(2017)京0108民初38994号]中认为，依法成立的合同，对当事人具有法律约束力。秉鸿公司与周宝星签署的在案合同系双方当事人真实意思表示，且内容未违反法律、行政法规的强制性规定，应属合法有效，双方当事人均应严格履行各自的合同义务。超拓公司于2016年扣除非经常性损益后的净利润低于1500万元，周宝星应按约定履行补偿义务，周宝星以实际行为拒绝履行该补偿义务，投资方有权按照约定的价格和方式要求周宝星回购投资方的部分或全部股权，故对秉鸿公司要求周宝星按照约定受让秉鸿公司持有的超拓公司全部股份的诉讼请求，法院予以支持。

五、案例评析

货币补偿型是对赌协议最常见的形式，此外，根据补偿条款内容的不同，对赌协议还包括股权补偿型、管理层激励型、股权优先型。货币补偿型是指当目标企业未能实现对赌目标时，目标企业和(或)原股东向投资方给予一定数量的现金补偿，不对双方的股权比例进行调整；反之，由投资方用现金奖励给目标企业和(或)原股东。货币补偿型对赌的实质是由目标企业和(或)原股东以现金方式补足投资后目标企业股权预期增值与实际增值之间的差额，以保证投资人可以获得对目标企业投资的收益预期。私募股权投资实务中，货币补偿型对赌通常以利润补偿期间某个会计年度净利润作为基数来计算当年的利润补偿金额，并且约定利润补偿公式。案例中，投资方上海盛彦与目标企业曙光农牧的控股股东宋立新之间签订了对赌协议《增资补充合同》对投资后2011年、2012年、2013年的目标企业的经营目标(净利润)作了预测，并约定了净利润不达标后的货币补偿条款，但因未考虑到目标企业净利润为负时发生年度补偿额为负值的结果，与货币补偿条款的目的相背离的极端情况，在这种情况下投资方主张按照净利润1亿元计算补偿款金额，因缺乏法律或合同依据，难以得到法院的支持。

六、案例启示

1. 投资方和原股东应理性对待业绩补偿合理确定业绩目标

在私募股权投资领域，考虑到目标企业信息的模糊性及不对称所带来的投资风险，投资方通常与目标企业的原股东或实际控制人签订业绩补偿型对赌协议，根据目标企业盈利预测与资产状况，设定目标企业未来一段时间内（通常为3年）的业绩指标，作为原股东或实际控制人对投资方的业绩承诺。当目标企业未能实现某一业绩指标时，原股东或实际控制人应向投资方支付一定数量的现金补偿，一方面可以被视为原股东或实际控制人对投资方在投资过程中所承担的不确定性风险与支付的高溢价而作出一种补偿行为，另一方面也可被看做针对目标企业制定的一种激励措施。通过业绩补偿型对赌协议可对投资风险进行有效规避，业绩补偿尽管在一定程度上能规避高估值风险，但也极易产生衍生风险。这是因为：在投资之前，目标企业的业绩即使较好，也可能因投资之后的环境与市场波动的变化而受到重大影响，使其业绩承诺无法兑现。此外，投资交易双方的整合也会影响目标企业的绩效。因此，投资方和原股东方应理性对待业绩补偿，在投资阶段，应当充分了解目标企业所处的环境和市场状况，从目标企业实际情况出发，合理评估目标企业的经营状况，并制定合理的业绩目标及现金补偿标准，避免制定脱离目标企业经营实际的业绩目标，防止将业绩补偿协议作为抬高投资交易对价的工具；还要充分考虑到目标企业经营目标无法完成甚至亏损的情况，避免出现股权投资补偿额为负值的情况。

2. 私募基金参与货币补偿型对赌时应关注合规风险

中国基金业协会于2018年1月12日更新的《私募投资基金备案须知》明确指出“私募基金财产债务由私募基金财产本身承担，投资者以其出资为限，分享投资收益和承担风险。私募基金的投资不应是借贷活动”，并规定了三类不符合投资本质的经营活动不属于私募基金备案范围。早在2017年2月14日中国基金业协会发布的《证券期货经营机构私募资产管理计划备案管理规范第4号——私募资产管理计划投资房地产开发企业、项目》中对名股实债作了定义：“名股实债，是指投资回报不与被投资企业的经营业绩挂钩，不是根据企业的投资收益或亏损进行分配，而是向投资者提供保本保收益承诺，根据约定定期向投资者支付固定收益，并在满足特定条件后由被投资企业赎回股权或者偿还本息的投资方式，常见形式包括回购、第三方收购、对赌、定期分红等”，该文件将对赌列为名股实债的一种形式。因此，我们认为，私募基金参与货币补偿型对赌存在一定的合规风险，实质上是投资方实现保本保息的效果，符合名股实债保本或保息的特征，私募基金如采用该方式进行投资，在私募基金产品备案中可能存在被反馈整改的风险。

七、相关法规

《合同法》

第八条　依法成立的合同,对当事人具有法律约束力。当事人应当按照约定履行自己的义务,不得擅自变更或者解除合同。

依法成立的合同,受法律保护。

第四十四条　依法成立的合同,自成立时生效。

法律、行政法规规定应当办理批准、登记等手续生效的,依照其规定。

第六十条　当事人应当按照约定全面履行自己的义务。

当事人应当遵循诚实信用原则,根据合同的性质、目的和交易习惯履行通知、协助、保密等义务。

第一百零七条　当事人一方不履行合同义务或者履行合同义务不符合约定的,应当承担继续履行、采取补救措施或者赔偿损失等违约责任。

第二节　业绩补偿条款属于合同义务而非违约条款,系签约方之间的商务安排,法院不宜调整

一、案例简介

1. 事实经过

2010 年,包括被告卢士海在内的 7 名股东作为甲方(原股东方)、包括原告中小企业(天津)创业投资基金合伙企业(有限合伙)(以下简称创投基金合伙企业)在内的 4 名投资人作为乙方(增资方)与武汉泓锦旭隆新材料有限公司(目标公司,以下简称泓锦公司)共同签署《武汉泓锦旭隆新材料有限公司增资协议》(以下简称《增资协议》)。该协议约定,甲方同意乙方以溢价方式对泓锦公司增资,并成为泓锦公司的新股东,增资单位价格为每新增 1 元出资按人民币 5.36 元认购。其中原告创投基金合伙企业应向泓锦公司缴纳股权认购款 4395.2 万元,其中人民币 820 万元为泓锦公司新增的注册资本,余额人民币 3575.2 万元作为泓锦公司的资本公积金,增资后持股比例为 10.21%。增资款应在协议签订后 3 个工作日内以人民币一次性缴清。泓锦公司收到增资款后,应聘请在中国注册的会计师事务所验资,并向全体股东签发出资证书。协议自各方签字或盖章之日起生效。

同年,泓锦公司(目标公司)、被告卢士海(甲方),包括原告创投基金合伙企

业在内的 4 个增资方(乙方)签订《武汉泓锦旭隆新材料有限公司增资协议之补充协议》(以下简称《补充协议》)。该协议鉴于条款部分表明:卢士海为目标公司的控股股东和实际控制人,各方已参与签订《增资协议》,为此,各方就《增资协议》未约定事项补充形成本协议。协议第 1 条关于公司业绩目标的约定为:"1. 各方同意,本条款以目标公司达成以下条件为约定目标:甲方及目标公司承诺 2011 年、2012 年、2013 年实现净利润分别不低于人民币 5000 万元、6500 万元、8500 万元。净利润系指合并报表归属于母公司净利润和扣除非经常性损益后归属于母公司净利润两者孰低者。有关财务数据均以经各方同意之公认会计师查核并签证后出具之财务报告书之结果为准。2. 各方同意如果目标公司无法实现以上业绩承诺的,甲方应按下述方式给予乙方各成员现金补偿。补偿方式:补偿金额 = 各增资方的股权认购款 ×(1 - 实际实现净利润/承诺净利润)。"第 2 条关于回购的约定为,如果 2015 年 12 月 31 日前目标公司没有通过中国证监会主板或创业板发审委审核,乙方各成员有权要求甲方收购乙方各成员本次增持所持目标公司股权。协议还约定:如《增资协议》与本协议不一致的,以本协议为准;本协议在泓锦公司向中国证监会上报股票发行上市材料后自动失效,若未能上市或取消上市计划时,本协议恢复生效;协议经各方签字或盖章后生效。

2010 年 12 月 29 日,泓锦公司召开股东会,一致认可按《增资协议》中约定的方式、金额进行增资。翌日,原告创投基金合伙企业依约向泓锦公司支付了股权认购款 4395.2 万元,并经过验资。2011 年 1 月 30 日,泓锦公司再次形成股东会决议,确认了公司增资后的股权结构、董事会成员等事项,并通过新的公司章程。2011 年 2 月 14 日,泓锦公司在武汉市工商行政管理局蔡甸分局办理了多项变更登记,其中原告创投基金合伙企业作为新增的法人股东出资 820 万元,出资比例为 10.2%。2011 年 5 月 19 日,泓锦公司向原告创投基金合伙企业颁发《出资证明》。泓锦公司 2012 年向工商行政主管部门提交的年检报告书中载明:"全年净利润 2,658,455.29 元"。

创投基金合伙企业以卢士海未完成 2012 年业绩承诺并拒不支付补偿款 42,154,393.5 元为由,诉至法院要求判令卢士海立即支付协议补偿款计人民币 42,154,393.50 元及协议补偿款利息。

卢士海辩称,《补充协议》中关于"现金补偿"约定的性质是违约金,并根据"现金补偿"公式计算的违约金过高,有权要求予以调减。

2. 核心争议

《补充协议》中约定的现金补偿的性质是否为违约金,是否应予调整。

3. 交易结构图

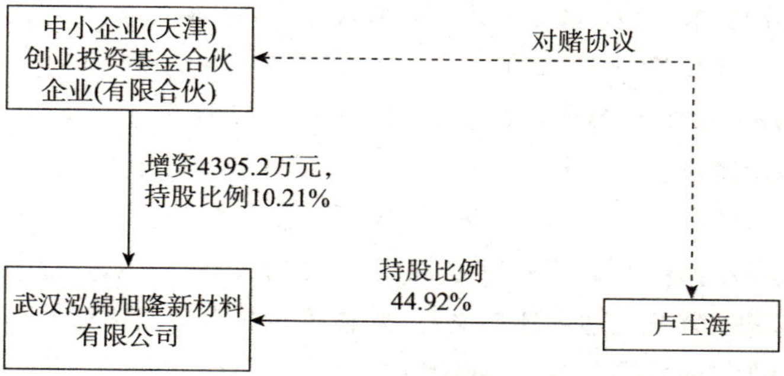

图6－9　交易结构图

二、裁判结果

湖北省武汉市中级人民法院认为，就《补充协议》的性质而言，关于现金补偿的约定仅见于《补充协议》，但对于现金补偿是否为违约金的判断需综合考虑《增资协议》与《补充协议》所确定的双方当事人的法律关系，以及《补充协议》的法律性质。《增资协议》和《补充协议》是两个单独的合同，订约主体不完全相同，前者为增资时目标公司的全体股东、拟增资的新股东和目标公司，后者为目标公司的控股股东及实际控制人卢士海、拟增资的新股东和目标公司，但均围绕增资这同一事项；从《补充协议》鉴于条款内容看，《补充协议》以《增资协议》的存在为前提，《补充协议》是《增资协议》的从合同。《补充协议》是因现代私募股权投资的交易需要，为实现及时促成交易、发现并合理确定股权价值、降低并分配投资风险、激励管理层、催化企业成长等多目标而创造的非典型合同。其合同内容不符合任何有名合同要件，其法律关系应当依合同约定、诚实信用原则，并斟酌交易惯例加以决定。在大量股权投资的商业实践中，此类协议被称为"对赌协议"，或以英译名称为"估值调整协议"。对估值进行调整有多种操作方式，本案中的《补充协议》围绕目标公司未来业绩，并约定在一定条件下在订约双方间支付现金补偿是其中之一。从交易惯例的角度出发，关于目标公司未来业绩的约定和在目标公司无法实现预期目标进行现金补偿的约定，虽为两个层次的表达，却具有不可分割性。综合《补充协议》第1条中1和2两个条款的内容才能正确理解"甲方及目标公司承诺2012年实现净利润不低于人民币6500万元"中"承诺"一词的含义，其并不意在给甲方卢士海设定实现净利润的合同义务，而是为合同履行中确定卢士海承担付款义务的情形设定一个判断标准，俗称

“业绩对赌目标”。故法院认为，根据《补充协议》的约定及商业惯例，在无法实现预定目标的情形下由控股股东卢士海对投资人创投基金合伙企业支付现金补偿本身就是合同义务，而非违约责任。

就违约金的法律特性而言。《合同法》第107条规定：“当事人一方不履行合同义务或者履行合同义务不符合约定的，应当承担继续履行、采取补救措施或者赔偿损失等违约责任。”第114条第1款规定：“当事人可以约定一方违约时应当根据违约情况向对方支付一定数额的违约金，也可以约定违约产生的损失赔偿额的计算方法。”从上述法律条文可见，违约金作为违约责任的形式之一，实质上是合同之债的替代与转化，两者应具有同一性。违约责任以合同债务的存在为前提，无合同债务即无违约责任。依被告卢士海抗辩，现金补偿的性质为违约金，则其隐含的逻辑前提为关于2012年实现净利润不低于人民币6500万元的约定为合同义务。这种对合同的解读，不仅将业绩对赌目标和补偿方式这个有机联系的整体做机械拆分，而且因创造净利润的主体是目标公司，而支付补偿款的义务主体为卢士海，违反我国法律关于违约责任主体与合同义务主体应具同一性的要求，抗辩不成立。

法律仅赋予当事人请求法院参考实际损失对畸高违约金予以调减的权利，现金补偿款作为合同义务不仅要求当事人应严格依约履行，而且法院亦不能随意干涉。本案原告创投基金合伙企业是从事股权投资的专业机构，被告卢士海是泓锦公司的控股股东和实际控制人，双方都有大量商事活动的经验，其缔约时往往依据自身的商业判断，对当事人在商事活动中、法律限度内的意思自治法院应予尊重。在不存在合同无效或依法主张可变更、可撤销事由的情形下，被告卢士海仅以补偿条款中对业绩的约定脱离企业经营实际、脱离行业整体平均利润率和整体经济走势致合同履行后利益失衡为由请求法院干预合同，不应得到支持。法院据此判决卢士海向创投基金合伙企业支付现金补偿款计人民币42,154,393.43元以及按人民银行同期同类贷款利率支付迟延履行造成的利息损失。

三、裁判要旨

业绩补偿协议约定的业绩补偿属于签约各方的合同义务，而非违约责任，股权投资业绩补偿款计算公式系各方作出的自主的商业判断，法院应予尊重不宜调整。

四、案例来源

1. 案例索引

【案件名称】中小企业(天津)创业投资基金合伙企业(有限合伙)与卢士海合同纠纷案

【审理法院】湖北省武汉市中级人民法院

【案号】(2014)鄂武汉中民商初字第00304号

【审理程序】一审

2. 关联案例

广东省深圳市中级人民法院在“王鑫、新疆久丰股权投资有限合伙企业公司增资纠纷案”[(2018)粤03民终15750号]中认为,《深圳市佳信捷电子有限公司增资扩股协议》《深圳市佳信捷电子有限公司增资扩股协议之补充协议》合法有效,王鑫主张协议履行过程中变更了上市地,但是双方在履行过程中仅是先行在新三板挂牌,并未有股东会决议明确终止在A股上市,而且《全国中小企业股份转让系统业务规则(试行)》只是规定了相关程序,并未规定一旦在新三板挂牌就不得申请A股上市,故王鑫关于以协议变更了在新三板挂牌的上诉理由不能成立,法院不予采纳。久丰合伙根据协议约定的业绩补偿条款与股权回购条款而提出相应的诉讼请求,均是要求王鑫按约承担违约责任,故王鑫抗辩该两诉讼请求相互矛盾不能并存的理由不能成立,法院不予支持。因此,现佳信捷公司2012年年度净利润未达承诺,一审法院判决王鑫应当按照补充协议的约定进行业绩补偿,符合合同约定,并无不当。

五、案例评析

业绩补偿协议是一种比较典型的对赌方式,是以目标公司业绩作为对象,由投融资双方在约定业绩达成或未达成状态下分别由双方行使某种权利的一种契约,虽然理论界与实务界关于对赌协议的法律性质有所争议,但本质是缔约各方订立附生效条件的合同。对于业绩补偿型对赌协议签署时,投融资双方可能承担的给付义务尚未生效,当约定业绩指标未实现,融资方承担向投资方支付一定的现金补偿的给付义务生效,融资方应当向投资方支付一定的业绩补偿款。对赌协议虽然依附于投资合同,具有一定的从属性,但从签约主体、标的及内容来看,其具有独立性,是独立于投资合同之外的新的合约。因此,当约定业绩指标未实现,融资方承担向投资方支付一定的现金补偿的给付义务并非基于投资合同产生的违约责任，而是业绩补偿协议约定的条件成就时的合同义务，二者之间的法律性质存在本质区别。《合同法》赋予当事人请求法院参考实际损失对畸高违约金予以调减的权利，但业绩补偿款不是违约金，而是当事人之间的合同义务，在不存在合同无效或依法主张可变更、可撤销事由的情形下，当事人应严格依约履行，法院亦不能随意干涉进行调整。

六、案例启示

1. 投融资双方应合理确定业绩目标及业绩补偿标准

业绩补偿协议设定的目标公司业绩目标不是业绩补偿协议项下的合同义务，但现金补偿款的支付属于合同义务，该现金补偿义务的履行并非当事人违约后承担的违约责任，而是对双方权利义务的一种选择性约定，其具有维护交易公平、保护投资方的作用。但如果业绩目标或者业绩补偿标准制定不合理，将会导致投融资双方利益失衡，过高或过低的业绩目标均会导致投资失败，损害投融资各方及目标公司的利益。因此，投资方和原股东方应理性对待业绩补偿，在投资前的准备阶段，应当充分了解目标企业所处的环境和市场状况，从目标公司实际情况出发，合理评估目标公司的经营状况，并制定合理的业绩目标及现金补偿标准，避免制定脱离目标公司经营实际的业绩目标，防止目标公司的短期获利经营行为，忽视那些能为企业带来长远利益但收益较慢的产品创新、技术升级、人才储备等经营活动，从而背离了企业成长发展的宗旨，为目标公司今后的正常经营留下隐患。此外，投资方还应充分考虑和测算目标公司无法完成业绩指标，甚至业绩指标为零或者负值的情况，并在相关协议中作出事先安排和约定，避免出现根据业绩补偿标准计算出负值或者为零的情况。

2. 投融资双方应重视签署规范完善的业绩补偿协议

因业绩补偿协议存在漏洞或者考虑不周所引发的纠纷在私募投资领域并不鲜见，比如，对实际净利润的定义或计算方式约定不清，实际净利润为负值时计算业绩补偿款超出了实际投资额，按照业绩补偿公式计算的业绩补偿为负值，等等。因此，需要投融资双方应重视业绩补偿协议的签署，尤其在业绩补偿协议的签订条件、规范、相关条款、权责划分、监督惩罚等方面需要进行清晰的表述，避免出现歧义；设定对赌的业绩目标，如营业收入、利润等标准时，应根据目标公司现有经营情况合理测算，避免设定脱离目标公司经营实际的业绩目标。对业绩补偿协议中设定的业绩指标、业绩补偿公式应进行压力测试，防止出现背离业绩补偿协议目的的极端情况，必要的时候应聘请注册会计师、律师进行起草或审定相关内容,确保业绩补偿协议机制能够顺利发挥作用,使双方在投资行动中获得"双赢"。

七、相关法规

《合同法》

第八条 依法成立的合同,对当事人具有法律约束力。当事人应当按照约定履行自己的义务,不得擅自变更或者解除合同。

依法成立的合同,受法律保护。

第四十四条 依法成立的合同,自成立时生效。

法律、行政法规规定应当办理批准、登记等手续生效的,依照其规定。

第六十条 当事人应当按照约定全面履行自己的义务。

当事人应当遵循诚实信用原则,根据合同的性质、目的和交易习惯履行通知、协助、保密等义务。

第六十一条 合同生效后,当事人就质量、价款或者报酬、履行地点等内容没有约定或者约定不明确的,可以协议补充;不能达成补充协议的,按照合同有关条款或者交易习惯确定。

第一百零七条 当事人一方不履行合同义务或者履行合同义务不符合约定的,应当承担继续履行、采取补救措施或者赔偿损失等违约责任。

第一百一十四条 当事人可以约定一方违约时应当根据违约情况向对方支付一定数额的违约金,也可以约定因违约产生的损失赔偿额的计算方法。

约定的违约金低于造成的损失的,当事人可以请求人民法院或者仲裁机构予以增加;约定的违约金过分高于造成的损失的,当事人可以请求人民法院或者仲裁机构予以适当减少。

当事人就迟延履行约定违约金的,违约方支付违约金后,还应当履行债务。

第三章　私募基金超范围经营纠纷

第一节　合伙企业擅自从事吸收公众存款及放贷等金融类特许业务，合伙协议及其对外投资协议均无效

一、案例简介

1. 事实经过

2014年10月30日，深圳金赛银并购基金管理有限公司作为普通合伙人与作为有限合伙人的深圳智银资产管理有限公司合伙出资设立了原告共青城金赛银投资管理合伙企业(有限合伙)(以下简称金赛银合伙企业)。2014年11月26日，第三人深圳市深商融信资产管理有限公司(以下简称深商融信公司，甲方)与被告衡阳市福星房地产开发有限公司(以下简称福星房地产公司)签订了《基金投资合作协议书》(合同编号:JSY－FX－HZ－20141022001A)，双方约定，深商融信公司依法将已有的基金企业——金赛银合伙企业中的普通合伙人变更为深商融信公司和深圳金赛银并购基金管理有限公司，并以金赛银合伙企业为平台，依法通过私募方式招募不超过48名自然人或者机构投资者作为有限合伙人入伙，所募资金依照本协议的约定方式投向被告福星房地产公司的实业项目(投资项目:湖南衡阳福星"石鼓江锦"房地产融资项目)。投资总规模为1亿元人民币，投资存续期限1年。被告福星房地产公司的100%股权质押登记至原告名下，福星房地产公司三位股东被告余林社、余丹、万洪梅以基金投资本金及利息(投资收益)提供连带责任保证担

保。同日,深商融信公司(甲方)与被告福星房地产公司(乙方)签订《深圳金赛银基金私募投资基金融资合同书》(合同编号:JSY－FX－HZ－20141022001B)约定,甲方基金合伙企业对乙方福星房地产公司项目的投资方式为债权融资,即基金合伙企业作为乙方的股东对乙方进行融资,借款给予乙方福星房地产公司,借款全部用于福星房地产公司"石鼓江锦"房地产项目的房屋建设工程款项支付以及项目建设有关合理开支,借款本金总额为人民币1亿元,但以实际支付的款项数额为准进行还本付息和财务顾问费的结算,借款分批支付,由基金合伙企业募集账户支付至福星房地产公司账户,借款期限为1年。福星房地产公司需向基金合伙企业支付的各项投资回报和费用构成的总融资成本确定为年利率25%(含专业服务费1%/年)。2014年11月26日,余林社、余丹、万洪梅(甲方)还与金赛银合伙企业(乙方)签订了《股权质押合同》(合同编号:JSY－FX－GQZY－20141021001A),双方约定,为确保《基金投资合作协议书》的履行,甲方余林社、余丹、万洪梅以其在福星房地产公司的100%股权作质押,所担保的债权为:乙方依贷款合同向福星房地产公司发放的总金额为人民币1亿元整的贷款,贷款年利率为25%,贷款期限为1年,即2014年12月25日至2015年12月24日(具体期限根据实际到账期限顺延),并约定未如期偿还贷款本息及费用的,乙方有权处分质押股权及其派生权益,所得款项及权益优先清偿贷款本息。2014年12月5日,双方办理了股权出质登记手续。同样在2014年11月26日,余林社、余丹、万洪梅(甲方)与福星房地产公司(乙方)、金赛银合伙企业(丙方)签订了《保证合同书》(合同编号:JSY－FX－BZ－20141119001C)约定,甲方余林社、余丹、万洪梅愿意为《基金投资合作协议书》所确定的债务以保证方式提供担保,保证金额为乙方福星房地产公司(为进行湖南衡阳市石鼓区"石鼓江锦"房地产开发运营项目)在1年期内向丙方金赛银合伙企业借用合计人民币1亿元本金,相应的利息(投资回报)按每年利率25%计算,余林社、余丹、万洪梅愿意就此本金及利息向金赛银合伙企业提供担保,保证期间2年,自债务履行期限届满之日起开始计算。同时,担保人余林社、余丹、万洪梅向债权人(担保受益人)金赛银合伙企业、深商融信公司、深圳金赛银并购基金管理有限公司出具了《无条件的不可撤销的担保函》承诺,同意对福星房地产公司向债权人所负债务(包括但不限于投资本金、利息、违约金、损害赔偿金以及实现债权的费用)提供不可撤销的连带责任保证。主债务履行期限届满之日起2年内,债权人有权要求担保人承担保证责任,如主债务分多笔计算,则"主债务履行期限届满之日起"以最后一笔债务届满之日起计算。担保人承诺在收到债权人催告通知后即承担偿还责任。经金赛银合伙企业募集，韩永深、张新军、宋元艳等共53名投资人响应，分别与金赛银合伙企业签订了《共青城金赛银投资管理合伙企业（有限合伙）风险申明及投资意向书》，并与深商融信公司、深圳金赛银并购基金管理有限公司签订《合伙协议》。同时，上述53名投资人分别与深圳智银资产管理有限公司签订《共青城金赛银投资管理合伙企业（有限合伙）有限合伙人财产份额代持协议书》，约定由深圳智银资产管理有限公司代理各投资人对外持有财产份额，并依据各投资人意愿对外行使有限合伙人权利，并由各投资人实际享有投资收益等事实。同时，金赛银合伙企业向各投资人分别出具了《客户投资确认书》。福星房地产公司则向各投资人出具了《承诺书》作为《合伙协议》附件，确认了各投资人通过金赛银合伙企业投资福星房地产公司"石鼓江锦"项目的事实。基于上述投资文件，上述53名投资人分别陆续将各自投资金额支付至金赛银合伙企业相关账户，截止到2015年5月6日，投资总额合计人民币5595万元。金赛银合伙企业在收到上述53名投资人5595万元款项后，只分别7次通过银行转账将其中4250万元以借款方式支付至福星房地产公司指定账户，具体出借情况为：2014年12月26日出借1000万元；2014年12月31日出借1000万元；2015年1月12日出借300万元；2015年1月26日出借200万元；2015年2月6日出借550万元；2015年2月6日出借600万元；2015年2月10日出借600万元。对该53名投资人投资的其余1345万元投资款项，金赛银合伙企业却未继续向福星房地产公司放贷，而是被王维奇个人挪作他用，此后亦未再向福星房地产公司提供任何资金。福星房地产公司收取金赛银合伙企业4250万元款项后，共计向金赛银合伙企业支付了服务费、财务顾问费、利息935万元。2015年3月12日，福星房地产公司曾拟定了一份《衡阳市福星房地产开发有限公司2015年资金使用计划》提交给金赛银合伙企业，要求继续融资5735万元。2015年5月8日，福星房地产公司向深商融信公司发送了一份《关于基金投资双方合作有关重要问题的函》，明确提出："2015年3月11日，贵公司派员（肖会计、关律师）来我公司进行贷后督查，根据要求我公司向贵公司提供了2015年资金使用计划书《衡阳市福星房地产开发有限公司2015年资金使用计划》，计划书中列明共计5735万元，是石鼓江锦建设后期必须资金。并在此后多次催问和要求贵方支付我方融资款。根据双方签署的JSY－FX－HZ－20141022001A《基金投资合作协议书》第6条第1款、第2款约定其余7000万元最迟应在自基金合伙企业成立之日起六个月内全部募集完毕并支付给乙方。目前，我公司所有资产已质押给贵公司，行政公章已交由贵公司控制，我公司已无任何办法向外募集资金,所欠施工方华融建筑工程(集团)公司工程款3500万元无法支付,已面临停工。请贵公司遵守契约精神,维护双方权益,避免造成不必要经济损失。”2015年5月28日,福星房地产公司再次向深商融信公司发送了《关于解除部分股权质押的意见函》,提出:“一、继续维持和履行2014年12月底双方达成并签署的《基金投资合作协议书》、《私募投资基金融资合同书》、《监管协议书》等一系列合同。请贵方按合同约定支付我方融资款,保证我公司开发的石鼓江锦项目工程建设的顺利进行,以确保双方利益。二、如贵方近期融资确实有困难,不能继续保证支付石鼓江锦融资款。请根据合同约定,按融资支付比例(预计投入100,000,000元,实际支付42,500,000元,占比42.5%)解除股权质押,以便我公司另辟融资渠道,确保石鼓江锦顺利完工。”2015年6月15日,深商融信公司(甲方)与福星房地产公司(乙方)及保证担保人余林社、余丹、万洪梅签订了《谅解备忘录》约定,自签署之日不再贷款给福星房地产项目,并解除由金赛银合伙企业控制的余林社出质给金赛银合伙企业的50%股东权质权。2015年6月18日,出质人余林社、余丹、万洪梅与金赛银合伙企业签订了《股权质押合同变更补充协议》约定,经余林社、余丹、万洪梅与金赛银合伙企业协商一致,金赛银合伙企业同意将原100%股权的质押变更为50%的股权质押,即解除余林社持有的90%股权中的所占总股权的50%的股权质押。同时,约定原合同担保的债权人民币1亿元贷款变更为人民币5000万元。因此,截至目前实际质押情况如下:余林社质押股权40%,余丹质押股权7%,万洪梅质押股权3%。在金赛银合伙企业不再继续提供融资后,福星房地产公司因拖欠施工方华融建筑工程(集团)有限公司工程款而造成石鼓江锦项目停工,双方于2016年3月30日编定《索赔计算书》,确认停工时间为:自2015年6月24日起至2016年3月8日止,共计258个日历天,停工损失核定为1,421,906.20元。在此期间,2016年1月28日,施工方华融建筑工程(集团)有限公司致函福星房地产公司:福星房地产公司累计下欠华融公司工程款45,940,967元,按照《施工承包合同》约定延后2个月以2%月息计付利息,即从2015年6月1日起,每月应支付华融公司资金占用费(利息)即45,940,967×2%×1=918,819.34元,直至还清所欠工程款。2016年2月24日,福星房地产公司函复华融公司:同意华融公司《关于要求支付拖欠工程款利息的函》的计算并同意执行《施工承包合同》条款按月息2%支付拖欠的工程款利息。自2015年6月1日起至2017年5月31日止,福星房地产公司应支付拖欠施工方华融公司工程款利息22,051,664.16元。为使石鼓江锦工程项目完工,福星房地产公司又分别向鑫融小贷公司、冯经友等自然人高息

(均月息3%以上)借贷,共支付利息18,080,172元。福星房地产公司还因部分房屋延期交房而赔付购房业主损失8,968,725.25元,并因部分购房业主退房造成损失6,379,808.5元。

2016年2月8日,福星房地产公司曾以乘人之危、显失公平等为由向深圳市罗湖区人民法院提起诉讼,请求撤销2015年6月15日其与深商融信公司所签《谅解备忘录》,深圳市罗湖区人民法院判决驳回了福星房地产公司的诉讼请求。福星房地产公司提起上诉后,深圳市中级人民法院又驳回上诉,维持了原判。此外,罗湖分局经济犯罪侦查大队于2017年9月25日向本院回函中《情况说明》内容如下:"2011年1月,王维奇在深圳市罗湖区注册成立深圳金赛银基金管理有限公司,王维奇是该公司的法人代表、股东和实际控制人。2015年8月31日我局依法对深圳金赛银基金管理有限公司涉嫌非法吸收公众存款立案侦查。经侦查查明:深圳金赛银基金管理有限公司是深圳市深商融信资产管理有限公司和深圳金赛银并购基金管理有限公司的法人股东,深圳金赛银并购基金管理有限公司是共青城金赛银投资管理合伙企业(有限合伙)的执行事务合伙人。2014年11月26日,深圳深商融信资产管理有限公司的法人宋红岩与衡阳市福星房地产开发有限公司法人余林社各自代表公司签订《基金投资合作协议书》约定,以共青城金赛银投资管理合伙企业(有限合伙)为平台,依法通过私募方式招募不超过48个自然人或机构投资者作为有限合伙人,所募集资金投向衡阳市福星房地产开发有限公司的石鼓江锦项目。"

金赛银合伙企业诉至法院要求依法判令福星房地产公司向其清偿本金人民币42,500,000元、所拖欠的预期投资收益1,275,000元及逾期还款利息;依法确认其对余林社、余丹、万洪梅质押股权享有优先受偿权;依法判令被告余林社、余丹、万洪梅对上述本金、收益及利息承担连带清偿责任。

福星房地产公司、余林社、余丹、万洪梅同时提起反诉要求金赛银合伙企业支持因根本违约给福星房地产公司造成在建项目停工损失1,535,908.71元、另辟融资渠道支付费用及利息损失15,028,250元、逾期交房违约金14,048,602元、逾期交房退房损失11,099,808.50元,以上共计41,712,569.21元;金赛银合伙企业与第三人深商融信公司承担连带赔偿责任。

2. 核心争议

《基金投资合作协议书》及《深圳金赛银基金私募投资基金融资合同书》的法律效力如何及民事纠纷责任如何确定。

3. 交易结构图

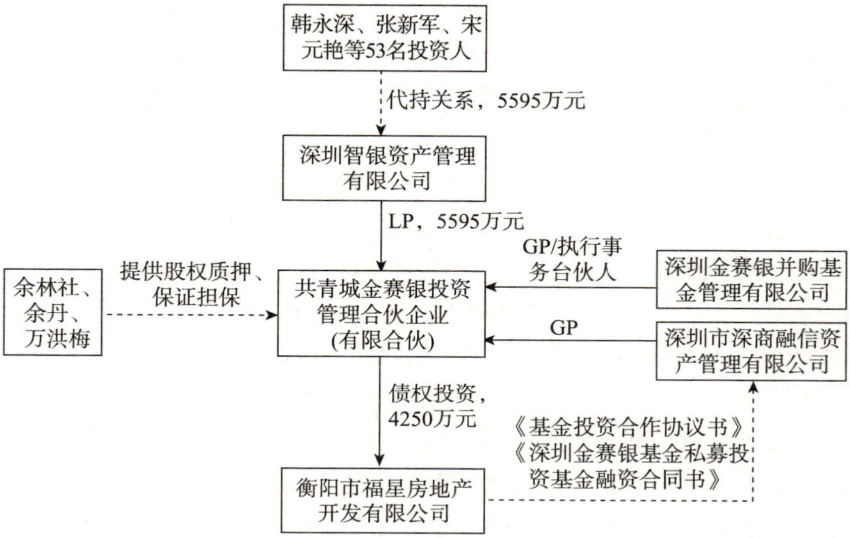

图 6－10　交易结构图

二、裁判结果

湖南省衡阳市中级人民法院认为，金赛银合伙企业经营范围仅为：投资管理、投资咨询、商务信息咨询（上述经营范围不含股权投资及股权投资管理，国家法律法规限制、禁止及许可经营的项目除外），显然不包括吸收公众存款及放贷等金融业务。根据《商业银行法》第 11 条第 2 款"未经国务院银行业监督管理机构批准，任何单位和个人不得从事吸收公众存款等商业银行业务，任何单位不得在名称中使用'银行'字样"、《银行业监督管理法》第 19 条"未经国务院银行业监督管理机构批准，任何单位和个人不得设立金融机构或者从事银行业金融机构的业务活动"、最高人民法院《关于适用〈中华人民共和国合同法〉若干问题的解释（一）》第 10 条"当事人超越经营范围订立合同，人民法院不因此认定合同无效。但违反国家限制经营、特许经营以及法律、行政法规禁止经营规定的除外"的规定，金赛银合伙企业未经国家银监机关批准，擅自从事本案吸收公众存款及放贷等金融类特许业务，当然导致本案双方所签《基金投资合作协议书》及《深圳金赛银基金私募投资基金融资合同书》无效。《私募投资基金监督管理暂行办法》第 11 条第 1 款明确规定："私募基金应当向合格投资者募集，单只私募基金的投资者人数累计不得超过《证券投资基金法》、《公司法》、《合伙企业法》等法律规定的特定数量。"《合伙企业法》第 61 条第 1 款则规定:"有限合伙企业由二个以上五十个以下合伙人设立;但是,法律另有规定的除外。"显然,有限责任公司制、合伙制私募基金的投资人数应当受《公司法》及《合伙企业法》的约束而不得超过 50 人(股份公司不得超过 200 人)。而本案中金赛银合伙企业实际上通过私募方式招募了 53 名自然人作为有限合伙人入伙,显然已违背了法律对私募基金招募投资人数的强制性规定,根据《合同法》第 52 条"有下列情形之一的,合同无效:……(五)违反法律、行政法规的强制性规定"的规定,故本案讼争合同应属无效;双方 2015 年 6 月 15 日签订的《谅解备忘录》实属双方履行《基金投资合作协议书》及《深圳金赛银基金私募投资基金融资合同书》过程中就金赛银合伙企业不能继续依约向福星房地产公司提供资金而达成的免予追究金赛银合伙企业违约责任的免责条款。深圳市两级法院已生效判决只是驳回了福星房地产公司对《谅解备忘录》所行使的合同撤销权,并不影响本院审理本案时对该《谅解备忘录》的合同效力进行判定。现已查明双方所签《基金投资合作协议书》及《深圳金赛银基金私募投资基金融资合同书》两份主合同均违反了法律的强制性规定而无效,为主合同履行事宜所附签的从合同《谅解备忘录》亦应无效;金赛银合伙企业明知自己未经国家有关机关批准却超经营范围从事吸收、募集公众存款及放贷等特许金融业务,以及明知合伙制私募基金的招募投资人数有法定限制却超过 50 名自然人范围募集资金,造成本案讼争借款合同无效,金赛银合伙企业应承担主要过错责任,福星房地产公司作为无效合同的相对方,对借款合同资金来源的合法性未尽到审慎注意义务,在本案中亦负有一定的过错责任。从本案查明的事实可见:福星房地产公司与金赛银合伙企业签订借款协议的本意是融资 1 亿元,因此同意将其公司全部财产(所有股权)质押给金赛银合伙企业。然而金赛银合伙企业募集了 5595 万元资金后仅将其中 4250 万元交福星房地产公司用于"石鼓江锦"项目,却将募集来的剩余 1345 万元隐瞒、挪作他用,且不再继续为福星房地产公司募集资金,也没有及时相应解除福星房地产公司的部分股权质押,致使反诉原告福星房地产公司在急需资金又不能及时另行筹措到位的情况下,造成了"石鼓江锦"工程 258 天的停工,随即又造成福星房地产公司支付施工企业拖欠工程款资金占用费及另行借贷支付高额利息的损失。故反诉原告福星房地产所主张停工损失 1,421,906.20 元、支付拖欠施工方华融公司工程款利息损失 22,051,664.16 元及支付鑫融小贷公司、冯经友等借款利息损失 18,080,172 元的合同损失事实,与本案合同纠纷的形成具有一定的因果关系,法院予以确认。至于反诉原告主张的因部分房屋延期交房而赔付购房业主损失8,968,725.25元及因部分购房业主退房造成损失6,379,808.5元的事实,因与本案借款合同的履行缺乏直接关联,法院不予采信。综上所述,法院认为,根据《合同法》第58条"合同无效或者被撤销后,因该合同取得的财产,应当予以返还;不能返还或者没有必要返还的,应当折价补偿。有过错的一方应当赔偿对方因此所受到的损失,双方都有过错的,应当各自承担相应的责任"的规定,基于本案讼争合同原告金赛银合伙企业募集并借与被告福星房地产公司的4250万元款项及福星房地产公司支付给金赛银合伙企业的935万元投资收益应当相互返还,本案合同履行过程中福星房地产公司所形成的经济损失41,553,742.36元(1,421,906.20元+22,051,664.16元+18,080,172元)应按双方过错责任予以赔偿。鉴于本案合同无效以及金赛银合伙企业未能继续为福星房地产公司融资借款只是造成福星房地产公司上述41,553,742.36元损失的部分原因,故本院酌情由金赛银合伙企业承担30%(12,466,122.7元)的赔偿责任,其余损失由福星房地产公司自行承担。至于本案担保责任的问题,根据《担保法》第5条"担保合同是主合同的从合同,主合同无效,担保合同无效。担保合同另有约定的,按照约定。担保合同被确认无效后,债务人、担保人、债权人有过错的,应当根据其过错各自承担相应的民事责任"及最高人民法院《关于适用〈中华人民共和国担保法〉若干问题的解释》第8条"主合同无效而导致担保合同无效,担保人无过错的,担保人不承担民事责任;担保人有过错的,担保人承担民事责任的部分,不应超过债务人不能清偿部分的三分之一"的规定,本案所涉质押合同、保证合同均应无效,对于造成上述担保合同无效,作为质押人和保证担保人的余林社、余丹、万洪梅同样负有未尽到审慎注意义务的过错责任,故担保人应当在最高不超过本案合同债务额1/3的范围内承担赔偿责任。

三、裁判要旨

合伙企业未经批准,擅自从事吸收公众存款及放贷等金融类特许业务,违反国家限制经营、特许经营以及法律、行政法规禁止经营规定,且超过法定投资者上限汇集投资者资金,违反了法律、行政法规的强制性规定导致合伙协议及其投资协议无效,合伙企业应承担过错赔偿责任。

四、案例来源

1.案例索引

【案件名称】共青城金赛银投资管理合伙企业与衡阳市福星房地产开发有

限公司、余某某等合同纠纷案

【审理法院】湖南省衡阳市中级人民法院

【案号】(2017)湘04民初123号

【审理程序】一审

2. 关联案例

安徽省阜阳市中级人民法院在“和合投资公司与王蕾、马莹苑合同纠纷案”[(2016)皖12民终1047号]中认为,根据最高人民法院《关于适用〈中华人民共和国合同法〉若干问题的解释(一)》第10条之规定,当事人超越经营范围订立合同,人民法院不因此认定合同无效;但违反国家限制经营、特许经营以及法律、行政法规禁止经营规定的除外。本案中,和合投资公司在与王蕾、马莹苑签订的加盟合同中,约定授权的经营项目超越了核准登记的经营范围,且关于授权王蕾、马莹苑经营信托基金业务亦违反了《证券投资基金法》第90条,关于除法律、行政法规另有规定外,未经登记任何单位或者个人不得使用“基金”或者“基金管理”字样或者近似名称进行证券投资活动的规定。故一审法院引用《证券投资基金法》第90条虽有不当,但认定和合投资公司与王蕾、马莹苑之间签订的加盟合同无效,并判决和合投资公司返还保证金及赔偿损失正确。

五、案例评析

虽然企业超出营业执照登记的经营范围所从事的民事活动并不必然无效,但根据最高人民法院《关于适用〈中华人民共和国合同法〉若干问题的解释(一)》第10条之规定,当事人违反国家限制经营、特许经营以及法律、行政法规禁止经营规定,超越经营范围订立的合同为无效合同。《非法金融机构和非法金融业务活动取缔办法》(2011年修改)第3条第1款规定,未经中国人民银行批准,擅自设立从事或者主要从事吸收存款、发放贷款、办理结算、票据贴现、资金拆借、信托投资、金融租赁、融资担保、外汇买卖等金融业务活动的机构均属于非法金融机构,因为金融机构和经营金融业务需要经国务院银行监督管理机构审查批准,未经批准从事吸收公众存款、发放贷款业务会扰乱正常金融秩序,干扰国家信贷政策的贯彻执行,应依法予以取缔。本案中,金赛银合伙企业的执行事务伙合伙人既未取得中国基金业协会登记的私募基金管理人资质,发行的基金产品亦未在中国基金业协会备案,并且超越经营范围,未经国家银监机关批准,擅自从事本案吸收公众存款及放贷等金融类特许业务,违反了《商业银行法》《银行业监督管理法》《非法金融机构和非法金融业务活动取缔办法》等法律、行政法规禁止性规定，根据《合同法》第52条之规定，其签订的合伙协议、投资协议均归于无效。本案对当前那些未经中国基金业协会登记、备案而从事私募业务的机构也是一种警示作用，一些投资机构为了规避监管不进行登记和备案，而擅自以基金机构名义汇集资金、开展投资活动，游走在法律和监管的边缘地带。

六、案例启示

1. 投资机构未经许可从事私募活动或借贷业务存在法律风险

实践中，不少私募机构未按照其登记或备案的类型开展相关活动，而是主要从事借贷类的投资活动，或者有些投资机构超越经营范围，未在中国基金业协会登记、备案而擅自以基金名义吸收公众资金、开展借贷活动，上述行为存在一定的法律风险，主要面临三个层次的风险，分别是中国基金业协会的自律监管、证监会的行政处罚以及刑事风险。首先，应登记备案的而未登记备案的，中国基金业协会可以根据《私募投资基金管理人登记和基金备案办法（试行）》（中基协发〔2014〕1号）的规定，有权对私募基金管理人、高管或从业人员采取自律措施。其次，根据《证券投资基金法》，对于未按照规定登记、备案的私募基金，中国证监会有权对私募基金管理人、管理人员和直接责任人员行政处罚并公告。最后，也是最严厉的是刑事犯罪风险，未经批准从事吸收公众存款、发放贷款可能涉嫌非法集资，不仅其从事的民事活动无效，而且相关投资机构、从业人员均面临较大的刑事犯罪风险。因此，私募机构注意私募合法合规的边界，即私募应符合《证券投资基金法》《私募投资基金监督管理暂行办法》等私募基金管理、募集、登记/备案、投资运作的相关法规和自律性规范，例如，管理人登记、产品备案、不得以公开方式募集资金、加强投资者适当性管理、不得突破或变相突破投资者人数限制等，防范合规风险和法律风险。

2. 投资者投资私募基金应关注其登记备案情况

为避免私募机构或投资机构非法从事金融业务活动而引发的投资本金损失或无法收回的风险，投资者在进行投资时，应注意核查私募机构的资质，了解其是否取得了从事相关投资活动的资质、许可或批准，是否超越工商登记的经营范围开展经营活动，对于投资认购私募基金，投资者应注意核查基金管理人的登记及私募基金备案情况，投资者可以登录中国基金业协会私募基金管理人综合查询系统（http://gs.amac.org.cn/amac-infodisc/res/pof/manager/index.html），来综合查询私募基金管理人的登记情况。同时应在相关投资协议中约定投资机构或私募机构定期披露投资运作情况的义务，保证投资者及时了解到投资的底层资产、投资方式、投资运作进展等情况，发现投资机构的投资行为存在违反国家限制经营、特许经营以及法律、行政法规禁止的情况时，应及时要求投资机构进行纠正、整改或采取法律手段，确保严格依法开展投资活动。

七、相关法规

《商业银行法》

第十一条　设立商业银行，应当经国务院银行业监督管理机构审查批准。

未经国务院银行业监督管理机构批准，任何单位和个人不得从事吸收公众存款等商业银行业务，任何单位不得在名称中使用“银行”字样。

《银行业监督管理法》

第十九条　未经国务院银行业监督管理机构批准，任何单位和个人不得设立金融机构或者从事银行业金融机构的业务活动。

《合同法》

第五十二条　有下列情形之一的，合同无效：

（一）一方以欺诈、胁迫的手段订立合同，损害国家利益；

（二）恶意串通，损害国家、集体或者第三人利益；

（三）以合法形式掩盖非法目的；

（四）损害社会公共利益；

（五）违反法律、行政法规的强制性规定。

最高人民法院《关于适用〈中华人民共和国合同法〉若干问题的解释（一）》

第十条　当事人超越经营范围订立合同，人民法院不因此认定合同无效。但违反国家限制经营、特许经营以及法律、行政法规禁止经营规定的除外。

《合伙企业法》

第六十一条　有限合伙企业由二个以上五十个以下合伙人设立；但是，法律另有规定的除外。

有限合伙企业至少应当有一个普通合伙人。

《担保法》

第五条　担保合同是主合同的从合同，主合同无效，担保合同无效。担保合同另有约定的，按照约定。

担保合同被确认无效后，债务人、担保人、债权人有过错的，应当根据其过错各自承担相应的民事责任。

最高人民法院《关于适用〈中华人民共和国担保法〉若干问题的解释》

第八条　主合同无效而导致担保合同无效，担保人无过错的，担保人不承担民事责任;担保人有过错的,担保人承担民事责任的部分,不应超过债务人不能清偿部分的三分之一。

《非法金融机构和非法金融业务活动取缔办法》

第二条　任何非法金融机构和非法金融业务活动,必须予以取缔。

第三条　本办法所称非法金融机构,是指未经中国人民银行批准,擅自设立从事或者主要从事吸收存款、发放贷款、办理结算、票据贴现、资金拆借、信托投资、金融租赁、融资担保、外汇买卖等金融业务活动的机构。

非法金融机构的筹备组织,视为非法金融机构。

第四条　本办法所称非法金融业务活动,是指未经中国人民银行批准,擅自从事的下列活动:

(一)非法吸收公众存款或者变相吸收公众存款;

(二)未经依法批准,以任何名义向社会不特定对象进行的非法集资;

(三)非法发放贷款、办理结算、票据贴现、资金拆借、信托投资、金融租赁、融资担保、外汇买卖;

(四)中国人民银行认定的其他非法金融业务活动。

前款所称非法吸收公众存款,是指未经中国人民银行批准,向社会不特定对象吸收资金,出具凭证,承诺在一定期限内还本付息的活动;所称变相吸收公众存款,是指未经中国人民银行批准,不以吸收公众存款的名义,向社会不特定对象吸收资金,但承诺履行的义务与吸收公众存款性质相同的活动。

《关于取缔非法金融机构和非法金融业务活动中有关问题的通知》

一、非法集资是指单位或个人未依照法定程序经有关部门批准,以发行股票、债券、彩票、投资基金证券或其他债权凭证的方式向社会公众筹集资金,并承诺在一定期限内以货币、实物及其他方式向出资人还本付息或给予回报的行为。它具有如下特点:

(一)未经有关部门依法批准,包括没有批准权限的部门批准的集资以及有审批权限的部门超越权限批准的集资;

(二)承诺在一定期限内给出资人还本付息。还本付息的形式除以货币形式为主外,还包括以实物形式或其他形式;

(三)向社会不特定对象即社会公众筹集资金;

(四)以合法形式掩盖其非法集资的性质。

《私募投资基金监督管理暂行办法》

第十一条　私募基金应当向合格投资者募集,单只私募基金的投资者人数累计不得超过《证券投资基金法》、《公司法》、《合伙企业法》等法律规定的特定数量。

投资者转让基金份额的，受让人应当为合格投资者且基金份额受让后投资者人数应当符合前款规定。

第二节　私募基金从事股票收益权转让及回购交易不违反法律强制性规定

一、案例简介

1. 事实经过

南通金玖锐信创业投资基金合伙（有限合伙）（以下简称金玖锐信基金）系经批准的私募投资基金，王志荣原为自贡天成工程机械（以下简称天成机械）股东，持有天成机械39.85%的股权。2015年2月，上市公司陕西建设机械股份有限公司（以下简称建设机械）（股票代码600894，以下简称*ST建机）通过发行股份，购买天成机械100%股权。在此过程中，双方于2015年4月3日订立《股票收益权转让及回购合同》一份，合同载明，王志荣（甲方）因资金紧张，拟通过未来可以获得的建设机械的股票收益权转让给金玖锐信基金（乙方），以获取所需资金，并根据本协议约定进行回购，转让标的为王志荣未来可以合法获得的建设机械896,057股股票的收益权，转让价格为500万元，由金玖锐信基金于协议签署5个工作日内汇入王志荣指定的银行账户；双方约定股票收益权的回购期限为王志荣应在建设机械本次发行股份购买资产及配套融资完成日（以上市公司公告日为准，如发行股份购买资产完成之日起45日内未完成配套融资，则以发行股份购买资产完成日后第45天开始计算）后的第45天、第75天、第105天分三次回购金玖锐信基金持有股票收益权，回购的价格取以下两种方式中较高的价格进行回购：（1）500万元×130%÷3；（2）以约定的股票数×回购期当日的该股票收盘价的95%÷3，如回购期当日停牌，则以回购期后第1个交易日该股票收盘价的95%计算。王志荣应在回购期到期之日5个工作日内将股票回购价款支付到金玖锐信基金指定银行账户内，为确保王志荣履行回购承诺，王志荣应将建设机械的股票896,057股质押给金玖锐信基金。合同同时约定，如王志荣迟延支付回购款，延迟办理质押的，每迟延一日，按回购价款的1‰向金玖锐信基金支付违约金；金玖锐信基金未按约支付转让价款的，每迟延一日按回购价款的1‰向王志荣支付违约金。合同另约定，如王志荣参与建设机械重组未成功，需向金玖锐信基金按年化22%的收益率支付利息。合同双方还对转让的股票收益权权利的具体内容作了明确的约定。

合同签订当日，双方又订立《补充协议》一份，约定王志荣履行回购承诺，按合同约定分三次回购金玖锐信基金持有的股票收益权，金玖锐信基金在王志荣每次汇出回购款后5个工作日内，解除王志荣每次回购款所对应的股票质押，如金玖锐信基金未按约解除股票质押，则按回购价款的每日1‰向王志荣支付违约金。

2015年4月8日，金玖锐信基金向王志荣指定的账户汇入500万元。

2015年10月29日，双方订立《股份质押合同》，约定王志荣将依法持有的*ST建机896,057股股份（股票代码600984）质押给被告，作为王志荣对金玖锐信基金股票收益权回购款的支付保证。双方于次日在中国证券登记结算有限责任公司办理了证券质押登记，登记载明出质人为王志荣，质权人为金玖锐信基金，证券代码为600984，证券类别为限售流通股。

*ST建机于2015年9月16日通过上海证券交易所发布发行股份购买资产并募集配套资金暨关联交易实施情况报告书，该报告书中披露王志荣已于2015年9月11日成为*ST建机股东，持有股份26,801,633股（流通受限股）；2015年11月20日*ST建机发布公告配套募集资金已完成。

王志荣起诉请求：确认双方订立的《股票收益权转让及回购合同》无效，并请求解除双方之间的质押关系。

金玖锐信基金反诉王志荣，要求判令王志荣向其支付第一期至第三期股票收益权回购款共7,865,589元、迟延付款违约金及延期办理质押手续违约金。

2. 核心争议

金玖锐信基金是否具备签署《股票收益权转让及回购合同》的主体资格及该合同的法律效力如何认定。

3. 交易结构图

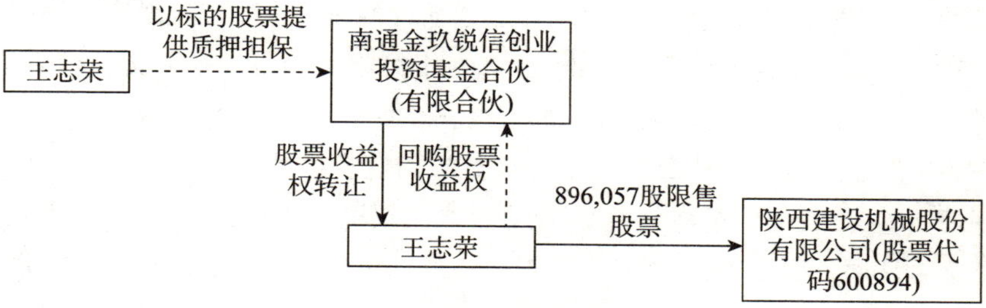

图6－11　交易结构图

二、裁判结果

一审法院江苏省南通市通州区人民法院认为,关于《股票收益权转让及回购合同》的法律关系性质问题,目前我国法律法规对股票收益权及其转让的法律性质并无明确的规定,因此,正确确定案涉法律关系的性质应根据双方订立合同所约定的权利义务内容及形式综合考量。根据讼争合同记载的"甲方(王志荣)因资金紧张,拟通过未来可以获得的建设机械股票的收益权转让给乙方(金玖锐信基金)以此获得所需资金,并根据本协议约定进行回购",可见双方当事人签订本案系争合同涉及了资金的融通,但并非只要涉及资金融通的交易均须定性为借贷合同关系。本案系争合同的特殊之处在于双方当事人系通过约定股票收益权转让及回购的方式来实现资金的融通,正如证券公司开展的股票质押式回购交易业务,虽其实质是以股票作为质押而进行资金拆借的信用行为,但因其股票质押回购的操作方式,在合同性质上被确定为证券回购法律关系。同理,本案系争合同约定股票收益权转让及回购的交易方式,在目前的资本市场中确有包括信托公司在内各种主体将该类型交易作为一种投融资业务加以开展。因此,本案系争股票收益权的转让及回购交易不能确定为单纯的借贷关系。本案系争合同的特殊之处还在于双方当事人将上市公司股票的收益权作为一种财产性权利,从股票整体性权利中分离出来单独交易,此又有别于通常的股票质押式回购交易,故本案系争合同是以股票收益权转让及回购连同相关股票质押为操作方式的投融资行为,应属于新类型证券交易法律关系。

《股票收益权转让及回购合同》《补充协议》《股份质押合同》均系双方当事人真实意思表示,依法成立;从合同内容看,王志荣以向金玖锐信基金转让股票收益权、承诺到期回购、提供相应股票质押的方式融入其急需的资金,金玖锐信基金则出资购入对应数额的系争股票收益权、取得股票质权,并以到期收取股票收益权回购款的方式实现收益,合同双方各取所需,合同目的正当合法;从交易方式看,双方以股票收益权转让、回购、股票质押的方式来实现投融资,目前尚无法律法规对该类交易予以明文禁止,也未见相关监管部门对本案交易行为予以查禁。应对创新交易持包容和开放的态度,故对系争合同整体性效力予以确认。

关于股票收益权转让及回购交易收益的认定及违约的处理问题,如果以金融创新交易为由,约定过高收益率,则会推高市场融资成本,突破市场监管底线,扰乱金融秩序。因此,虽然案涉合同对收益的约定是当事人的真实意思表示,但也应遵循市场规则,遵守融资利率政策。基于此,从资本市场投融资收益和资金拆借利率实际水平以及双方当事人主体性质出发，参照民间借贷利率的监管规则，对本案系争股票收益权回购款及迟延付款违约金予以适当调整。此外，关于金玖锐信基金主张的延期办理质押手续违约金，因办理质押手续需合同双方共同配合，从《股份质押合同》签订及其履行情况来看，双方一直在为办理股份质押事宜进行磋商，在达成一致后王志荣随即履行了自己的义务，现金玖锐信基金并无证据证明未能按照合同约定办理质押手续的责任在于王志荣，故对金玖锐信基金该诉讼请求不予支持。综上所述，本案系一起证券纠纷。本案所涉股票收益权转让、回购及相应股票质押，是当前资本市场上投融资的一种创新交易形式，而不同于单纯的借贷合同。本案系争《股票收益权转让及回购合同》《补充协议》《股份质押合同》均系当事人真实意思表示，并不违反法律法规禁止性规定，也未出现因恶意规避证券监管而被查处的情形，故系争合同对双方当事人具有法律约束力。据此，王志荣以本案系争合同交易属于无效高利贷为由所提诉讼主张，事实和法律依据尚不充分，难以支持。金玖锐信基金已经按约履行资金融出义务，并取得相应股票质权，但王志荣未按期支付回购款，已构成违约，应承担相应违约责任。鉴于本案系争合同交易实质属于融资信用行为，金玖锐信基金现主张的回购收益率远高于市场融资利率水平，约定的违约金利率也远高于融资成本和实际损失，此与市场规则和社会经济秩序不符，依法予以调整，确定按年利率24%计算金玖锐信基金应支付的回购收益及违约金的数额。据此判决驳回王志荣的本诉请求；王志荣向金玖锐信基金支付第一、二、三期股票收益权回购款以及相应收益：第一期回购款1,666,666元以及收益（以1,666,666元为基数，自2015年4月8日起至2015年12月10日止，按年利率24%计算）；第二期回购款1,666,666元以及收益（以1,666,666元为基数，自2015年4月8日起至2016年1月11日止，按年利率24%计算）；第三期回购款1,666,668元以及收益（以1,666,668元为基数，自2015年4月8日起至2016年2月15日止，按年利率24%计算）。金玖锐信基金在收取上述回购款以及收益后的5日内，应按本案系争合同约定，办理撤销相应数额＊ST建机股票质押手续；王志荣向金玖锐信基金支付迟延付款违约金（以第一期回购款以及收益为基数，自2015年12月16日起至该款项付清之日止，按年利率24%计算；以第二期回购款以及收益为基数，自2016年1月17日起至该款项付清之日止，按年利率24%计算；以第三期回购款以及收益为基数，自2016年2月21日起至该款项付清之日止，按年利率24%计算）。

二审法院江苏省南通市中级人民法院认为，本案系争合同是双方当事人的真实意思表示，并不违反法律、行政法规的强制性规定，亦未损害第三人的利益，从尊重双方当事人意思表示和维护诚信的角度出发，应属有效，对双方当事人具有约束力。王志荣主张金玖锐信基金作为创业投资基金合伙企业，不具备签收本案合同的主体资格，而且股票收益权不得脱离股权单独转让，双方之间为非法借贷关系，合同应属无效的上诉理由不能成立。从双方之间签订的《股票收益权转让及回购合同》等约定的内容来看，本案系以股票收益权为标的，通过股票收益权转让及回购、相关股票质押而进行的投融资行为。王志荣将自身持有的建设机械股票收益权转让给金玖锐信基金，同时承诺到期回购，并提供相应的股票质押以融入所需资金，金玖锐信基金出资受让相应股票的收益权、取得股票质权，并通过收取回购款实现收益。我国现行法律、行政法规对系争交易行为并无禁止性规定，王志荣所提出的相关规范性文件对本案交易行为亦未明确禁止，而且，股票收益权作为一种财产性权利，以其作为标的和对价开展的投融资活动，与单纯的民间借贷并不等同，故案涉《股票收益权转让及回购合同》应当认定为有效。现王志荣未依约履行回购义务，应当承担相应的违约责任，原审判决王志荣向金玖锐信基金支付回购款、收益及违约金等并无不当。此外，原审判决附加未按判决履行给付义务，加倍支付迟延履行期间的债务利息的内容，符合《民事诉讼法》第253条之规定，并无不当。首先，本案并非民间借贷，原审确定的年利率24%是酌定的违约金数额，而非民间借贷的上限。其次，即便是在民间借贷案件中，人民法院判决一方支付按年利率24%计算的利息，亦应同时适用《民事诉讼法》第253条。两者有本质区别，前者是根据当事人约定依照实体法确定的债务利息，后者是督促债务人履行生效判决的惩罚性条款。针对金玖锐信基金的上诉，综合考虑资本市场投融资收益和资金成本，双方合同约定的回购收益率以及违约金过分高于金玖锐信基金资金被占用的损失，原审法院参照民间借贷的利率予以适当调整，亦无不妥，对金玖锐信基金的该上诉主张亦不予支持。

三、裁判要旨

股票收益权转让、回购及相应股票质押，是当前资本市场上投融资的一种创新交易形式，双方以股票收益权转让、回购及股票质押的方式来实现投融资，而不同于单纯的借贷合同，目前尚无法律法规对该类交易予以明文禁止，也未见相关监管部门对本案交易行为予以查禁。私募基金从事股票收益权转让及回购交易不违反法律强制性规定，其所签订的股票收益权转让及回购协议应合法有效。

四、案例来源

1. 案例索引

【案件名称】王志荣与南通金玖锐信创业投资基金合伙企业合伙协议纠纷、买卖合同纠纷案

【审理法院】江苏省南通市中级人民法院

【案号】(2016)苏06民终2656号

【审理程序】二审

2. 关联案例

上海市第一中级人民法院在“王志荣诉邓振浩股权转让纠纷案”[(2017)沪01民终19号]中认为，关于系争《股票收益权转让及回购合同》的性质，应根据合同约定的权利义务内容和形式综合考量。双方当事人在系争《股票收益权转让及回购合同》中明确“甲方(王志荣)因资金紧张，拟通过未来可以获得的建设机械股票的收益权转让给乙方(邓振浩)以此获得所需资金，并根据本协议约定进行回购”。由此可见，双方当事人签订系争合同涉及资金的融通，但并非只要涉及资金融通的交易均须定性为借贷合同关系。系争合同的特殊之处在于双方当事人系通过约定股票收益权转让及回购的方式来实现资金的融通。正如证券公司开展的股票质押式回购交易业务，虽其实质是以股票作为抵押品而进行资金拆借的信用行为，但因其股票质押回购的操作方式，在合同性质上被确定为证券回购法律关系。同理，系争合同约定股票收益权转让及回购的交易方式，在资本市场中确有包括信托公司在内各种主体将该类型交易作为一种投融资业务加以开展。因此，本案所涉股票收益权的转让及回购交易不能确定为单纯的借贷关系。系争合同的特殊之处还在于双方当事人将上市公司股票的收益权作为一种财产性权利，从股票整体性权利中分离出来单独交易，此又有别于通常的股票质押式回购交易。故本案系争合同是以股票收益权转让及回购连同相关股票质押为操作方式的投融资行为，应属于新类型证券交易法律关系。

五、案例评析

虽然理论界与实务中对股票收益权的性质多有争议，但对其具有财产性权利可以作为交易的标的这一问题上基本达成了共识。股票收益权质押与回购业务在投融资领域并不算新业务，金融机构对此类业务早已轻车熟路。因股票收益权作为一种财产性权利，可以脱离其载体股票单独进行交易，目前尚无法律法

规对该类交易主体的资质作出明确规定，并且对于这类交易，法律法规及监管规定尚未予以明令禁止，而实践中金融机构、个人、公司等法律实体均可作为受让方开展此类业务。依据《证券投资基金法》《私募投资基金监督管理暂行办法》等法律法规，私募基金财产的投资包括买卖股票、股权、债券、期货、期权、基金份额及投资合同约定的其他投资标的。股票收益权作为一种财产性权利，以其作为标的和对价开展的投融资活动并不违反法律、行政法规的强制性规定，亦未损害第三人的利益，可以作为投资标的和对价开展投融资活动，私募基金可以以基金财产进行投资并获取投资收益。根据 2017 年 8 月 4 日《最高人民法院印发〈关于进一步加强金融审判工作的若干意见〉的通知》（法发〔2017〕22 号）“以金融服务实体经济为价值本源，依法审理各类金融案件。对于能够实际降低交易成本，实现普惠金融，合法合规的金融交易模式依法予以保护”的规定，司法实践中对于此类业务也是本着法不禁止即合法原则，尊重商事交易和当事人意思自治。

六、案例启示

1. 私募基金可以从事股票收益权转让及回购交易

对于股票收益权的法律性质，目前我国法律法规尚无明确的条文加以规定，其可以说是一种市场实践中的产物，有学者倾向于认为股权收益权是一种具有财产性权利的“将来债权”。对于股票收益权转让及其回购协议的效力，亦存在不同争议。案例中法院认为这类协议本身仅是创设了一种新的交易方式，不违反法律法规的强制性规定，在不损害第三人利益的情况下，从鼓励交易的角度出发，应认可其效力，也有法院从实质重于形式出发将其认定为借贷关系，如重庆市高级人民法院在（2017）渝民初 185 号判决书中认定“新华信托公司与胡光晓依据《股权收益权转让及回购合同》所建立的基础法律关系应当系借款合同关系”。私募基金系取得中国基金业协会备案以非公开方式向投资者募集资金设立的投资基金，根据《证券投资基金法》《私募投资基金监督管理暂行办法》，其可从事买卖股票、股权、债券、期货、期权、基金份额及投资合同约定的其他投资标的等投资活动，因此，私募基金从事股票收益权转让及回购交易本身并不违反国务院发布的《非法金融机构和非法金融业务活动取缔办法》的相关规定，私募基金可以以基金财产进行投资并获取投资收益。

2. 私募基金应按照备案类型及合同约定开展投资活动

2016 年 9 月中国基金业协会发布的《有关私募投资基金“业务类型/基金类

型”和“产品类型”的说明》，将私募基金划分为私募证券、私募股权、创投基金、其他基金4大类别，以及分别与之对应的8类基金，并明确了各类私募投资基金类型和定义、产品类型定义，并于2018年9月推出了开展跨资产类别配置的私募资产配置型管理人登记及相应的私募资产配置型基金。根据2017年3月发布的《私募基金登记备案相关问题解答（十三）》，中国基金业协会对私募基金管理人、基金产品实行专业化管理原则，私募基金管理人只可备案与其登记业务类型相符的私募基金产品。随着私募基金趋于严格监管，为防范合规风险，私募基金应按照管理人登记类型及备案的产品类型开展相关类型的私募基金管理活动，否则将面临着监管处罚的风险。此外，中国基金业协会于2018年1月12日更新的《私募投资基金备案须知》明确规定了三类不符合投资本质的经营活动不属于私募基金备案范围，第一类是底层标的为民间借贷、小额贷款、保理资产等属于借贷性质的资产或其收（受）益权，第二类是通过委托贷款、信托贷款等方式直接或间接从事借贷活动的，第三类是通过特殊目的载体、投资类企业等方式变相从事上述活动的。因司法实践中对股票收益权转让及回购业务等新类型业务的法律性质的认定存在一定差异，从交易本质及收益安排来看，这类交易存在被监管机构认定为实为借贷关系的可能性。因此，私募基金从事投资活动时避免背离私募基金投资本旨，从事或变相从事借款活动。

七、相关法规

《合同法》

第四条 当事人依法享有自愿订立合同的权利，任何单位和个人不得非法干预。

第六条 当事人行使权利、履行义务应当遵循诚实信用原则。

第七条 当事人订立、履行合同，应当遵守法律、行政法规，尊重社会公德，不得扰乱社会经济秩序，损害社会公共利益。

第八条 依法成立的合同，对当事人具有法律约束力。当事人应当按照约定履行自己的义务，不得擅自变更或者解除合同。

依法成立的合同，受法律保护。

第五十二条 有下列情形之一的，合同无效：

（一）一方以欺诈、胁迫的手段订立合同，损害国家利益；

（二）恶意串通，损害国家、集体或者第三人利益；

（三）以合法形式掩盖非法目的；

（四）损害社会公共利益；

（五）违反法律、行政法规的强制性规定。

第五十六条 无效的合同或者被撤销的合同自始没有法律约束力。合同部分无效，不影响其他部分效力的，其他部分仍然有效。

第一百零七条 当事人一方不履行合同义务或者履行合同义务不符合约定的，应当承担继续履行、采取补救措施或者赔偿损失等违约责任。

《证券投资基金法》

第九十四条 非公开募集基金募集完毕，基金管理人应当向基金行业协会备案。对募集的资金总额或者基金份额持有人的人数达到规定标准的基金，基金行业协会应当向国务院证券监督管理机构报告。

非公开募集基金财产的证券投资，包括买卖公开发行的股份有限公司股票、债券、基金份额，以及国务院证券监督管理机构规定的其他证券及其衍生品种。

《私募投资基金监督管理暂行办法》

第二条 本办法所称私募投资基金（以下简称私募基金），是指在中华人民共和国境内，以非公开方式向投资者募集资金设立的投资基金。

私募基金财产的投资包括买卖股票、股权、债券、期货、期权、基金份额及投资合同约定的其他投资标的。

非公开募集资金，以进行投资活动为目的设立的公司或者合伙企业，资产由基金管理人或者普通合伙人管理的，其登记备案、资金募集和投资运作适用本办法。

证券公司、基金管理公司、期货公司及其子公司从事私募基金业务适用本办法，其他法律法规和中国证券监督管理委员会（以下简称中国证监会）有关规定对上述机构从事私募基金业务另有规定的，适用其规定。

第四章　投资协议效力纠纷

第一节　第三人承诺回购私募投资基金对外所投资的股权不属于联营关系中的"保底条款",应合法有效

一、案例简介

1. 事实经过

2009年9月19日,北京夏启九鼎投资中心(有限合伙)(以下简称夏启九鼎中心)、南昌市亿铭投资管理有限公司(以下简称亿铭公司)、昆吾九鼎投资管理有限公司(以下简称昆吾九鼎公司)作为共同甲方与共同乙方滕生淦、滕忠希,以及丙方福州百洋海味食品有限公司(以下简称百洋公司)签订了《投资协议书》,主要内容约定,甲方有意在昆吾九鼎公司指导下投资于丙方之新增股权,成为丙方非控股的主要股东之一。乙方间接持有丙方绝大部分股权,是丙方的实际控制人,且是丙方管理团队的核心。甲方本次投资8000万元,投资后甲方持有丙方30%的股权比例。甲方之各方本次投资情况如下:夏启九鼎中心投资7500万元,占丙方增资后股权比例的28.125%,亿铭公司投资300万元,占丙方增资后股权比例的1.125%,昆吾九鼎公司投资200万元,占丙方增资后股权比例的0.75%。丙方收到甲方的投资款之日,为本次投资完成之日;如果乙方或乙方实际控制的其他方投资、经营任何与丙方主营业务相同或者相关的其他业务或企业,或者丙方2009年、2010年、2011年、2012年任一年实现净利润低于3000万元,或者丙方任意一季度的

销售收入同比下降50%以上，则甲方有权选择在上述任何一种情况出现后要求丙方或乙方受让甲方持有的全部或部分丙方股权，丙方及乙方承诺予以受让，受让价格应保证甲方本次投资的年复合投资收益率不低于30%，具体按照以下公式确定：受让价款＝8000万元×（1＋30%）n－甲方入股期间从丙方获得的所有现金股利－甲方入股期间从乙方获得的业绩补偿－甲方届时因已转让部分丙方股权所取得的收入。公式中n代表甲方持有股权的时间，时间从甲方投资款汇到丙方验资账户之日起开始计算，到甲方收到所有受让价款之日结束（n精确到月，如2年3个月，n＝2.25）。

2009年9月22日，夏启九鼎中心将投资款7500万元电汇至百洋公司。2009年10月8日，百洋公司股东海味厂和日本国日洋贸易株式会社（以下简称日洋株式会社）就本次百洋公司增资及股权转让事宜作出股东会决议，同意《投资协议书》中有关百洋公司增资及股权转让的内容。

2011年5月8日，百洋公司作出股东会决议，同意夏启九鼎中心将其持有的百洋公司7.5%的认缴出资额共287.14万元以2030万元的价格转让给厦门龙泰九鼎股权投资合伙企业（以下简称龙泰九鼎合伙企业）。2011年5月9日，夏启九鼎中心与龙泰九鼎合伙企业签订《股权转让协议》，主要内容约定：双方协商一致由夏启九鼎中心将其持有的百洋公司28.125%股权中的7.5%的股权，以2030万元的价格转让给龙泰九鼎合伙企业。

2012年5月9日，福州佳朋联合会计师事务所（特殊普通合伙）为百洋公司出具《审计报告》，该报告内容显示，截至2011年12月31日，百洋公司2011年度净利润为12,870,203.85元。根据百洋公司确认的2012年度和2013年度《利润表》显示，百洋公司2012年度净利润为－4,257,674.01元，2013年度净利润为－5,896,701.63元。

2013年10月16日，滕生淦、滕忠希向夏启九鼎中心出具《福州百洋海味食品有限公司经营情况的汇报》，表示愿意以9040万元价格回购夏启九鼎中心等4家股东的股权。

根据百洋公司工商档案材料记载：2009年11月23日，百洋公司注册资本为3828.57万元，夏启九鼎中心出资1076.79万元，占注册资本的28.12%。2011年8月29日，夏启九鼎中心的出资额变为789.65万元。滕生淦、滕忠希系百洋公司股东。

一审庭审中，夏启九鼎中心主张股权受让价格的计算方法为（7500万元－2030万元）×（1＋30%）n＝18,435万元，其中n＝4.6年，但其实际只要求滕生淦、滕忠希支付受让价款178,128,090.23元。滕生淦、滕忠希对夏启九鼎中心的上述受让股权价格计算方法予以认可。

夏启九鼎中心认为,百洋公司在2011年实现净利润仅为12,870,203.85元,低于3000万元,依据《投资协议书》第10.2.2条约定,百洋公司2009年、2010年、2011年、2012年任一年实现净利润低于3000万元,夏启九鼎中心均有权要求滕生淦、滕忠希购买夏启九鼎中心持有的全部或部分百洋公司的股权。

夏启九鼎中心请求法院判令:滕生淦、滕忠希按照双方于2009年9月19日签订的《投资协议书》的约定,以总价款178,128,090.23元购买夏启九鼎中心持有的百洋公司20.62%的股权。

2. 核心争议

《投资协议书》中的股权回购条款是否为无效条款,即滕生淦、滕忠希是否应当按照约定承担股权回购责任;夏启九鼎中心要求滕生淦、滕忠希回购是否构成股东抽逃出资。

3. 交易结构图

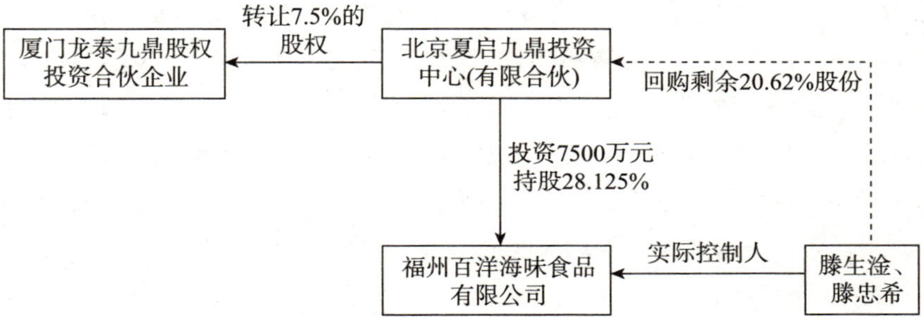

图6-12　交易结构图

二、裁判结果

一审法院北京市第二中级人民法院认为,夏启九鼎中心、亿铭公司、昆吾九鼎公司作为甲方与乙方滕生淦、滕忠希及丙方百洋公司签订的《投资协议书》,系各方当事人真实意思表示,且不违反法律、法规的强制性规定,应认定有效,各方当事人均应依约履行各自义务。《投资协议书》约定,如果百洋公司在2009年至2012年任一年度实现净利润低于3000万元,则夏启九鼎中心、亿铭公司、昆吾九鼎公司有权要求滕生淦、滕忠希受让其持有的百洋公司股权。根据百洋公司2011年度的《审计报告》和2012年度、2013年度的《利润表》显示,百洋公司在2011年度至2013年度实现的年净利润均低于3000万元,故夏启九鼎中心起诉要求滕生淦、滕忠希受让其持有的百洋公司20.62%的股权,符合《投资协议书》的约定,一审法院予以支持。关于滕生淦、滕忠希受让股权的价格。虽然夏启九鼎中心在本案中主张的股权受让价格的计算方法与《投资协议书》约定的计算方法并不相同,但依据其主张的计算方法得出的股权受让价格明显低于按照《投资协议书》约定的计算方法得出的股权受让价格,并未加重受让人滕生淦、滕忠希的责任,且滕生淦、滕忠希对该计算方法亦表示认可,故一审法院对夏启九鼎中心在本案中主张的股权受让价格的计算方法予以确认。一审法院判决:滕生淦与滕忠希于判决生效之日起7日内向夏启九鼎中心支付股权受让价款178,128,090.23元,回购夏启九鼎中心持有的百洋公司20.62%的股权。

二审法院北京市高级人民法院认为,案涉《投资协议书》是各方当事人就百洋公司经营状况进行评估后确定的暂时价值、投资后百洋公司未来的价值指标、根据约定承诺目标的完成情况进行相应的权益调整等内容达成一致后签订的,是各方当事人真实意思体现,不违反法律、法规强制性规定,合法、有效。一审法院判决关于《投资协议书》效力的认定正确,各方当事人均应依约履行合同。对于滕生淦、滕忠希主张《投资协议书》中的回购股权条款因系保证夏启九鼎中心投资收益的"保底条款"、加重滕生淦、滕忠希责任的格式条款,属于抽逃出资,损害公司及股东、债权人利益等原因而无效及违反了公平原则的上诉理由,本院认为:第一,滕生淦、滕忠希不具备最高人民法院《关于审理联营合同纠纷案件若干问题的解答》第3条第1项规定的联营合同主体资格,故本案所涉《投资协议书》不属于该解答所规定的联营合同范围,不适用该解答第4条"关于联营合同中的保底条款问题"的相关规定。第二,夏启九鼎中心依约要求百洋公司股东滕生淦、滕忠希受让其持有的百洋公司股权,系百洋公司内部股东之间相互转让股权,未实际减少百洋公司注册资本;百洋公司对于夏启九鼎中心向公司投资等事项形成了股东会决议,修改了公司章程并进行了相应的工商变更登记。因此,滕生淦、滕忠希在《投资协议书》中对于受让夏启九鼎中心持有的百洋公司股权的承诺不存在抽逃出资、公司减资等损害公司及公司债权人利益、损害公司其他股东权益等违反《公司法》规定的情形。第三,各方当事人在订立《投资协议书》时已对履约成本、风险、盈利进行了充分估算与预期,系签约各方作出的自主的商业判断。《投资协议书》中约定了滕生淦、滕忠希受让夏启九鼎中心持有的百洋公司股权的价款计算方法,滕生淦、滕忠希在一审庭审中对夏启九鼎中心主张的股权转让款项的计算方式和计算依据的期间均无异议,亦没有举证证明在订立《投资协议书》时夏启九鼎中心未与其协商,且约定受让股权的内容也未加重滕生淦、滕忠希的责任。因此,《投资协议书》中关于滕生淦、滕忠希受让夏启九鼎中心持有的百洋公司股权的条款不属于《合同法》第39条、第40条规定的格式条款及格式条款无效的情形,亦不存在违反《合同法》第5条规定的公平原则的情形。第四,滕生淦、滕忠希在《投资协议书》中承诺作为共同乙方受让夏启九鼎中心持有的百洋公司股权,夏启九鼎中心有权要求滕生淦、滕忠希共同承担受让其持有的百洋公司股权的义务。综前所述,本院对滕生淦、滕忠希的前述上诉理由均不予支持。二审法院遂判决驳回上诉,维持原判。

三、裁判要旨

自然人与投资方签署的回购目标公司股权的协议,依法不适用《关于审理联营合同纠纷案件若干问题的解答》关于联营合同中保底条款的规定,协议系各方当事人真实意思表示,且不违反法律、法规的强制性规定,应认定为合法、有效,各方当事人均应依约履行各自义务。公司内部股东之间相互转让股权,未实际减少公司的注册资本,股东之间转让公司股权不存在抽逃出资、公司减资等损害公司及公司债权人利益、损害公司其他股东权益等违反《公司法》规定的情形。

四、案例来源

1. 案例索引

【案件名称】滕生淦等与北京夏启九鼎投资中心(有限合伙)公司增资纠纷案

【审理法院】北京市高级人民法院

【案号】(2015)高民(商)终字第1135号

【审理程序】二审

2. 关联案例

新疆维吾尔自治区阿克苏地区中级人民法院在“天津硅谷天堂合丰股权投资基金合伙企业(有限合伙)与李志民、新疆天海绿洲农业科技股份有限公司增资协议纠纷案”[(2015)阿中民二初字第112号]中认为,关于《增资协议》中股权回购条款的效力是本案的争议焦点之一。《增资协议》是天津硅谷天堂合丰投资基金与李志民等股东及天海绿洲股份公司经协商自愿达成,是各方的真实意思表示。在诉讼中,李志民、天海绿洲股份公司认为协议中的股权回购条款属于联营合同中的“保底条款”且违反《合伙企业法》《证券法》等法律规定,违反公司资本维持的原则而主张无效。经审查,该条款模式较普遍发生于投资方与目标公司股东、实际控制人之间,目的是为促成交易,良性引导目标公司的经营管理、降低投资风险,且能起到担保作用,能够促成增资行为的顺利完成,最大限度维护原始股东、增资方及目标公司的基本利益。股权回购条款并未损害天海绿洲股份公司及其他股东和债权人的利益,也未降低公司注册资本金;被告及第三人所称的联营合同司法解释中的"保底条款"与本案涉及的《增资协议》中股权回购是不同法律关系,在本案中并不适用。因此,《增资协议》不违反法律及行政法规的强制性规定,应属合法有效。对被告及第三人所称《增资协议》中股权回购条款无效的主张,本院不予支持。结合案件其他事实,本院判决:李志民于本判决生效后 10 日内向原告天津硅谷天堂合丰股权投资基金合伙企业(有限合伙)支付股权回购款 22,254,247 元(认购价款 1500 万元与以 12% 年利率自 2011 年 11 月 10 日至 2015 年 11 月 20 日计算的利息之和)。

五、案例评析

中国证监会、中国基金业协会等监管机构对私募基金中的保底安排一直保持反对和禁止的态度,因为保底安排违反了"收益共享、风险自担"的原则,不符合私募投资的本质,2018 年 4 月颁布的《关于规范金融机构资产管理业务的指导意见》重申了打破刚性兑付、禁止明股实债的要求。实践中私募基金的保底安排具有多种形式,主要包括:回购、第三方收购、对赌、定期分红等,其本质是投资回报不与被投资企业的经营业绩挂钩,不是根据企业的投资收益或亏损进行分配,而是向投资者提供保本保收益承诺,根据约定定期向投资者支付固定收益,并在满足特定条件后由被投资企业赎回股权或者偿还本息的投资方式。但在本案中,虽然存在回购安排,但并属于私募基金中的保底安排,因为滕生淦、滕忠希的回购是对夏启九鼎中心提供保底收益,而非对夏启九鼎中心某个投资人提供保底收益,并不存在合规风险。此外,这种对赌安排,并非《关于审理联营合同纠纷案件若干问题的解答》规定的联营关系,因为联营具有一定的时代背景,是企业之间、企业与事业单位之间横向经济联合的一种法律形式,联营必须存在投资与被投资的关系,滕生淦、滕忠希首先不具备联营的主体资格,并且其与夏启九鼎中心不存在投资与被投资的关系。因此,该对赌安排亦并非《关于审理联营合同纠纷案件若干问题的解答》规定的保底条款。

六、案例启示

1. 私募基金对外投资中可安排第三方进行股权回购的增信措施

私募基金对外股权投资可以在交易结构中安排第三方提供股权回购的增信措施,该增信措施能够对私募基金的投资提供收益保障。这种增信安排虽然有将股权投资异化为债权投资的趋势,但在私募基金投资领域中屡见不鲜,因为私募股权投资本来就是一项高风险的商业活动,通过安排第三方回购或者业绩目标对赌,可以有效降低私募基金的投资风险,同时也能给融资方及目标公司一定压力,促进投融资双方目标的实现。如前所述,这种安排并不属于联营关系中的保底条款,不适用最高人民法院《关于审理联营合同纠纷案件若干问题的解答》的规定。同时,因为是由第三方进行股权回购,而非目标公司,因此,这种安排亦不违反《公司法》第 16 条第 1 款“公司向其他企业投资或者为他人提供担保,依照公司章程的规定,由董事会或者股东会、股东大会决议;公司章程对投资或者担保的总额及单项投资或者担保的数额有限额规定的,不得超过规定的限额”、第 20 条第 1 款“公司股东应当遵守法律、行政法规和公司章程,依法行使股东权利,不得滥用股东权利损害公司或者其他股东的利益;不得滥用公司法人独立地位和股东有限责任损害公司债权人的利益”及第 35 条“公司成立后,股东不得抽逃出资”的强制性规定,不存在法律效力上的问题(详见本书第六编第一章)。

2. 与私募基金签订股权投资协议,融资方应关注对赌回购安排中的风险股权回购条款带来的商业风险

对处于初创期或成长期的企业来讲,无论是企业的正常发展运营还是快速做强做大,都离不开融资,但这类企业通常难以从传统的银行、信托等金融机构获得融资,而私募基金正好填补这个市场空白,为初创期或成长期的企业提供融资服务,通过风险投资来获得高额回报。但私募投资基金在进行投资时,通常都附加苛刻条件,比如在投资协议中设计了诸如优先清算、反稀释、优先购买、共同出售、强制拖售、对赌、业绩补偿等机制或条款,来保障其投资收益。融资方在引进私募基金投资时,应当关注上述安排对目标企业或融资方未来发展或进行下一轮融资的影响和挑战。以对赌为例,因为私募基金作为投资方,处于优势地位,在签订对赌协议时,往往将股权回购的条件设定得相当宽泛,一旦目标公司产品的市场状况出现波动,或者公司经营状况出现困难,触发了股权回购条件,私募基金为了保护其投资利益,便会立刻要求对赌义务承担主体如约回购股权。此时回购股权对融资方或目标公司而言,无异于釜底抽薪,不仅会直接造成融资

方或目标公司的现金流恶化,而且会限制或影响目标公司进行其他融资,加剧目标公司的经营困难。因此,目标公司及其股东应当在充分评估自身财务状况、未来的经营状况、股权回购条款的实现条件等因素的基础上,审慎与私募投资基金进行对赌。

七、相关法规

《合同法》

第五十二条 有下列情形之一的,合同无效:

(一)一方以欺诈、胁迫的手段订立合同,损害国家利益;

(二)恶意串通,损害国家、集体或者第三人利益;

(三)以合法形式掩盖非法目的;

(四)损害社会公共利益;

(五)违反法律、行政法规的强制性规定。

第六十条 当事人应当按照约定全面履行自己的义务。

当事人应当遵循诚实信用原则,根据合同的性质、目的和交易习惯履行通知、协助、保密等义务。

《公司法》

第十六条 公司向其他企业投资或者为他人提供担保,依照公司章程的规定,由董事会或者股东会、股东大会决议;公司章程对投资或者担保的总额及单项投资或者担保的数额有限额规定的,不得超过规定的限额。

公司为公司股东或者实际控制人提供担保的,必须经股东会或者股东大会决议。

前款规定的股东或者受前款规定的实际控制人支配的股东,不得参加前款规定事项的表决。该项表决由出席会议的其他股东所持表决权的过半数通过。

第二十条 公司股东应当遵守法律、行政法规和公司章程,依法行使股东权利,不得滥用股东权利损害公司或者其他股东的利益;不得滥用公司法人独立地位和股东有限责任损害公司债权人的利益。

公司股东滥用股东权利给公司或者其他股东造成损失的,应当依法承担赔偿责任。

公司股东滥用公司法人独立地位和股东有限责任,逃避债务,严重损害公司债权人利益的,应当对公司债务承担连带责任。

第三十五条 公司成立后,股东不得抽逃出资。

第七十一条 有限责任公司的股东之间可以相互转让其全部或者部分股权。

股东向股东以外的人转让股权,应当经其他股东过半数同意。股东应就其股权转让事项书面通知其他股东征求同意,其他股东自接到书面通知之日起满三十日未答复的,视为同意转让。其他股东半数以上不同意转让的,不同意的股东应当购买该转让的股权;不购买的,视为同意转让。

经股东同意转让的股权,在同等条件下,其他股东有优先购买权。两个以上股东主张行使优先购买权的,协商确定各自的购买比例;协商不成的,按照转让时各自的出资比例行使优先购买权。

公司章程对股权转让另有规定的,从其规定。

第二百条 公司的发起人、股东在公司成立后,抽逃其出资的,由公司登记机关责令改正,处以所抽逃出资金额百分之五以上百分之十五以下的罚款。

最高人民法院《关于审理联营合同纠纷案件若干问题的解答》

四、关于联营合同中的保底条款问题

(一)联营合同中的保底条款,通常是指联营一方虽向联营体投资,并参与共同经营,分享联营的盈利,但不承担联营的亏损责任,在联营体亏损时,仍要收回其出资和收取固定利润的条款。保底条款违背了联营活动中应当遵循的共负盈亏、共担风险的原则,损害了其他联营方和联营体的债权人的合法权益,因此,应当确认无效。联营企业发生亏损的,联营一方依保底条款收取的固定利润,应当如数退出,用于补偿联营的亏损,如无亏损,或补偿后仍有剩余的,剩余部分可作为联营的盈余,由双方重新商定合理分配或按联营各方的投资比例重新分配。

(二)企业法人、事业法人作为联营一方向联营体投资,但不参加共同经营,也不承担联营的风险责任,不论盈亏均按期收回本息,或者按期收取固定利润的,是明为联营,实为借贷,违反了有关金融法规,应当确认合同无效。除本金可以返还外,对出资方已经取得或者约定取得的利息应予收缴,对另一方则应处以相当于银行利息的罚款。

(三)金融信托投资机构作为联营一方依法向联营体投资的,可以按照合同约定分享固定利润,但亦应承担联营的亏损责任。

第二节　股权投资协议签署后，股权转让方违约无法办理股权变更工商登记构成根本违约，股权受让方可以解除股权转让协议

一、案例简介

1. 事实经过

2010年11月30日，无锡同创创业投资企业（有限合伙）（以下简称无锡同创）与中直能源投资有限公司（以下简称中直公司）、丁羽心、中铁泰可特环保工程有限公司（以下简称泰可特公司）签订了《投资协议书》一份，协议主要约定：（1）无锡同创以受让中直公司持有的泰可特公司股权的方式，成为泰可特公司非控股股东，作为战略投资者推进泰可特公司在1～3年内实现国内A股市场发行上市之目标。（2）无锡同创出资人民币2000万元，从中直公司受让泰可特公司1.36%的股权。（3）丁羽心实际控制的公司持有泰可特公司的大部分股权，是泰可特公司的实际控制人，且是泰可特公司管理团队的核心。中直公司是丁羽心实际控制的公司之一，在本次投资前持有泰可特公司15%的股权。（4）泰可特公司需向无锡同创提供2008年、2009年财务报表原件及2010年1月～10月财务报表原件、相关关联方情况的说明、按照本协议第2.3.1.3条所述的股东会决议和董事会决议、高级管理人员及关键员工名单等材料，并保证从2010年11月1日（含当日）起，至中直公司收到无锡同创的转让款之日止，泰可特公司的经营状况或财务状况不发生重大不利于无锡同创本次投资顺利完成的变化，不存在重大违反法律规定的行为。（5）无锡同创在本协议第2.3.1条规定的前提条件全部满足后5个工作日内以现金形式向中直公司支付股权转让款2000万元。（6）本次投资完成后5个工作日内，泰可特公司及时修改公司章程及其他文件；投资完成后1个月内，泰可特公司发给无锡同创股权证明，并将无锡同创公司名称、出资比例等记载于公司股东名册；投资完成后2个月内，泰可特公司调整董事会成员，无锡同创及昆吾九鼎投资管理有限公司（系无锡同创的管理人，以下简称九鼎公司）管理下的其他基金共同向新董事会推荐一名董事。（7）无锡同创同意委托泰可特公司董事会及中直公司全权负责办理因本次投资而引起的申报审批及工商变更登记事项。（8）中直公司、丁羽心、泰可特公司承诺并保证本协议签署之前向无锡同创作出的任何泰可特公司业务和财务状况的书面陈述或提供的财务报表，均遵循中国现行会计准则并真实有效；截止到

协议签署之日，泰可特公司不存在任何未披露的、实际的，或有的500万元以上的债务或责任，对外融资所取得的资金，主要用于泰可特公司扩大经营规模或其他必要投资与开支，不用于与主营业务无关的投资、拆借或他用。（9）丁羽心承诺并保证没有投资、经营任何与泰可特公司主营业务类似的企业或业务，否则泰可特公司有权回购丁羽心持有的泰可特公司股权。（10）除非无锡同创另以书面形式同意延长，否则本次投资完成后，如泰可特公司在2014年12月31日前没有完成挂牌上市，无锡同创可以要求泰可特公司、丁羽心、中直公司购买无锡同创持有的全部或部分股权。无锡同创要求的受让价款为转让款2000万元×（1+8%×n）－无锡同创入股期间从泰可特公司获得的所有现金股利－无锡同创届时因已转让部分泰可特公司股权所取得的收入，其中n为无锡同创持有股权的时间。如无锡同创因泰可特公司在2013年12月31日前未提交发行上市申报材料而退出，且在无锡同创退出后1年内泰可特公司提交了发行上市申报材料，且最终成功上市的，丁羽心或中直公司在泰可特公司上市日起第13个月末对无锡同创予以补偿，补偿金额为假设无锡同创继续持有泰可特公司股票直至可流通后第3个交易日末的市值减去无锡同创提前退出实际获得的资金。上述《投资协议书》签订后，无锡同创于2010年12月1日向中直公司支付了全部股权转让款2000万元。

2011年4月26日，泰可特公司召开股东会和董事会，修改公司章程，组成新一届董事会，并变更了董事长、总经理及法定代表人，同时新任法定代表人在公司章程上签字，但无锡同创未参加上述股东会和董事会。

2012年9月10日，无锡同创所属的股权投资机构九鼎公司与泰可特公司的股东博宥投资管理集团有限公司（以下简称博宥公司）、中昶国际投资有限公司（以下简称中昶公司）签订了《关于对投资泰可特公司后续相关事项的沟通情况纪要》，各方确认：（1）投资协议书签订的合同目的为投资基金通过受让股权方式成为泰可特公司非控股股东后，在实际控制人和控股股东的主导下，投资基金提供协助，争取泰可特公司在2014年12月31日前实现国内A股市场挂牌上市，为此，五家投资基金已共同投资人民币2.5亿元；（2）投资协议书签订不久，泰可特公司即因为实际控制人丁羽心的问题，经营状况发生重大变化，今年截止到目前已实际亏损；（3）博宥公司表示，同意为九鼎公司提供泰可特公司的财务资料，但对于丁羽心的具体情况不清楚，目前无法办理五家投资基金受让股权的相关手续，无法对股东地位进行确认，且2014年底前泰可特公司实现上市客观上已无法实现，协议书约定的合同目的已经无法实现。

无锡同创以中直公司、丁羽心、泰可特公司在协议签订前故意隐瞒丁羽心及泰可特公司涉嫌犯罪等事实，导致无锡同创在不知真实情况下签署协议，泰可特公司亦无法实现合同约定的在2014年年底前上市目标，损害了无锡同创的合法权益为由，诉至法院要求解除无锡同创与中直公司、丁羽心、泰可特公司签订的《投资协议书》；中直公司退还无锡同创投资款2000万元并按合同约定的年利率8%赔偿无锡同创自2010年12月1日起至实际返还之日的利息损失；丁羽心、泰可特公司对中直公司上述第2项付款义务承担连带责任。

中直公司辩称中直公司与无锡同创的股权转让交易已经完成，无锡同创已经支付全部股权转让价款，按照投资协议书第2.4.1条的规定，其已经取得泰可特公司股东资格，中直公司已经不再是泰可特公司股东，在整个交易过程中中直公司已经严格履行合同义务，不存在违约行为。

2. 核心争议

无锡同创能否依据法定解除权要求解除《投资协议书》。

3. 交易结构图

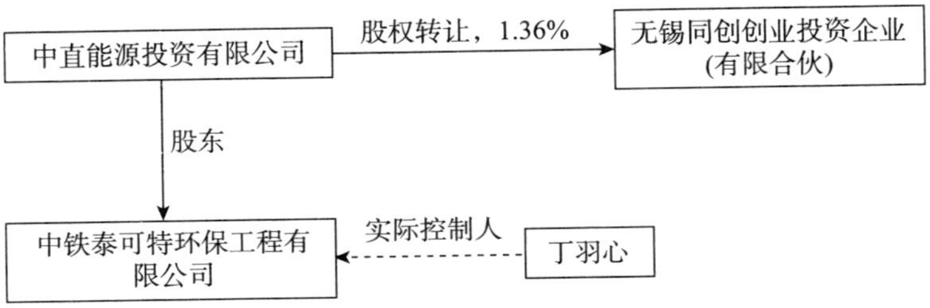

图6－13　交易结构图

二、裁判结果

江苏省无锡市中级人民法院认为，关于无锡同创能否依据法定解除权要求解除投资协议书问题，案涉《投资协议书》"鉴于"部分第1条约定，无锡同创有意受让泰可特公司原有股东中直公司之股权，成为泰可特公司非控股的主要股东之一，作为战略投资者推进泰可特公司在1～3年内实现国内A股市场发行上市之目标，由此可见，推进泰可特公司于1～3年内实现国内A股市场成功上市，无锡同创获取增值的股权价值，是各方特别是原告无锡同创签约的主要合同目的；而事实上该合同主要目的现已无法实现。首先，根据国务院《股票发行与交易管理暂行条例》第9条的规定，原有企业改组设立股份有限公司申请公开发行股票，应具有的条件之一即近3年连续盈利，但根据泰可特公司截止到2012

年6月的企业利润表，泰可特公司已经发生亏损情况，已不符合上述法律规定的上市条件。其次，2012年9月10日由九鼎公司与博宥公司、中昶公司等召开会议形成的会议纪要第6条亦明确，“从现在情况看，2014年年底前泰可特公司实现上市客观上已经无法实现，泰可特公司目前也没有具体、明确的上市工作安排和计划，2014年年底前泰可特公司实现上市已经无望，各方签订投资协议书约定的泰可特公司不迟于2014年年底上市的合同目的已经无法实现”，而且事实上泰可特公司至今未能上市。最后，根据《投资协议书》的约定，本次投资完成后5个工作日内，泰可特公司及时修改公司章程及其他文件；投资完成后1个月内，泰可特公司发给无锡同创股权证明，并将无锡同创公司名称、出资比例等记载于公司股东名册，但是，无论是泰可特公司，还是作为实际控制人的被告丁羽心以及股权出让方中直公司，均未按约履行上述合同义务。且作为中昶公司、中直公司、泰可特公司的实际控制公司博宥公司亦在2012年9月10日的会议纪要中明确，“由于实际控制人丁羽心女士仍无法主持有关工作，泰可特公司的经营状况也一直处于较不稳定的状态，目前无法办理五家投资基金受让股权的相关手续，无法对股东地位进行确认”，可见无锡同创签订投资协议书成为泰可特公司的股东这一合同目的同样无法实现。综上所述，无锡同创签订投资协议书的合同目的已无法实现，根据《合同法》第94条的规定，无锡同创请求解除《投资协议书》的诉讼请求，于法有据，应予支持。

关于《投资协议书》解除后，各被告应如何向无锡同创承担责任的问题。法院认为：首先，案涉《投资协议书》解除后，按照《合同法》第97条的规定，被告中直公司应当负有向原告无锡同创返还股权投资款2000万元并赔偿相应损失的民事责任。中直公司作为案涉《投资协议书》的股权出让方，在取得无锡同创支付的股权转让款后，未按约将其股权交付股权受让方无锡同创，也未于法定期限内申请办理工商变更登记手续，构成违约，致使无锡同创签订投资协议书成为泰可特公司股东这一合同目的无法实现，依照《合同法》第97条的规定，中直公司应负有向无锡同创返还股权转让款2000万元并赔偿相应损失的民事责任。至于无锡同创请求中直公司赔偿以2000万元为基数按合同约定的年利率8%自2010年12月1日起计算至实际返还日止的利息损失，因《投资协议书》中关于年利率8%的约定是针对股权回购设定的，而本案是无锡同创主张合同解除后返还股权转让款，对此《投资协议书》并无相应约定，因此，法院认定利息损失计算标准为以2000万元为基数，按中国人民银行同期同类贷款利率自2010年12月2日起计算至实际给付之日止。其次，被告丁羽心应对原告无锡同创承担违约责任。(1)《投资协议书》"鉴于"部分第2条明确"丁羽心实际控制的公司持有泰可特公司绝大部分股权,是泰可特公司的实际控制人,且是泰可特公司管理团队的核心",可见丁羽心在案涉《投资协议书》的签订及履行过程中,具有举足轻重的作用。此外,在《投资协议书》"鉴于"部分即约定上述内容,可见无论是无锡同创还是中直公司、丁羽心、泰可特公司,均系基于丁羽心在合同签订及履行过程中具有重要作用这一事实而签订了《投资协议书》,因此,这一事实也是各方得以签订并履行《投资协议书》的重要基础。(2)《投资协议书》的内容特别第7.3条、第7.4条均规定了丁羽心的多项重要合同义务,这些合同义务也是《投资协议书》得以履行的重要前提基础。(3)正如《投资协议书》所述,丁羽心作为股权出让方及标的公司的实际控制人,其才是《投资协议书》真正的实际受益人。(4)丁羽心作为泰可特公司、中直公司等公司的实际控制人,其在《投资协议书》履行过程中的作用举足轻重,其负有对中直公司、泰可特公司的管理控制义务,中直公司未能将股权交付无锡同创、未能进行工商变更登记等违反合同义务的行为,与其实际控制人丁羽心具有密不可分的关系。(5)依目前实际情况,丁羽心已不可能再继续对泰可特公司行使管理控制的职能,甚至丁羽心个人状况的变化,亦是泰可特公司无法成功上市这一合同目的无法实现的重要原因。综上所述,丁羽心的行为已经构成违约,按照《合同法》第107条的规定,应当承担赔偿损失的违约责任。本案中,中直公司不能清偿的债务部分可视为无锡同创的损失,故丁羽心应对中直公司本案债务不能清偿的部分向无锡同创承担赔偿责任。最后,泰可特公司不应对中直公司的本案债务承担责任。实际上泰可特公司虽是本案《投资协议书》的一方主体,但其并未从本案《投资协议书》的履行中获益,但却承担了大量合同义务,而该些义务实际系其股东中直公司及其实际控制人丁羽心应负之合同义务。并且,如泰可特公司在未受益的情况下承担相应民事责任,将对公司及公司债权人造成损害,违反了《公司法》的相关规定。因此,无锡同创要求泰可特公司对中直公司债务承担连带责任的诉讼请求,不予支持。

三、裁判要旨

股权转让方违约,未按照约定办理股权变更登记手续,导致受让方成为目标公司股东这一合同目的无法实现的构成根本违约,受让方有权解除合同,并要求转让方承担违约责任。

四、案例来源

1. 案例索引

【案件名称】无锡同创创业投资企业与中直能源投资有限公司、丁羽心等股权转让纠纷案

【审理法院】江苏省无锡市中级人民法院

【案号】(2012)锡商初字第0188号

【审理程序】一审

2. 关联案例

湖南省株洲市中级人民法院在“刘长远、贺桥良股权转让纠纷案”[(2018)湘02民终2227号]中认为,本案《股权转让协议》约定贺桥良将其所持有的36.35%股份,按双方核定实际出资约为1300万元转让给刘长远,具体以双方核算为准,并约定最终以股金证和李卓耀股权转让协议作为付款凭证。就工商变更登记手续的办理约定,本协议约定的全部转让款付清后由甲、乙双方配合办理股权变更登记手续。双方对核算的时间、地点并无约定,由于双方在履行协议的过程中互不信任,又不当面协议,均只通过发送短信方式指定对方核算的时间和地点,双方又互不配合,造成双方未能结算。刘长远按约定向贺桥良支付定金100万元外未支付其他转让款,没有履行合同,同时贺桥良向刘长远邮寄解除股权转让协议通知书,明确要求解除合同。实现合同目的是合同继续履行的必要条件,现因双方均不按照协议约定履行各自义务,致使合同目的无法实现,本案《股权转让协议》不应继续履行,应予解除。

五、案例评析

合同当事人一方迟延履行债务或者其他违约行为将导致合同相对方合同目的落空,是为当事人一方的根本违约。根本违约是一种严重违约行为,其构成要件是一般违约的构成要件,加上因违约行为导致的合同目的不能实现,直接后果是合同相对方有权解除合同并要求违约方承担违约责任。根据《合同法》第94条的规定,根本违约包括四种情形:一是拒绝履行,即在履行期限届满之前,当事人一方明确表示或者以自己的行为表明不履行主要债务;二是迟延履行,即当事人一方迟延履行主要债务,经催告后在合理期限内仍未履行,或当事人一方迟延履行债务致使合同目的落空;三是履行不能,包括原始履行不能与嗣后履行不能两种情况,即因不可抗力造成的履行不能及当事人一方其他违约行为致使不能

实现合同目的的履行不能；四是不完全履行，不完全履行并不必然构成根本违约，但是如果一方当事人不履行合同的主要债务造成合同目的的落空，或当事人不履行附随义务危及了作为合同关系基础的信赖关系时，则应视为根本违约，属于因其他违约行为致使不能实现合同目的。在本案中，无锡同创与中直公司、丁羽心、泰可特公司签订《投资协议书》的目的在于成为泰可特公司非控股的主要股东之一，作为战略投资者推进泰可特公司在1～3年内实现国内A股市场发行上市之目标，因泰可特公司因实际控制人问题经营状况发生重大变化、出现亏损，且无法办理股权变更登记手续，导致当事人之间的合同目的落空，属于履行不能的根本违约。故此，法院依据《合同法》第94条第4项"当事人一方迟延履行债务或者有其他违约行为致使不能实现合同目的"之规定，支持了无锡同创解除合同的诉讼请求。

六、案例启示

1. 投资方应在投资协议中明确约定投资目的以便在争议解决时获得主动

《合同法》第94条规定，因不可抗力、迟延履行或者有其他违约行为致使合同目的无法实现时，当事人可以解除合同；第125条规定，对合同条款理解有争议的，按照合同所使用的词句、条款、合同目的等确定该条款真实意思，对采用两种以上文字订立的文本使用的词句不一致的，根据合同目的予以解释。在解除合同、解释合同争议条款时，对合同目的的解释、确定往往起着非常重要的作用。但在具体民事纠纷中，往往是因为交易双方对合同目的的理解存在不一致、不明确，进而在合同履行过程中出现走样，出现争议。因此，投资方应重视投资协议中"鉴于"条款中对合同目的的描述，应将合同双方当事人通过合同的订立和履行，期望最终得到的东西、结果或者达到的状态写清楚，哪怕是大多数协议"鉴于"条款中的套话"为了……"除了有助双方更好地围绕"目的"去履行合同，更重要的一点是，对于守约方来说，这样有助于在合同争议条款解释、合同解除中占据主动，即使陷入争议，书面形式对合同目的的说明效力依据常理作出符合合同目的解释。

2. 投资协议生效后，投融资双方均应按照法律规定和合同约定履行合同义务

依法订立的合同生效以后对缔约人具有法律约束力，合同当事人应按照法律规定和合同约定履行各自义务，方能达成当事人订立合同的目的。如果仅仅是订立了合同而未实际履行合同，那么不但为争取签约的所有努力都会付诸东流，而且还可能招致经济上和信誉上的严重损失。因此，履行合同是实现合同目

的最重要和最关键的环节,直接关系到合同当事人的利益,因此也使履行问题成为合同法实践中最容易出现争议的问题。在私募股权投资过程中,投资方和融资方均享有相应的权利,并承担相应的义务或责任,投融资双方均应按照生效的投资协议的约定履行各自义务,以期达成共同之目的。按照合同法一般理论,合同履行原则包括全面履行原则、诚实信用原则、情势变更原则、经济合理原则等,如《合同法》第60条规定,“当事人应当按照约定全面履行自己的义务。当事人应当遵循诚实信用原则,根据合同的性质、目的和交易习惯履行通知、协助、保密等义务”,第119条第1款规定,“当事人一方违约后,对方应当采取适当措施防止损失的扩大;没有采取适当措施致使损失扩大的,不得就扩大的损失要求赔偿”。最高人民法院《关于适用〈中华人民共和国合同法〉若干问题的解释(二)》第26条规定,“合同成立以后客观情况发生了当事人在订立合同时无法预见的、非不可抗力造成的不属于商业风险的重大变化,继续履行合同对于一方当事人明显不公平或者不能实现合同目的,当事人请求人民法院变更或者解除合同的,人民法院应当根据公平原则,并结合案件的实际情况确定是否变更或者解除”。

七、相关法规

《合同法》

第五十二条　有下列情形之一的,合同无效:

(一)一方以欺诈、胁迫的手段订立合同,损害国家利益;

(二)恶意串通,损害国家、集体或者第三人利益;

(三)以合法形式掩盖非法目的;

(四)损害社会公共利益;

(五)违反法律、行政法规的强制性规定。

第九十四条　有下列情形之一的,当事人可以解除合同:

(一)因不可抗力致使不能实现合同目的;

(二)在履行期限届满之前,当事人一方明确表示或者以自己的行为表明不履行主要债务;

(三)当事人一方迟延履行主要债务,经催告后在合理期限内仍未履行;

(四)当事人一方迟延履行债务或者有其他违约行为致使不能实现合同目的;

(五)法律规定的其他情形。

第九十七条 合同解除后,尚未履行的,终止履行;已经履行的,根据履行情况和合同性质,当事人可以要求恢复原状、采取其他补救措施,并有权要求赔偿损失。

第一百零七条 当事人一方不履行合同义务或者履行合同义务不符合约定的,应当承担继续履行、采取补救措施或者赔偿损失等违约责任。

最高人民法院《关于适用〈中华人民共和国合同法〉若干问题的解释(二)》

第二十六条 合同成立以后客观情况发生了当事人在订立合同时无法预见的、非不可抗力造成的不属于商业风险的重大变化,继续履行合同对于一方当事人明显不公平或者不能实现合同目的,当事人请求人民法院变更或者解除合同的,人民法院应当根据公平原则,并结合案件的实际情况确定是否变更或者解除。

《公司法》

第二十一条 公司的控股股东、实际控制人、董事、监事、高级管理人员不得利用其关联关系损害公司利益。

违反前款规定,给公司造成损失的,应当承担赔偿责任。

第三节 投资协议涉及中外合资经营企业股权转让的,未经依法批准不发生法律效力

一、案例简介

1. 事实经过

常州山由帝杉防护材料制造有限公司(以下简称山由帝杉公司)成立于2005年9月30日,2008年3月21日,该公司注册资本变更为2402万美元,公司类型为有限责任公司(中外合资)。

2008年10月23日,林根永作为转让方、国华实业有限公司(以下简称国华公司)作为受让方,与山由帝杉公司的其他合营四方西安向阳航天工业总公司(以下简称向阳公司)、杭州金富春丝绸化纤有限公司(后更名为金富春集团有限公司,以下简称金富春公司)、韩国CNC科技有限公司和江苏星源航天材料股份有限公司(以下简称星源航天公司)在山由帝杉公司共同签署《中外合资经营常州山由帝杉防护材料制造有限公司股权转让协议》(以下简称涉案股权转让协议)一份,涉案股权转让协议的前序部分第1条载明:山由帝杉公司注册资本2402万美元,林根永出资336.28万美元,占14%;金富春公

司出资 491.21 万美元，占 20.45%；向阳公司出资 1238.23 万美元，占 51.55%；韩国 CNC 科技有限公司出资 264.22 万美元，占 11%；星源航天公司出资 72.06 万美元，占 3%。第 3 条载明：山由帝杉公司其他合营股东自愿放弃公司股权转让中所享有的优先受让权，同意林根永、国华公司根据本协议的条款进行股权转让。涉案股权转让协议正文部分第一项"股权转让的份额及价格"第 1 条载明"林根永自愿将其在山由帝杉公司中注册资本的出资 163.82 万美元，该等出资占公司注册资本 6.82% 的股权转让给国华公司，国华公司在此向林根永购买并受让林根永 6.82% 的股权"，第 2 条载明"林根永、国华公司同意本股权转让的对价为原出资价格（每 1 美元注册资本转让价格为 9.1590 元人民币）"。涉案股权转让协议正文部分第三项"承诺和保证"第 2 条载明"完成股权转让后，林根永承诺：(1) 全身心投入合营公司销售工作和研发资源配置，在合营各方共同努力下确保 2009 年 3 月 31 日以前新产品（IT 膜、FCCL）开发成功并开始批量生产。在确保盈利的前提下，确保 2009 年销售额不低于 4 亿元人民币；2010 年销售额不低于 8 亿元人民币"，第 3 条载明"在合营公司不能达到预期的销售总额时，国华公司有权要求撤回对合营公司的投资。合营公司各方股东一致同意林根永、西安向阳航天工业总公司分别按出资比例对国华公司的股权进行回购"；涉案股权转让协议正文部分第六项"违约责任"第 1 条载明"如果本协议任何一方未按本协议的规定，适当地、全面地履行其义务，应该承担违约责任。未违约一方由此产生的任何责任和损害，应由违约一方赔偿未违约一方人民币 1000 万元"，第 3 条载明"任何一方违约时，守约方有权要求违约方继续履行本协议"。涉案股权转让协议正文部分第七项"适用法律和争议解决"载明"因对本协议的解释和履行产生争议时……如果双方在开始协商后的三十日内未能解决争议，则任何一方均可将该争议提交中国境内的人民法院进行裁决"。

2009 年 1 月 12 日，江苏省对外贸易经济合作厅作出《关于同意常州山由帝杉防护材料制造有限公司股权转让的批复》，同意向阳公司林根永将其在公司的出资额 163.82 万美元、占注册资本 6.82% 的股权转让给国华公司。2009 年 1 月 22 日，江苏省常州工商行政管理局发出外商投资公司准予变更登记通知书，表明国华公司作为山由帝杉公司股东这一变更事项已经该局登记。

2009 年 4 月 17 日，林根永出具收据一份，载明：本人于 2009 年 4 月 17 日前后分两次收到国华公司股权转让款 218.827714 万美元，按当时汇率合计折合人民币 1500.39 万元。截至 2009 年 4 月 17 日，国华公司应支付本人的股权转让款已全部付清,本人与国华公司的股权转让事宜已全部办妥。

2010年1月21日,中天运会计师事务所有限公司作出2009年度山由帝杉公司审计报告一份,该审计报告第3页利润表显示山由帝杉公司2009年度营业收入为人民币156,505,604.57元,2008年度公司营业收入为人民币140,007,159.47元、净利润为人民币20,072,741.92元。2011年1月15日,中天运会计师事务所有限公司出具2010年度山由帝杉公司审计报告一份,该审计报告利润表显示山由帝杉公司2010年度主营业务收入为人民币126,895,689.29元。2013年3月14日,中天运会计师事务所有限公司出具2012年度山由帝杉公司审计报告一份,该报告显示,截至2012年12月31日,山由帝杉公司所有者权益合计为人民币219,084,469.55元,利润为人民币6,010,925.29元。另根据山由帝杉公司财务资料反映,该公司2011年1月所有者权益合计为人民币203,061,595.26元。

2010年3月16日,国华公司向向阳公司发出《关于要求回购常州山由帝杉防护材料制造有限公司股份的函》一份,主要内容为:……为了切实维护我公司的合法权益,我公司根据《中外合资经营常州山由帝杉防护材料制造有限公司股权转让协议》,现正式发函于贵公司,要求贵公司回购本公司在合营公司4.088%的股份,回购价款合计为人民币899.3617万元,并请贵公司在2010年4月16日前一次性付清前述回购款。

2011年11月11日,向阳公司向中国航天科技集团公司(以下简称航天科技集团公司)提交《关于常州山由帝杉防护材料制造有限公司股权处置的请示》,主要内容为:经与金富春公司协商,由向阳公司收购金富春公司股权比例6.82%,收购价格预计为人民币1500万元,收购股权后,向阳公司股权比例由51.55%增至58.37%,金富春公司仍保留13.63%。以上事项,请批示。2011年11月28日,航天科技集团公司作出《关于常州山由帝杉防护材料制造有限公司股权处置的反馈意见》,认为向阳公司上报的文件不符合集团公司有关管理办法的规定,要求向阳公司按照集团公司经营性投资资产管理办法的要求报文。

2012年11月30日,向阳公司向航天科技集团公司提交《关于收购香港国华实业有限公司持有常州山由帝杉防护材料有限公司股权的请示》一份,主要内容为向阳公司拟按照涉案股权转让协议约定,按国华公司入股时的出资价格回购其持有的山由帝杉公司6.82%的股份。2012年12月3日,航天科技集团公司对此作出书面答复,内容为:根据《企业国有资产法》、《企业国有资产评估管理暂行办法》（国务院国资委第12号令）关于国有企业收购非国有单位的规定，向阳公司属于国有全资企业，国华公司属于港资非国有企业，向阳公司收购国华公司持有山由帝杉公司的股权，必须履行资产评估及备案程序，收购股权的价格应根据资产评估及备案的结果确定。

2013年1月10日，向阳公司出具的《关于办理外商投资企业股权变更审批经过的说明》载明：2013年1月7日，山由帝杉公司工作人员向武进区商务局递交股权变更审批事项（初审）申请资料，申请资料包括外商投资企业股权变更申请报告、涉案股权转让协议、向阳公司提交航天科技集团公司的请示、航天科技集团公司书面答复等。武进区商务局外国投资管理科工作人员审查了有关资料并听取了山由帝杉公司有关情况说明后表示：涉案股权转让协议明显不符合国有资产评估管理的有关规定，应属无效协议，同时航天科技集团公司作为向阳公司的上级主管部门，在批复中明确要求对转让股权进行资产评估，其意见即是不同意向阳公司按照协议约定的价格回购国华公司股权，因此，根据国家对外商投资企业投资者股权变更的若干规定，外经贸主管机关对山由帝杉公司提出的股权变更申请不能同意。

国华公司以向阳公司违约为由诉至法院，要求向阳公司回购其在山由帝杉公司6.82%的股份并承担违约责任。

向阳公司辩称涉案股权转让协议的回购条款尚未生效，根据法律法规的有关规定，本案涉及的股权回购协议需要经过向阳公司的国有资产监督管理机构即航天科技集团公司，和外商投资主管机构即江苏省对外贸易经济合作厅审批。而本案的股权回购协议在订立时未经航天科技集团公司审批，2011年11月28日航天科技集团公司更以书面形式拒绝同意向阳公司购买国华公司的股份，故本案的股权回购协议未经国有资产管理监督机构和外商投资主管机构的批准，本案所设的股权回购条款处于未生效的状态，该条款对于合同各方均无约束力，向阳公司无需履行该条款所规定的股权购买事项，更无需为没有履行股权购买事项承担违约责任。

2. 核心争议

涉案股权转让协议约定的由向阳公司回购国华公司持有的山由帝杉公司6.82%的股份的条款是否具有法律效力。

3. 交易结构图

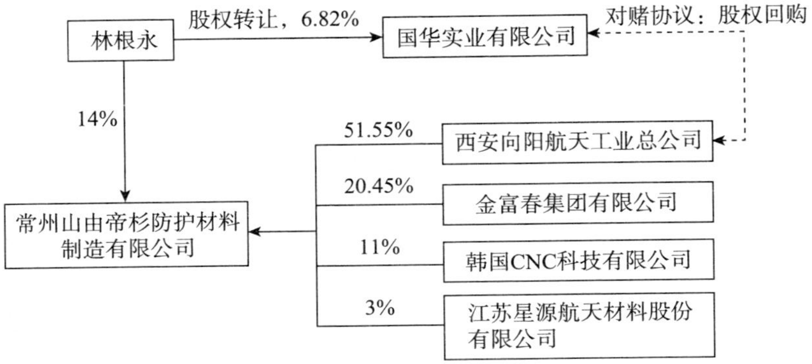

图 6－14　交易结构图

二、裁判结果

一审法院江苏省常州市中级人民法院认为，向阳公司系国有单位，其持有的山由帝杉公司的股权为国有资产，处置国有资产应当严格履行审批手续。航天科技集团公司是向阳公司国有资产管理的主管部门，未经航天科技集团公司审批擅自处置国有资产，属于损害社会公共利益的行为。依照《合同法》第 52 条第 4 项之规定，该股权回购条款应为无效。《合同法》第 56 条规定，合同部分无效，不影响其他部分效力的，其他部分仍然有效，故股权回购涉及的条款无效，不影响涉案股权转让协议其他条款的效力。国华公司要求向阳公司支付违约金人民币 1000 万元的诉讼请求证据不足，不予支持。《合同法》第 58 条规定，合同无效后，因该合同取得的财产，应当予以返还；不能返还或者没有必要返还的，应当折价补偿。有过错的一方应当赔偿对方因此所受到的损失，双方都有过错的，应当各自承担相应的责任。一审法院认为：(1)股权回购条款无效，国华公司要求向阳公司按照合同约定支付违约金缺乏事实依据和法律依据。(2)根据山由帝杉公司提交的财务资料反映，山由帝杉公司 2011 年 1 月所有者权益合计为人民币 203,061,595.26 元，2012 年 12 月所有者权益合计为人民币 219,084,469.55 元，故该公司所有者权益处于动态变化中且有所增长。山由帝杉公司 2012 年 12 月 31 日企业未分配利润为人民币 6,010,925.29 元。故根据财务资料反映，山由帝杉公司所有者权益增加并且持续盈利。股权回购协议无效，国华公司仍为山由帝杉公司的股东，亦能据此享有相应的股东权益，获得公司所有者权益增加并且持续盈利的利益。股权回购协议无效，且国华公司认为因股权回购协议不发生法律效力令其遭受损失的意见并无充分依据，故对国华公司的该项诉讼请求不予支持。日后国华公司另有证据能够证明其因股权回购协议无效遭受损失的，可以另案再行主张。

二审法院江苏省高级人民法院认为，涉案股权转让协议中涉及向阳公司回购国华公司股权部分未生效。《中外合资经营企业法实施条例》第20条规定："合营一方向第三者转让其全部或者部分股权的，须经合营他方同意，并报审批机构批准，向登记管理机构办理变更登记手续。……违反上述规定的，其转让无效。"《合同法》第44条第2款规定："法律、行政法规规定应当办理批准、登记等手续生效的，依照其规定。"最高人民法院《关于适用〈中华人民共和国合同法〉若干问题的解释（一）》第9条第1款规定，"依照合同法第四十四条第二款的规定，法律、行政法规规定合同应当办理批准手续，或者办理批准、登记等手续才生效，在一审法庭辩论终结前当事人仍未办理批准手续的，或者仍未办理批准、登记等手续的，人民法院应当认定该合同未生效"。本案中，涉案股权转让协议包含两个股权转让协议，一个是林根永将其持有的山由帝杉公司的股权转让给国华公司，另一个是国华公司将其受让的股权附条件地转让给林根永和向阳公司。由于山由帝杉公司属于中外合资经营企业，涉案的两个股权转让协议均应履行相应的报批手续。2009年1月12日，江苏省对外贸易经济合作厅作出《关于同意常州山由帝杉防护材料制造有限公司股权转让的批复》，仅同意林根永将其在公司的出资额163.82万美元、占注册资本的6.82%的股权转让给国华公司，并未涉及向阳公司回购国华公司股权的部分。关于涉案股权转让协议中的回购条款是否履行报批手续的问题，向阳公司一审中提供了一份《关于办理外商投资企业股权变更审批经过的说明》。法院认为，该文件的内容仅为向阳公司关于办理外商投资企业股权变更审批经过的说明，属于向阳公司的单方陈述，不能证明涉案股权转让协议中的股权回购条款履行了相应的报批手续，审批机关不予批准，故应认定向阳公司回购国华公司股权的部分未履行相应的报批手续。因此，涉案股权转让协议中的股权回购条款未生效，国华公司据此请求法院判令向阳公司回购股权并承担违约责任，法院不予支持。一审法院以向阳公司持有的山由帝杉公司的股权为国有资产，其处置国有资产未经国有资产管理主管部门航天科技集团公司审批而损害社会公共利益为由，认定该股权回购涉及的条款无效不当，应予纠正。

三、裁判要旨

涉及中外合资企业股权转让的投资协议或条款，需经有权机关批准方可生效，未经审批不发生法律效力。

四、案例来源

1. 案例索引

【案件名称】国华实业有限公司与西安向阳航天工业总公司股权转让纠纷案

【审理法院】江苏省高级人民法院

【案号】(2013)苏商外终字第0034号

【审理程序】二审

2. 关联案例

江西省南昌市中级人民法院在“张力、中麦控股有限公司股权转让纠纷案”[(2017)赣01民终1789号]中认为，关于双方签订的《股权转让协议》《协议书》《补充协议》的效力问题：首先，《合同法》第52条规定，违反法律、行政法规的强制性规定的，合同无效。国务院颁布的《中外合资经营企业法实施条例》第20条规定：“合营一方向第三者转让其全部或者部分股权的，须经合营他方同意，并报审批机构批准，向登记管理机构办理变更登记手续。合营一方转让其全部或者部分股权时，合营他方有优先购买权。合营一方向第三者转让股权的条件，不得比向合营他方转让的条件优惠。违反上述规定的，其转让无效。”本案中，张力所要购买的股份属于中外合资经营企业的股份，无证据证明经过合营他方同意和报相关审批机构批准，依照前述法律的规定，张力与中麦控股公司签订的《股权转让协议》无效。

五、案例评析

对于涉及标的公司为外资企业的对赌中，投资方应关注法律、行政法规关于外资企业股权转让的强制性规定。例如，《中外合作经营企业法》第10条规定，“中外合作者的一方转让其在合作企业合同中的全部或者部分权利、义务的，必须经他方同意，并报审查批准机关批准”，《中外合资经营企业法实施条例》第20条第1款规定，“合营一方向第三者转让其全部或者部分股权的，须经合营他方同意，并报审批机构批准，向登记管理机构办理变更登记手续”，《外资企业法》

第 10 条规定,“外资企业分立、合并或者其他重要事项变更,应当报审查批准机关批准,并向工商行政管理机关办理变更登记手续”。一旦未按照上述规定办理股权转让协议及股权回购对赌协议或条款的审批手续,则相应的股权转让协议、股权回购对赌协议或条款不发生法律效力。需要注意的是,随着 2016 年外商投资备案制度的实施,对于不涉及国家规定实施准入特别管理措施的外商投资企业,原企业设立和变更相关的审批事项改为备案管理,即只要协议本身不违反法律的强制性规定,无需经商务部门批准即可生效。本案中,股权转让协议中涉及向阳公司回购国华公司股权的股权转让未经审批,法院因此认定涉案股权转让协议中的股权回购条款未生效,国华公司据此请求法院判令向阳公司回购股权并承担违约责任的诉讼请求亦不能得到法院支持。

六、案例启示

1. 投资方应督促或约束融资方履行涉及外资企业股权转让回购的审批程序

在目标公司为外商投资企业时,投资方应特别注意相关股权转让、回购协议报经商务部门批准的问题,根据最高人民法院《关于审理外商投资企业纠纷案件若干问题的规定(一)》第 1 条第 1 款“当事人在外商投资企业设立、变更等过程中订立的合同,依法律、行政法规的规定应当经外商投资企业审批机关批准后才生效的,自批准之日起生效;未经批准的,人民法院应当认定该合同未生效。当事人请求确认该合同无效的,人民法院不予支持”之规定,为避免投资协议中涉及股权转让回购的条款被认定为不生效或股权转让或回购行为因未履行报批手续被认定为无效的风险,投资方应提前在投资协议中明确相关审批义务之履行问题,并对融资方或目标企业履行报批义务的责任主体、时限、违约责任等事项作出具体安排,或者将审批结果作为投资款支付的先决条件或前置程序,避免审批义务之未履行影响投资协议的效力及履行。此外,2020 年 1 月 1 日《外商投资法》实施后,关于涉及外资企业股权转让回购程序应根据国务院颁发的相关配套制度履行相关程序。

2. 投资方参与外商投资企业的对赌投资中应注意防范法律风险

外商投资企业涉及类型比较多,包括中外合作经营企业、中外合资经营企业、外资企业等,国家均制定了相应的法律、行政规章、部门规章等复杂的法律规范体系,而且外商投资企业涉及外商投资主管部门的审批,对于外商投资企业的设立、变更、合并、分立、股权转让等事项均作了相应强制性规定。如未履行相应的审批程序或者投资行为违反上述法律、行政法规的强制性规定,则对投资协议的法律效力产生重大影响,甚至直接导致投资失败。因此,投资方在参与涉及外商投资企业的对赌投资中,应特别注意防范其中的法律风险,在投资前应对涉及的法律、行政法规、部门规章、地方性法规进行全面系统的梳理,了解投资相关的行政审批程序、时限、所需文件材料,避免因违反法律强制性规定或未履行报批手续发生影响合同效力的风险。此外,2020 年 1 月 1 日《外商投资法》实施后,参与外商投资企业的对赌投资时,还应关注国家制定的相关配套文件规定,避免合规和法律风险。

七、相关法规

《合同法》

第四十四条 依法成立的合同,自成立时生效。

法律、行政法规规定应当办理批准、登记等手续生效的,依照其规定。

第五十二条 有下列情形之一的,合同无效:

(一)一方以欺诈、胁迫的手段订立合同,损害国家利益;

(二)恶意串通,损害国家、集体或者第三人利益;

(三)以合法形式掩盖非法目的;

(四)损害社会公共利益;

(五)违反法律、行政法规的强制性规定。

第五十八条 合同无效或者被撤销后,因该合同取得的财产,应当予以返还;不能返还或者没有必要返还的,应当折价补偿。有过错的一方应当赔偿对方因此所受到的损失,双方都有过错的,应当各自承担相应的责任。

《中外合资经营企业法实施条例》

第二十条 合营一方向第三者转让其全部或者部分股权的,须经合营他方同意,并报审批机构批准,向登记管理机构办理变更登记手续。

合营一方转让其全部或者部分股权时,合营他方有优先购买权。

合营一方向第三者转让股权的条件,不得比向合营他方转让的条件优惠。

违反上述规定的,其转让无效。

最高人民法院《关于适用〈中华人民共和国合同法〉若干问题的解释(一)》

第九条第一款 依照合同法第四十四条第二款的规定,法律、行政法规规定合同应当办理批准手续,或者办理批准、登记等手续才生效,在一审法庭辩论终结前当事人仍未办理批准手续的,或者仍未办理批准、登记等手续的,人民法院应当认定该合同未生效;法律、行政法规规定合同应当办理登记手续,但未规定登记后生效的，当事人未办理登记手续不影响合同的效力，合同标的物所有权及其他物权不能转移。

最高人民法院《关于审理外商投资企业纠纷案件若干问题的规定(一)》

第一条　当事人在外商投资企业设立、变更等过程中订立的合同，依法律、行政法规的规定应当经外商投资企业审批机关批准后才生效的，自批准之日起生效；未经批准的，人民法院应当认定该合同未生效。当事人请求确认该合同无效的，人民法院不予支持。

前款所述合同因未经批准而被认定未生效的，不影响合同中当事人履行报批义务条款及因该报批义务而设定的相关条款的效力。

《外商投资法》(2020 年 1 月 1 日起实施)

第四条　国家对外商投资实行准入前国民待遇加负面清单管理制度。

前款所称准入前国民待遇，是指在投资准入阶段给予外国投资者及其投资不低于本国投资者及其投资的待遇；所称负面清单，是指国家规定在特定领域对外商投资实施的准入特别管理措施。国家对负面清单之外的外商投资，给予国民待遇。

负面清单由国务院发布或者批准发布。

中华人民共和国缔结或者参加的国际条约、协定对外国投资者准入待遇有更优惠规定的，可以按照相关规定执行。

第四节　国资转让合同未经国资管理部门的审批，合同虽成立但未生效

一、案例简介

1. 事实经过

2011 年 1 月 20 日，江苏省新世纪盐化集团有限责任公司(以下简称目标公司)代表贾永明与上海朵仁国际贸易有限公司(以下简称朵仁公司)代表刘清签订股权转让协议 1 份，协议第 2 条载明：江苏省盐业集团有限责任公司(以下简称盐业集团)欢迎朵仁公司作为战略投资者收购部分自然人所持股权，并放弃优先购买权，朵仁公司保证股权变更登记手续完成后 5 年内不得转让。第 3 条载明：朵仁公司收购不少于 20% 的股权，收购价格为 1 元/股，收购资金的支付方式为 2011 年 1 月 25 日前支付不少于 600 万元，余下资金在 2011 年 2 月底之前付清。第 4 条载明：盐业集团、目标公司承诺，力争在 5 年内促使目标公司上

市,如工商部门办理完股权变更登记手续后5年内仍未上市,朵仁公司提出退股,盐业集团应收购朵仁公司依据协议受让的目标公司股权,每股收购价格按"1元/股+一年期银行同期贷款利息-持有期间累计分红",朵仁公司提出后,盐业集团应在3个月内完成收购,并向朵仁公司支付全部回购款或股权转让价款。第9条载明:协议经各方法定代表人或授权代表人签字并加盖公章后生效,任何修改需经各方同意并签署书面文件后方可生效。贾永明受李晗指派与朵仁公司代表刘清在股权转让协议上签字,但均未在该协议上盖章。盐业集团虽被列为股权转让协议的当事人,但未签字盖章。

2014年1月14日,朵仁公司出具情况说明1份,载明:2011年1月签订股权转让协议时,因上海阳亨实业投资有限公司(以下简称阳亨公司)正在筹建,故以朵仁公司的名义谈判和签署;阳亨公司成立后,出资收购等事宜均由阳亨公司进行,相应权利亦由阳亨公司行使。

2011年4月8日,盐业集团召开党政领导办公会,并形成党政会议纪要1份,原则同意该集团投资发展部提出的目标公司股权整合意见:一是以自然人股东冯建渡出面以股本金1倍的价格收购目标公司其他自然人股东的股权共计25%,并将20%股权转让给阳亨公司。二是引进战略投资者或盐业集团以股本金1.4倍的价格收购职工持股会所持9.01198%股权,优先考虑由阳亨公司单独收购或与江苏诚行投资管理有限公司共同收购。三是完成本次股权转让5年后,如目标公司未上市,同意阳亨公司、江苏诚行投资管理有限公司退股或由集团收购其退出股份。退股或收购价格为原始转让股权的价格+股权持有期内银行贷款利息-股权持有期内累计分红。

阳亨公司与冯建渡签订股权转让协议1份,载明:经双方协商,冯建渡将其持有的目标公司16.99992%股权计29,325,990元以29,325,990元的价格转让给阳亨公司。冯建渡、阳亨公司分别在股权转让协议上签章,但未注明签订日期。

2011年1月26日、2月14日,目标公司出具数额合计800万元的收据2份,均载明:收款单位为目标公司,事由为收购目标公司股权款,交款为单位刘清,交款方式为由刘清银行卡转至冯建渡银行卡。2011年3月16日,以案外人陆奎名义转账600万元给冯建渡,以刘清名义转账500万元给冯建渡。阳亨公司于2011年3月21日、4月11日、5月18日合计转账10,325,990元给冯建渡。以上合计29,325,990元。

2011年8月16日,盐业集团出具承诺书1份,载明:(1)完成本次股权转让

5年后,目标公司没有上市,同意东南京诚行创富投资企业(有限合伙)(以下简称诚行企业)等三家公司以减资方式退出,股权退出价格为股权原始投资价格+股权持有期内银行贷款利息-股权持有期内累计分红;(2)盐业集团有权优先受让诚行企业等三家公司的股权,受让价格为股权原始投资价格+股权持有期内银行贷款利息-股权持有期内累计分红,此价格为不变价格。盐业集团及目标公司均在承诺书上盖章确认。

署期为2011年9月2日的《江苏省无锡工商行政管理局公司准予变更登记通知书》载明:阳亨公司为目标公司变更后的股东,其认缴、实缴出资额均为29,325,990元。

2011年9月28日,目标公司召开2011年度第一次股东会,决议修改公司章程的第1条、第6条、第9条等规定,对诚行企业、阳亨公司等股东的加入、股东及股权比例的调整进行了记载。其中:公司股东由盐业集团、职工持股会、46名自然人,变更为盐业集团、诚行企业、阳亨公司、宁波九星商贸有限公司及5名自然人股东。变更后的股权比例为:盐业集团57%,阳亨公司16.9999%,诚行企业15.9265%,宁波九星商贸有限公司4.0578%,5名自然人分别为3.225%、2.15%、0.2613%、0.2613%、0.1183%。

阳亨公司在原审中提交其于2013年5月16日致盐业集团、目标公司的《关于退出目标公司股权的通知函》1份,该函载明:因目标公司2012年度和2013年度1~4月存在巨额亏损,5年内不可能上市,要求盐业集团、目标公司按照承诺书约定以减资或者受让股权的方式确保阳亨公司等投资方退出目标公司,受让价格为投资本金及同期银行贷款利息,工商股权变更手续和资金退还的期限为2013年6月30日。

2013年6月23日,诚行企业执行事务合伙人代表狄敏、阳亨公司法定代表人刘清、盐业集团常务副总经理杨廷华共同签署股权转让专题会议纪要1份,载明:(1)盐业集团同意受让诚行企业、阳亨公司持有的目标公司股权;(2)受让价格按原承诺价格执行;(3)盐业集团同意于2015年12月31日内完成股权受让;(4)盐业集团按规定履行股权受让相关程序;(5)在完成股权转让前,诚行企业、阳亨公司各董事应在目标公司关于银行贷款事宜的历次会议决议上签字同意。

2014年1月9日,阳亨公司通过EMS向盐业集团发送《关于要求江苏省盐业支付股权转让款的函》1份,要求盐业集团于2014年1月14日前向其支付股权转让款34,463,714.13元。盐业集团认可收到该函件,但认为其并无受让阳亨公司持有的目标公司股权的义务,故未予理会。

原审中,法院准许阳亨公司的申请,向时任盐业集团法定代表人的王德善、总经理周明勇、常务副总经理杨廷华进行调查。王德善称:就诚行企业、阳亨公司投资及退出目标公司事项,盐业集团依据目标公司的报告形成党政会议纪要;杨廷华在股权转让专题会议纪要上签字并非个人行为。周明勇称:其于2013年被任命为总经理,对之前案涉事宜未参与;杨廷华作为常务副总经理在股权转让专题会议纪要上签字系受其指派。杨廷华称:引进诚行企业、阳亨公司投资目标公司及退出事项,系由目标公司法定代表人李晗依据党政会议纪要精神办理;股权转让专题会议纪要与党政会议纪要的精神基本一致;其在股权转让专题会议纪要上签字,系受周明勇指派,并非个人行为。

盐业集团成立于1987年6月1日,企业类型为国有独资有限公司,现任法定代表为人周明勇。杨廷华为盐业集团常务副总经理,分管发展规划、产业拓展、项目投资建设管理、招投标管理、资本运作、股权管理、科技创新以及生产运营管理等方面工作,分管发展规划部、资本运营部、招标办。杨廷华以盐业集团代表的身份,在目标公司的2011年9月28日第一次、第二次股东会决议,2012年6月12日股东会决议,临时股东会决议上签字,盐业集团在杨廷华签名处加盖公司印章确认。

目标公司为盐业集团控股的子公司,2012年目标公司的净利润为-131,119,200元。各方当事人均确认目标公司已不具备在诚行企业、阳亨公司受让股权后5年内上市的条件。

阳亨公司向盐业集团主张股权转让款但被拒,诉至法院请求确认盐业集团受让阳亨公司持有的目标公司股权的合同有效,判令盐业集团支付股权转让款34,463,714.13元,并按中国人民银行同期贷款利率支付自每次付款日至判决确定履行期间届满之日止的利息。

盐业集团辩称公司投资属重大事项,依照章程应由董事会及国有资产监督管理委员会决定,此外按照《企业国有资产法》及国有资产监督管理委员会的规定,国有公司收购民营公司资产需经评估,未经评估即使完成交易也无效。阳亨公司以其诉请的价格要求盐业集团收购股权违背了法律的强制性规定,应属无效。

2. 核心争议

阳亨公司与盐业集团就股权收购事宜是否已达成合意,股权转让合同是否有效。

3. 交易结构图

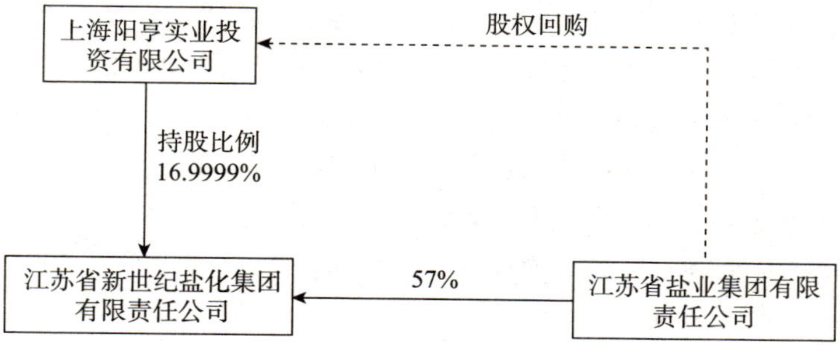

图 6－15　交易结构图

二、裁判结果

一审法院江苏省南京市中级人民法院认为,盐业集团于 2011 年 4 月 8 日形成的党政会议纪要已载明,在完成本次股权转让 5 年后,如目标公司未上市,同意诚行企业、阳亨公司退股或由盐业集团收购其退出的股份。盐业集团在 2011 年 8 月 16 日出具的承诺书中承诺:完成本次股权转让 5 年后,目标公司未上市,同意阳亨公司减资退出或在阳亨公司转让股权时有权行使优先认购权。2013 年 6 月 23 日,诚行企业执行事务合伙人代表狄敏、阳亨公司法定代表人刘清、盐业集团常务副总经理杨廷华共同签署的股权转让专题会议纪要对退出目标公司的事项进一步明确为:盐业集团同意受让诚行企业、阳亨公司持有的目标公司股权。收购价格在三份文件中亦均有载明且具有一致性,故在各方均确认目标公司已不具备上市条件的情形下,盐业集团与阳亨公司之间已就股权收购事宜形成合意,成立了股权转让合同关系,该合同关系未违反法律和行政法规的强制性规定,合法有效。虽然阳亨公司主张盐业集团应收购其持有的目标公司股权所依据的股权转让协议,盐业集团既未盖章也未授权他人签字,但承诺书、股权转让专题会议纪要均足以支持阳亨公司的相应主张,故双方就收购事项的约定应具有法律效力。盐业集团认为依据《企业国有资产法》第 30 条"国家出资企业……进行重大投资……应当遵守法律、行政法规以及企业章程的规定,不得损害出资人和债权人的权益"、《企业国有资产评估管理暂行办法》第 6 条"企业有下列行为之一的,应当对相关资产进行评估:……(十)收购非国有单位的资产……"以及第 27 条"企业违反本办法,有下列情形之一的,由国有资产管理机构通报批评并责令改正,必要时可依法向人民法院提起诉讼,确认其相应的经济行为无效:(一)应当进行资产评估而未进行评估……"的规定,其收购阳亨公司持有的目标公司股权属于重大投资，应报国有资产管理部门进行批准，同时要对阳亨公司持有的股权进行评估，否则收购阳亨公司股权的合同因违反法律规定而无效。法院认为，《企业国有资产法》第30条对于盐业集团依约回购阳亨公司在目标公司股权并不具有针对性，同时并非效力性强制性规定。《企业国有资产评估管理暂行办法》属国资委发布的部门规章，其效力级别并不等同于国家法律和行政法规。盐业集团据此认为收购阳亨公司持有股权的合同应为无效的观点缺乏法律根据。一审法院判决确认盐业集团受让阳亨公司持有的目标公司股权的合同关系合法有效。

二审法院江苏省高级人民法院认为：(1)应认定审批程序构成案涉股权回购合同的约定效力要件。①国有资产交易应以相关主管部门的审批作为前置程序，阳亨公司作为投资方，对交易对象盐业集团的国有独资企业性质应系明知。案涉股权回购系重大投资行为，即使阳亨公司有合理理由相信杨廷华可代表盐业集团与其磋商投资事宜，其亦无充分理由可相信在未经盐业集团董事会决议及国有资产监督管理机构同意的情形下，盐业集团可径行完成案涉股权回购。②诚行企业、阳亨公司及盐业集团共同签署2013年6月23日的股权转让专题会议纪要，仅单向规定盐业集团需在回购中履行相关股权受让程序，并未对出让方负有同样或类似义务作出表述，阳亨公司在签署该纪要时对盐业集团尚需履行向相关主管部门的报批程序具有充分预见，且已知晓“履行股权受让相关程序”系盐业集团能在约定期限届至前完成股权回购义务的必要前提。据此应认定该约定内容系各方对股权回购合同生效要件的确认，现因盐业集团尚未履行报批程序，故应认定案涉股权回购合同尚未生效。(2)欠缺生效要件的合同不产生实质约束力。①案涉股权回购合同依当事人的意思表示一致而成立，合同成立即具有形式上的法律约束力。案涉股权回购合同即为附条件生效的合同，约定报批程序系促成合同生效的条款，该条款约定义务独立于合同本身，并不受未生效合同的影响。②对合同效力的认定，不仅包括法律对合同是否违反国家强制性、禁止性规定的评判，还包括法律对合同所处阶段性状态的评判。从合同法法理及合同法条文设置的顺序来看，涉及合同生效的控制规则相比于违法无效的控制规则，所处的控制阶段更为靠前。只有当事人的约定能够自始确定地发生当事人所预期的法律后果，合同对当事人才具有完全的约束力。未生效的合同由于欠缺合同生效的要件，即欠缺促使合同具有实质约束力的前提，故合同的效力处于不确定的状态。在阻碍事由尚未消除之前，评判合同是否对当事人具有实质的约束力或是否因违法而致无效并无意义。③未生效的合同尚不具备履行条件，况且在约定经审批才生效的合同中，当事人在缔约时均有合理期待即使合同标的不符合规定亦可在审批环节予以控制，因此如在合同未生效时即认定一方负有合同约定的给付义务，既不符合法律规定，又会致审批前置的缔约预期被架空，有违当事人缔约时的真实意思表示。综上所述，案涉股权回购合同虽成立但未生效，其效力处于尚不确定状态而有待当事人补正。在欠缺生效要件的情形下，无必要判定约定内容是否因违反法律、行政法规的强制性规定而致无效，盐业集团提出股权回购合同因违反法律、行政法规强制性规定应认定无效的上诉理由，本院不予采纳。同理，在合同未生效的状态下，阳亨公司提出确认股权回购合同合法有效及基于有效合同请求判令盐业集团支付股权回购款的诉请主张，本院亦不予支持。原审判决认定的基本事实清楚，但对案涉股权回购合同的效力状态认定有误，致适用法律及处理结果不当，二审法院予以纠正。

再审法院最高人民法院认为，《合同法》第 44 条规定："依法成立的合同，自成立时生效。法律、行政法规规定应当办理批准、登记等手续生效的，依照其规定。"《企业国有资产法》第 30 条规定："国家出资企业合并、分立、改制、上市，增加或者减少注册资本，发行债券，进行重大投资，为他人提供大额担保，转让重大财产，进行大额捐赠，分配利润，以及解散、申请破产等重大事项，应当遵守法律、行政法规以及企业章程的规定，不得损害出资人和债权人的权益。"《企业国有资产监督管理暂行条例》第 23 条规定，"国有资产监督管理机构决定其所出资企业的国有股权转让"。对于重要子企业的重大事项，《公司法》第 66 条规定，"国有独资公司不设股东会，由国有资产监督管理机构行使股东会职权。国有资产监督管理机构可以授权公司董事会行使股东会的部分职权，决定公司的重大事项"。依据上述法律、行政法规规定的文义和立法目的，国有资产重大交易，应经国有资产管理部门批准，合同才生效。本案中，盐业集团系江苏省国资委独资的国有企业，其因对外重大投资而签订的案涉股权买卖合同需经国资管理部门审批后，合同才能生效。因此，案涉股权转让专题会议纪要中关于"4. 江苏盐业公司按规定履行股权受让相关程序"的表述应解读为"盐业集团按规定履行股权受让的内外部审批手续"。由于上述审批手续未能完成，依据最高人民法院《关于适用〈中华人民共和国合同法〉若干问题的解释（一）》第 9 条的规定，应认定案涉股权转让合同并未生效。二审法院关于该合同未生效的认定并无不当。如前所述，作为国有独资企业，案涉股权购买行为属于需政府主管部门批准的重大事项，政府部门批准属于《合同法》第 44 条第 2 款规定的合同法定生效要件。该条件具备与否，取决于政府主管部门是否审批，并非盐业集团单方行为可以决定，不能据此认定盐业集团“为自己的利益不正当阻止条件成就”，不能适用《合同法》第45条的规定，当然认定合同的生效要件已经成就。在合同尚未经审批、未生效的情形下，给付股权转让款的合同义务尚不具有可履行性。

三、裁判要旨

国有资产重大交易，应经国有资产管理部门批准，合同才生效。对于国有企业，其因对外重大投资而签订的案涉股权买卖合同需经国资管理部门审批后，合同才能生效。由于上述审批手续未能完成，依据最高人民法院《关于适用〈中华人民共和国合同法〉若干问题的解释（一）》第9条的规定，应认定案涉股权转让合同并未生效。

四、案例来源

1. 案例索引

【案件名称】上海阳亨实业投资有限公司与江苏省盐业集团有限责任公司、李晗股权转让纠纷案

【审理法院】最高人民法院

【案号】（2016）最高法民申474号

【审理程序】再审

2. 关联案例

最高人民法院在“天津津海达矿业投资咨询有限公司、天津市福浩实业有限公司股权转让纠纷案”[（2017）最高法民终734号]中认为，津海达公司虽以福浩公司系物产集团重要子企业为由主张涉诉股权转让事宜应报天津市国资委批准。但是，物产集团2017年2月17日出具的《关于集团下属天津市福浩实业有限公司与天津津海达矿业投资咨询有限公司组建天津三合源置业有限公司经营情况的说明》表明福浩公司并非物产集团的重要子企业，而且津海达公司也未提供证据证明福浩公司系物产集团重要子企业，所以津海达公司的上述主张缺乏事实基础。此外，即使涉诉股权转让必须经天津市国资委批准，但因并无法律法规规定未经天津市国资委批准时涉诉股权转让就无效，所以津海达公司主张涉诉股权转让因未报国有资产监督管理机构批准而无效，亦缺乏法律依据。故本院对津海达公司主张涉诉股权转让无效的请求，不予支持。

五、案例评析

通过本案及关联案例可以看出，对于如何认定重大国资转让合同未经审批

的效力，最高人民法院内部存在不同观点，一种观点是依据《合同法》第 44 条第 2 款“法律、行政法规规定应当办理批准、登记等手续生效的，依照其规定”之规定，认为国资监管部门的审批是国资转让合同生效的前置程序，未经审批则合同虽然签订但未生效；另一种观点是依据最高人民法院《关于适用〈中华人民共和国合同法〉若干问题的解释（二）》第 14 条“合同法第五十二条第（五）项规定的‘强制性规定’，是指效力性强制性规定”之规定，认为关于国资监管部门须经审批的规定属于“管理性规定”而非“效力性强制性规定”，转让合同不因违反相关规定而当然无效。上述两种观点一定程度上代表了司法实务中的主流观点，但值得注意的是，无论哪种观点，法院均未直接认定合同无效，但亦未直接确认合同无效，这种态度表明最高人民法院在处理涉及重大国资转让合同时非常慎重，在维护交易安全与保护国有资产的双重司法政策目标之间，小心翼翼地进行考量和权衡。这对参与国企交易的投资者而言，如果未按照国家交易的相关规定履行相关审批手续，则可能需要承受更多的风险和不确定性，虽然可以通过事后补办来进行弥补以达到合同生效的目的，但如果法院认为事后补办的可能性已经不存在或者审批机关明确表示不予审批，法院则难以将未经审批的合同认定为不生效，正如 2011 年最高人民法院审判监督庭编写的《全国法院再审典型案例批注》指出的：“未经审批的国有股权的转让，涉及国家利益和社会公共利益，鉴于很多现实条件，事后补办的资产评估、交易方式的模拟都无法对当时的交易条件作出令人满意的补正。对程度要求的放松，将导致国有资产的大量流失。因此，在一审、二审程序中处理该类纠纷应当严格要求，不宜将未经审批的股权转让行为认定为不生效。”

六、案例启示

1. 国资转让合同未经国资监管部门审批不一定导致合同无效

根据《企业国有资产法》第 30 条、第 31 条、第 32 条规定，国有独资企业、国有独资公司转让重大财产的，由履行出资人职责的机构决定；另据该法第 33 条规定，国有资本控股公司、国有资本参股公司转让重大财产的由公司股东会、股东大会或者董事会决定，履行出资人职责的机构委派的股东代表应当按照委派机构的指示行使权利。《企业国有资产监督管理暂行条例》第 23 条规定，“国有资产监督管理机构决定其所出资企业的国有股权转让”。上述规定并未直接规定未履行相应审批程序的国资转让合同为无效合同。因此，根据合同无效的理论，则并不能直接依据上述规定认定合同无效，但基于国资保护的需要，法院在处理未经审批的国资转让合同时,将国资监管部门的审批作为合同生效的前置程序,将合同生效与否的认定权力交给了国资监管部门,从而避免过度介入国资监管与保护的行政职责之中。但我们发现,《企业国有资产法》《企业国有资产监督管理暂行条例》均未明确规定国资监管部门的审批是国资交易合同的生效要件,法院这种处理方式其实也是用心良苦的无奈之举。

2. 投资者签署国资转让合同应尽快履行审批手续

投资者在投资时应对相对方的主体性质、交易内容具有充分认知,尤其是国家出资企业。虽然未经审批的国有资产转让合同不必然无效,但此问题在司法领域尚存争议。为了避免将来产生争议,建议投资者在涉及国有资产转让时应积极依法完整履行评估和审批程序。根据《企业国有资产法》的相关规定,国家出资企业进行合并、分立、改制、上市,增加或者减少注册资本,发行债券,进行重大投资,为他人提供大额担保,转让重大财产,进行大额捐赠,分配利润,以及解散、申请破产等重大事项时,应按照法律、行政法规以及企业章程的规定履行相应的决策程序;对于重要的国有独资企业、国有独资公司、国有资本控股公司的合并、分立、解散、申请破产等重大事项,还应报经本级人民政府批准。投资者应了解国资交易的相关审批和决策流程,在涉及国资转让时可将相关决策或审批程序作为合同生效的先决条件之一,或者在合同中约定负有报批义务的主体、报批义务的履行期限以及怠于履行报批义务的责任等,从而实现合同约定的内容清晰、权责明确的目的。

七、相关法规

《合同法》

第八条 依法成立的合同,对当事人具有法律约束力。当事人应当按照约定履行自己的义务,不得擅自变更或者解除合同。

依法成立的合同,受法律保护。

第四十四条 依法成立的合同,自成立时生效。

法律、行政法规规定应当办理批准、登记等手续生效的,依照其规定。

最高人民法院《关于适用〈中华人民共和国合同法〉若干问题的解释(一)》

第九条 依照合同法第四十四条第二款的规定,法律、行政法规规定合同应当办理批准手续,或者办理批准、登记等手续才生效,在一审法庭辩论终结前当事人仍未办理批准手续的,或者仍未办理批准、登记等手续的,人民法院应当认定该合同未生效;法律、行政法规规定合同应当办理登记手续,但未规定登记后生效的，当事人未办理登记手续不影响合同的效力，合同标的物所有权及其他物权不能转移。

合同法第七十七条第二款、第八十七条、第九十六条第二款所列合同变更、转让、解除等情形，依照前款规定处理。

最高人民法院《关于适用〈中华人民共和国合同法〉若干问题的解释(二)》

第八条　依照法律、行政法规的规定经批准或者登记才能生效的合同成立后，有义务办理申请批准或者申请登记等手续的一方当事人未按照法律规定或者合同约定办理申请批准或者未申请登记的，属于合同法第四十二条第(三)项规定的“其他违背诚实信用原则的行为”，人民法院可以根据案件的具体情况和相对人的请求，判决相对人自己办理有关手续；对方当事人对由此产生的费用和给相对人造成的实际损失，应当承担损害赔偿责任。

第十四条　合同法第五十二条第(五)项规定的“强制性规定”，是指效力性强制性规定。

《公司法》

第六十六条　国有独资公司不设股东会，由国有资产监督管理机构行使股东会职权。国有资产监督管理机构可以授权公司董事会行使股东会的部分职权，决定公司的重大事项，但公司的合并、分立、解散、增加或者减少注册资本和发行公司债券，必须由国有资产监督管理机构决定；其中，重要的国有独资公司合并、分立、解散、申请破产的，应当由国有资产监督管理机构审核后，报本级人民政府批准。

前款所称重要的国有独资公司，按照国务院的规定确定。

《企业国有资产法》

第三十条　国家出资企业合并、分立、改制、上市，增加或者减少注册资本，发行债券，进行重大投资，为他人提供大额担保，转让重大财产，进行大额捐赠，分配利润，以及解散、申请破产等重大事项，应当遵守法律、行政法规以及企业章程的规定，不得损害出资人和债权人的权益。

《企业国有资产监督管理暂行条例》

第二十二条　国有资产监督管理机构依照公司法的规定，派出股东代表、董事，参加国有控股的公司、国有参股的公司的股东会、董事会。

国有控股的公司、国有参股的公司的股东会、董事会决定公司的分立、合并、破产、解散、增减资本、发行公司债券、任免企业负责人等重大事项时，国有资产监督管理机构派出的股东代表、董事，应当按照国有资产监督管理机构的指示发表意见、行使表决权。

国有资产监督管理机构派出的股东代表、董事,应当将其履行职责的有关情况及时向国有资产监督管理机构报告。

第二十三条 国有资产监督管理机构决定其所出资企业的国有股权转让。其中,转让全部国有股权或者转让部分国有股权致使国家不再拥有控股地位的,报本级人民政府批准。

《企业国有资产交易监督管理办法》

第七条 国资监管机构负责审核国家出资企业的产权转让事项。其中,因产权转让致使国家不再拥有所出资企业控股权的,须由国资监管机构报本级人民政府批准。

第五节 国资评估程序并非效力性强制性规范,未经评估的国有资产转让合同并不必然无效

一、案例简介

1. 事实经过

2003年4月30日,联大集团有限公司(以下简称联大集团)与安徽省高速公路控股集团有限公司(以下简称安徽高速)于安徽省合肥市签订《股权转让协议书》,由安徽高速受让联大集团持有的安徽安联高速公路有限公司(以下简称安徽安联高速)49%的股权。协议书载明以下内容:鉴于(1)1998年8月3日,双方共同出资设立主要从事高速公路经营管理的有限责任公司安徽安联高速;(2)截至协议签订之日,安徽安联高速的注册资本为7亿元,联大集团出资4.2亿元,安徽高速出资2.8亿元,双方出资比例分别为60%、40%;(3)双方同意在约定的条件下,联大集团向安徽高速转让安徽安联高速49%的股权。同时,安徽高速同意在受让该股权后的2年内,在符合约定的回购条件下,联大集团可以回购上述转让的全部股权。双方达成以下协议:(1)联大集团向安徽高速转让安徽安联高速49%的股权,由安徽高速向联大集团支付4.5亿元转让对价。(协议第3条、第4条)(2)安徽高速如不能按约向联大集团支付转让金,安徽高速应立即按登记机关的要求申请将被转让的股权重新变更至联大集团名下,并承担违约责任。(协议第5条)(3)登记机关核准股权变更,并规定在安徽安联高速工商登记档案中登录变更内容之日为转让股权的交割日。安徽高速自交割日开始按约履行付款义务,联大集团回购股权的2年期限同时起算。(协议第7

条)(4)股权转让后,安徽安联高速的董事会由5名董事组成,联大集团推举2名,安徽高速推举3名,董事会按董事人数简单过半数原则进行表决,公司董事长(法定代表人)在联大集团推举的董事中选举产生。(协议第9条)(5)安徽高速承诺,自本次股权转让完成之日起2年内,对受让的股权不转让给第三方,如联大集团提出购回本次被转让的股权,在符合本协议约定的条件下,安徽高速同意该回购请求,回购金额由以下部分组成:本次转让金＋本次转让金×[同期银行贷款年利率(自本次股权转让完成日至回购完成日)＋1%(指同期银行利息上浮一个点的利率)]。(协议第10条第2项)(6)自本次股权转让完成日起2年内,联大集团没有行使约定的股权回购权利(包括没有提出回购请求,或虽提出回购请求但没有按约支付回购金额),则联大集团失去本次被转让股权的回购权,联大集团不得再就购回该股权提出请求,或者联大集团虽然提出请求但安徽高速可以不予支持。(协议第10条第3项)(7)本协议在下列条件成就之日起生效:①本协议经双方法定代表人签署;②联大集团提供书面证明材料,用于证明本次被转让股权未用于任何具有担保性质的质押或虽有该等质押但在交割日前已合法解除,安徽高速对该证明材料出具了书面核实文件;③联大集团提供书面证明材料,用于证明本次被转让股权在交割日前没有被任何法院、仲裁机构、行政机关抵押、查封等有任何对本次转让行为设置的限制性措施,安徽高速对该证明材料出具了书面核实文件;④联大集团提供书面证明材料,用于证明本次被转让股权不存在其他转让限制或虽有该等限制但在交割日前已合法解除,安徽高速对该证明材料出具了书面核实文件;⑤如有规定,取得政府有关部门对本协议的批准(协议第12条)。当日,安徽安联高速的股权变更登记手续办理完毕。安徽高速事后支付了股权转让款。

2004年4月7日,联大集团向安徽高速发出《关于申请回购安徽安联股权的函》[联大函字(2004)2号]:"根据贵我双方于2003年4月30日签订的《股权转让协议书》第10条第2款的约定,我公司拟于近期回购安联高速49%的股权,具体回购细节由双方人员共同商讨,特此函告,望协助为盼!"4月21日,安徽高速向安徽省国资委请示股权回购事宜。10月8日,联大集团再次致函安徽高速,要求回购股权。10月13日,联大集团向安徽省政府提出《关于帮助解决股权回购问题的请示》[联大函字(2004)17号],请求安徽省政府帮助解决股权回购问题,省政府领导作出依法办事的批示。11月1日,安徽省国资委向省政府领导提出《关于山东联大集团公司回购安联高速公路有限公司股权的请示》[皖国资产权函(2004)293号],拟同意联大集团按《股权转让协议书》的约定回购股权,省领导批示同意。该请示载明,安徽高速对联大集团提出的回购要求不持异议,但不同意联大集团将案涉股权转让给第三方。11 月 15 日,联大集团草拟《股权回购协议书》一份,其中股权回购款的支付条件为:该协议生效后,由联大集团向安徽高速提供银行保函,作为支付股权回购款的保证,安徽高速在收到联大集团提供的银行保函之日起 10 个工作日内备齐相关文件资料,向安徽省工商行政管理局申请将案涉股权变更登记在联大集团名下,完成回购股权的工商变更登记后,安徽高速向联大集团提示付款,联大集团将股权回购款按约汇入安徽高速指定账户。该协议稿未得到安徽高速的确认,安徽高速另行起草了一份《股权回购协议书》。

2004 年 11 月 26 日,安徽省国资委出具《关于山东联大集团公司要求回购安联高速公路有限公司股权的批复》[皖国资产权函(2004)322 号]。主要内容为:(1)安徽省国资委同意安徽高速与联大集团继续履行《股权转让协议书》,由联大集团按该协议的约定回购相关股权。(2)股权转让情况要及时报安徽省国资委备案并办理产权变更手续。

2004 年 12 月 20 日,联大集团针对安徽高速草拟的《股权回购协议书》向安徽高速提出《关于对〈股权回购协议书〉的意见》[联大字(2004)25 号]。联大集团认为双方应遵循《股权转让协议书》处理股权回购事宜,而安徽高速草拟的《股权回购协议书》中存在大量超越《股权转让协议书》约定的内容,因此,其不接受该协议稿。同时,联大集团认为,原股权转让时是先办理股权变更登记,后支付股权转让款,因此,股权回购时也应先办理股权过户,后支付股权回购款,为保证付款,联大集团愿意提供银行保函。12 月 27 日,安徽高速向联大集团提出《关于股权回购协议书的回复意见》[皖高路划(2004)32 号]。安徽高速的主要意见为:(1)《股权回购协议书》必须约定协议由双方签署并经安徽省国资委、交通厅批准后生效;(2)双方需就迟延出资利息补偿、借款及或有负债处置、担保处置、税费处理、利润分配、回购后公司管制、再转让之限制等事项协商一致并形成法律文件后,安徽高速才能签署《股权回购协议书》;(3)原则接受《股权转让协议书》约定的股权回购价格的计算方法;(4)坚持在股权回购款全部到位后再办理股权变更登记手续,不接受联大集团关于先办理股权变更登记并提供银行保函的意见。

2005 年 1 月 13 日,安徽高速企业策划处就联大集团与安徽高速在股权回购事宜上的主要分歧向总公司进行内部请示。1 月 18 日,安徽高速向联大集团提出《关于股权回购的几点反馈意见》[皖高路划函(2005)1 号],主要内容为:

(1)明确要求联大集团在2005年4月30日之前将回购款足额汇至安徽高速,否则不认为联大集团已履行回购提示义务;(2)迟延出资补偿及限制转让第三方的问题,在股权回购协议文本商定后,安徽高速将随同协议文本请示安徽省行政主管部门;(3)请联大集团积极配合并协助协商确定担保补偿、借款及或有负债、税费等问题;(4)协议须经有关部门审批后生效。4月26日,联大集团向安徽高速发出《关于回购"安徽安联"公司股权的函》。联大集团提出按照当初履行《股权转让协议书》的方式进行股权回购,即先办理股权过户,后付款。4月28日,安徽高速致联大集团《关于回购"安徽安联"公司股权的复函》[皖高路办函(2005)8号]。主要内容为:因联大集团持有的剩余安徽安联高速11%的股权已被青岛、济南等地法院查封,联大集团提出的先过户后付款的要求难以保障联大集团取得股权后仍享有相应的股权利益,可能影响安徽高速的交易安全。因此,安徽高速要求在联大集团于2005年4月30日前支付约定的股权回购款的同时,安徽高速将案涉股权变更登记至联大集团名下。若联大集团逾期未支付约定的回购金额,将丧失回购权。

2005年4月29日,联大集团向安徽高速致函[联大函字(2005)0429－1号]。主要内容为:联大集团已多次致函或派员与安徽高速商谈股权回购事宜,积极配合办理相关手续,但安徽高速一再拖延,并提出诸多与《股权转让协议书》内容无关的不合理的问题,对于联大集团提出的由联大集团提供银行保函后,先办理股权过户手续,后支付股权回购款的合理要求未予采纳,导致双方未能签订《股权回购协议书》,由此产生的不利后果均因安徽高速的行为导致,联大集团不因此丧失股权回购权,故联大集团仍坚持先由双方按《股权转让协议书》的要求签订《股权回购协议书》,进一步明确股权过户时间、回购款总金额、回购款支付方式及期限,并据此分别办理股权过户和支付回购款事宜。4月30日,安徽高速致联大集团《关于联大函字(2005)0429－1号的复函》[皖高路办函(2005)9号]。主要内容为:(1)安徽高速一直配合联大集团完成股权回购事宜,在收到2004年4月7日联大集团要求回购股权的函件后,因涉及国有资产转让的法律法规调整,安徽高速即按《企业国有产权转让管理暂行办法》向安徽省国资委请示。收到联大集团10月8日发出的函件后,安徽高速书面请示安徽省国资委。此后,安徽高速与联大集团相关人员就股权回购事宜进行协商,并多次致函联大集团阐明相关意见,但双方未形成一致意见。(2)股权回购必须严格执行《股权转让协议书》的约定。5月8日,联大集团致函安徽高速[联大函字(2005)0508－1号]。主要内容为:联大集团一再申明双方必须按《股权转让协议书》的约定签署股权回购协议，并根据股权回购协议办理股权过户及回购款支付手续。

2010 年 2 月，联大集团诉至法院要求判令：确认联大集团拥有安徽安联高速 49% 的股权的回购权，安徽高速立即按照合同约定同意联大集团回购；安徽高速向联大集团交付上述股权，并办理股权变更手续。

2. 核心争议

联大集团与安徽高速签订的《股权转让协议书》未经有关机关批准、未经评估，是否影响股权转让协议效力。

3. 交易结构图

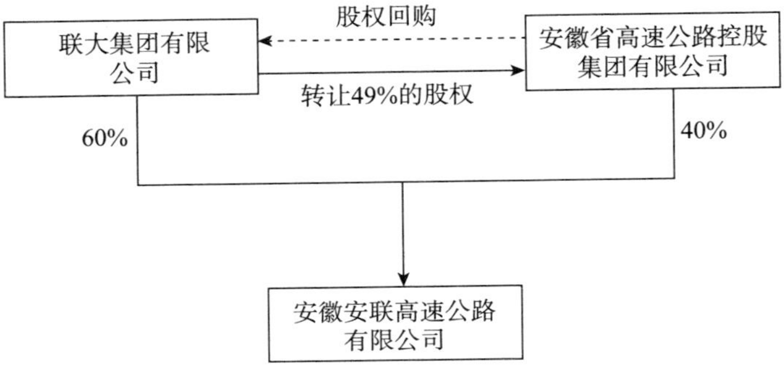

图 6－16　交易结构图

二、裁判结果

一审法院江苏省高级人民法院认为，《股权转让协议书》的内容合法有效。(1)未经有关机关批准不影响《股权转让协议书》的效力。联大集团认为，该协议未经有关国家机关批准，不符合合同约定及有关规定，应为无效。一审法院认为：首先，《合同法》第 52 条第 5 项规定："有下列情形之一的，合同无效：……(五)违反法律、行政法规的强制性规定。"而《股份有限公司国有股权管理暂行办法》系行政规章，并非法律或行政法规，合同内容违反行政规章并不当然无效。其次，虽然股权转让协议有关于取得政府部门批准的约定，但协议签订当天，双方当事人就办理了股权变更的工商登记，安徽高速已向联大集团支付了股权转让款，联大集团也向安徽高速提出了回购股权的主张。因此，股权转让协议已实际履行，双方当事人以实际履行行为变更了上述约定。况且，本案系两个国有企业之间转让股权，不会产生国有资产流失的后果，未经审批不会损害国家利益或社会公共利益。因此，是否经过有关机关批准不影响该协议的效力。

(2)未经评估亦不影响《股权转让协议书》的效力。联大集团认为,案涉股权在转让时未经评估,违反了《国有资产评估管理办法》和《国有资产评估管理办法实施细则》的强制性规定,股权转让协议应为无效。一审法院认为,从《国有资产评估管理办法》的规定看,制定《国有资产评估管理办法实施细则》应为国务院授权国有资产管理行政主管部门进行行政立法的行为,《国有资产评估管理办法实施细则》应为行政法规,安徽高速认为《国有资产评估管理办法实施细则》为行政规章的观点不能成立。但本案中不应依据《国有资产评估管理办法》和《国有资产评估管理办法实施细则》的规定认定股权转让行为无效,理由为:①《国有资产评估管理办法》和《国有资产评估管理办法实施细则》均出台于20世纪90年代初,此时《合同法》尚未颁布,国家尚未通过立法确立保护交易安全的理念,但在《合同法》颁布后,应尽可能促进交易安全,不能轻易否定交易行为的效力。②《国有资产评估管理办法实施细则》相关规定的目的在于防止国有资产流失,本案中系在两大国有企业之间流转股权,不存在国有资产流失的可能,因此,亦不宜依据《国有资产评估管理办法实施细则》确认股权转让行为无效。因此,联大集团就《股权转让协议书》的效力提出的抗辩理由不能成立,《股权转让协议书》是双方当事人的真实意思表示,内容合法有效,各方当事人应依约全面履行合同义务。

联大集团未依约履行股权回购的付款提示义务,已丧失案涉股权的回购权。《合同法》第67条规定,当事人互负债务,有先后履行顺序,先履行一方未履行的,后履行一方有权拒绝其履行要求。先履行一方履行债务不符合约定的,后履行一方有权拒绝其相应的履行要求。本案中,《股权转让协议书》已明确约定自本次股权转让完成日起2年内,联大集团没有行使约定的股权回购权利(包括没有提出回购请求,或虽提出回购请求但没有按约支付回购金额),则联大集团失去本次被转让股权的回购权,联大集团不得再就购回该股权提出请求,或者联大集团虽然提出请求但安徽高速可以不予支持。据此,联大集团在合同约定的期限内向安徽高速提出回购请求并支付回购款项是安徽高速将涉案股权转让给联大集团、联大集团实现股权回购权的前提。但由于联大集团仅向安徽高速提出回购股权的请求,未在股权转让完成之日起2年内履行支付股权回购款项的先合同义务,安徽高速有权拒绝向联大集团转让涉案股权,因此,联大集团依约丧失股权回购权。综上所述,联大集团的诉讼请求缺乏事实和法律依据,一审法院不予支持。

二审法院最高人民法院认为,关于案涉股权转让中资产评估对《股权转让协议书》效力的影响,上诉人联大集团主张案涉股权转让未经评估,违背了有关国有资产处置的强制性规定,原审认定有效,适用法律错误。纵观本案,上诉人联大集团始终主张确认其股权回购的权利,但股权回购权的确认必须以《股权转让协议书》有效为前提。联大集团上诉主张既要求确认《股权转让协议书》无效,又主张确认回购权,故其主张理由相互矛盾,难以自圆其说,此其一;其二,1992 年国务院发布的《国有资产评估管理办法》性质为行政法规,其第 3 条关于国有资产占有单位在资产拍卖、转让等五种情形下,应当进行评估的规定虽为强制性规定,但根据《合同法》第 52 条及最高人民法院《关于适用〈中华人民共和国合同法〉若干问题的解释(二)》第 14 条规定,该内容并非效力性强制性规定。国家国有资产管理局于 1992 年经国务院授权制定的《国有资产评估管理办法施行细则》性质应属部门规章,原审法院关于该细则系行政法规的认定错误,应予纠正。该细则第 10 条规定:"对于应当进行资产评估的情形没有进行评估,或者没有按照《国有资产评估管理办法》及《国有资产评估管理办法实施细则》的规定立项、确认,该经济行为无效。"鉴于该细则属于部门规章,不是法律、行政法规,根据《合同法》第 52 条规定,不能直接否认案涉《股权转让协议书》的效力。综上所述,案涉《股权转让协议书》内容明确,是双方当事人的真实意思表示,合法有效,当事人应受该协议书的约束。联大集团的主要上诉理由缺乏必要的事实和法律支持,法院判决驳回上诉、维持原判。

三、裁判要旨

《国有资产评估管理办法》性质为行政法规,有关评估的规定虽为强制性规定,但并非效力性强制性规定,违反该条款不影响合同效力。

四、案例来源

1. 案例索引

【案件名称】联大集团有限公司与安徽省高速公路控股集团有限公司股权转让纠纷案

【审理法院】最高人民法院

【案号】(2013)民二终字第 33 号

【审理程序】二审

2. 关联案例

最高人民法院在"武汉银城实业发展总公司、中国农业银行股份有限公司湖北省分行营业部与湖北信联实业发展有限公司国有土地使用权转让合同纠纷案”[(2016)最高法民申876号]中认为,银城公司在原审中即主张其与信联公司2006年3月17日签订的《协议书》无效,理由是该《协议书》违反了国务院《企业国有资产监督管理暂行条例》第3条,国务院《国有资产评估管理办法》第3条,国资委、财政部《企业国有产权转让管理暂行办法》和《湖北省企业国有产权交易操作规则》的相关规定,转让作为国有资产的土地使用权时没有报上级主管部门批准,没有进行评估,也没有在规定场所交易,所以应当适用《合同法》第52条第5项的规定,认定《协议书》无效。但按照最高人民法院《关于适用〈中华人民共和国合同法〉若干问题的解释(二)》第14条规定,“合同法第五十二条第(五)项规定的‘强制性规定’,是指效力性强制性规定”,而上述行政和地方法规,均属管理性规定。原判决据此没有认定《协议书》无效,不存在适用法律错误的问题。《企业国有资产法》第72条规定:“在涉及关联方交易、国有资产转让等交易活动中,当事人恶意串通,损害国有资产权益的,该交易行为无效。”《合同法》第52条也规定,恶意串通,损害国家、集体或第三人利益的合同应当认定无效。但在本案中,《协议书》系于2006年签订,约定涉案土地交易价格为2950万元,代表了双方当事人的真实意思,银城公司和农行营业部以其在该协议签订之后10年估算的现在市场价值逾2亿作为标准,判断双方当事人在当时恶意串通损害国家利益,要求认定《协议书》无效的证据不足,本院不予支持。

五、案例评析

关于国有资产转让评估的规定中,在法律和行政法规层面的规定主要是《企业国有资产法》和《国有资产评估管理办法》。本案中,目前最高人民法院在认定未经评估的国有资产转让合同效力时,认为《国有资产评估管理办法》第3条的规定并未直接规定未经评估的合同无效,因此,根据最高人民法院《关于适用〈中华人民共和国合同法〉若干问题的解释(二)》第14条之规定,认为《国有资产评估管理办法》第3条的规定并非效力性强制性规定,从而不应依据该条规定否定未经评估的国有资产转让合同的效力。在关联案例中,最高人民法院亦坚持了观点,认为《国有资产评估管理办法》关于国资转让评估的规定属于管理性规定,不能作为判定合同效力的依据。但我们注意到地方法院的判决中存在不同的观点,如黑龙江省高级人民法院在(2015)黑高民申二字第590号中,即认为国有资产转让应当履行上报、评估、备案及公开挂牌交易等程序的规定属于强制性规定,而非任意性规定,国有资产转让未经法定程序和审批,违反法律的强制性规定,属于无效合同。但需要注意的是,即使最高人民法院认定关于资产评估的法律规定不是效力性强制性规范，但并不代表未经评估的国有资产转让合同一定会被认定为是有效的，如果未经评估的国有资产转让中，存在出让方和受让方恶意串通，故意压低资产转让价格的情形，则可依据《企业国有资产法》第72条“在涉及关联方交易、国有资产转让等交易活动中，当事人恶意串通，损害国有资产权益的，该交易行为无效”及《合同法》第52条第2款“恶意串通，损害国家、集体或者第三人利益”之规定，认定其无效。

六、案例启示

1. 未经评估的国资转让行为并不必然导致国资转让合同无效

经我们梳理，最高人民法院一直坚持着《国有资产评估管理办法》关于国资转让评估的规定并非效力性强制性规定的观点，反映着法院并不愿意过度介入国资监管与保护的行政职责之中，而是将其交给国资监管部门去处理，力图让司法权力与行政权力保持一定合理距离和界限。正如2011年最高人民法院审判监督庭编写的《全国法院再审典型案例批注》指出的，“……鉴于很多现实条件，事后补办的资产评估、交易方式的模拟都无法对当时的交易条件作出令人满意的补正。……但基于再审案件的特殊性，再审审理该类纠纷，应当综合考虑原审判决作出之后的法律效果和社会效果，地方政府及国有资产管理部门的基本立场，不宜轻易否定转让行为的效力”。因此，虽然法院不会直接依据国资转让评估的规定直接否认未经评估合同的法律效力，而是把国资监管部门的行政处理作为前置程序，把国资监管部门的处理意见作为认定国资转让合同法律效力的依据，但在实践中，国资监管部门基于国资保值增值和防止国有资产流失的考量，在处理此类问题时必然会十分严格和谨慎。故对于参与国资转让的投资者而言，在涉及国资转让时应积极依法完整履行评估及审批程序，避免合同效力瑕疵风险。

2. 在涉及国资转让相关交易中应完善内部外程序，避免效力瑕疵风险

根据《企业国有资产评估管理暂行办法》第6条之规定，涉及国有企业的整体或者部分改建为有限责任公司或者股份有限公司，以非货币资产对外投资，合并、分立、破产、解散，非上市公司国有股东股权比例变动，产权转让，资产转让、置换，整体资产或者部分资产租赁给非国有单位，以非货币资产偿还债务，资产涉讼，收购非国有单位的资产，接受非国有单位以非货币资产出资，接受非国有单位以非货币资产抵债等事项时，需要对相关资产进行评估，相关价格应以经核准或备案的评估结果为基础确定，评估与否以及是否经过国资监管部门的核准或备案将直接影响相关协议内容是否能够生效及实际执行。因此，相关当事方

在开展涉及国资转让业务之始,即应就国资转让在整个业务中所涉及的需批准事项履行相应的审批手续,以尽量避免效力瑕疵方面的法律风险。

七、相关法规

《合同法》

第八条　依法成立的合同,对当事人具有法律约束力。当事人应当按照约定履行自己的义务,不得擅自变更或者解除合同。

依法成立的合同,受法律保护。

第四十四条　依法成立的合同,自成立时生效。

法律、行政法规规定应当办理批准、登记等手续生效的,依照其规定。

第五十二条　有下列情形之一的,合同无效:

(一)一方以欺诈、胁迫的手段订立合同,损害国家利益;

(二)恶意串通,损害国家、集体或者第三人利益;

(三)以合法形式掩盖非法目的;

(四)损害社会公共利益;

(五)违反法律、行政法规的强制性规定。

最高人民法院《关于适用〈中华人民共和国合同法〉若干问题的解释(二)》

第十四条　合同法第五十二条第(五)项规定的"强制性规定",是指效力性强制性规定。

《公司法》

第六十六条　国有独资公司不设股东会,由国有资产监督管理机构行使股东会职权。国有资产监督管理机构可以授权公司董事会行使股东会的部分职权,决定公司的重大事项,但公司的合并、分立、解散、增加或者减少注册资本和发行公司债券,必须由国有资产监督管理机构决定;其中,重要的国有独资公司合并、分立、解散、申请破产的,应当由国有资产监督管理机构审核后,报本级人民政府批准。

前款所称重要的国有独资公司,按照国务院的规定确定。

《企业国有资产法》

第四十七条　国有独资企业、国有独资公司和国有资本控股公司合并、分立、改制,转让重大财产,以非货币财产对外投资,清算或者有法律、行政法规以及企业章程规定应当进行资产评估的其他情形的,应当按照规定对有关资产进行评估。

《国有资产评估管理办法》

第三条 国有资产占有单位(以下简称占有单位)有下列情形之一的,应当进行资产评估:

(一)资产拍卖、转让;

(二)企业兼并、出售、联营、股份经营;

(三)与外国公司、企业和其他经济组织或者个人开办中外合资经营企业或者中外合作经营企业;

(四)企业清算;

(五)依照国家有关规定需要进行资产评估的其他情形。

《企业国有资产评估管理暂行办法》

第六条 企业有下列行为之一的,应当对相关资产进行评估:

(一)整体或者部分改建为有限责任公司或者股份有限公司;

(二)以非货币资产对外投资;

(三)合并、分立、破产、解散;

(四)非上市公司国有股东股权比例变动;

(五)产权转让;

(六)资产转让、置换;

(七)整体资产或者部分资产租赁给非国有单位;

(八)以非货币资产偿还债务;

(九)资产涉讼;

(十)收购非国有单位的资产;

(十一)接受非国有单位以非货币资产出资;

(十二)接受非国有单位以非货币资产抵债;

(十三)法律、行政法规规定的其他需要进行资产评估的事项。

《企业国有资产交易监督管理办法》

第十二条 对按照有关法律法规要求必须进行资产评估的产权转让事项,转让方应当委托具有相应资质的评估机构对转让标的进行资产评估,产权转让价格应以经核准或备案的评估结果为基础确定。

《企业国有资产监督管理暂行条例》

第二十九条第一款 国有资产监督管理机构依照国家有关规定,负责企业国有资产的产权界定、产权登记、资产评估监管、清产核资、资产统计、综合评价等基础管理工作。

第七编　私募基金刑民交叉纠纷

第一章　私募基金管理人刑事法律风险

第一节　私募基金管理人未经批准从事吸收公众存款业务，构成非法吸收公众存款罪

一、案例简介

1. 事实经过

2012 年 5 月 15 日，湖北尚佳信润创业投资有限公司在武汉市工商行政管理局武昌分局注册成立，注册编号为 420106000243894，住所为武汉市武昌区秦园吉常楼 5 栋 2－5－B号，注册资本为 3000 万元，魏家兵投资额为 1800 万元，投资比例为 60%，宋世华投资额为 1200 万元，投资比例为 40%，法定代表人为被告人魏家兵，主营范围：创业投资业务，代理其他创业投资企业等机构或个人的创业投资业务，创业投资咨询业务，为创业企业提供创业管理服务业务，参与设立创业投资企业与创业投资管理顾问机构（国家有专项规定的项目经审批后或者凭有效许可证方可经营）。武汉市工商行政管理局武昌分局颁发企业法人营业执照。2013 年 5 月 30 日，注册资本变更为 10，000 万元，魏家兵投资额为 6000 万元，投资比例为 60%，宋世华投资额为 4000 万元，投资比例为 40%。2015 年 4 月 14 日，自然人股东由魏家兵、宋世华变更为魏家兵，企业类型变更为有限责任公司（自然人独资）。

2012 年 9 月 17 日，湖北尚佳信润创业投资有限公司取得武汉市发展和改革委员会《已予备案通知》（武发改创备

字17号)。2015年1月7日,武汉市发展和改革委员会作出武发改财贸函〔2015〕5号《武汉市发展和改革委关于取消湖北尚佳信润创业投资有限公司备案的通知》,该通知称,根据《创业投资企业管理暂行办法》,自取消备案之日起,该公司将不再享受应纳税所得额抵扣和豁免国有创业投资机构股权转持义务等有关政策优惠。2015年2月15日,中国证券投资基金协会作出登记编号为P1008621的私募投资基金管理人登记证明。

2013年11月25日,魏家兵设立湖北尚佳信润创业投资有限公司十堰分公司。十堰市工商行政管理局颁发营业执照,营业场所在十堰市东岳路16号2栋1-1-1,负责人为被告人魏家兵。2014年3月25日,湖北尚佳信润创业投资有限公司任命徐有林为十堰分公司经理。

2014年5月开始,魏家兵、徐有林在十堰市以湖北尚佳信润创业投资有限公司名义招聘客户经理以及业务员,通过组织宣讲活动、展示公司宣传册、口口相传等形式向社会公众宣传该公司私募基金业务,采用与投资人签订《湖北尚佳信润创业投资有限公司投资协议书》《还本付息计划书》《担保函》等,承诺每月按投资额的1.41%至1.5%支付利息的手段,吸引投资人投资湖北尚佳信润创业投资基金。

2015年12月20日,受公安机关委托,湖北嘉泰会计师事务有限公司作出嘉泰鉴字〔2015〕第3号《审计鉴定报告》,对湖北尚佳信润创业投资有限公司十堰分公司自2014年6月至2015年7月的财务账目、集资情况进行审计鉴定。审计鉴定结果:该公司自2014年6月至2015年7月,涉及吸收公众存款客户862人,金额324,650,000元;92人退还到期本金122,650,000元;9人因违约退还本金2,150,000元;支付利息17,371,028.11元;尚未退还766人的本金199,850,000元;支付佣金5,961,151.00元,其中徐有林收取佣金248,830元。

2. 核心争议

湖北尚佳信润创业投资有限公司取得发改委备案以及中国证券投资基金协会管理人登记,具备主体资格,是否扰乱金融管理秩序,构成非法吸收公众存款。

3. 交易结构图

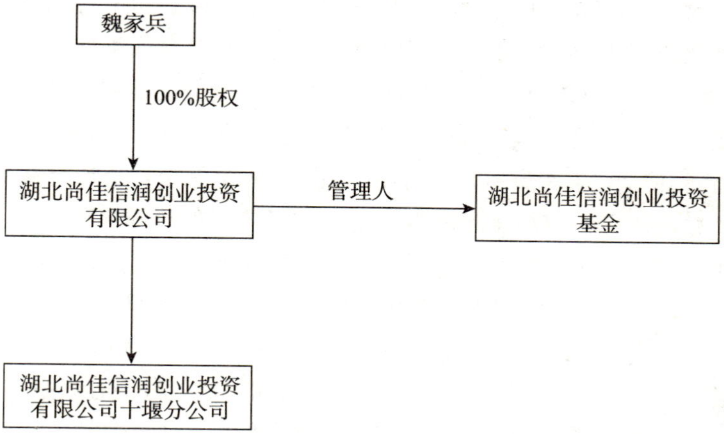

图 7 -1　交易结构图

二、裁判结果

湖北省十堰市茅箭区人民法院认为：(1)湖北尚佳信润创业投资有限公司企业法人营业执照的主营范围与《创业投资企业管理暂行办法》第 12 条规定的创业投资企业的经营范围相同，即创业投资业务，代理其他创业投资企业等机构或个人的创业投资业务，创业投资咨询业务，为创业企业提供创业管理服务业务；参与设立创业投资企业与创业投资管理顾问机构(国家有专项规定的项目经审批后或者凭有效许可证方可经营)。所谓创业投资企业，是指在中华人民共和国境内注册设立的主要从事创业投资的企业组织；所称创业投资，是指向创业企业进行股权投资，以期所投资创业企业发育成熟或相对成熟后主要通过股权转让获得资本增值收益的投资方式。因此，湖北尚佳信润创业投资有限公司的经营范围是“创业投资业务”而不是“吸收存款业务”。本案中湖北尚佳信润创业投资有限公司没有按照营业执照的主营范围和创业投资企业的经营范围进行创业投资企业的投资运作，而是吸收公众存款。(2)2012 年 9 月 17 日，武汉市发展和改革委员会给湖北尚佳信润创业投资有限公司作出武发改创备字 17 号《已予备案通知》，内容为“经审查，你公司符合《创业投资企业管理暂行办法》规定的备案条件，现予以备案”。取得备案说明被告单位湖北尚佳信润创业投资有限公司具备《创业投资企业管理暂行办法》第 9 条规定的备案条件，其经营范围仍然是创业投资，本案中被告单位却以“备案”为名非法吸收公众存款。

(3)中国银行监督管理委员会湖北监管局证实该局未向湖北尚佳信润创业投资有限公司颁发金融许可证,湖北尚佳信润创业投资有限公司不得从事银行业金融机构的业务活动。(4)2015年1月7日,武汉市发展改革委员会作出武发改财贸函〔2015〕5号通知,原备案文件即日起废止后,湖北尚佳信润创业投资有限公司继续以“备案”为名,进行非法吸收公众存款的活动。(5)2015年2月15日,湖北尚佳信润创业投资有限公司在中国证券投资基金协会取得私募投资基金管理人登记证明后,未按《私募投资基金监督管理暂行办法》第11条、第12条、第14条、第15条的规定向投资者募集:一是投资者人数累计超过《证券投资基金法》《公司法》《合伙企业法》等法律法规规定的特定数量。二是向金融资产低于300万元或者最近3年个人年均收入低于50万元的个人等不合格投资者吸收存款。三是湖北尚佳信润创业投资有限公司在吸收公众存款过程中,采取多种手段,向不特定对象宣传推介。四是湖北尚佳信润创业投资有限公司向投资者许诺高比例收益、给出明确还本付息或确定的回报约定。(6)湖北尚佳信润创业投资有限公司非法吸收公众存款的过程中,以湖北尚佳信润创业投资有限公司的名义与被害人签订《投资协议书》《还本付息计划书》《担保函》等,违法所得亦均归湖北尚佳信润创业投资有限公司所有并支配。综上所述,湖北尚佳信润创业投资有限公司以具备“注册登记”“备案”“私募投资基金管理人登记证明”等手续为名,从事违反国家金融管理法律的规定,向社会公众吸收资金的行为,被告湖北尚佳信润创业投资有限公司构成非法吸收公众存款犯罪,魏家兵、徐有林作为被告单位湖北尚佳信润创业投资有限公司直接负责的主管人员均构成非法吸收公众存款罪。

三、裁判要旨

投资机构虽然已经取得私募基金管理人登记,但未经金融监管机构批准,通过发售虚构基金的方式,向社会公开宣传吸收资金,违反了国家金融管理法律的规定,构成非法吸收公众存款罪。

四、案例来源

1. 案例索引

【案件名称】湖北尚佳信润创业投资有限公司、魏家兵等犯非法吸收公众存款罪案

【审理法院】湖北省十堰市茅箭区人民法院

【案号】(2016)鄂0302刑初121号

【审理程序】一审

2. 关联案例

上海市第一中级人民法院在"朱琦诉上海天蔓投资管理有限公司非法吸收公众存款罪案"[(2017)沪01刑终1793号]中认为,被告单位上海天蔓公司以出售A中心、B管理中心、C管理中心等有限合伙企业份额的方式,向社会公众募集资金的行为完全符合非法吸收公众存款的上述四性特征,并不属于正当的合法的私募行为。具体理由如下:第一,私募基金应备案登记,私募基金管理人必须履行登记备案基金信息的义务,包括基金的名称、成立时间、投资领域等,同时对于投资人应披露投资对象、资产负债、收益分配等重要信息,不得隐瞒或提供虚假信息。在案证据表明,本案中所涉基金未进行相关的备案登记,且上诉人朱琦控制、支配资金的去向,根本没有向投资人披露所募集资金的真正去向;合伙企业股东方面也仅有C管理中心的部分人员进行过工商变更登记。上海天蔓公司等涉案相关公司没有存款业务的经营权,其相应的融资行为也未依法履行相关融资法律程序,明显具有非法性特征。第二,上诉人朱琦等人为了规避合伙制基金的人数限制,成立多家有限合伙企业吸收资金,即使从表面上看有的合伙企业的人数没有突破50人的人数限制,但实际吸收资金总的人数已远远超过人数上限。我国《私募投资基金募集行为管理办法》明确规定,私募只能面对特定的合格投资者,合格投资者是指具备相应风险识别能力和风险承担能力,金融资产不低于300万元或最近3年个人年收入不低于50万元的个人以及净资产不低于1000万元的机构,且投资于单只私募基金的金额不低于100万元。本案中,上诉人朱琦、孙维晔、郭晶通过第三方中介和银行理财经理在吸收资金时根本没有了解投资人的财产信息,其集资行为指向根本没有针对性,相反在募集对象的选择上具有普遍性,没有因人而异,只要愿意出资都加以接受,投资人和上诉人之间的关系也仅仅具有利益联系性,明显符合社会性特征。第三,投资人签订的认购合同、投资推介书、合伙协议、回购协议、有限合伙份额认购书等书证及投资人证言可以证实,上诉人承诺在一定期限内给予投资人固定的回报,并向投资人承诺返本付息,且约定的回报远高于正常的存储或理财产品的收益,符合利诱性特征。第四,投资人大多通过亲友、邻居、第三方中介的银行经理、理财公司业务员以及上诉人孙维晔、郭晶的介绍等"口口相传"的方式知晓上海天蔓公司吸收资金的信息而前来投资,投资信息通过上诉人、知情人、先行投资人口头宣传的方式对周围人员的广为传播,事实上在不特定人群中构成非法吸存信息的发散性传递，符合非法吸收资金的公开性特征。该院据此判决维持一审法院关于被告单位上海天蔓投资管理有限公司犯非法吸收公众存款罪的判决。

五、案例评析

中国人民银行1999年颁布的《关于取缔非法金融机构和非法金融业务活动中有关问题的通知》将“非法集资”界定为未依照法定程序经有关部门批准，以发行股票、债券、彩票、投资基金证券或者其他债权凭证的方式向社会公众筹集资金，并承诺在一定期限内以货币、实物以及其他方式向出资人还本付息或给予回报的行为。但非法集资并不是一个独立的罪名，而是多个罪名的统称。刑法上的非法集资的罪名包括欺诈发行股票债券罪、非法吸收公众存款罪、集资诈骗罪、擅自发行股票债券罪、非法经营罪等。根据国家金融管理法规，非经金融主管机关批准，任何单位或个人都不得从事吸收公众存款或变相吸收公众存款的业务，否则即构成违法行为。最高人民法院《关于审理非法集资刑事案件具体应用法律若干问题的解释》（法释〔2010〕18号），明确了非法吸收公众存款罪的四个构罪要件，即主体非法性、公开宣传性、承诺还本付息或给付回报、向社会不特定对象吸收资金。本案中，湖北尚佳信润创业投资有限公司虽然在中国基金业协会登记为私募管理人，但其营业执照及登记的经营范围为创业投资业务，并非吸收公众存款，而且事实上湖北尚佳信润创业投资有限公司未取得中国人民银行颁发的从事吸收公众存款业务的金融牌照，即以通过发售虚构基金的方式，向不特定对象宣传、吸收存款，并承诺高比例收益，符合非法吸收公众存款罪的构成要件，湖北尚佳信润创业投资有限公司取得的私募基金管理人登记证明并不能作为其违法犯罪的挡箭牌。

六、案例启示

1. 私募基金管理人应防范非法吸收公众存款的刑事责任风险

私募基金管理人涉嫌非法吸收公众存款罪的根本原因在于其行为符合非法吸收公众存款罪的构成要件，而私募基金管理人的身份及其发行的私募基金产品是否备案并不能成为私募基金管理人及其从业人员的免死金牌。司法机关在进行相关审理时将对其募集过程，募集对象，信批程度等节点进行穿透审查、实质认定，最终得出其募集行为符合非法吸收公众存款类案件四性特征的结论。因此，私募基金管理人应注意私募与非法吸收公众存款的界限，应采取有针对性的措施防范非法吸收公众存款的刑事合规风险。第一，注意私募基金合法合规的边界，即私募基金应符合《证券投资基金法》《私募投资基金监督管理暂行办法》等私募基金管理、募集、登记/备案、投资运作的相关法规和自律性规范，比如，管理人登记、产品备案、不得以公开方式募集资金、加强投资者适当性管理、不得突破或变相突破投资者人数限制等。第二，私募基金投资事项及底层资产应真实合法，严格按照投资协议或基金协议约定开展投资行为，并规范持续做好信息披露工作。第三，私募基金与投资者之间签订的投资协议或基金协议或其他类似投资认购协议应符合监管规定，避免承诺在一定期限内以货币、实物、股权等方式还本付息或者给付高额回报的条款或安排。第四，私募基金管理人应持续跟踪监管动态，严格按照最新监管政策整改或经营，防范合规风险转化为刑事责任风险。

2. 投资者在进行私募基金投资时应对私募金管理人进行尽职调查

投资者在进行私募基金投资时，一旦遭遇私募基金管理人非法吸收公众存款刑事犯罪，很可能导致投资者的投资血本无归，即使私募基金管理人或其从业人员被刑事立案追究刑事责任，但往往投资者的投资已经被私募基金管理人或其从业人员转移或者挥霍一空，无法退赔或者不能全额退赔。为防止因私募基金管理人无资质或者非法借私募基金之名从事非法吸收公众存款，投资者在私募基金募集阶段应当对私募基金管理人进行详细的尽调与资质审查。实践中，一些机构投资者在投资私募基金时会向基金管理人发送一份详细的尽调清单，其中就涉及需要私募基金管理人提交其已经取得私募基金管理人资质的登记证明，并对私募基金管理人的登记注册、股权结构、内控及管理机制、管理团队、历史业绩等情况进行详尽的调查，以了解和核实私募基金管理人合法合规性，防范因私募基金管理人自身问题引发的投资风险。

七、相关法规

《刑法》

第一百七十六条　非法吸收公众存款或者变相吸收公众存款，扰乱金融秩序的，处三年以下有期徒刑或者拘役，并处或者单处二万元以上二十万元以下罚金；数额巨大或者有其他严重情节的，处三年以上十年以下有期徒刑，并处五万元以上五十万元以下罚金。

单位犯前款罪的，对单位判处罚金，并对其直接负责的主管人员和其他直接责任人员，依照前款的规定处罚。

最高人民法院《关于审理非法集资刑事案件具体应用法律若干问题的解释》

第一条 违反国家金融管理法律规定，向社会公众(包括单位和个人)吸收资金的行为，同时具备下列四个条件的，除刑法另有规定的以外，应当认定为刑法第一百七十六条规定的“非法吸收公众存款或者变相吸收公众存款”：

(一)未经有关部门依法批准或者借用合法经营的形式吸收资金；

(二)通过媒体、推介会、传单、手机短信等途径向社会公开宣传；

(三)承诺在一定期限内以货币、实物、股权等方式还本付息或者给付回报；

(四)向社会公众即社会不特定对象吸收资金。

未向社会公开宣传，在亲友或者单位内部针对特定对象吸收资金的，不属于非法吸收或者变相吸收公众存款。

第二条 实施下列行为之一，符合本解释第一条第一款规定的条件的，应当依照刑法第一百七十六条的规定，以非法吸收公众存款罪定罪处罚：

(一)不具有房产销售的真实内容或者不以房产销售为主要目的，以返本销售、售后包租、约定回购、销售房产份额等方式非法吸收资金的；

(二)以转让林权并代为管护等方式非法吸收资金的；

(三)以代种植(养殖)、租种植(养殖)、联合种植(养殖)等方式非法吸收资金的；

(四)不具有销售商品、提供服务的真实内容或者不以销售商品、提供服务为主要目的，以商品回购、寄存代售等方式非法吸收资金的；

(五)不具有发行股票、债券的真实内容，以虚假转让股权、发售虚构债券等方式非法吸收资金的；

(六)不具有募集基金的真实内容，以假借境外基金、发售虚构基金等方式非法吸收资金的；

(七)不具有销售保险的真实内容，以假冒保险公司、伪造保险单据等方式非法吸收资金的；

(八)以投资入股的方式非法吸收资金的；

(九)以委托理财的方式非法吸收资金的；

(十)利用民间“会”、“社”等组织非法吸收资金的；

(十一)其他非法吸收资金的行为。

第三条 非法吸收或者变相吸收公众存款，具有下列情形之一的，应当依法追究刑事责任：

（一）个人非法吸收或者变相吸收公众存款，数额在20万元以上的，单位非法吸收或者变相吸收公众存款，数额在100万元以上的；

（二）个人非法吸收或者变相吸收公众存款对象30人以上的，单位非法吸收或者变相吸收公众存款对象150人以上的；

（三）个人非法吸收或者变相吸收公众存款，给存款人造成直接经济损失数额在10万元以上的，单位非法吸收或者变相吸收公众存款，给存款人造成直接经济损失数额在50万元以上的；

（四）造成恶劣社会影响或者其他严重后果的。

具有下列情形之一的，属于刑法第一百七十六条规定的“数额巨大或者有其他严重情节”：

（一）个人非法吸收或者变相吸收公众存款，数额在100万元以上的，单位非法吸收或者变相吸收公众存款，数额在500万元以上的；

（二）个人非法吸收或者变相吸收公众存款对象100人以上的，单位非法吸收或者变相吸收公众存款对象500人以上的；

（三）个人非法吸收或者变相吸收公众存款，给存款人造成直接经济损失数额在50万元以上的，单位非法吸收或者变相吸收公众存款，给存款人造成直接经济损失数额在250万元以上的；

（四）造成特别恶劣社会影响或者其他特别严重后果的。

非法吸收或者变相吸收公众存款的数额，以行为人所吸收的资金全额计算。案发前后已归还的数额，可以作为量刑情节酌情考虑。

非法吸收或者变相吸收公众存款，主要用于正常的生产经营活动，能够及时清退所吸收资金，可以免予刑事处罚；情节显著轻微的，不作为犯罪处理。

《非法金融机构和非法金融业务活动取缔办法》

第四条 本办法所称非法金融业务活动，是指未经中国人民银行批准，擅自从事的下列活动：

（一）非法吸收公众存款或者变相吸收公众存款；

（二）未经依法批准，以任何名义向社会不特定对象进行的非法集资；

（三）非法发放贷款、办理结算、票据贴现、资金拆借、信托投资、金融租赁、融资担保、外汇买卖；

（四）中国人民银行认定的其他非法金融业务活动。

前款所称非法吸收公众存款，是指未经中国人民银行批准，向社会不特定对象吸收资金，出具凭证，承诺在一定期限内还本付息的活动；所称变相吸收公众存款，是指未经中国人民银行批准，不以吸收公众存款的名义，向社会不特定对象吸收资金，但承诺履行的义务与吸收公众存款性质相同的活动。

《关于取缔非法金融机构和非法金融业务活动中有关问题的通知》

一、非法集资是指单位或个人未依照法定程序经有关部门批准，以发行股票、债券、彩票、投资基金证券或其他债权凭证的方式向社会公众筹集资金，并承诺在一定期限内以货币、实物及其他方式向出资人还本付息或给予回报的行为。它具有如下特点：

（一）未经有关部门依法批准，包括没有批准权限的部门批准的集资以及有审批权限的部门超越权限批准的集资；

（二）承诺在一定期限内给出资人还本付息。还本付息的形式除以货币形式为主外，还包括以实物形式或其他形式；

（三）向社会不特定对象即社会公众筹集资金；

（四）以合法形式掩盖其非法集资的性质。

《私募投资基金监督管理暂行办法》

第十一条　私募基金应当向合格投资者募集，单只私募基金的投资者人数累计不得超过《证券投资基金法》、《公司法》、《合伙企业法》等法律规定的特定数量。

投资者转让基金份额的，受让人应当为合格投资者且基金份额受让后投资者人数应当符合前款规定。

第十二条　私募基金的合格投资者是指具备相应风险识别能力和风险承担能力，投资于单只私募基金的金额不低于 100 万元且符合下列相关标准的单位和个人：

（一）净资产不低于 1000 万元的单位；

（二）金融资产不低于 300 万元或者最近三年个人年均收入不低于 50 万元的个人。

前款所称金融资产包括银行存款、股票、债券、基金份额、资产管理计划、银行理财产品、信托计划、保险产品、期货权益等。

第十四条　私募基金管理人、私募基金销售机构不得向合格投资者之外的单位和个人募集资金，不得通过报刊、电台、电视、互联网等公众传播媒体或者讲座、报告会、分析会和布告、传单、手机短信、微信、博客和电子邮件等方式，向不特定对象宣传推介。

第十五条　私募基金管理人、私募基金销售机构不得向投资者承诺投资本金不受损失或者承诺最低收益。

第二节　私募基金管理人以非法占有为目的,使用诈骗方法非法集资,其行为已构成集资诈骗罪

一、案例简介

1. 事实经过

徐勤于2011年10月设立上海中晋财务咨询有限公司(以下简称中晋财务公司),以借款方式向社会不特定公众非法募集资金,并承诺还本付息。为了掩盖非法募集资金的实质,徐勤又先后设立了中晋股权投资基金管理(上海)有限公司(以下简称中晋基金公司)、中晋资产管理(上海)有限公司(以下简称中晋资产公司)、国太投资控股(集团)有限公司(以下简称国太集团)。后国太集团收购了中晋财务公司、中晋基金公司、中晋资产公司全部股份,由国太集团统一安排本单位及下属单位、有限合伙企业的运营、财务、人事和行政。

为谋取非法利益,国太集团及其下属单位假借私募股权基金的名义,通过业务员发小广告、发微信朋友圈、打电话宣传、口口相传等方式,向社会不特定公众非法募集资金,并承诺还本和支付高额利息。中晋基金公司负责按照徐勤的要求,设计、完善各种用于非法募集资金的协议。中晋资产公司负责以投资私募股权基金以及转让上海中晋一期股权投资基金有限公司与中晋基金公司为发起人设立的200余家有限合伙企业中的份额为名,向社会不特定公众募集资金。中晋财务公司负责记录、收取募集的资金及操作还本付息。之后,为进一步扩大非法募集资金的规模,徐勤又安排中晋资产公司假借黄金租赁等方式,向社会不特定公众非法募集资金,并承诺还本付息。

国太集团及其下属单位为非法募得资金,通过各种媒体广告、聘请明星代言、冠名赞助知名电视节目、印发宣传册、在公司内外网站发布信息、业务员口头宣传、组织合伙人大会、租赁豪华办公场所并组织参观公司办公场所和产业基地等方式,向社会公众虚假宣传投资款由银行第三方监管、专款专用、资金安全;公司备付金充足、还本付息有保障;有第三方会计师事务所进行独立审计、确保经营合法合规、控制风险;国太集团资金雄厚、公司有国有背景、募集的资金用于项目公司发展,收益好、还本付息有保障等情况。

徐勤、朱凤洲、汤骏、陈佳菁、吴晔、陈亮、蒋晓羽、孙坷柯、顾晓娴、李娜等人在明知国太集团及其下属单位无盈利能力,且作虚假宣传的情况下,仍分工配

合,共同实施非法集资行为。其中,徐勤作为国太集团及其下属单位的实际控制人,全面掌控人事、财务和管理运作;朱凤洲、汤骏作为中晋资产公司的前、后任总经理,负责管理、督促中晋资产公司及其下属分公司开展非法集资;陈佳菁作为国太集团的董事长,协助徐勤指导下属产业公司采用“虚假贸易”的方式虚增收入和利润等;吴晔、陈亮、蒋晓羽、孙坷柯、顾晓娴作为五大产业条线负责人,在陈佳菁的组织下,督促各自分管的产业公司具体操作“虚假贸易”等;李娜作为国太集团财务处处长,负责编制备付金列表、非法集资和“虚假贸易”指标任务白皮书,对指标完成情况进行汇总、统计和上报等。

截至2016年4月6日,被告人徐勤策划、组织、指挥国太集团及其下属单位非法募集资金共计人民币(以下币种未经注明均同)400亿余元,所募资金绝大部分被用于还本付息、向员工支付高额的佣金、工资和奖金、租赁高档办公场所并进行豪华装修、购买豪华车辆供高管免费使用、组织高管豪华旅游、广告宣传、徐勤及其亲属挥霍。至案发,实际未兑付本金48亿余元,涉及1.2万余人。

2. 核心争议

国泰集团的行为是否构成集资诈骗罪。

3. 交易结构图

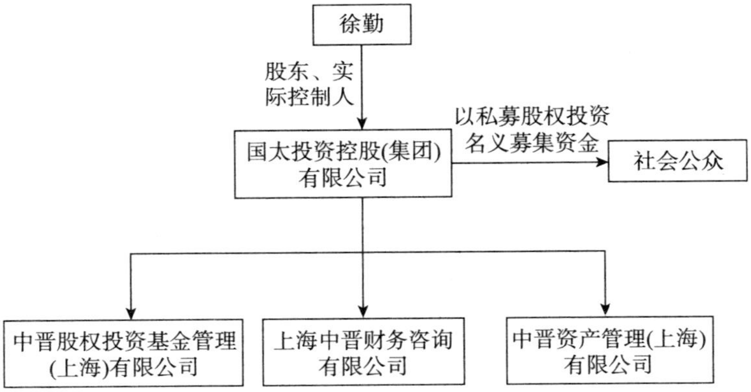

图7-2　交易结构图

二、裁判结果

一审法院上海市第二中级人民法院认为,被告单位国太集团以非法占有为目的,使用诈骗方法非法集资,其行为已构成集资诈骗罪;被告人徐勤作为国太集团直接负责的主管人员,被告人朱凤洲、汤骏、陈佳菁、吴晔、陈亮、蒋晓羽、孙坷柯、顾晓娴、李娜等人作为单位直接责任人员,其行为亦构成集资诈骗罪。

二审法院上海市高级人民法院认为,国太集团面向社会不特定的公众吸收资金时,虚构了资金被托管,资金安全有监管;由第三方独立审计,风险控制受监督;有充足的备付金,还本付息有保障;非法募集的资金用于投资项目公司,项目公司发展良好,还本付息有来源;项目公司通过在香港借壳上市前景良好,集资参与人选择债转股可以获得丰厚回报等情况。国太集团无自有资金,集资后的资金不仅要支付集资参与人的高额回报,还要负担高昂的人员支出、豪华办公支出及各种挥霍性支出,其经营方式显然不可持续。虽然国太集团非法筹集的资金中有部分资金用于生产经营活动,但该部分资金与筹集资金规模明显不成比例。据此,可以认定国太集团以非法占有为目的,使用诈骗方法非法集资,其行为构成集资诈骗罪,并据此维持一审判决。

三、裁判要旨

投资机构以非法占有为目的,虚构投资标的,使用诈骗的方法向社会不特定公众吸收资金,其形式构成集资诈骗罪。

四、案例来源

1. 案例索引

【案件名称】国太投资控股(集团)有限公司、徐勤等集资诈骗案

【审理法院】上海市高级人民法院

【案号】(2018)沪刑终 100 号

【审理程序】二审

2. 关联案例

北京市高级人民法院在“苗×等非法吸收公众存款罪案”[(2014)高刑终字第 440 号]中认为,师晓静在明知其根本不具有偿付能力的情况下,以非法占有为目的,为偿付因经营不善而产生的债务而成立北京欧尔佳股权投资基金管理有限公司,并以该公司的名义,以承诺支付高额利息,编造用所有投资人的投资款项进行经营即能够获得巨额盈利的虚假事实等方式诱骗众多投资人签订基金受托管理协议后,师晓静遂将所骗投资人的绝大部分钱款用于偿还其个人债务以及其他个人用途,最终造成投资人的重大经济损失。上述事实,有《北京欧尔佳股权投资基金管理有限公司涉嫌集资诈骗案专项审计报告》及被告人师晓静、张冰梅、许博豪的供述,数十名投资人或证人的陈述和证言等大量证据证实,足以认定。师晓静的行为依法已构成集资诈骗罪,且系主犯。一审法院根据其

所犯罪行的事实、性质、罪责及危害后果，对师晓静所作定罪量刑之判决，确属正确。上诉人师晓静及其辩护人分别所提上诉理由和辩护意见，并无新的事实和法律依据，不能成立，法院均不予采纳。

五、案例评析

根据最高人民法院《关于审理非法集资刑事案件具体应用法律若干问题的解释》（法释〔2010〕18 号）第 2 条第 1 款之规定，以非法占有为目的，使用诈骗方法实施下列行为，以集资诈骗罪定罪处罚：（1）不具有房产销售的真实内容或者不以房产销售为主要目的，以返本销售、售后包租、约定回购、销售房产份额等方式非法吸收资金的；（2）以转让林权并代为管护等方式非法吸收资金的；（3）以代种植（养殖）、租种植（养殖）、联合种植（养殖）等方式非法吸收资金的；（4）不具有销售商品、提供服务的真实内容或者不以销售商品、提供服务为主要目的，以商品回购、寄存代售等方式非法吸收资金的；（5）不具有发行股票、债券的真实内容，以虚假转让股权、发售虚构债券等方式非法吸收资金的；（6）不具有募集基金的真实内容，以假借境外基金、发售虚构基金等方式非法吸收资金的；（7）不具有销售保险的真实内容，以假冒保险公司、伪造保险单据等方式非法吸收资金的；（8）以投资入股的方式非法吸收资金的；（9）以委托理财的方式非法吸收资金的；（10）利用民间“会”“社”等组织非法吸收资金的；（11）其他非法吸收资金的行为。集资诈骗罪的核心构成要件主要有两个：具有“非法占有”的目的以及使用诈骗的方法进行非法集资。本案中，国太集团面向社会不特定的公众吸收资金时，虚构了并不存在的私募股权投资基金、项目公司等情况，以骗取资金，大部分用于生产经营以外的用途，符合最高人民法院《关于审理非法集资刑事案件具体应用法律若干问题的解释》（法释〔2010〕18 号）第 4 条第 2 款之规定的“以非法占有为目的”的认定标准，其行为已经构成集资诈骗罪。

六、案例启示

1. 投资者在进行私募基金投资时应对私募金管理人、实际控制人进行尽职调查

为防范私募基金管理人虚构基金产品、投资标的实施集资诈骗活动给投资者带来的投资风险，投资者在进行私募基金投资之前，应注意对私募基金管理人、实际控制人进行尽职调查和资质审查工作，防止步入投资陷阱。第一，投资者应重点关注投资机构是否已经在中国基金业协会进行了私募基金管理人登

记，其登记的管理人类型与投资者拟投资的私募基金产品类型是否一致，如果投资机构未取得登记或登记的类型与发行的产品类型不一致，投资者应及时暂停或终止投资，并向中国证监会、中国基金业协会、公安机关举报。第二，对已经取得私募基金管理人登记的投资机构进行背景调查，包括登记注册、股权结构、实际控制人、内控及管理机制等情况，了解私募基金管理人是否存在违规或行政处罚情况及实际控制人资信情况，对于存在合规问题、内部管理不规范、存在大量关联交易的投资机构，投资者应谨慎投资。第三，对私募基金管理人的已发行或备案的产品、管理团队及过往业绩进行调查，以了解私募基金管理人的投资管理能力和水平。投资者应尽量选择那些管理团队稳定、过往业绩优秀的投资机构发行的私募产品。

2. 私募基金管理人应防范集资诈骗的刑事责任风险

非法吸收公众存款和集资诈骗是私募基金管理人主要面临的两类刑事责任风险，私募基金管理人身份亦不能成为其免死金牌，司法机关在相关审理时按照实质重于形式的原则，对基金的募集投资行为是否构成集资诈骗罪进行认定。因此，私募基金管理人应注意私募与集资诈骗的界限，应采取有针对性的措施防范集资诈骗的刑事合规风险：第一，准确理解和定位私募和基金管理人的功能和职责，真正做到受人之托代客理财，从基金管理人职能和产品设计时，按照《证券投资基金法》《私募投资基金监督管理暂行办法》等监管规定的要求，规范管理、合规运作，杜绝非法占有投资者或基金资产的主观故意。第二，注意私募合法合规的边界，即应符合《证券投资基金法》《私募投资基金监督管理暂行办法》等私募基金管理、募集、登记/备案、投资运作的相关法规和自律性规范，比如，管理人登记、产品备案、投资事项及底层资产真实合法。第三，实施基金资产托管和投资监管，确保基金财产的独立性和可控性。

七、相关法规

《刑法》

第一百七十六条　非法吸收公众存款或者变相吸收公众存款，扰乱金融秩序的，处三年以下有期徒刑或者拘役，并处或者单处二万元以上二十万元以下罚金；数额巨大或者有其他严重情节的，处三年以上十年以下有期徒刑，并处五万元以上五十万元以下罚金。

单位犯前款罪的，对单位判处罚金，并对其直接负责的主管人员和其他直接责任人员，依照前款的规定处罚。

最高人民法院《关于审理非法集资刑事案件具体应用法律若干问题的解释》

第二条 实施下列行为之一，符合本解释第一条第一款规定的条件的，应当依照刑法第一百七十六条的规定，以非法吸收公众存款罪定罪处罚：

（一）不具有房产销售的真实内容或者不以房产销售为主要目的，以返本销售、售后包租、约定回购、销售房产份额等方式非法吸收资金的；

（二）以转让林权并代为管护等方式非法吸收资金的；

（三）以代种植（养殖）、租种植（养殖）、联合种植（养殖）等方式非法吸收资金的；

（四）不具有销售商品、提供服务的真实内容或者不以销售商品、提供服务为主要目的，以商品回购、寄存代售等方式非法吸收资金的；

（五）不具有发行股票、债券的真实内容，以虚假转让股权、发售虚构债券等方式非法吸收资金的；

（六）不具有募集基金的真实内容，以假借境外基金、发售虚构基金等方式非法吸收资金的；

（七）不具有销售保险的真实内容，以假冒保险公司、伪造保险单据等方式非法吸收资金的；

（八）以投资入股的方式非法吸收资金的；

（九）以委托理财的方式非法吸收资金的；

（十）利用民间"会"、"社"等组织非法吸收资金的；

（十一）其他非法吸收资金的行为。

第四条 以非法占有为目的，使用诈骗方法实施本解释第二条规定所列行为的，应当依照刑法第一百九十二条的规定，以集资诈骗罪定罪处罚。

使用诈骗方法非法集资，具有下列情形之一的，可以认定为"以非法占有为目的"：

（一）集资后不用于生产经营活动或者用于生产经营活动与筹集资金规模明显不成比例，致使集资款不能返还的；

（二）肆意挥霍集资款，致使集资款不能返还的；

（三）携带集资款逃匿的；

（四）将集资款用于违法犯罪活动的；

（五）抽逃、转移资金、隐匿财产，逃避返还资金的；

（六）隐匿、销毁账目，或者搞假破产、假倒闭，逃避返还资金的；

（七）拒不交代资金去向，逃避返还资金的；

（八）其他可以认定非法占有目的的情形。

集资诈骗罪中的非法占有目的，应当区分情形进行具体认定。行为人部分非法集资行为具有非法占有目的的，对该部分非法集资行为所涉集资款以集资诈骗罪定罪处罚；非法集资共同犯罪中部分行为人具有非法占有目的，其他行为人没有非法占有集资款的共同故意和行为的，对具有非法占有目的的行为人以集资诈骗罪定罪处罚。

第五条　个人进行集资诈骗，数额在10万元以上的，应当认定为"数额较大"；数额在30万元以上的，应当认定为"数额巨大"；数额在100万元以上的，应当认定为"数额特别巨大"。

单位进行集资诈骗，数额在50万元以上的，应当认定为"数额较大"；数额在150万元以上的，应当认定为"数额巨大"；数额在500万元以上的，应当认定为"数额特别巨大"。

集资诈骗的数额以行为人实际骗取的数额计算，案发前已归还的数额应予扣除。行为人为实施集资诈骗活动而支付的广告费、中介费、手续费、回扣，或者用于行贿、赠与等费用，不予扣除。行为人为实施集资诈骗活动而支付的利息，除本金未归还可予折抵本金以外，应当计入诈骗数额。

《非法金融机构和非法金融业务活动取缔办法》

第四条　本办法所称非法金融业务活动，是指未经中国人民银行批准，擅自从事的下列活动：

（一）非法吸收公众存款或者变相吸收公众存款；

（二）未经依法批准，以任何名义向社会不特定对象进行的非法集资；

（三）非法发放贷款、办理结算、票据贴现、资金拆借、信托投资、金融租赁、融资担保、外汇买卖；

（四）中国人民银行认定的其他非法金融业务活动。

前款所称非法吸收公众存款，是指未经中国人民银行批准，向社会不特定对象吸收资金，出具凭证，承诺在一定期限内还本付息的活动；所称变相吸收公众存款，是指未经中国人民银行批准，不以吸收公众存款的名义，向社会不特定对象吸收资金，但承诺履行的义务与吸收公众存款性质相同的活动。

《关于取缔非法金融机构和非法金融业务活动中有关问题的通知》

一、非法集资是指单位或个人未依照法定程序经有关部门批准，以发行股票、债券、彩票、投资基金证券或其他债权凭证的方式向社会公众筹集资金，并承诺在一定期限内以货币、实物及其他方式向出资人还本付息或给予回报的行为。它具有如下特点：

（一）未经有关部门依法批准，包括没有批准权限的部门批准的集资以及有审批权限的部门超越权限批准的集资；

（二）承诺在一定期限内给出资人还本付息。还本付息的形式除以货币形式为主外，还包括以实物形式或其他形式；

（三）向社会不特定对象即社会公众筹集资金；

（四）以合法形式掩盖其非法集资的性质。

第二章 私募基金商事纠纷中涉及刑事案件的处理

第一节 公安机关对私募基金非法吸收公众存款进行刑事立案，不影响私募基金追缴合伙人出资的民事权利的行使

一、案例简介

1. 事实经过

2013 年 3 月 15 日，被告李凤萍与湘潭九华经济建设投资有限公司、湘潭市大华瑞银资产管理有限公司、梁建春、刘新建、欧阳建荣、秦玮、粟伟良、谢晓明、唐万总共同签订了湘潭九华瑞银中小企业投资服务中心（有限合伙）（以下简称九华瑞银）之《有限合伙协议》，约定发起和设立九华瑞银，从事投融资服务及投资业务。全体合伙人认缴出资总额为人民币 1 亿元，湘潭市大华瑞银资产管理有限公司认缴出资额为 2000 万元，出资方式为技术成果，其余 9 人为有限合伙人，出资方式均为货币；其中湘潭九华经济建设投资有限公司认缴出资 1000 万元、谢晓明认缴出资 1000 万元、刘新建认缴出资 1000 万元、粟伟良认缴出资 1000 万元、欧阳建荣认缴出资 500 万元、梁建春认缴出资 1000 万元、唐万总认缴出资 1000 万元、秦玮认缴出资 500 万元、李凤萍认缴出资 1000 万元。合伙期限为自营业执照签发之日起成立，合伙期限为 7 年。2013 年 7 月 17 日，全体合伙人委托谢晓明为执行事务合伙人；2013 年 7 月 26 日，原告九华瑞银向工商部门申请登记，同日，全体合伙人在《全体合伙人名录及出资

情况》上签字或盖章确认。2013年7月26日,原告九华瑞银正式登记成立为有限合伙企业,合伙事务执行人为湘潭市大华瑞银资产管理有限公司,资金数额为1亿元人民币,经营范围为投资(含流动性投资)、投融资咨询及服务、投资管理,股东为湘潭九华经济建设投资有限公司、湘潭市大华瑞银资产管理有限公司、李凤萍、梁建春、刘新建、欧阳建荣、秦玮、粟伟良、谢晓明、唐万总。因被告李凤萍认缴出资1000万元,至今未履行缴付出资的义务,原告九华瑞银特向法院提起民事诉讼。

另查明:2015年6月1日,湘潭市公安局九华分局委托湖南锦城司法鉴定中心对九华瑞银的财务状况进行鉴定。2015年8月17日,湖南锦城司法鉴定中心出具《关于湘潭九华瑞银中小企业投资服务中心(有限合伙)财务状况的司法会计鉴定意见》,认定被告李凤萍认缴出资1000万元,实缴出资为零,无其他资金往来。

2. 核心争议

九华瑞银涉嫌非法吸收公众存款刑事犯罪,并且执行事务人谢晓明也涉嫌非法吸收公众存款刑事犯罪,该刑事案件目前正在侦查过程中,李凤萍是否有权终止出资义务。

3. 交易结构图

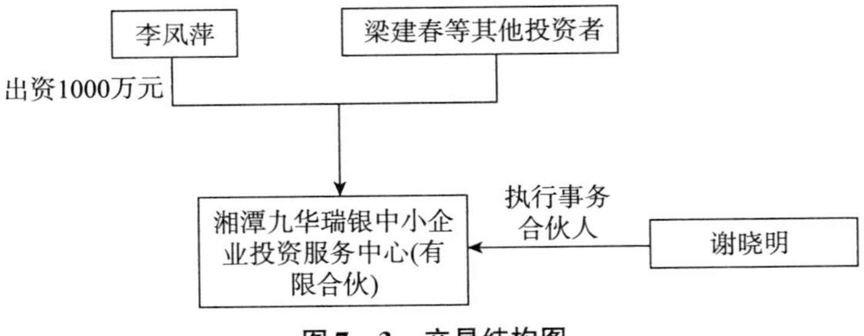

图7-3　交易结构图

二、裁判结果

湖南省湘潭市雨湖区人民法院认为:(1)被告李凤萍与九华瑞银的其他合伙人签署的《有限合伙协议》的签名系被告本人所签,该合伙协议系全体合伙人真实意思表示,并经工商部门登记确认,内容未违反法律规定,合法有效,被告是九华瑞银的有限合伙人。被告李凤萍认缴出资额为1000万元,至今未缴付出资,损害了合伙企业和其他合伙人的合法权益。因此,被告应履行缴付1000万元的出资义务。合伙协议虽然约定在签署日2个月内根据普通合伙人签发的出资缴付通知书缴付,但由于出资义务是合伙人的恒定义务,不因未在该期限内发出缴付通知而免除出资义务。对被告辩称被告目前只是意向合伙人,没有缴纳出资1000万元的义务,理由不能成立,法院不予采纳。(2)根据《合伙企业法》的规定,合伙企业的解散需要完成一定的程序,被告认为,九华瑞银目前符合法定解散的事由,但是未完成相应的法律程序,九华瑞银在法律上仍然是合法的有限合伙企业。被告辩称九华瑞银应当依法解散,被告没有继续缴纳出资的义务,理由不能成立,法院不予采纳。(3)被告未按有限合伙协议约定履行缴付出资的义务,属于合伙企业纠纷,与九华瑞银涉嫌非法吸收公众存款犯罪分属不同的法律关系,没有必然的直接联系,本案的审理也不需要以刑事案件的结果为依据,且原告系合法登记成立的有限合伙企业,具有完全的民事权利能力。因此,公安机关对九华瑞银非法吸收公众存款进行刑事立案,不影响九华瑞银追缴合伙人出资的民事权利的行使。对被告辩称本案应先刑后民,理由不能成立,法院不予采纳。(4)合伙人出资义务是依据《合伙企业法》的规定,《合伙企业法》规定了合伙人行使合伙人权利的相关救济途径,没有《合同法》规定的不安抗辩权。因此,对被告辩称被告未出资是行使不安抗辩权,理由不能成立,法院不予采纳。(5)合伙人缴付出资,是合伙企业存续期间的一种恒定的义务,不适用诉讼时效的规定。最高人民法院《关于审理民事案件适用诉讼时效制度若干问题的规定》第1条第3项规定,当事人可以对债权请求权提出诉讼时效抗辩,但对基于投资生产关系的缴付出资请求权提出诉讼时效抗辩的,人民法院不予支持。因此,对被告辩称原告未在合伙协议约定期限内发出缴付通知,已经超过了诉讼时效,理由不能成立,法院不予采纳,并判决被告李凤萍在判决生效10日内向原告九华瑞银支付出资额1000万元。

三、裁判要旨

合伙人缴付出资,是合伙企业存续期间的一种恒定的义务,合伙人未按合伙协议约定履行缴付出资的义务,属于合伙企业纠纷,与基金涉嫌非法吸收公众存款犯罪分属不同的法律关系,没有必然的直接联系,该合伙企业纠纷的审理也不需要以刑事案件的结果为依据。因此,公安机关对基金非法吸收公众存款进行刑事立案,不影响基金追缴合伙人出资的民事权利的行使。

四、案例来源

1. 案例索引

【案件名称】湘潭九华瑞银中小企业投资服务中心与李凤萍合伙协议纠纷案

【审理法院】湖南省湘潭市雨湖区人民法院

【案号】(2015)雨法响民初字第773号

【审理程序】一审

2. 关联案例

北京市第一中级人民法院在“应俊等保证合同纠纷二审民事裁定书”[(2015)一中民(商)终字第9816号]中认为,北京市公安局朝阳分局向法院致函称,其于2015年12月15日立案受理杨建华、许克勤举报中财公司(国能宇通中心)非法吸收存款案,法院受理的徐文英等投资人诉亿阳集团保证合同纠纷案与其立案侦查的杨建华、许克勤举报中财公司(国能宇通中心)非法吸收存款案系基于同一事实,其在侦查过程中已涉及亿阳集团提供担保的事实,望法院将受理的徐文英等投资人与亿阳集团的民事案件移送至该局。根据最高人民法院《关于在审理经济纠纷案件中涉及经济犯罪嫌疑若干问题的规定》第12条的规定,即“人民法院已立案审理的经济纠纷案件,公安机关或检察机关认为有经济犯罪嫌疑,并说明理由附有关材料函告受理该案的人民法院的,有关人民法院应当认真审查。经过审查,认为确有经济犯罪嫌疑的,应当将案件移送公安机关或检察机关,并书面通知当事人,退还案件受理费;如认为确属经济纠纷案件的,应当依法继续审理,并将结果函告有关公安机关或检察机关”。法院认为,本案有经济犯罪嫌疑,应当将案件移送公安机关。

湖南省湘潭市雨湖区人民法院在“湘潭九华瑞银中小企业投资服务中心(有限合伙)与梁建春合伙协议纠纷案”[(2015)雨法响民初字第1041号]中认为,被告梁建春作为完全民事行为能力人,其与九华瑞银的其他合伙人签署的《有限合伙协议》的签名系被告本人所签,该合伙协议系全体合伙人真实意思表示,并经工商部门登记确认,内容未违反法律规定,合法有效,被告梁建春是九华瑞银的有限合伙人。被告梁建春认缴出资额为1000万元,至今未缴付出资,损害了合伙企业和其他合伙人的合法权益。因此,被告应履行缴付1000万元的出资义务。对原告要求被告缴付出资额1000万元的诉讼请求,法院予以支持。

五、案例评析

有限合伙制私募基金的投资者的出资义务是一项基本义务,《合伙企业法》第65条规定,"有限合伙人应当按照合伙协议的约定按期足额缴纳出资;未按期足额缴纳的,应当承担补缴义务,并对其他合伙人承担违约责任",并且根据最高人民法院《关于审理民事案件适用诉讼时效制度若干问题的规定》第1条"当事人可以对债权请求权提出诉讼时效抗辩,但对下列债权请求权提出诉讼时效抗辩的,人民法院不予支持:……(三)基于投资关系产生的缴付出资请求权……"之规定,本案中法院认为出资义务是合伙人的恒定义务,不适用诉讼时效及不安抗辩权的规定,因此,投资者应当按照合伙协议的约定按期足额缴纳出资,否则应当对其他投资者承担违约责任。不安抗辩权是指双方合同成立后,有先后履行顺序的,先履行的一方有确切证据表明另一方丧失履行债务能力时,在对方没有恢复履行能力或者没有提供担保之前,有权中止履行合同的权利,主要规定于《合同法》第68条、第69条中,行使不安抗辩权的一个前提条件须是债务合法有效且为先后履行顺序不同的两种具有对价性的双务合同之债,很显然基于投资关系产生的缴付出资请求权不适用不安抗辩权,因此,李凤萍辩称的未出资是行使不安抗辩权,法院未予采信。

本案中,李凤萍提出的一个重要抗辩是民事诉讼中比较普遍的"先刑后民"问题,这也是我国政法系统长期以来"重刑轻民""重打击、轻保护"的司法理念的反映——当民商案件与刑事犯罪发生交织时,往往以打击犯罪为由,先行处理刑事犯罪问题,待犯罪行为起诉审判后,再行处理相关的民商事纠纷。但"先刑后民"有一个适用条件,即只有在"本案必须以另一案的审理结果为依据,而另一案尚未审结"的法定情况下,亦即民事案件的审理必须以刑事案件的审理结果为依据的情形下,民事案件才应中止审理。而最高人民法院于1998年4月9日颁布的最高人民法院《关于在审理经济纠纷案件中涉及经济犯罪嫌疑若干问题的规定》第1条规定:"同一公民、法人或其他经济组织因不同的法律事实,分别涉及经济纠纷和经济犯罪嫌疑的,经济纠纷案件和经济犯罪嫌疑案件应当分开审理。"本案中,合伙人出资纠纷与合伙企业及执行事务合伙人涉嫌非法吸收公众存款罪的法律事实显然不同,因此,不适用"先刑后民"原则,两案应分别审理。故,法院对该项抗辩亦未采纳。

六、案例启示

1. 投资者的缴付出资请求权不适用诉讼时效和不安抗辩权，应按照约定履行出资缴付义务

诉讼时效制度的设置初衷在于督促权利人及时行使权利，维护社会交易的稳定性。可以说，诉讼时效制度是对当事人权利的一种限制，但这种限制不能是无边界的，不能滥用诉讼时效制度，使诉讼时效制度成为义务人逃避债务的工具。最高人民法院《关于审理民事案件适用诉讼时效制度若干问题的规定》（法释〔2008〕11 号）第 1 条对诉讼时效制度的适用范围加以了限制，其中就包括基于投资关系的缴付出资请求权不适用诉讼时效，因为与出资义务的特殊性直接相关。合伙企业或公司拥有充足的资本是其开展正常经营活动的保证，合伙企业或公司资产也系其对外承担民事责任的一般担保。因此，足额出资是合伙人或股东的法定义务。缴付出资请求权是基于合伙人或股东的法定义务而由合伙企业或公司享有的法定债权债务，不同于基于当事人合意产生的意定债权债务，可以由当事人自由约定处置，因此，最高人民法院对此作了限制。对于公司制基金的投资者而言也是一样的，最高人民法院《关于适用〈中华人民共和国公司法〉若干问题的规定（三）》第 20 条规定："公司股东未履行或者未全面履行出资义务或者抽逃出资，公司或者其他股东请求其向公司全面履行出资义务或者返还出资，被告股东以诉讼时效为由进行抗辩的，人民法院不予支持。公司债权人的债权未过诉讼时效期间，其依照本规定第十三条第二款、第十四第二款的规定请求未履行或者未全面履行出资义务或者抽逃出资的股东承担赔偿责任，被告股东以出资义务或者返还出资义务超过诉讼时效期间为由进行抗辩的，人民法院不予支持。"

《合同法》第 68 条第 1 款规定："应当先履行债务的当事人，有确切证据证明对方有下列情形之一的，可以中止履行：（一）经营状况严重恶化；（二）转移财产、抽逃资金，以逃避债务；（三）丧失商业信誉；（四）有丧失或者可能丧失履行债务能力的其他情形。"根据民法理论，不安抗辩权的适用条件为：（1）因同一双务合同互负债务。不安抗辩权只能发生于双务合同，单务合同中不能产生不安抗辩权。（2）债务的履行有先后顺序。履行有先后顺序即异时履行，双方履行合同的时间不一致，有先后顺序，一方先履行，另一方后履行。（3）后履行一方有丧失或可能丧失履行债务能力，即财产状况发生恶化的情形。（4）先履行方有确切的证据。基于投资关系产生的缴付出资请求权，在合伙企业或公司与合

伙人或股东之间并不存在互负债务的情形,因此,投资者的出资依法不适用不安抗辩权。

除投资协议或基金合同另有约定外,投资者应按照约定的出资期限、出资方式和金额缴付相应的出资。为防范投资风险,建议投资者争取在投资协议或基金合同中设置有利的分期出资先决条件机制、特定情形下减少出资的权利及根据投资进度同比例出资等保护投资者权益的条款和安排(详见本书第一编第一章第六节)。

2. 刑民交叉案件应按照相关规定进行处理

对于刑民交叉案件,最高人民法院颁发的相关司法解释,对该问题已经作了比较充分的规定,民商事案件的审理并非一定要等待刑事案件的审理结果。例如,最高人民法院于1998年4月9日颁布的最高人民法院《关于在审理经济纠纷案件中涉及经济犯罪嫌疑若干问题的规定》第1条提出了"同一公民、法人或其他经济组织因不同的法律事实,分别涉及经济纠纷和经济犯罪嫌疑的,经济纠纷案件和经济犯罪嫌疑案件应当分开审理"的原则,澄清了长期以来人们普遍认为当出现经济纠纷与经济犯罪交织时应当一概将经济纠纷予以移送的误区,并对相关刑民交叉相关问题处理作出了具体规定。2015年12月,最高人民法院《关于当前商事审判工作中的若干具体问题》对如何处理商事审判与刑事、行政诉讼等交叉的正当法律程序问题又作了补充规定。经梳理相关司法解释与司法政策文件,可以探知目前最高人民法院对刑民交叉案件的处理要求一般是:

第一,如果商事案件法律事实与刑事案件法律事实不同,那么原则上商事案件应当与刑事案件分别审理,审理商事案件的法院不能以涉嫌刑事犯罪为由当然中止对案件的审理。但是,如果法院在商事审判中发现犯罪线索的,应将掌握的犯罪线索材料移送给公安、检察等机关。此时的移送是犯罪线索材料的移送,而不是全案移送,移送后商事案件也不能中止审理。

第二,如果商事案件与刑事诉讼所涉事实完全相同,而且案件事实在根本上也属于刑事案件,那么在立案阶段就应不予受理商事案件。受理后在商事审判中发现的,应当裁定驳回起诉。

第三,如果商事案件与刑事诉讼涉及的法律事实部分相关时,判断商事案件是否继续审理的标准应当是《民事诉讼法》第150条第1款第5项"本案必须以另一案的审理结果为依据"的规定。据此,如果审理商事案件必须以另一刑事案件审理结果为依据,那么在刑事案件尚未审结时,应当中止商事案件审理。反之,如果商事案件审理无需以刑事案件审理结果为依据,则商事案件不得中止审理。

七、相关法规

《合伙企业法》

第六十五条 有限合伙人应当按照合伙协议的约定按期足额缴纳出资；未按期足额缴纳的，应当承担补缴义务，并对其他合伙人承担违约责任。

《民事诉讼法》

第一百五十条 有下列情形之一的，中止诉讼：

（一）一方当事人死亡，需要等待继承人表明是否参加诉讼的；

（二）一方当事人丧失诉讼行为能力，尚未确定法定代理人的；

（三）作为一方当事人的法人或者其他组织终止，尚未确定权利义务承受人的；

（四）一方当事人因不可抗拒的事由，不能参加诉讼的；

（五）本案必须以另一案的审理结果为依据，而另一案尚未审结的；

（六）其他应当中止诉讼的情形。

中止诉讼的原因消除后，恢复诉讼。

最高人民法院《关于审理民事案件适用诉讼时效制度若干问题的规定》

第一条 当事人可以对债权请求权提出诉讼时效抗辩，但对下列债权请求权提出诉讼时效抗辩的，人民法院不予支持：

（一）支付存款本金及利息请求权；

（二）兑付国债、金融债券以及向不特定对象发行的企业债券本息请求权；

（三）基于投资关系产生的缴付出资请求权；

（四）其他依法不适用诉讼时效规定的债权请求权。

最高人民法院《关于在审理经济纠纷案件中涉及经济犯罪嫌疑若干问题的规定》

第一条 同一公民、法人或其他经济组织因不同的法律事实，分别涉及经济纠纷和经济犯罪嫌疑的，经济纠纷案件和经济犯罪嫌疑案件应当分开审理。

第十条 人民法院在审理经济纠纷案件中，发现与本案有牵连，但与本案不是同一法律关系的经济犯罪嫌疑线索、材料，应将犯罪嫌疑线索、材料移送有关公安机关或检察机关查处，经济纠纷案件继续审理。

第十二条 人民法院已立案审理的经济纠纷案件，公安机关或检察机关认为有经济犯罪嫌疑，并说明理由附有关材料函告受理该案的人民法院的，有关人民法院应当认真审查。经过审查，认为确有经济犯罪嫌疑的，应当将案件移送公安机关或检察机关，并书面通知当事人，退还案件受理费；如认为确属经济纠纷案件的，应当依法继续审理，并将结果函告有关公安机关或检察机关。

第二节　公安机关对私募基金管理人集资诈骗进行刑事立案，不影响投资者向担保人主张担保权利

一、案例简介

1. 事实经过

2014年9月3日，王子顺与山东肯雅隆股权投资基金管理有限公司（以下简称肯雅隆公司）、北京宏图鑫瑞股权投资中心（有限合伙）签订投资手册一份，包括预约认购意向书、合伙份额认购确认书、合伙协议等。预约认购意向书约定，王子顺愿意以每份1万元的价格购买北京宏图鑫瑞股权投资中心（有限合伙）合伙份额100份。合伙份额认购确认书约定王子顺认购北京宏图鑫瑞股权投资中心（有限合伙）企业份额50份，共计50万元，自认购人缴付出资到托管账户之时起，认购人即成为合伙企业的有限合伙人，按照合伙协议享受合伙人权利及承担合伙人义务。执行事务合伙人肯雅隆公司应当及时到工商行政管理部门办理变更份额变更手续。合伙协议约定，合伙期限为长期，利润分配方式：若本合伙企业年化投资收益率小于或等于14%（优先受益），则基金管理人不享受业绩分成；若基金年化投资收益率大于优先受益，则由基金管理人和全体合伙人按照20%：80%的比例，对超出优先受益的超额收益部分进行分配。利润分配时间：本合伙企业每3个月，对已实现并收回的利润全部进行分配；若合伙人要求每季度分配一次利润，则该合伙人不参与投资结束后超额收益的分配。如果经执行事务合伙人通过后，也可以在具体管理项目结束时进行分配。经全体合伙人一致同意，由普通合伙人肯雅隆公司担任本合伙企业的执行事务合伙人，代表本合伙企业执行合伙事务。协议还对入伙与退伙、解散与清算、违约责任等作出约定。同日，王子顺签署授权委托书，授权肯雅隆公司代表原告签署合伙企业工商登记变更所需文件。

肯雅隆公司于2014年8月制作的募集说明书显示，肯雅隆公司以北京宏图鑫瑞股权投资中心（有限合伙）为基金载体，成立有限合伙制私募基金，肯雅隆公司作为普通合伙人及执行事务合伙人，基金总规模为1亿元，首期募集3000万元。每个有限合伙人最低出资额为100万元。基金存续期为长期，基金封闭期为12个月。

投资手册签订同日，王子顺向北京宏图鑫瑞股权投资中心（有限合伙）支付

款项50万元。肯雅隆公司并未办理合伙人变更的工商登记手续，王子顺也未参加过合伙人会议，也不清楚除肯雅隆公司之外的其他合伙人。2014年12月2日、2015年3月3日、2015年6月4日、2015年9月24日，胡汉平向王子顺支付了四笔款项，每笔均为17,500元。

2015年11月7日，肯雅隆公司向王子顺及案外人李秀芝共同出具还款计划，称："您在肯雅隆购买的理财产品于2015.9.3号到期。本金共计壹佰万元正，我公司协调于2015.11.30号前兑付20万+20万，共计肆拾万元正，其余部分本息于2015.12.30号前兑付，如未到期兑付，愿意承担一切违约责任。"胡汉平在还款计划落款处手写"担保人：胡汉平"。

2016年1月20日，济南市公安局市中区分局作出市中公（魏）字（2016）00015号立案决定书，决定对肯雅隆公司集资诈骗案立案侦查。

王子顺以肯雅隆公司逾期支付其投资本息为由，诉至法院要求肯雅隆公司与胡汉平偿还其本金50万元及相应利息。

胡汉平辩称，王子顺与肯雅隆公司属于投资关系，不属于欠款。目前因投资项目周期及本金回收周期因故延长，导致不能按期回流，无法及时兑付。王子顺投资的项目属于有限合伙的私募基金，王子顺与肯雅隆公司共同合伙成立的企业属于国家允许的工商注册的企业形式。王子顺于2014年投资了50万元，但投资手册并未约定投资期限，当时因涉案项目无法按照预计的一年期兑付，才出了还款计划协调投资的项目方，尽快将本金收益收回，还款计划的违约责任指的是投资手册中的违约责任。

2. 核心争议

肯雅隆公司涉嫌集资诈骗被公安机关立案侦查，是否影响胡汉平承担担保责任。

3. 交易结构图

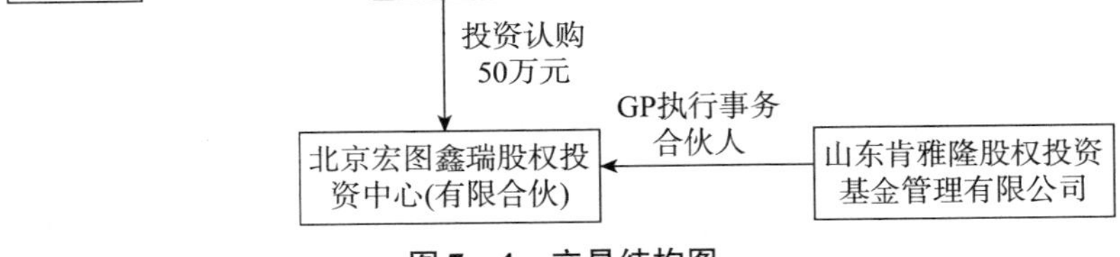

图7-4　交易结构图

二、裁判结果

山东省济南市市中区人民法院认为，王子顺与肯雅隆公司签订的“北京宏图鑫瑞股权投资中心（有限合伙）投资手册”，虽名为以合伙企业为载体的私募基金理财协议，但无论根据中国证券监督管理委员会《私募投资基金监督管理暂行办法》的规定，还是肯雅隆公司《募集说明书》的说明，原告个人资金投资50万元均不符合私募投资基金的特征，同时肯雅隆公司及被告均未提交证据证实向原告披露投资去向及数额，原告也未参加过合伙人会议，合伙企业也未为原告变更合伙人工商登记信息，故本案并非民间委托理财合同关系。胡汉平根据协议约定的14%收益率，按季度支付四笔17,500元的款项，肯雅隆公司、胡汉平在1年期满后向原告出具了还本还息的还款计划。综合以上几点，能够认定本案实际构成了“保本保息”的民间借贷行为，借款人为肯雅隆公司，担保人为胡汉平，借款期限为1年，借款期内约定的利率即年利率14%。因此，肯雅隆公司应偿还原告王子顺已到期的借款本金50万元及按照借期内利率计算的逾期还款利息。因借款人肯雅隆公司涉嫌集资诈骗犯罪，本院已驳回原告对肯雅隆公司的起诉，但不影响本案借款合同的性质认定，担保人胡汉平并未涉嫌犯罪，亦不存在免除担保责任的事由，被告胡汉平仍应承相应民事责任。

三、裁判要旨

私募基金管理人涉嫌集资诈骗犯罪，不影响投资者与基金之间的民事法律关系的认定，担保人并未涉嫌犯罪，亦不存在免除担保责任的事由，担保人仍应承相应民事责任。

四、案例来源

1. 案例索引

【案件名称】王子顺与山东肯雅隆股权投资基金管理有限公司等民间委托理财合同纠纷案

【审理法院】山东省济南市市中区人民法院

【案号】(2017)鲁0103民初7608号

【审理程序】一审

2. 关联案例

北京市朝阳区人民法院在“华夏基金管理有限公司与中海信达担保有限公

司保证合同纠纷案"[(2014)朝民(商)初字第28893号]中认为,虽圣达威公司相关行为涉嫌欺诈发行股票、债券罪,但圣达威公司与华夏基金公司签订的《认购合同》并不当然无效。我国《合同法》第52条规定:"有下列情形之一的,合同无效:(一)一方以欺诈、胁迫的手段订立合同,损害国家利益;(二)恶意串通,损害国家、集体或者第三人利益;(三)以合法形式掩盖非法目的;(四)损害社会公共利益;(五)违反法律、行政法规的强制性规定。"首先,华夏基金公司与圣达威公司签订《认购合同》的真实意思并非与圣达威公司共同实施违法犯罪行为,现也没有证据证明华夏基金公司与圣达威公司恶意串通损害国家、集体或第三人利益,也没有证据证明《认购合同》存在以上规定的合同无效的5种情形;其次,从涉嫌欺诈发行股票、债券罪的罪名来看,该罪侵犯的客体要件为国家对证券市场的管理制度以及投资者的合法权益,也就是说该罪名规制的是市场准入资格而非合同行为本身,属于管理性强制性规定而非效力性强制性规定。故该协议不违反法律、行政法规的强制性规定,应属合法有效。中海信达公司在《保证合同》之后向本期私募债券持有人出具担保函,承诺对圣达威公司发行的本期私募债券承担保证责任,中海信达公司与本期私募债券持有人之一的华夏基金公司之间构成保证合同法律关系,该保证合同法律关系合法有效。担保函明确约定了保证范围及期限,保证范围及于本金、利息、违约金、损害赔偿金及实现债权的全部费用。华夏基金公司提起本案诉讼时,中海信达公司尚在保证期间。故中海信达公司应当按照约定就本金及收益、律师费承担保证责任。

五、案例评析

本案中投资者王子顺出资50万元投资肯雅隆公司设立的北京宏图鑫瑞股权投资中心(有限合伙),但因肯雅隆公司并未登记为私募基金管理人,投资产品北京宏图鑫瑞股权投资中心(有限合伙)亦未在中国基金业协会进行备案,并且肯雅隆公司并未将王子顺登记为有限合伙人,法院根据实质重于形式原则,将该法律关系认定为民间借贷。肯雅隆公司因涉嫌集资诈骗罪被公安机关立案侦查,王子顺系肯雅隆公司集资诈骗犯罪的被害人,王子顺与肯雅隆公司的民间借贷法律关系的法律事实与该公司刑事犯罪的法律事实相同,根据最高人民法院《关于在审理经济纠纷案件中涉及经济犯罪嫌疑若干问题的规定》(法释〔1998〕7号)第11条"人民法院作为经济纠纷受理的案件,经审理认为不属经济纠纷案件而有经济犯罪嫌疑的,应当裁定驳回起诉,将有关材料移送公安机关或检察机关"之规定,对于王子顺与肯雅隆公司之间的民间借贷纠纷,法院应当裁定不予受理,因为根据《刑法》第64条“犯罪分子违法所得的一切财物,应当予以追缴或者责令退赔;对被害人的合法财产,应当及时返还;违禁品和供犯罪所用的本人财物,应当予以没收。没收的财物和罚金,一律上缴国库,不得挪用和自行处理”等规定,法院在刑事诉讼中,应当作出责令被告人向被害人退赔等的判决。但王子顺与担保人胡汉平之间系保证法律关系,与肯雅隆公司涉嫌刑事犯罪的法律事实不同,根据最高人民法院《关于在审理经济纠纷案件中涉及经济犯罪嫌疑若干问题的规定》(法释〔1998〕7号)第1条“同一公民、法人或其他经济组织因不同的法律事实,分别涉及经济纠纷和经济犯罪嫌疑的,经济纠纷案件和经济犯罪嫌疑案件应当分开审理”之规定,保证纠纷不受刑事案件的影响,应当继续审理。此外,根据最高人民法院《关于审理民间借贷案件适用法律若干问题的规定》(法释〔2015〕18号)第5条、第13条之规定,借款人涉嫌刑事犯罪的,不影响出借人向担保人主张履行担保责任。

六、案例启示

1. 私募基金或管理人涉嫌刑事犯罪时,投资者仍可向担保人主张民事权利

近年来私募基金或管理人涉嫌刑事犯罪案件日益增多,其中常见的罪名主要是非法集资和诈骗,包括非法吸收公众存款罪、集资诈骗罪、非法经营罪、诈骗罪等,一旦案发,投资者将要面临着经济和精神的双重压力,不仅要承担部分或大部分投资的损失,还要面对来自家庭、社会的重重压力,在维权时经常会碰到法院“先刑后民”或者法院以刑事犯罪已经公安机关立案而不予受理的尴尬境地。法院在处理刑民交叉案件时,受我国政法系统长期以来“重刑轻民”“重打击、轻保护”的司法理念的影响,当民商案件与刑事犯罪发生交织时,往往以打击犯罪为由,先行处理刑事犯罪问题,待犯罪行为起诉审判后,再行处理相关的民商事纠纷。这一做法不仅过分拖延了民商事纠纷的解决,直接影响了民商事案件中权利人维护自身合法权益,甚至沦为一些单位逃避民事责任的“挡箭牌”,一直以来饱受诟病。最高人民法院于1998年4月9日颁布的《关于在审理经济纠纷案件中涉及经济犯罪嫌疑若干问题的规定》第1条规定,“同一公民、法人或其他经济组织因不同的法律事实,分别涉及经济纠纷和经济犯罪嫌疑的,经济纠纷案件和经济犯罪嫌疑案件应当分开审理”,因此,在私募基金或管理人涉嫌刑事犯罪时,投资者仍可向担保人主张民事权利,法院不能以涉嫌刑事犯罪为由对担保纠纷不予受理或中止审理。

2. 投资者进行私募基金投资时应注意投资陷阱

我国私募行业历经20余年的发展，已成为金融市场不可忽视的力量，目前总规模发展已过万亿元人民币。但随着私募基金的高速发展，近年来私募投资和运作的风险逐渐暴露出来，非法集资的炸弹不定时爆发，私募基金管理人跑路、失联事件接连发生，私募基金管理人挪用、侵吞基金财产，基金投资亏损引发投资者集体维权，等等，给广大投资者造成严重的经济损失，有的甚至倾家荡产、血本无归，由此也严重影响了社会稳定，给私募行业的健康发展蒙上了一层阴影。作为私募基金投资者，在进行投资时应擦亮眼睛，必须了解私募基金，选择正规、合法的私募基金管理人及其发行的私募基金产品，不被高收益、高额回报的非法集资宣传所迷惑，投资者要高度警惕各类以私募基金为名的违法犯罪活动，坚信“天上不会掉馅饼”，对“承诺高额回报”“未经批准向不特定对象募集”“以合法形式掩盖非法目的”的“私募基金”等投资项目进行冷静分析，避免上当受骗。

七、相关法规

最高人民法院《关于在审理经济纠纷案件中涉及经济犯罪嫌疑若干问题的规定》

第一条 同一公民、法人或其他经济组织因不同的法律事实，分别涉及经济纠纷和经济犯罪嫌疑的，经济纠纷案件和经济犯罪嫌疑案件应当分开审理。

第十条 人民法院在审理经济纠纷案件中，发现与本案有牵连，但与本案不是同一法律关系的经济犯罪嫌疑线索、材料，应将犯罪嫌疑线索、材料移送有关公安机关或检察机关查处，经济纠纷案件继续审理。

第十二条 人民法院已立案审理的经济纠纷案件，公安机关或检察机关认为有经济犯罪嫌疑，并说明理由附有关材料函告受理该案的人民法院的，有关人民法院应当认真审查。经过审查，认为确有经济犯罪嫌疑的，应当将案件移送公安机关或检察机关，并书面通知当事人，退还案件受理费；如认为确属经济纠纷案件的，应当依法继续审理，并将结果函告有关公安机关或检察机关。

最高人民法院《关于审理民间借贷案件适用法律若干问题的规定》

第五条 人民法院立案后，发现民间借贷行为本身涉嫌非法集资犯罪的，应当裁定驳回起诉，并将涉嫌非法集资犯罪的线索、材料移送公安或者检察机关。

公安或者检察机关不予立案，或者立案侦查后撤销案件，或者检察机关作出不起诉决定，或者经人民法院生效判决认定不构成非法集资犯罪，当事人又以同一事实向人民法院提起诉讼的，人民法院应予受理。

第八条　借款人涉嫌犯罪或者生效判决认定其有罪,出借人起诉请求担保人承担民事责任的,人民法院应予受理。

第十三条　借款人或者出借人的借贷行为涉嫌犯罪,或者已经生效的判决认定构成犯罪,当事人提起民事诉讼的,民间借贷合同并不当然无效。人民法院应当根据合同法第五十二条、本规定第十四条之规定,认定民间借贷合同的效力。

担保人以借款人或者出借人的借贷行为涉嫌犯罪或者已经生效的判决认定构成犯罪为由,主张不承担民事责任的,人民法院应当依据民间借贷合同与担保合同的效力、当事人的过错程度,依法确定担保人的民事责任。

最高人民法院、最高人民检察院、公安部《关于办理非法集资刑事案件适用法律若干问题的意见》

七、关于涉及民事案件的处理问题

对于公安机关、人民检察院、人民法院正在侦查、起诉、审理的非法集资刑事案件,有关单位或者个人就同一事实向人民法院提起民事诉讼或者申请执行涉案财物的,人民法院应当不予受理,并将有关材料移送公安机关或者检察机关。

人民法院在审理民事案件或者执行过程中,发现有非法集资犯罪嫌疑的,应当裁定驳回起诉或者中止执行,并及时将有关材料移送公安机关或者检察机关。

公安机关、人民检察院、人民法院在侦查、起诉、审理非法集资刑事案件中,发现与人民法院正在审理的民事案件属同一事实,或者被申请执行的财物属于涉案财物的,应当及时通报相关人民法院。人民法院经审查认为确属涉嫌犯罪的,依照前款规定处理。

第三节　私募基金商事纠纷案件审理中发现经济犯罪嫌疑的,应当将案件移送公安机关或检察机关

一、案例简介

1. 事实经过

2013年7月12日,杭州智诺科技股份有限公司(以下简称智诺公司)通过银行转账向北京国能宇通投资管理中心(有限合伙)(以下简称国能宇通中心)的银行账户汇入300万元。2013年7月13日,智诺公司(有限合伙人)与中财鼎盛(北京)投资基金管理有限公司(以下简称中财公司,作为普通合伙人)、国

能宇通中心三方共同签订一份《入伙协议》。根据协议记载,合伙企业将资金投资于南京长江第三大桥有限责任公司第二大股东亿阳集团股份有限公司(以下简称亿阳集团),目前项目已取得所有政策性文件。合伙企业本次预期发行总额为3亿元,可提前部分成立。由基金管理人中财公司发起成立,并出资5000万元作为劣后级资金,全体合伙人共同组成。优先级有限合伙人以货币方式出资25,000万元。优先级有限合伙人缴付出资后,合伙企业向优先级有限合伙人开具成立确认函。作为优先级有限合伙人,将从基金投资收益中优先得到本金和预期投资收益。优先级有限合伙人预期年化投资收益率为:100万元≤认购金额<300万元,12个月期投资收益率10%,24个月期投资收益率11%;300万元≤认购金额<500万元,12个月期投资收益率11.5%,24个月期投资收益率12%;500万元≤认购金额,12个月期投资收益率12%,24个月期投资收益率13%。除上述收益外,优先级有限合伙人不再享有其他利润分配。优先级有限合伙人收益不足上述水平时,普通合伙人承担连带管理责任。基金管理人自该基金成立之日向有限合伙人出具《成立确认函》,有限合伙人开始享受预期投资收益。投资期限拟定12至24个月。在有限合伙经营期内,允许基金管理人根据项目情况在第12个月时提前结束或延长投资期限。协议由普通合伙人代表全体合伙人签署。协议一式两份,双方各执一份,具有同等法律效力,自双方盖章或签字之日起生效。上述《入伙协议》的落款处,分别加盖有中财公司、国能宇通中心、智诺公司的印章。协议附有中财公司《承诺书》,载明:根据《入伙协议》相关规定及协商决议,中财公司承诺对有限合伙人按照实际出资金额每6个月支付一次投资收益,该项投资收益为净收益即实际收益,并于到期退出时一次性兑付本金及剩余预期投资收益。2013年7月22日,国能宇通中心向智诺公司出具一份《成立确认书》,其记载内容包括:"……感谢您加入投资基金投资计划!成立日:2013年7月22日(投资收益起算日为2013年7月19日)。您投资的金额为:300万元。拟投资周期:12个月(成立日起12个月)……"上述《成立确认书》的落款处,加盖有国能宇通中心印章。2014年7月4日,亿阳集团向智诺公司出具一份《承诺函》,其记载内容包括:"……鉴于:1.您作为国能宇通中心的有限合伙人和一年期投资人,已经按照《入伙协议》的相关约定缴付投资款。2.您已经同意基金管理人中财公司提出的投资基金的一年期的投资本金予以延期3个月,且已经由基金管理人和您签署《入伙协议》之《补充协议》。3.对于延期的投资合伙人,基金管理人承诺按照《补充协议》约定在原12个月年化预期收益基础上,按照延期3个月增加年化1%预期收益、延期6个月增加年化

1.5%预期收益、延期12月增加年化2%预期收益的标准支付延期期间的收益。4.对于延期的有限合伙人,在到期后5个工作日内,基金管理人即国能宇通中心将按照《补充协议》约定将一次性兑付各位有限合伙人的全部本金和预期收益。因此,亿阳集团在此郑重承诺:亿阳集团将监督基金管理人及国能宇通中心按期兑付相关投资本金和预期收益,并对本次延期的一年期有限合伙人本金兑付和预期收益支付提供保证责任担保。"上述《承诺函》的落款处,加盖有亿阳集团的印章。2014年7月23日,智诺公司(有限合伙人)及中财公司(基金管理人/普通合伙人)、国能宇通中心共同签订一份《补充协议》。根据协议记载,应被投资企业亿阳集团请求,结合亿阳集团未来财务状况,根据《入伙协议》赋予的权利,经慎重决议,亿阳集团与基金管理人共同决定延期支付拟投资1年期投资基金有限合伙人投资本金。亿阳集团对本次延期的拟投资1年期有限合伙人本金兑付和预期收益支付提供保证责任担保。有限合伙人申请延长期限为3个月,对应的修正后的预期收益率为原基础上加1%。本次延期仅针对拟投资于该基金1年期的有限合伙人。基金管理人已与亿阳集团签订《账户监管协议》,保障有限合伙人投资本金与收益分配工作安全、顺利进行。除该协议中明确所作修改的条款以外,《入伙协议》的其余部分应完全继续有效。上述《补充协议》的落款处,分别加盖有中财公司、国能宇通中心、智诺公司的印章。2013年12月26日、2014年8月11日,国能宇通中心通过银行汇款方式向智诺公司支付了1年期投资收益共计34.5万元。2014年11月5日,亿阳集团通过银行汇款的方式,向智诺公司支付投资本金120万元及延期3个月收益93,750元。2015年3月19日,智诺公司向亿阳集团发出《关于要求承担担保责任的函》,要求亿阳集团在2015年4月7日之前支付本金180万元并按照年化收益率12.5%的标准支付2014年10月13日起的逾期收益。2015年8月1日,中财公司、国能宇通中心、高培峰、高胜利向亿阳集团出具一份《确认函》,载明:亿阳集团与投资人签署协议书,按协议书约定代国能宇通中心直接向投资人支付国能宇通中心计划应付而未付投资人的投资本金及相应收益,相关款项的额度、支付方式、支付期限由亿阳集团与投资人协商确定。亿阳集团向上述投资人支付的相关款项金额,以及本《确认函》出具之前亿阳集团按照中财公司或国能宇通中心出具的付款指令、确认函向投资人已经支付的相关款项金额,均视为等额抵扣亿阳集团所欠高培峰、高胜利、中财公司、国能宇通中心同等数额的包括但不限于借款本金、利息、罚息、违约金、财务顾问费等款项金额,并凭本《确认函》及银行凭证进行抵扣金额的确认。抵扣后,亿阳集团与高培峰、高胜利、中财公司、国能宇通中心就债权债务数额另行协商结算。亿阳集团与投资人签署协议书后因履行该协议发生的争议,均与高培峰、高胜利、中财公司、国能宇通中心无关,由亿阳集团与投资人自行解决。

智诺公司以亿阳集团逾期履行担保责任为由诉至法院要求亿阳集团向智诺公司支付投资本金180万元及从2014年10月19日起至实际付清之日止按照12.5%计算的逾期收益(暂计算至2015年7月19日逾期收益为168,750元)。

审理中,亿阳集团主张《入伙协议》《补充协议》《成立确认书》并非由其出具,不清楚真实性;主张其支付给智诺公司投资本金及收益并非履行保证责任,而是代亿阳集团的债权人付款。

2. 核心争议

智诺公司是否有权依据《承诺函》要求亿阳集团承担剩余本金及收益的保证责任。

3. 交易结构图

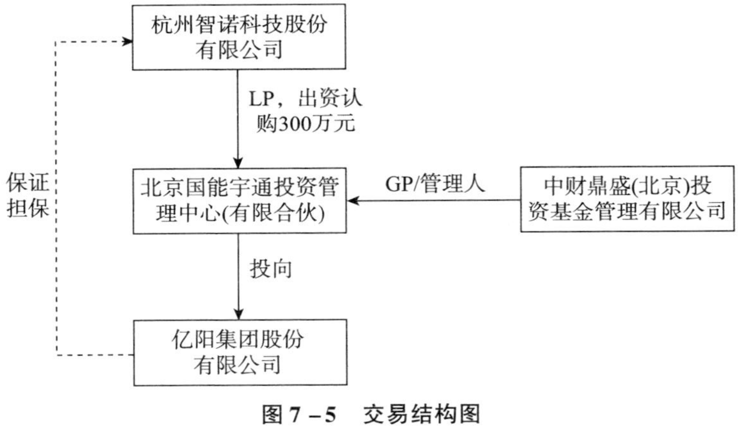

图7-5　交易结构图

二、裁判结果

一审法院北京市海淀区人民法院认为,智诺公司与中财公司及国能宇通中心各方所签订的《入伙协议》及《补充协议》,其内容均未违反国家法律、行政法规的禁止性规定,皆应属有效。根据智诺公司所提交的加盖有国能宇通中心印章的《成立确认书》显示,智诺公司确已按照《入伙协议》的约定完成了对投资基金的投资行为,故其依约取得了国能宇通中心有限合伙人的法律地位。同时,智诺公司亦在约定的投资周期内,享有按约定比例取得预期收益的相应权利。上述投资周期届满后,智诺公司亦有权要求取回其相应投资本金。此外,根据《补充协议》的约定，原约定投资周期届满后，智诺公司同意将投资周期予以相应延长，并在延长的期限内按照新约定的比例取得预期收益。《补充协议》期满后，则智诺公司有权按期取得投资本金，以及所延长投资周期内发生的预期收益。关于《入伙协议》及《补充协议》的实际履行情况，根据智诺公司的自认，其已实际取得原约定投资周期以及延长期限内的全部预期收益，并已取得部分投资本金。对于其余部分投资本金，按照上述协议的约定内容，智诺公司有权继续予以主张。根据亿阳集团向智诺公司所出具《承诺函》的明确记载，该公司对智诺公司签订《入伙协议》及《补充协议》，以及协议期满后应按期向智诺公司支付投资本金及预期收益的情形均予以认可。在此基础上，亿阳集团亦明确表示该公司对智诺公司按期足额取得投资本金与预期收益承担保证责任。结合上述情形，一审法院认为，亿阳集团虽以该公司并非上述协议当事人为由，主张该公司并不清楚相关协议的具体内容。但是，从亿阳集团对相应主债务承担保证责任的明确承诺来看，除非亿阳集团能够针对智诺公司所主张之债务内容，提出有充足相反证据佐证之抗辩主张，否则仅凭亿阳集团所谓对主债务内容并不清楚的抗辩，并无法推翻智诺公司所提交各方面书面证据的综合证明力。同时，结合亿阳集团作为保证人的法律地位及其所承诺之具体内容，该公司的上述抗辩主张，亦不符合一般之交易常理。再者，亿阳集团虽主张该公司仅应对智诺公司所主张之债务承担一般保证责任，但从《承诺函》的具体内容来看，其中并未对该公司的保证类型进行明确陈述。此种情况下，依法应视为亿阳集团具有连带保证责任人的法律地位。最后，亿阳集团在主债务履行期限届满后支付智诺公司部分本金及收益的行为，亦应视为其履行保证责任的行为。从亿阳集团向智诺公司付款的事实看，本案的保证期间未超过。综上所述，对于亿阳公司的上述各方面抗辩主张，该院均不予支持。智诺公司对于尚未依约取得之投资本金，有权依据《承诺函》之确定内容，依法要求作为连带保证人的亿阳集团履行相应给付义务。因此，智诺公司关于投资本金之诉请内容，有相应的事实与法律依据，故一审法院予以支持。智诺公司要求以延长投资周期内的投资收益率为标准，自2014 年 10 月 19 日起计算逾期收益，缺乏合同及法律依据，一审法院不予支持，并据此判决亿阳集团向智诺公司支付投资本金 180 万元；亿阳集团承担保证责任之后，有权依法向债务人进行追偿。

二审法院北京市第一中级人民法院认为，智诺公司依据其与中财公司、国能宇通中心签订的《入伙协议》，向国能宇通中心支付 300 万元，取得国能宇通中心有限合伙人的法律地位，而后三方又签订《补充协议》，延长了智诺公司的投资期限及提高了预期收益率,故智诺公司享有按约定比例取得预期收益的权利。亿阳集团向智诺公司出具《承诺函》,承诺对智诺公司的本金兑付和预期收益支付提供保证责任担保,智诺公司依据亿阳集团出具的《承诺函》,以保证合同纠纷为诉因提起本案诉讼,主张亿阳集团向其支付剩余投资本金及利息。在本院审理本案过程中,北京市公安局朝阳分局向本院致函称,其于 2015 年 12 月 15 日立案受理杨建华、许克勤举报中财公司(国能宇通中心)非法吸收存款案,本院受理的徐文英等投资人诉亿阳集团保证合同纠纷案与其立案侦查的杨建华、许克勤举报中财公司(国能宇通中心)非法吸收存款案系基于同一事实,其在侦查过程中已涉及亿阳集团提供担保的事实,望法院将受理的徐文英等投资人与亿阳集团的民事案件移送至该局。根据最高人民法院《关于在审理经济纠纷案件中涉及经济犯罪嫌疑若干问题的规定》第 12 条的规定,即"人民法院已立案审理的经济纠纷案件,公安机关或检察机关认为有经济犯罪嫌疑,并说明理由附有关材料函告受理该案的人民法院的,有关人民法院应当认真审查。经过审查,认为确有经济犯罪嫌疑的,应当将案件移送公安机关或检察机关,并书面通知当事人,退还案件受理费;如认为确属经济纠纷案件的,应当依法继续审理,并将结果函告有关公安机关或检察机关"。法院认为,本案有经济犯罪嫌疑,应当将案件移送公安机关。综上所述,二审法院根据《民事诉讼法》第 154 条第 1 款第 3 项、第 170 条第 1 款第 2 项,最高人民法院《关于在审理经济纠纷案件中涉及经济犯罪嫌疑若干问题的规定》第 12 条之规定,裁定如下:撤销北京市海淀区人民法院(2015)海民(商)初字第 28526 号民事判决;驳回杭州智诺科技股份有限公司的起诉。

三、裁判要旨

人民法院受理的私募基金商事纠纷案件,在审理中发现经济犯罪嫌疑的,应当裁定驳回起诉,并将案件移送公安机关或检察机关。

四、案例来源

1. 案例索引

【案件名称】亿阳集团股份有限公司与杭州智诺英特科技有限公司保证合同纠纷案

【审理法院】北京市第一中级人民法院

【案号】(2016)京 01 民终 1157 号

【审理程序】二审

2. 关联案例

江苏省南京市中级人民法院在“南京沛垚股权投资基金管理有限公司与陈星长、徐州钜中添房地产开发有限公司合同纠纷案”[(2016)苏01民终4652号]中认为,《民事诉讼法》第119条规定:“起诉必须符合下列条件:(一)原告是与本案有直接利害关系的公民、法人和其他组织;(二)有明确的被告;(三)有具体的诉讼请求和事实、理由;(四)属于人民法院受理民事诉讼的范围和受诉人民法院管辖。”最高人民法院《关于在审理经济纠纷案件中涉及经济犯罪嫌疑若干问题的规定》第11条规定:“人民法院作为经济纠纷受理的案件,经审理认为不属经济纠纷案件而有经济犯罪嫌疑的,应当裁定驳回起诉,将有关材料移送公安机关或检察机关。”根据上述规定,有经济犯罪嫌疑的案件,不属于人民法院受理民事诉讼的范围,应当移送有管辖权的司法机关处理。沛垚公司与中泰公司等因履行《南阳中泰中景门国贸项目合作协议书》产生纠纷,南阳市公安局高新分局以沛垚公司涉嫌合同诈骗立案侦查,本院(2016)苏01民终2700号民事裁定已终审驳回沛垚公司在该案中的起诉。本案合作协议与《南阳中泰中景门国贸项目合作协议书》约定的权利义务内容基本相同,虽然所处的履行阶段及沛垚公司主张的违约事实有所差异,但均为沛垚公司以合同为依据主张对方当事人违约并索取合同约定的报酬和违约金,且钜中添公司已就沛垚公司股东杨沛垚在本案合作协议签订及履行过程中的行为向当地公安机关刑事报案,公安机关也已接受登记进行初查。因此,沛垚公司的上述行为是否涉嫌以合同形式骗取他人财物,需要在刑事调查程序中进一步审查核实。一审法院以本案涉嫌经济犯罪需移送公安机关进一步审查为由裁定驳回沛垚公司的起诉,并无不妥。

五、案例评析

本案存在刑民交叉问题,智诺公司投资中财公司设立的私募基金国能宇通中心,亿阳集团承诺对智诺公司的本金兑付和预期收益支付提供保证责任担保,这之间存在至少两种交叉的法律关系。首先,智诺公司与中财公司(国能宇通中心)之间是合伙法律关系,智诺公司对国能宇通中心享有投资收益的权利;其次,智诺公司与亿阳集团之间是保证担保法律关系,智诺公司基于亿阳集团出具的《承诺函》对其享有担保权益。在法院审理智诺公司与亿阳集团之间的保证担保合同纠纷过程中,公安机关已经对中财公司(国能宇通中心)非法吸收公众存款案进行了立案侦查,且公安机关认为非法吸收公众存款案与保证合同纠纷案系基于同一事实,法院依据最高人民法院《关于在审理经济纠纷案件中涉及经济犯罪嫌疑若干问题的规定》第 12 条“人民法院已立案审理的经济纠纷案件,公安机关或检察机关认为有经济犯罪嫌疑,并说明理由附有关材料函告受理该案的人民法院的,有关人民法院应当认真审查。经过审查,认为确有经济犯罪嫌疑的,应当将案件移送公安机关或检察机关,并书面通知当事人,退还案件受理费;如认为确属经济纠纷案件的,应当依法继续审理,并将结果函告有关公安机关或检察机关”之规定,裁定驳回起诉并将案件移送公安机关。但我们认为,法院这种处理方式仍存在一定争议,值得商榷。因为中财公司(国能宇通中心)非法吸收公众存款刑事案件与智诺公司和亿阳集团之间的保证合同纠纷民事案件,涉及不同的主体,并无交叉,而且在法律事实上虽然因中财公司(国能宇通中心)存在交叉之处,但显然并非完全相同,智诺公司和亿阳集团之间的保证合同纠纷从根本上看并非刑事案件,根据 2015 年 12 月 24 日最高人民法院《关于当前商事审判工作中的若干具体问题》“如果商事案件法律事实与刑事案件法律事实不同,那么原则上商事案件应当与刑事案件分别审理……但是,如果法院在商事审判中发现犯罪线索的,应将掌握的犯罪线索材料移送给公安、检察等机关。此时的移送是犯罪线索材料的移送,而不是全案移送。移送后商事案件也不能中止审理。对此,民间借贷司法解释第六条进一步强调了民事、商事案件继续审理的原则”“如果商事案件与刑事诉讼所涉事实完全相同,而且案件事实在根本上也属于刑事案件,那么在立案阶段就应不予受理商事案件。受理后在商事审判中发现的,应当裁定驳回起诉”之规定,保证合同纠纷案件应不受刑事案件的影响,应当继续审理,这一点也体现在最高人民法院《关于审理民间借贷案件适用法律若干问题的规定》(法释〔2015〕18 号)第 13 条的规定中。根据该条规定,借款人涉嫌刑事犯罪的,不影响出借人向担保人主张履行担保责任。因此,北京市第一中级人民法院理应在二审中对保证合同纠纷继续作出审理,而不应该裁定驳回起诉。

六、案例启示

1. 私募基金商事纠纷中发现经济犯罪嫌疑的,不能一概全案移送或中止审理

私募基金商事纠纷案件往往同时牵涉基金管理人或其工作人员的刑事犯罪,比如非法吸收公众存款罪、集资诈骗罪、非法经营罪、诈骗罪等,属于刑民交叉案件。法院在处理这类刑民交叉案件时,往往以民事案件存有经济犯罪嫌疑或者民事案件须以刑事案件审理结果为依据为由,裁定驳回起诉,将已经受理的民事案件全案移送公安机关或者检察机关,或者对民事案件中止审理,待犯罪行为起诉审判后,再行处理相关的民商事纠纷。这一做法不仅过分拖延了民商事

纠纷的解决,直接影响了民商事案件中权利人维护自身合法权益,甚至沦为一些单位逃避民事责任的“挡箭牌”,一直以来饱受诟病。根据最高人民法院《关于在审理经济纠纷案件中涉及经济犯罪嫌疑若干问题的规定》第1条、《最高人民法院关于当前商事审判工作中的若干具体问题》第10条的规定,法院在处理这类案件中,首先,要区分商事案件法律事实与刑事诉讼所涉法律事实是否相同,如果商事案件法律事实与刑事案件法律事实不同,那么原则上商事案件应当与刑事案件分别审理,即使法院在商事审判中发现犯罪线索的,应将掌握的犯罪线索材料移送给公安、检察等机关,而不是全案移送,移送后商事案件应继续审理。其次,如果商事案件与刑事诉讼所涉事实完全相同,而且案件事实在根本上也属于刑事案件,那么在立案阶段就应不予受理商事案件。受理后在商事审判中发现的,应当裁定驳回起诉。最后,商事案件与刑事诉讼涉及的法律事实部分相关时,只有符合《民事诉讼法》第150条第1款第5项“本案必须以另一案的审理结果为依据”的规定,在刑事案件尚未审结时,应当中止商事案件审理。因此,法院在审理私募基金民事纠纷案件中,发现经济犯罪嫌疑的,应依据上述规定和案件事实分别采取不同的处理方式,不能一概全案移送或中止审理。

2. 私募基金管理人涉嫌刑事犯罪时,投资者可选择与该刑事案件法律事实不同的其他增信主体继续追偿

根据最高人民法院《关于在审理经济纠纷案件中涉及经济犯罪嫌疑若干问题的规定》第1条“同一公民、法人或其他经济组织因不同的法律事实,分别涉及经济纠纷和经济犯罪嫌疑的,经济纠纷案件和经济犯罪嫌疑案件应当分开审理”、最高人民法院《关于当前商事审判工作中的若干具体问题》第10条“如果商事案件法律事实与刑事案件法律事实不同,那么原则上商事案件应当与刑事案件分别审理。”在这方面,1998年最高人民法院《关于在审理经济纠纷案件中涉及经济犯罪嫌疑若干问题的规定》第1条即作了明确规定。审理商事案件的法院不能以涉嫌刑事犯罪为由当然中止对案件的审理。但是,如果法院在商事审判中发现犯罪线索的,应将掌握的犯罪线索材料移送给公安、检察等机关。此时的移送是犯罪线索材料的移送,而不是全案移送。移送后商事案件也不能中止审理。对此,最高人民法院《关于审理民间借贷案件适用法律若干问题的规定》第6条进一步强调了民事、商事案件继续审理的原则”的规定,在私募基金管理人涉嫌刑事犯罪时,投资者直接起诉私募基金管理人或私募基金要求返还或赔偿投资本息,因该商事纠纷与刑事案件的法律事实完全相同,而且该民事案件事实在根本上也属于刑事案件的一部分,在这种情况下,法院很可能会根据上

述规定不予受理或者即使在受理后也会裁定驳回起诉的，但根据最高人民法院《关于当前商事审判工作中的若干具体问题》第10条、最高人民法院《关于审理民间借贷案件适用法律若干问题的规定》（法释〔2015〕18号）第13条的规定，私募金管理人涉嫌刑事犯罪，并不影响投资者向相关增信方主张承担担保责任案件的审理，因私募基金管理人涉嫌刑事犯罪案件的事实与担保合同纠纷案件事实并非完全相同，亦非同一主体，因此，投资者仍可向履行差额补足、保证、回购的主体主张权利。同时，在法院以涉嫌刑事犯罪为由对担保纠纷不予受理或中止审理时，投资者应向上级法院上诉或申诉，以寻求司法救济。

七、相关法规

《民事诉讼法》

第一百一十九条 起诉必须符合下列条件：

（一）原告是与本案有直接利害关系的公民、法人和其他组织；

（二）有明确的被告；

（三）有具体的诉讼请求和事实、理由；

（四）属于人民法院受理民事诉讼的范围和受诉人民法院管辖。

最高人民法院《关于在审理经济纠纷案件中涉及经济犯罪嫌疑若干问题的规定》

第一条 同一公民、法人或其他经济组织因不同的法律事实，分别涉及经济纠纷和经济犯罪嫌疑的，经济纠纷案件和经济犯罪嫌疑案件应当分开审理。

第十一条 人民法院作为经济纠纷受理的案件，经审理认为不属经济纠纷案件而有经济犯罪嫌疑的，应当裁定驳回起诉，将有关材料移送公安机关或检察机关。

第十二条 人民法院已立案审理的经济纠纷案件，公安机关或检察机关认为有经济犯罪嫌疑，并说明理由附有关材料函告受理该案的人民法院的，有关人民法院应当认真审查。经过审查，认为确有经济犯罪嫌疑的，应当将案件移送公安机关或检察机关，并书面通知当事人，退还案件受理费；如认为确属经济纠纷案件的，应当依法继续审理，并将结果函告有关公安机关或检察机关。

最高人民法院、最高人民检察院、公安部《关于办理非法集资刑事案件适用法律若干问题的意见》

七、关于涉及民事案件的处理问题

对于公安机关、人民检察院、人民法院正在侦查、起诉、审理的非法集资刑事案件,有关单位或者个人就同一事实向人民法院提起民事诉讼或者申请执行涉案财物的,人民法院应当不予受理,并将有关材料移送公安机关或者检察机关。

人民法院在审理民事案件或者执行过程中,发现有非法集资犯罪嫌疑的,应当裁定驳回起诉或者中止执行,并及时将有关材料移送公安机关或者检察机关。

公安机关、人民检察院、人民法院在侦查、起诉、审理非法集资刑事案件中,发现与人民法院正在审理的民事案件属同一事实,或者被申请执行的财物属于涉案财物的,应当及时通报相关人民法院。人民法院经审查认为确属涉嫌犯罪的,依照前款规定处理。

最高人民法院《关于审理民间借贷案件适用法律若干问题的规定》

第五条　人民法院立案后,发现民间借贷行为本身涉嫌非法集资犯罪的,应当裁定驳回起诉,并将涉嫌非法集资犯罪的线索、材料移送公安或者检察机关。

公安或者检察机关不予立案,或者立案侦查后撤销案件,或者检察机关作出不起诉决定,或者经人民法院生效判决认定不构成非法集资犯罪,当事人又以同一事实向人民法院提起诉讼的,人民法院应予受理。

第八条　借款人涉嫌犯罪或者生效判决认定其有罪,出借人起诉请求担保人承担民事责任的,人民法院应予受理。

第十三条　借款人或者出借人的借贷行为涉嫌犯罪,或者已经生效的判决认定构成犯罪,当事人提起民事诉讼的,民间借贷合同并不当然无效。人民法院应当根据合同法第五十二条、本规定第十四条之规定,认定民间借贷合同的效力。

担保人以借款人或者出借人的借贷行为涉嫌犯罪或者已经生效的判决认定构成犯罪为由,主张不承担民事责任的,人民法院应当依据民间借贷合同与担保合同的效力、当事人的过错程度,依法确定担保人的民事责任。

最高人民法院《关于当前商事审判工作中的若干具体问题》

第十条　如果商事案件法律事实与刑事案件法律事实不同,那么原则上商事案件应当与刑事案件分别审理。在这方面,1998 年最高人民法院《关于在审理经济纠纷案件中涉及经济犯罪嫌疑若干问题的规定》第一条即作了明确规定。审理商事案件的法院不能以涉嫌刑事犯罪为由当然中止对案件的审理。但是,如果法院在商事审判中发现犯罪线索的,应将掌握的犯罪线索材料移送给公安、检察等机关。此时的移送是犯罪线索材料的移送,而不是全案移送。移送后商事案件也不能中止审理。对此,民间借贷司法解释第六条进一步强调了民事、商事案件继续审理的原则。

后　记

中国虽然不是判例法国家，但自2010年最高人民法院《关于案例指导工作的规定》（法发〔2010〕51号）发布以来，我国正式建立了案例指导制度。根据该规定，对于最高人民法院发布的指导性案例，各级人民法院法官在审理案件时应当查询、参照指导性案例，并应当回应对指导性案例的引述，这赋予了指导性案例事实上的拘束力；又因我国存在上诉制度，上级法院依法有权撤销或改判下级法院作出的判决，使上级法院的生效判决或典型案例对下级法院在事实上亦存有一定的强制性。因此，研读和分析各级法院已经作出的私募基金纠纷案件生效判决，具有很强的现实意义。一方面，可以了解法院系统对某一类私募基金纠纷的态度和观点，提前有针对性地防范相关法律风险，提高民事活动的预期；另一方面，可以在相关私募基金纠纷中把上级法院的生效判决作为裁判理由或法庭辩论理由加以援引，提升裁判或论辩的说服力和权威性。有关案例的检索和研究不仅是法官、诉讼律师的一项基本技能，而且有关案例的教学也越来越受到法学教育机构的重视。现在国内不少法学院也开设了案例分析和研究的课程，引导和帮助学生理解法学理论和法律条文在实践中的运用。

笔者在北京大学法学院攻读硕士研究生学位期间即选修了案例研究与分析的课程，在近10年的法律职业生涯中一直保持着研读司法案例的习惯，并从中受益匪浅。无论是遇到什么法律难题，在进行法规分析的同时必定会检索和研读相关司法案例,通过司法案例来检验法律分析工作的成效得失,这种方法对于处理疑难复杂法律问题很有帮助。如果案例研究工作准备得充分,在业务谈判和争议解决中往往比对手更能占得先机和争得主动。

本书的写作缘起得益于2001级校友隋平师兄的建议,也正是隋平师兄的鼓励和督促,让笔者才有动力把平时代理私募基金纠纷案件时收集的司法案例和零散写的一些文章,进行了系统性分类和编排,并补充加入了自己对司法案例的研读心得和法院适用的主要法律规范,集结成这本书,在此深表感谢。同时,还要感谢我远在陕西老家的父亲和母亲,一辈子含辛茹苦、任劳任怨,将我养育成人送入大学深造。在父母眼中,我虽已过而立之年但仍是他们念念不舍、放心不下的孩子。还要感谢一直在背后默默支持我事业的爱人于学凤女士,在北京这个陌生的城市给了我一个温暖的家,在本书写作期间为我生了一个可爱的女儿梦涵,给家里增添了无尽的欢乐。还要感谢在本书写作过程中给予无私帮助的好友张楠、向林和范熙程,正是你们的大力支持,才让我得以坚持并顺利定稿,再次致谢。

书虽已成稿,但未来法律事业和中国法治建设仍在路上,吾辈当需努力。

是以为记。

吴昕栋

2019年4月19日于北京市石景山区图书馆

图书在版编目(CIP)数据

私募基金纠纷裁判规则精选精析 / 吴昕栋，吴韵凯著. -- 北京 : 法律出版社，2019
ISBN 978 - 7 - 5197 - 3822 - 8

Ⅰ. ①私… Ⅱ. ①吴… ②吴… Ⅲ. ①证券投资基金法 - 经济纠纷 - 案例 - 中国 Ⅳ. ①D922.287.5

中国版本图书馆 CIP 数据核字(2019)第 196010 号

私募基金纠纷裁判规则精选精析
SIMU JIJIN JIUFEN CAIPAN GUIZE JINGXUAN JINGXI

吴昕栋
吴韵凯 著

策划编辑 郑 导
责任编辑 郑 导
装帧设计 马 帅

出版 法律出版社
总发行 中国法律图书有限公司
经销 新华书店
印刷 固安华明印业有限公司
责任校对 李景美
责任印制 张建伟

编辑统筹 独立项目策划部
开本 710 毫米 × 1000 毫米 1/16
印张 42.75
字数 680 千
版本 2019 年 9 月第 1 版
印次 2019 年 9 月第 1 次印刷

法律出版社/北京市丰台区莲花池西里 7 号(100073)
网址/www.lawpress.com.cn
投稿邮箱/info@lawpress.com.cn
举报维权邮箱/jbwq@lawpress.com.cn
销售热线/400 - 660 - 8393
咨询电话/010 - 63939796

中国法律图书有限公司/北京市丰台区莲花池西里 7 号(100073)
全国各地中法图分、子公司销售电话：
统一销售客服/400 - 660 - 8393/6393
第一法律书店/010 - 83938432/8433　西安分公司/029 - 85330678　重庆分公司/023 - 67453036
上海分公司/021 - 62071639/1636　深圳分公司/0755 - 83072995

书号:ISBN 978 - 7 - 5197 - 3822 - 8　**定价**:168.00 元
(如有缺页或倒装,中国法律图书有限公司负责退换)